BON본
PHYSICS I

본 물리학 I

| 본교재 |

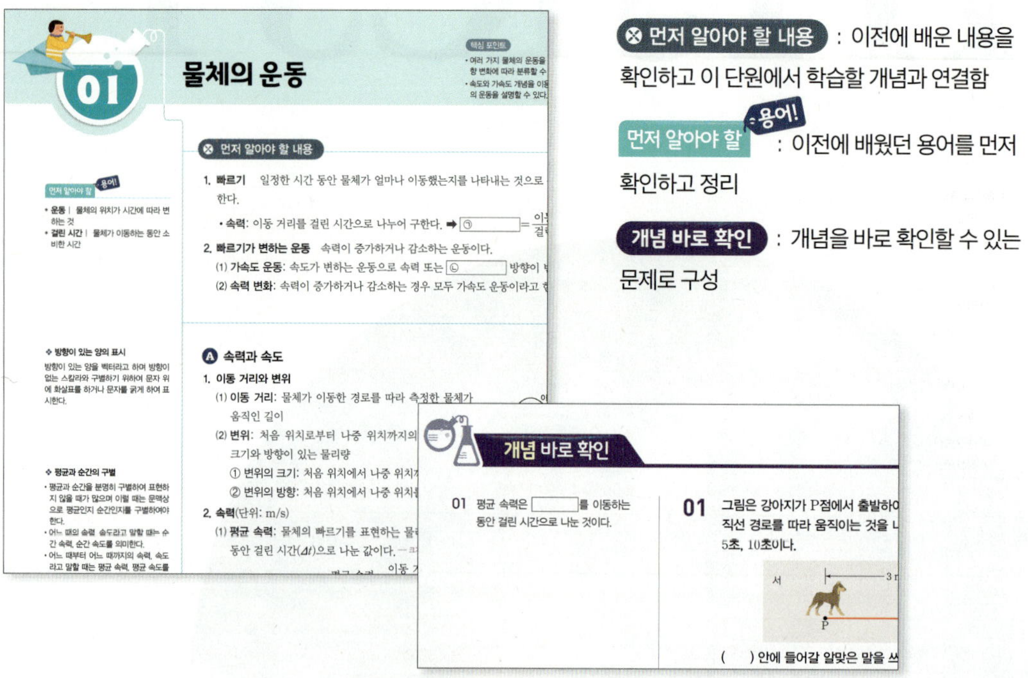

먼저 알아야 할 내용 : 이전에 배운 내용을
확인하고 이 단원에서 학습할 개념과 연결함

먼저 알아야 할 용어! : 이전에 배웠던 용어를 먼저
확인하고 정리

개념 바로 확인 : 개념을 바로 확인할 수 있는
문제로 구성

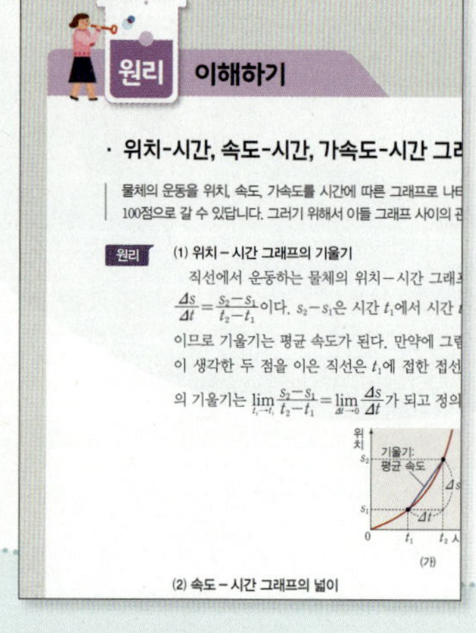

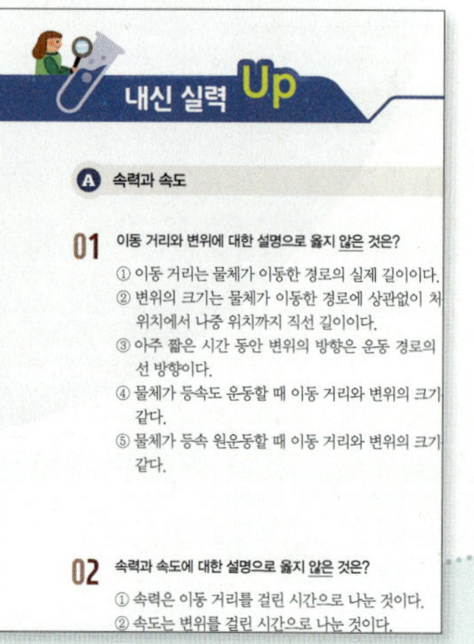

탐구 활동 : 교과서에 나오는
중요 탐구를 심층적으로 분석

원리 이해하기 : 내용 정리만으로
이해하기 어려운 내용을 쉽고 자세
하게 설명

내신 실력 Up : 학교 시험에 출제
될 가능성이 높은 문제로 구성, 서술형
문제 포함

BON 본
PHYSICS I

본 물리학 I

새교육과정 적용

01 모든 교과서 내용 철저 분석, 기본 개념 완벽 대비

02 시험에 자주 출제되는 자료 완벽 분석

이투스북

이 책을 집필하신 분

강태욱 김대규

검토에 도움을 주신 선생님

권해정 김동현 김영선 송병기 신현미 안종수 윤석희 이상택 임진용 임해일
장재화 장헌희 정은영 정재희 정 주 조일남 진영기 천경목 홍지영

STAFF

발행인 정선욱
퍼블리싱 총괄 남형주
개발 김태원, 한경용, 이주영, 백익송
기획·디자인·마케팅 조비호, 김정인
유통·제작 서준성, 신성철

BON 본 물리학 I   201812 초판 1쇄 202401 초판 5쇄
펴낸곳 이투스에듀(주) 서울시 서초구 남부순환로 2547   **고객센터** 1599-3225
등록번호 제2007-000035호   **ISBN** 979-11-6123-772-5 [53420]
· 이 책은 저작권법에 따라 보호받는 저작물이므로 무단전재와 무단복제를 금합니다.
· 잘못 만들어진 책은 구입처에서 교환해 드립니다.

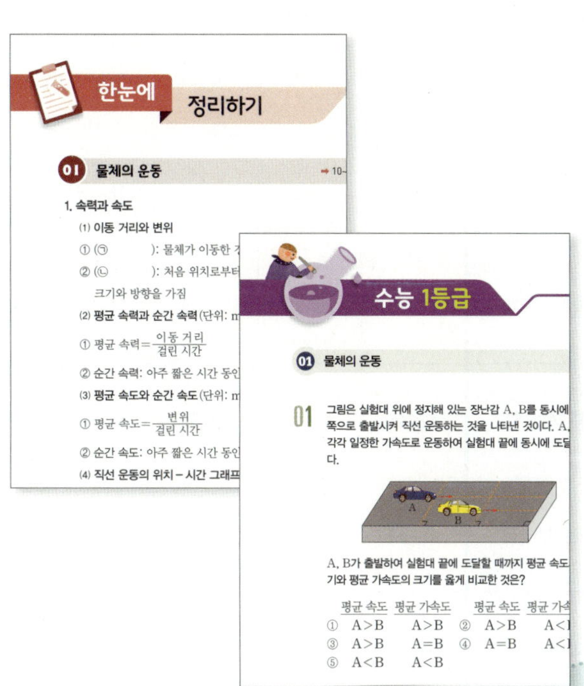

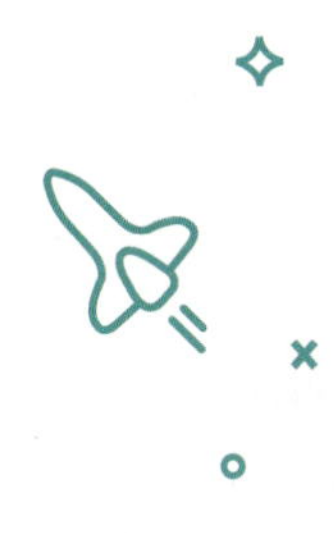

한눈에 정리하기 : 중단원을 마무리하면서
핵심 개념을 요약 정리

수능 1등급 : 수능에 출제될 수 있는 문제로
구성

| 시험 대비 워크북 |

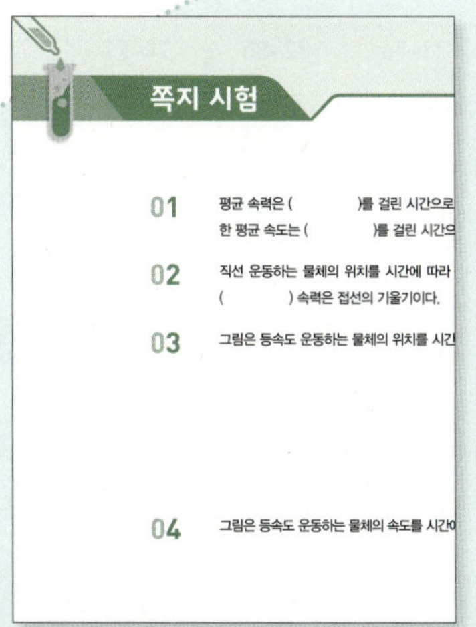

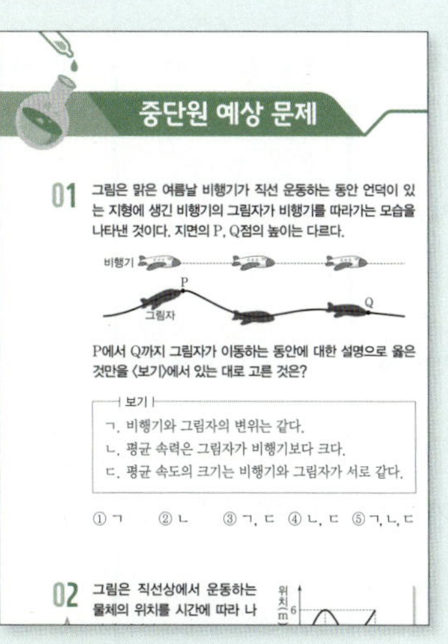

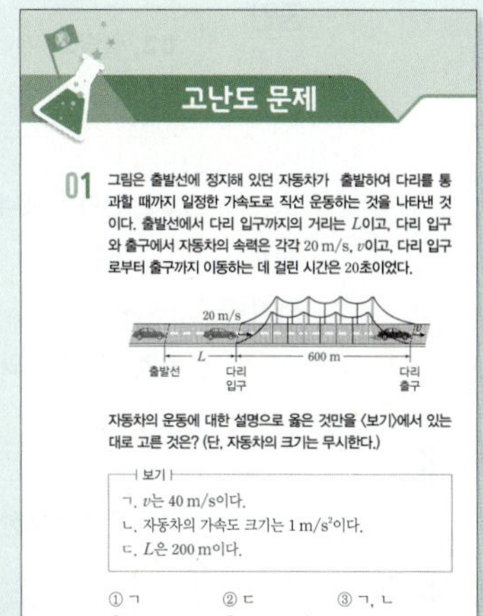

쪽지 시험 : 쪽지 시험 형태의
단답형 주관식 문항

중단원 예상 문제 : 학교 시험과
유사한 형태의 예상 문제 제시

고난도 문제 : 난이도 높은 문제로
실력을 향상시킴

대단원	중단원	소단원	본 물리학 I	금성출판	동아출판	미래엔	비상교육	천재교육	YBM
I. 역학과 에너지	01. 힘과 운동	01. 물체의 운동	|본교재| 10~17	12~19	11~15	14~19	12~17	11~17	12~18
		02. 뉴턴 운동 법칙	|본교재| 18~27	20~27	16~27	20~30	18~28	18~30	19~30
		03. 운동량과 충격량	|본교재| 28~35	30~37	28~38	32~45	29~39	32~41	31~42
	02. 에너지와 열	01. 역학적 에너지 보존	|본교재| 44~51	42~45	39~45	50~55	46~51	45~50	48~55
		02. 열역학 제1법칙	|본교재| 52~59	46~52	51~55	56~62	52~57	51~58	56~61
		03. 열역학 제2법칙	|본교재| 60~65	54~55	56~60	64~67	58~63	60~63	62~68
	03. 시간과 공간	01. 특수 상대성 이론	|본교재| 74~81	58~66	65~72	72~80	66~73	67~75	74~86
		02. 질량과 에너지	|본교재| 82~85	68~70	73~76	82~85	74~77	76~79	87~90
II. 물질과 전자기장	01. 전기	01. 전자의 에너지 준위	|본교재| 92~99	82~95	87~96	98~107	88~97	91~99	104~114
		02. 에너지 띠와 반도체	|본교재| 100~109	96~104	98~109	108~120	98~107	101~112	115~125
	02. 자기	01. 전류에 의한 자기장	|본교재| 118~125	108~117	115~119	126~133	114~119	117~123	132~138
		02. 물질의 자성	|본교재| 126~129	118~123	120~124	134~139	120~125	124~128	139~143
		03. 전자기 유도	|본교재| 130~137	124~129	125~130	140~145	126~131	129~134	144~148

| 이용하는 방법 |

자신의 교과서 출판사명과 공부할 범위를 확인한다.

예 동아출판 28~38쪽이면 본 물리학I 본교재 28~35쪽을 공부한다.

대단원	중단원	소단원	본 물리학 Ⅰ	금성출판	동아출판	미래엔	비상교육	천재교육	YBM
Ⅲ. 파동과 정보 통신	01. 파동	**01.** 파동의 성질	l본교재l 146~153	142~150	143~151	160~165	142~147	147~153	162~168
		02. 전반사와 광통신	l본교재l 154~159	152~155 166~171	152~163	166~177	148~156	154~163	169~178
		03. 전자기파	l본교재l 160~163						
		04. 파동의 간섭	l본교재l 164~171	158~163	164~171	178~186	158~165	164~169	179~186
	02. 빛과 물질의 이중성	**01.** 빛의 이중성	l본교재l 180~183	173~179	177~183	192~198	170~175	173~177	192~198
		02. 물질의 이중성	l본교재l 184~187	180~186	184~190	200~205	176~179	178~182	199~203

CONTENTS 차례

01

힘과 운동

물체의 운동

⊗ 먼저 알아야 할 내용

1. **빠르기**　일정한 시간 동안 물체가 얼마나 이동했는지를 나타내는 것으로 속력이라고 한다.

- **속력**: 이동 거리를 걸린 시간으로 나누어 구한다. ➡ ⟦ ㉠ ⟧ = $\dfrac{\text{이동 거리}}{\text{걸린 시간}}$

2. **빠르기가 변하는 운동**　속력이 증가하거나 감소하는 운동이다.

   (1) **가속도 운동**: 속도가 변하는 운동으로 속력 또는 ⟦ ㉡ ⟧ 방향이 변한다.
   (2) **속력 변화**: 속력이 증가하거나 감소하는 경우 모두 가속도 운동이라고 한다.

답 ㉠ 속력 ㉡ 운동

❖ 방향이 있는 양의 표시
방향이 있는 양을 벡터라고 하며 방향이 없는 스칼라와 구별하기 위하여 문자 위에 화살표를 하거나 문자를 굵게 하여 표시한다.

❖ 평균과 순간의 구별
• 평균과 순간을 분명히 구별하여 표현하지 않을 때가 많으며 이럴 때는 문맥상으로 평균인지 순간인지를 구별하여야 한다.
• 어느 때의 속력, 속도라고 말할 때는 순간 속력, 순간 속도를 의미한다.
• 어느 때부터 어느 때까지의 속력, 속도라고 말할 때는 평균 속력, 평균 속도를 의미한다.

❖ 경사각과 기울기
• 그림과 같이 기울어진 빗면의 경사각은 수평면과 빗면 사이의 각 θ이다.

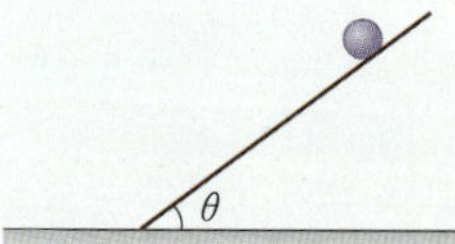

• 그림과 같이 $x-y$ 그래프에서 P와 Q를 이은 직선의 기울기는 $\dfrac{\Delta y}{\Delta x}$이므로 경사각과 다르다는 것을 주의한다.

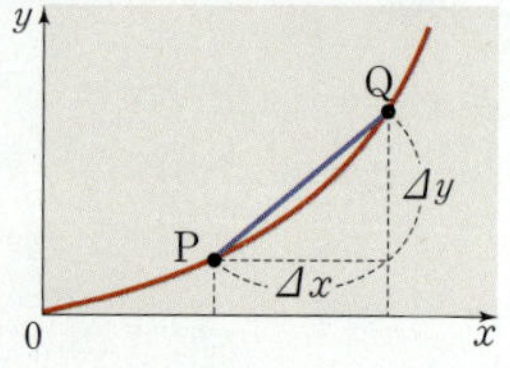

Ⓐ 속력과 속도

1. 이동 거리와 변위

(1) **이동 거리**: 물체가 이동한 경로를 따라 측정한 물체가 움직인 길이
(2) **변위**: 처음 위치로부터 나중 위치까지의 변화량으로 크기와 방향이 있는 물리량
　① 변위의 크기: 처음 위치에서 나중 위치까지 연결한 직선의 길이
　② 변위의 방향: 처음 위치에서 나중 위치를 향한 직선 방향

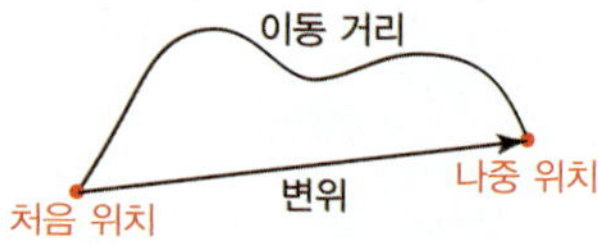

2. 속력(단위: m/s)

(1) **평균 속력**: 물체의 빠르기를 표현하는 물리량으로 물체의 이동 거리(Δs)를 움직이는 동안 걸린 시간(Δt)으로 나눈 값이다. ― 크기(빠르기)만 생각하고 운동 방향은 생각하지 않는다.

$$v = \lim_{\Delta t \to 0} v_{평균} = \lim_{\Delta t \to 0} \frac{\Delta s}{\Delta t} \qquad \text{평균 속력} = \frac{\text{이동 거리}}{\text{걸린 시간}} \left(v_{평균} = \frac{\Delta s}{\Delta t} \right)$$

(2) **순간 속력**: 매 순간 물체의 빠르기를 말하며, 아주 짧은 시간 동안의 평균 속력으로 구한다.

3. 속도　운동하는 물체의 속력과 운동 방향을 함께 표시한 물리량(단위 : m/s)

(1) **평균 속도**: 물체가 어떤 거리만큼 이동할 때 도중의 속도는 생각하지 않고 변위(Δs)를 그 동안 걸린 시간(Δt)으로 나눈 값이다.

$$\vec{v} = \lim_{\Delta t \to 0} \vec{v}_{평균} = \lim_{\Delta t \to 0} \frac{\overrightarrow{\Delta s}}{\Delta t} \qquad \text{평균 속도} = \frac{\text{변위}}{\text{걸린 시간}} \left(\vec{v}_{평균} = \frac{\overrightarrow{\Delta s}}{\Delta t} \right)$$

(2) **순간 속도**: 매 순간 물체의 속도를 말하며, 매우 짧은 시간 동안의 평균 속도로 구한다.

4. 직선 운동

(1) 방향이 변하지 않을 때 변위의 크기와 이동 거리가 같다.
(2) 운동 방향을 ($+$)와 ($-$)를 이용하여 방향을 표시할 수 있다.
(3) **직선 운동의 위치-시간의 그래프와 속력**
　① 평균 속력: 그래프에서 두 점을 연결한 직선의 기울기

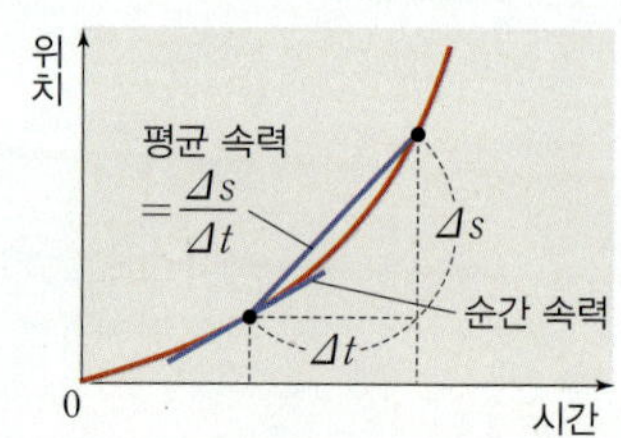

② 순간 속력: 아주 짧은 시간($\Delta t \to 0$) 동안의 평균 속력이므로 그래프에서 접선의 기울기

5. 등속 직선 운동

(1) 속력이 변하지 않고 일정하게 한 방향으로 직선을 따라 물체가 움직이는 운동으로 등속도 운동이라고도 한다.

(2) 위치−시간 그래프에서 기울기가 속력 또는 속도이고, 속도−시간 그래프에서 그래프 아랫부분의 넓이가 이동 거리 또는 변위가 된다.

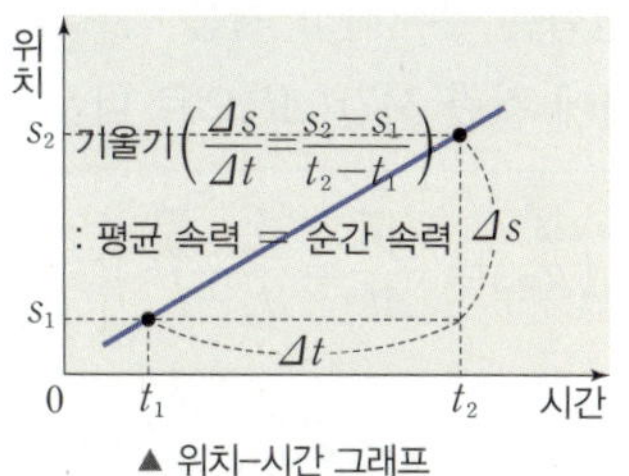

▲ 위치−시간 그래프

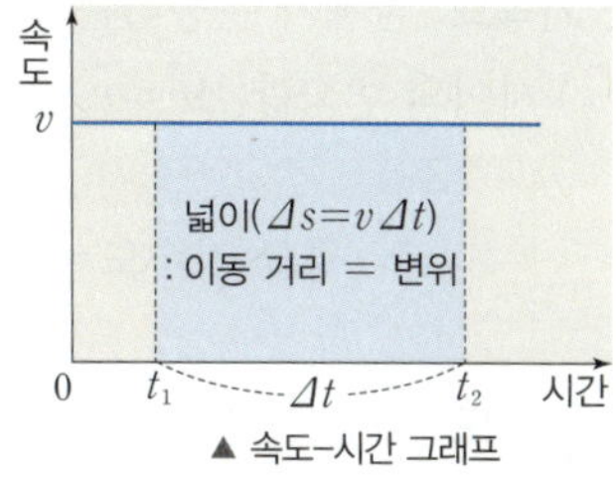

▲ 속도−시간 그래프

> ❖ 접선의 기울기
> 두 점이 매우 가까울 때는 한 점으로 생각할 수 있으므로 매우 가까운 두 점을 이은 직선의 기울기를 접선의 기울기라고 한다.
>
> ❖ 그래프 넓이
> 사각형의 가로 길이와 세로 길이를 곱한 양을 넓이라고 하는 것처럼 그래프의 x축 변화량과 y축 변화량을 곱한 것을 그래프의 넓이라고 한다. 속도−시간 그래프의 넓이는 이동 거리이다.

개념 바로 확인

정답 및 해설 | 02쪽

01 평균 속력은 [   ]를 이동하는 동안 걸린 시간으로 나눈 것이다.

02 평균 속도는 [   ]를 이동하는 동안 걸린 시간으로 나눈 것이다.

03 위치−시간 그래프에서 [   ]의 기울기는 순간 속력이다.

04 속도−시간 그래프에서 그래프 아랫부분의 [   ]는 이동 거리 또는 변위이다.

01 그림은 강아지가 P점에서 출발하여 R점까지 갔다가 뒤로 돌아 Q점까지 동서 방향의 직선 경로를 따라 움직이는 것을 나타낸 것이다. P, R, Q를 지나는 시간은 각각 0초, 5초, 10초이다.

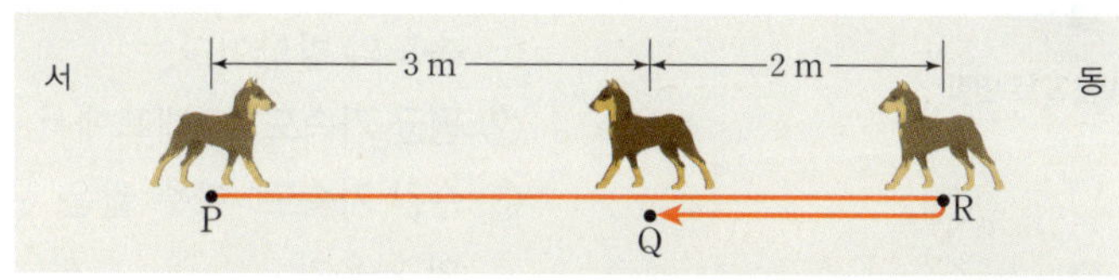

( ) 안에 들어갈 알맞은 말을 쓰시오. (단, 강아지의 크기는 무시한다.)

(1) P에서 Q까지 이동 거리는 (㉠   )이고, 변위는 크기가 (㉡   )이며 방향은 서에서 동쪽이다.

(2) P에서 Q까지 평균 속력은 (㉠   )이고, 평균 속도는 크기가 (㉡   )이고 방향은 서에서 동쪽이다.

(3) P에서 R까지와 P에서 Q까지 평균 속력과 평균 속도의 크기를 비교하시오.

P에서 R까지: 평균 속력 (㉠   ) 평균 속도의 크기

P에서 Q까지: 평균 속력 (㉡   ) 평균 속도의 크기

02 그림은 직선 위에서 운동하는 물체의 위치를 시간에 따라 나타낸 것이다.

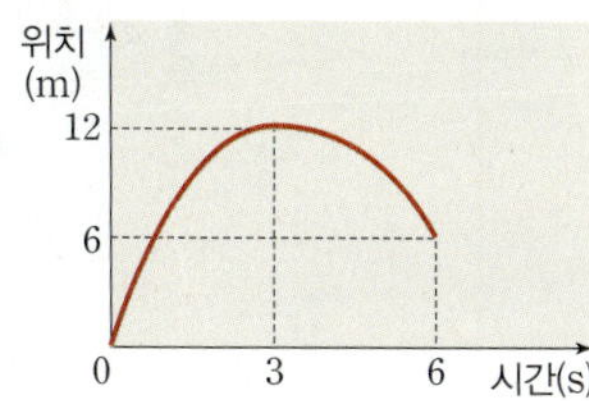

(1) 0초부터 6초까지 이동 거리와 변위의 크기를 비교하시오.

이동 거리 (   ) 변위의 크기

(2) 0초부터 6초까지 평균 속력은 (㉠   )이고, 평균 속도의 크기는 (㉡   )이다.

01

❖ 속도 변화량

① 크기만 변화

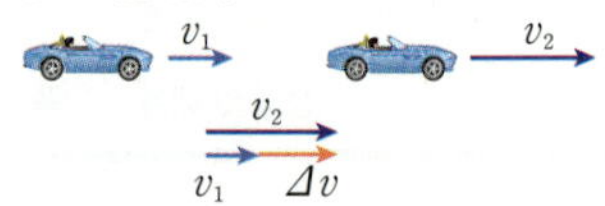

② 방향만 변화

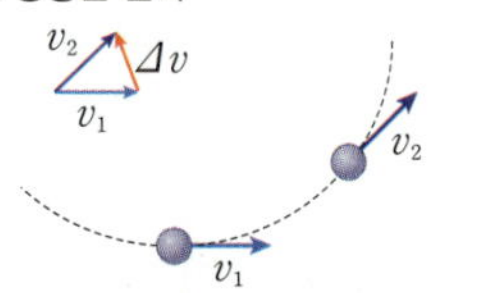

③ 크기와 방향 모두 변화

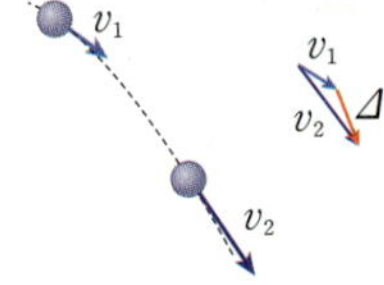

B 가속도

1. 평균 가속도와 순간 가속도(단위: m/s^2)

(1) **속도 변화량**: 나중 속도에서 처음 속도를 뺀 물리량이며, 속도는 방향이 있는 물리량이므로 방향을 고려한다.

(2) **평균 가속도**: 물체가 운동하는 도중의 속도 변화는 무시하고 처음 속도($\vec{v_1}$)와 나중 속도($\vec{v_2}$) 사이의 변화량($\Delta\vec{v}=\vec{v_2}-\vec{v_1}$)을 그 사이에 걸린 시간($\Delta t$)으로 나눈 값이다.

$$\text{평균 가속도}=\frac{\text{속도 변화량}}{\text{걸린 시간}}\left(\vec{a}_{\text{평균}}=\frac{\Delta\vec{v}}{\Delta t}=\frac{\vec{v_2}-\vec{v_1}}{t_2-t_1}\right)$$

(3) **순간 가속도**: 매 순간 물체의 실제 가속도를 말하며, 매우 짧은 시간 동안의 평균 가속도로 구한다. $\vec{a}=\lim\limits_{\Delta t\to 0}\frac{\Delta\vec{v}}{\Delta t}=\lim\limits_{t_2\to t_1}\frac{\vec{v_2}-\vec{v_1}}{t_2-t_1}$

2. 직선 운동에서의 가속도

(1) 처음 물체의 운동 방향을 $(+)$로 하고 그 반대 방향의 운동을 $(-)$로 한다.

(2) **속도-시간 그래프와 가속도**

① 그래프의 기울기가 가속도이며 기울기의 부호가 가속도의 방향이다.

② **평균 가속도**: 그래프에서 두 점을 연결한 직선의 기울기

③ **순간 가속도**: 아주 짧은 시간($\Delta t\to 0$) 동안의 평균 가속도이므로 그래프에서 접선의 기울기

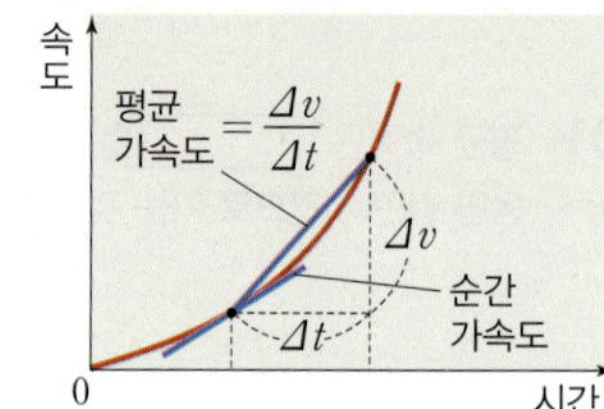

3. 등가속도 직선 운동

가속도의 방향이 운동 방향과 같으면 속력이 증가하고, 가속도의 방향이 운동 방향과 반대이면 속력이 감소한다.

(1) 가속도가 일정하고 직선 위에서 운동하므로 속도가 증가하거나 감소한다.

(2) 가속도가 항상 일정하므로 평균 가속도, 순간 가속도가 동일하다.

(3) **등가속도 직선 운동의 식**

$$s=v_0t+\frac{1}{2}at^2,\quad v=v_0+at,\quad 2as=v^2-v_0^2\ (v_0\text{: 처음 속도},\ v\text{: 나중 속도})$$

(4) **등가속도 직선 운동의 그래프**

① 가속도가 $(+)$인 경우 — 속도가 증가하는 경우

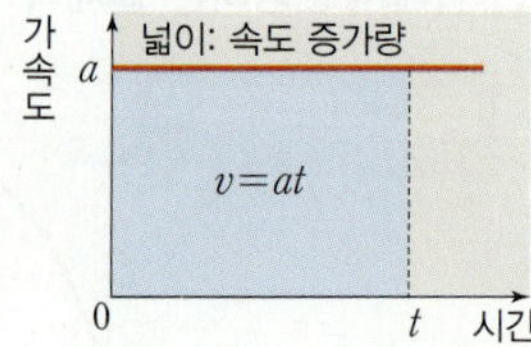

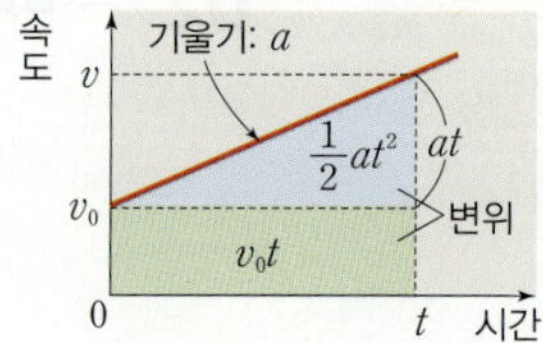

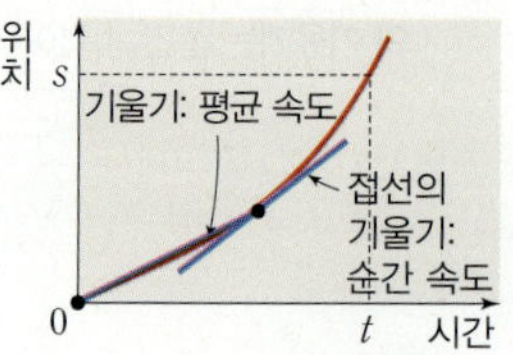

② 가속도가 $(-)$인 경우 — 속도가 감소하는 경우

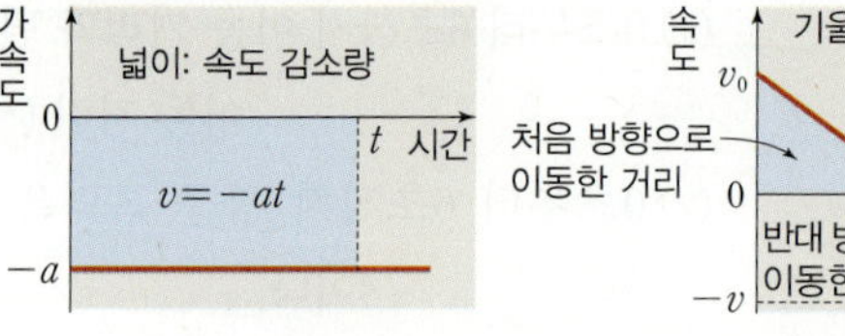

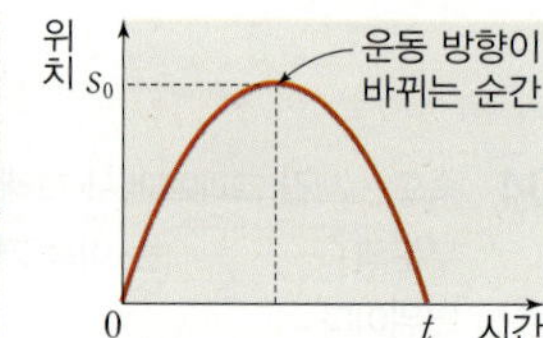

속도–시간 그래프

그림은 직선 운동하는 물체 A, B의 속도를 시간에 따라 나타낸 것이다.

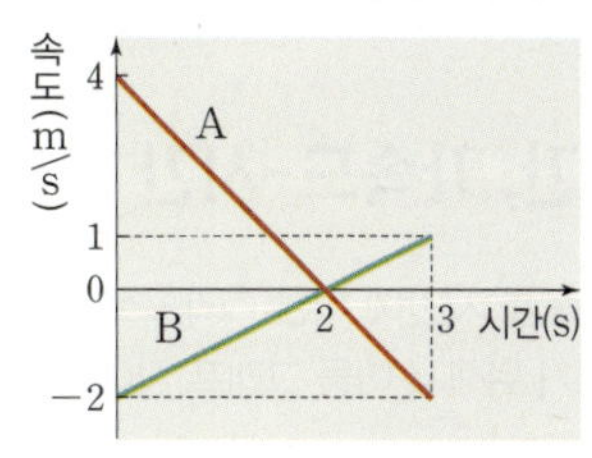

❶ 기울기와 가속도 사이의 관계: 속도–시간 그래프의 기울기의 크기는 가속도의 크기이고 기울기가 (+)이면 가속도의 방향이 운동 방향과 동일하고 기울기가 (−)이면 가속도의 방향이 운동 방향의 반대이다.

❷ 넓이와 변위의 관계: 속도–시간 그래프 아랫부분의 넓이는 변위의 크기이고, 시간 축의 위에 나타난 넓이와 아래에 나타난 넓이는 변위의 방향이 서로 반대인 것을 뜻한다.

❖ 속력과 운동 방향이 모두 변하는 운동

• 포물선 운동

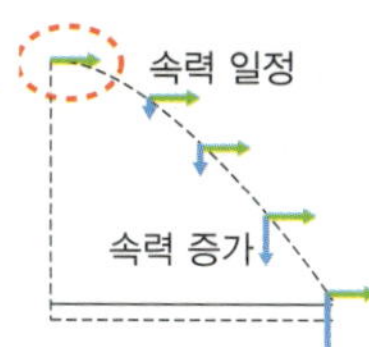

• 단진동

• 단진자 운동

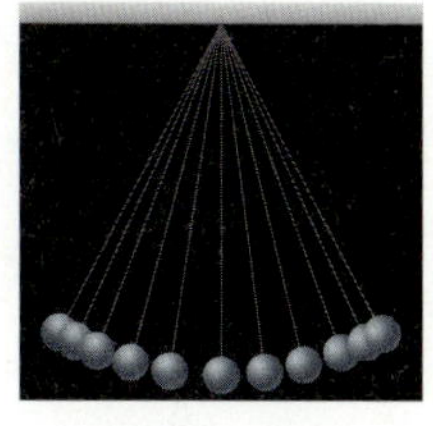

❖ 단진자의 가속도

단진자가 최하점을 지나는 순간은 등속 원운동하는 물체의 운동과 같으므로 가속도가 0이 아니고, 구심 가속도와 같은 줄이 매달린 지점을 향하는 가속도가 있다.

4. 운동 방향만 변하는 운동(등속 원운동)

(1) 원 궤도를 따라 일정한 속력으로 움직이는 물체의 운동이다.

(2) 운동 방향은 원의 접선 방향이다.

(3) 가속도의 크기는 일정하고 가속도의 방향은 원의 중심을 향한다.

(4) 원의 중심 방향으로 일정한 크기의 알짜힘이 작용하며 이 힘을 구심력이라고 한다.

5. 속력과 운동 방향이 모두 변하는 운동

(1) **포물선 운동**: 물체에 작용하는 알짜힘이 일정하고 포물선 경로를 따라가는 운동이다. — 가속도가 일정하다.

　① 지표면 근처에서 중력에 의한 운동은 포물선 운동으로 취급한다.

　② 가속도 방향으로는 등가속도 직선 운동, 가속도에 수직인 방향으로는 등속도 운동을 한다.

(2) **단진동**: 용수철에 매달려 진동하는 물체와 같이 변위의 크기에 비례하는 복원력에 의한 운동으로 진동 중심에서 가속도의 방향이 변한다.

(3) **단진자 운동**: 시계추와 같이 길이가 일정한 줄에 매달려 진동하는 물체의 운동으로 가속도의 크기와 방향이 매순간 변한다.

개념 바로 확인

정답 및 해설 | 02쪽

05 속도–시간 그래프에서 그래프의 기울기는 ☐☐☐이다.

06 속도–시간 그래프에서 그래프 아랫부분의 넓이는 ☐☐☐이다.

07 가속도–시간 그래프에서 그래프 아랫부분의 넓이는 ☐☐☐ 변화량이다.

03 그림은 x축 위에서 운동하는 물체의 속도를 시간에 따라 나타낸 것이다.

(1) 1초일 때 물체의 가속도의 크기는 (㉠　　　)이고 가속도의 방향은 (㉡　　　) 방향이다.

(2) 0초부터 4초까지 평균 속력은 (㉠　　　)이고 평균 속도는 크기가 (㉡　　　)이다.

(3) 0초부터 4초까지 가속도는 (㉠　　　)하고 운동 방향은 (㉡　　　).

04 그림은 x축 위에서 운동하는 물체의 가속도를 시간에 따라 나타낸 것이다. 0초일 때 물체의 속도는 $+6$ m/s이다.

(1) 4초일 때 물체의 속도는 (　　　)이다.

(2) 물체의 최대 변위의 크기는 (　　　)이다.

· 위치-시간, 속도-시간, 가속도-시간 그래프 사이의 관계 ·

물체의 운동을 위치, 속도, 가속도를 시간에 따른 그래프로 나타내었을 때 그래프로부터 물체의 운동을 파악할 수 있어야 100점으로 갈 수 있답니다. 그러기 위해서 이들 그래프 사이의 관계를 이해하는 것이 중요합니다.

원리

(1) 위치 – 시간 그래프의 기울기

직선에서 운동하는 물체의 위치−시간 그래프에서 그림 (가)와 같이 두 점을 이은 직선의 기울기는 $\frac{\Delta s}{\Delta t}=\frac{s_2-s_1}{t_2-t_1}$ 이다. s_2-s_1은 시간 t_1에서 시간 t_2까지의 이동 거리, t_2-t_1은 그 시간 사이의 걸린 시간이므로 기울기는 평균 속도가 된다. 만약에 그림 (나)와 같이 t_2가 t_1로 매우 가까이 접근하면 (가)와 같이 생각한 두 점을 이은 직선은 t_1에 접한 접선이 될 것이고 t_2-t_1은 아주 작은 값이 되므로 이 접선의 기울기는 $\lim\limits_{t_2 \to t_1}\frac{s_2-s_1}{t_2-t_1}=\lim\limits_{\Delta t \to 0}\frac{\Delta s}{\Delta t}$ 가 되고 정의에 따라 순간 속도가 된다.

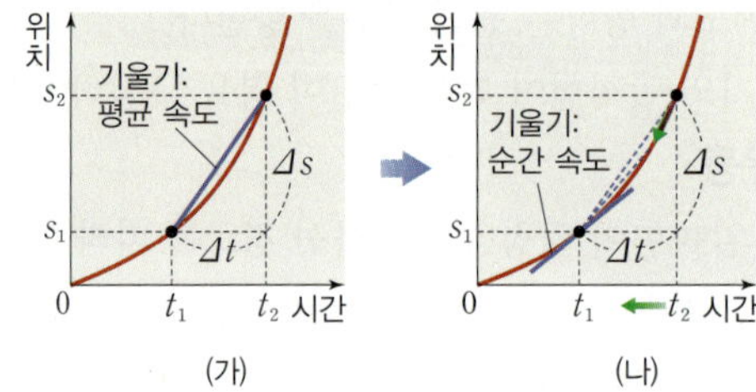

(2) 속도 – 시간 그래프의 넓이

속도가 일정할 때 변위는 속도와 걸린 시간의 곱이므로, 그림 (가)와 같이 속도−시간 그래프에서 그래프 아랫부분의 넓이가 변위이다. 그림 (나)와 같이 속도가 변할 때에도 아주 짧은 구간은 속도가 일정하다고 볼 수 있으므로 작은 사각형의 넓이가 변위이다. 따라서 작은 사각형들의 폭을 아주 작게 하면 그림 (다)와 같이 속도가 연속적으로 변하는 경우에도 속도−시간 그래프 아랫부분의 넓이가 변위가 되는 것이다.

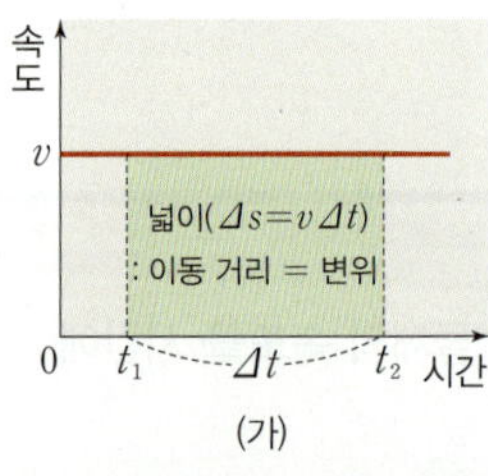 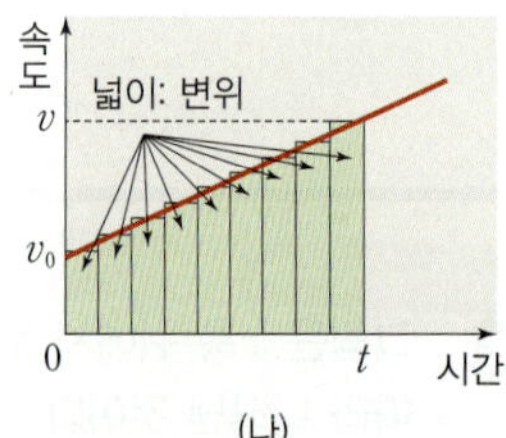 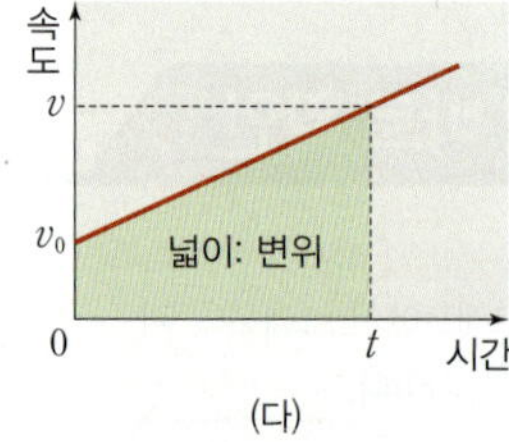

(3) 위치, 속도, 가속도의 시간에 대한 그래프 사이의 관계

위치−시간 그래프의 기울기는 속도이므로 그림 (가)에서 시간 0, t일 때 그래프의 기울기는 각각 그림 (나)의 시간 0, t일 때의 속도 v_0, v이다. 속도−시간 그래프의 기울기는 가속도이므로 (나)의 기울기는 그림 (다)의 가속도 a이다. 속도−시간 그래프 아랫부분의 넓이는 변위이므로 (나)에서 시간 0에서 t까지 넓이는 (가)의 0에서 t까지의 변위 $s-0=s$이다. 가속도−시간 그래프 아랫부분의 넓이는 속도 변화량이므로 (다)에서 시간 0에서 t까지 넓이는 (나)의 0에서 t까지의 속도 변화량 $v-v_0$이다. 이렇게 세 그래프는 서로 연관되어 있으며 어느 한 그래프를 알면 나머지 그래프를 유도할 수 있다.

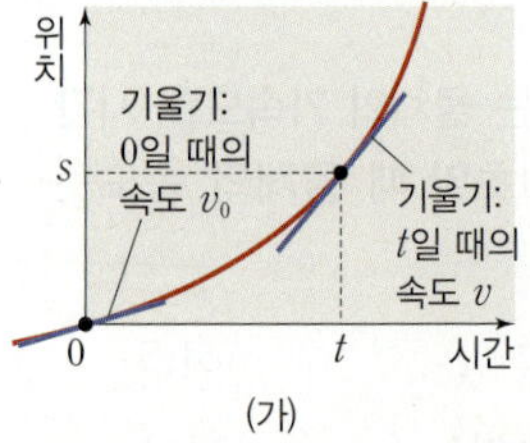 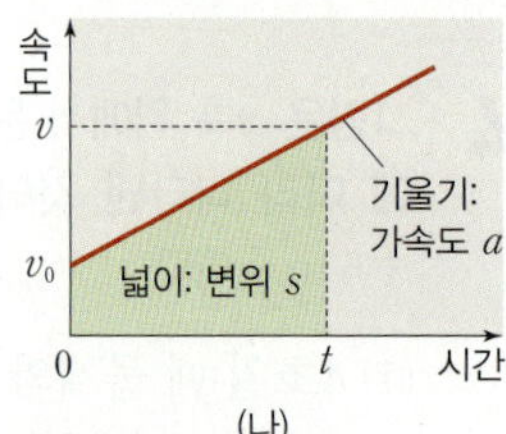 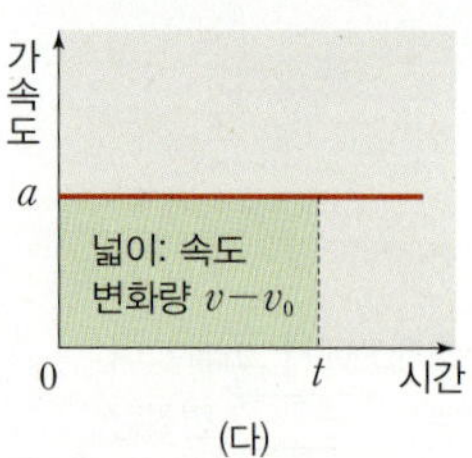

A 속력과 속도

01 이동 거리와 변위에 대한 설명으로 옳지 <u>않은</u> 것은?

① 이동 거리는 물체가 이동한 경로의 실제 길이이다.
② 변위의 크기는 물체가 이동한 경로에 상관없이 처음 위치에서 나중 위치까지 직선 길이이다.
③ 아주 짧은 시간 동안 변위의 방향은 운동 경로의 접선 방향이다.
④ 물체가 등속도 운동할 때 이동 거리와 변위의 크기는 같다.
⑤ 물체가 등속 원운동할 때 이동 거리와 변위의 크기는 같다.

02 속력과 속도에 대한 설명으로 옳지 <u>않은</u> 것은?

① 속력은 이동 거리를 걸린 시간으로 나눈 것이다.
② 속도는 변위를 걸린 시간으로 나눈 것이다.
③ 속도의 방향은 운동 경로의 접선 방향이다.
④ 평균 속력과 평균 속도의 크기는 항상 같다.
⑤ 물체가 등속 원운동할 때 속도가 계속 변한다.

03 〔중요〕 그림은 학생이 P점에서 Q점까지 트랙을 따라 200 m의 거리를 달리는 것을 나타낸 것으로, 학생이 P에서 Q까지 이동하는 데 걸린 시간은 40초이다. 트랙 한 바퀴의 거리는 400 m이다.

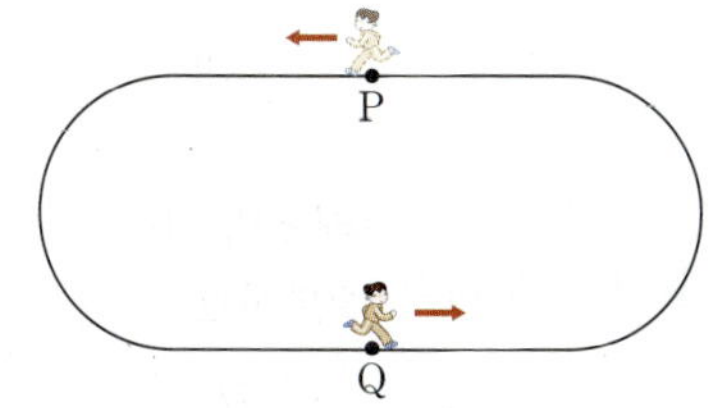

P에서 Q까지 학생의 운동에 대한 설명으로 옳은 것만을 〈보기〉에서 있는 대로 고른 것은?

| 보기 |
ㄱ. 평균 속력은 5 m/s이다.
ㄴ. 평균 속도의 크기는 5 m/s보다 작다.
ㄷ. 평균 속도의 방향은 P에서 Q로 향하는 방향이다.

① ㄱ   ② ㄴ   ③ ㄱ, ㄷ
④ ㄴ, ㄷ   ⑤ ㄱ, ㄴ, ㄷ

04 그림은 직선 위에서 운동하는 물체의 위치를 시간에 따라 나타낸 것이다.

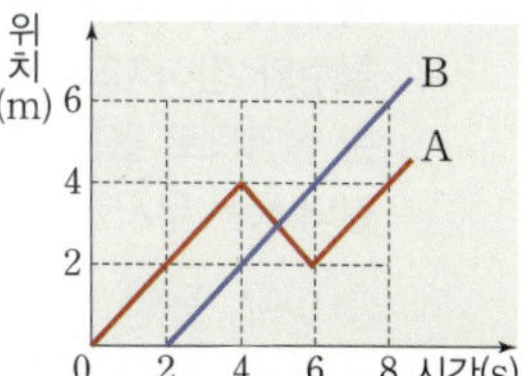

0초부터 5초까지 물체의 운동에 대한 설명으로 옳은 것만을 〈보기〉에서 있는 대로 고른 것은?

| 보기 |
ㄱ. 단위 시간당 이동 거리는 0~1초 동안이 가장 크다.
ㄴ. 평균 속력은 0~2초 동안이 2~5초 동안보다 크다.
ㄷ. 0~5초 동안의 평균 속력과 평균 속도의 크기는 같다.

① ㄱ   ② ㄴ   ③ ㄱ, ㄴ
④ ㄱ, ㄷ   ⑤ ㄴ, ㄷ

05 그림은 직선 도로에서 운동하는 자동차 A, B의 위치를 시간에 따라 나타낸 것이다. A, B의 운동에 대한 설명으로 옳은 것만을 〈보기〉에서 있는 대로 고른 것은?

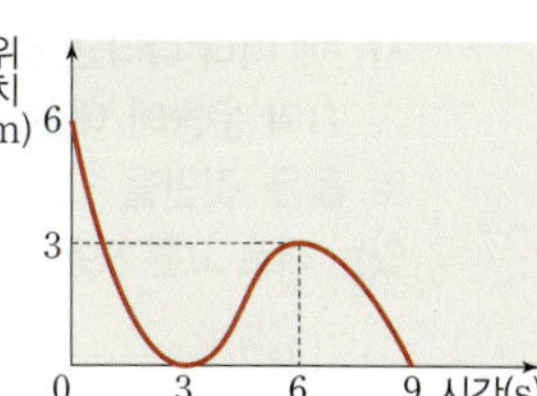

| 보기 |
ㄱ. B는 2초부터 8초까지 등가속도 운동을 한다.
ㄴ. 5초인 순간 A와 B의 운동 방향은 서로 반대이다.
ㄷ. 2초부터 6초까지 A와 B의 평균 속도의 크기는 서로 같다.

① ㄱ   ② ㄴ   ③ ㄷ
④ ㄱ, ㄷ   ⑤ ㄴ, ㄷ

06 그림은 직선 운동하는 물체의 위치를 시간에 따라 나타낸 것이다.
이 물체에 대한 설명으로 옳은 것은?

① 0초부터 3초까지 속력은 일정하다.
② 0초부터 9초까지 이동 거리는 12 m이다.
③ 0초부터 9초까지 변위는 0이다.
④ 0초부터 9초까지 운동 방향이 세 번 바뀐다.
⑤ 2초일 때 운동 방향은 4초일 때와 같다.

07 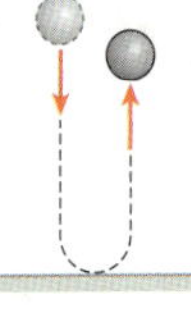
그림은 자유 낙하하는 공이 바닥에 충돌한 후 튀어 오르는 것을 나타낸 것이다.

이 공의 속도를 시간에 따라 나타낸 그래프로 옳은 것은? (단, 아래쪽 방향을 (+)로 하고, 공기 저항과 마찰은 무시한다.)

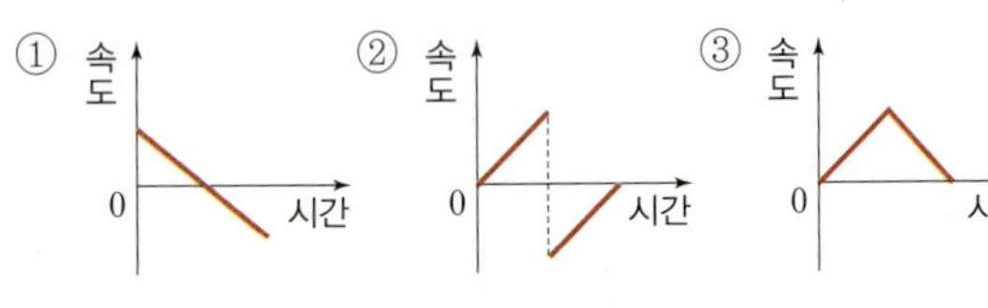
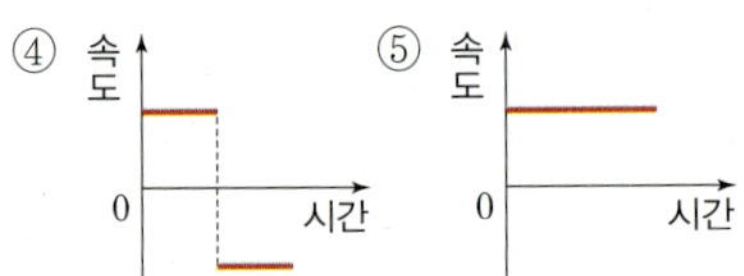

08
그림은 철수가 강아지를 데리고 직선 길을 산책할 때 철수와 강아지의 위치를 시간에 따라 나타낸 것이다.

철수와 강아지의 운동에 대한 설명으로 옳은 것은? (단, 길의 폭은 무시한다.)

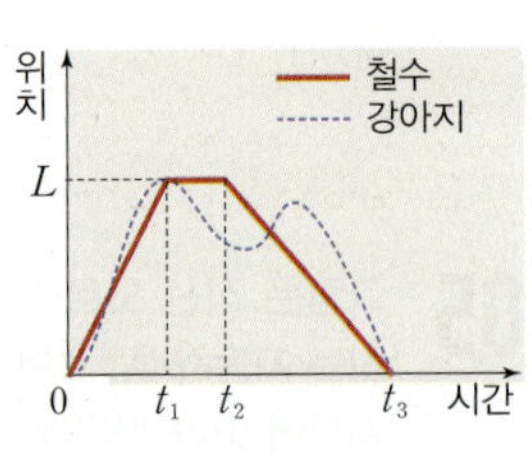

① $0{\sim}t_1$ 동안 평균 속력은 철수가 강아지보다 크다.
② $t_1{\sim}t_2$ 동안 철수는 일정한 속력으로 이동하였다.
③ $t_1{\sim}t_3$ 동안 철수와 강아지의 평균 속도는 같다.
④ $0{\sim}t_3$ 동안 강아지의 운동 방향이 두 번 바뀌었다.
⑤ $0{\sim}t_3$ 동안 강아지의 이동 거리는 $2L$이다.

B 가속도

09
그림은 공 A, B가 각각 h_1, h_2의 높이에서 자유 낙하하여 바닥에 떨어질 때까지 속력을 시간에 따라 나타낸 것이다.

A, B의 운동에 대한 설명으로 옳은 것만을 〈보기〉에서 있는 대로 고른 것은?

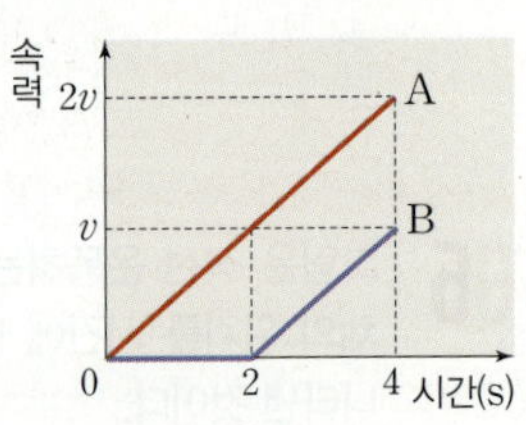

┤ 보기 ├
ㄱ. 0초부터 4초까지 A의 평균 속력은 v이다.
ㄴ. 3초일 때 A와 B의 가속도의 크기는 같다.
ㄷ. h_1은 h_2의 4배이다.

① ㄱ 　② ㄴ 　③ ㄱ, ㄷ
④ ㄴ, ㄷ 　⑤ ㄱ, ㄴ, ㄷ

10
그림은 직선 운동하는 물체의 속도를 시간에 따라 나타낸 것이다.

이에 대한 설명으로 옳은 것만을 〈보기〉에서 있는 대로 고른 것은?

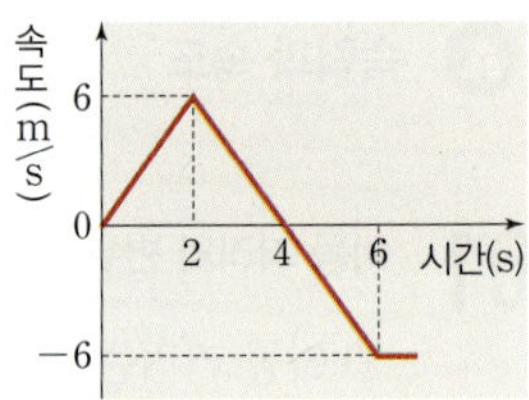

┤ 보기 ├
ㄱ. 1초일 때 운동 방향은 3초일 때와 반대이다.
ㄴ. 3초에서 5초까지 가속도는 일정하다.
ㄷ. 0초부터 6초까지 변위의 크기는 18 m이다.

① ㄱ 　② ㄴ 　③ ㄱ, ㄴ
④ ㄱ, ㄷ 　⑤ ㄴ, ㄷ

11
그림은 직선 도로에서 동시에 출발한 자동차 A, B가 등가속도로 운동하여 각각 최고 속력에 도달한 후, 최고 속력을 유지한 채 동시에 결승선에 도달하는 모습을 나타낸 것이다. 두 자동차의 이동 거리는 같고, A가 B보다 먼저 최고 속력에 도달한다.

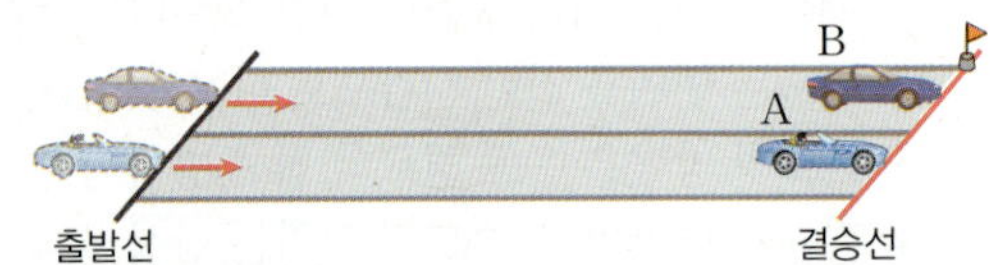

출발선에서 결승선에 도달할 때까지 A, B의 운동에 대한 설명으로 옳은 것은? (단, 자동차의 크기는 무시한다.)

① 평균 속력은 A가 크다.
② 최고 속력은 B가 크다.
③ 속력이 증가하는 동안 A, B의 가속도는 같다.
④ 등속 운동하는 동안 이동한 거리는 B가 더 길다.
⑤ A, B의 속력이 같아질 때까지 이동한 거리는 B가 더 길다.

12
그림은 직선 운동하는 물체의 속도를 시간에 따라 나타낸 것이다.

이 물체의 운동에 대한 설명으로 옳은 것만을 〈보기〉에서 있는 대로 고른 것은?

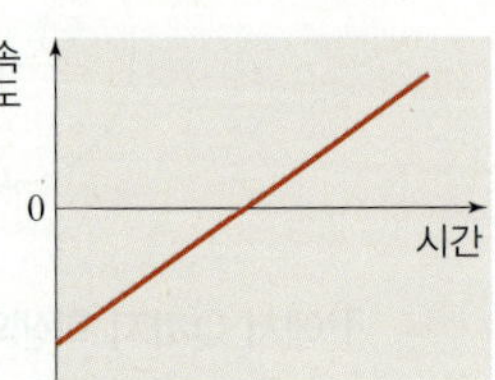

┤ 보기 ├
ㄱ. 운동 방향은 바뀐다.
ㄴ. 속력은 계속 증가한다.
ㄷ. 가속도 크기는 일정하다.

① ㄱ 　② ㄴ 　③ ㄷ
④ ㄱ, ㄴ 　⑤ ㄱ, ㄷ

13 그림은 직선 운동하는 철수와 영희의 가속도를 시간에 따라 나타낸 것이다. 0초일 때 두 사람은 정지해 있었다.

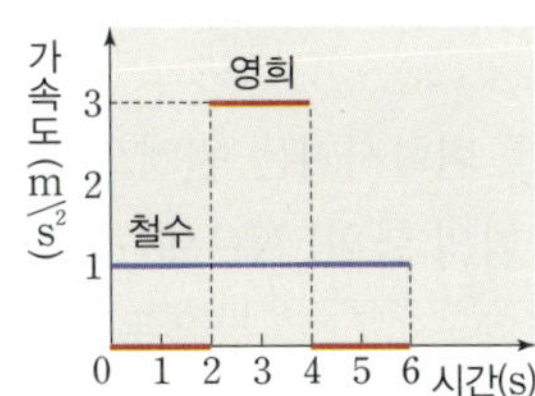

두 사람의 운동에 대한 설명으로 옳은 것은?

① 영희는 4초일 때 정지하였다.
② 0~6초 동안 철수의 속력은 일정하다.
③ 3초일 때 철수와 영희의 속력은 같다.
④ 3초일 때 영희의 속력은 5초일 때보다 크다.
⑤ 0~6초 동안 철수의 이동 거리는 0~3초 동안 철수의 이동 거리의 2배이다.

14 그림 (가)는 철수가 자전거를 타고 $2\,m/s$의 속력으로 기준선을 통과하여 직선 운동하는 것을, (나)는 철수가 기준선을 통과한 순간부터의 가속도를 시간에 따라 나타낸 것이다.

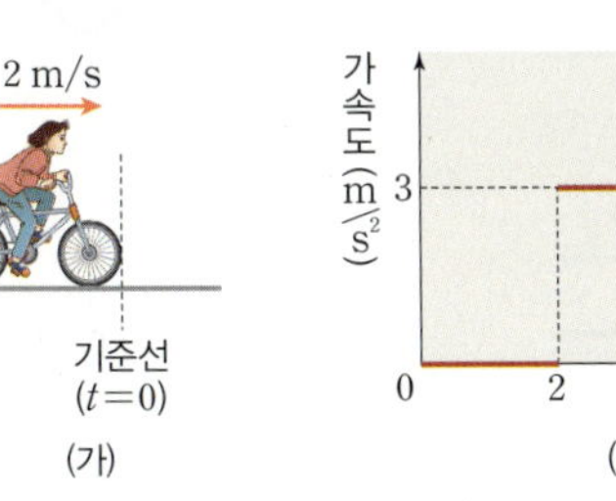

철수의 운동에 대한 설명으로 옳은 것만을 〈보기〉에서 있는 대로 고른 것은?

| 보기 |
ㄱ. 0초부터 2초까지 속력은 $2\,m/s$이다.
ㄴ. 0초부터 4초까지 이동한 거리는 $6\,m$이다.
ㄷ. 4초일 때 속력은 $8\,m/s$이다.

① ㄱ   ② ㄴ   ③ ㄱ, ㄴ
④ ㄱ, ㄷ   ⑤ ㄴ, ㄷ

 이렇게!

15 표는 일정한 가속도로 직선 운동하는 물체의 위치를 시간에 따라 나타낸 것이다.

시간(s)	0	1	2	3	4	5
위치(m)	0	2	6	12	20	30

물체의 (1) 가속도의 크기와 (2) 0초일 때의 속도를 구하는 풀이 과정과 결과를 서술하시오.

16 그림은 직선 운동하는 물체의 속도를 시간에 따라 나타낸 것이다.

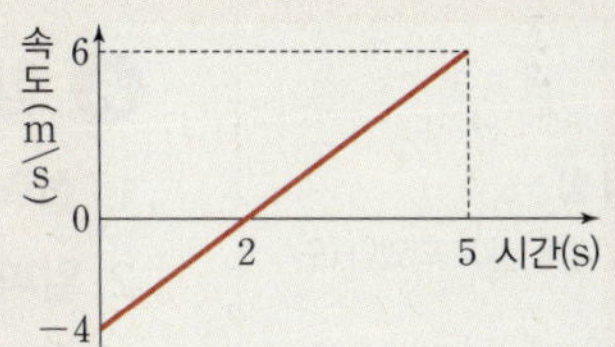

0초부터 5초까지 물체의 평균 속도를 구하는 풀이 과정 및 결과와 운동 방향을 서술하시오.

17 그림은 두 자동차 A, B가 직선 도로에서 $5\,m/s$의 같은 속력으로 기준선을 동시에 통과하여 운동하는 것을 나타낸 것이다. 표는 기준선을 통과한 때부터 20초 동안 A, B의 운동 상태와 이동 거리를 나타낸 것이다.

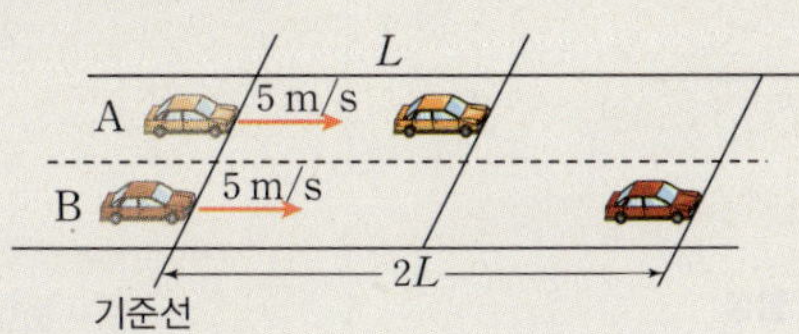

구분	처음 10초 동안 운동 상태	나중 10초 동안 운동 상태	20초 동안 이동 거리
A	등속도 운동	가속도 a로 등가속도 운동	L
B	가속도 a로 등가속도 운동	등속도 운동	$2L$

a와 L를 구하는 풀이 과정과 결과를 서술하시오.

02 뉴턴 운동 법칙

⊗ 먼저 알아야 할 내용

1. **과학에서의 힘**   물체의 모양이나 운동 상태를 변화시키는 원인으로 서로 밀거나 끌어 당기는 물체 사이의 상호 작용을 말한다. ➡ 힘의 단위: N(뉴턴)
2. **힘의 효과**   힘이 작용하면 물체의 모양이나 [㉠], 운동 방향이 변한다.
3. **힘의 표시**   힘의 3요소를 화살표로 표시한다.

힘의 3요소	힘의 표시
힘의 크기	화살표의 [㉡]
힘의 방향	화살표의 방향
힘의 작용점	화살표의 시작점

답 ㉠ 빠르기 ㉡ 길이

Ⓐ 힘의 합성

1. **합력**   둘 이상의 힘이 작용할 때 그와 똑같은 효과를 나타내는 하나의 힘
2. **알짜힘**   한 물체에 여러 힘이 동시에 작용할 때, 물체에 작용하는 모든 힘의 합력
3. **힘의 합성**   힘의 합력을 구하는 과정
   (1) **일직선상의 두 힘의 합성**: 합성된 합력의 크기는 같은 방향일 때는 두 힘의 크기의 합과 같고, 반대 방향일 때는 두 힘의 크기의 차와 같다.

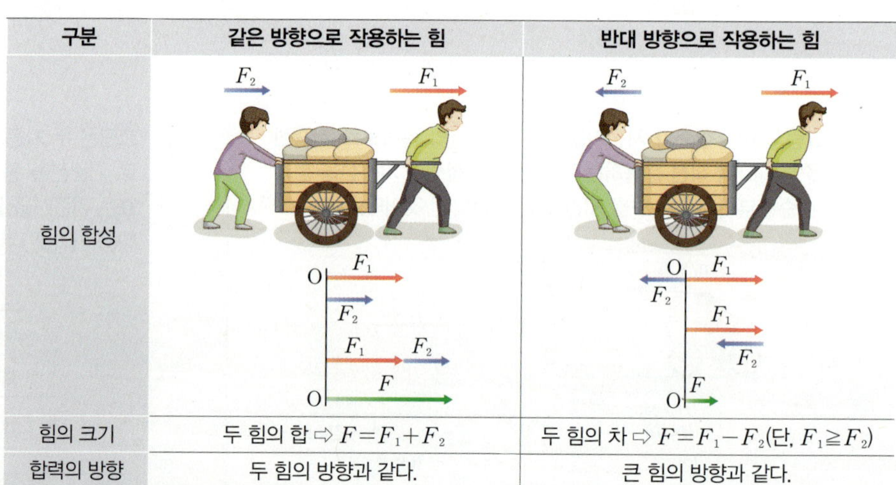

구분	같은 방향으로 작용하는 힘	반대 방향으로 작용하는 힘
힘의 합성		
힘의 크기	두 힘의 합 ⇨ $F=F_1+F_2$	두 힘의 차 ⇨ $F=F_1-F_2$(단, $F_1 \geqq F_2$)
합력의 방향	두 힘의 방향과 같다.	큰 힘의 방향과 같다.

   (2) **일정한 각을 이루고 있는 두 힘의 합성**: 두 힘을 나타내는 화살표의 시작점을 맞대어 붙이고, 두 화살표에 나란한 직선을 그려 평행사변형을 만든 다음 대각선을 그리면 대각선의 길이가 합력의 크기이며, 대각선의 화살표가 가리키는 방향이 합력의 방향이 된다.
   (3) **여러 힘의 합성**: 작용하는 힘이 셋 이상이면 두 힘의 합성을 반복하여 구한다.
   · 크기와 방향이 있는 힘의 합성: 크기와 방향을 나타내는 화살표를 평행 이동하여 화살표의 꼬리와 머리를 맞추면 처음 꼬리에서 마지막 머리를 연결한 화살표가 합성된 힘이다.

❖ **일상생활에서의 힘**
· 선생님의 말씀이 내게 힘이 되었다.(도움이나 의지)
· 우리는 그 일을 성사시키기 위해 온 힘을 다했다.(능력)
· 사법부의 독립은 행정부의 힘을 견제하는 한 방법이 될 수 있다.(권력)

❖ **두 힘의 합성**

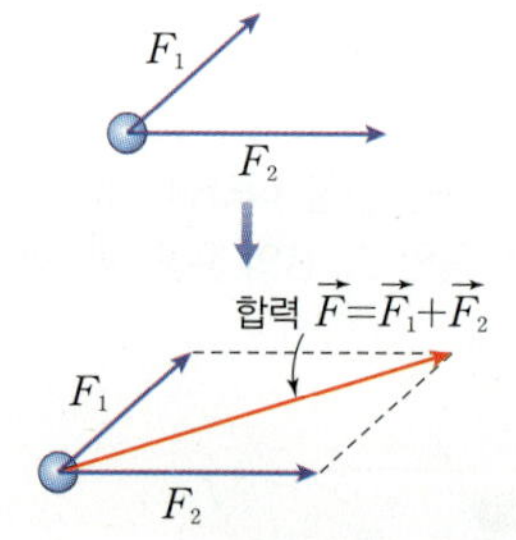

합력 $\vec{F}=\vec{F_1}+\vec{F_2}$

❖ **여러 힘의 합성**

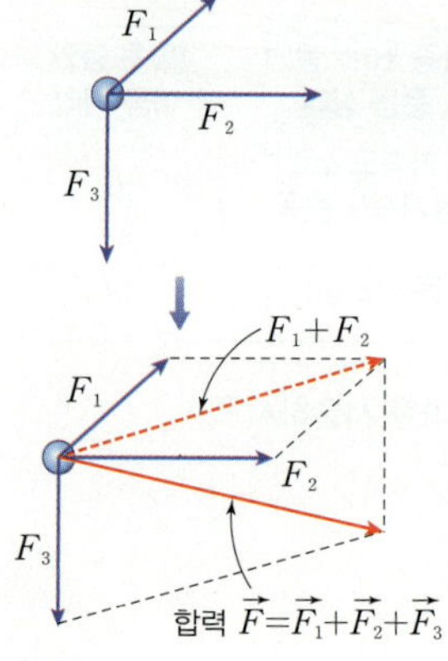

합력 $\vec{F}=\vec{F_1}+\vec{F_2}+\vec{F_3}$

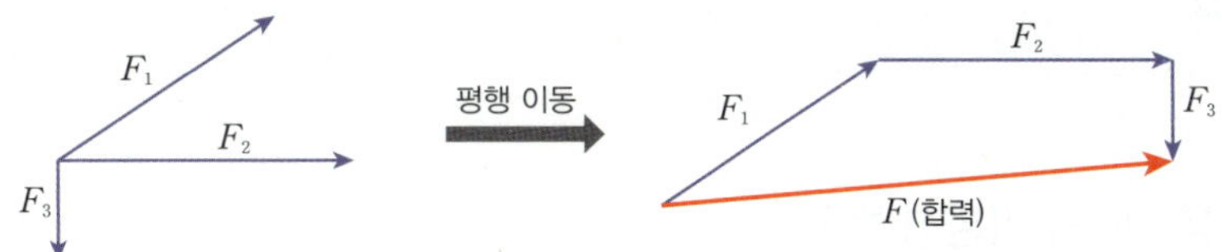

4. 힘의 평형 힘의 합력이 0일 때 힘이 평형을 이룬다고 한다. — 알짜힘이 0일 때 물체는 힘이 작용하지 않는 것처럼 운동한다.

실전 자료 **물체에 작용하는 알짜힘**

그림은 수평면에 놓인 물체, 도르래에 걸친 줄에 매달린 물체, 빗면 위에 놓인 물체에 일정한 힘 F가 작용하는 것을 나타낸 것이다. 이 경우 일반적으로 물체에 작용하는 힘 F를 제외한 중력, 수직 항력(물체의 접촉면에 수직 방향으로 작용하는 힘), 장력 등은 주어진 상황에서 판단하여야 한다. (단, 마찰과 공기 저항은 무시한다.)

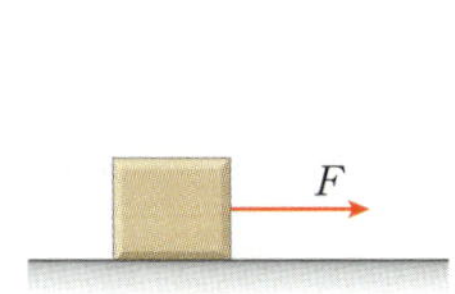
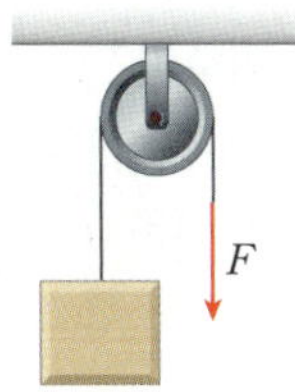
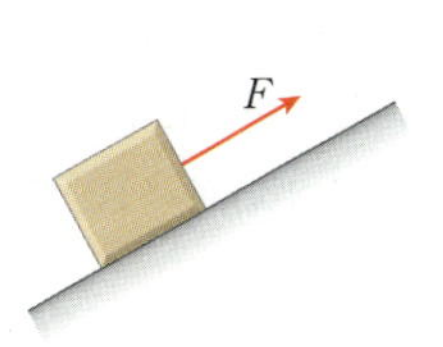

❶ **수평면에 놓인 물체**: 일반적으로 중력이 작용하는 공간에서의 상황이므로 중력과 수평면이 물체를 떠받쳐 주는 힘(수직 항력)이 존재하고 이 두 힘은 서로 평형을 이루므로 알짜힘은 F이다.
❷ **도르래에 매달린 물체**: 줄이 잡아당기는 힘이 F가 되고 중력이 있으므로 알짜힘은 F와 중력의 합력이다.
❸ **빗면 위에 놓인 물체**: 중력과 수직 항력이 작용하므로 알짜힘은 F와 중력, 수직 항력의 합력이다.

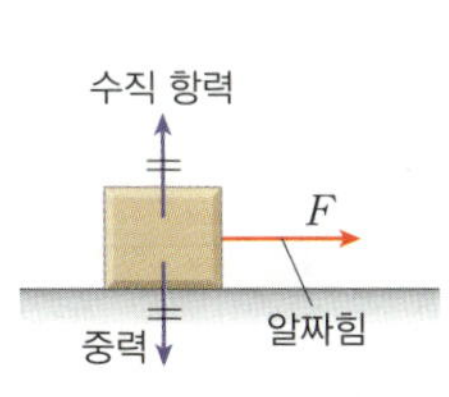
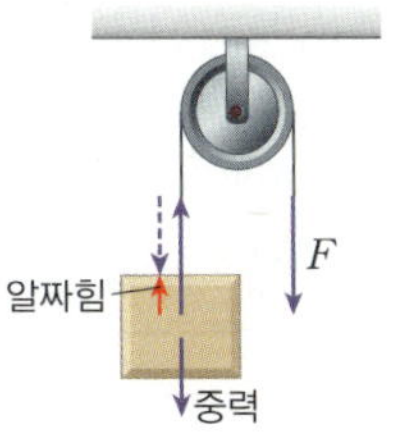
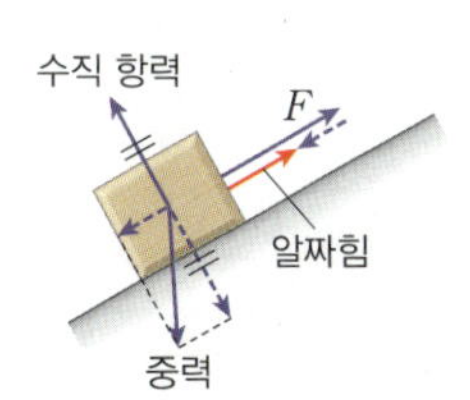

개념 바로 확인

정답 및 해설 | 04쪽

01 힘을 화살표로 나타낼 때 힘의 크기는 화살표의 [ ], 힘의 방향은 화살표의 방향이다.

02 정지한 물체에 작용하는 모든 힘의 합력이 0이며 [ ]을 이룬다.

01 그림 (가), (나)는 빗면에 놓인 질량이 1 kg인 물체에 각각 수평 방향으로 힘 F_1, 빗면에 나란한 방향으로 힘 F_2를 작용하였을 때 물체가 정지해 있는 것을 나타낸 것이다. 빗면의 경사각이 $30°$이고 중력 가속도는 10 m/s^2이다. (단, 모든 마찰은 무시한다.)

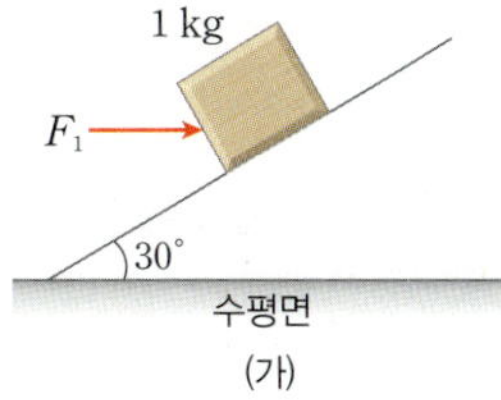
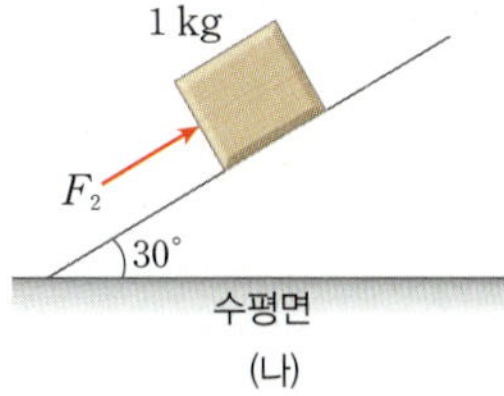

(1) (가), (나)에서 물체에 작용하는 중력과 빗면이 물체에 작용하는 수직 항력의 크기(물체를 떠받치는 힘의 크기)를 비교하시오.

중력: (가) (㉠   ) (나), 수직 항력: (가) (㉡   ) (나)

(2) F_1, F_2의 크기를 구하시오.

B 운동 제1법칙(관성 법칙)

1. 물체에 힘이 작용하고 있지 않거나 작용하는 모든 힘들이 평형 상태에 있을 때, 즉 알짜힘이 0일 때 성립한다.

2. 물체에 작용하는 알짜힘이 0일 때 정지하여 있는 물체는 계속 정지해 있고, 운동하던 물체는 운동하던 방향으로 일직선을 따라 일정한 속력으로 계속 운동한다. ── 이를 뉴턴의 운동 제1법칙 또는 관성 법칙이라고 한다.

3. **갈릴레이의 사고 실험**: 마찰이나 공기 저항이 없으면 빗면을 내려온 물체는 같은 높이가 될 때까지 맞은 쪽 빗면을 올라간다. 만약에 맞은 쪽에 물체가 올라갈 빗면이 없다면 물체는 계속 운동하고 멈추지 않을 것이다.

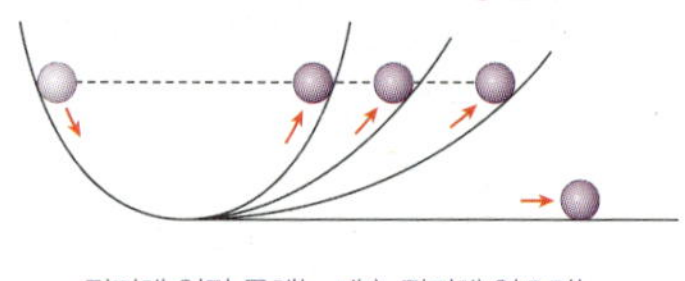

── 정지해 있던 물체는 계속 정지해 있으려는 성질 때문에(정지 관성)

4. 정지해 있던 버스가 갑자기 출발할 때 사람들은 뒤로 넘어지려고 하고, 달리던 버스가 갑자기 정지할 때 사람들은 앞으로 넘어지려고 한다. ── 운동하던 물체는 계속 운동하려는 성질 때문에(운동 관성)

❖ **관성에 의한 현상**

• 정지 관성: 버스가 갑자기 출발할 때

버스에 탄 사람의 몸이 정지하려는 관성 때문에 뒤쪽으로 쏠린다.

• 운동 관성: 버스가 갑자기 정지할 때

버스에 탄 사람의 몸이 계속 운동하려는 관성 때문에 앞으로 쏠린다.

❖ **관성의 크기**

질량이 클수록 관성이 크다. 따라서 질량이 클수록 운동 상태를 변화시키기 어렵다.

C 운동 제2법칙

1. 가속도와 알짜힘, 질량의 관계

(1) **가속도와 알짜힘**: 물체의 질량이 일정할 때 가속도는 물체에 작용하는 알짜힘에 비례한다. 질량이 $1\,kg$으로 일정한 물체에 작용하는 알짜힘이 $1\,N$, $2\,N$, $3\,N$으로 증가할 때 물체의 가속도는 $1\,m/s^2$, $2\,m/s^2$, $3\,m/s^2$으로 알짜힘에 비례하여 증가한다.

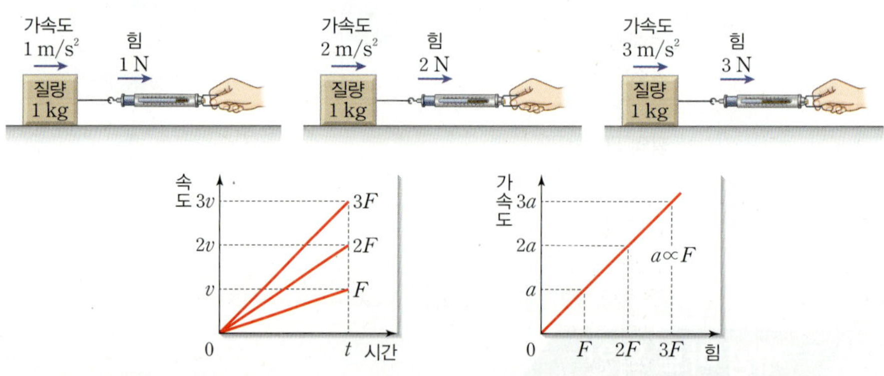

(2) **가속도와 질량**: 물체에 작용하는 알짜힘이 일정할 때 가속도는 물체의 질량에 반비례한다. $1\,N$의 일정한 알짜힘이 작용하는 물체의 질량이 $1\,kg$, $2\,kg$, $3\,kg$으로 증가할 때 물체의 가속도는 $1\,m/s^2$, $\frac{1}{2}\,m/s^2$, $\frac{1}{3}\,m/s^2$으로 질량에 반비례한다.

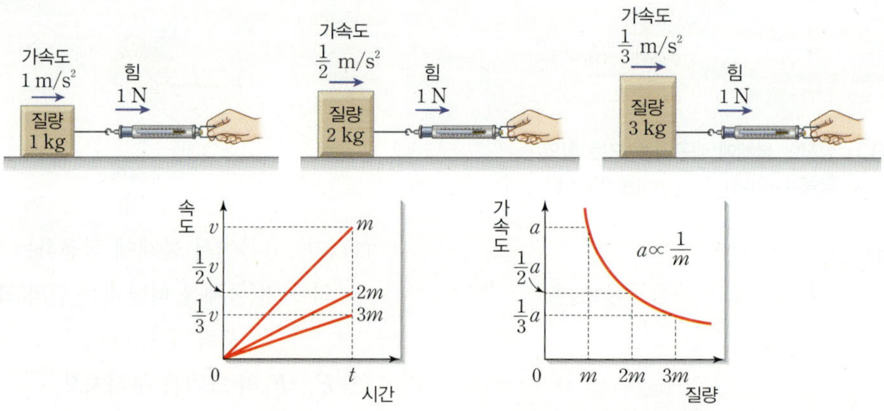

2. 운동 제2법칙(가속도 법칙)

(1) 물체의 가속도는 물체에 작용하는 알짜힘에 비례하고 물체의 질량에 반비례한다. 이를 뉴턴 운동 제2법칙 또는 가속도 법칙이라고 한다.

$$\text{가속도} = \frac{\text{알짜힘}}{\text{질량}},\ a = \frac{F}{m} \ \Rightarrow\ F = ma\ (\text{단위: N(뉴턴)})$$

(2) $F = ma$와 같이 물체에 작용하는 알짜힘 F를 물체의 질량 m과 가속도 a의 관계식으로 표현한 것을 운동 방정식이라고 한다.

(3) 가속도의 방향은 알짜힘의 방향과 같다.

(4) 질량이 $1\,\text{kg}$인 물체의 가속도가 $1\,\text{m/s}^2$이 되게 하는 힘의 크기를 $1\,\text{N}$이라고 한다.

실전 자료 | 연결된 물체의 운동

1. 그림과 같이 두 물체 A, B가 줄로 연결된 상태에서 B에 힘 F를 작용하여 잡아당길 때 줄이 A, B를 잡아당기는 힘이 같다. (단, 모든 마찰은 무시한다.)

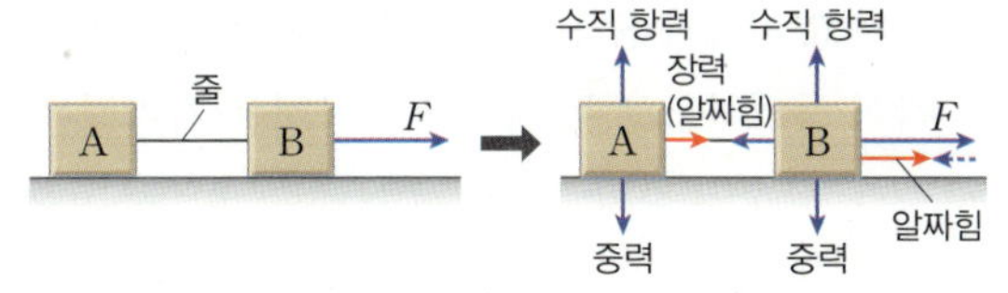

- A에 작용하는 알짜힘은 중력, 수직 항력, 줄이 잡아당기는 힘의 합력이고, B에 작용하는 알짜힘은 중력, 수직 항력, 줄이 잡아당기는 힘, F의 합력이다.
- A와 B가 연결되어 있어도 A에 작용하는 알짜힘을 구할 때는 A에 작용하는 힘만 고려하고 B에 작용하는 알짜힘을 구할 때는 B에 작용하는 힘만 고려한다.

2. 그림과 같이 도르래를 통해 물체 A, B가 줄로 연결되어 있을 때에도 마찰을 무시하면 줄이 A, B를 잡아당기는 힘의 크기는 같다.

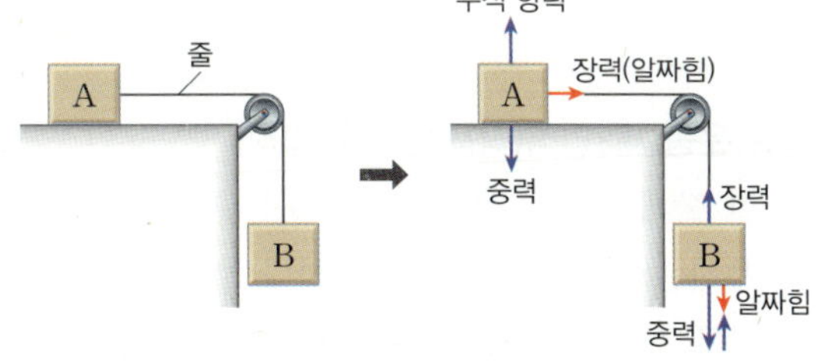

- A에 작용하는 알짜힘은 중력, 수직 항력, 줄이 잡아당기는 힘의 합력이고, B에 작용하는 알짜힘은 중력, 줄이 잡아당기는 힘의 합력이다.
- A와 B가 연결되어 있어도 A에 작용하는 알짜힘을 구할 때는 A에 작용하는 힘만 고려하고 B에 작용하는 알짜힘을 구할 때는 B에 작용하는 힘만 고려한다.

❖ 질량

물체의 고유한 양으로 장소에 따라 변하지 않으며 양팔 저울로 측정한다.
- 관성 질량: 가속도 법칙을 이용하여 물체에 일정한 힘을 작용할 때 가속도를 비교하여 측정한 질량
- 중력 질량: 지구가 물체에 작용하는 만유인력을 비교하여 측정한 질량

❖ 무게

물체의 무게는 지구가 물체를 잡아당기는 만유인력의 크기이고 용수철저울로 측정한다. 무게는 장소에 따라 달라질 수 있다.

필수 용어 정리

* **관성** | 물체가 현재의 운동 상태를 유지하려는 성질

개념 바로 확인

정답 및 해설 | 04쪽

03 물체의 가속도는 물체에 작용하는 ⬚에 비례하고 ⬚에 반비례한다.

04 가속도의 방향은 ⬚의 방향과 같다.

02 그림은 질량이 $1\,\text{kg}$인 물체를 도르래에 걸친 줄로 매달고, 줄을 크기가 $5\,\text{N}$인 힘으로 잡아당기는 것을 나타낸 것이다. (단, 중력 가속도는 $10\,\text{m/s}^2$이고, 공기 저항과 마찰은 무시한다.)

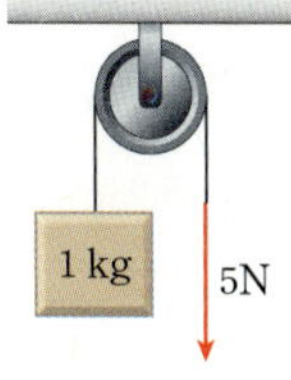

(1) 물체에 작용하는 힘은 중력과 (   )이다.

(2) 물체에 작용하는 알짜힘은 크기가 (   )이고 방향은 연직 아래 방향이다.

(3) 물체의 가속도는 크기가 (   )이고 방향은 알짜힘과 같은 연직 아래 방향이다.

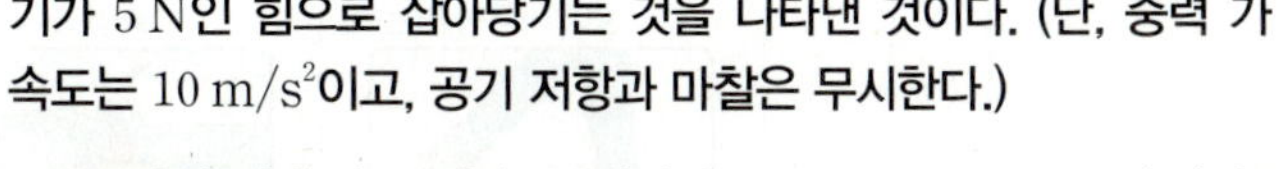

D 운동 제3법칙

1. 힘의 성질

(1) 용수철저울 A, B를 서로 연결하고 A로 B를 잡아당기면 B의 용수철만 늘어나는 것이 아니라 A의 용수철도 동시에 늘어나는 것을 관찰할 수 있다.

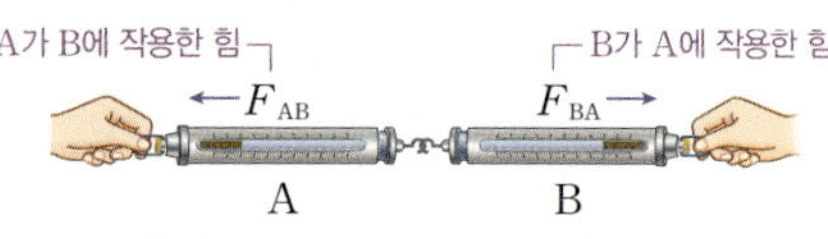

(2) 축구 선수가 헤딩할 때 사람이 공에 힘을 작용하여 공이 튕겨나가는 동시에 사람도 공으로부터 힘을 받는 것을 느낀다.

(3) 질량이 같은 두 자석이 떨어져 있어도 N극과 N극을 가까이 하면 서로 미는 힘이 작용하고 N극과 S극을 가까이 하면 서로 끌어당기는 힘이 작용한다. 줄이 기울어지는 각이 동일하므로 두 자석에 작용하는 자기력은 크기가 서로 같다.

(4) 힘은 두 물체 사이에 상호 작용이 있을 때에 나타난다. 예를 들어 A와 B가 모두 자석이면 자석과 자석 사이에는 자기력이라는 상호 작용이 있으므로 A와 B 사이에는 자기력이라는 힘이 나타난다. A가 자석, B가 나무라면 A와 B 사이에는 자기력이라는 상호 작용이 없으므로 자기력이라는 힘이 나타나지 않는다.

2. 뉴턴 운동 제3법칙(작용 반작용 법칙)

(1) 한 물체가 다른 물체에 작용하는 힘을 작용이라고 하면, 다른 물체가 처음 물체에 작용하는 힘을 반작용이라고 한다.

(2) 물체 A와 물체 B 사이에 상호 작용이 있고 A가 B에 힘 $\vec{F}_{AB}$을 작용하면 동시에 B는 A에 같은 크기의 힘 $\vec{F}_{BA}$를 A와 반대 방향으로 작용하므로 $\vec{F}_{BA} = -\vec{F}_{AB}$이다.

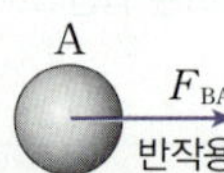

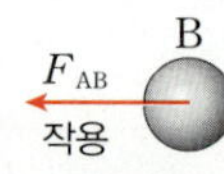

$$\vec{F}_{BA} = -\vec{F}_{AB}$$

이를 뉴턴 운동 제3법칙 또는 작용 반작용 법칙이라고 한다.

(3) F_{AB}을 작용이라고 하면 F_{BA}는 반작용이다.

(4) 물체가 가속도 운동을 한다는 것은 그 물체에 작용하는 힘이 있다는 것을 의미한다.

(5) **작용 반작용의 예**: 두 물체가 접촉하여 있거나 떨어져 있어도 작용 반작용 법칙은 항상 성립한다.

발이 바닥에 미는 힘을 작용하면 이 힘의 반작용으로 바닥이 발에 미는 힘을 작용하므로 사람이 앞으로 걸어갈 수 있다.	노가 물에 미는 힘을 작용하면 이 힘의 반작용으로 물이 노에 미는 힘을 작용하므로 노를 잡은 사람과 배가 앞으로 이동한다.	로켓이 가스에 미는 힘을 작용하면 이 힘의 반작용으로 가스가 로켓에 미는 힘을 작용하여 로켓이 앞으로 나아간다.	지구가 공에 만유인력을 작용하면 이 힘의 반작용으로 공이 지구에 끌어당기는 힘을 작용한다.

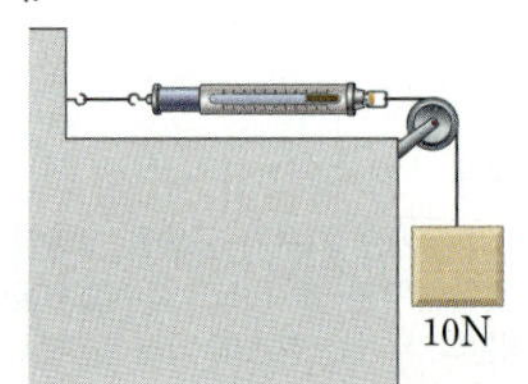

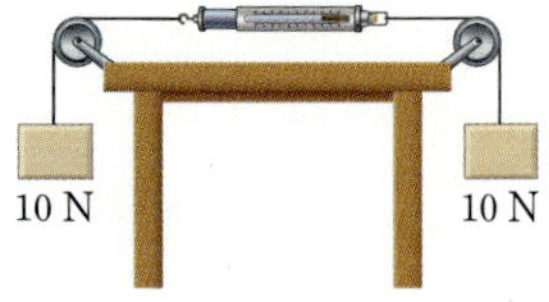

그림 (가), (나), (다)는 천장에 매달린 물체, 책상 위에 놓인 물체와 손으로 눌러 벽에 접촉하여 있는 공에 작용하는 힘을 나타낸 것이다.

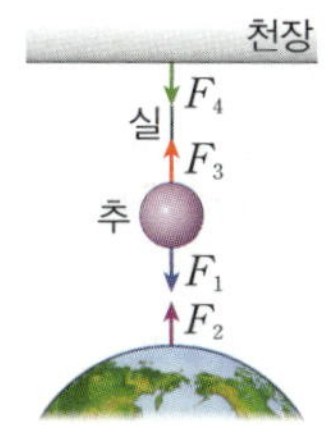

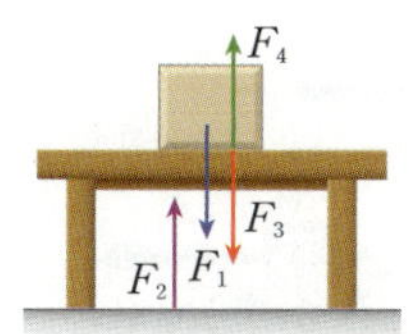

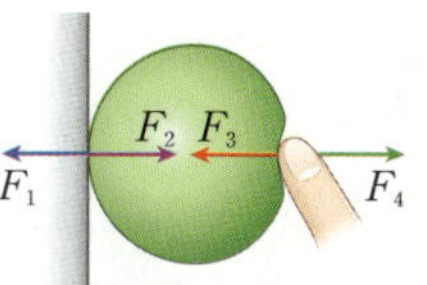

F_1: 지구가 추를 잡아당기는 힘
F_2: 추가 지구를 잡아당기는 힘
F_3: 실이 추를 잡아당기는 힘
F_4: 추가 실을 잡아당기는 힘
(가)

F_1: 지구가 물체를 잡아당기는 힘
F_2: 물체가 지구를 잡아당기는 힘
F_3: 물체가 책상을 누르는 힘
F_4: 책상이 물체를 떠받치는 힘
(나)

F_1: 공이 벽을 미는 힘
F_2: 벽이 공을 밀어내는 힘
F_3: 손이 공을 누르는 힘
F_4: 공이 손을 밀어내는 힘
(다)

❖ 힘의 평형과 작용 반작용

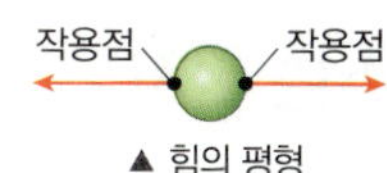

▲ 힘의 평형

▲ 작용 반작용

힘의 평형을 이루는 두 힘은 동일한 물체에 작용하는 힘이고, 작용 반작용을 이루는 두 힘은 상호 작용하는 상대 물체에 작용하는 힘이다.

❶ 작용과 반작용의 관계에 있는 힘: 'A가 B에, B가 A에'라는 형식으로 힘을 작용하는 두 물체가 반복되어 언급된다.
 • (가), (나), (다): F_1과 F_2, F_3과 F_4
❷ 평형 관계에 있는 힘: 같은 물체에 작용하는 크기가 같고 방향이 반대인 두 힘
 • (가): F_1과 F_3, (나): F_1과 F_4, (다): F_2와 F_3

개념 바로 확인

정답 및 해설 | 04쪽

05 A가 B에 작용한 힘의 반작용은 [　　　]가 [　　　]에 작용한 힘이다.

03 그림은 수평면에 놓인 질량이 $2\,kg$인 물체를 나타낸 것이다. 중력 가속도는 $10\,m/s^2$이다.

(1) 물체에 작용하는 중력의 크기는 (㉠　　　　)이고, 수평면이 떠받치는 힘의 크기는 (㉡　　　　)이다.

(2) 물체에 작용하는 중력과 수평면이 떠받치는 힘은 (㉠　　　　) 관계에 있는 힘이고, (㉡　　　　)의 반작용은 물체가 지구를 당기는 힘이다.

06 작용과 반작용 관계에 있는 힘은 서로 [　　　] 물체에 작용하는 힘이고, 평형 관계에 있는 힘은 [　　　] 물체에 작용하는 힘이다.

04 그림은 마찰이 없는 수평면에 놓인 물체 A, B에 오른쪽으로 $5\,N$의 일정한 힘을 작용하는 것을 나타낸 것으로 A와 B는 함께 운동한다. A, B의 질량은 각각 $2\,kg$, $3\,kg$이고, 중력 가속도는 $10\,m/s^2$이다.

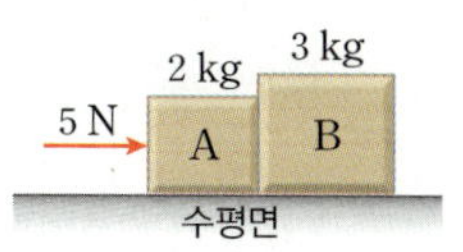

(1) B에 작용하는 알짜힘의 크기는 (　　　　)이다.

(2) B가 A에 작용하는 힘의 크기는 B에 작용하는 (㉠　　　　)의 크기와 같고, A에 작용하는 알짜힘의 크기는 (㉡　　　　)이다.

· 가속도 법칙 ·

과정

목표
- 가속도와 알짜힘 사이의 관계를 안다.
- 가속도와 질량 사이의 관계를 안다.

1. 실험대에 1 m 자를 스탠드에 장치하고, 삼각대에 동영상 촬영이 가능한 디지털카메라나 스마트 기기를 설치한다.
2. 역학 수레에 용수철저울을 연결하고, 일정한 크기의 힘으로 당기면서 역학 수레의 운동을 동영상으로 촬영한다.
3. 수레의 질량을 일정하게 하고 수레를 당기는 힘을 2배, 3배로 바꾸어 과정 2를 반복한다.
4. 수레를 당기는 힘을 일정하게 하고 수레의 질량을 2배, 3배로 바꾸어 과정 2를 반복한다.
5. 촬영한 파일을 동영상 분석 프로그램으로 재생하여 0.1초 간격으로 수레의 위치를 확인한 후 표에 기록하고, 수레의 가속도를 계산한다.

결과

1. 가속도와 힘은 어떤 관계가 있는가? → 가속도는 힘에 비례한다.
2. 가속도와 질량은 어떤 관계가 있는가? → 가속도는 질량에 반비례한다.

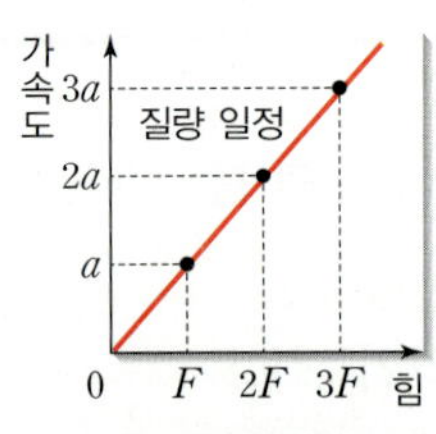

▲ 수레의 질량이 일정할 때

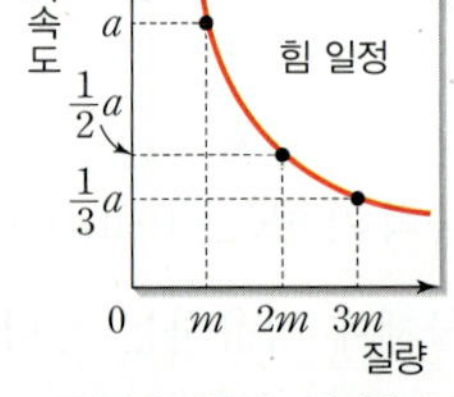

▲ 물체에 작용하는 알짜힘이 일정할 때

정답 및 해설 | 04쪽

---

01 위 실험에 대한 설명으로 옳은 것은 ○, 옳지 <u>않은</u> 것은 ×로 표시하시오.

(1) 수레의 질량이 일정할 때 수레를 당기는 힘이 2배, 3배로 증가하면 수레의 가속도 크기가 2배, 3배가 된다. ( )

(2) 수레의 질량이 일정할 때 수레가 정지 상태에서 이동한 거리는 시간에 비례하여 증가한다. ( )

(3) 당기는 힘이 일정할 때 수레의 가속도 크기는 수레 질량에 비례하여 증가한다. ( )

(4) 물체의 가속도의 크기는 질량에 비례하고 알짜힘의 크기에 반비례한다. ( )

02 그림은 마찰이 없는 수평면에 정지해 있는 질량이 m인 수레에 오른쪽 방향으로 크기가 F인 일정한 힘을 작용하는 것을 나타낸 것이다.

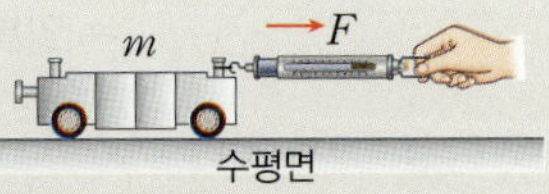

이에 대한 설명으로 옳은 것만을 〈보기〉에서 있는 대로 고른 것은?

| 보기 |

ㄱ. 수레에 작용하는 알짜힘의 크기는 F이다.

ㄴ. 수레의 가속도 크기는 $\frac{F}{m}$이다.

ㄷ. 수레의 이동 거리는 시간에 비례한다.

① ㄱ ② ㄴ ③ ㄱ, ㄴ
④ ㄱ, ㄷ ⑤ ㄱ, ㄴ, ㄷ

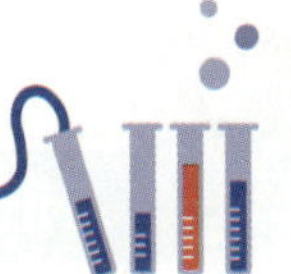

A 힘의 합성

01 그림은 어떤 물체에 크기가 3 N, 4 N인 힘을 직각으로 작용하는 것을 나타낸 것이다.
물체에 작용하는 알짜힘의 크기는?

① 3 N 　② 4 N 　③ 5 N
④ 6 N 　⑤ 7 N

02 그림은 마찰이 없는 기울기가 일정한 빗면에 가만히 놓은 물체가 빗면을 따라 내려가는 것을 나타낸 것이다.

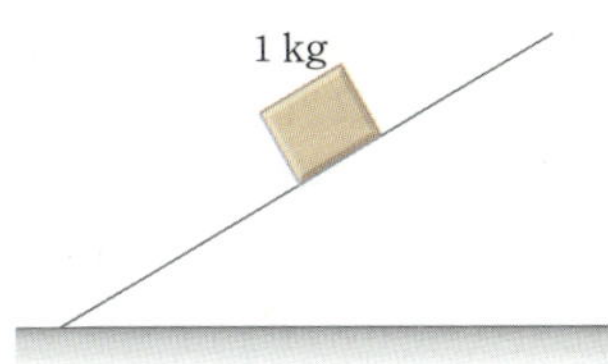

물체에 작용하는 힘에 대한 설명으로 옳은 것은? (단, 중력 가속도는 10 m/s^2이다.)

① 빗면이 물체를 떠받치는 힘은 10 N이다.
② 중력은 10 N보다 작다.
③ 알짜힘은 중력과 같다.
④ 알짜힘의 크기는 10 N보다 크다.
⑤ 알짜힘의 방향은 빗면에 나란하다.

03 물체에 작용하는 알짜힘에 대한 설명으로 옳은 것만을 〈보기〉에서 있는 대로 고른 것은?

| 보기 |

ㄱ. 물체에 작용하는 모든 힘의 합력이다.
ㄴ. 알짜힘이 0이면 물체에 작용하는 모든 힘은 평형을 이룬다.
ㄷ. 물체에 작용하는 힘들의 방향이 다를 때 알짜힘의 크기는 물체에 작용하는 모든 힘 각각의 크기를 더한 것과 같다.

① ㄱ 　② ㄷ 　③ ㄱ, ㄴ
④ ㄴ, ㄷ 　⑤ ㄱ, ㄴ, ㄷ

A 운동 제1법칙

04 관성에 대한 설명으로 옳은 것만을 〈보기〉에서 있는 대로 고른 것은?

| 보기 |

ㄱ. 질량이 클수록 관성이 크다.
ㄴ. 정지해 있는 물체의 관성은 0이다.
ㄷ. 버스가 급정거할 때 승객의 관성이 증가한다.

① ㄱ 　② ㄷ 　③ ㄱ, ㄴ 　④ ㄴ, ㄷ 　⑤ ㄱ, ㄴ, ㄷ

05 물체에 작용하는 알짜힘이 0일 때 물체의 운동에 대한 설명으로 옳은 것만을 〈보기〉에서 있는 대로 고른 것은?

| 보기 |

ㄱ. 서서히 정지한다.
ㄴ. 등속도 운동을 한다.
ㄷ. 속력이 일정한 원운동을 한다.

① ㄴ 　② ㄷ 　③ ㄱ, ㄴ 　④ ㄱ, ㄷ 　⑤ ㄱ, ㄴ, ㄷ

06 다음은 관성에 의하여 나타나는 현상들이다.

A: 식탁보를 재빨리 빼내면 식탁 위의 물체들은 제자리에 있다.

B: 달리던 버스가 갑자기 멈추면 승객과 손잡이가 앞으로 쏠린다.

C: 이불을 막대기로 두드리면 먼지가 아래로 떨어진다.

D: 달리다가 발이 돌에 걸리면 앞으로 넘어진다.

위에서 정지 상태를 유지하려는 정지 관성으로 설명되는 현상과 운동 상태를 유지하려는 운동 관성으로 설명되는 현상을 옳게 짝 지은 것은?

	정지 관성	운동 관성
①	A, B	C, D
②	A, C	B, D
③	A, D	B, C
④	B, C	A, D
⑤	B, D	A, C

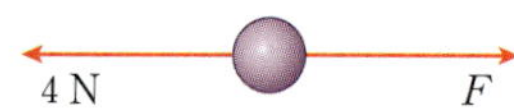

07 그림은 등속도 운동하는 물체에 작용하는 크기가 $4\,N$, F인 두 힘을 나타낸 것이다.

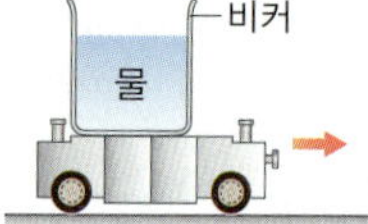

이에 대한 설명으로 옳은 것만을 〈보기〉에서 있는 대로 고른 것은?

보기

ㄱ. 두 힘의 방향은 반대이다.
ㄴ. 물체에 작용하는 알짜힘은 0이다.
ㄷ. $F = 4\,N$이다.

① ㄱ   ② ㄷ   ③ ㄱ, ㄴ
④ ㄴ, ㄷ   ⑤ ㄱ, ㄴ, ㄷ

08 그림은 물이 든 비커를 올려놓은 수레가 화살표 방향으로 등속으로 운동하고 있는 것을 나타낸 것이다.
수레를 갑자기 정지시키는 동안 비커 속의 수면의 모양으로 가장 옳은 것은? (단, 비커는 수레에 고정되어 있다.)

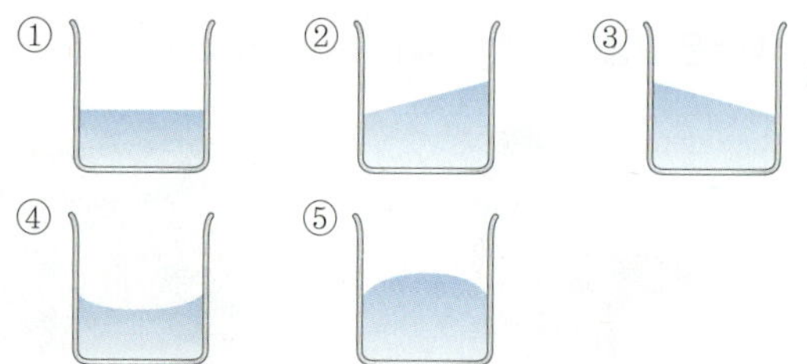

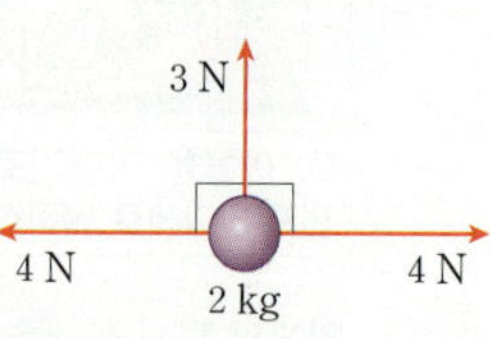

C 운동 제2법칙

09 그림은 질량이 $2\,kg$인 물체에 크기가 $3\,N$, $4\,N$, $4\,N$인 세 힘이 서로 수직으로 작용하고 있는 것을 나타낸 것이다.
이 물체에 대한 설명으로 옳은 것만을 〈보기〉에서 있는 대로 고른 것은?

보기

ㄱ. 알짜힘의 크기는 $3\,N$이다.
ㄴ. 가속도의 크기는 $1.5\,m/s^2$이다.
ㄷ. 운동하다가 $3\,N$의 힘이 없어지면 정지한다.

① ㄱ   ② ㄷ   ③ ㄱ, ㄴ
④ ㄴ, ㄷ   ⑤ ㄱ, ㄴ, ㄷ

10 그림은 마찰이 없는 수평면에서 수레 A, B에 같은 힘을 작용하였을 때 수레의 속력을 시간에 따라 나타낸 것이다.

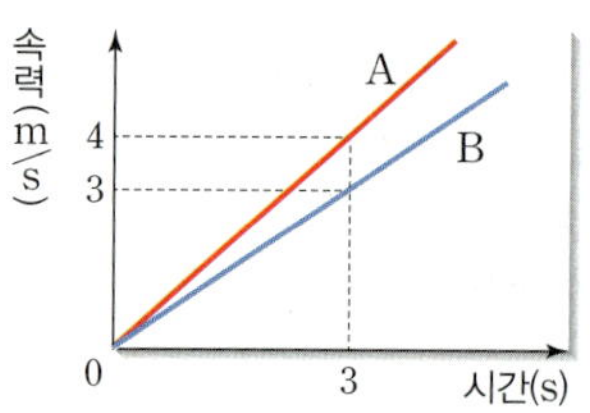

A, B의 질량을 각각 m_A, m_B라고 할 때, $m_A : m_B$?

① $1 : 3$ ② $2 : 3$ ③ $3 : 2$
④ $3 : 4$ ⑤ $4 : 3$

11 그림은 마찰이 없는 수평면에서 수레 A, B를 줄 P로 연결한 후 B에 크기가 $20\,N$인 힘을 오른쪽 방향으로 작용하여 당기는 것을 나타낸 것이다.
A, B에 대한 설명으로 옳은 것만을 〈보기〉에서 있는 대로 고른 것은? (단, 줄의 질량은 무시한다.)

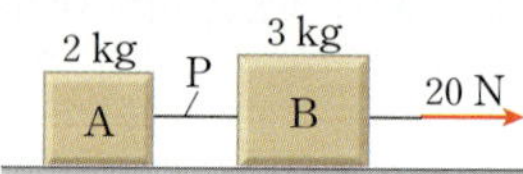

보기

ㄱ. B의 가속도 크기는 $4\,m/s^2$이다.
ㄴ. 작용하는 알짜힘의 크기는 A가 B의 1.5배이다.
ㄷ. P가 A를 잡아당기는 힘의 크기는 $8\,N$이다.

① ㄴ   ② ㄷ   ③ ㄱ, ㄴ
④ ㄱ, ㄷ   ⑤ ㄱ, ㄴ, ㄷ

12 그림은 질량이 각각 $2\,kg$, $3\,kg$인 물체 A, B가 도르래에 걸친 줄에 매달려 운동하는 것을 나타낸 것이다.
이에 대한 설명으로 옳은 것만을 〈보기〉에서 있는 대로 고른 것은? (단, 중력 가속도는 $10\,m/s^2$이고, 줄의 질량과 모든 마찰은 무시한다.)

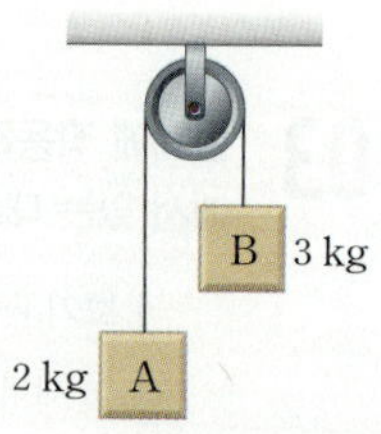

보기

ㄱ. A의 가속도 크기는 $2\,m/s^2$이다.
ㄴ. B에 작용하는 알짜힘의 크기는 $6\,N$이다.
ㄷ. 줄이 B를 당기는 힘의 크기는 $24\,N$이다.

① ㄱ   ② ㄴ   ③ ㄱ, ㄷ
④ ㄴ, ㄷ   ⑤ ㄱ, ㄴ, ㄷ

D 운동 제3법칙

13 그림은 장난감 A, B가 줄로 연결되어 마찰이 없는 얼음판 위에 있는 것을 나타낸 것이다. A는 일정한 힘으로 줄을 잡아 당기고 있으며 질량은 A가 B보다 크다.

이에 대한 설명으로 옳은 것만을 〈보기〉에서 있는 대로 고른 것은? (단, 줄의 질량은 무시한다.)

> | 보기 |
> ㄱ. A에 작용하는 알짜힘은 0이다.
> ㄴ. A는 정지해 있고 B만 끌려간다.
> ㄷ. 줄이 A를 당기는 힘과 B를 당기는 힘의 크기는 같다.

① ㄱ ② ㄷ ③ ㄱ, ㄴ
④ ㄴ, ㄷ ⑤ ㄱ, ㄴ, ㄷ

14 그림은 탁자 위에 놓인 무게가 10 N인 책을 손으로 누르고 있는 것을 나타낸 것이다. 이에 대한 설명으로 옳은 것만을 〈보기〉에서 있는 대로 고른 것은?

> | 보기 |
> ㄱ. 책이 탁자를 누르는 힘의 크기는 10 N이다.
> ㄴ. 탁자가 책을 떠받치는 힘의 크기는 10 N보다 크다.
> ㄷ. 손이 책을 누르는 힘과 탁자가 책을 떠받치는 힘은 작용 반작용 관계에 있다.

① ㄱ ② ㄴ ③ ㄱ, ㄷ
④ ㄴ, ㄷ ⑤ ㄱ, ㄴ, ㄷ

15 그림은 컵 위에 올려놓은 종이를 튕겨낼 때 그 위의 동전이 컵으로 떨어지는 것을 나타낸 것이다.

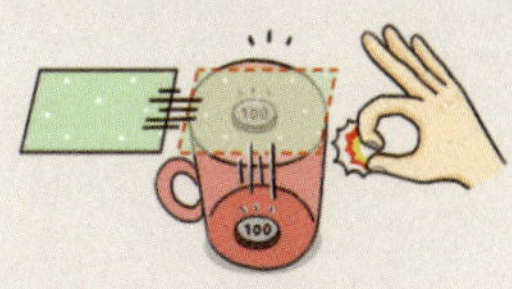

동전이 컵에 떨어지는 것을 가속도 법칙으로 설명하시오.

16 그림은 마찰이 없는 수평면 위에 질량이 각각 2 kg, 3 kg, 2 kg인 물체 A, B, C를 접촉시키고 수평 방향으로 일정한 힘을 작용하는 것을 나타낸 것으로 세 물체는 함께 운동한다.

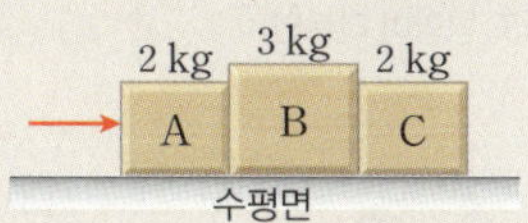

물체에 작용하는 알짜힘의 크기를 각각 F_A, F_B, F_C라고 할 때 $F_A : F_B : F_C$를 풀이 과정과 함께 구하시오.

17 다음은 우주에서 로켓이 날아가는 것이 불가능하다는 1919년 뉴욕타임스 기사를 정리한 것이다.

우주의 진공 상태에서는 로켓이 추진력을 얻을 물질, 즉 반작용을 할 물질인 공기가 없는 만큼 로켓의 추진력도 인정할 수 없다. 우주에서 로켓이 날아가려면 반작용을 할 수 있는 진공보다도 더 좋은 뭔가가 있어야 한다. 로켓 과학자들은 고등학교에서 가르치는 작용 반작용 법칙도 모르는 것 같다.

이 기사의 잘못된 점을 지적하고 로켓이 날아가는 원리를 서술하시오.

03 운동량과 충격량

🅐 운동량

1. 운동량 질량이 m인 물체가 v의 속도로 움직이고 있을 때 물체의 운동량 p는 다음과 같다.

$$운동량 = 질량 \times 속도 \qquad p = mv \text{ (단위: kg·m/s)}$$

(1) 운동량은 속도와 같이 방향에 따라 달라지는 물리량으로 운동량의 방향은 속도의 방향과 같다.

(2) 속도가 같을 때 질량이 클수록 운동량이 크고, 질량이 같을 때 속도가 빠를수록 운동량이 크다.

(3) 운동량의 크기가 같아도 방향이 다르면 운동량이 다르게 되며, 직선 운동할 때 어느 한 방향을 (+)로 하면 그 반대 방향은 (−)가 된다.

2. 운동량의 변화량

(1) 물체의 운동량이 변할 때 변화량은 속도와 같이 방향을 고려하여 계산하여야 한다.

(2) 질량이 m인 물체의 속도가 v_0에서 v로 변하는 경우 운동량의 변화량 Δp는 다음과 같다.

$$\Delta p = mv - mv_0 = m\Delta v \text{ (단위: kg·m/s)}$$

나중 운동량 / 처음 운동량

(3) 물체가 직선으로 운동할 때 운동량의 변화량의 크기는 나중 운동량과 처음 운동량의 차이이며, (가)와 같이 운동량이 증가할 때 운동량의 변화량의 방향은 처음 운동량의 방향과 같고, (나), (다)와 같이 운동량이 감소하거나 방향이 반대가 되면 운동량의 변화량의 방향은 처음 운동량의 방향과 반대이다.

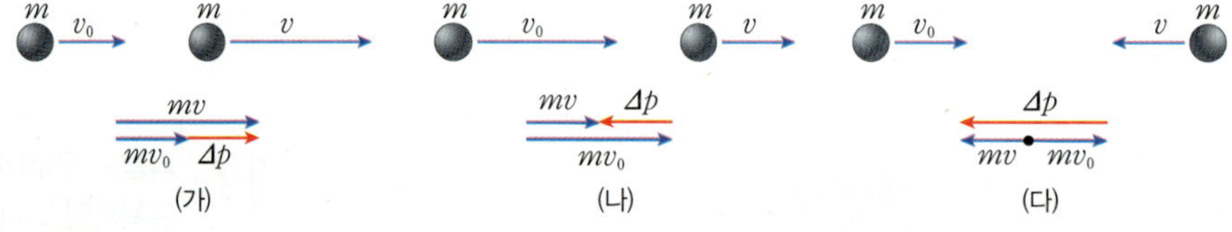

(가)   (나)   (다)

3. 운동량 보존

(1) **운동량 보존 법칙**: 물체들이 서로 충돌할 때 물체들 사이의 상호 작용 외의 외력이 작용하지 않는 경우 충돌 전 두 물체의 운동량의 총합은 충돌 후 두 물체의 운동량의 총합과 같다는 것을 운동량 보존 법칙이라고 한다.

(2) **두 물체의 충돌**: 그림과 같이 질량이 각각 m_1, m_2인 두 물체 A, B가 v_1, v_2의 속도로 운동하다 서로 충돌한 후 속도가 v_1', v_2'로 변하며 충돌 전후 동일 직선상에서 운동하는 경우 운동량 보존 법칙은 다음과 같다. ─ 두 물체가 충돌할 때 한 물체의 운동량의 변화량은 다른 물체의 운동량의 변화량과 크기가 같고 방향이 반대이다.

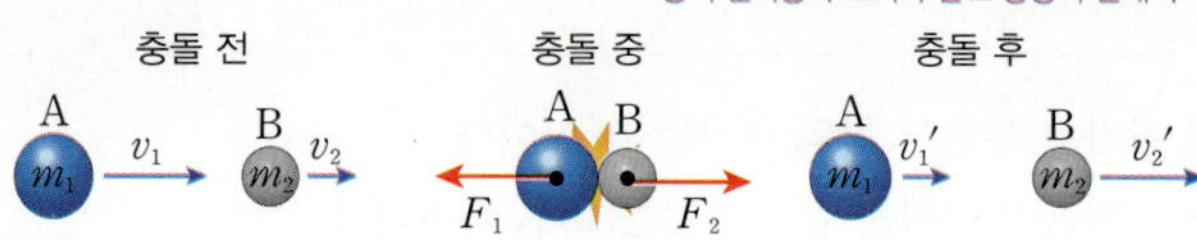

$$m_1v_1 + m_2v_2 = m_1v_1' + m_2v_2', \quad F_1 = -F_2$$

4. 운동량 보존의 적용

(1) **한 덩어리가 되는 충돌**: 그림과 같이 일직선상에서 질량이 각각 m_1, m_2인 두 물체 A, B가

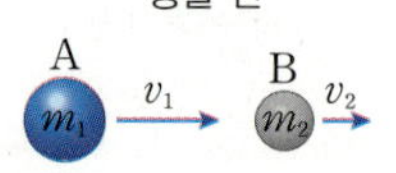

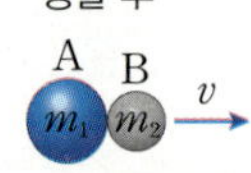

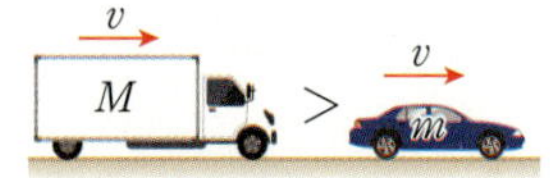

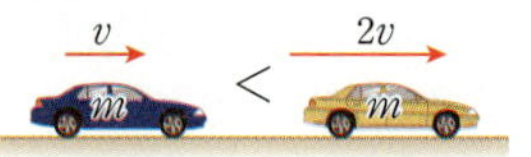

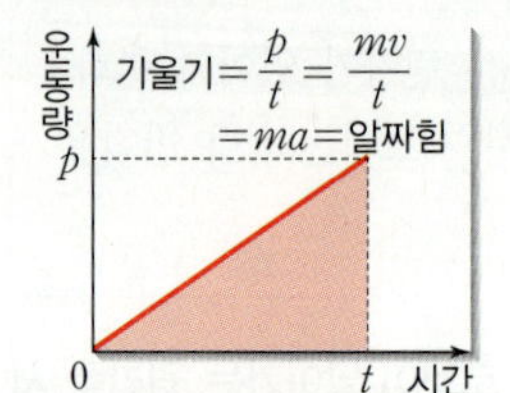

운동량−시간 그래프의 기울기는 물체에 작용하는 알짜힘을 나타낸다.

v_1, v_2의 속도로 서로 충돌한 후 한 덩어리가 되어 속도가 v가 되는 경우 충돌 후 한 덩어리가 된 두 물체의 속도는 다음과 같다.

$$m_1v_1+m_2v_2=(m_1+m_2)v \Rightarrow v=\frac{m_1v_1+m_2v_2}{m_1+m_2}$$

(2) **두 물체로 분리되는 폭발**: 그림과 같이 v의 속도로 운동하던 질량이 M인 물체가 폭발하여 질량이 각각 m_1, m_2인 두 물체 A, B로 분리되어 v_1, v_2의 속도로 운동하는 경우에 분리된 후 두 물체 A, B의 속도는 다음과 같다.

$$Mv=(m_1+m_2)v=m_1v_1+m_2v_2$$

실전 자료   분리될 때 속력−시간 그래프와 속도−시간 그래프

그림은 마찰이 없는 수평면에서 정지해 있는 A, B 두 사람이 서로를 밀어 v_1, v_2의 속력으로 분리되는 것을 나타낸 것이다.

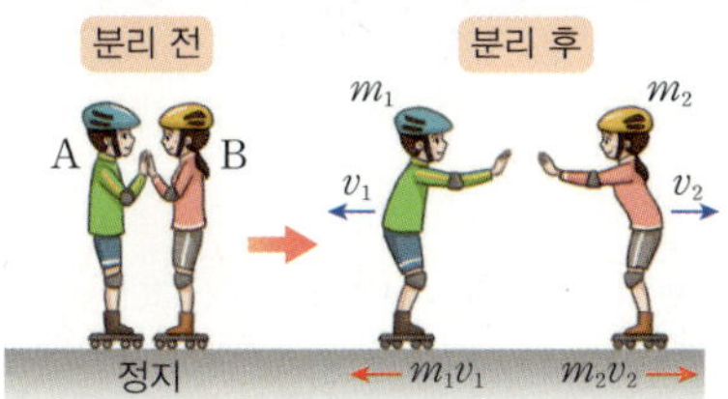

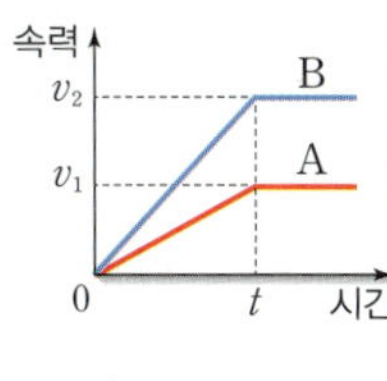

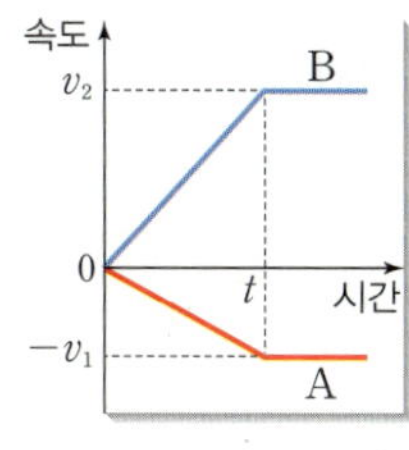

❶ 작용 반작용 법칙에 따라 A가 B에 작용하는 힘의 크기가 F이면 B가 A에 작용하는 힘의 크기도 F이고 두 힘의 방향은 서로 반대이다.

❷ A와 B의 속력−시간 그래프와 속도−시간 그래프는 그림과 같다.

❸ 두 사람이 힘을 작용한 시간은 0~t이다. 0~t 사이에 속력−시간 그래프의 기울기는 가속도의 크기이고, 기울기가 작은 쪽이 질량이 큰 쪽이다. A와 B의 운동 방향은 서로 반대이므로 속도−시간 그래프에서 한 쪽이 (+)이면, 다른 쪽은 (−)임을 알 수 있다. A가 B보다 질량이 크다.

❖ 여러 가지 충돌

- 탄성 충돌: 운동 에너지가 보존되는 충돌 예 이상 기체 분자의 충돌, 당구공의 충돌 등
- 비탄성 충돌: 운동 에너지가 감소하는 충돌 예 일상생활에서 일어나는 일반적인 충돌
- 완전 비탄성 충돌: 충돌 후 한 덩어리가 되는 충돌로 운동 에너지가 감소하는 충돌 예 화살이 표적에 박힐 때, 운석이 지구에 충돌할 때 등

탄성 충돌할 때에는 충돌 전후 운동 에너지가 보존되지만 그 외의 충돌은 빛, 소리, 열에너지 등으로 전환되어 운동 에너지가 보존되지 않는다.

❖ 정지해 있는 물체가 폭발할 때

폭발하기 전 물체가 정지해 있는 경우 폭발 전후 운동량의 합이 0이므로 분리된 후 두 물체는 서로 반대 방향으로 운동하며 운동량의 크기는 같다. 따라서 질량이 작은 물체의 속력이 더 빠르게 된다.

$$0=m_1v_1+m_2v_2 \Rightarrow m_1v_1=-m_2v_2$$

필수 용어   정리

* **변화량** | 나중의 양에서 처음의 양을 뺀 값이다. 운동량과 같이 방향이 있는 물리량은 방향을 고려하여 계산하여야 한다.

개념 바로 확인

정답 및 해설 | 06쪽

01 질량이 m, 속력이 v인 물체의 운동량의 크기는 [ ]이고, 운동량의 방향은 [ ] 방향과 같다.

02 직선상에서 운동하는 물체의 속력이 점점 빨라질 때 운동량 변화량의 방향은 운동 방향과 [ ] 방향이고, 속력이 점점 느려질 때 운동량 변화량의 방향은 운동 방향과 [ ] 방향이다.

01 그림은 미끄러운 얼음판에서 질량이 각각 60 kg, 40 kg인 A, B가 정지해 있다가 서로를 미는 것을 나타낸 것이다. 두 사람이 분리된 후 A의 속력이 2 m/s이었다.

(1) A가 B를 미는 힘의 크기가 F이면 B가 A를 미는 힘의 크기는 (㉠)이고, A가 B를 미는 힘과 B가 A를 미는 힘의 방향은 서로 (㉡)(이)다.

(2) 두 사람이 분리된 후에 대한 설명으로 옳은 것만을 〈보기〉에서 있는 대로 고르시오.

| 보기 |

ㄱ. 두 사람의 운동량의 합은 0이다.

ㄴ. A와 B의 운동량은 같다.

ㄷ. B의 속력은 3 m/s이다.

03 운동량과 충격량

B 충격량

1. 충격량 물체에 힘이 작용할 때 물체에 작용한 힘 F와 힘을 작용한 시간 Δt의 곱 I를 힘이 물체에 작용한 충격량이라고 한다.

$$\text{충격량} = \text{힘} \times \text{시간} \qquad I = F \Delta t \text{ (단위: N·s)}$$

- 충격량은 방향이 있는 물리량이며, 충격량의 방향은 작용한 힘의 방향과 같다.

2. 충격량과 힘-시간 그래프

(1) **물체에 작용하는 힘의 크기가 일정한 경우**: 힘과 시간의 관계 그래프는 그림 (가)와 같으며 그래프 아랫부분의 넓이는 힘과 시간의 곱으로 충격량을 나타낸다.

(2) **물체에 작용하는 힘의 크기가 일정하지 않은 경우**: 짧은 시간 동안 작용한 힘들을 모두 더한 것이 전체 충격량이다.
아주 짧은 시간 간격 동안 힘이 일정하다고 가정함

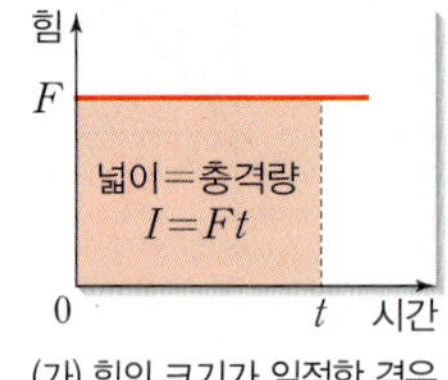

(가) 힘의 크기가 일정한 경우 　　(나) 힘의 크기가 일정하지 않은 경우

3. 충격량과 운동량의 관계

(1) 그림과 같이 일정한 속도 v_0으로 운동하고 있는 질량이 m인 물체에 시간 Δt 동안 일정한 힘 F가 작용하여 속도가 v로 변하는 경우 힘이 물체에 작용한 충격량은 $I = F\Delta t$이다.

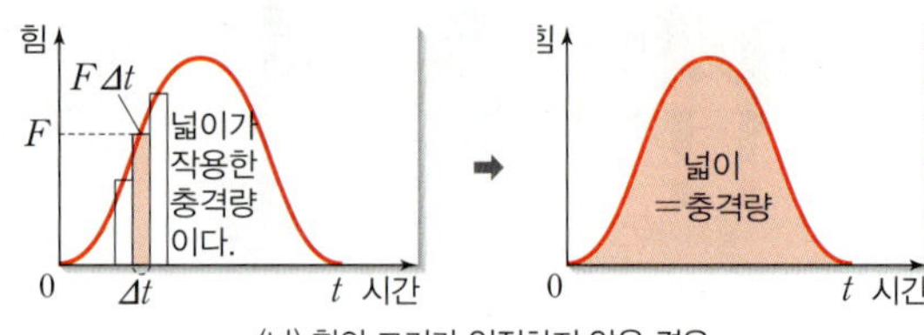

(2) 힘이 물체에 작용한 충격량이 물체의 운동량의 변화량과 같다.

$$\text{충격량} = \text{운동량의 변화량} \qquad I = \Delta p = \Delta(mv)$$

$$F = ma = \frac{mv - mv_0}{\Delta t} \Rightarrow I = F\Delta t = mv - mv_0$$

4. 충격량과 시간의 관계

(1) 물체에 작용한 충격량은 운동량의 변화량과 같으므로 물체에 작용하는 힘은 운동량의 변화량 또는 충격량을 걸린 시간으로 나눈 값이 된다. 따라서 충격량이 같을 때 힘을 작용한 시간이 짧을수록 힘의 크기가 증가한다.

$$I = F\Delta t = \Delta p \Rightarrow F = \frac{\Delta p}{\Delta t} = \frac{I}{\Delta t}$$

(2) 힘이 작용하는 시간이 달라도 충격량이 같으면 그래프 아래부분의 넓이는 같다. 즉, $S_1 = S_2$이다.

(3) 충격량이 같을 때 힘을 작용한 시간이 다르면 힘이 작용한 시간이 짧을수록 힘의 최댓값이 커진다.

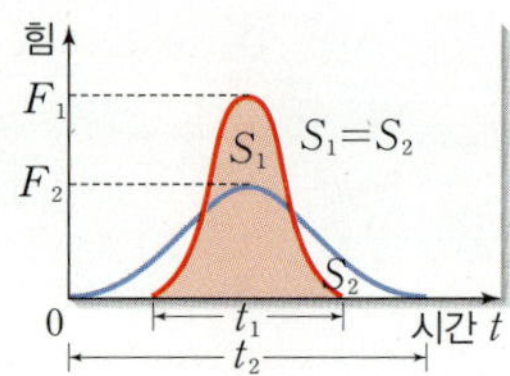

- 충격량이 같을 때 시간을 길게 하면 충격이 작용할 때 작용하는 힘의 최댓값이 작아진다.
- 작은 힘이라도 시간을 길게 작용하면 충격량을 크게 할 수 있다.

C 일상생활에서 충격량

1. 충격량을 증가시키는 경우

(1) 일정한 크기의 힘 F가 작용할 때 작용하는 시간 Δt가 길수록 충격량($I = F\Delta t$)이 증가한다. 충격량이 증가할수록 운동량의 변화량이 커져서 속력이 빨라진다.

$$mv - mv_0 = F\Delta t \Rightarrow v = v_0 + \frac{F\Delta t}{m}$$

❖ 충격량과 운동량의 단위

- 힘＝질량×가속도
  ➡ 힘의 단위: $kg \cdot m/s^2$
- 충격량＝힘×시간
  ➡ 충격량의 단위: $(kg \cdot m/s^2) \times s$
  $= kg \cdot m/s$

즉, 충격량의 단위는 운동량의 단위와 같다.

❖ 평균 힘(충격력)

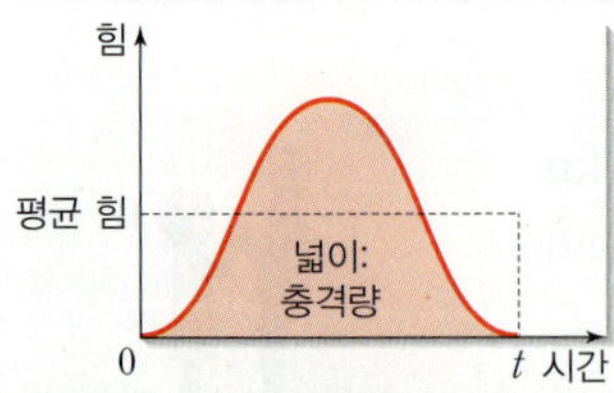

일반적으로 충돌이 일어날 때 물체에 작용하는 힘은 일정하지 않다. 이때 물체에 작용하는 평균 힘은 충격량(힘-시간 그래프 아랫부분의 넓이)을 충돌 시간으로 나누어 구한다.

(2) 테니스나 야구 경기를 할 때 공을 밀어주어 공에 힘을 작용하는 시간을 길게 해야 공의 속력을 더 크게 증가시킬 수 있고, 대포의 포신이 길수록 포탄을 멀리 보낼 수 있다. 로켓이 우주로 발사될 때, 가스 분출 시간을 길게 하면 적은 연료로도 충분한 속도를 얻을 수 있다.

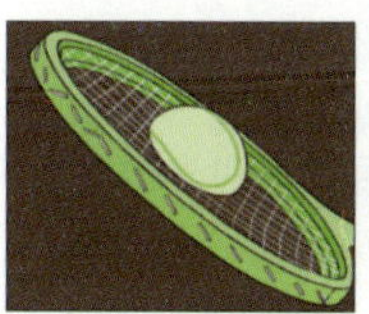
▲ 테니스공을 칠 때

▲ 야구공을 칠 때

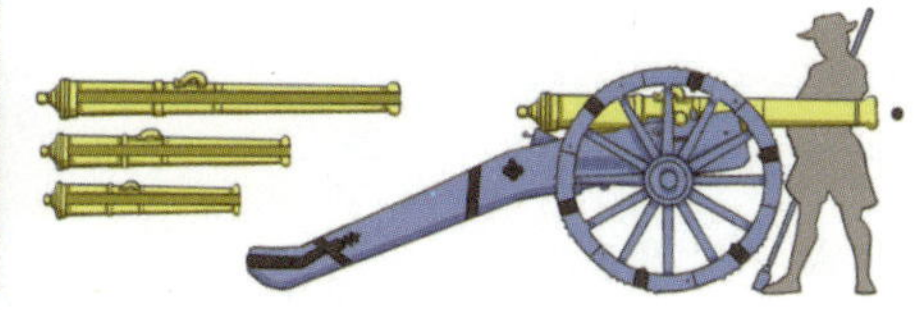
▲ 포탄을 발사할 때

2. 충격력을 감소시키는 경우

(1) 충격량이 일정할 때 힘이 작용하는 시간을 길게 하면 충격력(힘)을 감소시킬 수 있다.

(2) 달리던 자동차가 사고가 났을 때 자동차의 에어백이 작동하면 탑승자는 에어백에 부딪혀 멈추게 되므로 멈추는 시간이 길어지고 탑승자에 작용하는 힘의 최댓값 F가 작아진다. F가 신체 결합력보다 작아지면 부상이 감소한다. 자동차의 범퍼나 안전벨트도 충격이 작용하는 시간을 길게 하는 원리로 탑승자를 보호한다.

(3) 번지 점프의 줄, 배에 달린 타이어 등도 충격이 작용하는 시간을 길게 하는 안전 장비들이다.

구조물이 형태를 유지하는 것은 각 부분을 결합해 주는 힘이 있어서이다. 따라서 이 결합력보다 더 큰 힘이 작용하여 결합을 파괴하면 구조물이 파손된다. 따라서 일상생활에서 안전장치들은 충격이 작용할 때 구조물의 결합력보다 작은 힘이 작용하도록 하는 것이다.

❖ 충격력을 감소시키는 경우

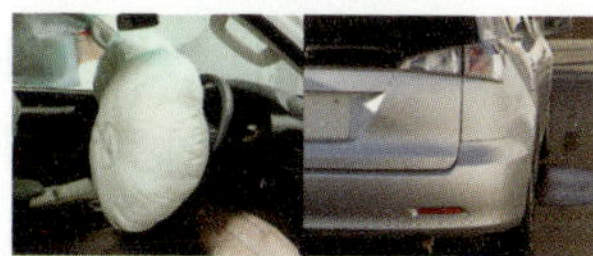
▲ 자동차의 에어백

▲ 자동차의 범퍼

▲ 번지 점프

▲ 배에 달린 타이어

실전 자료 충격력과 충돌 시간의 관계

그림은 같은 높이에서 동일한 유리컵을 가만히 놓았을 때 대리석 바닥에 떨어진 유리컵은 깨지지만 방석 위에 떨어진 유리컵은 깨지지 않는 것을 나타낸 것이다.

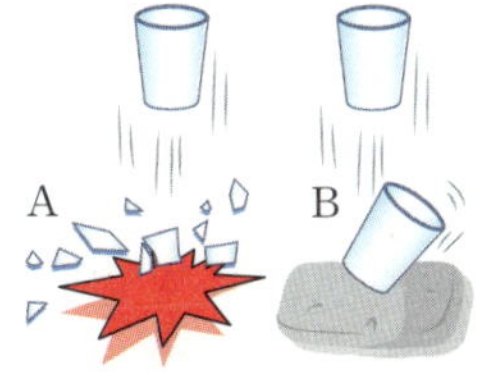

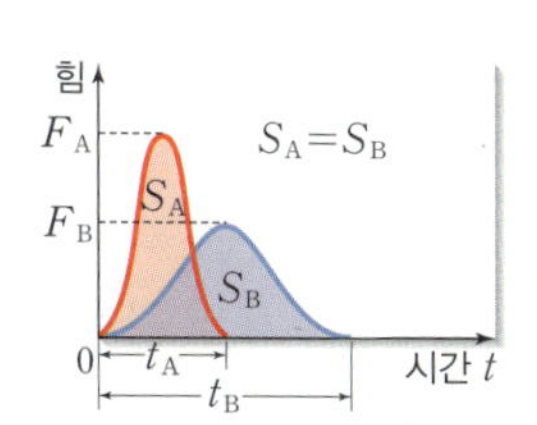

- 대리석 바닥이나 방석 위에 떨어지는 유리컵의 운동량은 동일하므로 멈추는 동안 운동량의 변화량도 동일하다. 따라서 그래프 아랫부분의 넓이 $S_A = S_B$이다.
- 방석에 떨어진 유리컵이 멈추는 시간은 대리석 바닥에 떨어진 유리컵보다 길므로 $t_A < t_B$이다.
- 충격량이 같을 때 시간이 길수록 힘의 최댓값이 감소한다. 따라서 $F_A > F_B$이다.
- 힘의 최댓값이 유리컵의 결합력보다 작으면 유리컵이 깨지지 않는다. 즉, F_A는 유리컵의 결합력보다 크고, F_B는 유리컵의 결합력보다 작다.

개념 바로 확인

정답 및 해설 | 06쪽

03 물체가 충돌할 때 받는 충격량은 물체의 [　　　　]의 변화량과 같다.

04 충격량이 같을 때 충격력을 작게 하려면 충돌 시간을 [　　　　]한다.

05 자동차의 에어백은 충돌 시간을 길게 하여 충격력을 [　　　　]시키는 장치이다.

02 그림은 직선 운동하는 질량이 $5\,kg$인 물체의 운동량을 시간에 따라 나타낸 것이다.

(1) 1초일 때 운동량의 크기는 (㉠　　　　　)이고, 3초일 때 물체의 속력은 (㉡　　　　　)이다.

(2) 0초부터 2초까지 물체에 작용한 충격량의 크기는 (　　　　　)이다.

(3) 0초부터 2초까지 물체에 작용하는 알짜힘의 크기는?

① 5 N　　　② 10 N　　　③ 15 N　　　④ 20 N　　　⑤ 30 N

탐구 활동

· 운동량 보존 ·

과정

1. 수평 실험대 위에서 질량이 같은 두 수레를 올려놓고 한 수레(A)를 밀어 다른 수레(B)에 충돌시켜 충돌 전후 두 수레 A, B가 일직선상에서 운동하는 것을 동영상으로 촬영한다.

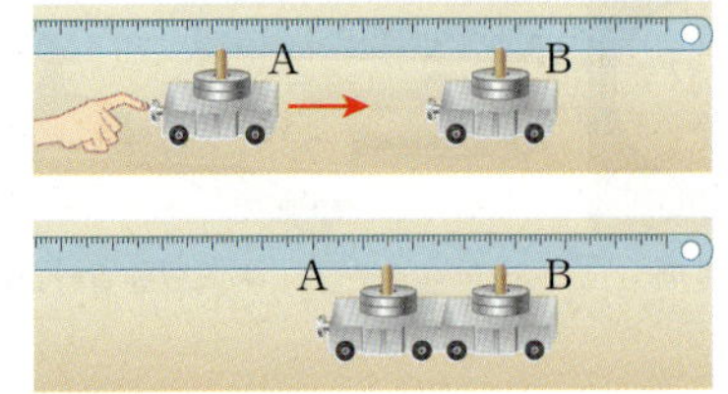

2. 수레에 추를 더하여 수레의 질량을 변화시키면서 과정 1을 반복한다. 이때 저울을 이용하여 두 수레의 질량 m_A와 m_B를 각각 측정한다.

3. 수레가 접촉하는 부분에 접착테이프를 붙여 충돌 후 두 수레가 함께 운동할 수 있게 장치하고 과정 1, 2를 반복한다.

결과

1. 충돌 전후 운동량의 합이 일정하게 보존된다.
2. A와 B에 작용한 두 힘은 작용 반작용의 관계가 있으므로 크기가 같고 방향은 반대이다.

수레	운동량	운동량 변화량의 방향	작용한 힘의 방향
A	감소	←	←
B	증가	→	→

정리

• 운동량 보존: 충돌 전 두 수레의 운동량의 합 = 충돌 후 두 수레의 운동량의 합
• 두 수레 각각에 작용한 힘: 작용과 반작용의 관계에 있으므로 크기가 같고 방향이 반대이다.

정답 및 해설 | 06쪽

---

01 위 실험에 대한 설명으로 옳은 것은 ○, 옳지 않은 것은 ×로 표시하시오.

(1) 수레 A가 운동하여 정지해 있는 수레 B에 충돌할 때 A의 운동량은 증가하고 B의 운동량은 감소한다. ( )

(2) 수레 A가 운동하여 정지해 있는 수레 B에 충돌할 때 A에 작용한 알짜힘의 방향은 운동 방향과 반대이다. ( )

(3) 수레 A가 운동하여 정지해 있는 같은 질량의 수레 B에 충돌한 후 한 덩어리가 될 때 한 덩어리가 된 두 수레의 속력은 충돌 전 수레 A의 속력과 같다. ( )

02 그림 (가)는 마찰이 없는 수평면 위에서 질량이 서로 다른 수레 A와 B 사이에 용수철을 넣고 분리시키는 것을, (나)는 두 수레가 멈춤용 막대에 도달할 때까지 속력을 시간에 따라 나타낸 것이다.

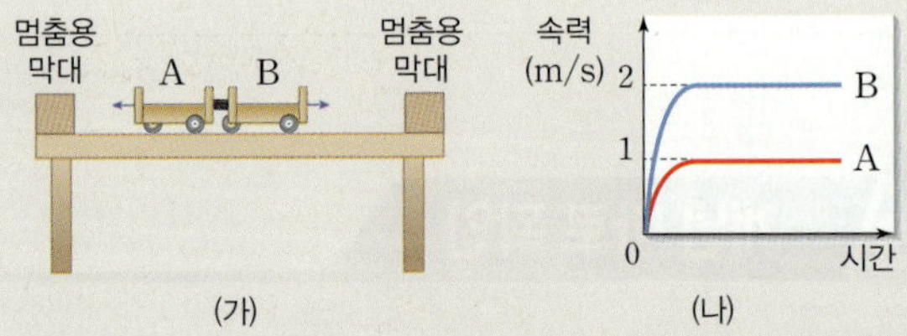

이에 대한 설명으로 옳은 것만을 〈보기〉에서 있는 대로 고른 것은?

| 보기 |

ㄱ. 분리된 후 두 수레의 운동량 합은 0이다.
ㄴ. 수레의 질량은 B가 A의 2배이다.
ㄷ. 분리되는 동안 수레가 받는 힘은 A가 B의 2배이다.

① ㄱ   ② ㄴ   ③ ㄱ, ㄴ
④ ㄱ, ㄷ   ⑤ ㄱ, ㄴ, ㄷ

A 운동량

01 운동량에 대한 설명으로 옳은 것만을 〈보기〉에서 있는 대로 고른 것은?

| 보기 |
ㄱ. 질량이 같을 때 속력이 클수록 운동량의 크기가 크다.
ㄴ. 속력이 같을 때 질량이 클수록 운동량의 크기가 크다.
ㄷ. 등속 원운동하는 물체의 운동량은 일정하다.

① ㄱ　② ㄷ　③ ㄱ, ㄴ　④ ㄴ, ㄷ　⑤ ㄱ, ㄴ, ㄷ

02 그림은 직선 도로에서 자동차 A, B, C가 화살표 방향으로 달리고 있는 것을 나타낸 것이다. A, B, C의 속력은 각각 $30\,\text{m/s}$, $30\,\text{m/s}$, $15\,\text{m/s}$이고, 질량은 각각 $2000\,\text{kg}$, $1000\,\text{kg}$, $4000\,\text{kg}$이다.

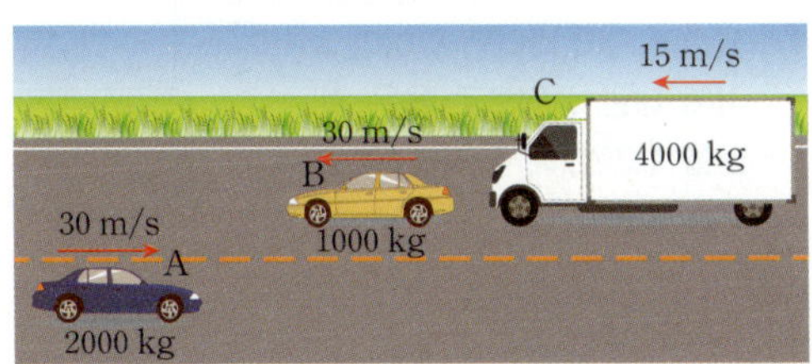

A, B, C의 운동량에 대한 설명으로 옳은 것만을 〈보기〉에서 있는 대로 고른 것은?

| 보기 |
ㄱ. A의 운동량 크기는 $60000\,\text{kg·m/s}$이다.
ㄴ. 운동량의 크기는 B가 C보다 크다.
ㄷ. A와 C의 운동량은 같다.

① ㄱ　② ㄴ　③ ㄱ, ㄷ　④ ㄴ, ㄷ　⑤ ㄱ, ㄴ, ㄷ

03 그림은 질량이 $60\,\text{kg}$인 사람이 운동장의 P점을 $3\,\text{m/s}$의 속력으로 왼쪽으로 지나간 후 Q점을 $3\,\text{m/s}$의 속력으로 오른쪽으로 지나가는 것을 나타낸 것이다. P에서 Q까지 이 사람의 운동량의 변화량은? (단, 오른쪽 방향을 (+), 왼쪽 방향을 (−)로 한다.)

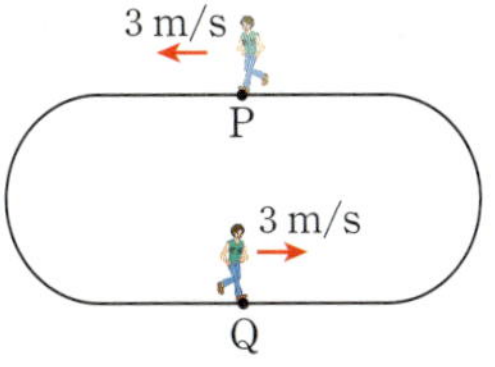

① $-360\,\text{kg·m/s}$　② $-180\,\text{kg·m/s}$
③ 0　④ $+180\,\text{kg·m/s}$
⑤ $+360\,\text{kg·m/s}$

04 그림은 물체를 지면으로부터 높이 $2h$인 P점에서 가만히 놓았을 때 물체가 일정한 가속도로 낙하하여 Q, R점을 지나는 것을 나타낸 것이다. Q, R에서의 물체의 운동량 크기를 각각 p_Q, p_R라고 할 때, $p_\text{Q} : p_\text{R}$는? (단, 물체의 크기는 무시한다.)

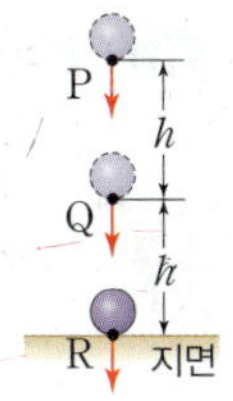

① $1 : 1$　② $1 : \sqrt{2}$　③ $1 : 2$
④ $\sqrt{2} : 1$　⑤ $2 : 1$

05 그림은 물체 A가 $3\,\text{m/s}$의 속력으로 정지해 있는 물체 B에 충돌한 후 A, B의 속력이 각각 $1\,\text{m/s}$, v가 되는 것을 나타낸 것이다. A, B의 질량은 각각 1kg이고 충돌 전후 두 물체는 동일 직선상에서 운동한다.

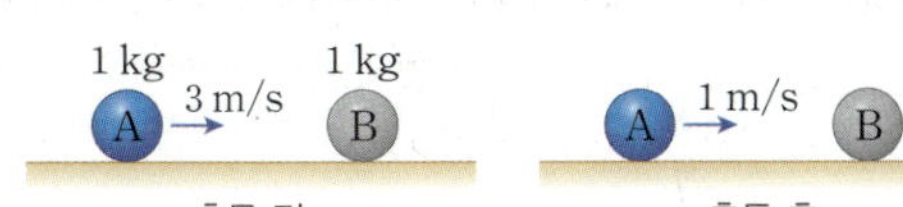

이 충돌에 대한 설명으로 옳은 것만을 〈보기〉에서 있는 대로 고른 것은? (단, 모든 마찰은 무시한다.)

| 보기 |
ㄱ. A가 B에 작용한 힘의 크기가 B가 A에 작용한 힘의 크기보다 크다.
ㄴ. 충돌 후 A와 B의 운동량 크기의 합은 $3\,\text{kg·m/s}$이다.
ㄷ. $v = 2\,\text{m/s}$이다.

① ㄱ　② ㄷ　③ ㄱ, ㄴ
④ ㄴ, ㄷ　⑤ ㄱ, ㄴ, ㄷ

06 그림은 정지해 있던 물체가 폭발하여 A, B로 나누어지는 것을 나타낸 것이다. 물체가 분리된 순간부터 같은 시간 동안 A, B가 이동한 거리는 2 : 3이다.

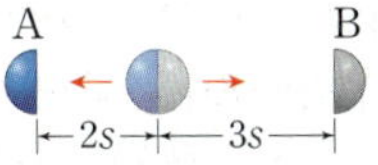

A, B로 분리된 후에 대한 설명으로 옳은 것만을 〈보기〉에서 있는 대로 고른 것은? (단, 모든 마찰은 무시한다.)

| 보기 |
ㄱ. 속력은 B가 A의 1.5배이다.
ㄴ. 운동량 크기는 B가 A의 1.5배이다.
ㄷ. A와 B의 질량은 동일하다.

① ㄱ　② ㄷ　③ ㄱ, ㄴ
④ ㄴ, ㄷ　⑤ ㄱ, ㄴ, ㄷ

B 충격량

07 그림은 충돌 안전 테스트를 하는 자동차가 벽면에 충돌하기 시작하여 정지할 때까지 벽면에 작용한 힘을 시간에 따라 나타낸 것이다. 자동차의 질량은 2000 kg이다.

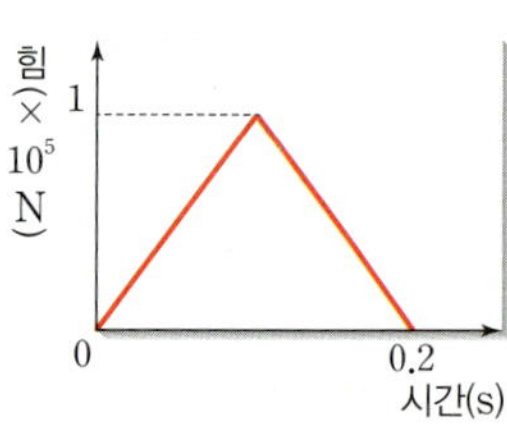

이에 대한 설명으로 옳은 것만을 〈보기〉에서 있는 대로 고른 것은? (단, 모든 마찰은 무시한다.)

| 보기 |

ㄱ. 자동차가 받은 충격량의 크기는 1.5×10^4 N·s이다.
ㄴ. 충돌하는 동안 벽면이 받은 평균 힘의 크기는 5×10^4 N이다.
ㄷ. 충돌하기 전 자동차의 속력은 10 m/s이다.

① ㄱ　　　　② ㄴ　　　　③ ㄱ, ㄷ
④ ㄴ, ㄷ　　　⑤ ㄱ, ㄴ, ㄷ

08 그림은 마찰이 없는 수평면 위의 일직선상에서 물체 A가 정지해 있는 물체 B를 향하여 속력 v로 운동하는 것을 나타낸 것이다. 충돌 직후 A는 정지하며, B는 속력 v로 운동한다.

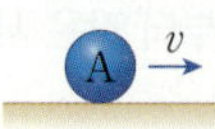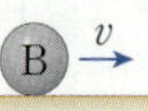
충돌 전　　　　　　충돌 후

이에 대한 설명으로 옳은 것만을 〈보기〉에서 있는 대로 고른 것은? (단, 모든 마찰은 무시한다.)

| 보기 |

ㄱ. A와 B의 질량은 같다.
ㄴ. 충돌하는 동안 A가 B에 작용한 힘은 B가 A에 작용한 힘보다 크다.
ㄷ. 충돌하는 동안 A가 받은 충격량의 크기는 B가 받은 충격량의 크기와 같다.

① ㄴ　　　　② ㄷ　　　　③ ㄱ, ㄴ
④ ㄱ, ㄷ　　　⑤ ㄱ, ㄴ, ㄷ

09 그림은 물체 A와 B가 동일 직선상에서 각각 v_1, v_2의 속도로 운동하다가 충돌한 후 한 덩어리가 되어 v의 속도로 운동하는 것을 나타낸 것이다. 질량은 A가 B보다 크다.

이에 대한 설명으로 옳은 것만을 〈보기〉에서 있는 대로 고른 것은? (단, 모든 마찰은 무시한다.)

| 보기 |

ㄱ. $v_1 > v_2$이다.
ㄴ. 물체가 받은 충격량의 크기는 A가 B보다 작다.
ㄷ. 속도 변화량의 크기는 A가 B보다 크다.

① ㄱ　② ㄷ　③ ㄱ, ㄴ　④ ㄴ, ㄷ　⑤ ㄱ, ㄴ, ㄷ

10 중요 그림은 직선 경로를 따라 한쪽 방향으로 운동하는 질량이 4 kg인 물체의 운동량을 시간에 따라 나타낸 것이다. 이에 대한 설명으로 옳은 것만을 〈보기〉에서 있는 대로 고른 것은?

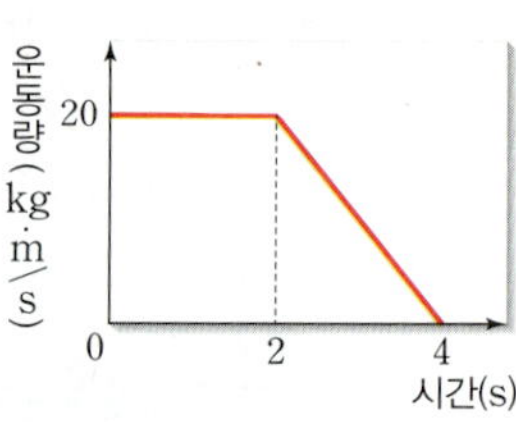

| 보기 |

ㄱ. 0초부터 2초까지 물체가 받은 충격량의 크기는 20 N·s이다.
ㄴ. 2초부터 4초까지 물체가 받은 충격량의 방향은 운동 방향과 반대이다.
ㄷ. 3초일 때 물체가 받는 힘의 크기는 20 N이다.

① ㄱ　② ㄴ　③ ㄷ　④ ㄱ, ㄴ　⑤ ㄴ, ㄷ

11 그림 (가)는 마찰이 없는 수평면에서 질량이 각각 m, $2m$인 물체 A와 B가 서로 반대 방향으로 $3v$, v의 속력으로 직선 운동하는 것을, (나)는 A와 B가 충돌하는 동안 A가 B에 작용하는 힘을 시간에 따라 나타낸 것이다. 그래프 아랫부분의 넓이는 $5mv$이고 충돌 전후 A와 B는 동일 직선에서 운동한다.

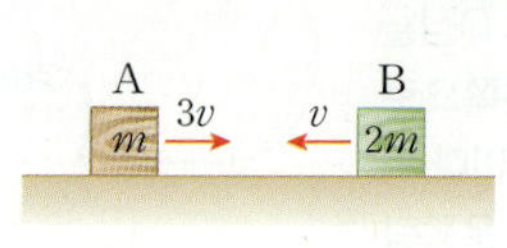
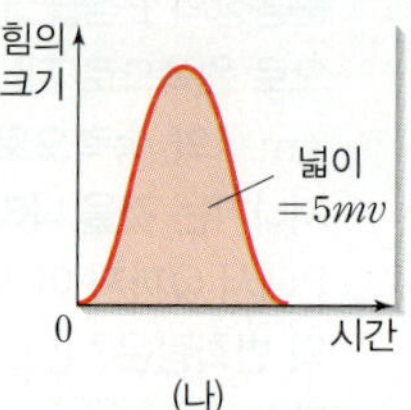

(가)　　　　　　(나)

충돌 직후 A와 B의 속력을 각각 v_A, v_B라고 할 때, $v_A : v_B$는?

① 1 : 3　　　② 2 : 3　　　③ 3 : 1
④ 3 : 4　　　⑤ 4 : 3

C 일상생활에서 충격량

12 다음 현상들 중 충격을 받는 시간을 길게 하여 충격을 줄이는 방법으로 옳지 <u>않은</u> 것은?

① 번지 점프용 줄의 일부분은 탄성이 있는 고무 재질이다.

② 야구공을 받을 때 글러브를 낀 손을 뒤로 빼면서 받는다.

③ 자동차에 에어백을 설치하면 사고 시 부상 정도를 감소시킬 수 있다.

④ 유리컵이 시멘트 바닥에 떨어지면 깨지나 이불 위에 떨어지면 깨지지 않는다.

⑤ 포신이 긴 대포는 포신이 짧은 대포보다 같은 양의 화약으로 포탄을 더 멀리 보낼 수 있다.

13 그림 (가)는 투수가 던진 공을 포수가 잡는 것을 나타낸 것이고, (나)의 A, B는 투수가 던진 동일한 공이 포수의 글러브에 닿을 때부터 정지할 때까지 공의 속도와 시간의 관계를 개략적으로 나타낸 것이다.

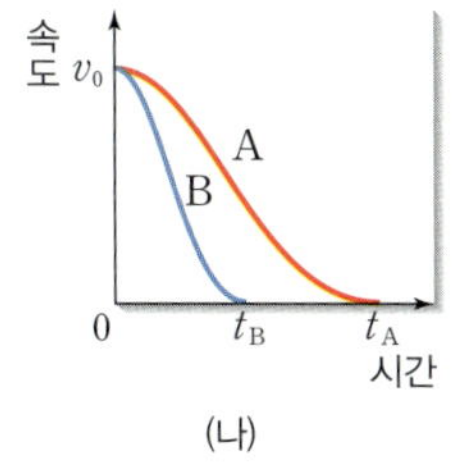

(가)   (나)

이에 대한 설명으로 옳은 것만을 〈보기〉에서 있는 대로 고른 것은?

| 보기 |

ㄱ. 포수가 받은 충격량의 크기는 B의 경우가 더 크다.

ㄴ. 포수가 받은 평균 충격력은 A, B 두 경우 같다.

ㄷ. 정지할 때까지 공의 이동 거리는 A의 경우가 더 길다.

① ㄱ   ② ㄷ   ③ ㄱ, ㄴ

④ ㄱ, ㄷ   ⑤ ㄴ, ㄷ

 이렇게!

14 그림은 A와 B가 v_1, v_2의 속도로 운동하다가 충돌한 후 속도가 v_1', v_2'로 변하는 것을 나타낸 것이다.

충돌 전   충돌 중   충돌 후

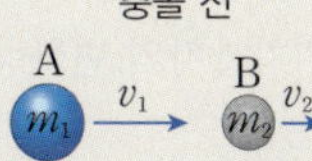
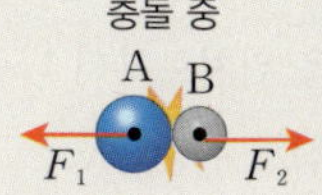
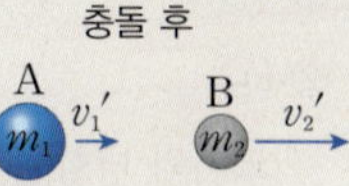

이를 이용하여 운동량 보존 법칙이 뉴턴 운동 법칙처럼 항상 성립하는 이유를 서술하시오.

15 그림 (가)는 자동차가 벽에 부딪혀 멈추는 경우이고, (나)는 (가)의 자동차가 흙더미에 부딪혀 멈추는 경우를 나타낸 것이다. (가)와 (나)에서 자동차가 부딪히기 전의 속력은 같다.

(가)   (나)

충격량을 이용하여 두 경우의 자동차의 파손 정도를 예상하여 설명하시오.

16 그림 (가), (나)는 사용하는 화약의 양이 같아도 포신의 길이가 길 때 같은 포탄이 날아가는 거리가 길어지는 것을 나타낸 것이다.

(가) 포신의 길이가 짧을 때   (나) 포신의 길이가 길 때

포신의 길이가 길 때 포탄이 날아가는 거리가 길어지는 이유를 충격량으로 설명하시오.

01 물체의 운동 ➡ 10~17쪽

1. 속력과 속도

(1) 이동 거리와 변위

① (㉠   ): 물체가 이동한 경로를 따라 측정한 길이

② (㉡   ): 처음 위치로부터 나중 위치까지의 변화량으로 크기와 방향을 가짐

(2) 평균 속력과 순간 속력(단위: m/s)

① 평균 속력 $=\dfrac{\text{이동 거리}}{\text{걸린 시간}}$

② 순간 속력: 아주 짧은 시간 동안의 평균 속력

(3) 평균 속도와 순간 속도(단위: m/s)

① 평균 속도 $=\dfrac{\text{변위}}{\text{걸린 시간}}$

② 순간 속도: 아주 짧은 시간 동안의 평균 속도

(4) 직선 운동의 위치 – 시간 그래프와 속력

① 평균 속력: 그래프에서 두 점을 연결한 직선의 기울기

② 순간 속력: 그래프에서 접선의 기울기

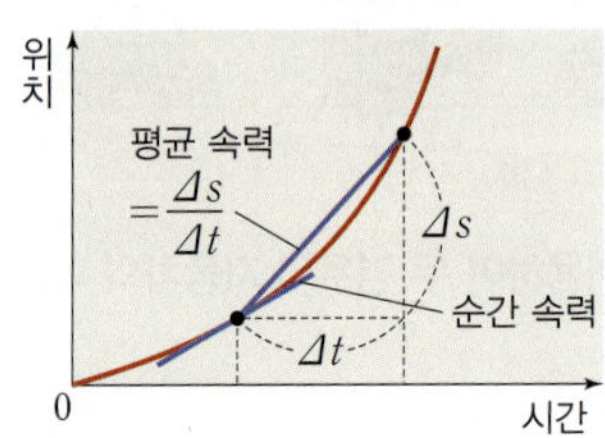

(5) 등속 직선 운동(등속도 운동)

① 속도와 운동 방향이 모두 일정함

② 등속도 운동의 위치–시간 그래프: 기울기가 일정한 직선

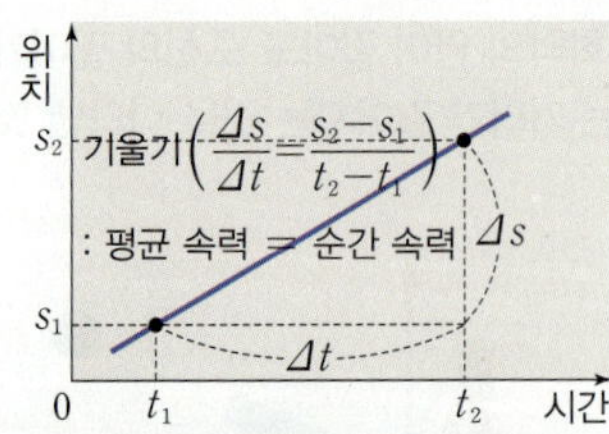

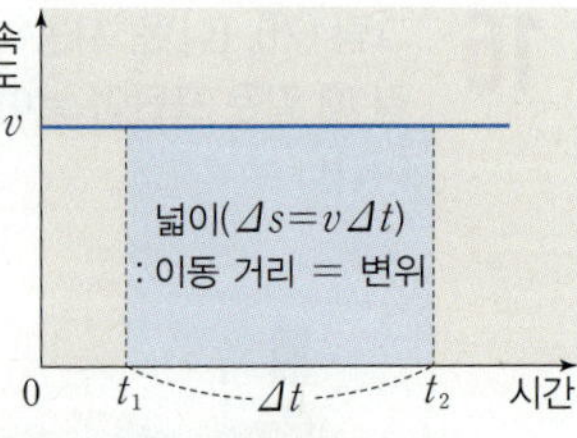

③ 위치–시간 그래프에서 기울기: (㉢   )

④ 속도–시간 그래프에서 그래프 아랫부분의 넓이: (㉣   )

⑤ 등속 직선 운동의 식: 이동 거리 $=$ 속력 $\times$ 걸린 시간

2. 평균 가속도와 순간 가속도

(1) 가속도: 나중 속도에서 처음 속도를 뺀 물리량으로 방향을 고려하여 계산

(2) 평균 가속도 $=\dfrac{\text{속도 변화량}}{\text{걸린 시간}}$

(3) 순간 가속도: 아주 짧은 시간 동안의 평균 가속도

(4) 속도–시간 그래프와 가속도

① 그래프의 기울기가 (㉤   )의 크기

② 기울기의 부호가 가속도의 방향

③ 평균 가속도: 그래프에서 두 점을 연결한 직선의 기울기

④ 순간 가속도: 아주 짧은 시간 동안의 평균 가속도이므로 접선의 기울기

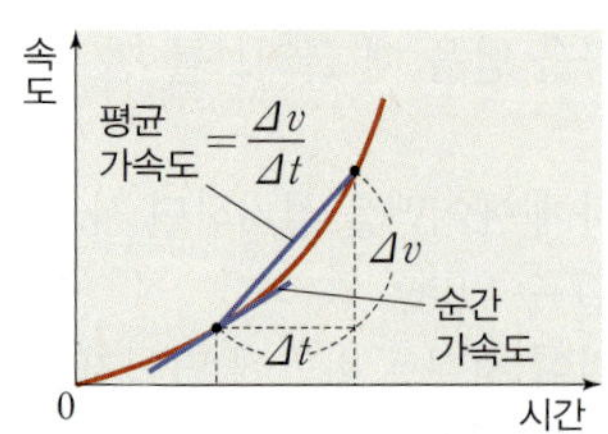

3. 등가속도 직선 운동

(1) 가속도가 일정하고 직선 위에서 운동한다.

(2) 평균 가속도 $=$ 순간 가속도

(3) 등가속도 직선 운동의 식

$$s=v_0 t+\frac{1}{2}at^2,\quad v=v_0+at,\quad 2as=v^2-v_0^2$$

(4) 등가속도 직선 운동의 그래프

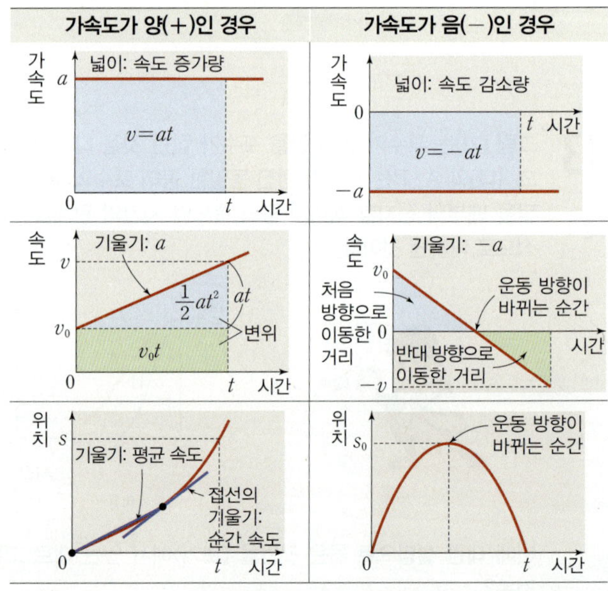

02 뉴턴 운동 법칙 ➡ 18~27쪽

1. 힘의 합성

(1) 합력: 둘 이상의 힘이 작용할 때 그와 똑같은 효과를 나타내는 하나의 힘

(2) **알짜힘**: 한 물체에 여러 힘이 동시에 작용할 때, 물체에 작용하는 모든 힘의 합력

(3) **힘의 합성**: 힘의 합력을 구하는 과정

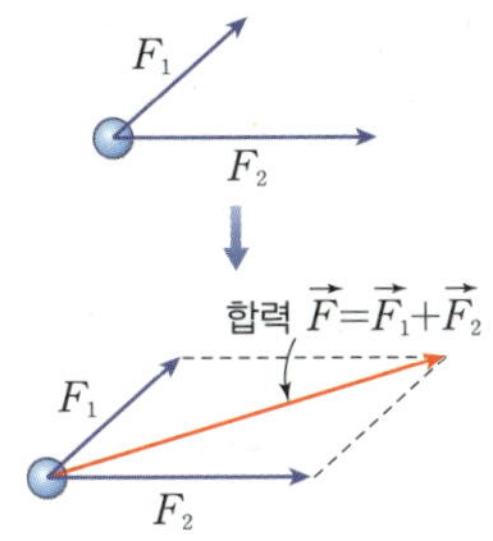

(4) 힘의 합력이 0일 때 힘이 평형을 이룬다고 한다.

2. 뉴턴 운동 법칙

(1) **운동 제1법칙(관성 법칙)**: 물체에 작용하는 (ㅂ   )이 0일 때 정지하고 있는 물체는 계속 정지해 있고, 운동하던 물체는 운동하던 방향으로 (ㅅ   ) 운동한다.

(2) **운동 제2법칙(가속도 법칙)**

$$가속도 = \frac{힘}{질량}$$

(3) **운동 제3법칙(작용 반작용 법칙)**: A가 B에 힘을 작용하면 동시에 B는 A에 같은 크기의 힘을 (ㅇ   ) 방향으로 작용한다.

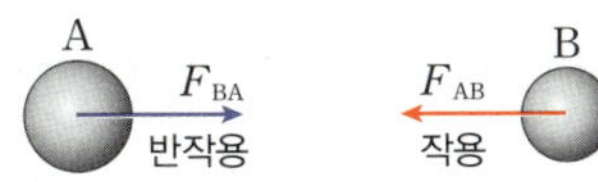

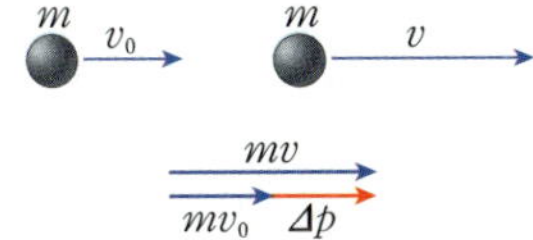

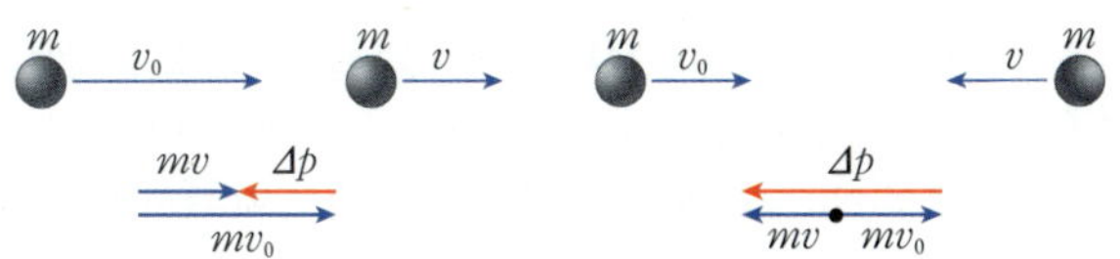

03 운동량과 충격량
→ 28~35쪽

1. 운동량

(1) 운동량은 물체의 질량과 (ㅈ   )의 곱이다.

① 운동량의 방향: 속도의 방향

② 운동량의 단위: $kg \cdot m/s$

(2) **운동량의 변화량**

① 질량이 m인 물체의 속도가 v_0에서 v로 변하는 경우 운동량의 변화량은 $mv - mv_0$이다.

② 운동량이 증가할 때 운동량의 변화량의 방향은 처음 운동량의 방향과 같다.

③ 운동량이 감소하거나 방향이 반대가 되면 운동량의 변화량의 방향은 처음 운동량의 방향과 반대이다.

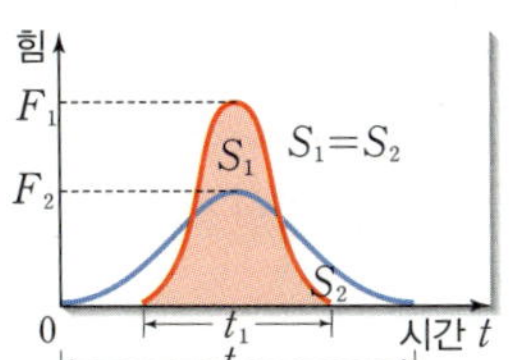

(3) **운동량 보존**

① 운동량 보존 법칙: 물체들이 서로 충돌할 때 (ㅊ   )이 작용하지 않는 경우 충돌 전 물체들의 운동량의 총합은 충돌 후 두 물체의 운동량의 총합과 같다

② 한 덩어리가 되는 충돌: 일직선상에서 질량이 각각 m_1, m_2인 두 물체 A, B가 v_1, v_2의 속도로 서로 충돌한 후 한 덩어리가 되었을 때 두 물체의 속도 v는 다음과 같다

$$v = \frac{m_1 v_1 + m_2 v_2}{m_1 + m_2}$$

2. 충격량 (단위: $kg \cdot m/s$)

(1) **충격량**: 물체에 작용한 힘과 힘이 작용한 (ㄱ   )의 곱
  - **충격량의 방향**: 작용한 힘의 방향

(2) 힘과 시간의 관계 그래프 아랫부분의 넓이: (ㄴ   )

(3) **물체에 작용한 충격량**: 물체의 (ㄷ   ) 변화량

(4) **충격과 시간의 관계**

① 물체에 작용한 알짜힘: 충격량을 걸린 시간으로 나눈 값

② 힘의 크기: 충격량이 같을 때 힘이 작용한 시간이 짧을수록 힘의 크기가 증가

3. 일상생활에서 충격량

(1) **충격량 증가**: 힘이 작용하는 시간이 길수록 충격량을 증가시킴
  - 테니스, 야구에서 공을 밀어치는 방법으로 충격량 증가시킴

(2) **충격력 감소**: 충격량이 일정할 때 힘이 작용하는 시간을 (ㄹ   ) 하여 충격력을 감소시킨다.
  - 자동차 에어백과 범퍼, 번지 점프의 줄, 배에 달린 타이어 등

01 물체의 운동

01 그림은 실험대 위에 정지해 있는 장난감 A, B를 동시에 오른쪽으로 출발시켜 직선 운동하는 것을 나타낸 것이다. A, B는 각각 일정한 가속도로 운동하여 실험대 끝에 동시에 도달하였다.

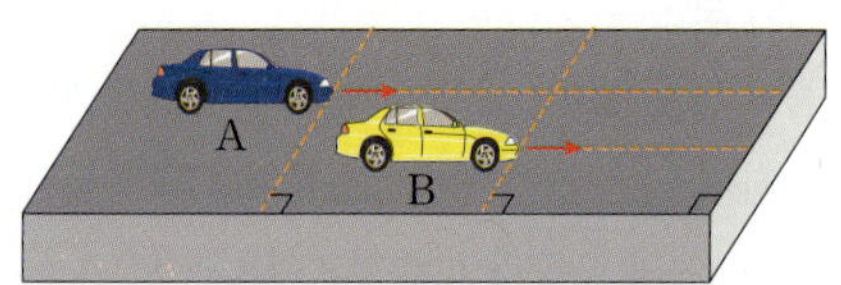

A, B가 출발하여 실험대 끝에 도달할 때까지 평균 속도의 크기와 평균 가속도의 크기를 옳게 비교한 것은?

	평균 속도	평균 가속도		평균 속도	평균 가속도
①	A>B	A>B	②	A>B	A<B
③	A>B	A=B	④	A=B	A<B
⑤	A<B	A<B			

02 그림은 직선 경로를 따라 운동하는 장난감의 위치를 시간에 따라 나타낸 것이다.
이에 대한 설명으로 옳은 것만을 〈보기〉에서 있는 대로 고른 것은?

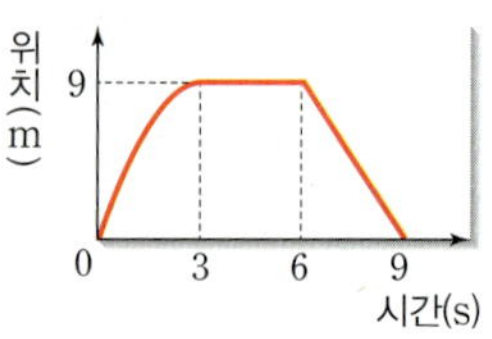

| 보기 |

ㄱ. 3~6초 동안 장난감은 정지해 있었다.
ㄴ. 6~9초 동안 장난감의 속력이 점점 감소하였다.
ㄷ. 0~3초 동안 장난감의 가속도 방향은 운동 방향과 같다.

① ㄱ　② ㄷ　③ ㄱ, ㄴ　④ ㄴ, ㄷ　⑤ ㄱ, ㄴ, ㄷ

03 그림은 직선 경로를 따라 운동하는 자동차의 속도를 시간에 따라 나타낸 것이다.
이 자동차의 운동에 대한 설명으로 옳은 것만을 〈보기〉에서 있는 대로 고른 것은?

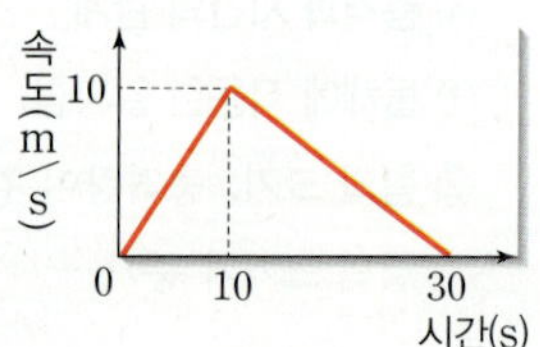

| 보기 |

ㄱ. 0~30초 동안의 평균 속력은 5 m/s이다.
ㄴ. 0~10초 동안의 평균 속력은 10~30초 동안의 평균 속력의 2배이다.
ㄷ. 가속도의 방향은 항상 운동 방향과 같다.

① ㄱ　② ㄴ　③ ㄱ, ㄴ　④ ㄱ, ㄷ　⑤ ㄴ, ㄷ

04 그림은 질량이 0.6 kg인 물체에 1 kg의 추를 연결하여 도르래에 걸쳐 놓고 손으로 잡고 있다가 놓아 물체가 운동할 때 물체의 운동을 0.1초 간격으로 찍은 사진을 나타낸 것이다.

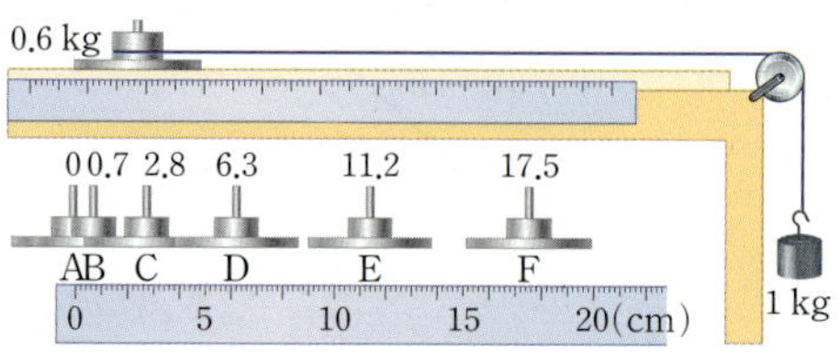

이 물체의 운동에 대한 설명으로 옳은 것은?

① A에서 F까지 물체의 평균 속력은 175 cm/s이다.
② 등속도 운동을 한다.
③ 평균 가속도의 크기는 140 cm/s^{2}이다.
④ 가속도의 크기는 시간에 비례하여 증가한다.
⑤ 물체의 위치는 시간에 비례하여 증가한다.

05 그림은 직선 도로 위에서 달리는 버스의 속도계를 2초 간격으로 나타낸 것이다. 버스는 2초 동안 등가속도 운동을 하였다.

에에 대한 설명으로 옳은 것만을 〈보기〉에서 있는 대로 고른 것은?

| 보기 |

ㄱ. 버스의 가속도의 크기는 5 m/s^{2}이다.
ㄴ. 버스의 가속도의 방향은 운동 방향과 같다.
ㄷ. 0초에서 2초 사이에서 이동한 거리는 30 m이다.

① ㄱ　② ㄴ　③ ㄱ, ㄷ　④ ㄴ, ㄷ　⑤ ㄱ, ㄴ, ㄷ

06 그림은 직선 위에서 운동하는 물체의 위치를 시간에 따라 나타낸 것이다.
이에 대한 설명으로 옳은 것만을 〈보기〉에서 있는 대로 고른 것은?

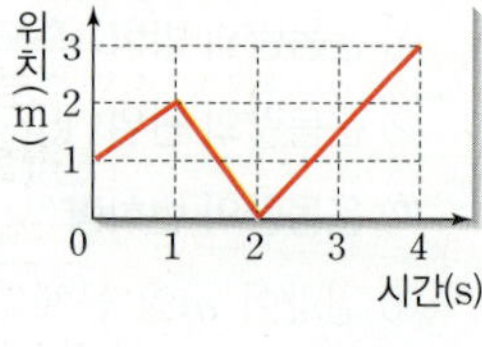

| 보기 |

ㄱ. 0~2초 동안에 이동한 거리는 1 m이다.
ㄴ. 0~4초 동안의 평균 속도는 0.5 m/s이다.
ㄷ. 0~4초 동안 운동 방향이 2번 바뀌었다.

① ㄱ　② ㄴ　③ ㄱ, ㄷ　④ ㄴ, ㄷ　⑤ ㄱ, ㄴ, ㄷ

07 그림은 직선 도로에서 운동하는 자동차 A가 기준선 P에 정지해 있는 자동차 B를 지나는 순간 B가 등가속도 운동을 시작하는 모습을 나타낸 것이다. A의 속력은 v_0으로 일정하고, 두 기준선 P와 Q 사이의 거리는 L이며, P에서 Q까지 걸린 시간은 B가 A의 2배이다.

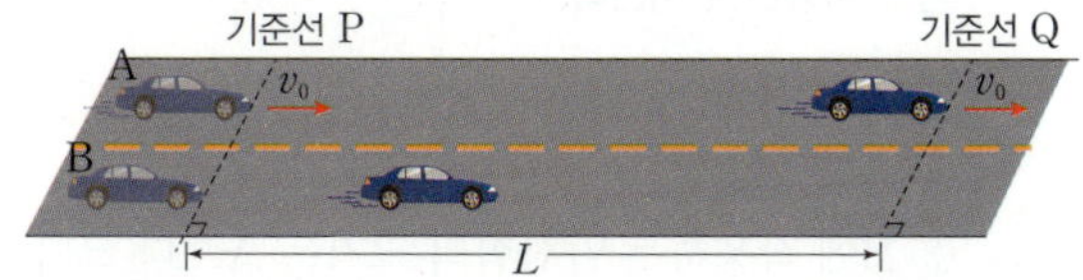

이에 대한 설명으로 옳은 것만을 〈보기〉에서 있는 대로 고른 것은? (단, 자동차의 크기는 무시한다.)

| 보기 |

ㄱ. B의 가속도 크기는 $\dfrac{v_0{}^2}{L}$이다.

ㄴ. A가 Q를 지날 때 B는 P에서 $\dfrac{L}{2}$만큼 떨어진 지점을 지난다.

ㄷ. Q를 지난 후 A와 B가 만났을 때 속력은 B가 A의 2배이다.

① ㄱ   ② ㄴ   ③ ㄷ   ④ ㄱ, ㄷ   ⑤ ㄱ, ㄴ, ㄷ

02 뉴턴 운동 법칙

08 그림 (가), (나)는 질량이 각각 m, $2m$인 수레와 질량이 m인 추를 실로 연결하여 도르래에 걸쳐 놓았을 때 수레가 정지 상태에서 s의 거리를 이동하는 것을 나타낸 것이다. (가), (나)에서 수레가 s의 거리를 이동하는 데 걸린 시간은 각각 t_1, t_2이었다.

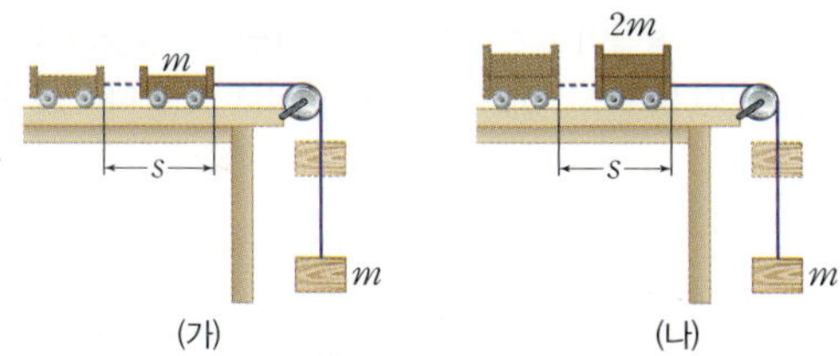

이에 대한 설명으로 옳은 것만을 〈보기〉에서 있는 대로 고른 것은? (단, 모든 마찰과 도르래와 실의 질량은 무시한다.)

| 보기 |

ㄱ. 수레의 가속도 크기는 (가)에서가 (나)에서의 $\dfrac{3}{2}$배이다.

ㄴ. $t_2 = \dfrac{3}{2}t_1$이다.

ㄷ. (가)와 (나)에서 실이 추를 잡아당기는 힘의 크기는 서로 같다.

① ㄱ   ② ㄷ   ③ ㄱ, ㄴ   ④ ㄴ, ㄷ   ⑤ ㄱ, ㄴ, ㄷ

09 그림은 질량이 1 kg인 물체 A, B를 천장에 장치된 도르래에 매달아 운동시키는 것을 나타낸 것이다. 도르래와 물체에 연결된 줄의 방향은 모두 연직 방향이다.

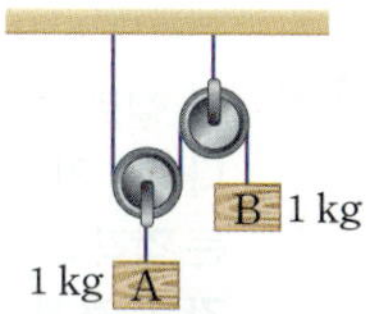

운동하는 동안 A와 B에 대한 설명으로 옳은 것만을 〈보기〉에서 있는 대로 고른 것은? (단, 중력 가속도는 10 m/s^{2}이고, 모든 마찰과 물체의 크기는 무시한다.)

| 보기 |

ㄱ. A의 가속도의 크기는 4 m/s^{2}이다.

ㄴ. B에 연결된 줄이 B를 잡아당기는 힘의 크기는 6 N이다.

ㄷ. 같은 시간 동안 A와 B의 이동 거리는 서로 같다.

① ㄱ   ② ㄴ   ③ ㄱ, ㄷ
④ ㄴ, ㄷ   ⑤ ㄱ, ㄴ, ㄷ

10 그림은 질량이 각각 1 kg, 2 kg인 물체 A, B를 용수철저울이 연결된 줄에 매달아 도르래에 걸쳐 수평면 위에 올려놓은 것을 나타낸 것이다. 용수철저울의 눈금은 6 N이었다.

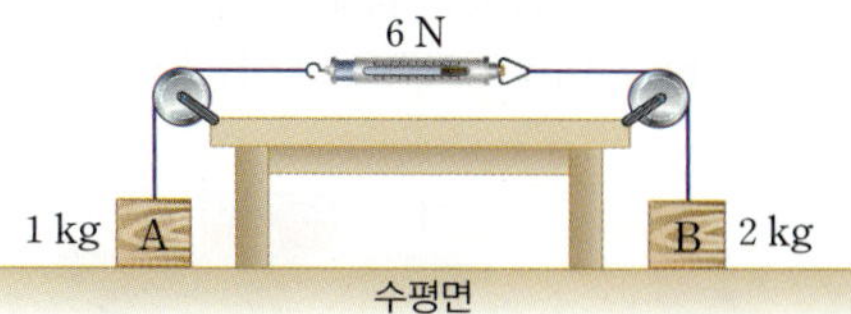

이에 대한 설명으로 옳은 것만을 〈보기〉에서 있는 대로 고른 것은? (단, 중력 가속도는 10 m/s^{2}이고, 용수철저울과 줄, 도르래의 질량과 모든 마찰은 무시한다.)

| 보기 |

ㄱ. 줄이 A를 잡아당기는 힘의 크기는 2 N이다.

ㄴ. 수평면이 B에 작용하는 힘의 크기는 14 N이다.

ㄷ. A와 B가 각각 수평면을 누르는 힘의 합력의 크기는 24 N이다.

① ㄱ   ② ㄴ   ③ ㄱ, ㄷ
④ ㄴ, ㄷ   ⑤ ㄱ, ㄴ, ㄷ

11 그림은 질량이 m으로 같은 물체 A, B, C 를 실로 연결하여 손으로 잡고 있는 것을 나타낸 것으로, 바닥에서 A, B까지의 거리 는 각각 h, $2h$이다. 손을 놓는 순간부터 시 간 T 후에 A가 바닥에 도달하고 그 후 B 가 A에 도달하였다.

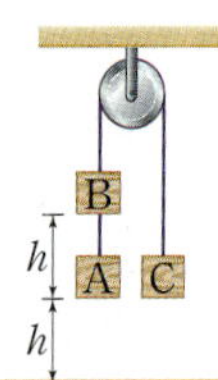

이에 대한 설명으로 옳은 것만을 〈보기〉에서 있는 대로 고른 것은? (단, 중력 가속도는 g이고 물체의 크기, 실과 도르래의 질량, 모든 마찰은 무시하고, 물체는 바닥에 도달한 후 튀어 오 르지 않았다.)

| 보기 |

ㄱ. A와 B가 운동하는 동안 A와 B를 연결한 실의 장 력의 크기는 mg이다.

ㄴ. A가 바닥에 도달한 후 B에 작용하는 합력은 0이다.

ㄷ. A가 바닥에 도달한 후 $0.5T$ 뒤에 B가 A에 도달 한다.

---

① ㄱ   ② ㄴ   ③ ㄱ, ㄷ
④ ㄴ, ㄷ   ⑤ ㄱ, ㄴ, ㄷ

12 그림은 철판 위에 놓인 질량이 m인 자석을 나타낸 것이다. 철 판과 자석 사이의 자기력의 크기는 F이다.

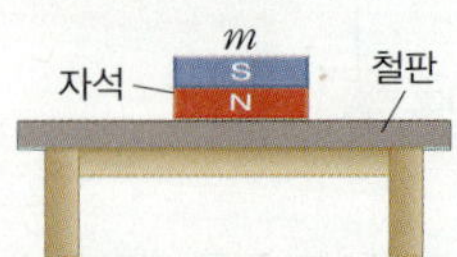

이에 대한 설명으로 옳은 것만을 〈보기〉에서 있는 대로 고른 것은? (단, 중력 가속도는 g이다.)

| 보기 |

ㄱ. 철판이 자석을 받쳐주는 힘의 크기는 mg이다.

ㄴ. 자석이 철판을 누르는 힘의 크기는 $mg+F$이다.

ㄷ. 자석이 철판을 끌어당기는 자기력의 반작용은 철 판이 자석을 받쳐주는 힘이다.

---

① ㄱ   ② ㄴ   ③ ㄱ, ㄷ
④ ㄴ, ㄷ   ⑤ ㄱ, ㄴ, ㄷ

13 그림은 서로 다른 높이에서 가만히 놓은 쇠구슬 A와 B가 자유 낙하하는 동안 두 쇠구슬을 동시 에 찍은 다중 섬광 사진의 일부분을 나타낸 것이 다. A와 B의 질량은 서로 같다.

A와 B의 운동에 대한 설명으로 옳은 것은? (단, 공기 저항은 무시한다.)

① A와 B의 가속도의 크기가 같다.
② A를 놓은 높이가 B보다 높다.
③ B에 작용하는 알짜힘의 크기는 A보다 크다.
④ 같은 시간 동안 B의 속도 증가량이 A보다 크다.
⑤ A와 B가 사진의 같은 높이에 있을 때 속도가 같다.

03 운동량과 충격량

14 그림 (가)는 질량이 $0.01\,\mathrm{kg}$인 고무 탄환을 $30\,\mathrm{m/s}$의 속력으 로 질량이 $0.5\,\mathrm{kg}$인 나무 도막에 정면으로 충돌시켰을 때 충 돌 후 나무 도막이 $1\,\mathrm{m/s}$의 속력으로 운동하는 것을, (나)는 질량과 속력이 같은 납 탄환으로 바꾸어 실험할 때 충돌 후 납 탄환이 나무 도막에 박혀서 운동하는 것을 나타낸 것이다.

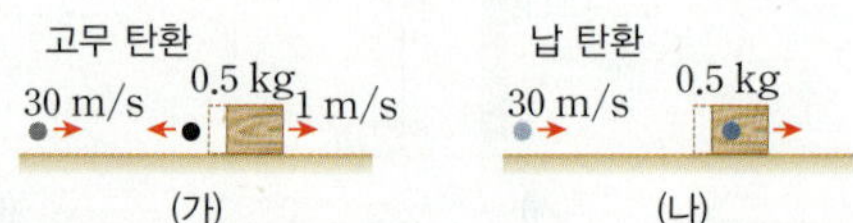

이에 대한 설명으로 옳은 것만을 〈보기〉에서 있는 대로 고른 것은? (단, 나무 도막과 수평면 사이의 마찰 및 탄환에 작용한 중력은 무시한다.)

| 보기 |

ㄱ. (가)에서 충돌 후 고무 탄환의 속력은 $20\,\mathrm{m/s}$이다.

ㄴ. 충돌 후 나무 도막의 속력은 (나)가 (가)보다 빠르다.

ㄷ. 나무 도막이 탄환으로부터 받은 충격량의 크기는 (가)가 (나)보다 크다.

---

① ㄱ   ② ㄴ   ③ ㄷ
④ ㄱ, ㄴ   ⑤ ㄱ, ㄷ

15 그림은 마찰이 없는 수평면 위에서 직선 운동하다가 정면으로 충돌하는 질량이 서로 다른 두 물체 A와 B를 나타낸 것이다. 충돌 후 A와 B의 운동량은 p로 같아졌다. 화살표 방향은 물체의 운동 방향을 나타낸다.

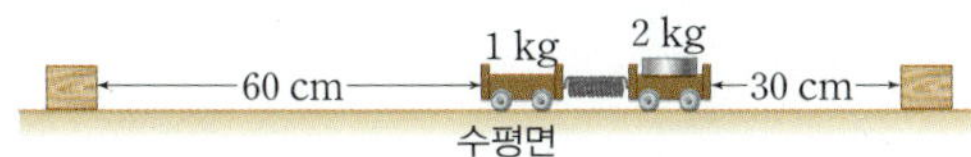

이에 대한 설명으로 옳은 것만을 〈보기〉에서 있는 대로 고른 것은?

| 보기 |

ㄱ. A의 질량이 B의 질량보다 크다.
ㄴ. 충돌 전 운동량의 크기는 A가 B보다 크다.
ㄷ. 충돌하는 동안 A가 받은 충격량의 크기가 B가 받은 충격량의 크기보다 크다.

① ㄴ　　　② ㄷ　　　③ ㄱ, ㄴ
④ ㄱ, ㄷ　　　⑤ ㄴ, ㄷ

16 그림은 수평면에서 수레 사이에 끼워진 용수철에 의하여 질량이 $1\,kg$, $2\,kg$인 수레가 정지 상태에서 분리되어 같은 시간 동안 이동한 거리가 각각 $60\,cm$, $30\,cm$인 것을 나타낸 것이다.

이에 대한 설명으로 옳은 것만을 〈보기〉에서 있는 대로 고른 것은? (단, 모든 마찰과 용수철의 질량 및 물체의 크기는 무시한다.)

| 보기 |

ㄱ. 분리된 후 두 수레의 속력은 같다.
ㄴ. 분리된 후 두 수레의 운동량의 합은 0이다.
ㄷ. 두 수레가 용수철로부터 받은 충격량은 같다.

① ㄱ　　　② ㄴ　　　③ ㄱ, ㄷ
④ ㄴ, ㄷ　　　⑤ ㄱ, ㄴ, ㄷ

17 그림 (가)는 수평면에서 직선 운동하는 수레 A가 정지해 있는 수레 B와 정면 충돌을 하여 하나가 되어 운동하는 것을, (나)는 충돌 전후 수레 A의 위치를 시간에 따라 나타낸 것이다.

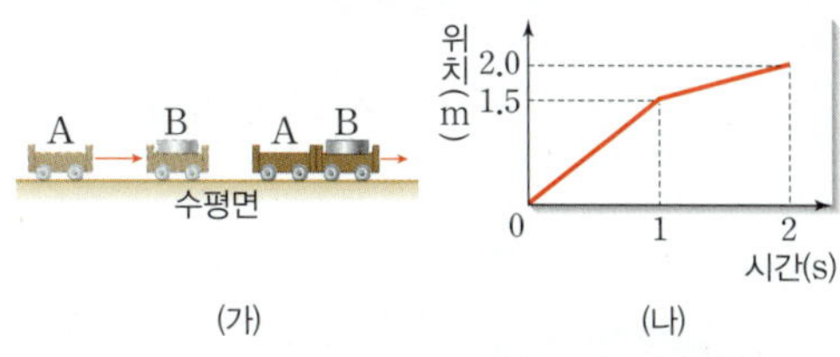

A와 B에 대한 설명으로 옳은 것만을 〈보기〉에서 있는 대로 고른 것은?

| 보기 |

ㄱ. 충돌 후 A와 B의 운동량의 합은 충돌 전 A의 운동량보다 작다.
ㄴ. A와 B의 질량의 비는 1 : 2이다.
ㄷ. 충돌하는 동안 가속도의 크기는 A가 B보다 크다.

① ㄱ　　　② ㄴ　　　③ ㄷ
④ ㄱ, ㄴ　　　⑤ ㄴ, ㄷ

18 그림 (가)는 마찰이 없는 수평면에서 질량이 m인 물체로 용수철을 압축시켜 정지 상태에서 가만히 놓았을 때 물체가 용수철에서 분리된 후 물체의 속도가 v가 되는 것을, (나)는 물체를 가만히 놓았을 때부터 용수철에서 분리될 때까지 용수철이 물체에 작용한 힘을 시간에 따라 나타낸 것이다. (나)에서 0에서 $3t$, $3t$에서 $5t$까지 그래프 아랫부분의 넓이는 각각 $2S$, S이고, $5t$일 때 용수철에서 물체가 분리되었다.

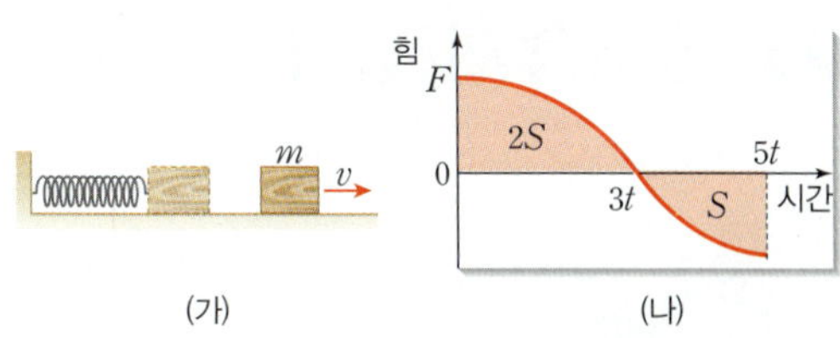

물체의 운동량과 충격량에 대한 설명으로 옳은 것만을 〈보기〉에서 있는 대로 고른 것은?

| 보기 |

ㄱ. 0에서 $5t$까지 용수철이 물체에 작용한 충격량의 크기는 mv이다.
ㄴ. $3t$에서 $5t$까지 물체의 운동량의 크기는 mv만큼 감소한다.
ㄷ. $3t$일 때 물체의 운동량의 크기는 $2mv$이다.

① ㄱ　　　② ㄴ　　　③ ㄱ, ㄷ
④ ㄴ, ㄷ　　　⑤ ㄱ, ㄴ, ㄷ

02

에너지와 열

01 역학적 에너지 보존

- 퍼텐셜 에너지와 운동 에너지가 전환되어 역학적 에너지가 보존되는 경우를 설명할 수 있다.
- 열에너지가 발생하여 역학적 에너지가 보존되지 않는 경우를 설명할 수 있다.

먼저 알아야 할 용어!

* **에너지** | 일을 할 수 있는 능력이며 물체에 일을 해 주면 물체는 에너지를 갖게 된다. 일과 에너지는 동등하며 단위가 같다.

먼저 알아야 할 내용

1. **일** 물체에 힘이 작용하여 물체가 힘의 방향으로 이동하였을 때 ⑦ [   ]을 하였다고 한다.

   (1) **일의 양**: 힘의 크기와 물체가 힘의 방향으로 이동한 거리의 곱이다.

   (2) **일을 하지 않은 경우**: 힘이 작용하지 않는 경우, 이동 거리가 0인 경우, 힘의 방향과 이동 방향이 수직인 경우

2. **운동 에너지** 운동하는 물체가 가지는 에너지이며 질량이 m인 물체가 속력 v로 운동할 때 물체의 운동 에너지는 ⓒ [   ]이다.

3. **퍼텐셜 에너지** 어떤 위치에 있는 물체가 가지는 에너지

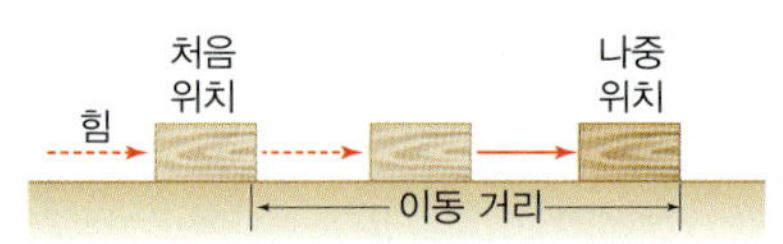

답 ⑦ 일 ⓒ $\frac{1}{2}mv^2$

❖ 일과 에너지의 관계

물체에 일을 하면 물체의 에너지가 증가하고 물체가 에너지를 가지고 있을 때 물체가 일을 할 수 있다. 따라서 일과 에너지는 서로 전환된다.

A 일

1J은 1N의 힘을 작용하여 힘의 방향으로 1 m를 이동시켰을 때 한 일이다.

1. **일** 힘이 한 일은 힘의 크기와 물체가 힘의 방향으로 이동한 거리의 곱이다.(단위: J(줄))

2. **힘─이동 거리의 그래프와 일** ─ 힘과 이동 거리의 곱

   (1) **힘의 크기가 일정할 때**: 그래프 아랫부분의 넓이가 힘이 물체에 한 일이다.

   (2) **힘의 크기가 변할 때**: 짧은 구간으로 나누면 각 구간은 힘이 일정하다. 따라서 가는 직사각형들의 넓이 즉 곡선 아랫부분의 넓이가 힘이 변할 때 힘이 한 일이 된다.

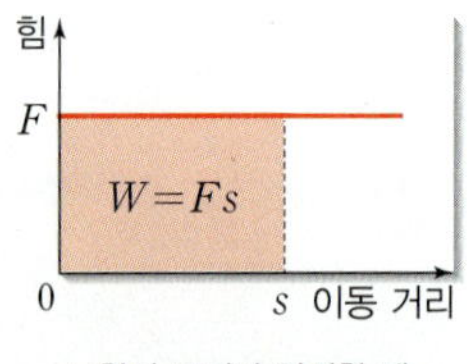

3. **힘과 이동 방향 사이의 관계**

   - 그림과 같이 크기가 F인 힘이 물체에 수평과 θ의 방향으로 작용하고 물체는 수평 방향으로 s의 거리를 움직였을 때 힘이 물체에 한 일은 $W=Fs\cos\theta$이다.

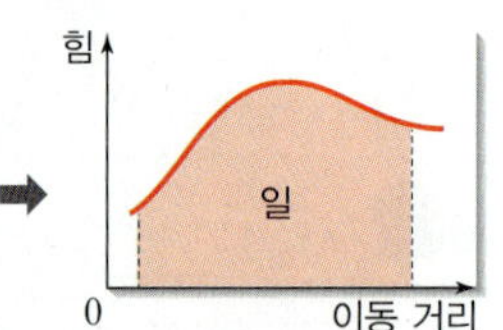

❖ 한 일이 0인 경우

- 힘이 0인 경우
- 이동 거리가 0인 경우
- 힘의 방향과 이동 방향이 수직인 경우

B 일과 운동 에너지

1. **알짜힘이 한 일**

   (1) 물체가 운동하고 있을 때 운동 방향으로 알짜힘 F를 작용하면 물체는 등가속도 직선 운동을 하고 알짜힘은 물체에 일을 한다.($W=Fs$)

   (2) 등가속도 직선 운동의 식 $2as=v^2-v_0^2$을 적용하면 s의 거리를 이동하는 동안 속력이 v_0에서 v로 변할 때 알짜힘이 한 일은 다음과 같다.

$$W=Fs=mas=\frac{1}{2}mv^2-\frac{1}{2}mv_0^2$$

❖ 일의 부호

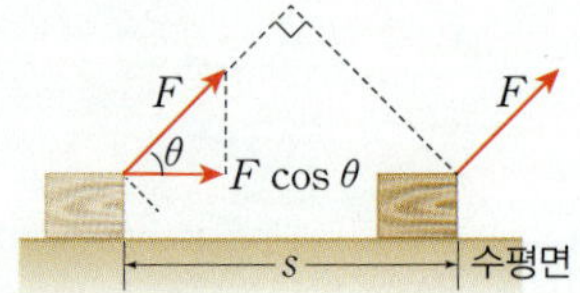

(+)의 일	(−)의 일
속력 증가	속력 감소
힘(중력)	힘(중력)

- (+)의 일: 알짜힘의 방향과 물체의 운동 방향이 같을 때 → 낙하하는 물체에 중력이 아래 방향으로 작용할 때와 같이 속력 증가
- (−)의 일: 알짜힘의 방향과 물체의 운동 방향이 반대일 때 → 위로 던진 물체에 아래 방향으로 중력이 작용할 때와 같이 속력 감소

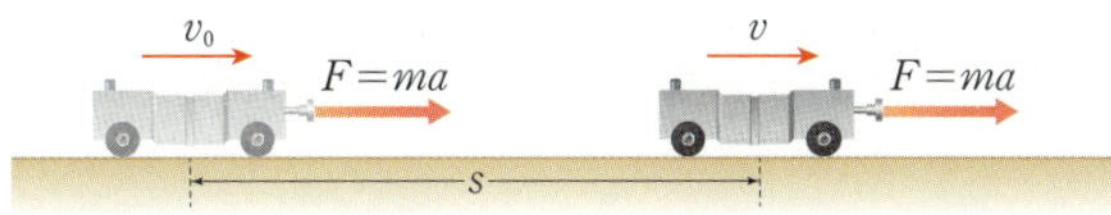

2. 운동 에너지
운동하는 물체가 가지는 에너지로, 크기만 있고 방향은 없는 물리량(단위: J(줄))
- **운동 에너지 크기**: 질량이 m, 속력이 v인 물체의 운동 에너지는 E_k는 다음과 같다.

$$E_k = \frac{1}{2}mv^2$$

3. 일·운동 에너지 정리
- 물체에 작용하는 알짜힘이 물체에 한 일은 물체의 운동 에너지 변화량과 같다.

$$W = \Delta E_k = \frac{1}{2}mv^2 - \frac{1}{2}mv_0^2$$

ⓒ 퍼텐셜 에너지

1. 퍼텐셜 에너지
중력, 전기력, 탄성력 등이 작용할 때 위치에 따라 갖게 되는 에너지로 크기만 있고 방향은 없는 물리량(단위: J(줄))

2. 중력에 의한 퍼텐셜 에너지
(1) **중력이 하는 일**: 질량이 m인 물체가 중력 가속도 g로 높이 h만큼 떨어지는 동안 중력이 물체에 하는 일은 $W = mgh$이다.

(2) **중력 퍼텐셜 에너지의 크기**: 기준점으로부터 높이 h인 곳에 있는 질량이 m인 물체의 중력에 의한 퍼텐셜 에너지 E_p는 다음과 같다.

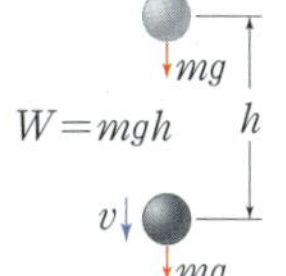

$$E_p = mgh$$

3. 탄성력에 의한 퍼텐셜 에너지
(1) **탄성력이 하는 일**: 용수철 상수가 k인 용수철의 변형된 길이가 x일 때 용수철이 원래의 길이로 돌아가는 동안 탄성력이 물체에 하는 일은 $W = \frac{1}{2}kx^2$이다.

(2) **탄성력 퍼텐셜 에너지의 크기**: 용수철의 길이가 x만큼 늘어나거나 줄어들었을 때 탄성력 퍼텐셜 에너지 E_p는 다음과 같다.

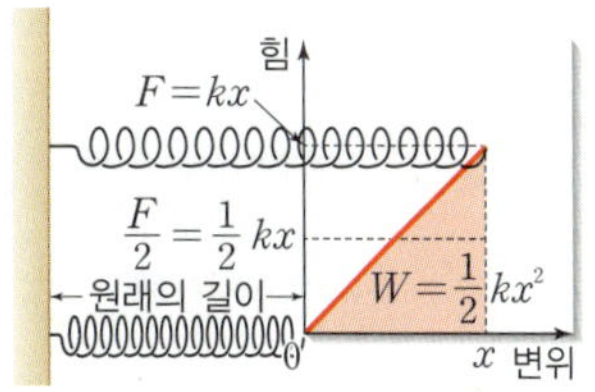

$$E_p = \frac{1}{2}kx^2$$

개념 바로 확인

정답 및 해설 | 09쪽

01 크기가 F인 힘이 운동 방향으로 작용하여 물체가 s의 거리를 이동하는 동안 힘이 한 일은 ☐☐☐☐이다.

02 힘이 물체에 한 일이 (−)인 경우는 힘의 방향과 물체의 운동 방향이 반대일 때이고 물체의 속력은 ☐☐☐한다.

03 ☐☐☐이 한 일은 운동 에너지의 증가량과 같다.

01 그림은 마찰이 없는 수평면에서 v_0의 속도로 운동하는 물체가 운동 방향으로 크기가 F인 일정한 힘을 받아 s의 거리를 이동한 것을 나타낸 것이다. ( ) 안에 들어갈 알맞은 말을 쓰시오.

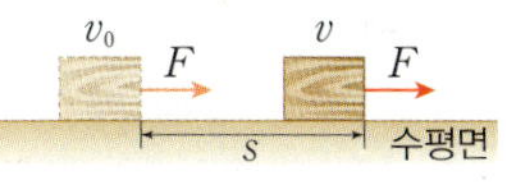

(1) s의 거리를 이동하는 동안 중력의 방향이 운동 방향과 (㉠   )이므로 중력이 물체에 한 일은 (㉡   )이다.

(2) s의 거리를 이동하는 동안 알짜힘의 방향이 물체의 운동 방향과 (㉠   )이므로 물체의 속력은 (㉡   )한다.

(3) 크기가 F인 힘이 물체에 한 일은 물체의 (㉠   )의 증가량과 같으므로 물체의 질량은 (㉡   )이다.

역학적 에너지 보존

D 역학적 에너지 보존

1. 역학적 에너지 운동 에너지 + 퍼텐셜 에너지 ➡ $E = E_k + E_p$ (단위: N·m, J)

  (1) 운동 에너지, 퍼텐셜 에너지와 같이 크기만 있고 방향이 없는 물리량이다.

  (2) **역학적 에너지 보존 법칙**: 마찰이나 공기 저항이 없으면 물체의 역학적 에너지는 변하지 않고 일정하게 보존된다. ➡ $E = E_k + E_p =$ 일정

2. 중력에 의한 역학적 에너지 보존

  (1) **중력에 의한 역학적 에너지 보존**: $E = \dfrac{1}{2}mv^2 + mgh =$ 일정

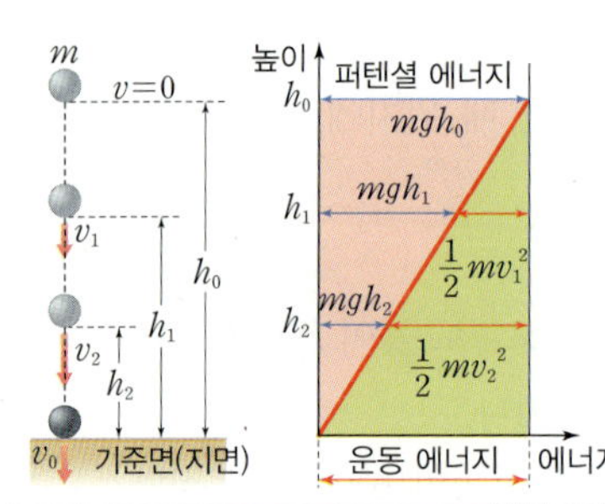

높이	퍼텐셜 에너지	운동 에너지	역학적 에너지
h_0	mgh_0	0	mgh_0
h_1	mgh_1	$\dfrac{1}{2}mv_1^2$	$mgh_1 + \dfrac{1}{2}mv_1^2$
h_2	mgh_2	$\dfrac{1}{2}mv_2^2$	$mgh_2 + \dfrac{1}{2}mv_2^2$
0	0	$\dfrac{1}{2}mv_0^2$	$\dfrac{1}{2}mv_0^2$

$$mgh_0 = \frac{1}{2}mv_1^2 + mgh_1 = \frac{1}{2}mv_2^2 + mgh_2 = \frac{1}{2}mv_0^2 = \text{일정}$$

  (2) **탄성력에 의한 역학적 에너지 보존**: $E = \dfrac{1}{2}mv^2 + \dfrac{1}{2}kx^2 =$ 일정

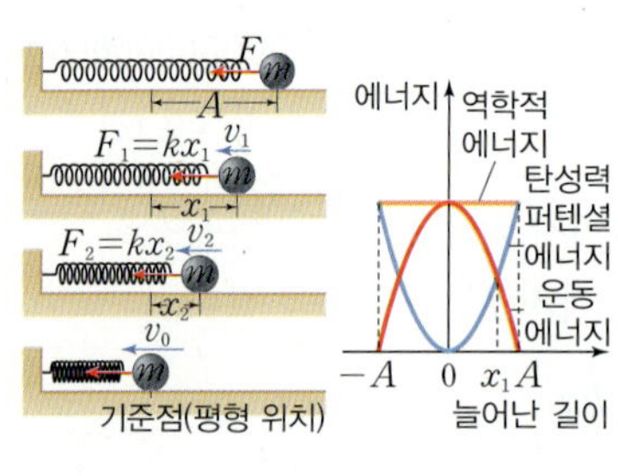

위치	퍼텐셜 에너지	운동 에너지	역학적 에너지
A	$\dfrac{1}{2}kA^2$	0	$\dfrac{1}{2}kA^2$
x_1	$\dfrac{1}{2}kx_1^2$	$\dfrac{1}{2}mv_1^2$	$\dfrac{1}{2}kx_1^2 + \dfrac{1}{2}mv_1^2$
x_2	$\dfrac{1}{2}kx_2^2$	$\dfrac{1}{2}mv_2^2$	$\dfrac{1}{2}kx_2^2 + \dfrac{1}{2}mv_2^2$
0	0	$\dfrac{1}{2}mv_0^2$	$\dfrac{1}{2}mv_0^2$

$$\frac{1}{2}kA^2 = \frac{1}{2}kx_1^2 + \frac{1}{2}mv_1^2 = \frac{1}{2}kx_2^2 + \frac{1}{2}mv_2^2 = \frac{1}{2}mv_0^2 = \text{일정}$$

최고점에서의 퍼텐셜 에너지＝최저점에서의 운동 에너지

  (3) **롤러코스터의 역학적 에너지 보존**: 롤러코스터는 중력에 의한 역학적 에너지 보존을 이용한 놀이 기구로 중력에 의한 역학적 에너지는 일정하게 보존된다.

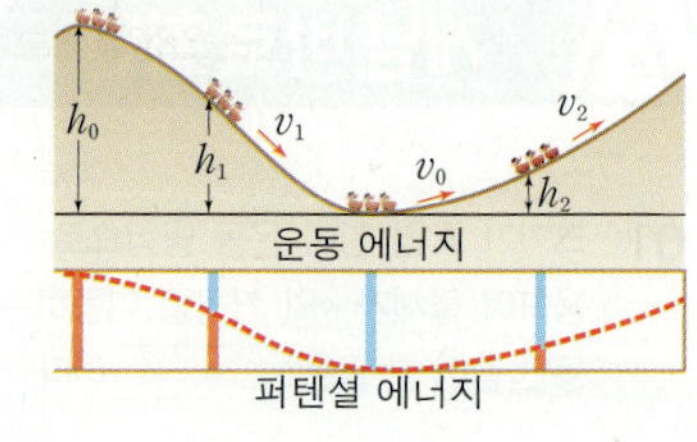

높은 곳에서는 속력이 느려 운동 에너지가 작지만 중력 퍼텐셜 에너지는 크고 낮은 곳에서는 그 반대가 된다.

$$mgh_0 = \frac{1}{2}mv_1^2 + mgh_1$$

$$= \frac{1}{2}mv_2^2 + mgh_2 = \frac{1}{2}mv_0^2 = \text{일정}$$

E 역학적 에너지가 보존되지 않는 경우

1. 역학적 에너지 감소

  (1) 마찰이나 공기 저항을 받으며 운동하는 물체의 역학적 에너지는 감소한다.

  (2) 감소한 역학적 에너지는 열에너지, 소리 에너지 등으로 전환되며 최종적으로 열에너지가 된다.

  (3) 역학적 에너지가 모두 열에너지로 전환되면 물체는 운동을 멈춘다.

❖ 중력

- 지구가 물체에 작용하는 만유인력이다.
- 지표면 근처에서 중력은 높이에 관계없이 일정하다.
- 지표면 근처에서 중력에 의하여 운동하는 물체의 가속도는 중력 가속도 g이다.
- 지표면 근처에서 질량이 m인 물체에 작용하는 중력은 mg이다.

❖ 탄성력이 하는 일

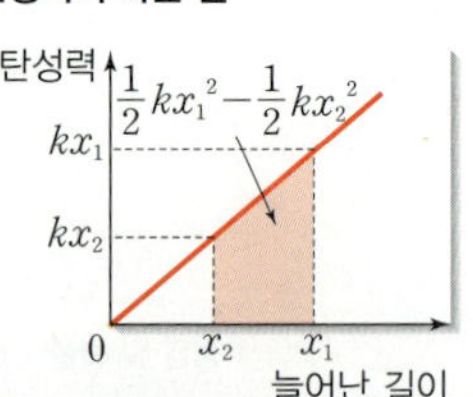

- 용수철의 늘어난 길이가 x_2에서 x_1까지 변하는 동안 탄성력이 한 일은 그래프 아랫부분의 넓이이므로 $W = \dfrac{1}{2}kx_1^2 - \dfrac{1}{2}kx_2^2$이다.
- 알짜힘이 하는 일이 운동 에너지 변화량이므로 탄성력이 알짜힘인 경우 다음의 관계가 성립한다.

$$\frac{1}{2}kx_1^2 - \frac{1}{2}kx_2^2 = \frac{1}{2}mv_2^2 - \frac{1}{2}mv_1^2$$

2. 바닥에서 튀어 오르는 공의 운동

(1) **열에너지 발생**: 높은 곳에서 떨어뜨린 공이 바닥과 충돌할 때 공과 바닥의 온도 상승

(2) **공의 역학적 에너지**: 공기 저항이나 바닥과의 충돌에 의하여 공의 역학적 에너지 중 일부가 열에너지로 전환되며 최종적으로 공은 정지한다. ➡ 역학적 에너지가 보존되지 않는다.

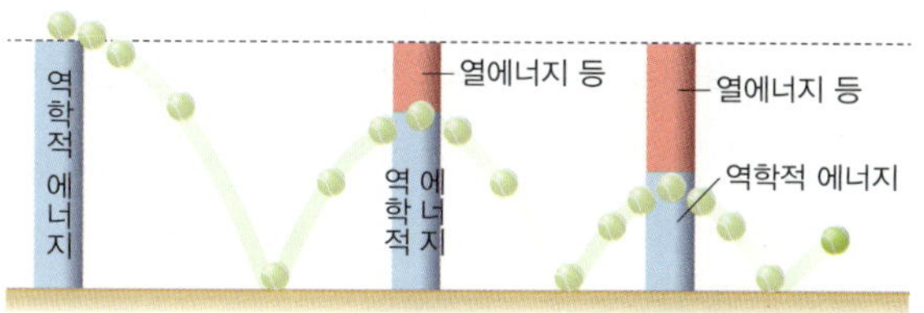

(3) **에너지 보존 법칙**: 공과 바닥 및 공기 등과 같이 주변의 물질 전체를 포함하면 역학적 에너지와 열에너지를 합한 전체 에너지는 감소하지 않고 보존된다.

실전 자료 낙하하는 물체의 에너지 그래프

그림은 높은 곳에서 떨어뜨린 물체가 낙하하는 동안 역학적 에너지, 운동 에너지(E_k), 중력 퍼텐셜 에너지(E_p)를 낙하 거리와 낙하 시간에 따라 나타낸 것이다.

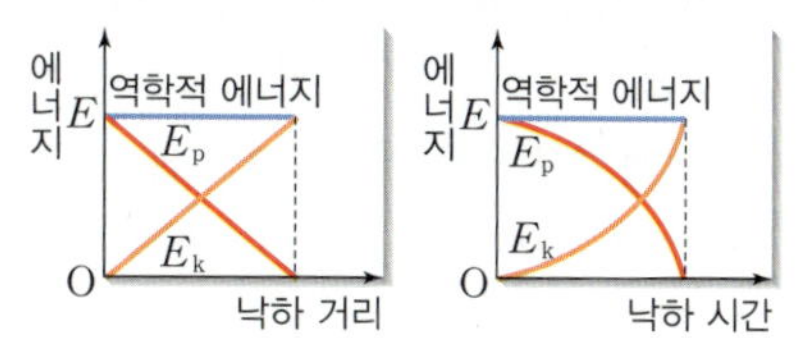

1. 역학적 에너지와 낙하 거리의 관계
(1) 중력 퍼텐셜 에너지는 기준점으로부터의 높이에 비례하며 낙하 거리에 비례하여 감소한다.
(2) 감소한 중력 퍼텐셜 에너지는 운동 에너지로 전환되므로 운동 에너지는 낙하 거리에 비례하여 증가한다.
(3) 운동 에너지와 중력 퍼텐셜 에너지의 y축 값의 합은 항상 일정 ➡ 역학적 에너지 보존

2. 역학적 에너지와 낙하 시간의 관계
(1) 낙하하는 물체는 등가속도 운동하므로 낙하 거리는 시간의 제곱에 비례한다. 따라서 중력 퍼텐셜 에너지는 시간의 제곱에 비례하여 감소한다.
(2) 감소한 중력 퍼텐셜 에너지는 운동 에너지로 전환되므로 운동 에너지는 시간의 제곱에 비례하여 증가한다.
(3) 운동 에너지와 중력 퍼텐셜 에너지의 y축 값의 합은 항상 일정 ➡ 역학적 에너지 보존

개념 바로 확인

정답 및 해설 | 09쪽

04 마찰이나 공기 저항이 없을 때 물체의 [   ] 에너지는 일정하게 보존된다.

05 용수철 상수가 k인 용수철의 길이가 x만큼 변형이 되었을 때 탄성력에 의한 퍼텐셜 에너지는 [   ]이다.

02 그림은 수평면으로부터 높이 h인 빗면에 질량이 m인 물체를 가만히 놓아 수평면에 있는 용수철에 충돌시키는 것을 나타낸 것이다. 중력 퍼텐셜 에너지의 기준면은 수평면이고 중력 가속도는 g, 용수철 상수는 k이다.

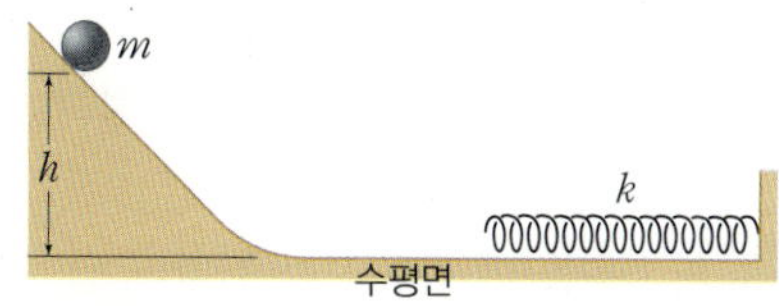

(   ) 안에 들어갈 알맞은 말을 쓰시오. (단, 물체의 크기와 마찰 및 공기 저항은 무시한다.)

(1) 높이 h인 곳에 있을 때 물체의 중력 퍼텐셜 에너지는 (㉠   )이고 운동 에너지는 (㉡   )이다.
(2) 수평면에 도달하여 용수철에 부딪히기 전 물체의 속력은 (   )이다.
(3) 물체가 수평면에 있는 용수철에 부딪혀 용수철을 압축시킬 때 용수철이 최대로 압축되는 길이를 구하시오.

· 이동 경로와 힘이 하는 일 ·

힘이 물체에 하는 일은 힘과 힘의 방향으로 이동한 거리의 곱이다. 힘의 방향으로 이동한 거리가 같으면 물체의 이동 경로에 관계없이 힘이 물체에 한 일은 동일하다.

원리 | 힘이 하는 일

그림과 같이 물체에 일정한 힘 F가 연직 아래 방향으로 작용하고 있을 때 물체가 O점에서 출발하여 한 칸의 길이가 d인 모눈의 파란색 경로를 따라 P점까지 이동할 때와 빨간색 경로를 따라 Q점까지 이동할 때 하는 일 W_1, W_2은 다음과 같다.

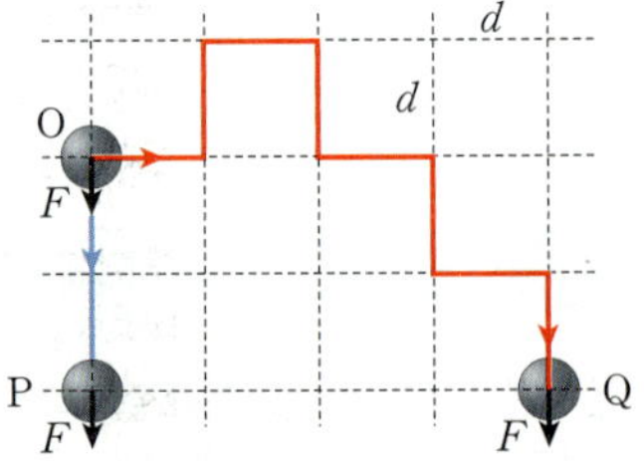

- 파란색 경로: 힘의 방향으로 이동한 거리가 $2d$이다.
  → $W_1 = F \times 2d = 2Fd$
- 빨간색 경로: 힘의 방향과 수직으로 이동할 때 하는 일은 0, 힘의 방향과 반대 방향으로 이동할 때 하는 일은 (−)이다. → $W_2 = F \times 0 + F \times (-d) + F \times 0 + F \times d + F \times 0 + F \times d + F \times 0 + F \times d = 2Fd$

따라서 $W_1 = W_2$이다. 이 결과는 힘이 하는 일은 힘과 최종적으로 힘의 방향으로 이동한 거리의 곱이 되어 경로에 관계없이 동일하다는 것을 의미한다.

이동 경로와 힘이 하는 일

그림 (가)와 같이 크기가 F인 힘은 연직 아래 방향으로 작용하고 물체는 경로 a를 따라 P점에서 Q점까지 움직이는 경우에 물체의 이동 경로는 (나)와 같이 힘의 방향에 수직인 경우와 같은 방향, 반대 방향이 짧은 구간 반복되었다고 생각할 수 있다. 따라서 P에서 Q까지 힘의 방향으로 s의 거리를 이동한 경우 힘이 한 일은 $W = Fs$이다. 그림 (가)의 b의 경로를 따라 이동하는 경우도 같은 방법으로 생각할 수 있으므로 b의 경로를 따라 이동할 때에도 힘이 물체에 한 일은 힘과 최종적으로 힘의 방향으로 이동한 거리 s의 곱인 $W = Fs$이다.

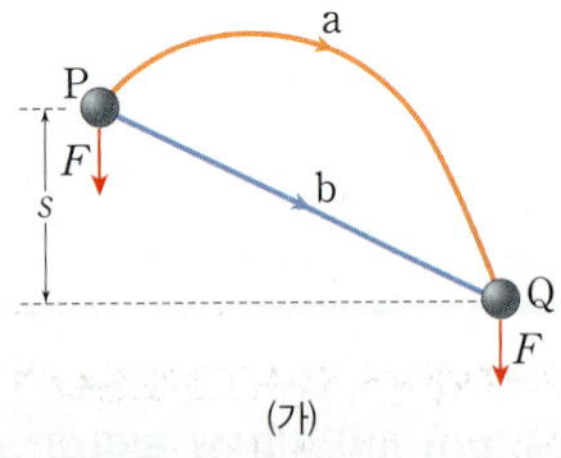

(가)

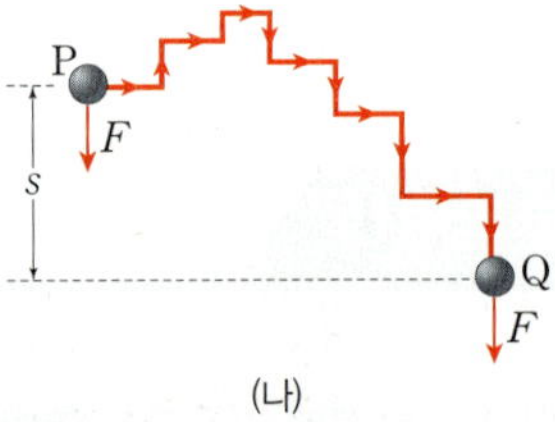

(나)

롤러코스터와 중력이 하는 일

그림과 같이 롤러코스터가 h_0의 높이에서 h_1의 높이까지 이동하는 동안 중력이 하는 일은 $W = mg(h_0 - h_1)$이다.

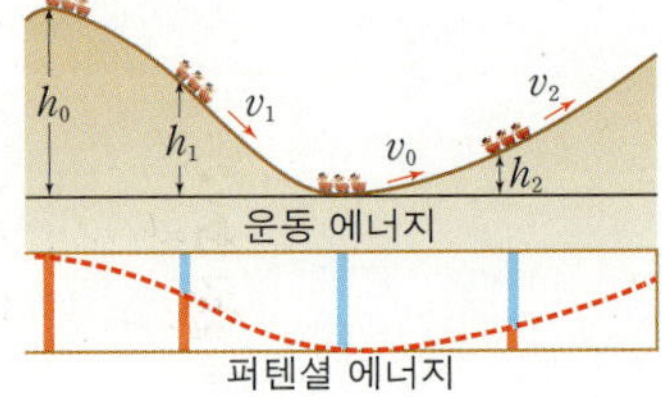

① 마찰이나 공기 저항이 없으면 롤러코스터에 작용하는 알짜힘은 중력이다.

② 일·운동 에너지 정리에 따라 알짜힘이 한 일은 운동 에너지의 변화량이다. → $W = \frac{1}{2}mv_1^2 - 0$

③ 롤러코스터가 h_0의 높이에서 h_2의 높이까지 이동하는 동안 중력이 하는 일 $mg(h_0 - h_2)$은 운동 에너지 변화량 $\frac{1}{2}mv_2^2$이다. 따라서 역학적 에너지가 다음과 같이 보존됨을 알 수 있다.

$$W = mg(h_0 - h_1) = \frac{1}{2}mv_1^2, \ mg(h_0 - h_2) = \frac{1}{2}mv_2^2 \rightarrow mgh_0 = \frac{1}{2}mv_1^2 + mgh_1 = \frac{1}{2}mv_2^2 + mgh_2 = 일정$$

A 일~ **C** 퍼텐셜 에너지

01 그림은 마찰이 없는 수평면 위에서 질량이 1 kg인 물체에 수평 방향으로 일정한 힘 F를 작용하여 정지해 있던 물체를 2초 동안 4 m의 거리를 이동시키는 것을 나타낸 것이다.

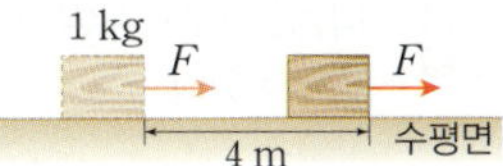

물체가 4 m의 거리를 이동하는 동안 F가 물체에 한 일은?

① 6 J ② 8 J ③ 12 J ④ 18 J ⑤ 24 J

02 그림은 마찰이 없는 수평면에 정지해 있는 질량이 2 kg인 물체에 수평 방향으로 작용한 힘을 위치에 따라 나타낸 것이다.

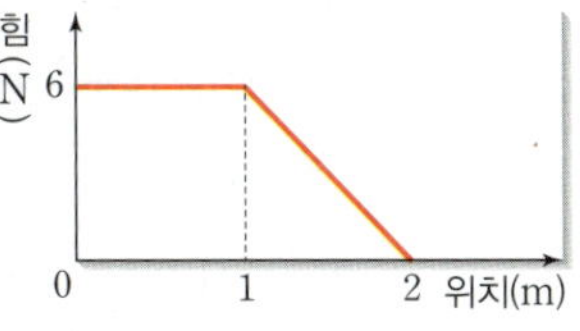

이 물체에 대한 설명으로 옳은 것만을 〈보기〉에서 있는 대로 고른 것은?

┤ 보기 ├
ㄱ. 0에서 1 m까지 이동하는 동안 힘이 한 일은 6 J이다.
ㄴ. 0에서 2 m까지 이동하는 동안 운동 에너지 변화량은 9 J이다.
ㄷ. 2 m를 지나는 순간 속력은 2 m/s이다.

① ㄱ ② ㄷ ③ ㄱ, ㄴ
④ ㄴ, ㄷ ⑤ ㄱ, ㄴ, ㄷ

03 그림 (가)는 마찰이 없는 수평면에 정지해 있던 질량이 2 kg인 물체에 수평 방향으로 힘 F가 작용하는 것을 나타낸 것이고, (나)는 이 물체의 속도를 시간에 따라 나타낸 것이다.

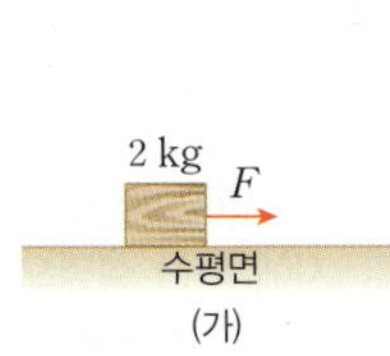
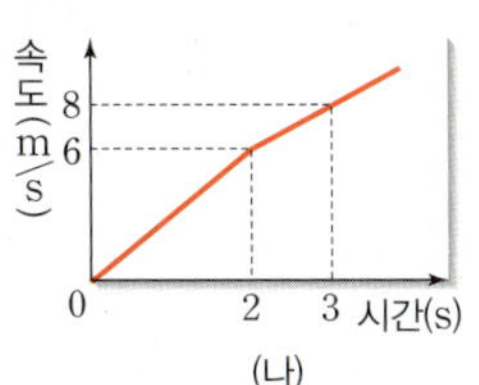

이에 대한 설명으로 옳은 것만을 〈보기〉에서 있는 대로 고른 것은?

┤ 보기 ├
ㄱ. 1초일 때 F의 크기는 3 N이다.
ㄴ. 0초부터 2초까지 F가 물체에 한 일은 36 J이다.
ㄷ. 2초부터 3초까지 F가 물체에 한 일은 28 J이다.

① ㄱ ② ㄴ ③ ㄱ, ㄷ
④ ㄴ, ㄷ ⑤ ㄱ, ㄴ, ㄷ

04 그림과 같이 마찰이 없는 수평면에 정지해 있는 질량이 4 kg인 물체에 수평 방향으로 크기가 10 N인 힘을 작용하여 5 m 이동시켰다. 이에 대한 설명으로 옳지 <u>않은</u> 것은? (단, 물체의 크기는 무시한다.)

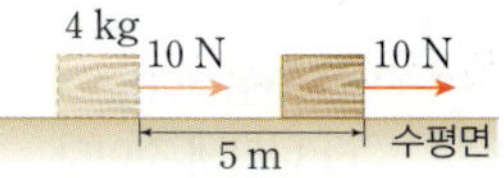

① 물체는 등가속도 직선 운동을 한다.
② 힘이 물체에 한 일은 40 J이다.
③ 중력이 물체에 한 일은 0이다.
④ 물체의 운동 에너지 증가량은 50 J이다.
⑤ 물체가 5 m를 이동하는 순간 속력은 5 m/s이다.

05 그림은 정약용이 발명한 거중기의 원리를 이용하여 사람이 질량이 200 kg인 물체를 일정한 속도로 올리는 것을 나타낸 것이다.

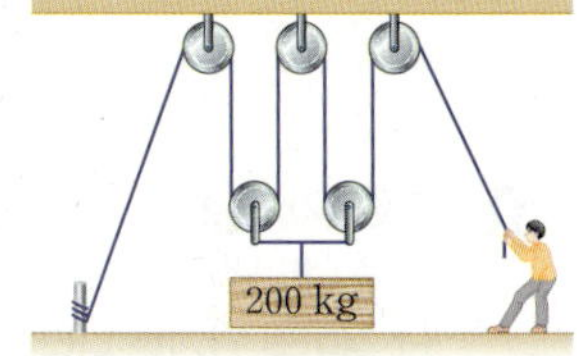

이에 대한 설명으로 옳은 것만을 〈보기〉에서 있는 대로 고른 것은? (단, 중력 가속도는 10 m/s²이고, 도르래와 줄의 질량, 마찰, 물체의 크기는 무시한다.)

┤ 보기 ├
ㄱ. 사람이 줄을 잡아당기는 힘의 크기는 500 N이다.
ㄴ. 물체에 작용하는 알짜힘이 물체에 하는 일은 0이다.
ㄷ. 물체를 2 m 올리는 동안 잡아당긴 줄의 길이는 4 m이다.

① ㄱ ② ㄷ ③ ㄱ, ㄴ ④ ㄴ, ㄷ ⑤ ㄱ, ㄴ, ㄷ

06 그림 (가)는 마찰이 없는 수평면에서 전동기 P, Q가 물체 A, B를 각각 수평 방향으로 끌어당기는 것을, (나)는 A, B의 속력을 시간에 따라 나타낸 것이다. 질량은 B가 A의 2배이다.

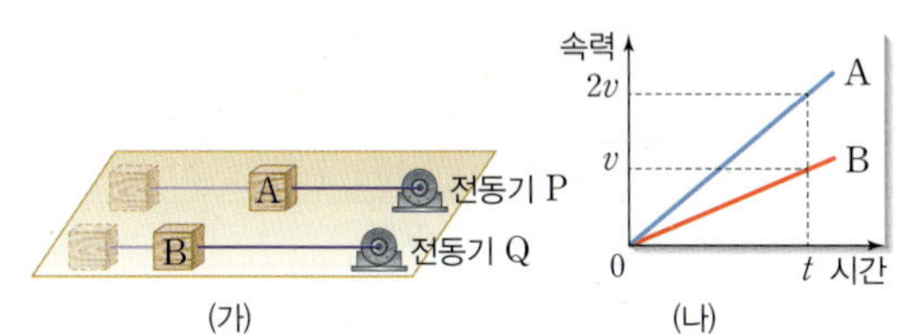

0초에서 t초까지 P, Q에 대한 설명으로 옳은 것만을 〈보기〉에서 있는 대로 고른 것은? (단, 전동기는 수평면에 고정되어 있다.)

┤ 보기 ├
ㄱ. P가 한 일은 A의 운동 에너지 변화량과 같다.
ㄴ. 잡아당기는 힘은 P가 Q의 2배이다.
ㄷ. P가 한 일은 Q가 한 일의 2배이다.

① ㄱ ② ㄴ ③ ㄱ, ㄷ ④ ㄴ, ㄷ ⑤ ㄱ, ㄴ, ㄷ

07 그림 (가)는 철수가 수평면 위에 정지해 있던 수레를 밀고 가는 것을, (나)는 수레에 수평 방향으로 작용한 힘을 시간에 따라 나타낸 것이다.

(가)   (나)

철수가 0초부터 5초까지 수레에 한 일 W_1과 5초부터 10초까지 수레에 한 일 W_2의 비 $W_1 : W_2$는? (단, 모든 마찰은 무시한다.)

① $1:1$ ② $2:1$ ③ $2:3$ ④ $3:4$ ⑤ $4:5$

08 그림 (가)는 철수가 용수철을 이용한 운동 기구를 끌어당기는 것을 나타낸 것이고, (나)는 철수가 용수철에 작용한 힘과 늘어난 길이의 관계를 나타낸 것이다.

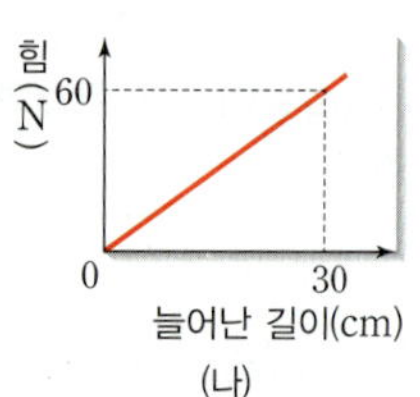

(가)   (나)

용수철이 30 cm 늘어나는 동안 철수가 작용한 힘이 용수철에 한 일은?

① $9\,J$ ② $18\,J$ ③ $36\,J$ ④ $900\,J$ ⑤ $1800\,J$

09 그림은 용수철 상수가 k인 용수철을 한쪽 벽에 고정시켜 서서히 당기는 것을 나타낸 것이고, 표는 용수철을 당기는 힘에 따른 용수철의 늘어난 길이를 나타낸 것이다.

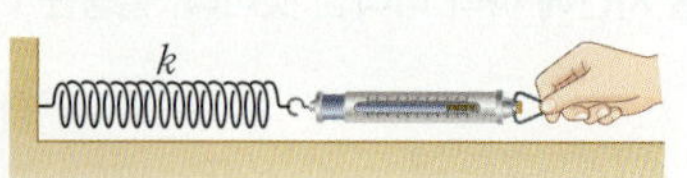

당기는 힘(N)	10	20	30
늘어난 길이(m)	0.05	0.10	(가)

이에 대한 설명으로 옳은 것만을 〈보기〉에서 있는 대로 고른 것은? (단, 용수철의 질량과 모든 마찰은 무시한다.)

┤ 보기 ├
ㄱ. (가)는 0.15이다.
ㄴ. k는 20 N/m이다.
ㄷ. 용수철의 늘어난 길이가 0.1 m일 때 탄성력 퍼텐셜 에너지는 1 J이다.

① ㄱ   ② ㄴ   ③ ㄱ, ㄷ   ④ ㄴ, ㄷ   ⑤ ㄱ, ㄴ, ㄷ

D 역학적 에너지 보존 ~ **E** 역학적 에너지가 보존되지 않는 경우

10 다음은 어떤 사람이 물체에 힘을 작용하여 물체를 이동시키는 경우들이다.

> (가) 물체를 일정한 속력으로 들어 올릴 때
> (나) 빗면을 따라 물체를 일정한 속력으로 밀어 올릴 때
> (다) 수평면 위에 정지해 있는 물체를 일정한 힘으로 수평 방향으로 밀 때

각각의 경우에 대한 설명으로 옳지 <u>않은</u> 것은? (단, 마찰과 공기 저항은 무시한다.)

① (가)는 사람이 해 준 일이 모두 퍼텐셜 에너지로 전환된다.
② (나)는 사람이 해 준 일이 모두 퍼텐셜 에너지로 전환된다.
③ (다)는 사람이 해 준 일이 모두 운동 에너지로 전환된다.
④ (다)는 물체의 운동 에너지가 점점 증가한다.
⑤ 물체의 역학적 에너지가 일정한 경우는 (가), (나)이다.

11 그림 (가)는 트램펄린 위에서 사람이 뜀뛰기를 하여 위로 올라가고 있는 장면을, (나)는 사람의 최저점을 A점, 최고점을 B점, 탄성체의 평형점을 O점으로 나타낸 것이다.

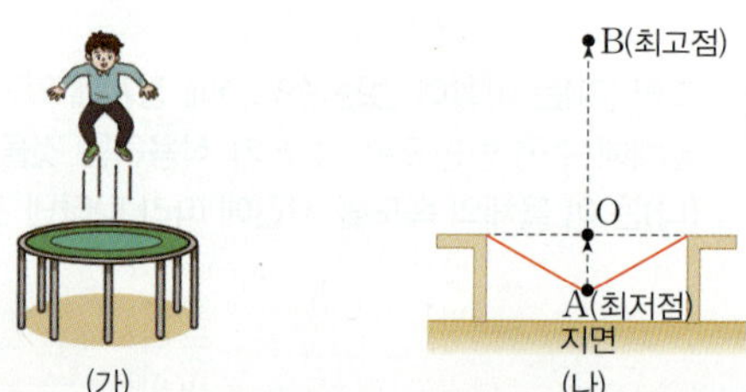

(가)   (나)

사람의 위치가 A → O → B 순서로 변할 때 역학적 에너지가 보존된다면 사람의 역학적 에너지에 대한 설명으로 옳은 것은? (단, 중력에 의한 퍼텐셜 에너지의 기준면은 지면이다.)

① A에서 O로 올라갈 때 운동 에너지는 감소한다.
② A에서 탄성력에 의한 퍼텐셜 에너지는 O에서 운동 에너지와 같다.
③ A에서 탄성력에 의한 퍼텐셜 에너지는 O에서 중력에 의한 퍼텐셜 에너지와 같다.
④ O에서 탄성력과 중력에 의한 퍼텐셜 에너지의 합은 0이다.
⑤ O에서 B로 올라갈 때, 운동 에너지가 중력에 의한 퍼텐셜 에너지로 전환된다.

12 그림 (가)는 매끄러운 수평면 위에서 질량이 $2\,kg$인 수레가 $1\,m/s$의 속력으로 용수철에 정면으로 충돌하는 것을, (나)는 이때 용수철의 길이를 시간에 따라 나타낸 것이다.

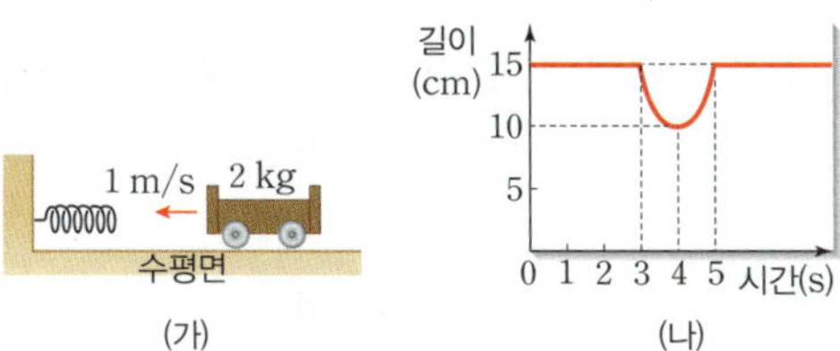

충돌 후 수레가 $1\,m/s$의 속력으로 튀어 나갔다면, 4초일 때 탄성력에 의한 퍼텐셜 에너지는?

① $0.5\,J$ ② $1\,J$ ③ $2\,J$
④ $4\,J$ ⑤ $8\,J$

13 그림은 A점에 놓여 있던 물체가 곡면을 미끄러져 내려와 용수철을 L만큼 최대로 압축시킨 모습을 나타낸 것이다.

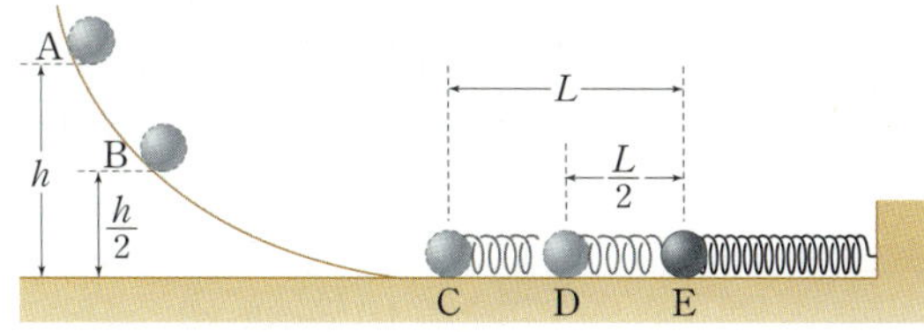

이에 대한 설명으로 옳은 것만을 〈보기〉에서 있는 대로 고른 것은? (단, 물체의 크기와 마찰 및 공기 저항은 무시하고, 충돌 시 에너지 손실은 없다.)

| 보기 |

ㄱ. C점에서 물체의 속력은 B점의 2배이다.
ㄴ. D점에서 물체의 운동 에너지와 탄성력에 의한 퍼텐셜 에너지는 같다.
ㄷ. A점과 E점에서 물체의 역학적 에너지는 같다.

① ㄱ ② ㄷ ③ ㄱ, ㄴ
④ ㄴ, ㄷ ⑤ ㄱ, ㄴ, ㄷ

이렇게!

14 그림은 용수철 상수가 k인 용수철로부터 위로 높이 h인 곳에서 질량이 m인 물체를 가만히 떨어뜨리는 것을 나타낸 것이다.
낙하한 물체가 용수철에 충돌한 후 용수철과 함께 움직일 때 용수철이 압축되는 최대 길이가 d라고 할 때, h와 d 사이의 관계를 정리하시오. (단, 중력 가속도는 g이고, 충돌 시 에너지 손실과 공기 저항, 마찰은 무시한다.)

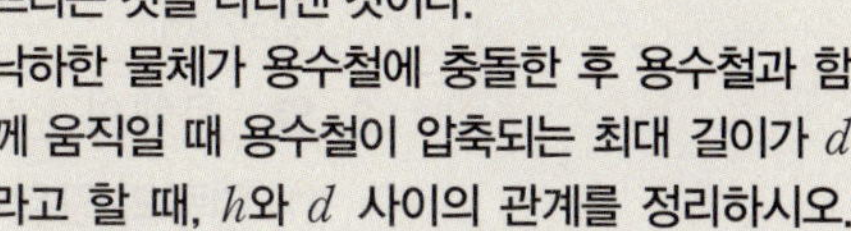

15 그림은 용수철의 한 끝을 천장에 고정해 놓고, 다른 끝에 물체를 매달아 용수철이 늘어나지 않도록 손으로 받치고 있는 모습을 나타낸 것이다.
손을 재빨리 치웠을 때 물체의 속력이 최대가 되는 위치는 어느 곳인지 설명하시오. (단, 모든 마찰과 공기 저항은 무시한다.)

16 그림은 일정한 높이에서 가만히 떨어뜨린 공이 바닥에 부딪혀 튀어 오를 때의 높이를 시간에 따라 나타낸 것이다.

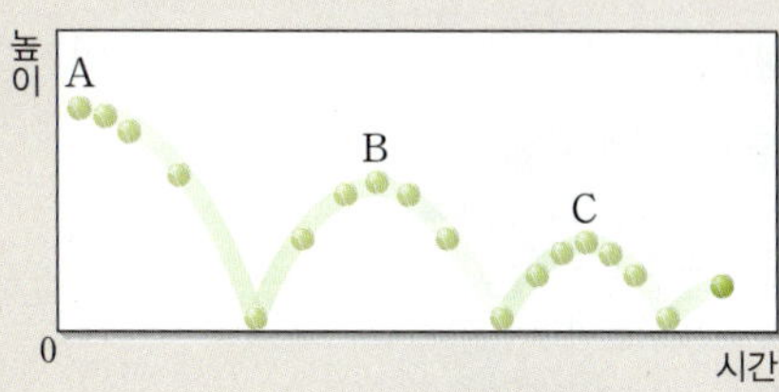

A, B, C에서 역학적 에너지의 크기를 비교하고, 그 이유를 서술하시오.

02 열역학 제1법칙

⊗ 먼저 알아야 할 내용

1. **온도** 물체의 차고 뜨거운 정도를 숫자로 나타낸 값이다. 섭씨온도(℃)는 물의 어는 점과 ㉠ [   ]을 온도의 표준으로 정하여 그 사이를 100등분한 온도 눈금이다.

2. **열** 물체의 온도를 변하게 하거나 상태 변화를 일으키는 에너지이다.
   (1) **열량의 단위**: 열의 단위는 kcal(킬로칼로리), J(줄)을 사용한다.
   (2) **칼로리(cal)**: 1기압에서 순수한 물 1 g의 온도를 14.5 ℃에서 15.5 ℃까지 1 ℃ 높이는데 필요한 열량이다. 1 kcal=1000 cal이고 1 cal≒㉡ [   ] J이다.

답 ㉠ 끓는점 ㉡ 4.2

Ⓐ 기체가 하는 일

1. 열의 성질

(1) 온도가 다른 두 물체가 접촉해 있을 때 열은 자연적으로 온도가 높은 물체에서 온도가 낮은 물체로 이동한다. — 온도가 높은 분자는 온도가 낮은 분자보다 큰 운동 에너지를 가지고 있고, 이들이 접촉하면 충돌에 의해 에너지가 큰 분자는 에너지가 작은 분자에게 에너지를 전달한다.

(2) 물체에 열을 주면 온도가 올라가고, 열을 빼앗으면 온도가 내려간다.

고온의 물체가 잃은 열량=저온의 물체가 얻은 열량 — 열량 보존 법칙

2. 기체가 하는 일

피스톤의 단면적을 A, 기체의 압력을 P라고 할 때 $P=\dfrac{F}{A}$이므로 기체가 피스톤에 작용하는 힘은 $F=PA$이다. 기체는 이 힘 F를 피스톤에 작용하여 피스톤을 Δs만큼 이동시키므로 기체가 피스톤에 하는 일 W는 다음과 같다.

$$W=F\Delta s=PA\Delta s=P\Delta V \quad (\Delta V=A\Delta s : \text{부피 변화량})$$

(1) **압력-부피 그래프와 기체가 하는 일**: 압력이 일정할 때 압력과 부피의 관계 그래프에서 그림 (가)와 같이 색칠한 부분의 넓이가 기체가 하는 일이다. 압력이 변할 때에도 기체의 부피 변화를 아주 짧은 구간으로 나누어 생각하면 압력이 일정하게 팽창한 부분의 반복이므로 그림 (나)와 같이 압력과 부피의 관계 그래프에서 색칠한 부분의 넓이가 기체가 하는 일이다.

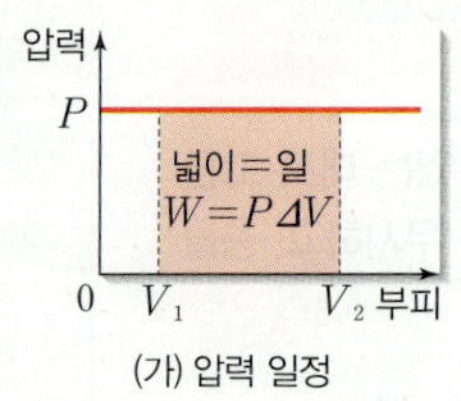

(가) 압력 일정

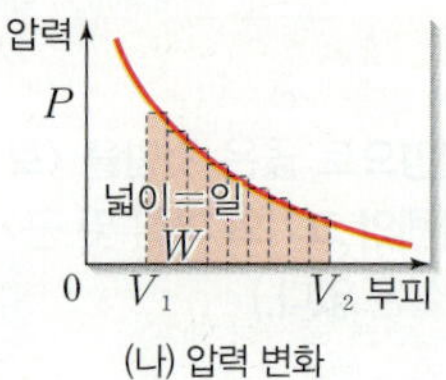

(나) 압력 변화

(2) **기체의 부피 변화와 하는 일**

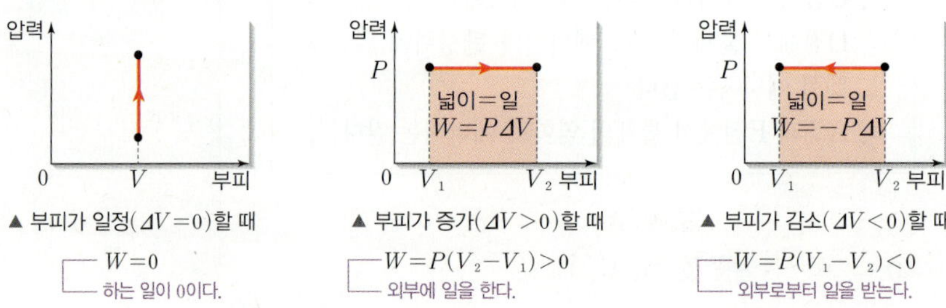

▲ 부피가 일정($\Delta V=0$)할 때
$W=0$
하는 일이 0이다.

▲ 부피가 증가($\Delta V>0$)할 때
$W=P(V_2-V_1)>0$
외부에 일을 한다.

▲ 부피가 감소($\Delta V<0$)할 때
$W=P(V_1-V_2)<0$
외부로부터 일을 받는다.

❖ **열평형**
온도가 다른 두 물체를 접촉시키면 온도가 높은 물체에서 온도가 낮은 물체로 열이 이동하여 온도가 같아져 열평형 상태가 된다.

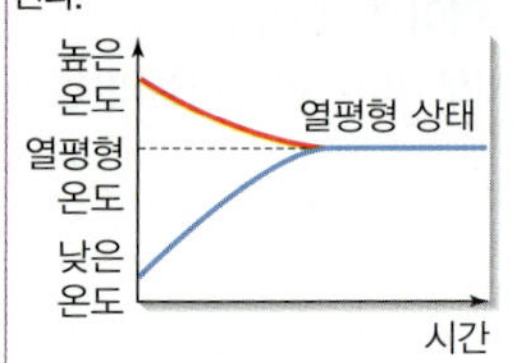

— 열은 온도가 높은 곳에서 온도가 낮은 곳으로 물체를 통해서 이동해 가는 분자의 운동 에너지이다.

실린더 안에 기체를 넣고 피스톤으로 밀폐시키면 실린더 벽과 피스톤 벽은 기체 분자들의 끊임없는 충돌에 의하여 압력을 받는다. 이때 기체가 팽창하면 기체 분자들은 피스톤에 충돌에 의한 충격력으로 힘을 작용하여 피스톤을 이동시키므로 피스톤에 일을 한다.

❖ **기체가 하는 일**

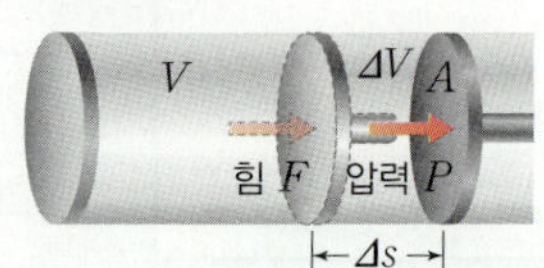

$W=F\Delta s=PA\Delta s=P\Delta V$

1. 열기관(heat engine)

(1) 증기 기관이나 가솔린 기관과 같이 고온과 저온의 열원 사이에서 작동 물질이 순환 과정을 반복하면서 열에너지를 역학적 에너지로 바꾸는 장치이다.

(2) **열기관의 예**: 증기 기관, 디젤 기관, 가솔린 기관, 제트 기관, 증기 터빈 등

(3) **열기관의 작동 물질**: 증기 기관에서는 수증기, 자동차 엔진에서는 휘발유와 공기의 혼합물이 작동 물질이고, 이 작동 물질이 열에너지에 의하여 팽창과 수축을 반복하면서 외부에 일을 한다.

2. 열기관이 하는 일

(1) 한 번 순환하는 사이에 작동 물질이 고온의 열원에서 흡수하는 열량을 Q_1, 저온의 열원에 방출하는 열량을 Q_2라고 하면 열기관이 외부에 하는 일 W는 다음과 같다.

$$W = Q_1 - Q_2$$

(2) **순환 과정과 하는 일**: 열기관은 팽창과 수축을 반복하는 과정을 거친다. 팽창할 때 외부에 일을 하고 수축할 때 외부로부터 일을 받는다. 따라서 한 순환 과정에서 열기관이 한 일은 압력－부피 그래프에서 그래프로 둘러싸인 부분의 넓이와 같다.

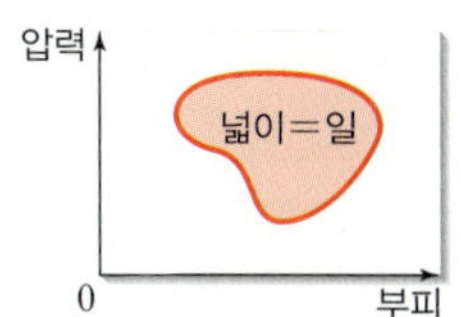

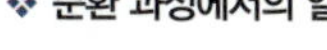
❖ 순환 과정에서의 일

필수 용어 정리

* **실린더** | 내연 기관, 증기 기관 등에서 피스톤이 왕복 운동을 하는 부분
* **열원** | 열에너지를 공급하거나 흡수하는 부분을 말하며 온도가 일정하게 유지된다. 고열원은 온도가 높은 열원, 저열원은 온도가 낮은 열원을 말한다.
* **압력** | 단위 면적에 작용하는 힘이다.

개념 바로 확인

정답 및 해설 | 11쪽

01 열은 자연적으로 온도가 [　　] 물체에서 온도가 낮은 물체로 이동한다.

02 물체의 표면에 힘이 수직으로 작용할 때 힘의 크기를 힘이 작용한 면적으로 나눈 것을 [　　]이라고 한다.

03 기체의 압력이 P로 일정한 상태에서 기체의 부피가 ΔV만큼 증가할 때 기체가 외부에 한 일은 [　　]이다.

04 기체의 부피가 [　　]할 때 기체가 외부로부터 일을 받는다.

01 그림은 실린더에 들어 있는 기체가 서서히 피스톤을 Δl만큼 밀어 부피가 증가하는 것을 나타낸 것이다. 대기압은 P로 일정하고 피스톤의 단면적은 A이다. 실린더와 피스톤 사이의 마찰은 무시한다.
(　　) 안에 들어갈 알맞은 말을 쓰시오.

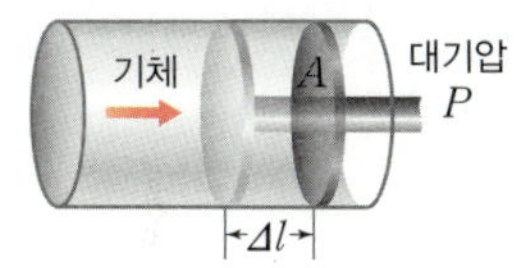

(1) 실린더와 피스톤 사이의 마찰이 없고 기체가 서서히 팽창하므로 기체의 압력은 대기압과 같아 (㉠　　　)이고, 피스톤의 단면적이 A이므로 기체가 피스톤에 작용하는 힘의 크기는 (㉡　　　)이다.

(2) 피스톤이 Δl의 거리를 이동하는 동안 기체가 피스톤에 한 일은 힘과 이동 거리의 곱이므로 (　　　)이다.

(3) 피스톤이 이동하는 동안 기체의 부피 증가량은 (㉠　　　)이다. 따라서 기체가 피스톤에 한 일은 기체의 (㉡　　　)과 부피 증가량의 곱이다.

02 그림은 일정량의 이상 기체의 상태가 A → B → C → D → A를 따라 변할 때 압력과 부피 관계를 나타낸 것이다. 이에 대한 설명으로 옳은 것만을 〈보기〉에서 있는 대로 고르시오.

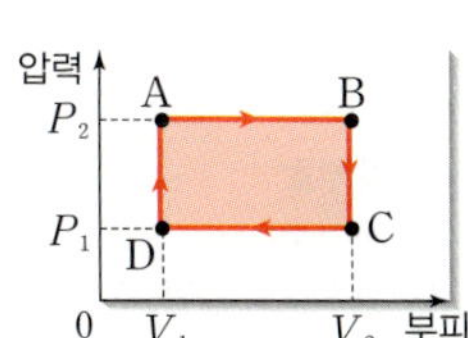

┤ 보기 ├

ㄱ. A → B 과정에서 기체가 외부에 일을 한다.

ㄴ. B → C 과정에서 기체가 외부에 일을 한다.

ㄷ. 한 순환 과정 동안 기체가 외부에 한 일은 $(P_2 - P_1)(V_2 - V_1)$이다.

열역학 제1법칙

ⓒ 열역학 제1법칙과 열역학 과정

1. 내부 에너지 물질을 구성하는 입자들이 가진 운동 에너지와 퍼텐셜 에너지의 총합을 내부 에너지라고 한다. —— 물질을 구성하는 입자들은 끊임없이 열운동을 하고 있으며 입자들 사이의 상호 작용이 있으므로 입자들은 모두 운동 에너지와 퍼텐셜 에너지를 가지고 있다.

2. 이상 기체의 내부 에너지 이상 기체의 내부 에너지는 퍼텐셜 에너지가 0이므로 구성 분자들의 운동 에너지만의 총합이다. —— 이상 기체는 구성 분자들 사이에 상호 작용이 없는 기체이므로 퍼텐셜 에너지가 0이다.

(1) **기체 분자 N개의 내부 에너지**: $U = E_k = \dfrac{1}{2} m_1 v_1^2 + \dfrac{1}{2} m_2 v_2^2 + \cdots + \dfrac{1}{2} m_N v_N^2$

(2) 질량이 동일한 분자 N개로 구성된 이상 기체 분자의 평균 운동 에너지는

$\overline{E_k} = \dfrac{E_k}{N} = \dfrac{1}{2} m\overline{v^2}$이므로 이상 기체의 내부 에너지 U는 다음과 같이 표현할 수 있다.

$$U = N\overline{E_k} = N \times \dfrac{1}{2} m\overline{v^2}$$

3. 온도와 이상 기체의 내부 에너지 이상 기체의 온도가 높을수록 기체 분자의 열운동이 활발해지므로 평균 운동 에너지가 증가한다.

- **이상 기체의 내부 에너지**: 내부 에너지 U는 기체 분자 수 N과 절대 온도 T에 비례한다.

$$U \propto N\overline{E_k} \propto NT$$

4. 열역학 제1법칙

(1) 실린더에 들어 있는 기체에 열에너지를 공급하면 기체의 온도가 높아지면서 부피가 팽창한다.

① 기체는 팽창하므로 외부에 일을 한다. → 외부에 하는 일: W

② 기체의 온도가 높아지므로 기체의 내부 에너지가 증가한다. → 내부 에너지 증가량: ΔU

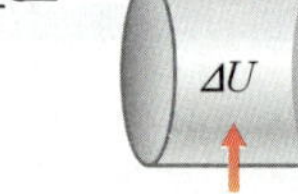

(2) **에너지 보존 법칙**: 외부에서 기체에 가해준 열량(Q)은 기체의 내부 에너지 증가량(ΔU)과 기체가 외부에 한 일의 양(W)의 합이며 이를 열역학 제1법칙이라고 한다.

$$Q = \Delta U + W = \Delta U + P\Delta V$$

5. 이상 기체의 열역학 과정

(1) **등압 과정(등압 과정)**: 압력 일정, 부피∝온도

① **기체가 하는 일**: 압력－부피 그래프에서 그래프 아래의 색칠한 부분의 넓이

② $\Delta V > 0$(팽창): $\Delta T > 0$, $\Delta U > 0$, $W = P\Delta V > 0$ ➡ $Q = \Delta U + W > 0$ → 기체가 열 흡수

③ $\Delta V < 0$(압축): $\Delta T < 0$, $\Delta U < 0$, $W = P\Delta V < 0$ ➡ $Q = \Delta U + W < 0$ → 기체가 열 방출

(2) **등온 과정**: 온도 일정 $\Delta T = 0$, $\Delta U = 0$ ➡ $Q = \Delta U + W = W$

① 기체가 하는 일: 압력－부피 그래프에서 그래프 아래의 색칠한 부분의 넓이

② 등온 팽창($\Delta V > 0$): $Q = W > 0$ → 기체가 열 흡수

③ 등온 압축($\Delta V < 0$): $Q = W < 0$ → 기체가 열 방출

(3) **등적 과정(정적 과정)**: 부피 일정, 압력∝온도 ➡ $W = 0$, $Q = \Delta U + W = \Delta U$

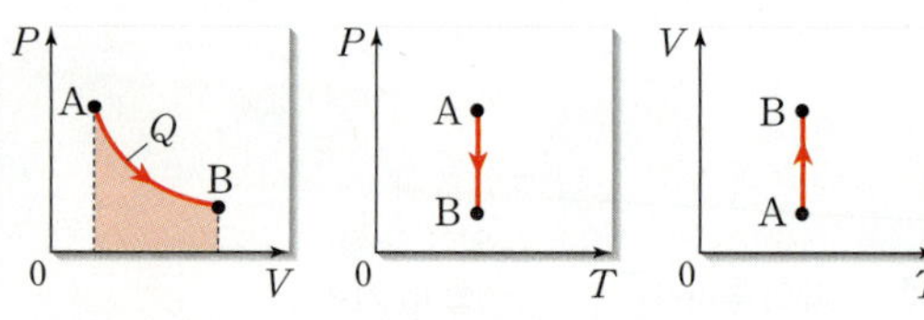

❖ 이상 기체의 상태 방정식

보일·샤를 법칙에 따라 이상 기체의 압력과 부피의 곱은 온도에 비례한다.
➡ $PV = nRT$ (n: 몰 수, R: 기체 상수)

❖ 이상 기체의 내부 에너지와 온도

분자 운동론에 의하여 이상 기체의 평균 운동 에너지는 절대 온도에 비례한다.
➡ $E_k = \dfrac{1}{2} m\overline{v^2} = \dfrac{3}{2} kT$
(k: 볼츠만 상수)

❖ 열역학 제1법칙의 의미

- 열에너지와 역학적 에너지를 포함한 에너지 보존 법칙
- 열과 일은 동등함
- 물체가 가지고 있던 역학적 에너지: 열이나 일에 의하여 분자들의 내부 에너지로 전환되지만 총에너지는 일정하게 보존됨

❖ W의 부호

- $W > 0$ 외부로 일을 함
- $W < 0$ 외부로부터 일을 받음

❖ Q의 부호

- $Q > 0$ 외부로부터 열 흡수
- $Q < 0$ 외부로 열 방출

① 온도 상승 ($\Delta T > 0$):

$Q = \Delta U > 0$ → 기체가 외부로부터 열 흡수

② 온도 하강 ($\Delta T < 0$):

$Q = \Delta U < 0$ → 기체가 외부로 열 방출

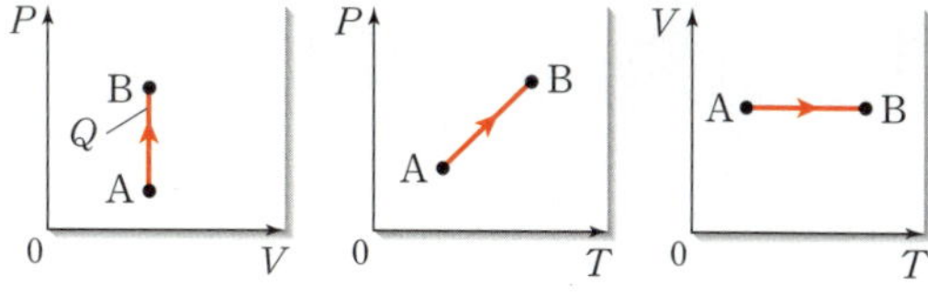

(4) **단열 과정**: $Q = \Delta U + W = 0$ ➡ $\Delta U = -W$

① 단열 팽창: $W > 0$이므로 $\Delta U = -W < 0$

➡ 내부 에너지 감소, 기체 온도 하강

② 단열 압축: $W < 0$이므로 $\Delta U = -W > 0$

➡ 내부 에너지 증가, 기체 온도 상승

③ 공기는 열전도율이 매우 낮아 팽창·수축할 때 단열 변화한다.

➡ **푄 현상**: 습한 바람이 고도가 높은 산을 넘어 고도가 낮은 지형으로 불어오면 단열 변화에 의해 고온 건조한 바람으로 변하는 현상이다.

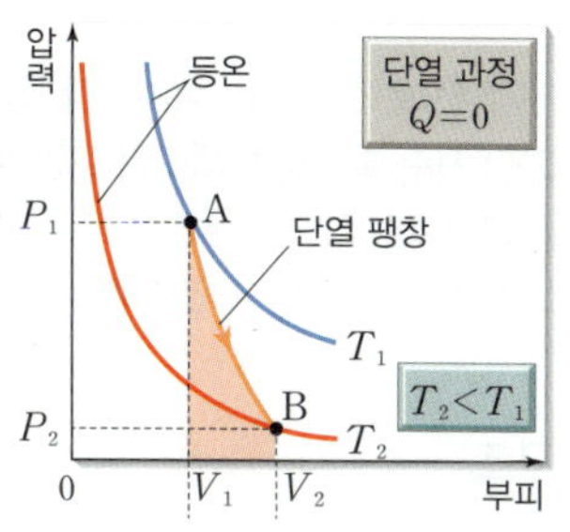

❖ **단열 자유 팽창**

단열 용기에 작은 구멍을 뚫어 진공인 공간으로 기체를 팽창시키는 현상은 단열 과정이므로 $Q = 0$이다. 기체가 진공으로 팽창하므로 힘이 작용하지 않아 압력이 0이고 $W = 0$이다.
➡ $\Delta U = 0$: 온도 일정

실전 자료 | **등압 변화와 등온 변화**

그림 (가), (나)는 각각 등압 변화와 등온 변화가 일어나는 실린더 내부 기체의 부피 변화를 나타낸 것이다.

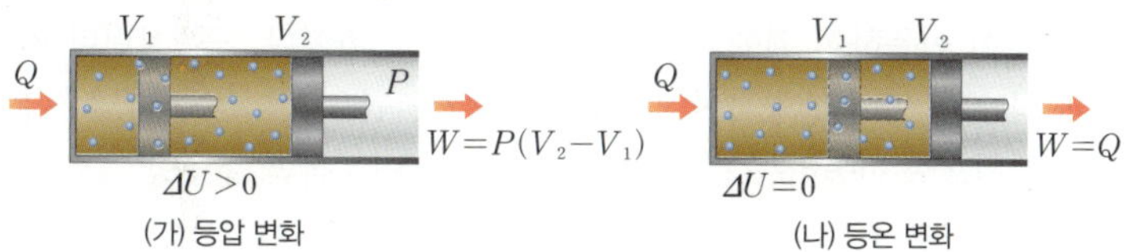

1. **등압 변화**: 피스톤과 실린더 사이의 마찰이 없으므로 기체의 압력은 대기압과 동일
   ① 팽창 과정: 기체가 외부로부터 열을 흡수($Q > 0$)하고 외부에 일을 함($W = P(V_2 - V_1) > 0$), 기체의 온도 증가, 내부 에너지 증가($\Delta U > 0$)
   ② 수축 과정: 기체가 외부로 열을 방출($Q < 0$)하고 외부로부터 일을 받음($W = P(V_1 - V_2) < 0$), 기체의 온도 감소, 내부 에너지 감소($\Delta U < 0$)
2. **등온 변화**: 기체의 온도 일정, 내부 에너지 일정($\Delta U = 0$)
   ① 팽창 과정: 기체가 외부로부터 열 흡수($Q > 0$), 기체가 외부에 일을 함($W > 0$)
   ② 수축 과정: 기체가 외부로 열 방출($Q < 0$), 기체가 외부로부터 일을 얻음($W < 0$)

필수 용어 정리

* **열운동** | 물질을 구성하는 입자들의 끊임없는 불규칙한 운동으로 온도가 높을수록 활발해진다.
* **이상 기체** | 구성하는 입자들 사이의 상호 작용이 없는 이상적인 기체

개념 바로 확인

정답 및 해설 | 11쪽

05 물체를 구성하는 입자들의 운동 에너지와 퍼텐셜 에너지의 총합을 물체의 [　　　] 에너지라고 한다.

06 이상 기체의 내부 에너지는 기체 분자들의 [　　　]의 총합이다.

07 기체에 열량 Q를 공급하였을 때 기체가 팽창하여 외부에 한 일이 W이면 기체의 내부 에너지 증가량은 $\Delta U = $ [　　　]이다.

03 그림 (가), (나)는 실린더에 일정량의 이상 기체를 넣고 피스톤을 고정한 경우와 피스톤을 자유롭게 움직이게 한 경우에 열량 Q를 각각 공급하는 것을 나타낸 것이다.

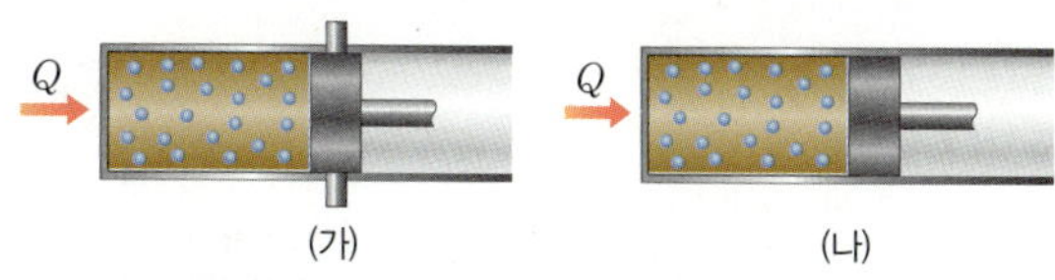

(1) (가)에서 기체의 부피가 일정하므로 기체가 외부에 한 일은 (㉠　　　)이고 가해준 열량은 내부 에너지 (㉡　　　)과 같다.

(2) (나)에서 분자들의 (㉠　　　)이 활발해지므로 기체의 부피가 (㉡　　　)하고 기체가 외부에 일을 한다.

· 열기관의 원리 ·

열기관은 열에너지를 역학적 에너지로 전환하는 장치이다. 열기관 중의 한 가지인 스털링 기관은 1816년 스코틀랜드의 스털링이 증기 기관의 폭발 사고가 자주 발생하여 새로이 고안한 열기관이다. 개발 당시에 스털링 기관은 증기 기관보다 안전하였으나 에너지 효율이 낮을 뿐만 아니라 피스톤의 속도 조절이 어려워 실용화되지 못하였다. 하지만 오늘날에는 여러 가지 환경 문제로 스털링 기관이 다시 각광을 받고 있으며 실용화를 위하여 많이 연구되고 있다.

원리 ### 스털링 기관의 구조

스털링 기관은 두 개의 실린더에 동력 피스톤(P)과 디스플레이서(D)로 이루어져 있다. 동력 피스톤은 작동 물질이 팽창할 때 외부에 일을 하고, 디스플레이서는 작동 물질을 고열원과 저열원으로 이동시키는 역할을 한다. 스털링 기관은 고열원과 저열원 사이의 온도 차이에 의해 작동되기 때문에 온도 차이에 의한 열에너지를 역학적 일로 바꾸어 주는 작동 물질이 필요하다.

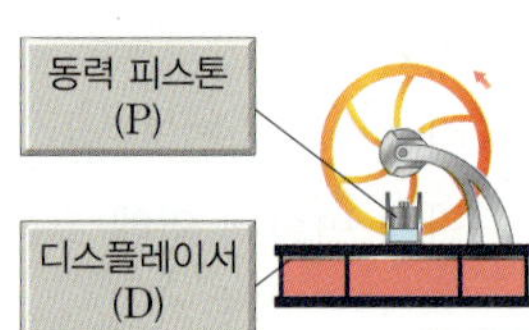

스털링 기관의 작동 원리

실린더와 피스톤으로 된 공간에 작동 물질(수소, 헬륨 등)을 넣고 외부에서 가열하거나 냉각하면 작동 물질의 팽창과 수축에 따라 피스톤이 이동하여 열에너지를 역학적 일로 전환한다. 즉, 실린더 내의 작동 물질이 고열원에서 높은 온도의 열을 받아 팽창하여 일을 한 다음 저열원으로 이동하여 낮은 온도의 열을 방출하고 수축하여 다시 고열원으로 이동하는 것을 반복하게 된다. 이상적인 스털링 기관은 두 번의 등적 과정과 두 번의 등온 과정을 거친다.

스털링 기관의 작동 과정

b → c 과정(등온 과정)

- 고열원에 접촉한 기체가 열을 흡수하면서 팽창하여 P(동력 피스톤)를 민다.
- P는 위로 올라가고 기체의 부피가 증가한다. 이 과정에서 외부에 일을 한다.
- D(디스플레이서)는 거의 윗부분의 한 자리에 있다.

a → b 과정(등적 과정)

- 고열원에 접촉한 기체가 가열되므로 열을 흡수한다.
- P는 거의 아랫부분의 한 자리에 있으므로 기체의 부피가 일정하다.
- D는 위쪽으로 이동한다.

c → d 과정(등적 과정)

- 저온의 실린더에 모인 기체가 냉각되므로 열을 방출한다.
- P는 거의 윗부분의 한 자리에 있으므로 기체의 부피가 일정하다.
- D는 아래쪽으로 이동한다.

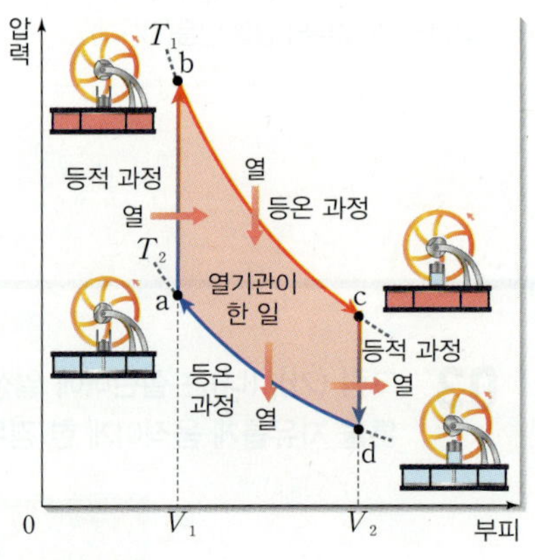

d → a 과정(등온 과정)

- 저열원에 접촉한 기체가 열을 방출하면서 수축하여 P를 아래로 당긴다.
- P는 아래로 내려가고 기체의 부피가 감소한다. 이 과정에서 외부로부터 일을 얻는다.
- D는 거의 아랫부분의 한 자리에 있다.

A 기체가 하는 일

01 온도에 대한 설명으로 옳은 것만을 〈보기〉에서 있는 대로 고른 것은?

| 보기 |
ㄱ. 물체의 뜨겁고 차가운 정도를 나타낸다.
ㄴ. 물체의 전체 분자 운동 에너지의 합이다.
ㄷ. 온도가 다른 두 물체를 접촉시켜 놓으면 열의 이동으로 열평형 상태에 도달한다.

① ㄴ　　　　② ㄷ　　　　③ ㄱ, ㄴ
④ ㄱ, ㄷ　　　⑤ ㄱ, ㄴ, ㄷ

02 그림 (가)는 비닐 주머니를 씌운 공기가 들어 있는 플라스크를 뜨거운 물에 넣은 것을, (나)는 시간이 지난 후 (가)의 비닐 주머니가 팽창한 것을 나타낸 것이다.

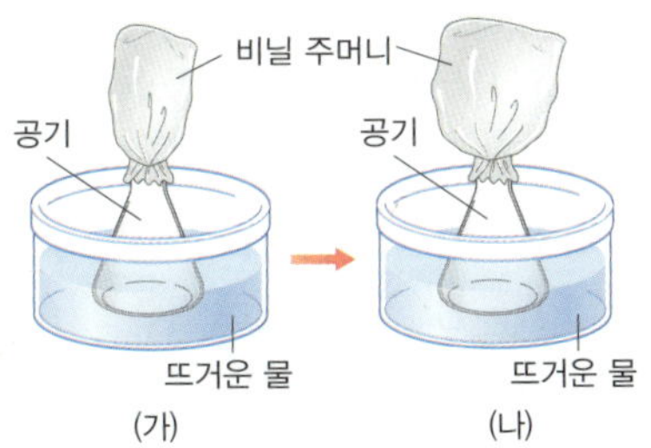

(가)에서 (나)로 변하는 동안, 이에 대한 설명으로 옳은 것만을 〈보기〉에서 있는 대로 고른 것은?

| 보기 |
ㄱ. 기체 분자의 운동 에너지가 증가하여 부피가 팽창한다.
ㄴ. 비닐 주머니 내부의 공기 압력은 낮아진다.
ㄷ. 비닐 주머니는 외부에 일을 한다.

① ㄱ　　　　② ㄴ　　　　③ ㄱ, ㄷ
④ ㄴ, ㄷ　　　⑤ ㄱ, ㄴ, ㄷ

03 그림은 실린더에 들어 있는 기체가 서서히 팽창하여 피스톤을 $0.1\,$m 이동시키는 것을 나타낸 것이다. 피스톤의 단면적은 $0.2\,$m^{2}고, 대기압은 $10^5\,$N/m^{2}으로 일정하다. 팽창하는 동안 기체가 외부에 한 일은? (단, 모든 마찰은 무시한다.)

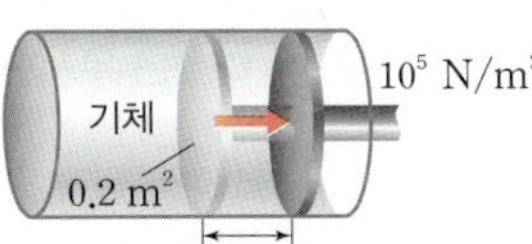

① $10^3\,$J　　　② $2\times10^3\,$J　　　③ $3\times10^3\,$J
④ $10^5\,$J　　　⑤ $2\times10^5\,$J

04 그림 (가), (나)와 같이 온도와 부피가 같은 이상 기체가 들어 있는 동일한 실린더에 동일한 열량 Q를 가하였다. (가)의 피스톤은 자유롭게 움직일 수 있으나 (나)의 피스톤은 고정되어 있다.

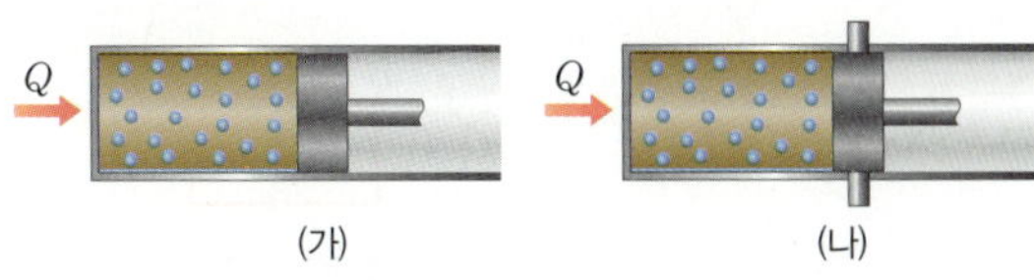

열을 가한 후 (가)의 물리량 중 (나)보다 더 큰 것은? (단, 외부로의 열손실은 없다고 가정한다.)

① 기체의 압력
② 기체의 내부 에너지
③ 기체가 피스톤에 한 일
④ 기체 분자의 평균 운동 에너지
⑤ 기체가 피스톤에 가하는 평균 힘

05 그림은 일정량의 이상 기체의 상태가 A → B로 변할 때 압력과 부피의 관계를 나타낸 것이다.

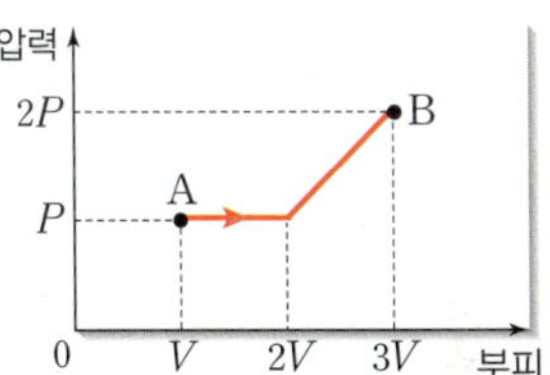

A → B 과정에서 기체가 외부에 한 일은?

① PV　　　② $1.5\,PV$　　　③ $2\,PV$
④ $2.5\,PV$　　　⑤ $3\,PV$

B 열기관

06 고열원에서 흡수한 열량이 Q_1, 저열원으로 방출한 열량이 Q_2인 열기관에 대한 설명으로 옳은 것만을 〈보기〉에서 있는 대로 고른 것은?

| 보기 |
ㄱ. 역학적 에너지를 열에너지로 전환하는 장치이다.
ㄴ. 열에너지를 포함한 에너지가 보존된다.
ㄷ. 외부에 하는 일은 Q_1-Q_2이다.

① ㄱ　　　　② ㄷ　　　　③ ㄱ, ㄴ
④ ㄴ, ㄷ　　　⑤ ㄱ, ㄴ, ㄷ

07 그림은 일정량의 이상 기체의 상태가 A → B → C → D → A를 따라 변할 때 압력과 부피 관계를 나타낸 것이다. 이 기체가 한 순환 과정 동안 외부로 방출한 열량은 2400 J이다.

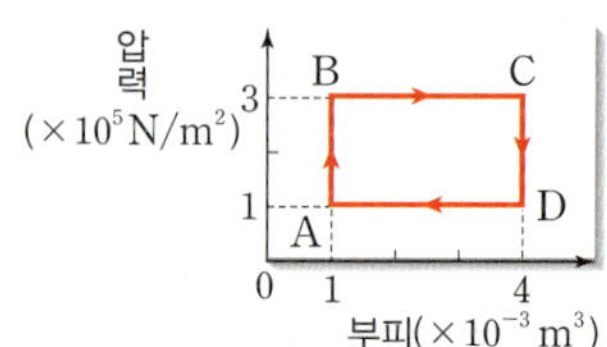

이 기체가 한 순환 과정 동안 흡수한 열량은?

① 1200 J ② 1800 J ③ 2400 J
④ 3000 J ⑤ 3600 J

08 그림은 일정량의 이상 기체의 상태가 A → B → C → D → A를 따라 변할 때 압력과 부피 관계를 나타낸 것이다.

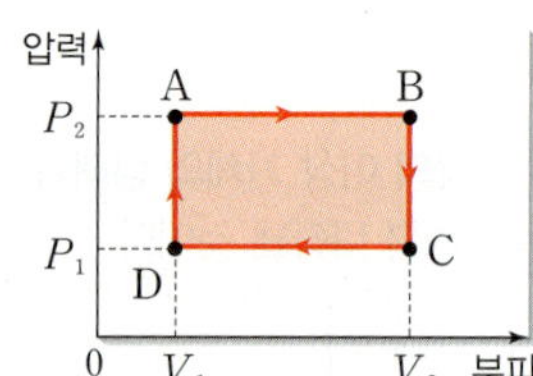

열을 흡수하는 과정과 열을 방출하는 과정을 옳게 짝 지은 것은?

	열을 흡수하는 과정	열을 방출하는 과정
①	B → C	C → D
②	D → A	A → B
③	A → B → C	C → D → A
④	B → C → D	D → A → B
⑤	D → A → B	B → C → D

C 열역학 제1법칙과 열역학 과정

09 이상 기체의 내부 에너지에 대한 설명으로 옳은 것만을 〈보기〉에서 있는 대로 고른 것은?

┤ 보기 ├
ㄱ. 기체 분자들의 퍼텐셜 에너지의 총합이다.
ㄴ. 기체의 온도가 높아지면 내부 에너지가 증가한다.
ㄷ. 내부 에너지가 같을 때 기체 분자 수가 달라져도 기체의 온도는 동일하다.

① ㄴ ② ㄷ ③ ㄱ, ㄴ
④ ㄱ, ㄷ ⑤ ㄱ, ㄴ, ㄷ

10 열역학 제1법칙에 대한 설명으로 옳은 것만을 〈보기〉에서 있는 대로 고른 것은?

┤ 보기 ├
ㄱ. 기체에 가해 준 열량은 기체의 내부 에너지 변화량과 기체가 외부에 한 일의 합과 같다.
ㄴ. 열에너지와 역학적 에너지를 포함한 에너지 보존 법칙이다.
ㄷ. 열에너지와 역학적 일이 동등하다는 것을 의미한다.

① ㄱ ② ㄷ ③ ㄱ, ㄴ
④ ㄴ, ㄷ ⑤ ㄱ, ㄴ, ㄷ

11 그림은 동일한 용기 속에 들어 있는 이상 기체 A, B의 분자들과 분자들이 가지는 운동 에너지를 나타낸 것이다.

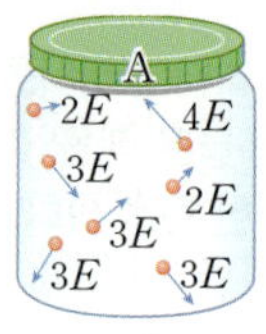

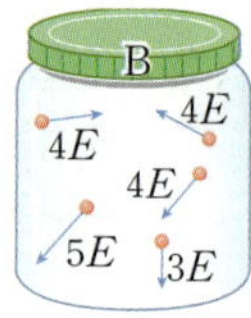

A와 B의 내부 에너지와 온도를 옳게 비교한 것은?

	내부 에너지	온도		내부 에너지	온도
①	A=B	A>B	②	A=B	A=B
③	A=B	A<B	④	A>B	A<B
⑤	A<B	A>B			

12 그림 (가)는 이상 기체가 들어 있는 실린더를, (나)는 (가)의 기체를 가열하였을 때 기체가 서서히 팽창하여 피스톤이 상승한 것을 나타낸 것이다.

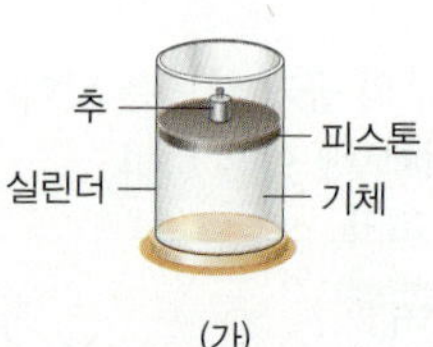

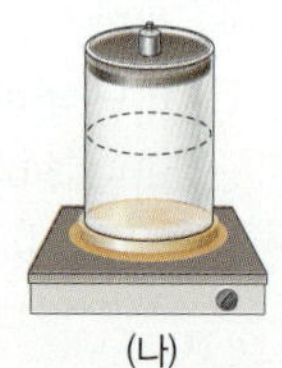

(가)에서 (나)로 변하는 과정에 대한 설명으로 옳은 것만을 〈보기〉에서 있는 대로 고른 것은? (단, 외부로 손실되는 열량과 모든 마찰은 무시한다.)

┤ 보기 ├
ㄱ. 기체의 압력이 감소한다.
ㄴ. 내부 에너지가 증가한다.
ㄷ. 기체가 흡수한 열은 기체가 외부에 한 일과 같다.

① ㄴ ② ㄷ ③ ㄱ, ㄴ
④ ㄱ, ㄷ ⑤ ㄱ, ㄴ, ㄷ

13 그림은 음료수 용기의 뚜껑을 열 때 뚜껑 주변의 수증기가 응결하여 김이 생기는 것을 나타낸 것이다.

이에 대한 설명으로 옳은 것만을 〈보기〉에서 있는 대로 고른 것은?

| 보기 |
ㄱ. 용기에서 방출되는 기체가 외부에 일을 한다.
ㄴ. 기체가 외부로 열을 방출한다.
ㄷ. 기체는 등압 변화를 한다.

① ㄱ   ② ㄷ   ③ ㄱ, ㄴ
④ ㄴ, ㄷ   ⑤ ㄱ, ㄴ, ㄷ

14 그림은 일정량의 이상 기체의 상태가 A에서 B로 변하는 과정을 압력과 부피의 관계 그래프로 나타낸 것이다.

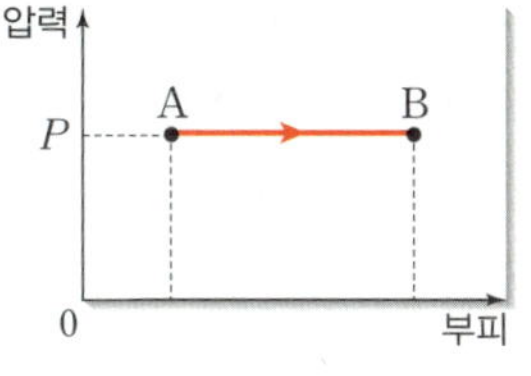

A에서 B로 변하는 과정에서 기체에 대한 설명으로 옳은 것만을 〈보기〉에서 있는 대로 고른 것은?

| 보기 |
ㄱ. 외부로부터 일을 얻는다.
ㄴ. 내부 에너지가 증가한다.
ㄷ. 외부로 열을 방출한다.

① ㄱ   ② ㄴ   ③ ㄱ, ㄷ
④ ㄴ, ㄷ   ⑤ ㄱ, ㄴ, ㄷ

15 그림은 일정량의 이상 기체가 세 경로 (가), (나), (다)를 따라 상태 A에서 상태 B로 변할 때 압력과 부피의 관계를 나타낸 것이다.

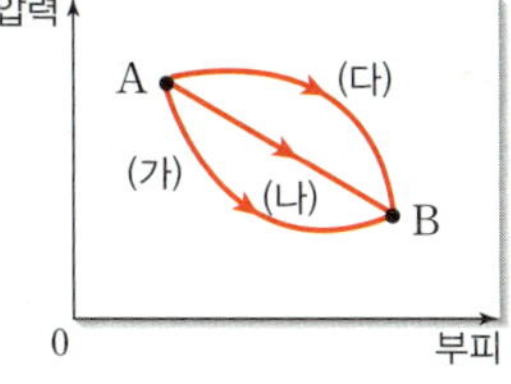

이에 대한 설명으로 옳은 것만을 〈보기〉에서 있는 대로 고른 것은?

| 보기 |
ㄱ. 경로 (나)는 등온 팽창 과정을 나타낸다.
ㄴ. 기체가 외부에 한 일은 경로 (다)에서 가장 크다.
ㄷ. 기체에 가해 준 열량은 경로 (가)에서 가장 작다.

① ㄱ   ② ㄴ   ③ ㄱ, ㄷ
④ ㄴ, ㄷ   ⑤ ㄱ, ㄴ, ㄷ

서술형 이렇게!

16 그림은 이상 기체가 들어 있는 단열 용기가 단열된 진공 용기에 연결되어 있는 것을 나타낸 것이다.

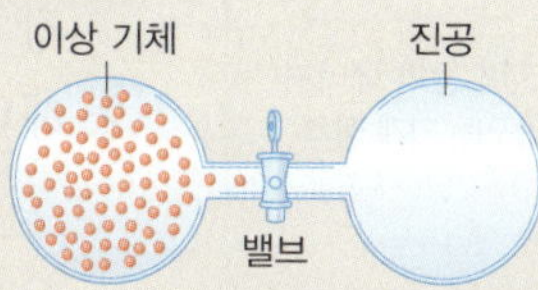

밸브를 열어 기체가 진공 용기 쪽으로 퍼져 나가는 동안 기체가 하는 일과 기체의 온도 변화를 열역학 제1법칙을 사용하여 서술하시오.

17 그림은 자전거 타이어에 공기를 넣는 것을 나타낸 것이다.

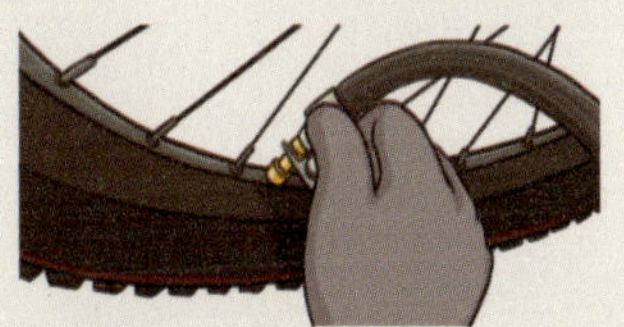

공기를 넣는 동안 타이어를 만져보면 타이어가 따뜻해지는 것을 알 수 있다. 그 이유를 열역학 제1법칙을 사용하여 설명하시오.

18 그림은 동해에서 불어오는 다습한 바람이 태백 산맥을 넘어 고온 건조한 바람으로 바뀌는 것을 나타낸 것이다.

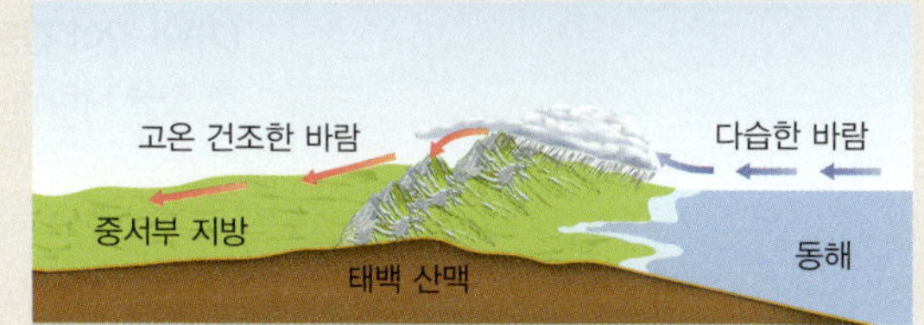

바람이 산맥을 넘어 고온 건조하게 변하는 과정을 열역학 제1법칙을 사용하여 설명하시오.

03 열역학 제2법칙

먼저 알아야 할 **용어!**

* **기관** | 화력, 수력, 전력 등의 에너지를 기계적 에너지로 바꾸는 기계 장치

⊗ 먼저 알아야 할 내용

1. **열기관** 고열원으로부터 얻은 열에너지를 유용한 ⊙ [   ] 에너지로 전환하는 장치이다. 증기 기관, 가솔린 기관, 스털링 기관 등이 열기관이다.
2. **에너지 효율** 기기에 공급한 에너지에 대한 목적에 맞게 사용된 에너지의 ⓛ [   ] 을 에너지 효율이라고 한다.

답 ⊙ 역학적 ⓛ 비율

Ⓐ 열역학 제2법칙

1. 가역 현상과 비가역 현상

(1) **가역 현상**: 외부에 어떤 변화도 남기지 않고 원래의 상태로 되돌아갈 수 있는 변화
➡ 공기 저항이나 마찰 때문에 실제로 존재하지 않음

(2) **비가역 현상**: 외부에 어떤 변화도 남기지 않고 원래의 상태로 되돌아갈 수 없는 변화
➡ 현재 자연계에서 일어나는 모든 현상들

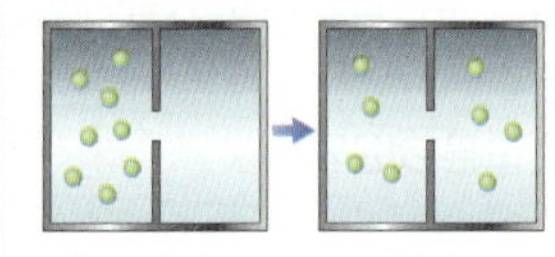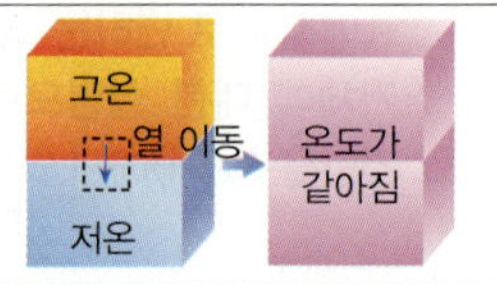

잉크 방울을 물에 떨어뜨렸을 때 잉크 방울이 물 전체로 퍼져 나간다.	한쪽 방에 있던 기체 분자가 다른 쪽 방으로 퍼져 나간다.	열이 고온의 물체에서 저온의 물체로 이동한다.
퍼진 잉크가 다시 모이지 않는다.	기체 분자가 다시 한쪽 방으로 모이지 않는다.	다시 열이 이동하여 고온과 저온으로 분리되지 않는다.

2. 열역학 제2법칙

(1) 열역학 제1법칙으로 표현되는 에너지 보존 법칙과 다른 자연 현상의 방향성을 정해 주는 법칙으로 열역학 제2법칙이라고 한다.

실전 자료 **비가역 과정과 열역학 법칙**

그림 (가)는 좌우로 진동하던 진자를 나타낸 것으로 최고점에서 잡고 있던 진자를 놓는 순간 진자가 진동하기 시작한다. 그림 (나)는 (가)와 같이 진동하던 진자가 공기 저항에 의해 결국 최하점에서 멈춘 것을 나타낸 것이다.

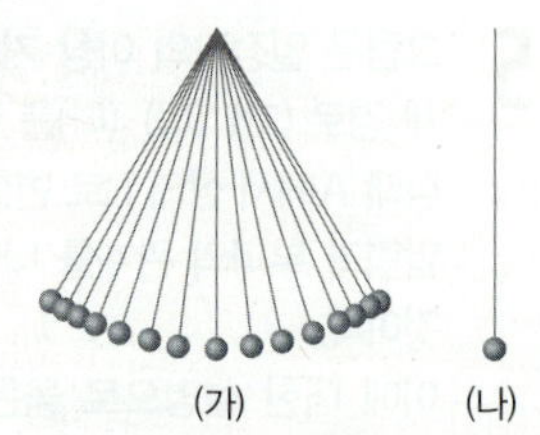

❶ 진자가 진동하다 멈추는 과정: 진자가 최고점에 있을 때 역학적 에너지가 최대이다. 이 역학적 에너지가 공기 저항에 의하여 모두 열에너지로 전환되어 주변으로 흩어지며 역학적 에너지는 0이 된다. ➡ 역학적 에너지가 열에너지로 전환되는 것이므로 에너지가 보존되어 열역학 제1법칙이 성립한다.

❷ 최하점에 정지해 있던 진자가 다시 진동하기 시작하여 최고점까지 올라가는 현상: 주변으로 흩어졌던 열에너지가 다시 모여 역학적 에너지로 전환된다. ➡ 열에너지가 역학적 에너지로 전환되는 것이므로 에너지가 보존되어 열역학 제1법칙이 성립한다. 하지만 자연 현상이 무질서한 방향으로만 일어난다는 열역학 제2법칙에 위배되므로 자연적으로 일어나지 않는 현상이다.

❖ **질서와 무질서 상태**
• 질서가 있는 상태: 열이 이동하기 전 두 물체의 분자들이 서로 다른 평균 운동 에너지를 가지고 있어 구분할 수 있는 상태
• 무질서한 상태: 열이 이동한 후 두 물체의 분자들이 같은 평균 운동 에너지를 가져 구분할 수 없는 상태

(2) **엔트로피(entropy)** — 가역 과정에서 엔트로피 변화는 없고, 비가역 과정에서 계의 엔트로피는 항상 증가한다.

① **클라우지우스의 정의**: 엔트로피의 변화량 ΔS는 공급되는 열량 ΔQ에 비례하고 절대 온도 T에 반비례한다.

$$\Delta S = \frac{\Delta Q}{T} \text{(단위: J/K)}$$

② 자연계의 모든 현상은 엔트로피가 증가하는 방향, 즉 무질서도가 증가하는 방향으로 일어난다. — 엔트로피는 계의 무질서한 정도를 나타내는 상태량이다. 어떤 계가 질서가 있으면 엔트로피가 작고, 무질서한 상태이면 엔트로피가 크다.

③ **볼츠만의 엔트로피 정의**: 분자들이 분포하는 경우의 수가 W일 때 엔트로피 S는 다음과 같으며 경우의 수가 클수록 엔트로피 S가 크다.

$$S = k_B \ln W \, (k_B = 1.380622 \times 10^{-23} \, \text{J/K: 볼츠만 상수})$$

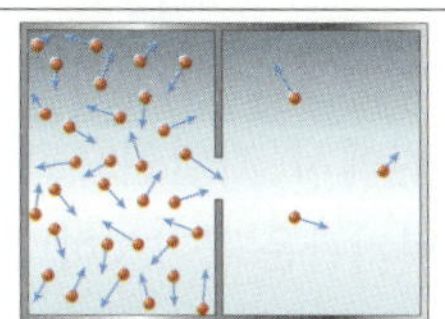

기체 분자가 한쪽 방에 모두 모이는 경우의 수가 1이고 양 쪽 방에 골고루 퍼지는 경우의 수가 가장 크다. 따라서 기체 분자가 확산하여 골고루 퍼지는 것이 엔트로피가 증가하는 자연적인 변화이다. 골고루 퍼진 기체 분자가 한쪽 방에 다시 모이는 것은 엔트로피가 감소하는 것이므로 자연적인 변화가 아니다.

(3) **영구 기관**: 에너지의 지속적인 공급 없이 스스로 영원히 움직이는 장치

제1종 영구 기관: 외부로부터 전혀 에너지 공급이 없이 작동하는 장치 ➡ 열역학 제1법칙에 위배되어 제작할 수 없다.	제2종 영구 기관: 열에너지를 모두 일로 바꾸는 기관 ➡ 열역학 제2법칙에 위배되어 제작할 수 없다.
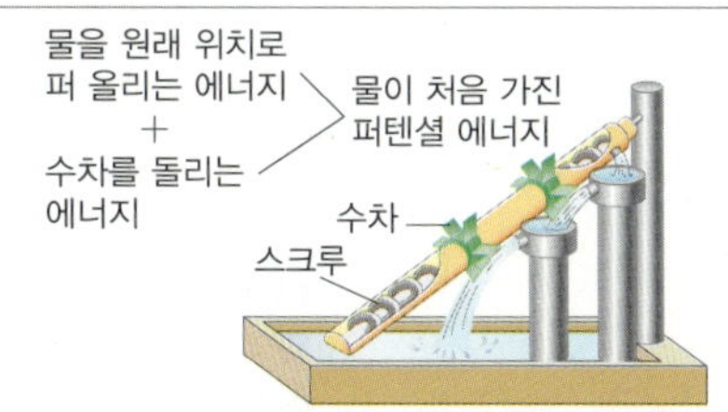	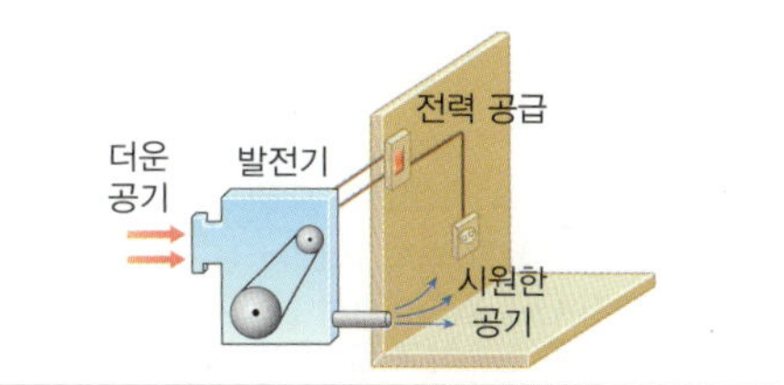
높은 곳의 물이 떨어지면서 수차를 돌리면 돌아가는 스크루에 의해 물이 높은 곳으로 이동하고 다시 떨어지면서 수차를 돌리는 것을 반복한다.	여름철 더운 공기에서 열에너지를 얻어 발전을 하고 시원한 공기를 배출한다. 더운 공기를 무한히 얻을 수 있으므로 발전기가 계속 작동하고 방안은 시원하게 유지된다.

◆ **엔트로피 뜻**

19세기 중반 클라우지우스가 열에너지의 변형과 관련된 현상을 설명하기 위하여 에너지(energy)라는 단어와 그리스어의 변형(tropy)이라는 말을 합성한 것으로 물질의 열적 상태를 나타내는 물리량이다.

◆ **경우의 수**

어떤 일이 일어날 수 있는 경우의 가짓수
예 공 4개를 2개의 상자에 넣는 가짓수 ➡
• 4개 모두 한 상자에 넣는 경우: 1가지
 (1234 —)
• 두 상자에 1개, 3개로 나누어 넣는 경우: 4가지
 (1—234)(2—134)(3—124)(4—123)
• 각 상자에 2개씩 나누어 넣는 경우: 6가지
 (12—34)(13—24)(14—23)(23—14)(24—13)(34—12)

◆ **열역학 제2법칙의 다양한 표현**

• 열은 자연적으로 고온의 물체에서 저온의 물체 쪽으로 흐름
• 모든 자연적인 변화는 무질서한 정도인 엔트로피가 증가하는 방향으로 발생
• 흡수한 열을 모두 일로 전환할 수 있는 열기관은 만들 수 없다.

필수 용어 정리

* **가역** | 물질의 상태가 한 번 바뀐 다음 다시 본디 상태로 돌아갈 수 있는 것

개념 바로 확인

정답 및 해설 | 12쪽

01 외부에 어떤 변화도 남기지 않고 원래의 상태로 되돌아갈 수 있는 변화를 [ ] 변화라고 한다.

02 자연 현상에 [ ] 이 있다는 것을 나타내는 법칙은 열역학 제2법칙이다.

01 그림은 뜨거운 물과 차가운 물을 접촉시켰을 때 뜨거운 물에서 차가운 물 쪽으로 열이 이동하여 시간이 지난 후 온도가 같아지는 평형 상태가 되는 것을 나타낸 것이다.

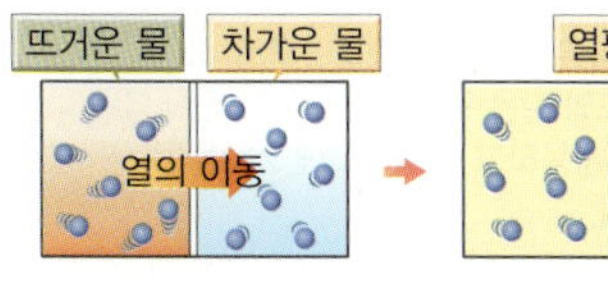

( ) 안에 들어갈 알맞은 말을 쓰시오.

(1) 열은 자연적으로 뜨거운 물에서 차가운 물 쪽으로만 흐르고 그 반대 방향으로는 흐르지 않는 것을 열역학 ( )이라고 한다.

(2) 열이 뜨거운 물에서 차가운 물로 이동하는 것은 자연적인 변화이고 계의 무질서한 정도(엔트로피)가 ( )하는 과정이다.

열역학 제2법칙

B 열기관의 열효율

1. 열기관의 열효율

(1) **열기관에서 에너지 보존**: 한 순환 과정 동안 고열원에서 흡수한 열에너지 Q_1에서 외부에 W의 일을 하고 저열원으로 잃은 열에너지가 Q_2일 때 다음의 관계가 있다.

$$Q_1 = W + Q_2 \Rightarrow W = Q_1 - Q_2$$

(2) **열기관의 열효율(e)**: 한 순환 과정에서 흡수한 열 Q_1에 대하여 외부에 한 일 W의 비율

$$e = \frac{W}{Q_1} = \frac{Q_1 - Q_2}{Q_1} = 1 - \frac{Q_2}{Q_1}$$

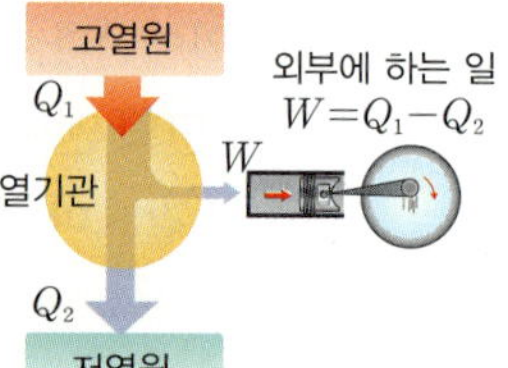

(3) **열효율이 100%인 열기관**: 열기관이 열을 얻는 고열원이 있다는 것은 열을 잃는 저열원이 있다는 것을 의미한다. 자연적으로 열은 고열원에서 저열원으로 흐르므로 $Q_2 = 0$이 될 수 없다. $Q_2 = 0$이 될 수 없으므로 $e = 1$인 열기관은 불가능하다.

2. 이상적인 열기관(카르노 기관) — 1824년 프랑스 과학자 카르노가 고안한 열효율이 가장 좋은 이론적인 열기관

(1) **이상적인 열기관의 순환 과정(카르노 순환 과정)**: 다음과 같은 가역 과정으로 구성

> **A → B 과정(등온 팽창)**
> 이상 기체가 온도 T_1인 고열원에서 열 Q_1을 흡수하여 부피 V_1에서 V_2까지 등온 팽창하면서 외부에 일을 한다.

> **D → A 과정(단열 압축)**
> 이상 기체가 부피 V_4에서 V_1까지 단열 압축하면서 온도가 T_1으로 상승하고 열기관은 다시 원래의 상태로 되돌아간다.

> **B → C 과정(단열 팽창)**
> 이상 기체가 저열원의 온도 T_2와 같아질 때까지 부피 V_2에서 V_3까지 단열 팽창하면서 외부에 일을 한다.

> **C → D 과정(등온 압축)**
> 이상 기체가 온도 T_2인 저열원에 접촉하여 부피 V_3에서 V_4까지 등온 압축하면서 Q_2인 열을 저열원으로 방출한다.

(2) **카르노 순환 과정의 특징**

① 계로 유입되는 열의 알짜 흐름은 $Q_1 - Q_2$이다.

② A → B → C → D → A 순환 과정: 내부 에너지 변화는 없다. ($\Delta U = 0$)

③ 가역 과정이므로 총 엔트로피는 보존된다. 계의 엔트로피 변화량 $\Delta S_{계}$와 바깥 환경의 엔트로피 변화량 $\Delta S_{바깥}$의 합은 0이다. ($\Delta S_{계} + \Delta S_{바깥} = 0$)

④ $P-V$ 그래프에서 닫힌 곡선으로 둘러싸인 ABCD의 넓이는 (알짜)열($Q_1 - Q_2$)이 외부에 한 (알짜)일 W와 같다. ($W = Q_1 - Q_2$)

(3) **이상적인 열기관의 열효율(카르노 열효율 e_c)**: 절대 온도 T_1인 고열원과 절대 온도 T_2인 저열원 사이에 작동하는 카르노 기관의 열효율 e_c은 다음과 같다.

$$e = \frac{W}{Q_1} = 1 - \frac{Q_2}{Q_1} \Rightarrow e_c = 1 - \frac{T_2}{T_1} = \frac{T_1 - T_2}{T_1}$$

① 카르노 기관은 임의의 두 고정 온도 사이에서 동작하는 열기관 중에서 허용된 가장 높은 열효율(최대 열효율)을 갖는 이상적인 열기관이다.

② 카르노기관의 열효율은 작동 물질에 관계없이 두 열원의 온도만으로 결정된다.

❖ 열효율 표시

실생활에서는 백분율로 열효율을 표시하는 경우가 많다.

$$e(\%) = \frac{W}{Q_1} \times 100$$

❖ 절대 온도

이상 기체의 부피가 0일 때를 0으로 하고 섭씨온도와 같은 간격의 온도이다. 단위는 K를 사용하고 섭씨온도에 273을 더한 값이다.

절대 온도(K) = 섭씨온도$(℃)$ + 273

❖ 열효율의 한계

고열원의 온도는 실제 열기관의 재질이 녹지 않는 온도 이상으로 높일 수 없고, 저열원의 온도는 주변의 환경과 비슷해야 하기 때문에 낮추는 데 한계가 있다.

(4) **실제 열기관의 열효율**: 실제 열기관의 열효율은 마찰 등의 비가역적 변화에 의한 손실 때문에 카르노 기관의 열효율 값보다 작다.

$$e = \frac{W}{Q_1} = 1 - \frac{Q_2}{Q_1} \leq e_c = 1 - \frac{T_2}{T_1}$$

실전 자료   열기관과 카르노 과정

그림 (가)는 열기관의 에너지 흐름을 나타낸 것이고, (나)는 카르노 기관의 순환 과정을 압력과 부피 관계 그래프로 나타낸 것이다.

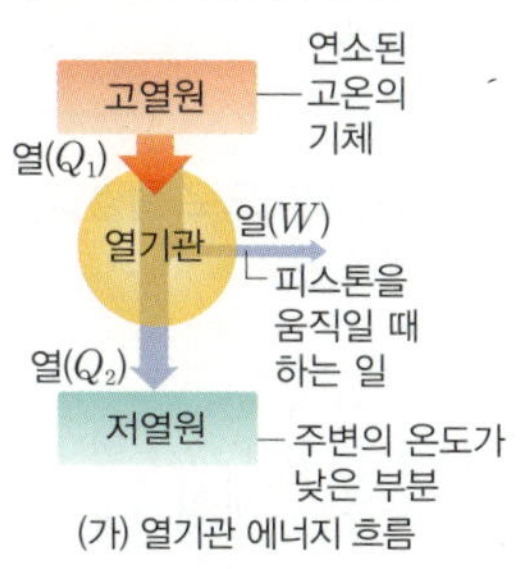

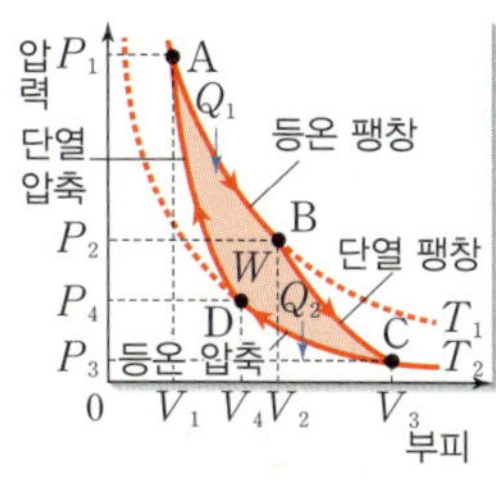

1. 열기관의 에너지 흐름: 열기관은 연소된 고온의 기체로부터 열에너지를 얻어 피스톤을 움직여 일을 하고 남은 열에너지를 주변의 온도가 낮은 부분으로 방출한다.
2. 열기관의 에너지 흐름도와 카르노 순환 과정의 관계
① 고열원에서 열량 Q_1 흡수 ⇔ 등온 팽창하는 A→B 과정에서 열량 Q_1 흡수
② 저열원으로 열량 Q_2 방출 ⇔ 등온 압축하는 C→D 과정에서 열량 Q_2 방출
③ 피스톤이 움직일 때 하는 일 ⇔ A→B 과정과 B→C 과정에서 부피가 팽창하면서 외부에 일을 하고, C→D 과정과 D→A 과정에서 부피가 수축하면서 외부로부터 일을 얻는다. 한 순환 과정에서 하는 (알짜)일은 A→B→C→D→A 순환 과정으로 둘러싸인 넓이이다.

필수 용어   정리

* **열효율** | 공급한 에너지에 대한 목적에 맞게 사용한 에너지의 비율을 에너지 효율이라고 하며, 열기관의 에너지 효율이 열효율이다.

개념 바로 확인

정답 및 해설 | 12쪽

03 열기관의 [ ]은 고열원에서 흡수한 열량에 대한 외부에 한 일의 비율이다.

04 이상적인 열기관으로 열효율이 가장 좋은 열기관은 [ ] 기관이다.

02 어떤 열기관이 한 순환 과정 동안 고열원에서 공급받은 열량이 8000 J이고 저열원으로 방출하는 열량이 6000 J이다.

(1) 한 순환 과정 동안 열기관이 한 일은?

① 1000 J   ② 2000 J   ③ 3000 J
④ 4000 J   ⑤ 5000 J

(2) 열기관의 열효율은?

① 0.1   ② 0.125   ③ 0.15
④ 0.2   ⑤ 0.25

03 고열원의 온도가 427 ℃이고 저열원의 온도가 77 ℃인 열기관이 있다. 이 열기관의 최대 열효율은?

① 0.1   ② 0.2   ③ 0.3
④ 0.4   ⑤ 0.5

 A 열역학 제2법칙

01 열역학 제2법칙을 표현하는 내용으로 옳은 것만을 〈보기〉에서 있는 대로 고른 것은?

중요

| 보기 |
ㄱ. 열은 자연적으로 고온에서 저온으로 이동한다.
ㄴ. 자연적인 변화는 무질서한 정도가 증가하는 방향으로 일어난다.
ㄷ. 역학적 에너지가 감소하는 변화에서도 열에너지를 포함한 에너지는 보존된다.

① ㄴ   ② ㄷ   ③ ㄱ, ㄴ
④ ㄱ, ㄷ   ⑤ ㄱ, ㄴ, ㄷ

02 그림은 얼음을 담은 컵에 물을 부었을 때 얼음이 녹는 것을 나타낸 것이다.
이에 대한 설명으로 옳은 것만을 〈보기〉에서 있는 대로 고른 것은?

| 보기 |
ㄱ. 얼음에서 물로 열에너지가 이동한다.
ㄴ. 열역학 제1법칙이 성립하지 않는 현상이다.
ㄷ. 열효율이 100 %인 열기관이 없다는 것을 설명하는 현상이다.

① ㄱ   ② ㄷ   ③ ㄱ, ㄴ
④ ㄴ, ㄷ   ⑤ ㄱ, ㄴ, ㄷ

03 그림은 줄에 매달려 운동하던 진자가 시간이 지난 후 운동을 멈추는 것을 나타낸 것이다.

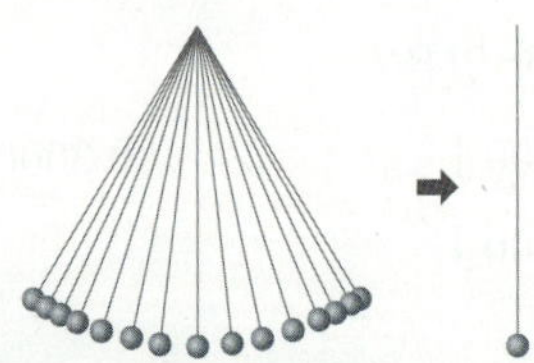

이 현상에 대한 설명으로 옳은 것만을 〈보기〉에서 있는 대로 고른 것은?

| 보기 |
ㄱ. 비가역 변화이다.
ㄴ. 계의 무질서도가 감소하는 현상이다.
ㄷ. 열역학 제1법칙이 성립하지 않는 현상이다.

① ㄱ   ② ㄷ   ③ ㄱ, ㄴ
④ ㄴ, ㄷ   ⑤ ㄱ, ㄴ, ㄷ

04 다음은 일상생활에서 관찰할 수 있는 현상이다.

중요

- 부엌에서 집안 전체로 퍼져 나간 냄새는 저절로 다시 부엌으로 되돌아오지 않는다.
- 바닥에서 미끄러지는 물체는 정지하지만 저절로 다시 움직이지 않는다.

이 현상과 관련된 열역학 법칙으로 설명할 수 있는 것만을 〈보기〉에서 있는 대로 고른 것은?

| 보기 |
ㄱ. 열기관의 열효율은 100 %가 될 수 없다.
ㄴ. 열에너지를 모두 역학적 에너지로 전환할 수 없다.
ㄷ. 여름에 뜨거운 공기에서 열을 얻어 전기를 생산하면 찬 공기를 얻을 수 있다.

① ㄱ   ② ㄷ   ③ ㄱ, ㄴ
④ ㄴ, ㄷ   ⑤ ㄱ, ㄴ, ㄷ

05 그림 (가)는 색깔만 다른 공이 크기가 같은 상자 A, B에 색깔별로 들어 있는 것을, (나)는 공이 골고루 섞여서 A, B에 들어 있는 것을 나타낸 것이다.

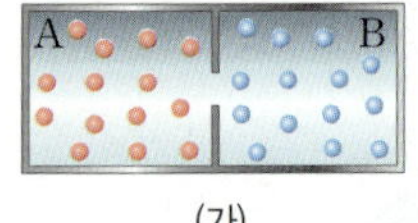

이에 대한 설명으로 옳은 것만을 〈보기〉에서 있는 대로 고른 것은?

| 보기 |
ㄱ. (가), (나)의 경우의 수는 같다.
ㄴ. 무질서한 정도는 (나)가 (가)보다 크다.
ㄷ. 자연에서는 (나)에서 (가)의 상태로 스스로 변한다.

① ㄱ   ② ㄴ   ③ ㄱ, ㄷ
④ ㄴ, ㄷ   ⑤ ㄱ, ㄴ, ㄷ

B 열기관의 열효율

06 어떤 열기관에서 흡수한 열량은 열기관이 한 일의 5배라고 한다. 이 열기관의 열효율은?

① 0.1   ② 0.2   ③ 0.3
④ 0.4   ⑤ 0.5

07 그림은 자동차를 운행할 때 공급된 연료가 가진 에너지에 대한 손실되는 에너지의 비율을 나타낸 것이다.

이 자동차의 열효율은?

① 0.1 　　　② 0.2 　　　③ 0.25
④ 0.4 　　　⑤ 0.75

08 그림은 온도가 T_1인 열원에서 열량 Q를 흡수하여 $1\,\mathrm{kJ}$의 일을 하고 온도 T_2인 열원으로 $3\,\mathrm{kJ}$의 열을 방출하는 열기관의 에너지 흐름을 나타낸 것이다.
이에 대한 설명으로 옳은 것만을 〈보기〉에서 있는 대로 고른 것은?

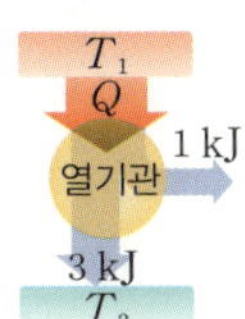

| 보기 |

ㄱ. $Q=4\,\mathrm{kJ}$이다.
ㄴ. T_1이 T_2보다 높다.
ㄷ. 열기관의 열효율은 0.25이다.

① ㄱ 　　　② ㄴ 　　　③ ㄱ, ㄷ
④ ㄴ, ㄷ 　　　⑤ ㄱ, ㄴ, ㄷ

09 그림은 $327\,^\circ\mathrm{C}$의 고열원에서 $5000\,\mathrm{J}$의 열에너지를 공급 받아 $1000\,\mathrm{J}$의 일을 하고 $27\,^\circ\mathrm{C}$의 저열원으로 열을 방출하는 열기관을 나타낸 것이다.
이 열기관의 열효율과 최대 열효율을 옳게 짝 지은 것은?

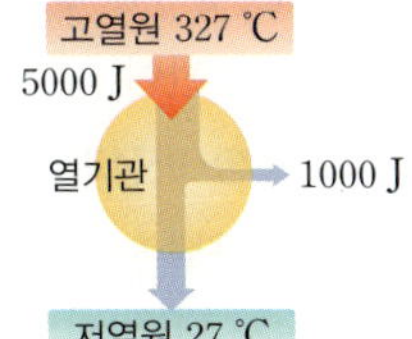

	열효율	최대 열효율
①	0.2	0.2
②	0.2	0.5
③	0.2	0.9
④	0.5	0.2
⑤	0.5	0.9

10 그림은 절대 온도가 각각 $2T$, T인 고열원과 저열원 사이에서 작동하는 카르노 기관의 순환 과정 $\mathrm{A}\rightarrow\mathrm{B}\rightarrow\mathrm{C}\rightarrow\mathrm{D}\rightarrow\mathrm{A}$를 압력과 부피 관계 그래프로 나타낸 것이다.

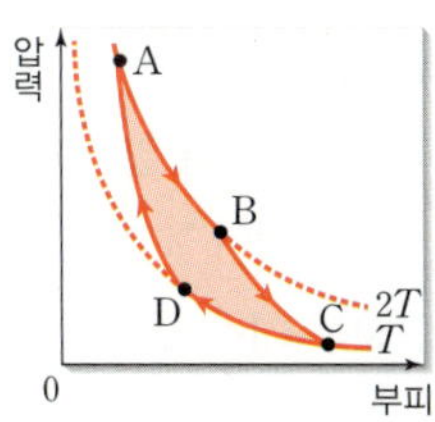

이에 대한 설명으로 옳은 것만을 〈보기〉에서 있는 대로 고른 것은?

| 보기 |

ㄱ. 열을 흡수하는 과정은 $\mathrm{D}\rightarrow\mathrm{A}$ 과정이다.
ㄴ. 외부에 일을 하는 과정은 $\mathrm{A}\rightarrow\mathrm{B}$와 $\mathrm{B}\rightarrow\mathrm{C}$ 과정이다.
ㄷ. 곡선 ABCD로 둘러싸인 부분의 넓이가 W이면 한 순환 과정에서 흡수한 열량은 $2W$이다.

① ㄱ 　　　② ㄴ 　　　③ ㄱ, ㄷ
④ ㄴ, ㄷ 　　　⑤ ㄱ, ㄴ, ㄷ

서술형 이렇게!

11 그림은 한쪽 방에 모여 있던 기체 분자가 다른 방으로 확산되는 것을 나타낸 것이다.
기체가 확산되는 동안 계의 무질서한 정도가 어떻게 변하는지 경우의 수를 사용하여 서술하시오.

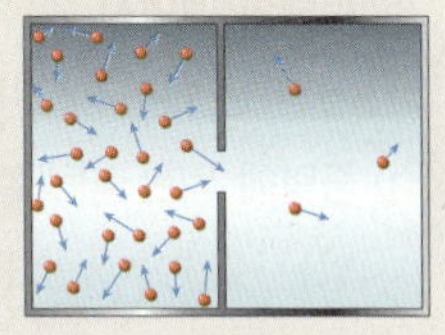

12 그림은 열기관에서 에너지 흐름을 나타낸 것이다.
열기관의 열효율이 $100\,\%$가 되는 조건과 그렇게 될 수 없음을 열역학 제2법칙을 이용하여 서술하시오.

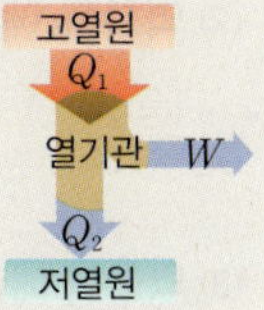

01 역학적 에너지 보존
→ 44~51쪽

1. 일과 에너지

(1) 일＝힘의 크기×(㉠   )

(2) **힘－이동 거리의 그래프와 일**: 그래프 아랫부분의 넓이가 힘이 물체에 한 일

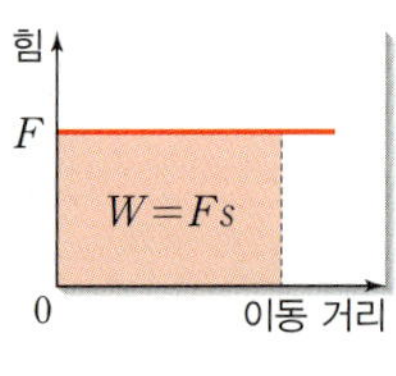

- 일의 단위: J(줄), $1\,J$은 물체에 $1\,N$의 힘을 주어 힘의 방향으로 $1\,m$ 이동시켰을 때의 일

(3) **힘의 방향과 일**: 그림과 같이 F인 힘과 수평 방향으로 s의 거리를 움직였을 때 힘이 한 일 $W＝Fs\cos\theta$이다.

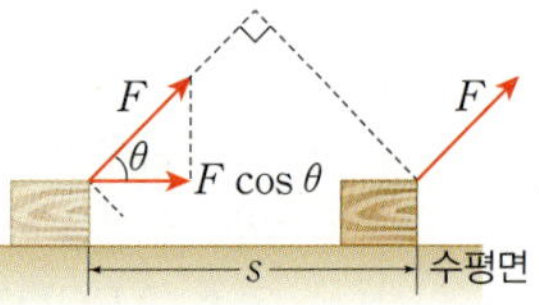

(4) **일과 운동 에너지**

① 질량이 m인 물체가 직선 운동하여 속력이 v_0에서 v로 변할 때 알짜힘이 한 일: $W＝Fs＝mas＝\dfrac{1}{2}mv^2-\dfrac{1}{2}mv_0^2$

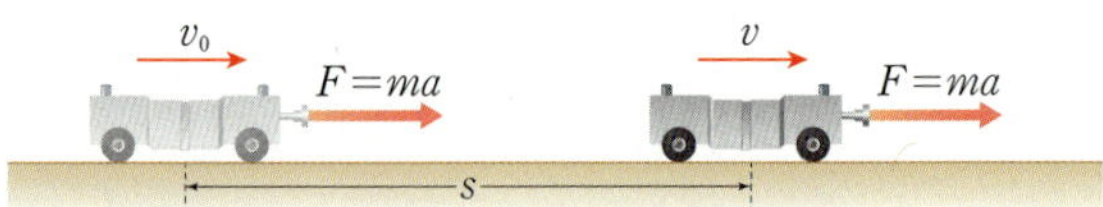

② 질량이 m, 속력이 v인 물체의 운동 에너지: $E_k＝\dfrac{1}{2}mv^2$

③ **일·운동 에너지 정리**

알짜힘이 물체에 한 일＝물체의 (㉡   ) 변화량

(5) **퍼텐셜 에너지**: 상호 작용이 있을 때 물체의 위치에 따라 갖게 되는 에너지이며 크기만 있는 물리량, 단위는 J(줄)이다.

① 중력에 의한 퍼텐셜 에너지: 기준점으로부터 높이 h인 곳에 있는 질량이 m인 물체의 퍼텐셜 에너지 $E_p＝mgh$이다.

② 탄성력 퍼텐셜 에너지: 용수철 상수가 k인 용수철의 변형된 길이가 x일 때 퍼텐셜 에너지 $E_p＝\dfrac{1}{2}kx^2$이다.

2. 역학적 에너지 보존

(1) 역학적 에너지＝운동 에너지＋(㉢   ) 에너지

(2) **역학적 에너지 보존**: 마찰이나 공기 저항이 없으면 물체의 (㉣   ) 에너지는 변하지 않고 일정하게 보존된다.

$$E＝E_k＋E_p＝일정$$

(3) **역학적 에너지가 보존되지 않는 경우**

① 마찰이나 공기 저항이 있을 때 역학적 에너지는 감소한다.

② 감소한 역학적 에너지는 열에너지, 소리 에너지 등으로 전환되며 최종적으로 열에너지가 된다.

③ 역학적 에너지가 모두 열에너지로 전환되면 물체는 운동을 멈춘다.

④ 에너지 보존 법칙: 공을 일정한 높이에서 가만히 놓았을 때 공과 바닥 및 공기 등과 같이 주변의 물질 전체를 포함하면 역학적 에너지와 열에너지를 합한 전체 에너지는 감소하지 않고 보존된다.

02 열역학 제1법칙
→ 52~59쪽

1. 기체가 하는 일

(1) **열의 성질**: 열은 온도가 높은 곳에서 온도가 낮은 곳으로 물체를 통해서 이동해 가는 분자의 운동 에너지이다.

(2) **열량 보존 법칙**: 고온의 물체가 (㉤   ) 열량＝저온의 물체가 얻은 열량

(3) **기체가 하는 일**

① 기체의 압력 P, 부피 변화량이 ΔV일 때 기체가 한 일 $W＝$(㉥   )이다.

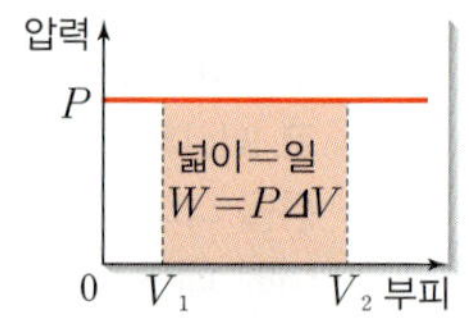

② 압력－부피 그래프에서 색칠한 넓이가 기체가 하는 일이다.

③ 기체의 부피가 증가할 때 외부에 일을 하고, 기체의 부피가 감소할 때 외부로부터 일을 받는다.

2. 열기관: 고열원에서 얻은 열에너지를 역학적 에너지로 바꾸는 장치

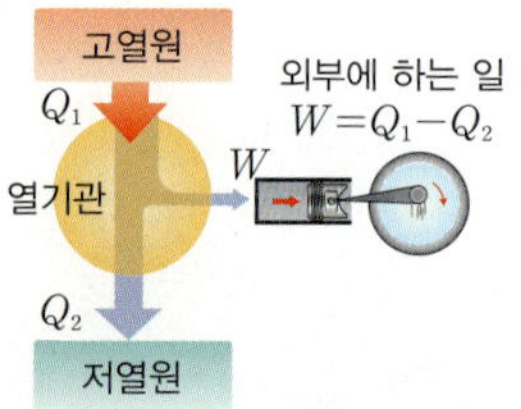

(1) 한 번 순환하는 동안에 작동 물질이 고온의 열원에서 흡수하는 열량을 Q_1, 저온의 열원에 방출하는 열량을 Q_2라고 하면 열기관이 외부에 하는 일 $W＝$(㉦   )이다.

(2) **순환 과정과 하는 일**: 한 순환 과정을 압력－부피 그래프로 나타낼 때 그래프로 둘러싸인 부분의 넓이와 같다.

3. 열역학 제1법칙과 열역학 과정

(1) **내부 에너지**: 물질을 구성하는 입자들이 가진 운동 에너지와 퍼텐셜 에너지의 총합이다.

(2) **이상 기체의 내부 에너지**: 퍼텐셜 에너지가 0이므로 구성 분자들의 (㉧   ) 에너지의 총합이다.

(3) **온도와 이상 기체의 내부 에너지**: 이상 기체의 내부 에너지는 기체 분자 수와 절대 온도의 곱에 비례

(4) **열역학 제1법칙**: 외부에서 기체에 가해준 열량(Q)은 기체의 (ⓧ   ) 에너지 증가량 (ΔU)과 기체가 외부에 한 일의 양 (W)의 합이며 이를 열역학 제1법칙이라고 한다.

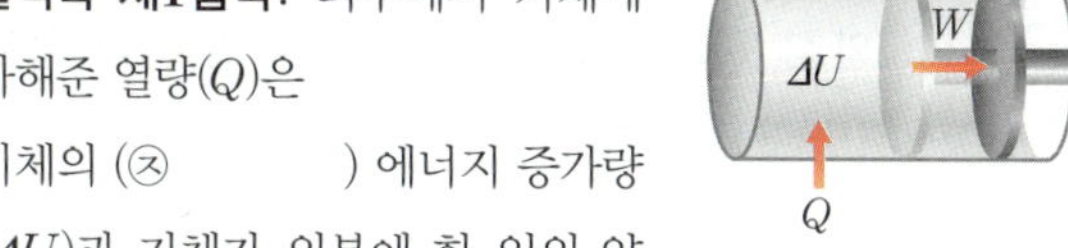

(5) **열역학 과정**

① 등압 과정: 팽창할 때 열 흡수, $Q = \Delta U + W$

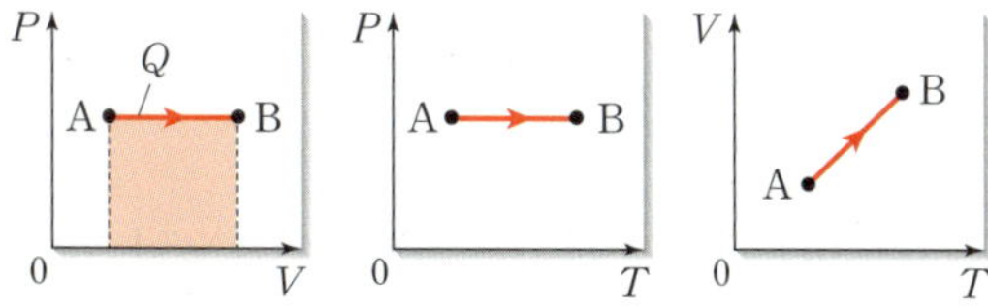

② 등온 과정: 팽창할 때 기체가 열 흡수, $\Delta U = 0$ ➡ $Q = W$

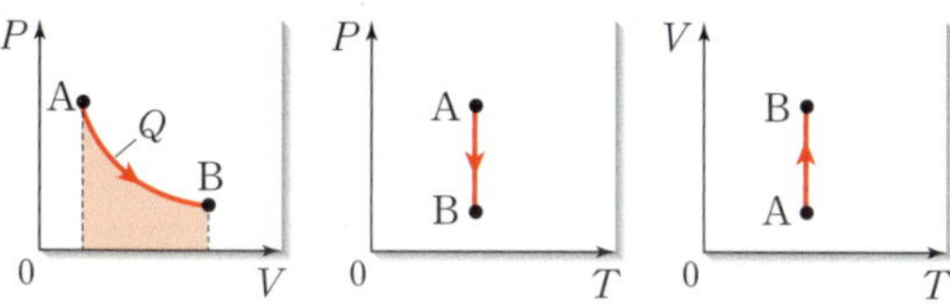

③ 등적 과정(정적 과정): 온도 상승할 때 열 흡수, $W = 0$ ➡ $Q = \Delta U$

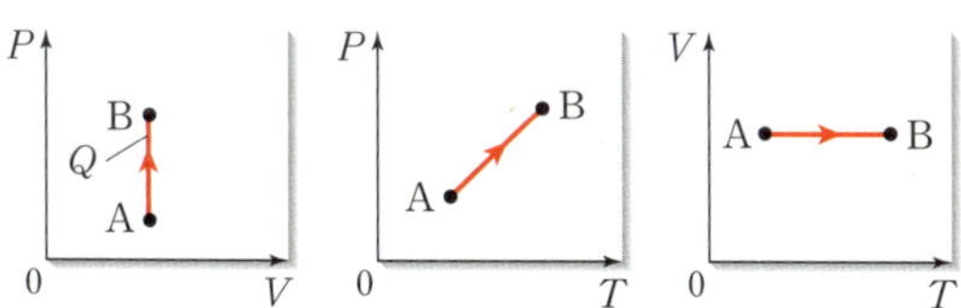

④ 단열 과정: 팽창할 때 내부 에너지 감소, 수축할 때 내부 에너지 증가, $Q = 0$ ➡ $W = -\Delta U$

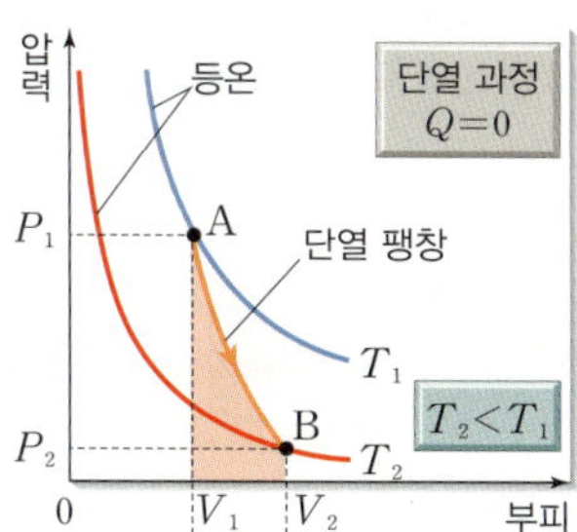

⑤ 푄 현상: 단열 변화로 설명할 수 있다.

03 열역학 제2법칙 ➡ 60~65쪽

1. 열역학 제2법칙

(1) 가역 현상은 외부에 어떤 변화도 남기지 않고 원래의 상태로 되돌아갈 수 있는 변화이고, 비가역 현상은 외부에 어떤 변화도 남기지 않고 원래의 상태로 되돌아갈 수 없는 변화이다.

(2) **열역학 제2법칙**: 자연 현상의 방향성을 정해 주는 법칙

(3) 엔트로피는 자연적인 변화 과정이 무질서해질수록 (ⓩ   )한다.

(4) **열역학 제2법칙의 다양한 표현**

① 열은 자연적으로 고온의 물체에서 저온의 물체 쪽으로 흐름

② 자연적인 변화는 무질서한 정도가 증가하는 방향으로 발생

③ 흡수한 열을 모두 일로 전환할 수 있는 열기관은 없다.

(5) **영구 기관**: 에너지의 지속적인 공급 없이 스스로 영원히 움직이는 장치

2. 열기관의 열효율

(1) **열기관의 열효율**: 한 순환 과정에서 흡수한 열 Q_1에 대하여 외부에 한 일 W의 비율

$$e = \frac{W}{Q_1} = \frac{Q_1 - Q_2}{Q_1} = 1 - \frac{Q_2}{Q_1}$$

(2) 열효율이 100 %인 열기관은 불가능하다.

(3) **이상적인 열기관**

① 카르노 기관: 열효율이 가장 좋은 이론적인 열기관

② 카르노 순환 과정

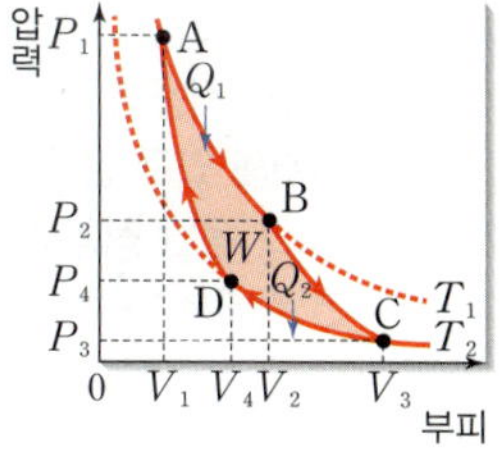

- A → B 과정: 이상 기체가 고열원에서 열을 흡수하여 (ⓠ   ) 팽창하면서 외부에 일을 한다.

- B → C 과정: 이상 기체가 저열원의 온도와 같아질 때까지 (ⓔ   ) 팽창하면서 외부에 일을 한다.

- C → D 과정: 이상 기체가 저열원에 접촉하여 등온 압축하면서 (ⓟ   )을 저열원으로 방출한다.

- D → A 과정: 이상 기체가 (ⓗ   ) 압축하면서 온도가 상승하고 열기관은 다시 원래의 상태로 되돌아간다.

③ 카르노 순환 과정의 $P-V$ 그래프에서 닫힌 곡선으로 둘러싸인 ABCD의 넓이는 외부에 한 (알짜)일 W와 같다.

④ **이상적인 열기관의 열효율(카르노 열효율 e_c)**: 절대 온도 T_1인 고열원과 절대 온도 T_2인 저열원 사이에 작동하는 카르노 기관의 열효율 $e_c = 1 - \dfrac{T_2}{T_1}$이다.

⑤ 카르노 기관은 임의의 두 고정 온도 사이에서 동작하는 열기관 중에서 허용된 가장 높은 열효율을 갖는 이상적인 열기관이다.

⑥ **실제 열기관의 열효율**: 실제 열기관의 열효율은 마찰 등의 비가역적 변화에 의한 손실 때문에 카르노 기관의 열효율 값보다 작다.

01 역학적 에너지 보존

01 그림은 전동기가 도르래를 이용하여 질량이 m인 물체를 v의 일정한 속력으로 s만큼 들어 올리는 것을 나타낸 것이다. 전동기에 대한 설명으로 옳은 것만을 〈보기〉에서 있는 대로 고른 것은? (단, 중력 가속도는 g이고, 줄의 질량과 모든 마찰은 무시한다.)

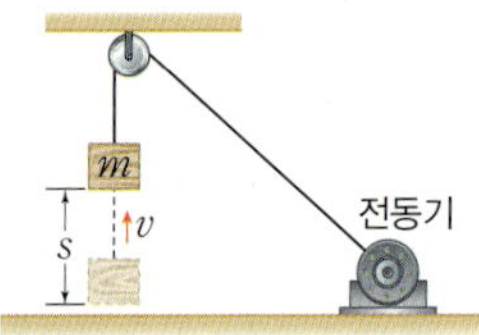

―― 보기 ――
ㄱ. 줄을 잡아당기는 힘의 크기는 mg이다.
ㄴ. 물체에 한 일은 mgs이다.
ㄷ. 물체에 한 일은 운동 에너지로 전환된다.

① ㄱ   ② ㄷ   ③ ㄱ, ㄴ
④ ㄴ, ㄷ   ⑤ ㄱ, ㄴ, ㄷ

02 그림은 정지해 있던 질량이 m인 물체가 수평 방향으로 일정한 힘 F를 받아 움직이는 것을 나타낸 것이다. 이 물체에 F를 시간 t 동안 작용했을 때, F가 한 일은 W이다.

정지해 있던 질량이 $2m$인 물체에 수평 방향으로 힘 $2F$를 시간 $2t$ 동안 작용했을 때, $2F$가 한 일은? (단, 두 물체는 수평면 위에서 운동하며, 모든 마찰과 물체의 크기는 무시한다.)

① $0.5W$ ② W ③ $2W$ ④ $5W$ ⑤ $8W$

03 그림은 철수가 줄과 도르래를 이용하여 지면에 놓여 있던 질량이 $10\,\mathrm{kg}$인 물체를 $120\,\mathrm{N}$의 일정한 힘으로 $0.5\,\mathrm{m}$ 들어 올리는 것을 나타낸 것이다.

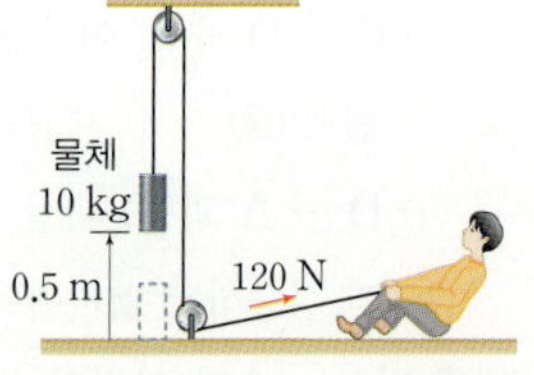

물체가 $0.5\,\mathrm{m}$ 올라갈 때까지, 줄에 매달린 물체에 대한 설명으로 옳은 것만을 〈보기〉에서 있는 대로 고른 것은? (단, 중력 가속도는 $10\,\mathrm{m/s^2}$이고, 줄의 질량, 물체의 크기, 도르래의 마찰, 공기 저항은 무시한다.)

―― 보기 ――
ㄱ. 물체에 작용하는 알짜힘의 크기는 $20\,\mathrm{N}$이다.
ㄴ. 철수가 물체에 한 일은 $60\,\mathrm{J}$이다.
ㄷ. 운동 에너지 변화량은 $60\,\mathrm{J}$이다.

① ㄱ   ② ㄷ   ③ ㄱ, ㄴ
④ ㄴ, ㄷ   ⑤ ㄱ, ㄴ, ㄷ

04 그림 (가)는 수평면에 정지해 있던 질량이 $1\,\mathrm{kg}$인 물체에 연직 방향의 힘 F를 위쪽으로 계속 작용하여 물체를 이동시키는 것을, (나)는 물체의 높이 h에 따른 F의 크기를 나타낸 것이다.

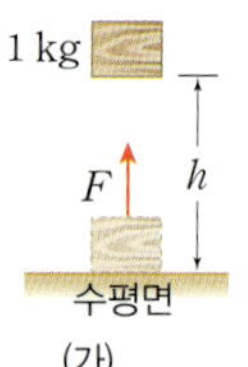

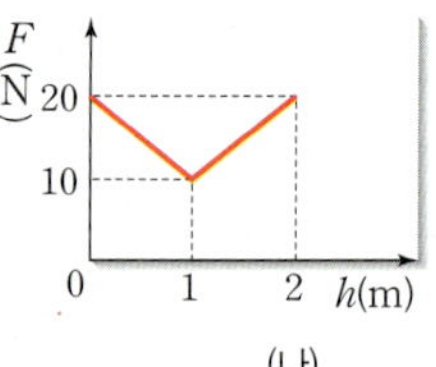

$h=2\,\mathrm{m}$일 때 물체의 운동 에너지는? (단, 공기 저항은 무시하고, 중력 가속도는 $10\,\mathrm{m/s^2}$이다.)

① $10\,\mathrm{J}$ ② $15\,\mathrm{J}$ ③ $20\,\mathrm{J}$ ④ $25\,\mathrm{J}$ ⑤ $30\,\mathrm{J}$

05 그림 (가)는 전동기가 질량이 $5\,\mathrm{kg}$인 물체를 끌어올리는 것을, (나)는 물체가 위로 올라가는 동안 물체의 속도를 시간에 따라 나타낸 것이다.

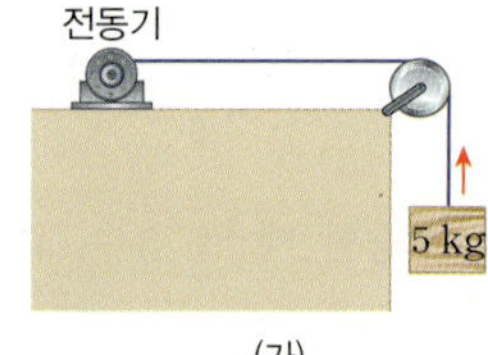

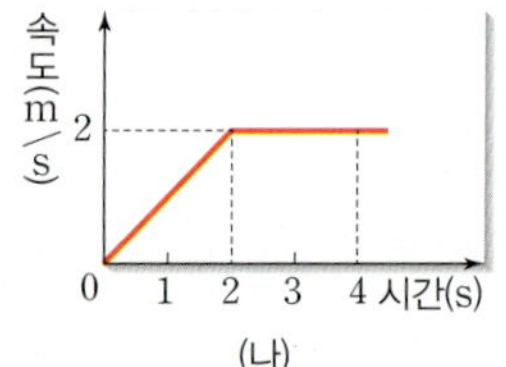

0초부터 4초까지 전동기가 물체에 한 일은? (단, 중력 가속도는 $10\,\mathrm{m/s^2}$이고, 줄의 질량, 도르래의 마찰, 공기 저항은 무시한다.)

① $10\,\mathrm{J}$ ② $20\,\mathrm{J}$ ③ $300\,\mathrm{J}$ ④ $310\,\mathrm{J}$ ⑤ $320\,\mathrm{J}$

06 그림 (가)는 기울기가 일정한 빗면에서 질량이 $2\,\mathrm{kg}$인 물체를 가만히 놓았을 때 미끄러져 내려가는 것을, (나)는 물체를 놓은 순간부터 물체의 속도를 시간에 따라 나타낸 것이다.

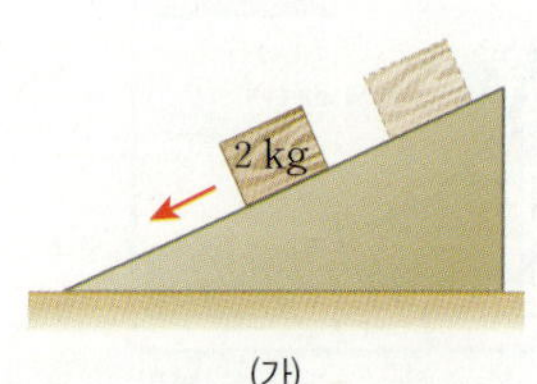

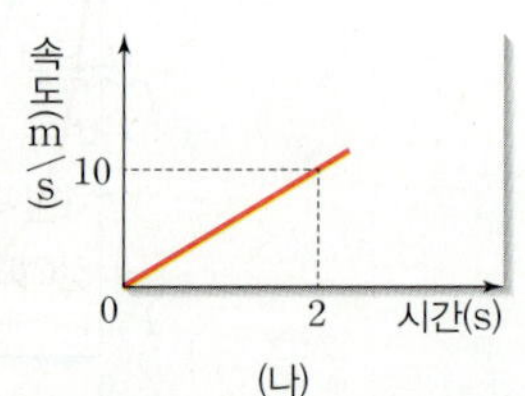

0초부터 2초까지, 이에 대한 설명으로 옳은 것만을 〈보기〉에서 있는 대로 고른 것은? (단, 모든 마찰은 무시한다.)

―― 보기 ――
ㄱ. 물체에 작용한 알짜힘의 크기는 $10\,\mathrm{N}$이다.
ㄴ. 빗면을 따라 물체가 이동한 거리는 $10\,\mathrm{m}$이다.
ㄷ. 중력이 물체에 한 일은 $100\,\mathrm{J}$이다.

① ㄱ   ② ㄴ   ③ ㄱ, ㄷ
④ ㄴ, ㄷ   ⑤ ㄱ, ㄴ, ㄷ

07 그림은 높이 h인 곳에서 가만히 놓은 물체가 P, Q점을 지나 운동하는 모습을 나타낸 것이다. P에서 물체의 중력 퍼텐셜 에너지는 운동 에너지의 2배이고, Q에서 물체의 운동 에너지는 P에서 물체의 운동 에너지의 2배이다.

P와 Q 사이의 거리는? (단, 중력 퍼텐셜 에너지의 기준은 지면이고, 물체의 크기와 공기 저항은 무시한다.)

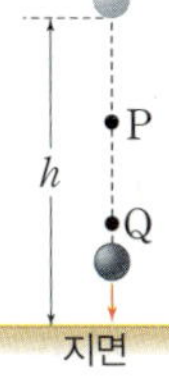

① $\dfrac{h}{5}$　　② $\dfrac{h}{4}$　　③ $\dfrac{h}{3}$

④ $\dfrac{2h}{5}$　　⑤ $\dfrac{h}{\sqrt{3}}$

08 그림과 같이 높이 h_1에서 제자리 비행하던 질량이 m인 헬리콥터가 연직 위로 등가속도 운동하여 높이가 h_2인 순간 속력 v가 되었다. h_1에서 h_2의 높이로 상승하는 동안, 이에 대한 설명으로 옳은 것만을 〈보기〉에서 있는 대로 고른 것은?

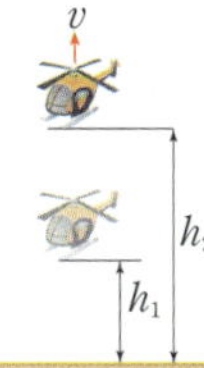

보기
ㄱ. 헬리콥터의 역학적 에너지는 일정하다.
ㄴ. 추진력이 헬리콥터에 한 일의 양은 $\dfrac{1}{2}mv^2$이다.
ㄷ. 헬리콥터에 작용하는 알짜힘의 방향은 중력 방향과 반대이다.

① ㄱ　　② ㄴ　　③ ㄷ
④ ㄱ, ㄴ　　⑤ ㄴ, ㄷ

09 그림은 빗면에 용수철 상수가 $100\,\text{N/m}$인 용수철을 고정시키고 도르래와 가벼운 실을 이용하여 질량이 $2\,\text{kg}$인 물체를 매달아 손으로 받치면서 서서히 아래로 내렸을 때 물체가 정지한 것을 나타낸 것이다.

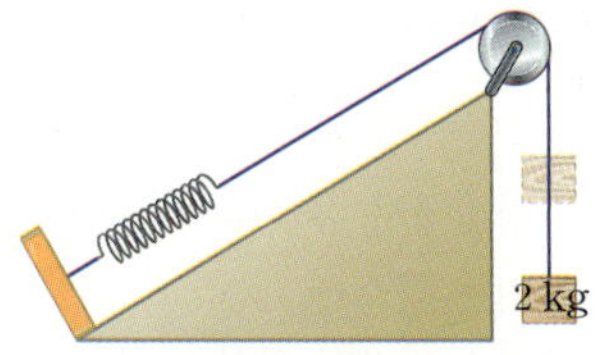

내려가는 동안 물체의 중력 퍼텐셜 에너지 감소량은? (단, 중력 가속도는 $10\,\text{m/s}^2$이고, 줄의 질량, 도르래의 마찰, 공기 저항은 무시한다.)

① $2\,\text{J}$　　② $4\,\text{J}$　　③ $6\,\text{J}$
④ $8\,\text{J}$　　⑤ $10\,\text{J}$

10 그림 (가)는 물체가 수평면에서 용수철 상수가 $100\,\text{N/m}$인 용수철에 고정되어 정지해 있는 것을, (나)는 이 물체를 $10\,\text{N}$의 일정한 힘으로 계속 끌고 있는 모습을 나타낸 것이다.

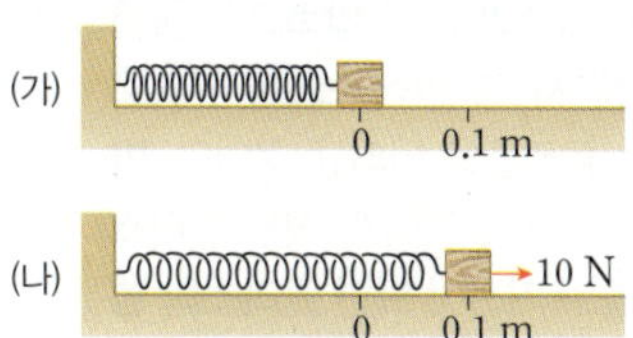

$0.1\,\text{m}$ 지점을 통과하는 순간 물체의 운동 에너지는? (단, 용수철의 질량과 모든 마찰 및 물체의 크기는 무시한다.)

① $0.5\,\text{J}$　　② $1\,\text{J}$　　③ $1.5\,\text{J}$
④ $2\,\text{J}$　　⑤ $4\,\text{J}$

11 그림은 A점에 정지해 있던 철수가 수영장의 미끄럼틀을 타고 B점을 거쳐 C점까지 내려오는 것을 나타낸 것이다.

이에 대한 설명으로 옳은 것만을 〈보기〉에서 있는 대로 고른 것은? (단, 모든 마찰은 무시하며, 수면인 C를 중력 퍼텐셜 에너지의 기준으로 한다.)

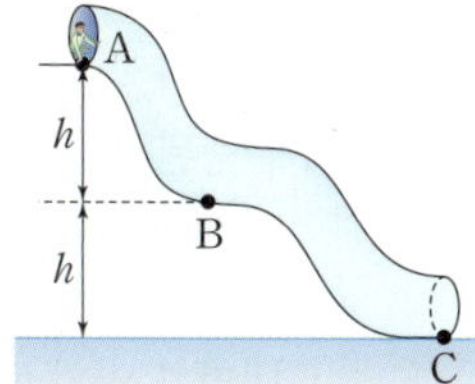

보기
ㄱ. C에서 철수의 속력은 B의 2배이다.
ㄴ. A에서 철수의 중력 퍼텐셜 에너지는 B의 2배이다.
ㄷ. C까지 내려오는 동안 중력이 철수에게 한 일은 C에서 철수의 운동 에너지와 같다.

① ㄱ　　② ㄴ　　③ ㄱ, ㄷ
④ ㄴ, ㄷ　　⑤ ㄱ, ㄴ, ㄷ

12 그림은 영희가 날린 종이비행기가 지면에 도달할 때까지 운동한 경로를 나타낸 것이다.

이에 대한 설명으로 옳은 것만을 〈보기〉에서 있는 대로 고른 것은?

보기
ㄱ. 중력이 종이비행기에 일을 하였다.
ㄴ. 종이비행기의 역학적 에너지가 보존되었다.
ㄷ. 종이비행기의 중력 퍼텐셜 에너지는 증가하였다.

① ㄱ　　② ㄴ　　③ ㄱ, ㄷ
④ ㄴ, ㄷ　　⑤ ㄱ, ㄴ, ㄷ

02 열역학 제1법칙

13 그림은 내부의 공기 압력으로 물을 분사하면서 그 반작용으로 앞으로 나가는 물로켓을 나타낸 것이다. 발사한 물로켓이 떨어진 직후 플라스틱 병을 수거하여 보면 플라스틱 병 내부에 하얗게 안개가 발생한 것을 볼 수 있다.

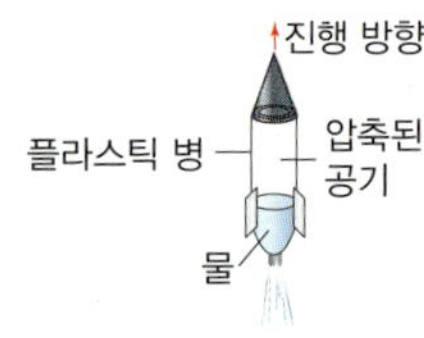

이 현상에 대한 설명으로 가장 옳은 것은?

① 압축된 공기가 등압 팽창하여 내부 에너지가 감소하기 때문이다.
② 압축된 공기가 등온 팽창하여 내부 에너지가 증가하기 때문이다.
③ 압축된 공기가 등온 팽창하면서 외부에 일을 하기 때문이다.
④ 압축된 공기가 단열 팽창하여 내부 에너지가 감소하기 때문이다.
⑤ 공기가 압축될 때 이미 플라스틱 병 내부의 기온이 내려가 있기 때문이다.

14 그림은 일정량의 이상 기체의 압력과 부피가 변하는 과정을 나타낸 것이다.

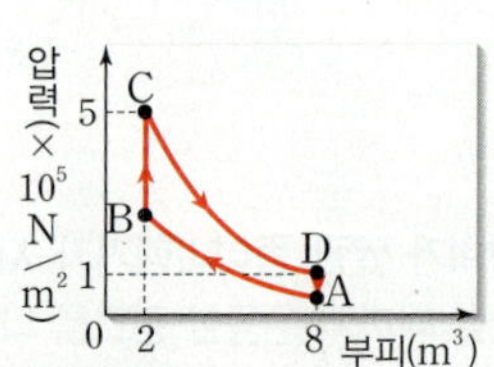

이 기체에 대한 설명으로 옳은 것만을 〈보기〉에서 있는 대로 고른 것은?

| 보기 |
ㄱ. A에서 B로 변할 때 외부에 일을 한다.
ㄴ. B에서 C로 변할 때 외부로부터 열을 흡수한다.
ㄷ. C보다 D에서 온도가 낮다.

① ㄱ　　　　② ㄷ　　　　③ ㄱ, ㄴ
④ ㄱ, ㄷ　　⑤ ㄴ, ㄷ

15 그림은 동일한 이상 기체의 변화 과정 A → B, A → C, B → C를 압력과 부피의 관계로 나타낸 것이다. 이에 대한 설명으로 옳은 것만을 〈보기〉에서 있는 대로 고른 것은? (단, B → C 과정에서 온도는 일정하다.)

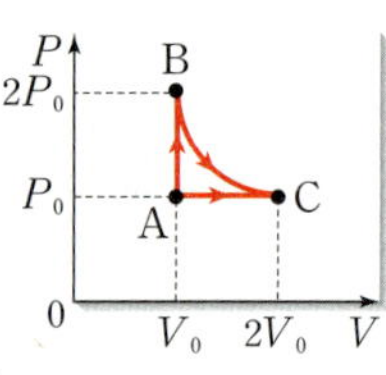

| 보기 |
ㄱ. A → B 과정과 A → C 과정의 내부 에너지 변화량은 같다.
ㄴ. B → C 과정과 A → C 과정에서 외부에 한 일은 같다.
ㄷ. A → C 과정에서 흡수한 열은 외부에 한 일과 같다.

① ㄱ　　　　② ㄴ　　　　③ ㄱ, ㄴ
④ ㄱ, ㄷ　　⑤ ㄴ, ㄷ

16 그림은 유리관과 피스톤을 이용한 실험이다.

이 실험에 대해 옳게 말한 학생만을 〈보기〉에서 있는 대로 고른 것은? (단, 유리관과 피스톤의 마찰은 무시한다.)

| 보기 |
철수: 과정 Ⅰ에서 유리관 속 공기의 압력은 증가하고 부피는 감소해.
영희: 과정 Ⅰ은 단열 변화 과정처럼 해석할 수 있어.
민수: 과정 Ⅱ에서 유리관 속 공기의 온도는 압축되었을 때보다 내려가게 돼.

① 철수　　　　② 민수　　　　③ 철수, 영희
④ 영희, 민수　⑤ 철수, 영희, 민수

17 그림 (가)는 이상 기체가 들어 있는 용기가 피스톤 P_1에 의해 두 부분 A, B로 나누어져 있는 것을 나타낸 것이다. 그림 (나)는 (가)의 피스톤 P_2 위에 물체를 가만히 올려놓았더니 두 피스톤이 이동한 후 정지한 것을 나타낸 것이다. 이 과정에서 용기나 피스톤을 통한 열 출입은 없다.

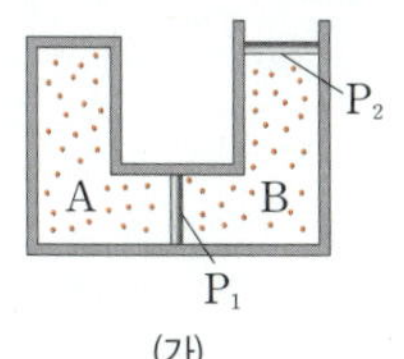
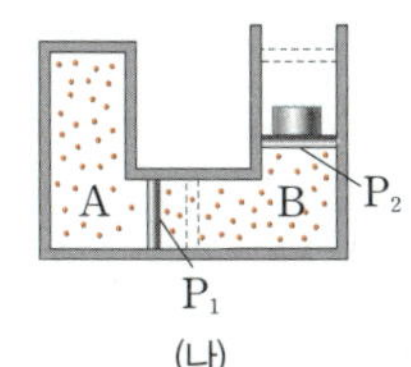

(가)에서 (나)로 변하는 동안 A, B 부분의 이상 기체에 대한 설명으로 옳은 것만을 〈보기〉에서 있는 대로 고른 것은? (단, 용기와 피스톤 사이의 마찰은 무시한다.)

┤ 보기 ├
ㄱ. A 부분의 이상 기체의 온도는 올라간다.
ㄴ. B 부분의 이상 기체의 내부 에너지는 증가한다.
ㄷ. P_2가 B 부분의 이상 기체에 한 일은 P_1이 A 부분의 이상 기체에 한 일과 같다.

① ㄱ　　② ㄴ　　③ ㄷ　　④ ㄱ, ㄴ　　⑤ ㄱ, ㄷ

03 열역학 제2법칙

18 다음은 빗면에서 물체가 미끄러져 내려올 때 물체의 역학적 에너지와 물체와 빗면 사이에서 발생하는 열에너지에 대한 설명이다.

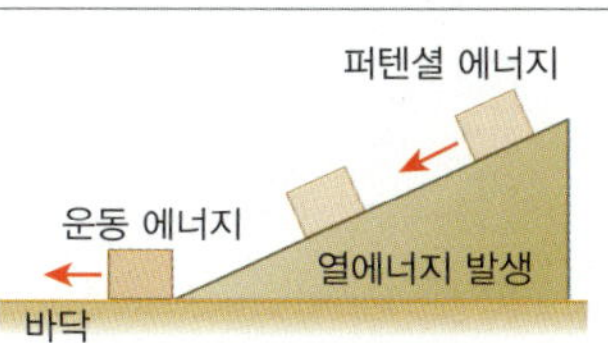

(1) 바닥에서의 물체의 운동 에너지는 빗면 꼭대기에서의 물체의 퍼텐셜 에너지와 빗면을 내려오는 과정에서 발생한 열에너지의 차이와 같다.
(2) 물체가 빗면을 내려오는 동안 발생한 열에너지는 다시 물체의 운동 에너지로 바뀌지 않는다.

(1), (2)와 관련된 물리 법칙을 옳게 짝 지은 것은? (단, 바닥에서 물체의 퍼텐셜 에너지는 0이다.)

	(1)	(2)
①	열역학 제1법칙	열역학 제2법칙
②	열역학 제2법칙	열역학 제1법칙
③	열역학 제1법칙	보일·샤를 법칙
④	열역학 제2법칙	보일·샤를 법칙
⑤	보일·샤를 법칙	열역학 제1법칙

19 그림은 어떤 열기관의 순환 과정 $A \to B \to C \to D \to A$를 압력과 부피 관계 그래프로 나타낸 것이다. 이 열기관은 한 순환 과정 동안 3000 J의 열에너지를 공급받는다.

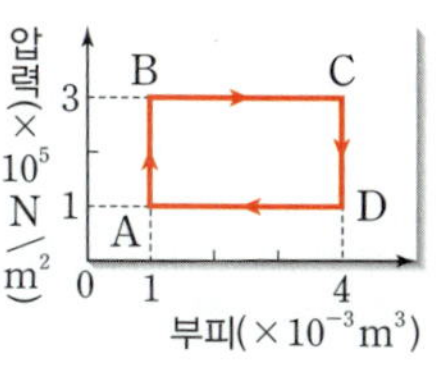

한 순환 과정을 거치는 동안, 이 열기관에 대한 설명으로 옳은 것만을 〈보기〉에서 있는 대로 고른 것은?

┤ 보기 ├
ㄱ. 열효율은 20 %이다.
ㄴ. 외부에 한 일은 600 J이다.
ㄷ. 내부 에너지의 증가량은 100 J이다.

① ㄱ　　② ㄴ　　③ ㄷ　　④ ㄱ, ㄴ　　⑤ ㄴ, ㄷ

20 그림은 카르노 기관이 한 순환 과정에서 온도가 500 K인 고열원으로부터 2000 J의 열을 흡수하여 일을 한 다음 300 K의 저열원으로 열을 방출하는 것을 나타낸 것이다.

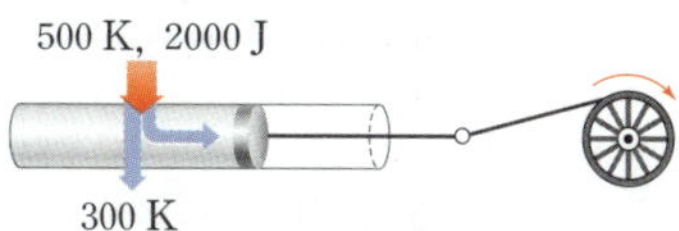

한 순환 과정 동안 이 열기관에 대한 설명으로 옳은 것만을 〈보기〉에서 있는 대로 고른 것은?

┤ 보기 ├
ㄱ. 외부에 한 일은 1200 J이다.
ㄴ. 저열원으로 방출한 열량은 800 J이다.
ㄷ. 등온 팽창하는 과정에서 흡수한 열량은 2000 J이다.

① ㄱ　　② ㄴ　　③ ㄷ　　④ ㄱ, ㄴ　　⑤ ㄱ, ㄷ

21 그림은 뜨거운 물이 식어 가는 것을 보면서 학생 A, B, C가 대화하는 내용을 나타낸 것이다.

제시한 내용이 옳은 학생만을 있는 대로 고른 것은?

① A　　　② B　　　③ A, C
④ B, C　　⑤ A, B, C

03

시간과 공간

01 특수 상대성 이론

A 특수 상대성 이론

1. 상대 속도 운동하는 관찰자가 본 물체의 속도로 크기와 방향이 있는 물리량이다.

(1) 지면과 같은 하나의 동일한 좌표계에서 측정한 관찰자 A의 속도가 v_A, 물체 B의 속도가 v_B일 때 A가 본 B의 상대 속도 또는 A에 대한 B의 상대 속도 v_{AB}는 다음과 같으며 방향을 고려하여 계산한다.

$$v_{AB} = v_B - v_A$$

(2) **직선상에서 운동하는 물체의 상대 속도**: 오른쪽으로 운동하는 물체의 속도를 (+)로 나타내면 왼쪽으로 운동하는 물체의 속도는 (−)로 나타내어 구한다.

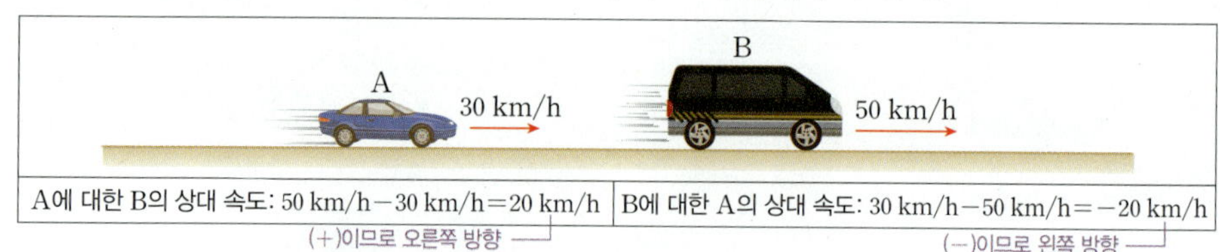

A에 대한 B의 상대 속도: 50 km/h−30 km/h=20 km/h	B에 대한 A의 상대 속도: 30 km/h−50 km/h=−20 km/h
(+)이므로 오른쪽 방향	(−)이므로 왼쪽 방향

2. 마이컬슨과 몰리의 에테르 확인 실험

(1) **에테르**: 19세기 과학자들이 생각한 파동인 빛을 전달시키는 가상의 매질

(2) **마이컬슨·몰리 실험**: 지구가 에테르의 흐름 속에 있다고 생각하여 흐르는 강물에서 배의 속력이 방향에 따라 달라지는 것처럼 빛의 속력이 에테르 흐름의 방향에 따라 달라질 것이라고 가정하고 그것을 확인한 실험

(3) **마이컬슨·몰리 실험 결과**: 빛이 에테르의 이동 방향과 나란하게 진행할 때와 수직으로 진행할 때에 관계없이 빛의 속력은 항상 일정 ➡ 에테르는 존재하지 않고 빛은 매질 없이도 전파되는 파동이며 빛의 속력은 관측자의 속력에 관계없이 항상 일정하다.

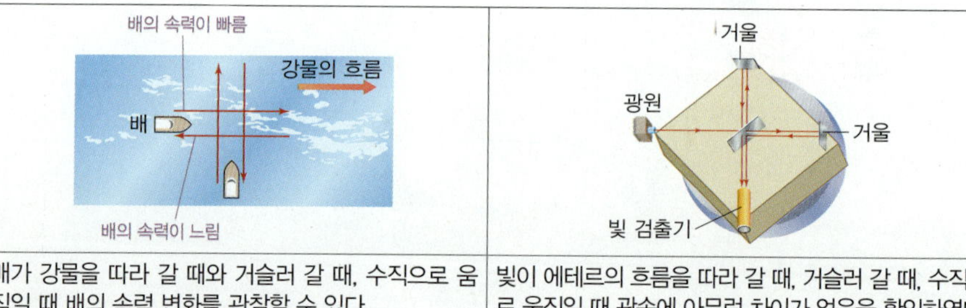

배가 강물을 따라 갈 때와 거슬러 갈 때, 수직으로 움직일 때 배의 속력 변화를 관찰할 수 있다.	빛이 에테르의 흐름을 따라 갈 때, 거슬러 갈 때, 수직으로 움직일 때 광속에 아무런 차이가 없음을 확인하였다.

3. 아인슈타인의 특수 상대성 이론

(1) **제1가설(상대성 원리)**: 모든 관성 좌표계에서 물리 법칙이 동일하게 성립한다.

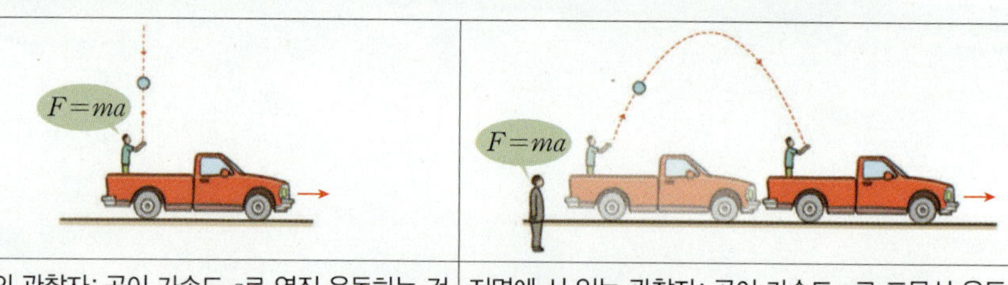

트럭 위의 관찰자: 공이 가속도 g로 연직 운동하는 것으로 관찰한다.	지면에 서 있는 관찰자: 공이 가속도 g로 포물선 운동하는 것으로 관찰한다.

두 경우 관찰되는 공의 운동이 다르므로 위치, 속도와 같은 물리량은 다르게 관찰되지만 $F=ma$로 표현되는 운동 법칙은 동일하다.

(2) **제2가설(광속 불변 원리):** 모든 관성 좌표계에서 진공에서의 광속(c)은 광원이나 관측자의 운동에 관계없이 항상 같은 값으로 측정된다.

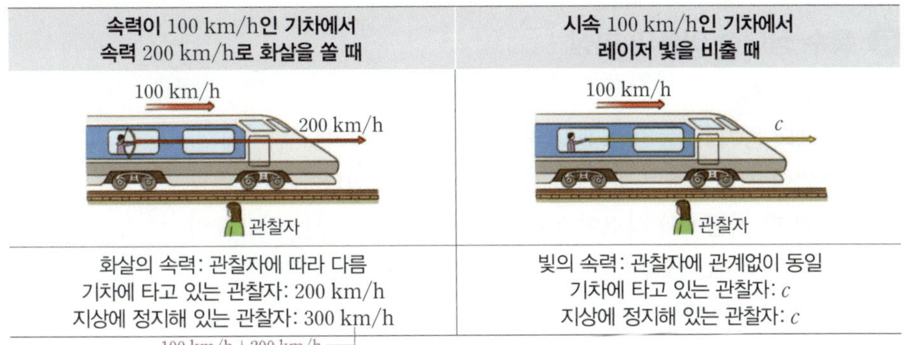

(3) **특수 상대성 이론:** 상대성 원리와 광속 불변 원리를 바탕으로 동시성의 상대성, 시간 팽창, 길이 수축에 대한 개념을 설명한다.

개념 바로 확인

정답 및 해설 | 15쪽

01 A에 대한 B의 상대 속도는 [   ]의 속도에서 [   ]의 속도를 뺀 것이다.

02 모든 [   ] 좌표계에서 물리 법칙은 동일하게 성립한다.

03 진공 중에서 진행하는 빛의 속력은 광원이나 관찰자의 [   ]에 관계없이 일정하다.

04 특수 상대성 이론은 [   ] 원리와 광속 불변 원리를 바탕으로 한다.

01 그림은 직선 도로에서 자동차 A, B가 전조등을 켜고 각각 20 m/s, 30 m/s의 속력으로 서쪽 방향으로 운행하는 것을 나타낸 것이다. (   ) 안에 들어갈 알맞은 말을 쓰시오.

(1) A에 탄 사람이 보았을 때 B의 상대 속도는 크기가 (㉠   )이고 방향은 (㉡   )이다.

(2) B에 탄 사람이 보았을 때 A의 상대 속도는 크기가 (㉠   )이고 방향은 (㉡   )이다.

02 그림 (가)는 철수가 보았을 때 민수가 탄 우주선이 철수에 대해 $+x$축 방향으로 광속 c로 빛을 비추면서 일정한 속도 v로 운동하는 것을, (나)는 (가)에서 민수가 보았을 때 $+y$축 방향으로 던진 공이 $-y$축 방향의 일정한 가속도 a로 운동하는 것을 나타낸 것이다.

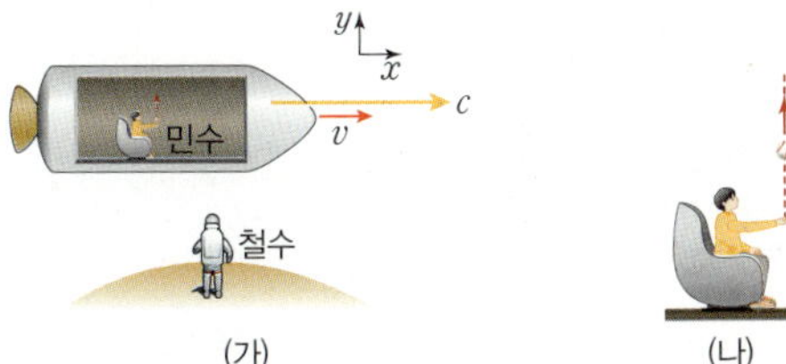

이에 대한 설명으로 옳은 것은?

① 민수가 탄 우주선은 가속 좌표계이다.

② 민수가 관찰할 때 철수는 정지해 있다.

③ 철수가 관찰할 때 공은 직선 경로로 운동한다.

④ 철수가 관찰할 때 공의 가속도 크기는 a보다 크다.

⑤ 철수가 관찰할 때 우주선에서 방출된 빛의 속력은 c이다.

B 특수 상대성 이론의 현상

1. 동시의 상대성

① 동일한 좌표계에 있는 모든 시계를 놓인 위치까지의 거리를 고려하여 미리 똑같이 맞추어 놓은 것이다.
② 시계의 동기화가 없으면 사건의 정보가 관찰자에게 도달하는 시간을 고려해야 하므로 사건의 해석이 복잡해진다.

(1) **시계의 동기화**: 동일한 관성 좌표계에서는 관찰자의 위치에 관계없이 사건의 위치와 시간을 동일하게 취급한다. 즉, 그림과 같이 한 지점에서 사건이 3시에 발생한 경우 동일한 좌표계의 다른 지점 A, B에 있는 사람도 사건이 3시에 발생한 것으로 취급하는 것이다.

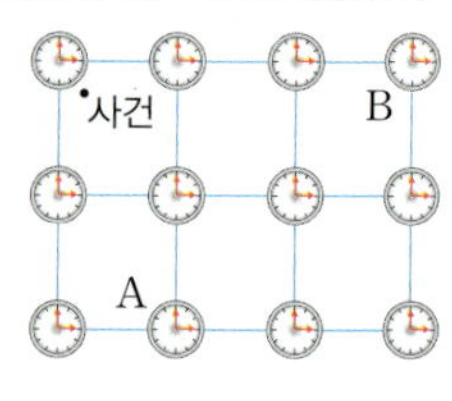

(2) **동시성의 상대성**: 한 좌표계에서 동시인 사건이 다른 좌표계에서 관찰할 때 동시인 사건이 아닐 수 있다.

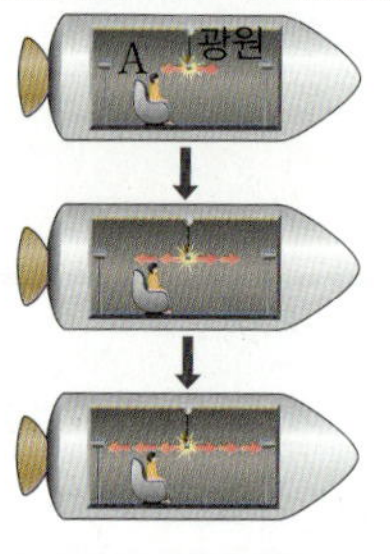
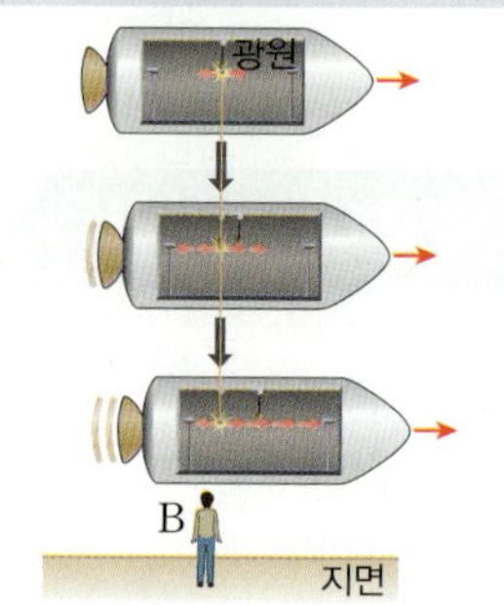

우주선 안에 있는 A가 볼 때 광원에서 우주선 양 끝까지의 거리가 같다. 따라서 빛은 양쪽 끝에 동시에 도달한다.	우주선 밖 지면에 정지해 있는 B가 볼 때 빛이 진행하는 동안 우주선이 오른쪽으로 이동하므로 빛은 왼쪽 끝에 먼저 도달하고 오른쪽 끝에 나중에 도달한다.

2. 시간 팽창   상대적으로 운동하는 관찰자의 시계가 느리게 가는 현상

(1) **빛 시계**: 떨어져 마주 보고 있는 거울 사이를 빛이 광속 c로 왕복하는 시간을 측정하여 시간을 흐름을 파악하는 가상의 시계

(2) **고유 시간**: 사건이 발생하는 위치가 변하지 않는 좌표계에서 측정한 시간

(3) **좌표 시간**: 서로 다른 위치에서 발생한 두 사건 사이의 시간

(4) **시간 팽창**

관찰자	우주선 안의 관찰자	우주선 밖의 관찰자	
상황			
광속 동일	c	c	
빛의 이동 거리	위아래 왕복: $2d$	비스듬한 직선을 따라 왕복: $2d'$	
빛의 왕복 시간	$\Delta t_0 = \dfrac{2d}{c}$ (고유 시간)	$\Delta t = \dfrac{2d'}{c} > \Delta t_0 = \dfrac{2d}{c}$	
해석	우주선 밖에서 보았을 때 우주선 안의 시계가 느리게 간다.		

3. 길이 수축   상대적으로 운동하는 물체의 길이가 수축되는 현상

(1) **고유 길이**: 한 관성 기준계에 대해 위치가 변하지 않고 고정된 두 지점 사이의 길이

(2) 길이 수축

관찰자	지구의 관찰자	우주선 안의 관찰자
지구에서 출발한 우주선이 v의 일정한 속도로 운항하여 별에 도착하는 사건		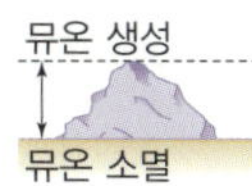
걸린 시간	Δt	Δt_0 (고유 시간)
별까지의 거리	$L_0 = v\Delta t$ (고유 길이)	$L = v\Delta t_0$
해석	우주선에서 측정한 길이가 $L = v\Delta t_0 = v\Delta t\sqrt{1-\dfrac{v^2}{c^2}} = L_0\sqrt{1-\dfrac{v^2}{c^2}} < L_0$이 되어 지구에서 측정한 길이보다 짧다.	

실전 자료   지표면에서 뮤온 관찰

뮤온은 우주에서 지구로 날아오는 우주선(cosmic ray)에 의해 지표면에서 10 km 이상이 되는 높은 고도에서 생성된다. 뮤온의 속도는 약 $0.99c$이고 수명은 2.2×10^{-6} s 정도라서 고전 물리학의 계산에 의하면 뮤온이 이동할 수 있는 거리는 약 653 m이다. 따라서 고전 물리학으로는 뮤온이 지표면 근처에서 관측되는 것을 설명할 수 없다. $0.99 \times 3 \times 10^8$ m/s $\times 2.2 \times 10^{-6}$ s

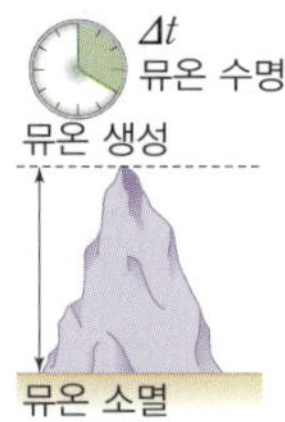
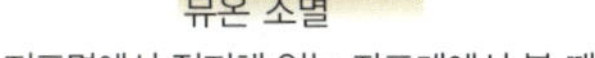

❶ **시간 팽창**: 지상에 있는 관측자는 뮤온의 수명이 2.2×10^{-6} s $\times (1-(0.99)^2)^{-1/2} \approx 15.6 \times 10^{-6}$ s로 보인다. 따라서 뮤온은 $0.99 \times 3 \times 10^8$ m/s $\times 15.6 \times 10^{-6}$ s ≈ 4600 m의 긴 거리를 이동하게 되며 지표면 근처에서 관측될 수 있다.

❷ **길이 수축**: 뮤온의 입장에서는 지표면까지의 거리는 10 km $\times \sqrt{1-(0.99)^2} \approx 1.4$ km로 수축되므로 짧은 수명 동안에도 지표면에 도달할 수 있다.

개념 바로 확인

정답 및 해설 | 15쪽

05 한 관성 좌표계에서 동시인 사건이 다른 관성 좌표계에서 동시인 사건이 아닐 수 있는 것을 [ ]이라고 한다.

06 [ ]은 사건이 일어난 지점이 고정된 좌표계에서 측정한 시간이다.

07 [ ]는 한 관성 좌표계에 대해 고정된 두 지점 사이의 길이이다.

03 그림은 영희가 관찰하였을 때 우주선이 영희에 대해 P에서 Q까지 일정한 속도 v로 운항하는 것을 나타낸 것이다. 영희가 측정하였을 때 P와 Q 사이의 거리는 L_0이었다.

(1) 우주선에서 측정하였을 때 P와 Q 사이의 거리는 L_0보다 (   ).

(2) 우주선이 P에서 Q까지 이동하는 데 걸린 시간은 영희가 측정하였을 때가 우주선에서 측정하였을 때보다 (   ).

(3) P와 Q 사이의 고유 길이는 (㉠   )가(에서) 측정한 길이이고, 우주선이 P에서 Q까지 이동하는 데 걸린 시간은 (㉡   )가(에서) 측정한 시간이 고유 시간이다.

· 마이컬슨·몰리 실험의 이해 ·

영의 이중 슬릿 간섭 실험의 성공으로 과학자들은 빛이 파동이라고 확신하였으므로, 모든 파동은 매질이 있어야 전파된다고 믿어 빛을 전달하는 가상의 매질을 에테르(ether)라고 하였다. 마이컬슨·몰리 실험은 빛의 전달 매질 에테르를 찾는 실험이었다.

원리 **강물의 방향과 배의 속력** 강물의 속력이 V인 강물에서 배의 속력이 v일 때 배의 운항 방향에 따라 지면에서 관측한 배의 속력이 달라진다.

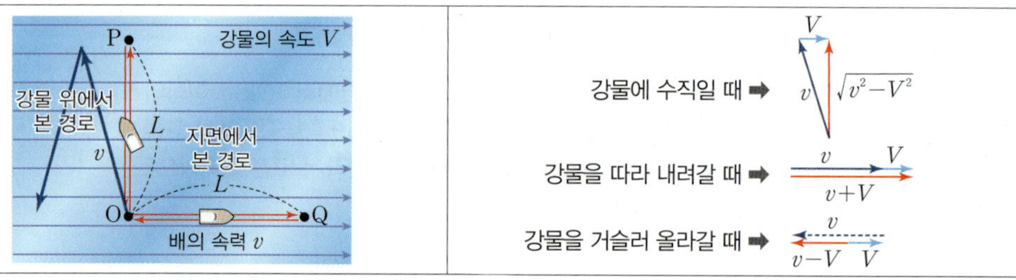

① **강물에 수직으로 운항할 때의 배의 속력**: $\sqrt{v^2-V^2}$

→ O점에서 P점까지 왕복 시간: $T_1=\dfrac{2L}{\sqrt{v^2-V^2}}=\dfrac{\dfrac{2L}{v}}{\sqrt{1-\dfrac{V^2}{v^2}}}$

② **강물에 나란한 방향으로 운항할 때의 배의 속력**: 내려갈 때 $v+V$, 거슬러 올라갈 때 $v-V$

→ O점에서 Q점까지 왕복 시간: $T_2=\dfrac{L}{v+V}+\dfrac{L}{v-V}=\dfrac{\dfrac{2L}{v}}{1-\dfrac{V^2}{v^2}}$

③ 강물의 속력이 $V>0$이면 항상 $T_1<T_2$이다.

마이컬슨·몰리 실험 빛은 우주의 모든 곳에서 진행할 수 있으므로 에테르는 온 우주 공간에 있어야 한다. 따라서 에테르의 바다 속에서 은하의 운동이나 지구의 공전에 의해서 마이컬슨·몰리 실험 장치는 그림과 같이 에테르의 흐름 속에 있다고 생각할 수 있다.

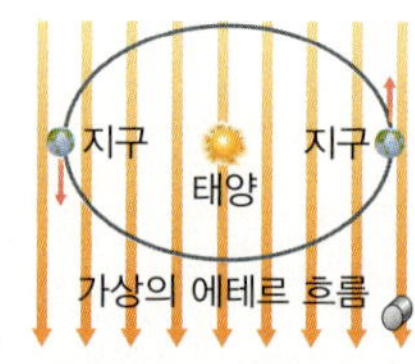

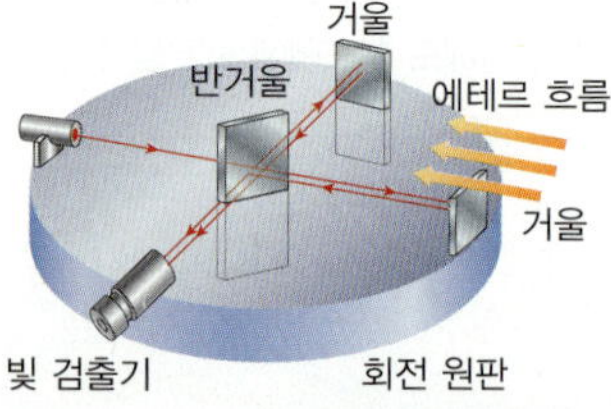

① 마이컬슨과 몰리는 흐르는 강물에서 배의 진행 방향에 따라 배의 속력이 다른 것처럼 에테르에 대한 빛의 진행 방향에 따라 빛의 속력이 달라질 것이라고 예상하였다.

② 마이컬슨과 몰리는 빛 검출기로 빛의 속력 차이에 의해 나타나는 현상을 관측하려고 시도였으나 아무리 실험을 하여도 의미가 있는 속력 차이를 관측할 수 없었다.

③ 마이컬슨·몰리 실험과 흐르는 강물에서 운항하는 배를 비교하면 $T_1=T_2$임을 의미한다.

④ 배의 실험에서 $T_1=T_2$의 결과를 얻으려면 강물에 나란한 방향의 길이가 짧아져야 한다. ➡ 에테르에 의한 길이 수축

마이컬슨·몰리 실험에 대한 아인슈타인 해석 마이컬슨과 몰리는 실험 결과로부터 빛의 속력이 모든 방향에서 같으며 에테르는 존재하지 않는다는 결론을 얻을 수 있었다. 이 결과를 이용하여 아인슈타인은 다음과 같은 해석을 내리고 특수 상대성 이론을 발전시킬 수 있었다.

① 에테르가 존재하지 않음 ➡ 빛은 파동이지만 매질이 필요 없이 진공에서 전파 가능

② 빛의 속력은 관찰자의 속력에 관계없이 항상 동일

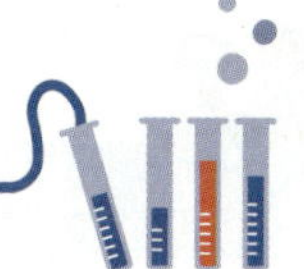

내신 실력 Up

A 특수 상대성 이론

01 그림은 직선 도로에서 일정한 속도로 달리고 있는 자동차 A, B와 정지해 있는 철수를 나타낸 것이다.

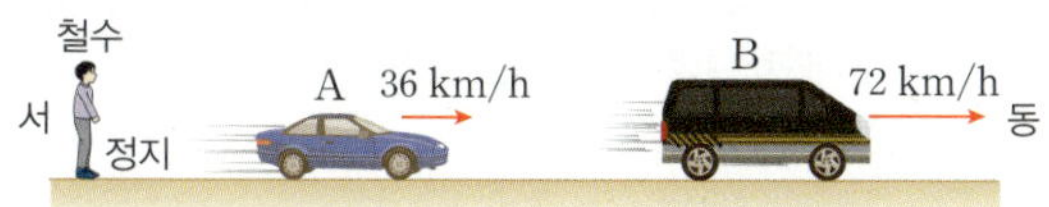

이에 대한 설명으로 옳은 것은?

① 철수가 측정한 A의 속도는 동쪽으로 3.6 m/s이다.
② 철수가 측정한 B의 속도는 동쪽으로 7.2 m/s이다.
③ A에서 측정한 철수의 속도는 서쪽으로 3.6 m/s이다.
④ B에서 측정한 철수의 속도는 서쪽으로 7.2 m/s이다.
⑤ B에서 측정한 A의 속도는 서쪽으로 10 m/s이다.

02 그림은 흐르는 강물에 직각인 방향으로 20 m의 거리를 왕복하는 배를 나타낸 것이다. 강물의 속력은 3 m/s이고 강물에 대한 배의 속력은 5 m/s이다.

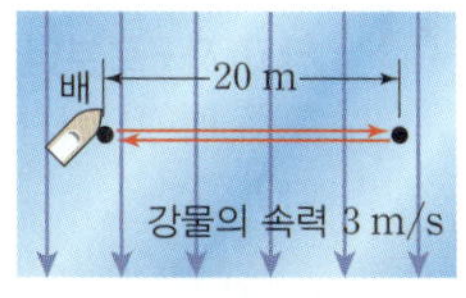

배가 20 m의 거리를 왕복하는 데 걸린 시간은? (단, 배의 크기는 무시한다.)

① 4초　② 5초　③ 8초　④ 10초　⑤ $\dfrac{40}{3}$초

03 그림은 에테르를 측정하기 위한 마이컬슨·몰리 실험 장치를 나타낸 것이다.
이에 대한 설명으로 옳은 것만을 〈보기〉에서 있는 대로 고른 것은?

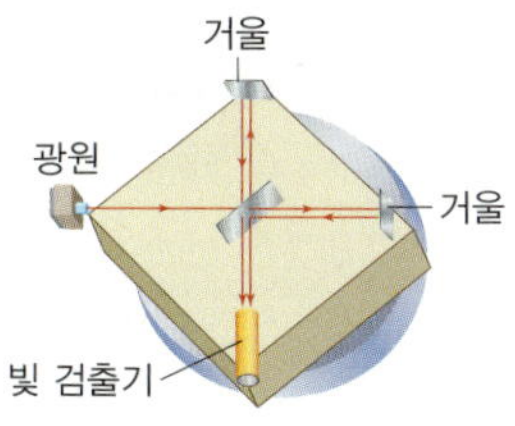

| 보기 |

ㄱ. 에테르의 존재를 확인하는 데 실패하였다.
ㄴ. 진행 방향에 따라 빛의 속력에 차이가 있었다.
ㄷ. 관찰자의 상대 운동에 따라 빛의 속력에 차이가 있었다.

① ㄱ　　　② ㄴ　　　③ ㄱ, ㄷ
④ ㄴ, ㄷ　　⑤ ㄱ, ㄴ, ㄷ

04 그림은 지면에 정지해 있는 관찰자 A에 대하여 일정한 속도 V로 운동하고 있는 기차에서 속력 c인 빛이 방출되는 것을 나타낸 것이다. 기차 안에 정지해 있는 관찰자 B는 기차에 대하여 공을 속력 v로 기차의 운동 방향으로 던졌다.

이에 대한 설명으로 옳은 것만을 〈보기〉에서 있는 대로 고른 것은? (단, c는 빛의 속력이고, 공기 저항은 무시한다.)

| 보기 |

ㄱ. A가 관찰할 때 공의 속력은 $V-v$이다.
ㄴ. B가 관찰할 때 A의 속력은 V이다.
ㄷ. A나 B가 관찰할 때 빛의 속력은 동일하게 c이다.

① ㄱ　　　② ㄴ　　　③ ㄱ, ㄷ
④ ㄴ, ㄷ　　⑤ ㄱ, ㄴ, ㄷ

05 그림은 철수가 수평면에서 연직 위로 던진 공을 수평면과 나란한 방향으로 철수에 대해 속력이 일정한 우주선에 타고 있는 영희가 관찰하는 것을 나타낸 것이다.
이에 대한 설명으로 옳은 것만을 〈보기〉에서 있는 대로 고른 것은?

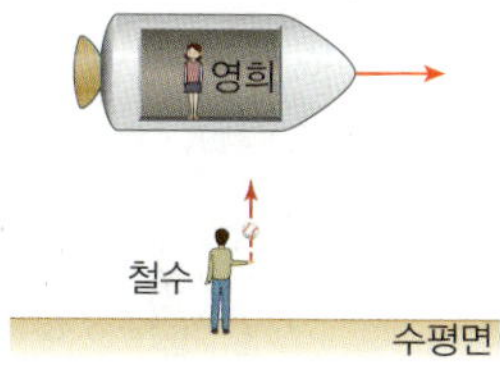

| 보기 |

ㄱ. 영희가 탄 우주선은 관성 좌표계이다.
ㄴ. 영희가 관측할 때 공은 포물선 운동을 한다.
ㄷ. 영희와 철수가 관측한 공의 운동에 성립하는 물리 법칙은 동일하다.

① ㄴ　　　② ㄷ　　　③ ㄱ, ㄴ
④ ㄱ, ㄷ　　⑤ ㄱ, ㄴ, ㄷ

06 특수 상대성 이론의 두 가지 가정으로 옳은 것은?

① 시간 팽창, 길이 수축
② 시간 팽창, 동시성의 불일치
③ 상대성 원리, 광속 불변 원리
④ 상대성 원리, 동시성의 불일치
⑤ 동시성의 불일치, 광속 불변 원리

07 관성 좌표계에 따라 다르게 측정될 수 있는 물리량만을 〈보기〉에서 있는 대로 고른 것은?

┤ 보기 ├
ㄱ. 빛의 속력
ㄴ. 물체의 속력
ㄷ. 물체의 가속도

① ㄴ ② ㄷ ③ ㄱ, ㄴ
④ ㄱ, ㄷ ⑤ ㄱ, ㄴ, ㄷ

08 그림은 정지해 있는 영희가 관측하였을 때 우주선 A, B가 영희에 대해 서로 반대 방향으로 각각 $0.8c$, $0.9c$의 일정한 속도로 운동하는 것을 나타낸 것이다. 영희는 A의 운동 방향으로 레이저 빛을 비추었다.

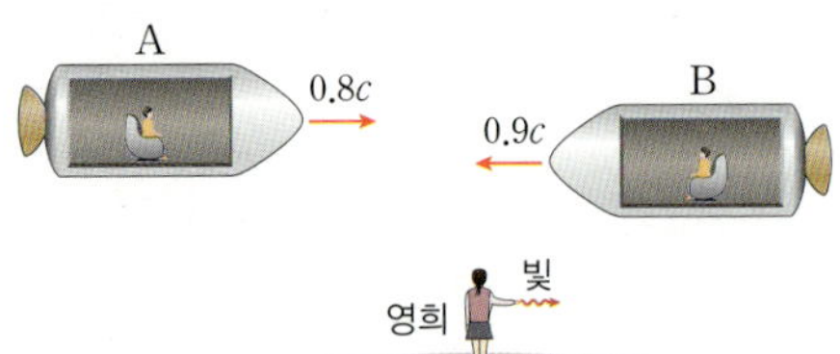

이에 대한 설명으로 옳은 것만을 〈보기〉에서 있는 대로 고른 것은? (단, c는 빛의 속력이다.)

┤ 보기 ├
ㄱ. A가 측정한 레이저 빛의 속력은 c이다.
ㄴ. B가 측정한 레이저 빛의 속력은 c이다.
ㄷ. B가 측정한 A의 운동 방향은 빛의 방향과 반대이다.

① ㄴ ② ㄷ ③ ㄱ, ㄴ
④ ㄱ, ㄷ ⑤ ㄱ, ㄴ, ㄷ

B 특수 상대성 이론의 현상

09 특수 상대성 이론에 대한 설명으로 옳지 <u>않은</u> 것은?

① 한 관성계에서 동시에 일어난 사건이 다른 관성계에서는 동시가 아닐 수 있다.
② 한 관찰자가 보았을 때 움직이는 관성계에서의 시간은 자신의 시간보다 느리게 간다.
③ 한 장소에서 발생한 두 사건 사이의 시간 간격을 고유 시간이라고 한다.
④ 측정하는 관찰자에 대하여 움직이는 물체의 길이는 고유 길이보다 길어진다.
⑤ 길이 수축은 물체가 움직이는 방향으로만 일어난다.

10 그림은 철수가 타고 있는 우주선이 영희에 대해 매우 빠른 일정한 속도로 운동하고 있는 것을 나타낸 것이다. 철수가 보았을 때 우주선 안의 전구 빛은 A와 B에 동시에 도착한다.

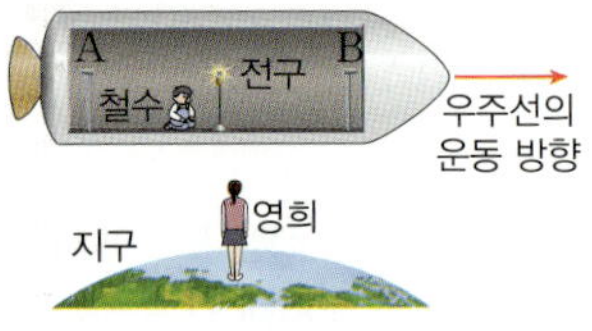

이에 대한 설명으로 옳은 것만을 〈보기〉에서 있는 대로 고른 것은?

┤ 보기 ├
ㄱ. 영희가 보았을 때 전구 빛은 A에 먼저 도달한다.
ㄴ. 철수가 측정한 전구에서 A, B까지의 거리는 같다.
ㄷ. 영희가 측정하였을 때 전구에서 A까지의 거리가 B까지의 거리보다 짧다.

① ㄴ ② ㄷ ③ ㄱ, ㄴ
④ ㄱ, ㄷ ⑤ ㄱ, ㄴ, ㄷ

11 우주 비행사가 지구에 대해 속도가 $0.8c$로 일정한 우주선을 타고 지구로부터 8광년 떨어져 있는 별로 여행을 떠난다. 우주 비행사가가 측정한 여행 시간은? (단, c는 빛의 속력이다.)

① 4년 ② 5년 ③ 6년
④ 7년 ⑤ 8년

12 그림은 영희가 탄 우주선에서 빛이 바닥과 천장 사이를 왕복하는 모습을 우주선 밖의 민수가 관측하는 것을 나타낸 것이다. 우주선은 민수에 대해 빛의 속력에 가까운 일정한 속력으로 직선 운동한다.

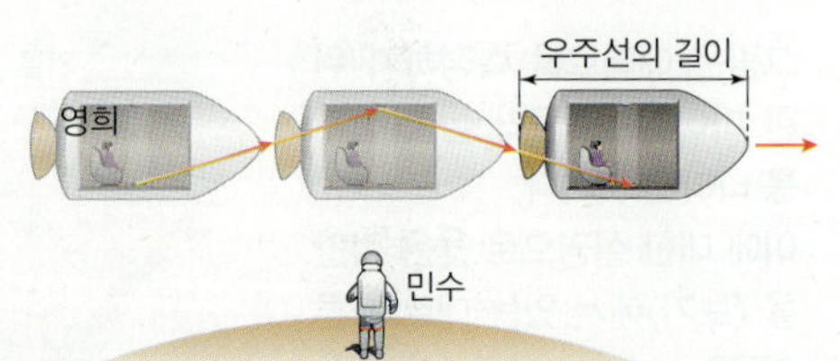

영희가 측정한 값이 민수가 측정한 값보다 큰 물리량과 작은 물리량을 옳게 짝 지은 것은?

	큰 물리량	작은 물리량
①	빛의 속력	빛의 왕복 시간
②	빛의 속력	우주선의 길이
③	빛의 왕복 시간	빛의 속력
④	빛의 왕복 시간	우주선의 길이
⑤	우주선의 길이	빛의 왕복 시간

13 그림은 관측자가 측정한 시계의 길이와 속력의 관계를 나타낸 그래프이다.
이에 대한 설명으로 옳은 것만을 〈보기〉에서 있는 대로 고른 것은? (단, c는 빛의 속력이다.)

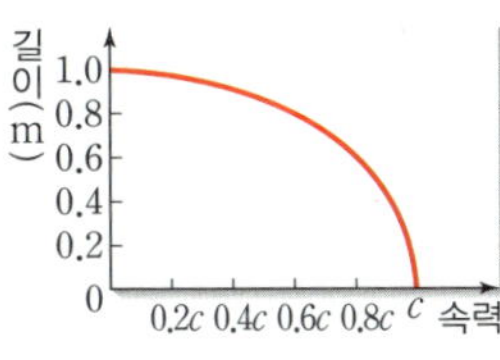

| 보기 |

ㄱ. 시계의 고유 길이는 $1\,m$이다.

ㄴ. 시계의 속력이 $0.5c$일 때 시계의 길이는 $0.5\,m$이다.

ㄷ. 시계의 길이가 짧아질수록 시계가 점점 더 느리게 가는 것으로 관측된다.

① ㄴ　　　　② ㄷ　　　　③ ㄱ, ㄴ

④ ㄱ, ㄷ　　　⑤ ㄱ, ㄴ, ㄷ

14 그림은 영희가 측정하였을 때 영희에 대해 x축 방향으로 속력이 $0.8c$인 우주선을 나타낸 것이다. 우주선 안에는 x, y축 고유 길이가 각각 $5\,m$, $3\,m$인 도형이 있다.
영희가 측정하였을 때 도형의 x축, y축 길이는? (단, c는 빛의 속력이다.)

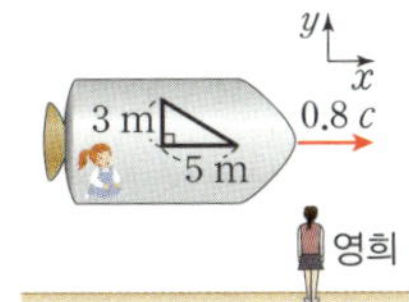

	x축 길이	y축 길이		x축 길이	y축 길이
①	$3\,m$	$3\,m$	②	$3\,m$	$4\,m$
③	$3\,m$	$5\,m$	④	$4\,m$	$3\,m$
⑤	$5\,m$	$3\,m$			

15 그림은 지면에 정지해 있는 철수에 대하여 영희, 민수가 타고 있는 우주선이 각각 x, y축 방향으로 $0.6c$의 일정한 속도로 운동하는 것을 나타낸 것이다. 철수가 측정하였을 때 지면의 두 기둥 P, Q 사이의 거리는 L이었다.
이에 대한 설명으로 옳은 것만을 〈보기〉에서 있는 대로 고른 것은? (단, c는 빛의 속력이다.)

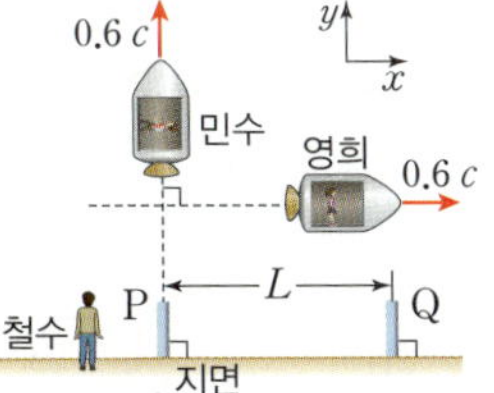

| 보기 |

ㄱ. 민수가 측정할 때 P, Q 사이 거리는 L이다.

ㄴ. 영희가 측정할 때 P, Q 사이 거리는 L보다 작다.

ㄷ. 영희가 볼 때 민수의 시간이 자신의 시간보다 느리다.

① ㄴ　　　　② ㄷ　　　　③ ㄱ, ㄴ

④ ㄱ, ㄷ　　　⑤ ㄱ, ㄴ, ㄷ

이렇게!

16 그림은 A가 두 나무 (가)와 (나)의 중간 지점을 지날 때 (가)와 (나)에 벼락이 떨어지는 것을 사람 A, B, C가 관찰하는 것을 나타낸 것이다. A는 자동차를 타고 오른쪽으로 이동하고 있으며 B, C는 지면에 정지해 있다.

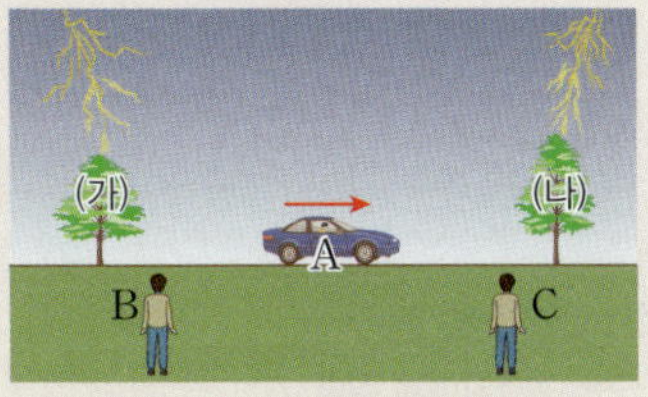

B가 관찰하였을 때 벼락이 두 나무에 동시에 떨어졌다. 특수 상대성 이론에 따라 A, C가 관찰한 벼락이 떨어지는 시각을 서술하시오.

17 그림은 수평면에 정지해 있는 철수에 대해 영희가 타고 있는 우주선이 오른쪽으로 운동하는 것을 나타낸 것이다. 철수가 측정하였을 때 수평면의 두 지점 P, Q 사이의 거리는 L_0이다.

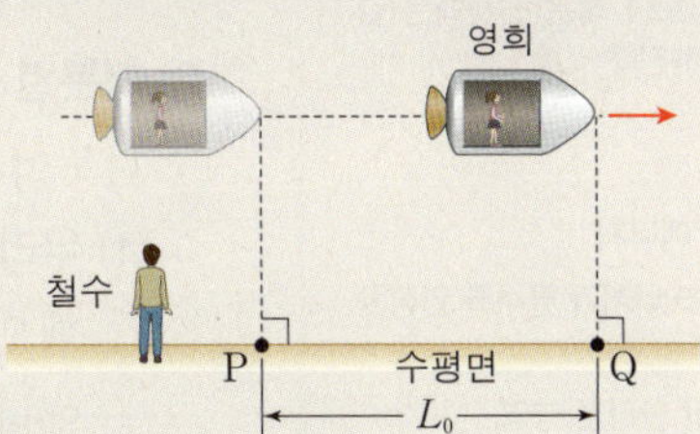

(1) 시간 팽창을 이용하여 영희가 측정한 P, Q 사이의 거리를 철수가 측정한 길이와 비교하여 서술하시오.

(2) 길이 수축을 이용하여 영희가 측정한 우주선이 P에서 Q까지 이동한 시간을 철수가 측정한 시간과 비교하여 서술하시오.

질량과 에너지

- 특수 상대성 이론에 의해 질량과 에너지가 다르지 않음을 설명할 수 있다.
- 핵이 융합하거나 분열할 때 질량이 에너지로 변환됨을 설명할 수 있다.

Ⓐ 질량 · 에너지 등가 원리

1. 상대론적 질량

- **특수 상대론에서의 질량**: 고전 물리학과 비교하여 $m = \dfrac{m_0}{\sqrt{1 - \dfrac{v^2}{c^2}}}$ 으로 속도에 따라 변화하며 속도가 0일 때의 질량을 정지 질량 m_0이라고 한다. — 질량은 좌표계마다 다르다.

2. 질량 · 에너지 등가 원리

(1) 물체에 일을 해 주면 물체의 속력과 질량이 동시에 증가 ➡ 질량과 에너지의 동등성

(2) 질량과 에너지가 동등하므로 질량(m)이 에너지(E)로 또는 에너지가 질량으로 서로 전환될 수 있으며 질량 m에 해당하는 에너지 E는 다음과 같다.

$$E = mc^2 \ (c: \text{진공에서의 빛의 속력})$$

(3) **정지 에너지**: 운동 에너지는 0이지만 질량의 형태로 가진 에너지 ➡ $E = m_0 c^2$
— 정지 질량

Ⓑ 핵반응과 에너지

1. 질량 결손

(1) **핵반응**: 큰 원자핵이 쪼개지는 핵분열이나 작은 원자핵이 합쳐지는 핵융합 반응

(2) **핵반응식**: 핵반응 전후의 질량수, 원자 번호, 전하량 등의 보존 관계를 나타낸 관계식

(3) **질량 결손**: 핵반응 과정에서 핵자들 질량 총합의 감소량

(4) **질량 결손과 에너지**: 핵반응에서 질량 결손 Δm이 에너지로 전환될 때 질량 · 에너지 등가 원리에 따라 발생한 에너지는 $E = \Delta m c^2$이다.

2. 핵분열
상대적으로 큰 원자핵이 중성자와 같은 입자의 충돌에 의하여 작은 원자핵으로 나누어지는 핵반응으로 질량 결손에 의해 에너지가 발생한다.

(1) **우라늄의 핵분열**: 우라늄 235($^{235}_{92}U$)는 속력이 느린 중성자에 의하여 2개의 작은 원자핵으로 쪼개지며 2~3개의 속력이 빠른 중성자를 방출한다. 이 과정에서 질량 결손이 에너지로 방출된다.

❖ 고전 물리학에서 질량과 에너지
- 상대 운동하는 모든 관측자에게 질량은 동일하다.
- 물체에 한 일만큼 운동 에너지가 증가한다.
- 정지한 물체의 에너지는 질량에 관계없이 0이다.
- ⇨ 질량과 에너지는 동등하지 않다.

❖ 원자핵의 안정성
질량수 56인 철(Fe) 원자핵보다 큰 원자핵은 불안정하여 작은 원자핵으로 쪼개지며, 철(Fe)보다 작은 원자핵은 결합할 때 더 안정해진다.

❖ 핵자당 결합 에너지
철과 같이 결합 에너지가 클수록 안정한 원자핵이다.

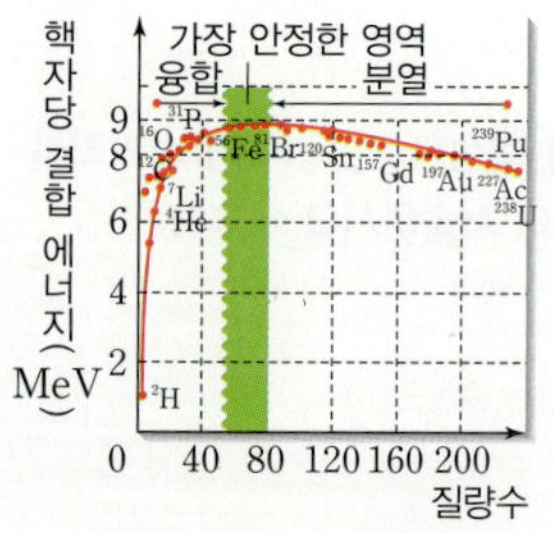

❖ 에너지 단위: eV(일렉트론 볼트), MeV(메가 일렉트론 볼트)
$1\ eV = 1.6 \times 10^{-19}\ J$
$1\ MeV = 10^6\ eV$
$= 1.6 \times 10^{-13}\ J$

우라늄 235($^{235}_{92}U$)의 핵분열 반응식

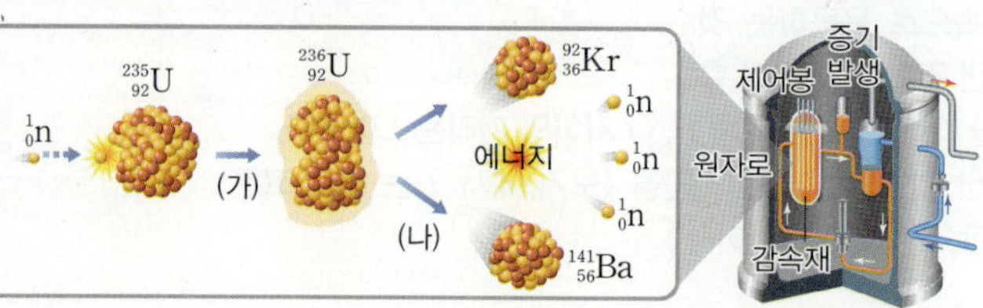

(가): 느리게 움직이는 열중성자 하나를 흡수한 $^{235}_{92}U$의 핵이 $^{236}_{92}U$을 형성

(나): 과잉 에너지로 $^{236}_{92}U$의 핵은 찌그러져 2개의 조각으로 갈라지고 2~3개의 중성자를 방출

---

❶ 핵반응의 예
$^{235}_{92}U + ^1_0n \rightarrow ^{236}_{92}U \rightarrow ^{92}_{36}Kr + ^{141}_{56}Ba + 3^1_0n + 에너지$
$^{235}_{92}U + ^1_0n \rightarrow ^{236}_{92}U \rightarrow ^{140}_{54}Xe + ^{94}_{38}Sr + 2^1_0n + 에너지$

❷ 핵반응 전후 원자 번호, 질량수 및 전하량의 총합은 동일하지만 질량은 감소한다.

❸ $^{235}_{92}U$가 핵분열할 때 질량 결손은 약 3.5×10^{-28} kg이며 약 200 MeV의 에너지를 방출한다.

(2) **연쇄 반응**: 우라늄이 핵분열할 때 방출된 2~3개의 빠른 중성자를 감속재를 사용하여 느리게 만들고 다른 우라늄들에 충돌하게 하여 우라늄을 계속해서 연속적으로 핵분열하게 만드는 과정

3. 핵융합

핵자당 방출되는 에너지의 양은 핵융합이 핵분열보다 많다.

(1) 작은 원자핵이 합쳐져서 큰 원자핵이 되는 핵반응으로 질량 결손에 의해 에너지가 발생한다. 높은 온도와 높은 압력이 있는 조건에서 핵융합이 이루어진다.

(2) **태양의 핵융합**: 태양 중심에서 수소 원자핵 2개가 결합하여 중수소 원자핵, 헬륨 3 원자핵이 되고, 이들이 핵반응하여 헬륨 원자핵이 되며 이 과정의 질량 결손이 에너지로 방출된다.

실전 자료   **태양의 핵융합 반응**

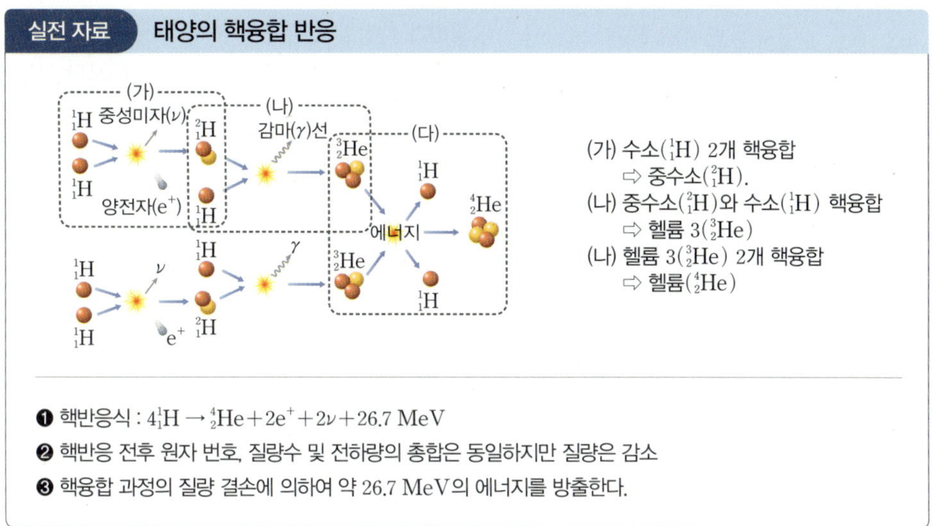

(가) 수소($^1_1$H) 2개 핵융합
  ⇨ 중수소($^2_1$H).
(나) 중수소($^2_1$H)와 수소($^1_1$H) 핵융합
  ⇨ 헬륨 3($^3_2$He)
(나) 헬륨 3($^3_2$He) 2개 핵융합
  ⇨ 헬륨($^4_2$He)

❶ 핵반응식 : $4^1_1\text{H} \rightarrow {}^4_2\text{He} + 2e^+ + 2\nu + 26.7\ \text{MeV}$
❷ 핵반응 전후 원자 번호, 질량수 및 전하량의 총합은 동일하지만 질량은 감소
❸ 핵융합 과정의 질량 결손에 의하여 약 26.7 MeV의 에너지를 방출한다.

---

(3) **핵융합로의 핵융합**: 초고온 상태에서 중수소 원자핵과 삼중수소 원자핵이 융합하여 헬륨 원자핵이 된다. 핵반응식은 다음과 같으며 질량 결손이 에너지로 방출된다.

$$^2_1\text{H} + {}^3_1\text{H} \rightarrow {}^4_2\text{He} + {}^1_0\text{n} + 17.6\ \text{MeV}$$

개념 바로 확인

정답 및 해설 | 17쪽

01 특수 상대성 이론에서 [ ]과 에너지는 동등하며 서로 전환될 수 있다.

01 다음은 고전 물리학과 특수 상대성 이론에 나타나는 질량의 개념을 서로 비교한 내용이다. ( ) 안에 들어갈 알맞은 말을 쓰시오.

- 고전 물리학에서 질량은 물체가 가진 고유의 성질이며 상대 운동하는 모든 관측자에게 질량은 동일하다. 또한 물체에 일을 해 준 만큼 (㉠　　　　)가 증가하지만 정지한 물체의 운동 에너지는 질량에 관계없이 0이다. 질량과 에너지는 서로 관련이 없고 동등하지 않은 물리량이다.
- 특수 상대성 이론에서는 물체에 일을 해 주면 속력이 증가함과 동시에 질량이 증가한다. 이에 따라 질량과 에너지는 동등하다고 볼 수 있으며 질량이 에너지로 또는 에너지가 질량으로 서로 전환될 수 있다. 질량 m에 해당하는 에너지 $E = mc^2$이며 정지한 물체도 (㉡　　　　)의 형태로 에너지를 가지고 있다.

❖ **감속재**

원자력 발전소에서 중성자의 속력을 느리게 하기 위해 사용하는 물질로 경수, 중수 등이 있다.

❖ **양전자 e^+**

전하의 종류만 양(+)전하이고 나머지 입자로서의 성질은 전자와 같은 입자이다.

❖ **핵융합 발전**

탄소 가스나 방사능 폐기물이 없으므로 친환경적이지만 핵반응 물질을 초고온을 유지하여야 하므로 핵융합로의 제작이 매우 어려움

필수 용어 정리

* **질량** | 물체의 역학적 성질을 결정하는 물체 특유의 기본적인 양. 장소나 상태에 따라 달라지지 않는다.

A 질량·에너지 등가 원리

01 특수 상대성 이론에 따른 질량과 에너지에 대한 설명으로 옳은 것만을 〈보기〉에서 있는 대로 고른 것은?

> ┤ 보기 ├
> ㄱ. 질량과 에너지는 서로 전환될 수 있다.
> ㄴ. 정지 상태에 있는 물체의 에너지는 0이다.
> ㄷ. 정지해 있는 물체에 해 준 일은 모두 물체의 운동
>   에너지로 전환된다.

① ㄱ ② ㄴ ③ ㄱ, ㄷ
④ ㄴ, ㄷ ⑤ ㄱ, ㄴ, ㄷ

02 한 관성 좌표계에서 측정한 결과 물체가 정지해 있을 때 질량은 m_0이고, 물체가 v의 속력으로 운동하고 있을 때 상대론적 질량은 m이었다.
이에 대한 설명으로 옳은 것만을 〈보기〉에서 있는 대로 고른 것은?

> ┤ 보기 ├
> ㄱ. $m > m_0$이다.
> ㄴ. m은 v에 관계없이 일정하다.
> ㄷ. 물체와 같은 속도로 운동하는 관성 좌표계에서 측
>   정할 때 $m = m_0$이다.

① ㄱ ② ㄴ ③ ㄱ, ㄷ
④ ㄴ, ㄷ ⑤ ㄱ, ㄴ, ㄷ

03 다음은 특수 상대성 이론에 따라 질량과 에너지 개념을 확장한 것이다.

> • 정지 질량이 m_0인 물체가 정지한 상태에서 갖는 에
>   너지 $E = m_0 c^2$을 (㉠) 에너지라고 한다.
> • 큰 에너지의 빛이 물질을 통과하면서 전자와 양전자
>   를 생성하는 현상은 (㉡)(이)가 질량으로 변하는
>   현상이다.

㉠, ㉡에 들어갈 알맞은 말을 옳게 짝 지은 것은?

	㉠	㉡		㉠	㉡
①	정지	운동량	②	운동량	에너지
③	정지	에너지	④	운동량	운동량
⑤	관성	에너지			

04 그림은 철수가 관측할 때 영희가 탄 우주선이 정지해 있는 철수에 대해 $0.8c$의 일정한 속도로 운동하고 있는 것을 나타낸 것이다. 우주선의 정지 질량은 m_0이다.
이에 대한 설명으로 옳은 것만을 〈보기〉에서 있는 대로 고른 것은? (단, c는 빛의 속력이다.)

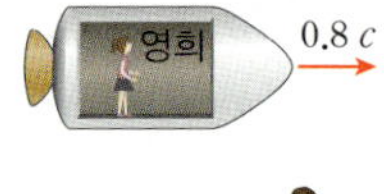

> ┤ 보기 ├
> ㄱ. 영희가 측정할 때 우주선의 에너지는 $m_0 c^2$이다.
> ㄴ. 철수가 측정할 때 우주선의 질량은 m_0보다 크다.
> ㄷ. 철수가 측정할 때 우주선의 에너지는 $m_0 c^2$보다 크다.

① ㄱ ② ㄴ ③ ㄱ, ㄷ
④ ㄴ, ㄷ ⑤ ㄱ, ㄴ, ㄷ

05 그림은 어떤 물체의 속력에 따른 상대론적 질량을 나타낸 그래프이다.
이 물체에 대한 설명으로 옳은 것만을 〈보기〉에서 있는 대로 고른 것은? (단, c는 빛의 속력이다.)

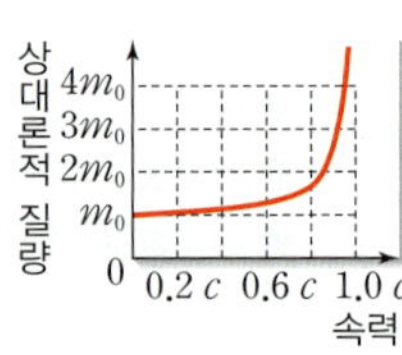

> ┤ 보기 ├
> ㄱ. 정지 질량은 m_0이다.
> ㄴ. 속력이 0일 때 에너지는 0이다.
> ㄷ. 운동량의 크기는 속력이 $0.8c$일 때가 $0.4c$일 때의
>   2배이다.

① ㄱ ② ㄴ ③ ㄱ, ㄷ
④ ㄴ, ㄷ ⑤ ㄱ, ㄴ, ㄷ

B 핵반응과 에너지

06 핵반응에 대한 설명으로 옳은 것만을 〈보기〉에서 있는 대로 고른 것은?

> ┤ 보기 ├
> ㄱ. 핵반응 전후에 전하량이 보존된다.
> ㄴ. 핵반응 전후에 질량수가 보존된다.
> ㄷ. 핵반응 전후에 질량이 보존된다.

① ㄱ ② ㄴ ③ ㄷ
④ ㄱ, ㄴ ⑤ ㄴ, ㄷ

07 다음은 핵분열에 대한 설명이다.

> 우라늄 원자핵과 같이 커다란 원자핵이 작은 원자핵들로 분열할 때 생성되는 작은 원자핵들의 질량의 합은 분열하기 전 우라늄 원자핵의 질량보다 (㉠). 이것은 원자핵이 분열하는 과정에서 질량의 일부가 (㉡)(으)로 변하였기 때문이다.

㉠, ㉡에 들어갈 알맞은 말을 옳게 짝 지은 것은?

	㉠	㉡		㉠	㉡
①	작다	질량	②	작다	에너지
③	크다	질량	④	크다	에너지
⑤	같다	에너지			

08 그림은 입자 ㉠을 흡수한 우라늄 235가 핵분열하여 크립톤과 바륨으로 나누어지면서 입자 ㉡과 에너지를 방출하는 과정을 나타낸 것이다.

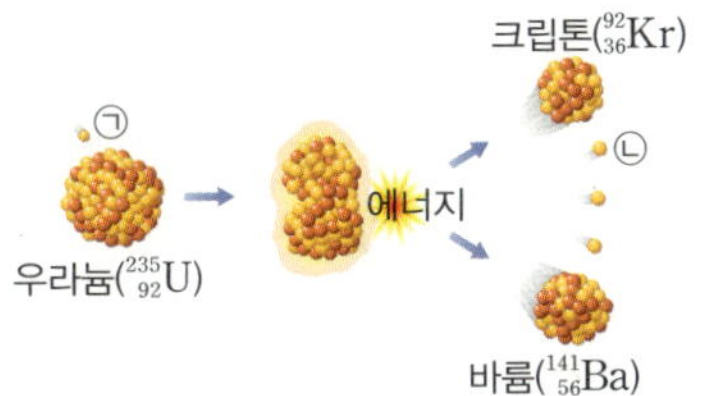

이에 대한 설명으로 옳은 것만을 〈보기〉에서 있는 대로 고른 것은?

> **보기**
> ㄱ. ㉠은 양(+)전하를 띤다.
> ㄴ. 에너지는 ㉡이 ㉠보다 크다.
> ㄷ. 원자력 발전소에서 일어나는 반응이다.

① ㄱ ② ㄴ ③ ㄷ ④ ㄱ, ㄴ ⑤ ㄴ, ㄷ

09 다음은 태양에서 일어나는 핵반응식을 나타낸 것이다.

$$4^1_1H \rightarrow {}^4_2He + 2e^+ + 2\nu + 26.7\ MeV$$

이에 대한 설명으로 옳은 것만을 〈보기〉에서 있는 대로 고른 것은? (단, ν은 중성미자, e^+는 전하의 종류만 양(+)전하이고 나머지 성질은 전자와 같은 입자이다.)

> **보기**
> ㄱ. 핵융합 반응이다.
> ㄴ. 핵반응 전후 원자 번호가 보존되지 않는다.
> ㄷ. 핵반응 전후 질량 결손이 에너지로 전환되었다.

① ㄱ ② ㄴ ③ ㄷ ④ ㄱ, ㄷ ⑤ ㄴ, ㄷ

10 다음은 고전 물리학에서 나타나는 질량과 에너지에 대한 개념을 정리한 것이다.

> • 상대 운동하는 모든 관측자에게 질량은 동일하다.
> • 물체에 한 일만큼 운동 에너지가 증가한다.
> • 정지한 물체의 에너지는 질량에 관계없이 0이다.

고전 물리학과 비교하였을 때 특수 상대론에서 질량과 에너지의 특징을 간략히 서술하시오.

11 그림은 태양에서 일어나는 핵융합 과정을 나타낸 것으로, 3번의 핵융합 과정으로 구성되어 있다.

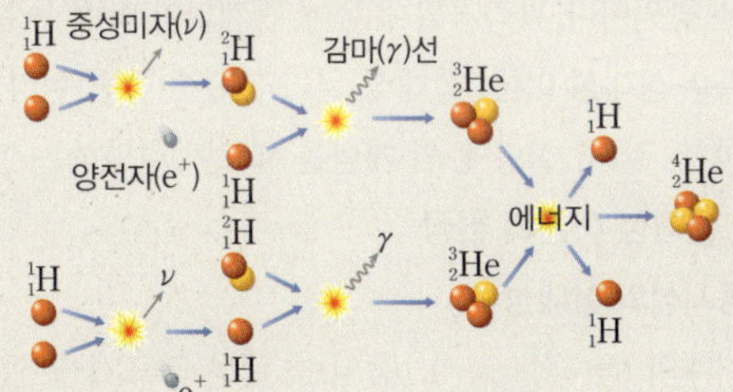

태양에서 일어나는 3단계의 핵융합 과정을 나타내는 핵반응식을 순서대로 기술하시오.

12 그림은 우라늄 235의 핵반응을 나타낸 것이다.

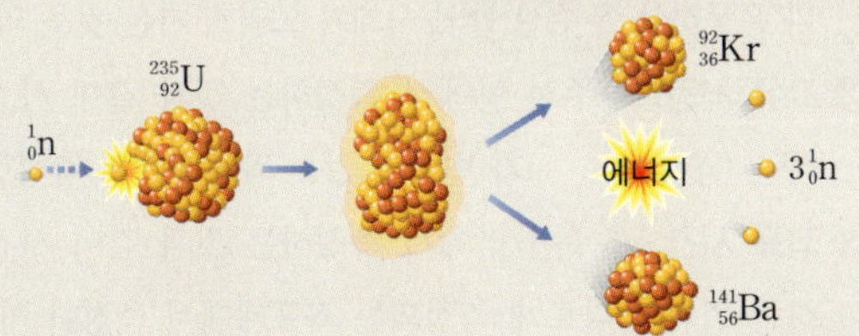

우라늄 235를 이용한 원자력 발전소의 핵반응을 간략히 서술하시오.

한눈에 정리하기

01 특수 상대성 이론

→ 74~81쪽

1. 특수 상대성 이론

(1) **상대 속도**: 한 좌표계에서 측정한 A, B의 속도가 각각 v_A, v_B일 때 A에 대한 B의 상대 속도 $v_{AB}=$ (㉠)이다.

(2) **마이컬슨·몰리 실험**

① 에테르를 통해 전달되는 빛의 속력이 에테르 흐름의 방향에 따라 달라질 것이라고 가정하고 그 차이를 측정하여 에테르의 존재를 확인한 실험

② 마이컬슨·몰리 실험 결과: 빛의 속력이 에테르의 이동 방향과 관계없이 항상 (㉡) → 에테르는 존재하지 않음

(3) **아인슈타인의 특수 상대성 이론**

① 관성 좌표계: 정지 또는 (㉢)로 운동하는 좌표계

② (㉣) 원리: 모든 관성 좌표계에서 물리 법칙이 동일하게 성립한다.

③ (㉤) 원리: 모든 관성 좌표계에서 진공에서의 광속은 광원이나 관측자의 운동에 관계없이 항상 동일

④ 특수 상대성 이론: 상대성 원리와 광속 불변 원리를 바탕으로 시간, 길이, 질량 등의 개념을 새로이 설명하는 이론

2. 특수 상대성 이론의 현상

(1) **동시성의 상대성**

① 시계의 (㉥): 동일한 관성 좌표계에서는 관찰자의 위치에 관계없이 사건의 위치와 시간을 동일하게 취급한다.

② (㉦)의 상대성: 한 좌표계에서 동시인 사건이 다른 좌표계에서는 동시인 사건이 아닐 수 있다.

(2) **시간 팽창**: 상대적으로 운동하는 관찰자의 시계가 느리게 가는 현상

① 빛이 왕복하는 시간은 우주선에서 측정하였을 때가 우주선 밖에서 측정하는 시간보다 작다. → 우주선 밖의 관찰자 시계보다 운동하는 우주선 안의 시계가 느리게 가는 것을 의미한다.

② 고유 시간: 우주선 안에서 측정하는 것과 같이 사건이 발생하는 (㉧)가 변하지 않는 좌표계에서 측정한 시간

③ 좌표 시간: 우주선 밖에서 측정하는 것과 같이 사건이 발생하는 위치가 다르게 측정되는 좌표계에서 측정한 시간

(3) **길이 수축**: 관측자에 대하여 상대적으로 운동하는 물체의 길이가 (㉨)되는 현상

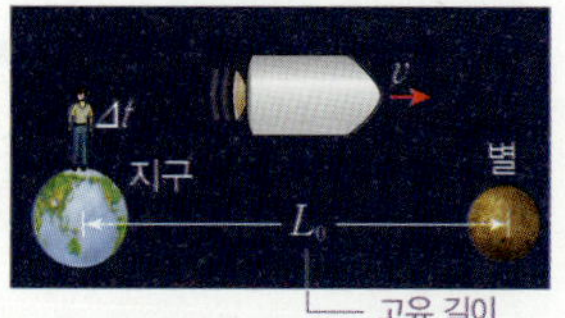

① 우주선이 별까지 이동하는 시간은 우주선에서 측정할 때가 지구에서 측정할 때보다 작다. 따라서 지구에서 별까지의 거리는 우주선에서 측정할 때(L)가 지구에서 측정할 때보다 작다.($L < L_0$) → 우주선에서 관측할 때 지구와 별이 이동하므로 길이 수축이 일어난다.

② 고유 길이: 한 관성 기준계에 대해 (㉩)가 변하지 않고 고정된 두 지점 사이의 길이

02 질량과 에너지

→ 82~85쪽

1. 질량·에너지 등가 원리

(1) **특수 상대론에서의 질량**: 속력이 (㉺)할수록 질량이 증가한다. 속도가 0일 때의 질량을 정지 질량이라고 한다.

(2) **질량·에너지 등가 원리**

① 물체에 일을 해 주면 물체의 속력과 질량이 동시에 증가 → 질량과 (㉻)가 동등하다.

② 질량과 에너지는 서로 전환될 수 있으며 질량 m에 해당하는 에너지 E는 다음과 같다.

$$E = mc^2 (c: \text{진공에서의 빛의 속력})$$

③ 정지 에너지: 정지한 물체가 가진 에너지 → $E = m_0 c^2$ 〔정지 질량〕

2. 핵반응과 에너지

(1) **질량 결손**

① 핵반응: 큰 원자핵이 쪼개지는 핵분열이나 작은 원자핵이 합쳐지는 핵융합 반응

② 핵반응식: 핵반응 전후의 질량수, 원자 번호, 전하량 등의 보존 관계를 나타낸 관계식

③ (㉼) 결손: 핵반응 과정에서 핵자들 질량 총합의 감소량

④ 질량 결손과 에너지: 핵반응에서 질량 결손 Δm이 에너지로 전환될 때 질량·에너지 등가 원리에 따라 발생한 에너지

$$E = \Delta m c^2$$

(2) **핵분열**

① 상대적으로 큰 원자핵이 중성자와 같은 입자의 충돌에 의하여 작은 원자핵으로 나누어지는 핵반응

② (㉽) 반응: 우라늄이 핵분열할 때 방출된 2~3개의 중성자를 느리게 만들어 다른 우라늄을 연속적으로 핵분열하게 만드는 과정

(3) **핵융합**

① 높은 온도와 높은 압력이 있는 조건에서 작은 원자핵이 합쳐져서 큰 원자핵이 되는 핵반응

② 태양의 핵융합: 수소 원자핵 4개가 헬륨 원자핵으로 핵변환

③ 핵융합로의 핵융합: 중수소와 삼중수소가 헬륨 원자핵으로 핵변환

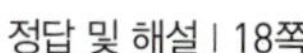

수능 1등급

01 특수 상대성 이론

01 그림은 특수 상대성 이론에 대해 학생 A, B, C가 대화하고 있는 모습을 나타낸 것이다.

제시한 내용이 옳은 학생만을 있는 대로 고른 것은?

① A   ② B   ③ A, C
④ B, C   ⑤ A, B, C

02 그림은 철수가 관측하였을 때 철수에 대해 영희가 타고 있는 우주선이 빛의 속력에 가까운 일정한 속도로 운동하는 것을 나타낸 것이다. 영희가 관측했을 때 광원 O에서 나온 빛이 검출기 A, B에 동시에 도달하였다.

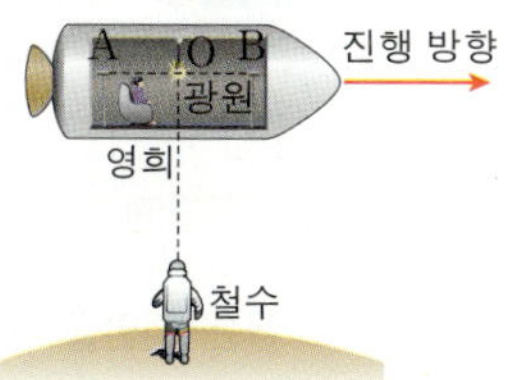

철수가 관측하였을 때, 이에 대한 설명으로 옳은 것만을 〈보기〉에서 있는 대로 고른 것은?

---- 보기 ----
ㄱ. 광원에서 나온 빛은 B보다 A에 먼저 도달한다.
ㄴ. 영희의 시간이 자신의 시간보다 빠르게 흐른다.
ㄷ. OA 사이의 길이가 OB 사이의 길이보다 짧다.

① ㄱ   ② ㄷ   ③ ㄱ, ㄴ
④ ㄱ, ㄷ   ⑤ ㄴ, ㄷ

03 그림은 정지해 있는 철수에 대해 영희가 탄 우주선과 뮤온이 수평면과 나란하게 일정한 속력 $0.9c$로 별을 향해 운동하고 있는 것을 나타낸 것이다. 별빛은 우주선과 반대 방향으로 진행하고 있다.

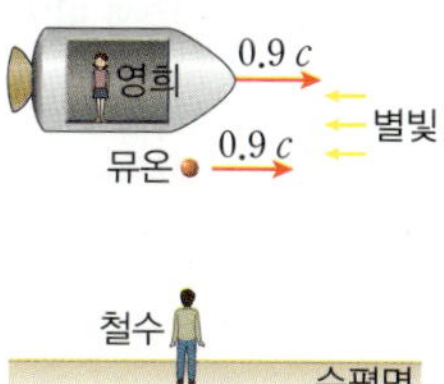

영희가 측정한 값이 철수가 측정한 값보다 더 큰 물리량만을 〈보기〉에서 있는 대로 고른 것은? (단, c는 빛의 속력이다.)

---- 보기 ----
ㄱ. 빛의 속력
ㄴ. 뮤온의 수명
ㄷ. 우주선의 길이

① ㄱ   ② ㄴ   ③ ㄷ
④ ㄱ, ㄷ   ⑤ ㄴ, ㄷ

04 그림은 영희가 관측하였을 때 철수가 탄 우주선이 영희에 대해 $0.9c$의 일정한 속도로 행성 A에서 행성 B를 향해 운동하고 있다. 영희가 측정하였을 때 A, B는 정지해 있으며, A와 B 사이의 거리는 L_0, 우주선이 A에서 B까지 이동하는 데 걸린 시간은 T이었다.

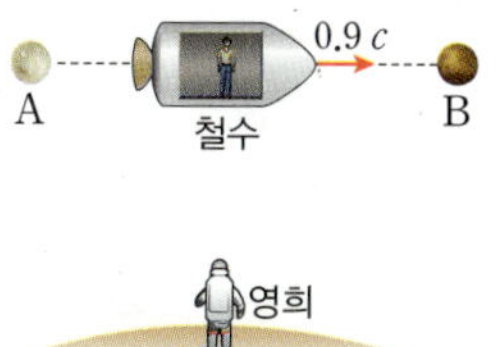

철수가 관측하였을 때, 이에 대한 설명으로 옳은 것만을 〈보기〉에서 있는 대로 고른 것은? (단, c는 빛의 속력이다.)

---- 보기 ----
ㄱ. A, B는 $0.9c$의 속력으로 운동한다.
ㄴ. A와 B 사이의 거리는 L_0보다 크다.
ㄷ. 우주선이 A에서 B까지 이동하는 데 걸린 시간은 T보다 크다.

① ㄱ   ② ㄴ   ③ ㄷ
④ ㄱ, ㄷ   ⑤ ㄴ, ㄷ

05 그림 (가)는 민수가 관측하였을 때 공은 수평면에 정지해 있고, 철수가 탄 우주선과 영희가 탄 우주선이 각각 민수에 대해 빛의 속력에 가까운 속도 v_A, v_B로 $+x$ 방향과 $+y$ 방향으로 운동하는 것을 나타낸 것이다. 그림 (나)의 P, Q는 철수 또는 영희가 관측한 공의 모습을 순서 없이 나타낸 것이다.

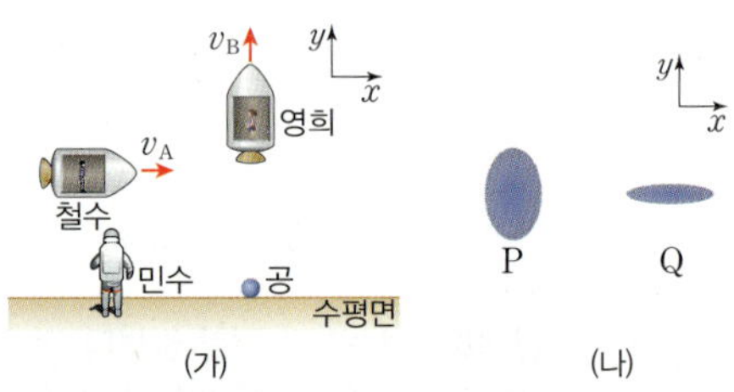

이에 대한 설명으로 옳은 것만을 〈보기〉에서 있는 대로 고른 것은?

| 보기 |

ㄱ. 철수가 관측한 공의 모양은 P이다.
ㄴ. $v_A > v_B$이다.
ㄷ. 민수가 측정할 때, 영희의 시간은 철수의 시간보다 느리게 간다.

① ㄴ   ② ㄷ   ③ ㄱ, ㄴ
④ ㄱ, ㄷ   ⑤ ㄱ, ㄴ, ㄷ

06 그림은 관찰자 A가 관측하였을 때 A에 대해 우주선이 일정한 속도 $0.9c$로 기준선 p에서 기준선 q로 운동하는 것을 나타낸 것이다. A가 측정한 p와 q 사이의 거리는 L_0이고, 우주선에 탄 관찰자 B가 측정한 p에서 q까지 이동하는 데 걸린 시간은 T_0이다.

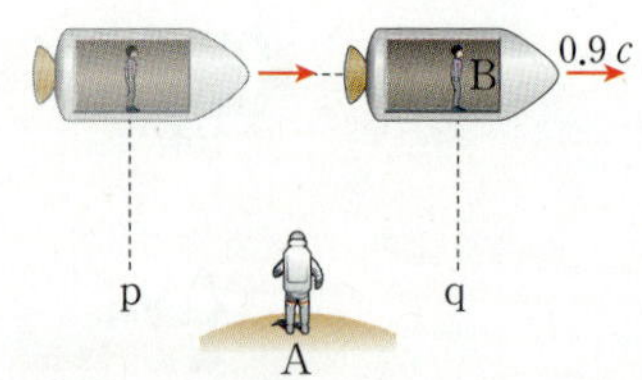

이에 대한 설명으로 옳은 것만을 〈보기〉에서 있는 대로 고른 것은? (단, c는 빛의 속력이다.)

| 보기 |

ㄱ. B가 측정할 때 p와 q 사이의 거리는 L_0보다 작다.
ㄴ. $L_0 = 0.9cT_0$이다.
ㄷ. A가 측정할 때 우주선이 p에서 q까지 이동하는 데 걸린 시간은 T_0보다 크다.

① ㄱ   ② ㄴ   ③ ㄱ, ㄷ
④ ㄴ, ㄷ   ⑤ ㄱ, ㄴ, ㄷ

07 그림은 영희가 관측할 때 $+x$ 방향으로 철수가 탄 우주선이 영희에 대해 매우 빠르게 등속도 운동하는 것을 나타낸 것이다. 표는 광원에서 나온 빛이 빛 검출기까지 도달하는 데 걸린 시간과 광원에서 빛 검출기까지의 거리를 철수와 영희가 각각 측정한 것을 나타낸 것이다.

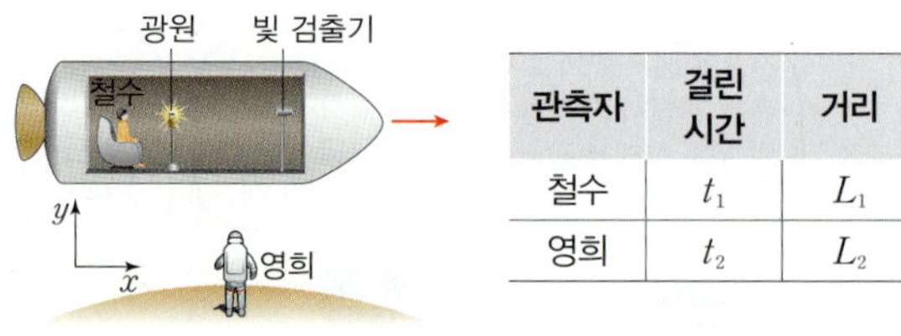

관측자	걸린 시간	거리
철수	t_1	L_1
영희	t_2	L_2

이에 대한 설명으로 옳은 것만을 〈보기〉에서 있는 대로 고른 것은? (단, 빛의 속력은 c이다.)

| 보기 |

ㄱ. $t_1 < t_2$이다.
ㄴ. $L_1 > L_2$이다.
ㄷ. $\dfrac{L_1}{t_1} = c$이다.

① ㄱ   ② ㄷ   ③ ㄱ, ㄴ
④ ㄴ, ㄷ   ⑤ ㄱ, ㄴ, ㄷ

08 그림은 지면에 정지해 있는 B가 관측할 때 A가 타고 있는 우주선이 B에 대해 $0.5c$의 일정한 속도로 지면과 나란하게 운동하는 것을 나타낸 것이다. A가 측정할 때 자신이 광원에서 빛 검출기까지 이동하는 데 걸린 시간은 t_0이고, B가 측정할 때 광원에서 방출된 빛이 빛 검출기에 도달하는 데 걸린 시간은 t이다.

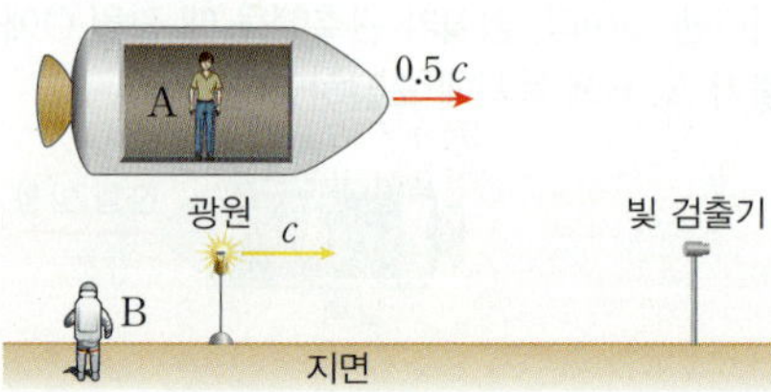

이에 대한 설명으로 옳은 것만을 〈보기〉에서 있는 대로 고른 것은? (단, 빛의 속력은 c이다.)

| 보기 |

ㄱ. A가 측정할 때 광원에서 방출된 빛이 검출기에 도달하는 데 걸린 시간은 t보다 크다.
ㄴ. A가 측정할 때 광원과 검출기 사이의 거리는 $0.5ct_0$이다.
ㄷ. $ct > 0.5ct_0$이다

① ㄱ   ② ㄴ   ③ ㄱ, ㄴ
④ ㄴ, ㄷ   ⑤ ㄱ, ㄴ, ㄷ

02 질량과 에너지

09 핵융합에 대한 설명으로 옳은 것만을 〈보기〉에서 있는 대로 고른 것은?

| 보기 |

ㄱ. 작은 원자핵이 큰 원자핵으로 변환되는 과정이다.
ㄴ. 핵융합 과정에서 에너지가 흡수된다.
ㄷ. 핵융합 과정에서 입자들의 질량의 총합이 증가한다.

① ㄱ   ② ㄷ   ③ ㄱ, ㄴ
④ ㄴ, ㄷ   ⑤ ㄱ, ㄴ, ㄷ

10 다음은 태양 내부에서 일어나는 핵반응을 간단하게 설명한 것이다.

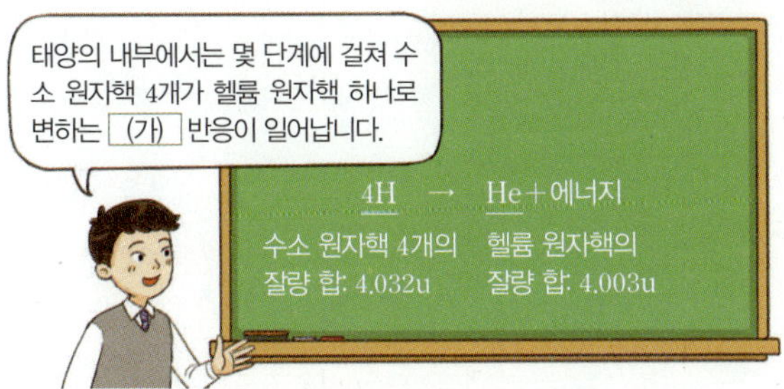

이에 대한 설명으로 옳은 것만을 〈보기〉에서 있는 대로 고른 것은?

| 보기 |

ㄱ. (가)는 핵융합이다.
ㄴ. 핵반응 과정에서 질량수가 감소한다.
ㄷ. 반응 후에 발생한 에너지는 질량 결손에 의한 것이다.

① ㄱ   ② ㄷ   ③ ㄱ, ㄷ
④ ㄴ, ㄷ   ⑤ ㄱ, ㄴ, ㄷ

11 다음 (가)와 (나)는 태양과 원자력 발전소에서 일어나는 핵반응을 순서 없이 나타낸 것이다.

$$(가)\ {}^1_1H + {}^2_1H \rightarrow {}^3_2He + \gamma + 에너지$$
$$(나)\ {}^{235}_{92}U + {}^1_0n \rightarrow (\ \bigcirc\ ) + {}^{92}_{37}Rb + 2{}^1_0n + 에너지$$

이에 대한 설명으로 옳은 것만을 〈보기〉에서 있는 대로 고른 것은?

| 보기 |

ㄱ. (가)는 원자력 발전소에서 일어나는 반응이다.
ㄴ. (나)는 질량 결손이 일어나지 않는다.
ㄷ. $\bigcirc$의 중성자의 수는 87이다.

① ㄴ   ② ㄷ   ③ ㄱ, ㄴ
④ ㄱ, ㄷ   ⑤ ㄴ, ㄷ

12 다음 (가)와 (나)는 ${}^4_2He$ 원자핵을 생성하며 에너지를 방출하는 두 가지 핵반응식이다. 표는 원자 번호와 질량수에 따른 원자핵의 질량을 나타낸 것이다.

$$(가)\ 2(\ \bigcirc\ ) \rightarrow {}^4_2He$$
$$(나)\ (\ \bigcirc\ ) + {}^3_1H \rightarrow\ \rightarrow {}^4_2He + (\ \bigcirc\!\!\bigcirc\ )$$

원자 번호	1			2	
질량수	1	2	3	3	4
원자핵의 질량	M_1	M_2	M_3	M_4	M_5

이에 대한 설명으로 옳은 것만을 〈보기〉에서 있는 대로 고른 것은?

| 보기 |

ㄱ. $\bigcirc$의 질량수는 1이다.
ㄴ. $\bigcirc\!\!\bigcirc$은 중성자이다.
ㄷ. (가)의 핵반응에서 질량 결손은 $2M_2 - M_5$이다.

① ㄱ   ② ㄴ   ③ ㄱ, ㄷ
④ ㄴ, ㄷ   ⑤ ㄱ, ㄴ, ㄷ

01

전기

01 전자의 에너지 준위

⊗ 먼저 알아야 할 내용

1. 원자 구조

(1) ⌐⑦⌐ : 전기적으로 (+)를 띠며, 양성자와 중성자로 구성된다.

(2) **전자**: 전기적으로 (−)를 띤다.

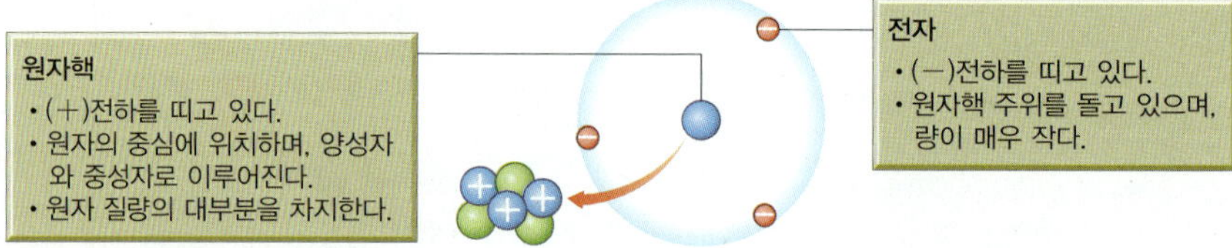

2. 빛의 파장과 진동수

(1) **빛의 파장**: 빛은 횡파이며, ⌐ⓒ⌐ 에 따라 색이 다르다.

(2) **빛의 파장과 진동수**: 진공에서 빛의 속력은 일정하다. 따라서 진동수와 파장은 반비례한다.

$$f = \frac{c}{\lambda} \ (f: \text{진동수}, \ c: \text{빛의 속력}, \ \lambda: \text{파장})$$

답 ⑦ 원자핵 ⓒ 파장

Ⓐ 원자 구조와 전기력

1. 전기력

① 전하를 띤 물체 사이에 작용하는 힘을 전기력이라고 한다.

② 전기력의 종류

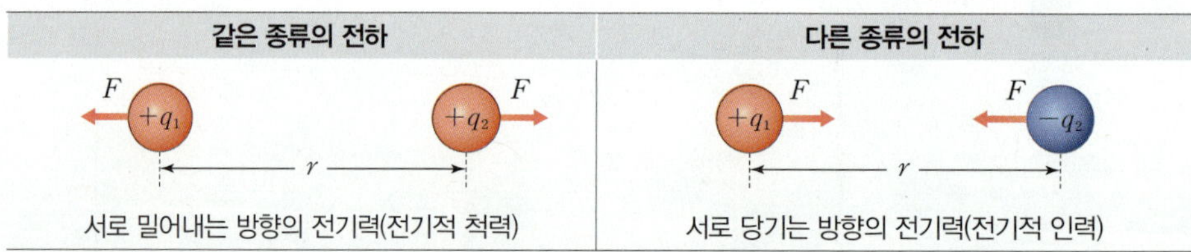

③ **전기력의 크기**: 두 전하 사이에 작용하는 전기력의 크기(F)는 전하량(q_1, q_2)의 곱에 비례하고 두 전하 사이의 거리(r)의 제곱에 반비례한다.

$$F = k\frac{q_1 q_2}{r^2} \ (k: \text{쿨롱 상수})$$

2. 원자 구조의 발견

① **전자의 발견**: 1897년 톰슨이 음극선 실험을 통해 전자를 발견하였다.

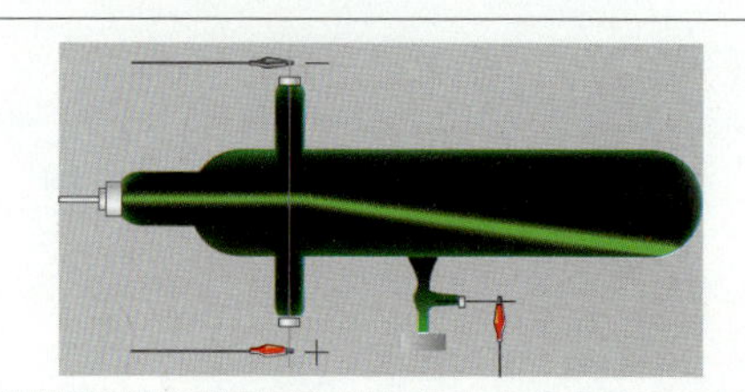

	톰슨의 음극선 실험
	음극선의 진행 경로에 (+)극판과 (−)극판을 가까이 하여 전기장을 걸어주면 음극선은 (+)극판 쪽으로 휜다.

② **원자핵의 발견**: 1911년 러더퍼드가 α입자($_2^4\text{He}^{2+}$) 산란 실험을 통해 원자의 중심부에 원자 질량의 대부분을 차지하는 원자핵이 있음을 발견하였다.

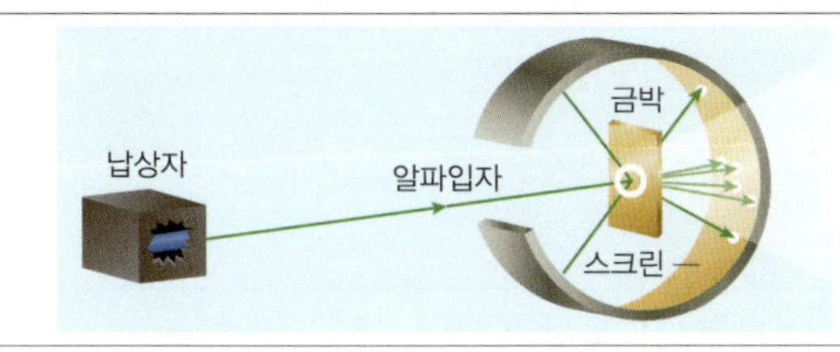

α입자 산란 실험
(+)전하를 띤 α입자가 원자핵에 아주 가까이 스치면 큰 각도로 산란된다.

❖ **α(알파)입자**

헬륨의 원자핵($_2^4\text{He}^{2+}$)으로 (+)전하를 띤다. 양성자 2개와 중성자 2개로 이루어져 있다.

③ **여러 가지 원자 모형**

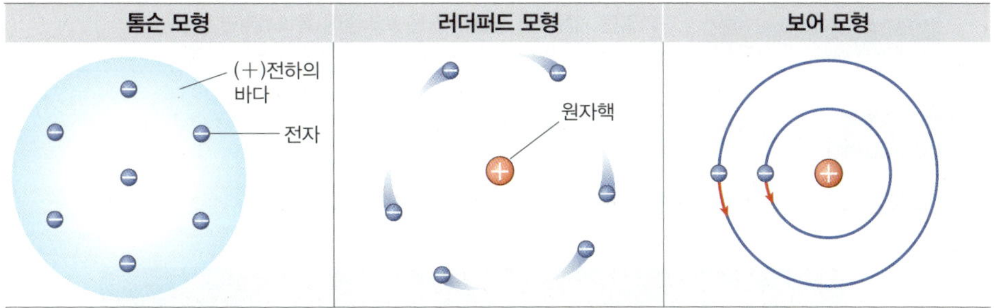

❖ **러더퍼드 원자 모형**

태양이 중심에 있고 행성들이 태양 주위를 공전하는 것과 비슷하여 태양계 모형이라고도 한다.

3. **전기력과 전자의 속박**

① **전자와 원자핵 사이의 전기력**: (+)전하를 띠는 원자핵과 (-)전하를 띠는 전자 사이에 서로 당기는 방향으로 전기력이 작용한다.

② **전기력에 의한 전자의 속박**: 전자에 작용하는 전기력이 전자를 원자 내에 묶어두는 역할을 한다.

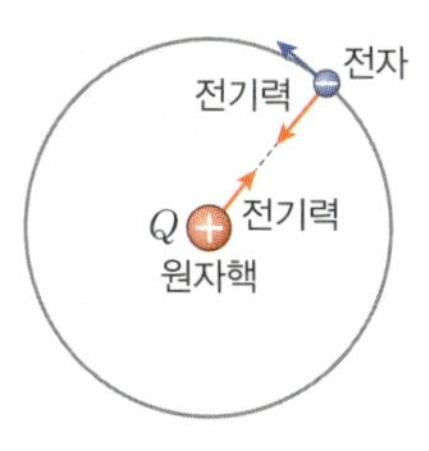

개념 바로 확인

정답 및 해설 | 19쪽

01 원자는 (+)전하를 띠는 [　　　]과 (-)전하를 띠는 [　　　]로 구성되어 있다.

01 그림 (가), (나)는 각각 대전체 A와 B, B와 C를 실에 매달아 놓았을 때 작용하는 전기력을 나타낸 것이다. 이때 A는 (+) 전하를 띤다. (　　) 안에 알맞은 말을 쓰시오.

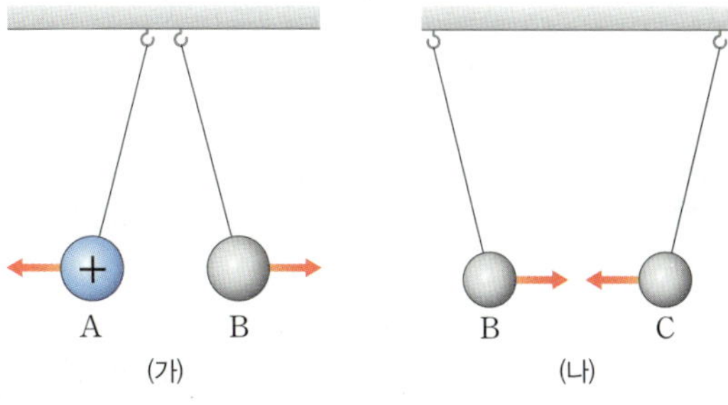

(1) A와 B 사이에는 ㉠(　　　　)이 작용하므로, B는 ㉡(　　　　) 전하를 띤다.
(2) B와 C 사이에는 ㉠(　　　　)이 작용하므로, C는 ㉡(　　　　) 전하를 띤다.

02 전자와 원자핵 사이에서 당기는 방향으로 작용하는 [　　　] 때문에 전자가 원자에 속박되어 있다.

02 다음 중 전기력에 대한 설명으로 옳은 것은 ○표, 옳지 <u>않은</u> 것은 ×표를 하시오.

(1) 전하를 띤 물체 사이에 작용하는 힘이다. (　　　)
(2) 두 전하 사이의 거리가 2배가 되면 전기력의 크기는 4배가 된다. (　　　)
(3) 원자핵과 전자 사이에는 전기적 인력이 작용한다. (　　　)

전자의 에너지 준위

01

❖ **전자의 에너지 준위**

전자의 에너지 준위는 (−) 값을 갖는데, 이는 전자가 원자에 속박되어 있음을 의미한다.

❖ **흡수 스펙트럼**

연속 스펙트럼에서 특정한 파장의 빛이 흡수되어 검은 선으로 나타나는 스펙트럼

❖ **에너지 양자화**

전자는 양자수에 따라 불연속적인 에너지 값만을 갖는다.

❖ **사람이 볼 수 있는 스펙트럼**

사람은 약 380~750 nm 사이의 파장인 가시광선을 볼 수 있다. 적외선이나 자외선 영역의 스펙트럼을 맨눈으로 볼 수 없다.

❖ **플랑크 상수**

독일 물리학자 플랑크(M. Planck)의 이름을 딴 상수로, 양자 물리학의 주요 상수이다.

$$h = 6.63 \times 10^{-34}\,\text{J·s}$$

❖ **보어의 원자 모형**

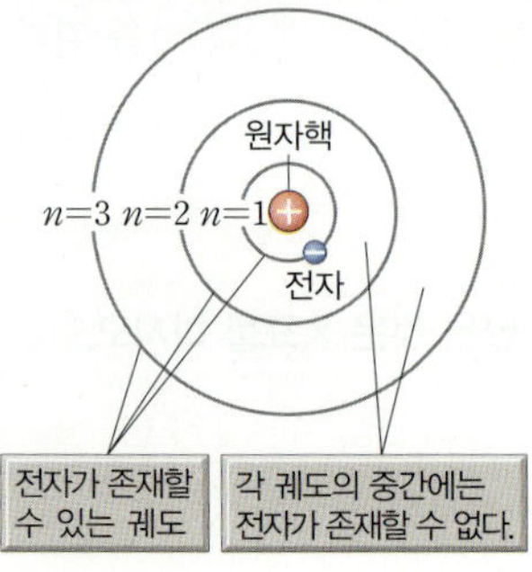

B 스펙트럼과 에너지 준위

1. 빛의 스펙트럼

① 스펙트럼의 종류

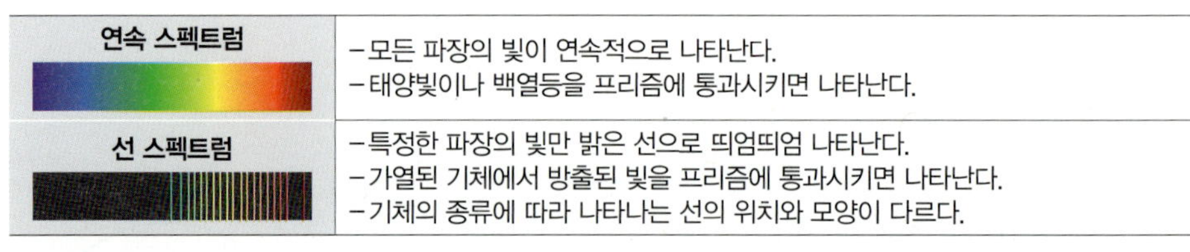

실전 자료 여러 가지 전등의 선 스펙트럼

다음은 특정 기체가 들어 있는 전등에서 방출되는 빛의 선 스펙트럼이다.

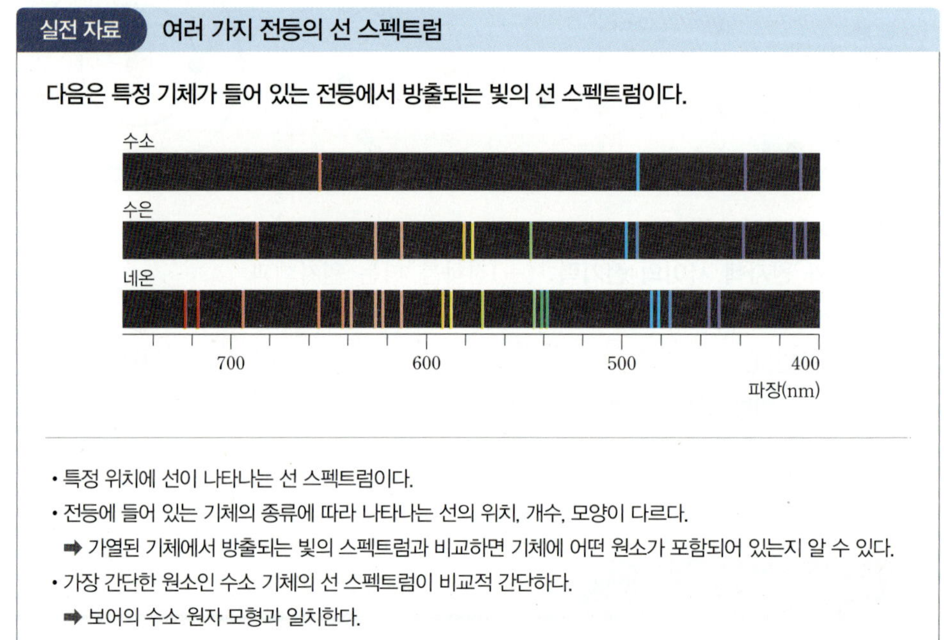

- 특정 위치에 선이 나타나는 선 스펙트럼이다.
- 전등에 들어 있는 기체의 종류에 따라 나타나는 선의 위치, 개수, 모양이 다르다.
  ➡ 가열된 기체에서 방출되는 빛의 스펙트럼과 비교하면 기체에 어떤 원소가 포함되어 있는지 알 수 있다.
- 가장 간단한 원소인 수소 기체의 선 스펙트럼이 비교적 간단하다.
  ➡ 보어의 수소 원자 모형과 일치한다.

② **광자의 에너지**: 빛 입자를 광자라고 하며, 광자의 에너지는 진동수에 비례하고 파장에 반비례한다.

$$E = hf = \frac{hc}{\lambda} \quad (h: \text{플랑크 상수})$$

여기서 c는 빛의 속력, λ는 빛의 파장이다. 가시광선에서 빨간색에서 파란색으로 갈수록 파장이 짧아지고 진동수와 에너지는 증가한다.

2. 보어 모형과 에너지 준위

① **보어의 원자 모형**: 전자는 원자핵 주위의 특정 궤도에서만 원운동 할 수 있다. 이 궤도에서는 빛을 방출하지 않고 안정된 상태로 존재한다. 이 상태를 정상 상태라고 한다.

② **에너지 준위**: 정상 상태에 있는 전자의 에너지

③ **양자수**: 원자핵에서 가까운 궤도부터 $n=1$, $n=2$, $n=3$, …인 에너지 준위라고 부르며, n을 양자수라고 한다.

④ **바닥상태와 들뜬상태**: 전자는 에너지가 가장 낮은 상태일 때 가장 안정된 상태이고, 이 상태를 바닥상태($n=1$)라고 한다. 전자가 바닥상태보다 높은 에너지를 가지는 상태를 들뜬상태($n \geq 2$)라고 한다.

3. 전자 전이와 선 스펙트럼

① **전자 전이와 에너지**: 전자가 한 궤도에서 다른 궤도로 전이할 때 두 궤도의 에너지 준위 차이만큼의 에너지를 갖는 빛을 방출 또는 흡수한다.

② **전자 전이 과정에서 빛의 에너지**: 에너지 준위가 E_m인 궤도에서 E_n인 궤도로 전이할 때 흡수하거나 방출하는 광자의 에너지는 다음과 같다.

$$E_{광자}=|E_m-E_n|=hf=\frac{hc}{\lambda}$$

③ **전자 전이와 선 스펙트럼**: 원자의 에너지 준위가 불연속적이므로 전자가 전이할 때 흡수하거나 방출하는 광자의 파장도 불연속적이다. 따라서 빛의 스펙트럼이 선 스펙트럼으로 나타난다.

4. 수소 원자의 선 스펙트럼

수소 원자의 선 스펙트럼: 수소 원자의 선 스펙트럼은 전자가 전이하는 에너지 준위 사이의 에너지 차이에 대응된다.

$$E_{광자}=hf=\frac{hc}{\lambda}=|E_m-E_n|$$

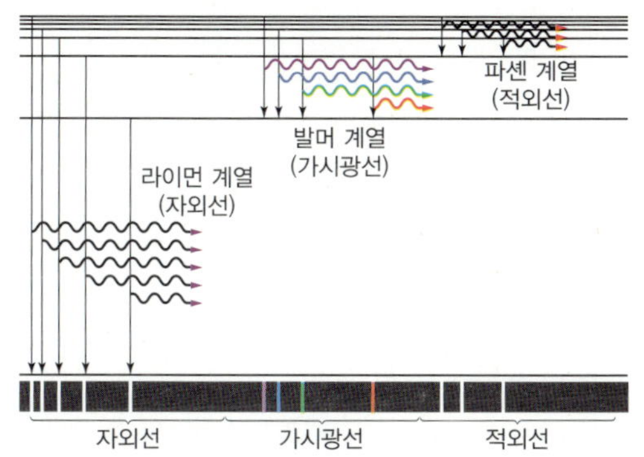

라이먼 계열	$n=1$인 궤도로 전이할 때 방출하는 빛 ➡ 자외선 영역
발머 계열	$n=2$인 궤도로 전이할 때 방출하는 빛 ➡ 가시광선과 적외선 영역
파셴 계열	$n=3$인 궤도로 전이할 때 방출하는 빛 ➡ 적외선 영역

❖ **에너지 흡수**

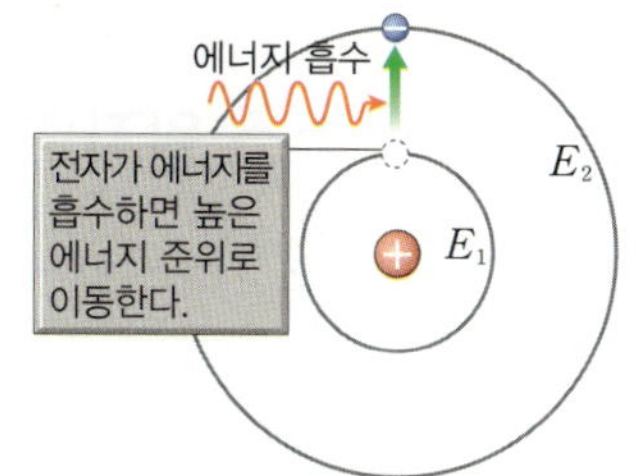

❖ **에너지 방출**

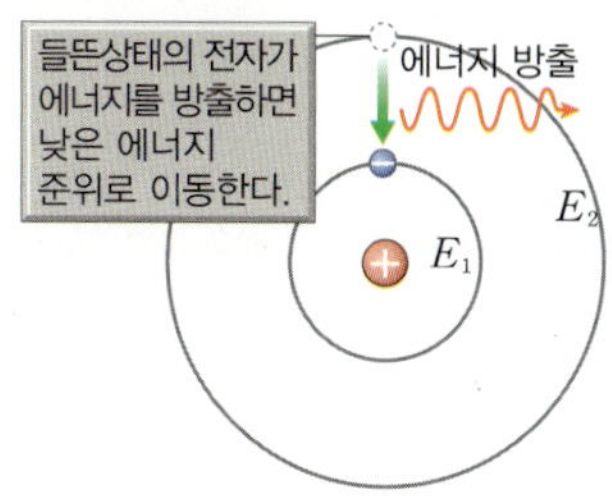

❖ **eV(전자 볼트)**

정지 상태의 전자 1개를 1 V의 전압으로 가속시켰을 때 전자가 갖는 운동 에너지가 1 eV이다.

$$1\,\text{eV}=1.6\times10^{-19}\,\text{J}$$

❖ **수소 원자의 에너지 준위**

양자수가 n일 때 수소 원자의 에너지 준위는 다음과 같다.

$$E_n=-\frac{13.6}{n^2}\,(\text{eV})$$

개념 바로 확인

정답 및 해설 | 19쪽

03 가열된 수소 기체에서 방출하는 빛을 분광기로 관찰하면 불연속적인 ☐☐☐☐ 이 나타난다.

03 다음 중 보어의 원자 모형에 대한 설명으로 옳은 것은 ○표, 옳지 <u>않은</u> 것은 ×표를 하시오.

(1) 원자 내 전자는 연속적인 에너지 준위를 갖는다. (　　　)

(2) 전자가 $n=3$인 궤도에서 $n=2$인 궤도로 전이할 때 빛을 방출한다.

(　　　)

(3) 전자가 전이할 때 흡수 또는 방출하는 빛의 에너지는 진동수에 비례한다.

(　　　)

04 기체 원자의 ☐☐☐☐ 가 불연속적이므로 기체가 방출하는 빛이 선 스펙트럼으로 나타난다.

04 보어의 수소 원자 모형에서 전자가 전이할 때 가장 큰 에너지를 방출하는 경우는?

① $n=1$에서 $n=2$로 전이할 때　② $n=2$에서 $n=1$로 전이할 때

③ $n=2$에서 $n=3$으로 전이할 때　④ $n=3$에서 $n=1$로 전이할 때

⑤ $n=3$에서 $n=2$로 전이할 때

· 수소 원자의 선 스펙트럼과 에너지 준위 ·

| 보어의 수소 원자 모형과 수소 원자의 선 스펙트럼의 관계를 이해해야 합니다.

원리

(1) 수소 원자의 에너지 준위

- 수소 원자의 에너지 준위는 양자수의 제곱에 반비례한다.

$$E_n = -\frac{13.6}{n^2} \ (\text{eV})$$

- 양자수가 증가할수록 에너지 준위 사이의 간격이 촘촘해진다.
- $E_2 - E_1 > E_3 - E_2$
- $E_2 - E_1 = 10.2 \ (\text{eV})$, $E_\infty - E_2 = 3.4 \ (\text{eV})$이 므로 $E_A > E_B$이다. E_A는 라이먼 계열 중 에너지가 가장 작은 빛이고, E_B는 발머 계열 중 에너지가 가장 큰 빛이다.

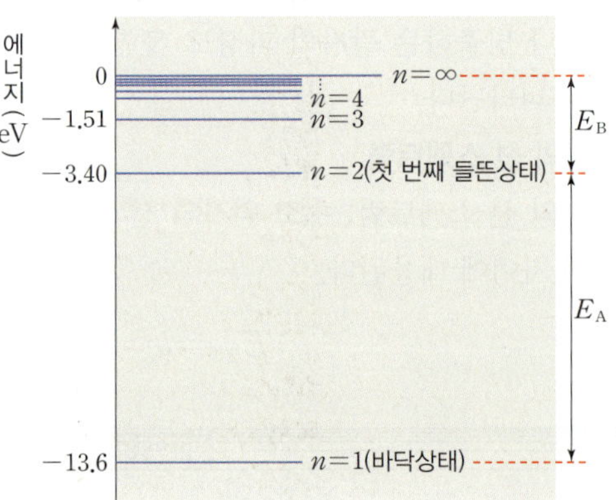

(2) 전자 전이와 선 스펙트럼

- 전자가 E_m인 궤도에서 E_n인 궤도로 전이할 때 방출하는 광자의 에너지는 다음과 같다.

$$E_{광자} = E_m - E_n = hf = \frac{hc}{\lambda}$$

- $n=3$에서 $n=2$로 전이할 때보다 $n=2$에서 $n=1$로 전이할 때 방출하는 빛의 에너지가 더 크다.
- 에너지 준위 차이가 클수록 빛의 진동수가 크고 파장은 짧다.
- $E_a = E_b + E_c$, $f_a = f_b + f_c$, $\dfrac{1}{\lambda_a} = \dfrac{1}{\lambda_b} + \dfrac{1}{\lambda_c}$

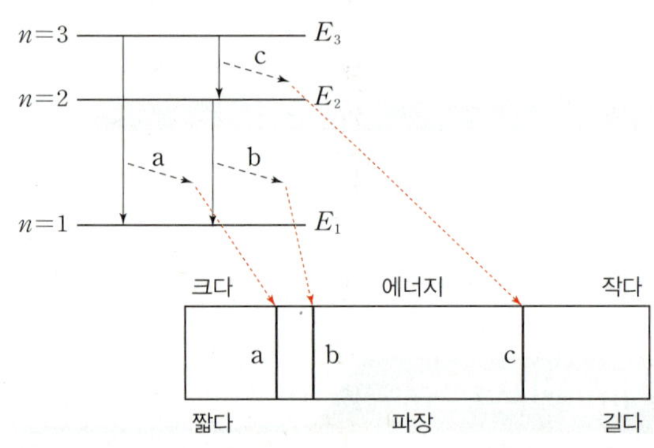

(3) 발머 계열의 선 스펙트럼

- 전자가 $n>2$인 궤도에서 $n=2$인 궤도로 전이할 때 방출하는 빛이다.
- 발머 계열 중 파장이 가장 긴 4개가 가시광선이다.
- 파장이 길어질수록 선 스펙트럼 사이의 간격이 넓어진다. ➡ 선 스펙트럼이 촘촘한 쪽이 에너지가 큰 빛이다.

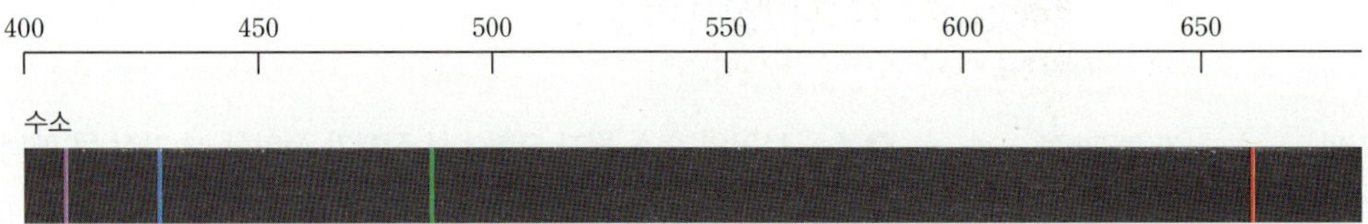

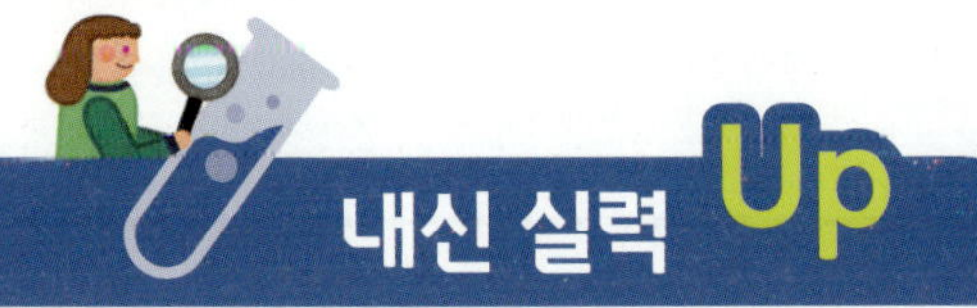

A 원자 구조와 전기력

01 원자에 대한 설명으로 옳은 것만을 〈보기〉에서 있는 대로 고른 것은?

| 보기 |
ㄱ. 원자핵과 전자로 구성된다.
ㄴ. 톰슨이 음극선 실험으로 발견하였다.
ㄷ. 원자 질량의 대부분은 원자핵이 차지한다.

① ㄱ   ② ㄴ   ③ ㄱ, ㄴ
④ ㄱ, ㄷ   ⑤ ㄴ, ㄷ

02 그림은 원자 중심에 있는 입자 A 주위를 입자 B가 원운동하는 모습을 나타낸 것이다.

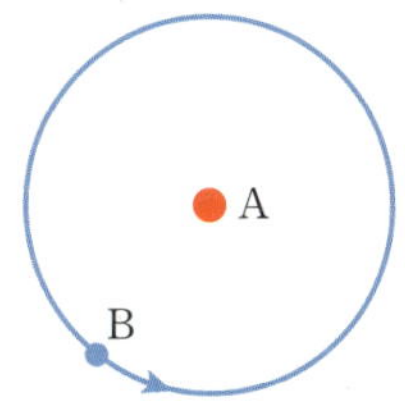

이에 대한 설명으로 옳은 것만을 〈보기〉에서 있는 대로 고른 것은?

| 보기 |
ㄱ. A는 (+)전하를 띤다.
ㄴ. 질량은 A가 B보다 크다.
ㄷ. B는 A쪽으로 전기력을 받는다.

① ㄱ   ② ㄷ   ③ ㄱ, ㄴ
④ ㄴ, ㄷ   ⑤ ㄱ, ㄴ, ㄷ

03 〈중요〉 그림 (가), (나)는 각각 거리 $2d$만큼 떨어져 고정된 두 점전하 A, B와 거리 d만큼 떨어져 고정된 두 점전하 B, C를 나타낸 것이다.

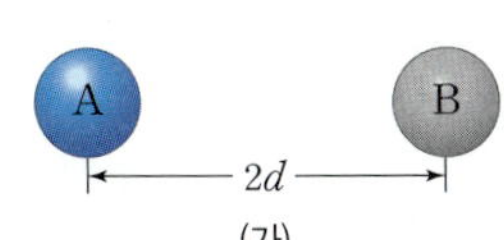
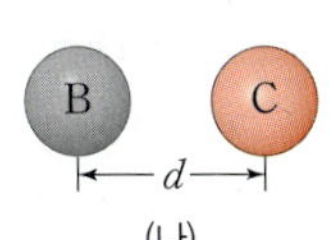

A가 B에 작용하는 전기력의 크기가 C가 B에 작용하는 전기력의 크기의 2배일 때 A와 C의 전하량의 비는?

① 1 : 2   ② 1 : 4   ③ 2 : 1   ④ 4 : 1   ⑤ 8 : 1

04 다음은 원자핵과 전자에 대한 설명이다.

> 원자핵은 (+)전하를 띠고 전자는 (−)전하를 띤다. 원자핵과 전자 사이에는 (가) 방향으로 전기력이 작용한다. 이 힘 때문에 전자가 원자에 속박되어 있다. 이때 전자가 받는 전기력의 크기는 원자핵과 전자의 전하량의 곱에 (나)하고 거리의 제곱에 (다)한다.

(가)~(다)에 들어갈 말로 옳은 것은?

	(가)	(나)	(다)
①	당기는	비례	비례
②	당기는	비례	반비례
③	당기는	반비례	비례
④	밀어내는	비례	반비례
⑤	밀어내는	반비례	비례

05 그림은 원자 모형의 발달과 관련된 알파(α) 입자 산란 실험을 나타낸 것이다.

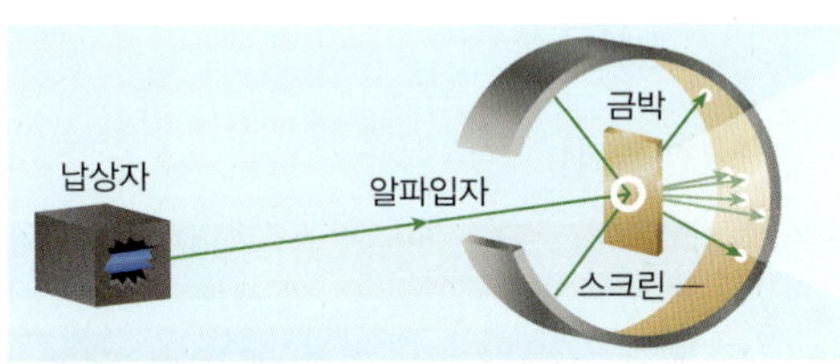

이와 가장 관련이 깊은 내용은?

① 톰슨이 전자를 발견하였다.
② 원자 중심에 전자가 있음을 발견하였다.
③ 원자핵과 전자의 전하량은 같음을 발견하였다.
④ 러더퍼드는 중심에 있는 원자핵 주위를 전자가 원운동하는 원자 모형을 제안하였다.
⑤ 보어가 전자기파를 방출하지 않는 안정된 궤도를 갖는 원자 모형을 확립하였다.

06 그림은 정삼각형의 꼭짓점에 점전하 A~C가 고정되어 있는 것을 나타낸 것이다. A에 작용하는 전기력은 $-y$ 방향이다.

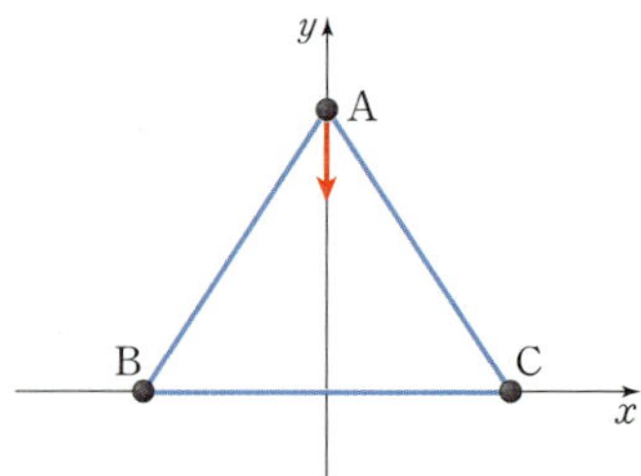

이에 대한 설명으로 옳은 것만을 〈보기〉에서 있는 대로 고른 것은?

| 보기 |

ㄱ. A와 B는 다른 종류의 전하를 띤다.
ㄴ. B와 C의 전하량의 크기는 같다.
ㄷ. B와 C가 받는 전기력의 방향은 같다.

① ㄱ ② ㄷ ③ ㄱ, ㄴ
④ ㄴ, ㄷ ⑤ ㄱ, ㄴ, ㄷ

B 스펙트럼과 에너지 준위

07 다음은 분광기로 빛의 스펙트럼을 관찰하는 실험이다.

[실험 과정]
(가) 분광기로 백열등에서 나오는 빛을 관찰한다.
(나) 분광기로 저온 기체관을 통과한 백열등 빛을 관찰한다.
(다) 분광기로 수소 기체 방전관에서 나오는 빛을 관찰한다.

[실험 결과]

(가)~(다)의 관찰 결과를 옳게 짝 지은 것은?

	(가)	(나)	(다)
①	㉠	㉡	㉢
②	㉠	㉢	㉡
③	㉡	㉠	㉢
④	㉡	㉢	㉠
⑤	㉢	㉠	㉡

08 그림은 어떤 빛의 스펙트럼을 나타낸 것이다.

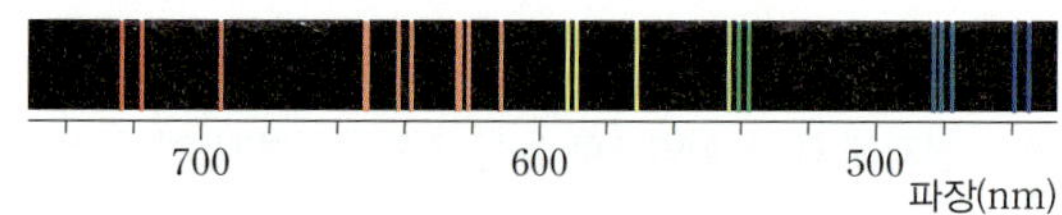

이에 대한 설명으로 옳은 것은?

① 연속 스펙트럼이다.
② 파장이 길수록 빛의 속력이 빠르다.
③ 파장이 짧을수록 광자 1개의 에너지가 작다.
④ 가열된 기체가 방출하는 빛의 스펙트럼이다.
⑤ 기체 종류에 관계없이 선의 위치가 일정하다.

09 그림은 어떤 전구에서 방출된 빛 X의 선 스펙트럼과 가열된 기체 A, B, C에서 방출된 빛의 선 스펙트럼을 나타낸 것이다.

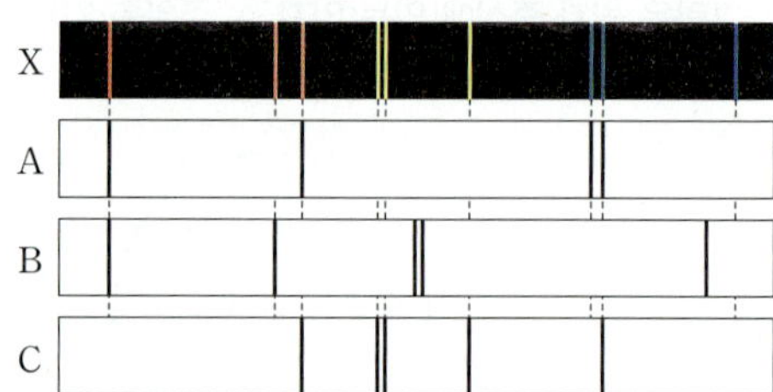

A~C 중 전구에 들어 있는 기체로 볼 수 있는 것만을 있는 대로 고른 것은?

① A ② B ③ A, C
④ B, C ⑤ A, B, C

10 그림은 원자에서 전자의 전이 a, b를 나타낸 것이다.

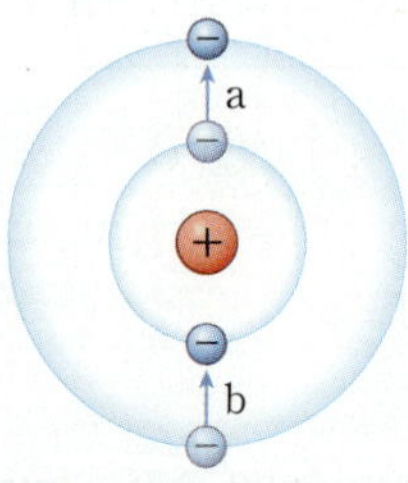

이에 대한 설명으로 옳은 것만을 〈보기〉에서 있는 대로 고른 것은?

| 보기 |

ㄱ. a에서는 빛을 흡수한다.
ㄴ. b에서 전자의 에너지 준위는 높아진다.
ㄷ. a와 b에서 전자의 에너지 변화량은 같다.

① ㄱ ② ㄴ ③ ㄱ, ㄴ
④ ㄱ, ㄷ ⑤ ㄴ, ㄷ

11 다음은 보어의 수소 원자 모형에 대한 설명이다.

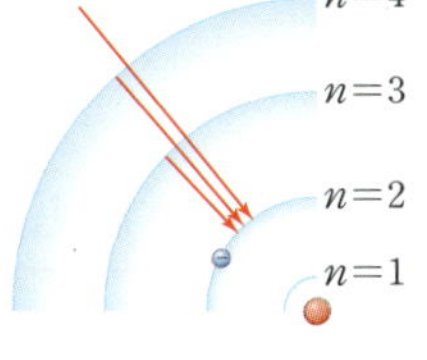

- 양자수 n에 따른 전자의 에너지 E_n은 다음과 같다.
$$E_n = -\frac{E_0}{n^2}$$
여기서 $-E_0$은 바닥 상태의 에너지이다.
- 발머 계열의 선스펙트럼은 전자가 $n>2$인 궤도에서 $n=2$인 궤도로 전이할 때 생긴다.

발머 계열에 대한 설명으로 옳은 것만을 보기에서 있는 대로 고른 것은? (단, 플랑크 상수는 h이다.)

| 보기 |

ㄱ. 적외선 영역에 속한다.

ㄴ. 진동수가 가장 작은 것의 진동수는 $\dfrac{5E_0}{36h}$이다.

ㄷ. 파장이 가장 큰 것은 $n=\infty$에서 $n=2$로 전이할 때 방출하는 빛이다.

① ㄴ   ② ㄷ   ③ ㄱ, ㄴ
④ ㄱ, ㄷ   ⑤ ㄴ, ㄷ

12 그림은 보어의 수소 원자 모형에서 양자수 n에 따른 에너지 준위와 전자 전이 a, b, c를 모식적으로 나타낸 것이다. a, b, c 과정에서 흡수되거나 방출된 빛의 진동수는 각각 f_a, f_b, f_c이다.

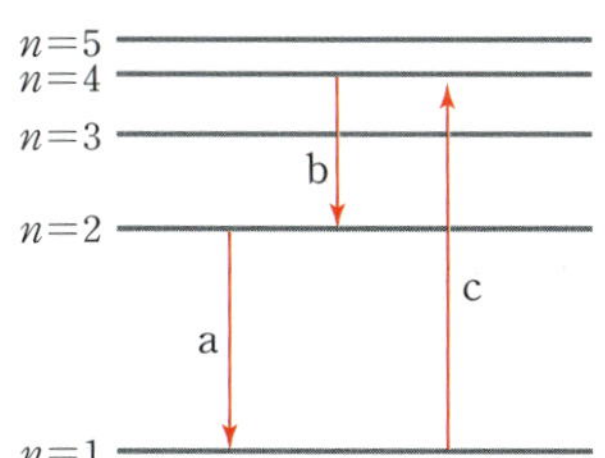

이에 대한 설명으로 옳은 것만을 〈보기〉에서 있는 대로 고른 것은?

| 보기 |

ㄱ. 방출하는 빛의 에너지는 a가 b보다 크다.

ㄴ. c에서 흡수하는 빛은 자외선 영역에 속한다.

ㄷ. $f_c = f_a + f_b$이다.

① ㄴ   ② ㄷ   ③ ㄱ, ㄴ
④ ㄱ, ㄷ   ⑤ ㄱ, ㄴ, ㄷ

서술형 이렇게!

13 다음은 지구에서 관찰하는 태양광의 스펙트럼에 대한 설명이다.

지구에 도달하는 태양광의 (가) 스펙트럼을 분석하면 태양과 지구의 대기 성분을 알 수 있다. 태양광은 연속 스펙트럼을 이루지만 상대적으로 저온인 태양 대기와 지구 대기를 지나면서 대기에 포함된 기체에 흡수되어 (가) 스펙트럼이 나타나기 때문이다.

(가)에 들어갈 말을 쓰고, (가) 스펙트럼으로 태양과 지구의 대기 성분을 알 수 있는 이유를 쓰시오.

14 그림은 전자가 원자핵 주위를 운동하는 원자 모형을 간단하게 나타낸 것이다.
전자가 원자에 속박되어 있는 이유를 원자핵과 전자 사이에 작용하는 힘과 관련지어 서술하시오.

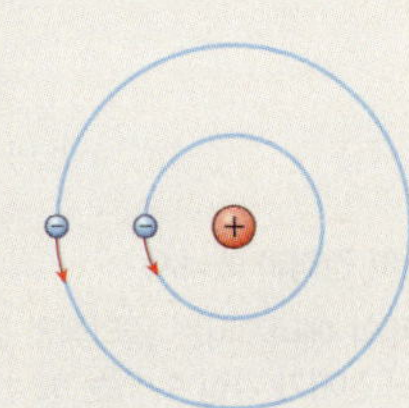

15 그림은 보어의 수소 원자 모형에서 수소 원자의 에너지 준위를 양자수 n에 따라 나타낸 것이다. 전자의 에너지 준위가 양자수 $n=1, 2, 3, \infty$의 4가지 상태만 존재한다고 가정할 때, 다음 물음에 답하시오.
수소 원자에서 방출할 수 있는 빛의 진동수의 개수를 구하고, 전자가 $n=1$인 상태로 전이할 때 방출하는 빛 중 진동수가 가장 작은 것의 진동수를 구하시오. (단, 플랑크 상수는 h이다.)

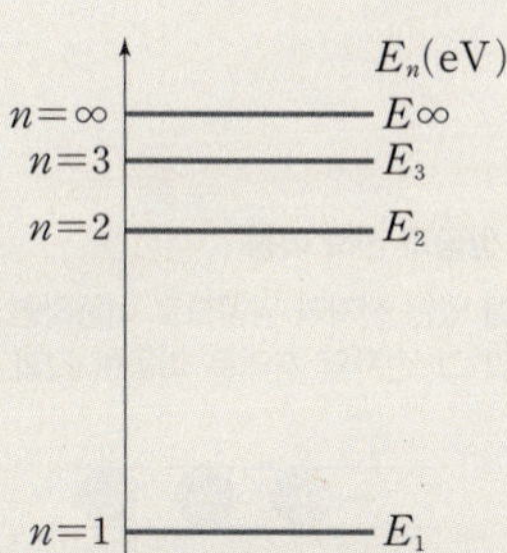

02 에너지띠와 반도체

⊗ 먼저 알아야 할 내용

1. 공유 결합

(1) **원자가 전자**: 원자에서 가장 바깥쪽 궤도에 있는 전자로, 화학 결합에 관여한다.

(2) **공유 결합**: 주로 비금속 원자들이 ⑦ 　　　　　 전자를 서로 공유하여 이루는 결합

2. 옴의 법칙

(1) 도체에 흐르는 전류의 세기(I)는 전압(V)에 비례하고 저항(R)에 ⓒ 　　　　 한다.

$$I = \frac{V}{R}$$

답 ⑦ 원자가 ⓒ 반비례

Ⓐ 고체의 에너지띠와 전기 전도성

1. 고체의 에너지띠

① 고체는 수많은 원자가 가까이 있어 서로의 전자 궤도에 영향을 주므로 에너지 준위가 미세하게 나뉜다.

② **에너지띠**: 고체는 미세하게 나뉜 에너지 준위가 연속적인 에너지띠를 이룬다.

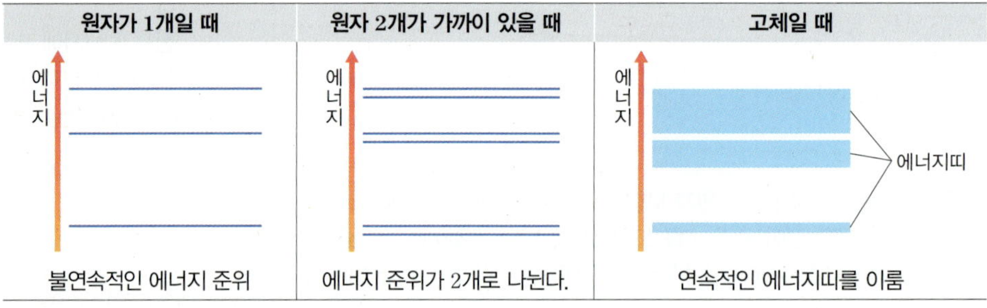

2. 에너지띠 구조

① **허용된 띠**: 전자가 존재할 수 있는 에너지 영역

② **원자가 띠와 전도띠**

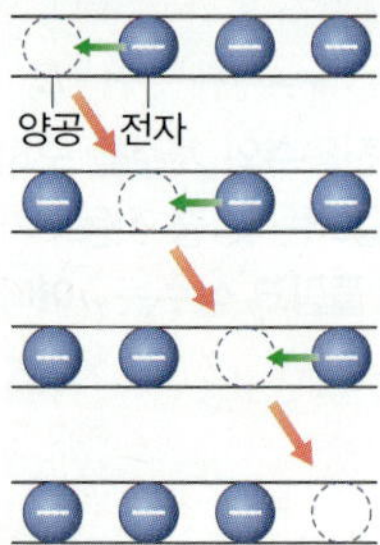

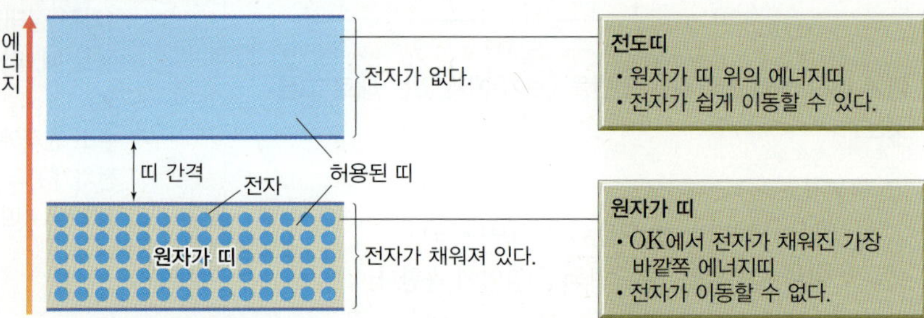

③ **띠 간격**: 에너지띠 사이에 전자가 존재할 수 없는 영역

④ 원자가 띠의 전자가 띠 간격 이상의 에너지를 얻으면 전도띠로 전이한다.

➡ **양공**: 원자가 띠의 전자가 전도띠로 전이하여 생긴 빈 자리

3. 에너지띠와 전기 전도성

① **전기 전도성**: 외부 전기장의 작용으로 고체에서 전자가 자유롭게 이동할 수 있는 정도. 전기 전도성이 큰 물질은 전기 저항이 작다.

② **에너지띠와 전기 전도성**

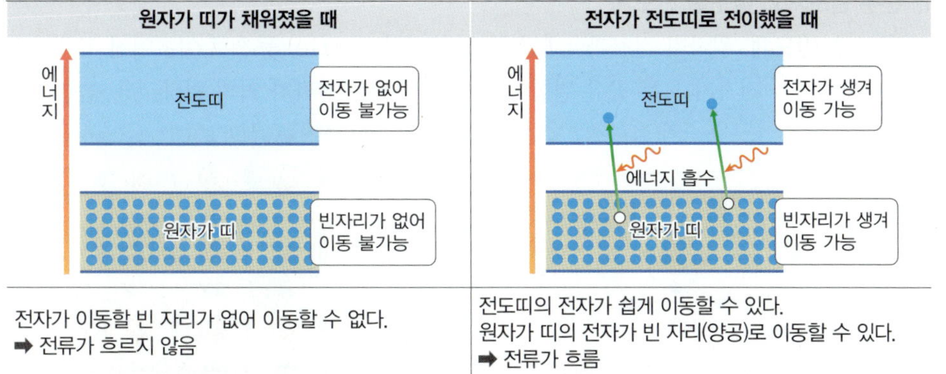

전자가 이동할 빈 자리가 없어 이동할 수 없다.
➡ 전류가 흐르지 않음

전도띠의 전자가 쉽게 이동할 수 있다.
원자가 띠의 전자가 빈 자리(양공)로 이동할 수 있다.
➡ 전류가 흐름

③ **전기 전도성에 따른 고체의 구분**: 고체는 도체, 절연체, 반도체로 구분할 수 있다.

구분	도체	절연체	반도체
에너지띠	에너지 / 전도띠 / 원자가 띠	에너지 / 띠간격 / 원자가 띠	에너지 / 띠간격 / 원자가 띠
전자 이동과 전기 전도성	약한 전기장에서도 전자가 쉽게 이동 ➡ 전기 전도성이 좋다.	띠 간격이 커 전자 전이가 어렵다. ➡ 전기 전도성이 좋지 않다.	적당한 에너지를 흡수하면 전자가 전도띠로 전이할 수 있다. ➡ 도체와 절연체의 중간 정도의 전기 전도성을 갖는다.
물질	구리, 은	다이아몬드, 석영	규소(Si), 저마늄(Ge)

❖ **띠 간격과 전기 전도성**

띠 간격이 클수록 원자가 띠의 전자가 전도띠로 전이하기 어렵다. 따라서 띠 간격이 크면 전기 전도성이 좋지 않다.

❖ **반도체와 절연체의 띠 간격**

일반적으로 띠 간격이 3eV 이상이면 절연체, 0.5eV ~ 3eV 사이이면 반도체, 0.5eV 이하이면 도체라고 한다.

❖ **온도에 따른 고체의 전기 전도성**
- 도체: 온도가 증가하면 전자가 원자 사이를 통과하기 어려워 전기 전도성이 나빠진다.
- 반도체: 온도가 증가하면 전도띠로 전이한 전자가 많아져 전기 전도성이 좋아진다.

개념 바로 확인

정답 및 해설 | 20쪽

01 고체는 에너지 준위가 미세하가 나뉘어 연속적인 [　　　]를 이룬다.

01 다음은 고체의 에너지 준위에 대한 설명이다. 빈 칸에 들어갈 알맞은 말은?

> 기체 원자들은 서로 떨어져 있어서 다른 원자의 전자 궤도에 영향을 주지 않기 때문에 불연속적인 (　　　)를 갖는다. 그러나 고체 원자는 수많은 원자가 가까이 위치하기 때문에 인접한 원자들이 전자의 궤도에 영향을 주어 에너지 준위가 연속적인 (　　　)를 이루게 된다.

02 고체에서 원자가 띠 위에 있는 에너지띠를 [　　　]라고 한다.

02 다음은 도체, 절연체, 반도체 중 어느 하나의 에너지띠 구조에 대한 설명이다. 이 고체는?

> 이 고체는 띠 간격이 작아서 적당한 에너지를 흡수하면 원자가 띠의 전자가 전도띠로 비교적 쉽게 이동할 수 있다. 절대 온도 0 K에서는 전자들이 전도띠에 존재하지 않기 때문에 절연체로 취급될 수 있다. 그러나 온도가 올라가면 원자가 띠의 전자가 조금씩 전도띠로 전이하여 상온에서는 항상 전도띠에 전자가 존재한다.

◈ **14족 원소**
원자가 전자가 4개인 원소로 탄소(C), 규소(Si), 저마늄(Ge) 등이 있다.

B 반도체

1. 순수 반도체와 불순물 반도체

① **순수 반도체**: 원자가 전자가 4개인 규소(Si), 저마늄(Ge) 등으로 이루어진 고체
➡ 원자가 전자가 모두 공유 결합에 참여하여 자유 전자가 거의 없다.

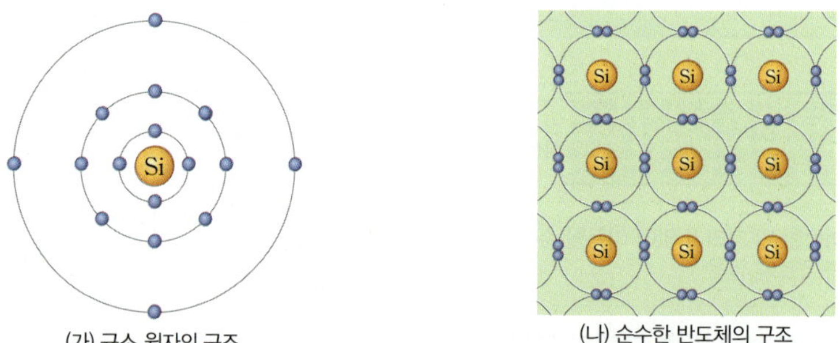

(가) 규소 원자의 구조 (나) 순수한 반도체의 구조

② **도핑**: 순수 반도체에 불순물을 첨가하는 과정 ➡ 전기 전도성이 좋아진다.
③ **불순물 반도체**: 불순물의 종류에 따라 p형 반도체와 n형 반도체로 구분한다.

◈ **전하 운반체**
반도체와 같은 물질에서 전하를 나르는 입자를 가리키는 말로, 전하 나르개라고도 한다.

2. n형 반도체와 p형 반도체

① **n형 반도체**: 불순물을 첨가하여 여분의 전자가 존재하게 되는 반도체
• 순수 반도체에 원자가 전자가 5개인 원소(인(P), 비소(As), 안티모니(Sb)) 등을 도핑 ➡ 전자 1개가 공유 결합에 참여하지 못하고 남게 된다.
• 남는 전자가 있어 전류를 흐르게 할 수 있다.
➡ 전자가 주요 전하 운반체이다.

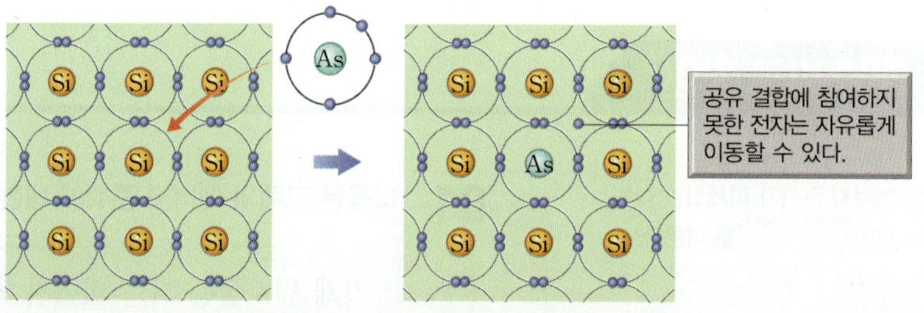

② **p형 반도체**: 불순물을 첨가하여 양공이 존재하게 되는 반도체
• 순수 반도체에 원자가 전자가 3개인 원소(붕소(B), 알루미늄(Al), 갈륨(Ga), 인듐(In)) 등을 도핑 ➡ 전자 1개가 부족하여 빈 자리(양공)가 생긴다.
• 원자가 띠에 양공이 있으면 원자가 띠의 전자가 양공으로 이동하기 쉽고, 전자가 이동하면서 새로 생겨난 양공에도 전자가 이동할 수 있어 전류를 흐르게 할 수 있다.
➡ 양공이 주요 전하 운반체이다.

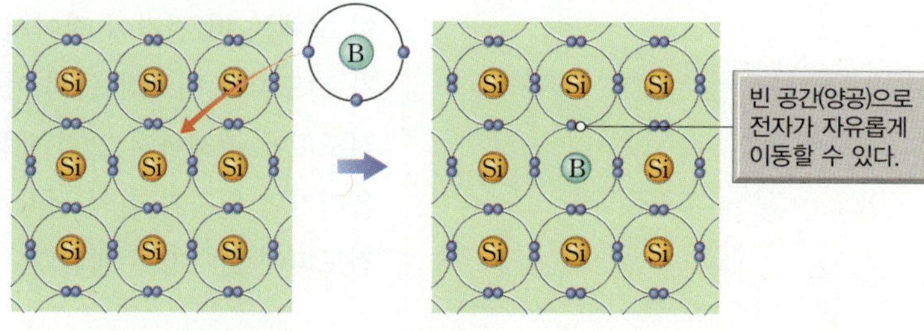

③ 불순물 반도체의 에너지띠

- n형 반도체: 남는 전자가 전도띠 가까이 존재 ➡ 전자가 쉽게 전도띠로 이동 가능
- p형 반도체: 양공이 원자가 띠 가까이 존재 ➡ 원자가 띠의 전자가 쉽게 이동 가능

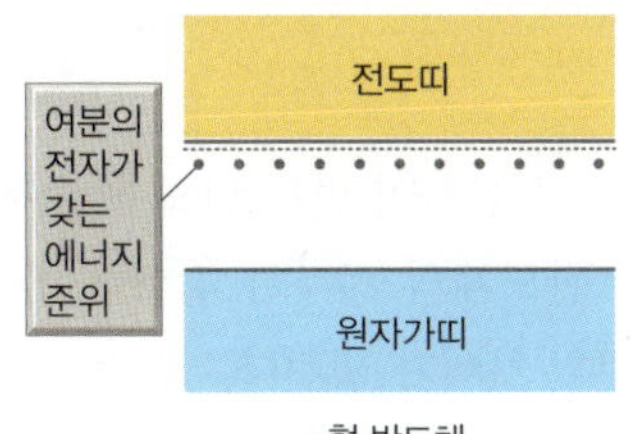

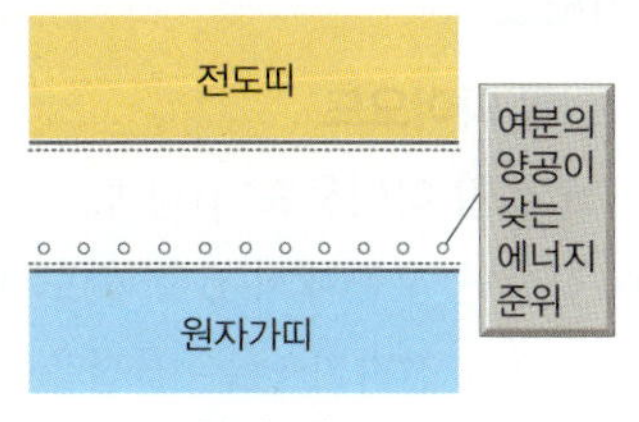

실전 자료 불순물 반도체의 전하 운반체

- n형 반도체는 전자가, p형 반도체는 양공이 주요 전하 운반체이다.

n형 반도체		p형 반도체
원자가 띠에서 전이한 전자 공유 결합에서 남은 전자	전도띠의 전자	연속적인 에너지띠를 이룸
전자가 전도띠로 전이한 양공	원자가 띠의 양공	전자가 전도띠로 전이한양공 공유 결합에서 형성된 양공
전자 > 양공 ➡ 전자가 주요 전하 운반체	개수	전자 < 양공 ➡ 양공이 주요 전하 운반체
	에너지띠 구조	

개념 바로 확인

03 순수 반도체는 원자가 전자가 [   ]개인 규소(Si), 저마늄(Ge) 등이다.

03 반도체에 대한 설명으로 옳은 것만을 〈보기〉에서 있는 대로 고르시오.

┤ 보기 ├
ㄱ. 순수 반도체의 원자들은 공유 결합을 한다.
ㄴ. 순수 반도체의 전기 전도성을 좋게 하기 위해 불순물을 도핑한다.
ㄷ. p형 반도체는 전도띠의 전자의 개수가 원자가 띠의 양공의 개수보다 많다.

04 순수 반도체에 원자가 전자가 [   ]개인 붕소(B), 알루미늄(Al), 갈륨(Ga), 인듐(In)을 도핑하면 p형 반도체가 된다.

04 다음 중 반도체에 대한 설명으로 옳은 것은 ○표, 옳지 <u>않은</u> 것은 ×표를 하시오.

(1) 순수 반도체는 모든 원자가 전자가 공유 결합에 참여한다. (   )
(2) p형 반도체는 전자가 주요 전하 운반체이다. (   )
(3) n형 반도체는 원자가 전자가 3개인 원소를 도핑하여 만든다. (   )

❖ **다이오드 기호**
다이오드의 모양은 매우 다양하므로, 그림과 같은 기호로 나타내는 것이 편리하다.

ⓒ 다이오드

1. p−n 접합 다이오드

① **p−n 접합 다이오드**: p형 반도체와 n형 반도체를 접합하여 만든 반도체 소자
  ➡ 접합면 부근에서 p형 반도체의 양공과 n형 반도체의 전자가 결합하여 소멸된다.
  ➡ 양공과 전자가 없는 결핍층이 생겨 에너지 준위 차이가 생긴다.
  ➡ 에너지 준위 차이에 의해 양공과 전자의 이동이 방해 받는다.

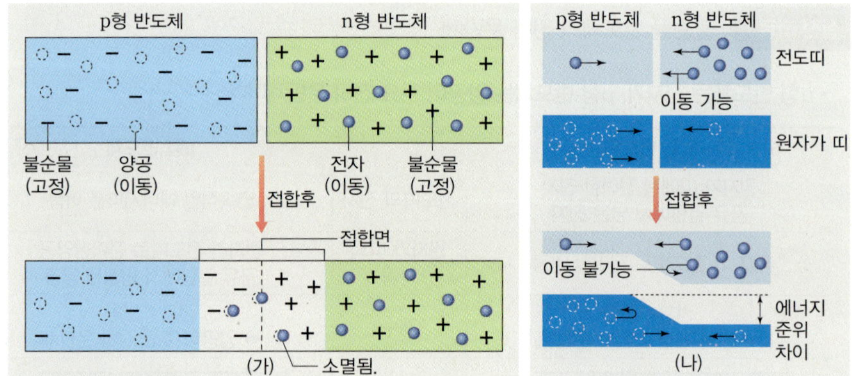

② **정류 작용**: 다이오드는 전류를 한 방향으로만 흐르게 하는 특성이 있으며, 이를 정류 적용이라고 한다.

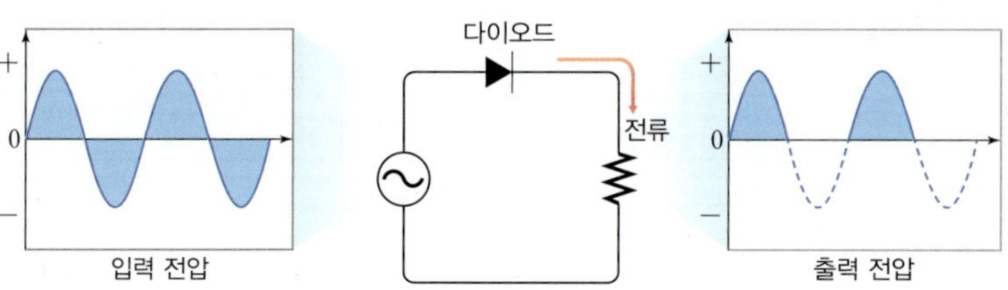

2. 순방향 바이어스와 역방향 바이어스

❖ **바이어스**
신호 전압이나 전류에 일정한 직류 또는 교류를 가하여 두는 것. 가해진 전압을 뜻할 때도 있고 반도체 소자의 접합부 따위의 전압을 뜻할 때도 있다. 다이오드에 흐르는 전류를 조절하기 위해 다이오드에 걸리는 전압의 방향과 크기를 조절하는 것을 말한다.

순방향 바이어스	구분	역방향 바이어스
p형 반도체 ➡ (+)극 n형 반도체 ➡ (−)극	연결	p형 반도체 ➡ (−)극 n형 반도체 ➡ (+)극
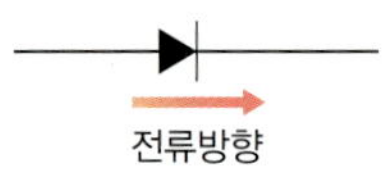 ➡ 전위 장벽이 작아져 전류가 잘 흐른다.	원리	 ➡ 전위 장벽이 커져 전류가 흐르지 못한다.
p형 반도체의 양공과 n형 반도체의 전자가 p−n 접합면으로 이동하여 재결합한다.	전자와 양공의 이동	p형 반도체의 양공과 n형 반도체의 전자가 접합면으로부터 멀어져 전하가 이동할 수 없다.

3. 다이오드의 이용

① **어댑터**: 정류 작용을 이용, 교류를 직류로 전환

   ➡ 충전기, 직류 전원 장치

② **발광 다이오드**: 전류가 흐를 때 빛을 방출하는 반도체 소자

   ➡ 각종 영상 장치, 리모컨, 조명 장치

▲ 발광 다이오드

③ **반도체 레이저 다이오드**: 다이오드를 이용해 레이저를 발생

   ➡ 광통신, 레이저 포인터, DVD 입출력 시스템, 의료용 기기, 레이저 거리 측정기

④ **광 다이오드**: 빛을 전기 신호로 변환하는 반도체 소자

   ➡ TV 리모컨 수신부, 화재 경보기

▲ 리모컨

▲ 화재 경보기

개념 바로 확인

정답 및 해설 | 20쪽

05 다이오드는 교류를 직류로 바꾸는 ☐☐☐☐ 작용을 한다.

05 p-n 접합 다이오드에 대한 설명으로 옳은 것만을 〈보기〉에서 있는 대로 고르시오.

> ― 보기 ―
> ㄱ. p형 반도체와 n형 반도체를 접합하여 만든다.
> ㄴ. 순방향 바이어스일 때만 전류가 흐른다.
> ㄷ. 직류를 교류로 바꾸어준다.

06 다이오드에 ☐☐☐☐ 바이어스를 걸어주면 전류가 흐른다.

06 다음은 다이오드의 정류 작용에 대한 설명이다. (가)~(다)에 들어갈 알맞은 말을 쓰시오.

> p형 반도체에 전지의 ( )극을, n형 반도체에 전지의 ( ) 극을 연결하여 다이오드에 ( ) 바이어스를 걸어주면 전류가 흐르고, 반대로 연결하면 전류가 흐르지 않는다. 이를 다이오드의 정류 작용이라고 한다.

· 다이오드를 이용한 정류 회로 ·

원리 (1) 다이오드 회로와 바이어스

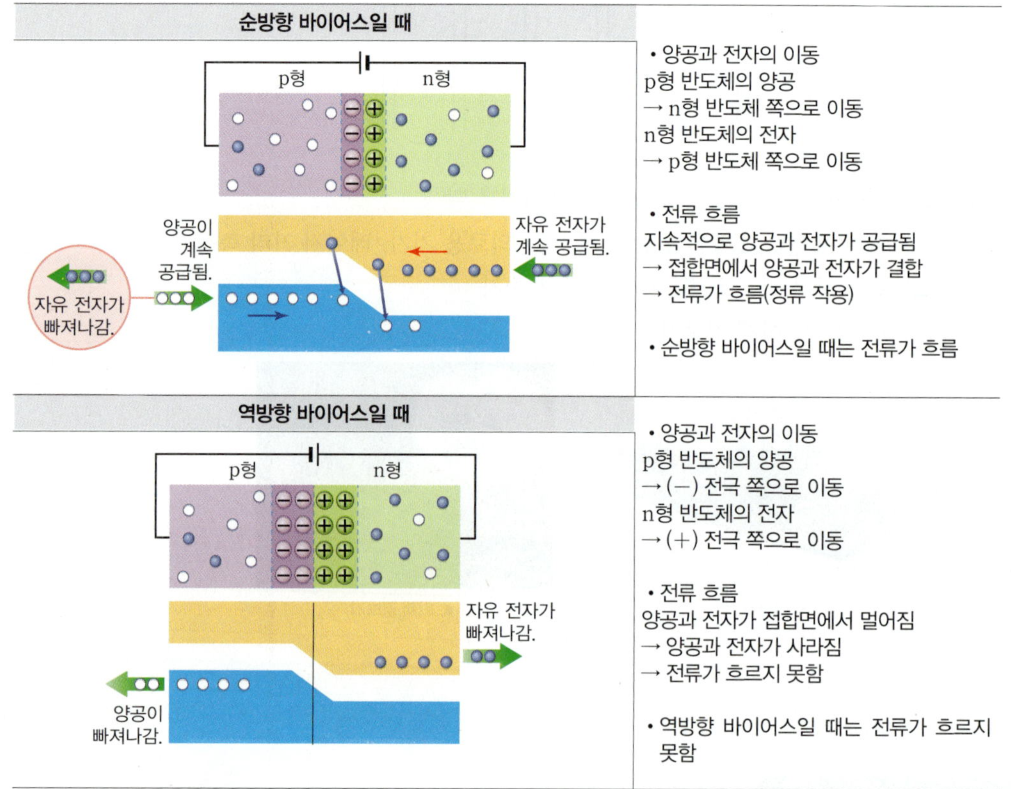

(2) 다이오드를 이용한 정류 회로

• 교류 전압이 입력되었을 때 순방향 바이어스는 다이오드를 통과하지만 역방향 바이어스는 다이오드를 통과하지 못한다. ➡ 출력 전압은 순방향 바이어스만 남는 모양이 된다.

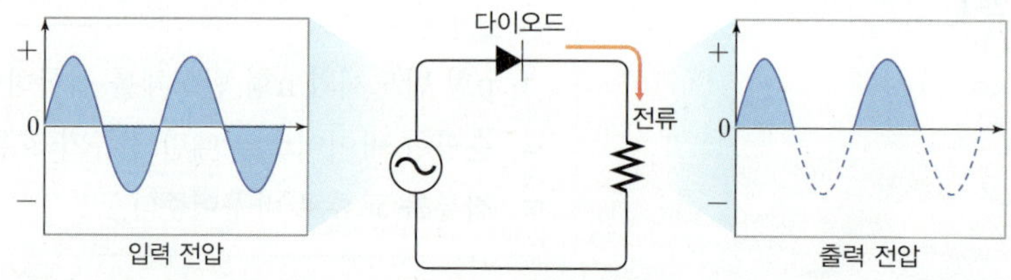

• 다이오드 4개로 그림과 같은 회로를 구성하면 입력 신호 전체를 한 방향으로 흐르는 직류로 정류할 수 있다. ➡ 저항에는 위에서 아래 방향으로만 전류가 흐른다.

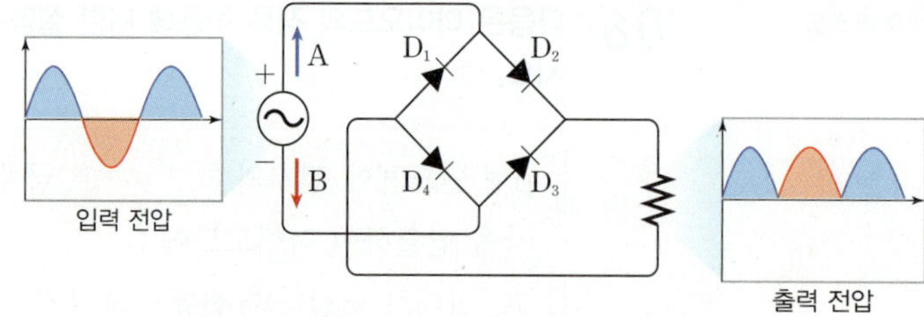

A 고체의 에너지띠와 전기 전도성

01 다음은 고체의 에너지 준위에 대한 설명이다.

> 기체 원자들은 서로 떨어져 있어서 다른 원자의 전자 궤도에 영향을 주지 않아 에너지 준위가 (가) 되어 있다. 그러나 고체 원자는 원자가 서로 인접해졌기 때문에 에너지 준위가 (나)적인 띠의 형태를 이루게 된다.

이에 대한 설명으로 옳은 것만을 〈보기〉에서 있는 대로 고른 것은?

> | 보기 |
> ㄱ. (가)에 들어갈 말은 양자화이다.
> ㄴ. (나)에 들어갈 말은 불연속이다.
> ㄷ. 고체의 에너지 준위는 전체적으로 하나의 에너지 띠를 이룬다.

① ㄱ ② ㄴ ③ ㄱ, ㄷ
④ ㄴ, ㄷ ⑤ ㄱ, ㄴ, ㄷ

02 고체에서 전자의 에너지 영역에 대한 설명으로 옳은 것만을 〈보기〉에서 있는 대로 고른 것은?

> | 보기 |
> ㄱ. 자유 전자는 전도띠에 존재한다.
> ㄴ. 전도띠 바로 위 에너지띠를 원자가 띠라고 한다.
> ㄷ. 전자가 존재할 수 있는 영역을 허용된 띠라고 한다.

① ㄱ ② ㄴ ③ ㄱ, ㄴ
④ ㄱ, ㄷ ⑤ ㄴ, ㄷ

03 표는 반도체와 절연체의 띠 간격을 나타낸 것이다.

물질	띠 간격(eV)	물질	띠 간격(eV)
Si	1.14	다이아몬드	5.33
Ge	0.67	AgCl	3.20

이에 대한 설명으로 옳은 것만을 〈보기〉에서 있는 대로 고른 것은?

> | 보기 |
> ㄱ. Si는 반도체이다.
> ㄴ. 전기 전도성은 Ge가 Si보다 좋다.
> ㄷ. 다이아몬드는 전도띠와 원자가 띠가 일부 겹쳐 있다.

① ㄱ ② ㄴ ③ ㄱ, ㄴ
④ ㄴ, ㄷ ⑤ ㄱ, ㄴ, ㄷ

04 그림은 다른 종류의 고체 A, B, C의 에너지띠 구조를 모식적으로 나타낸 것이다.

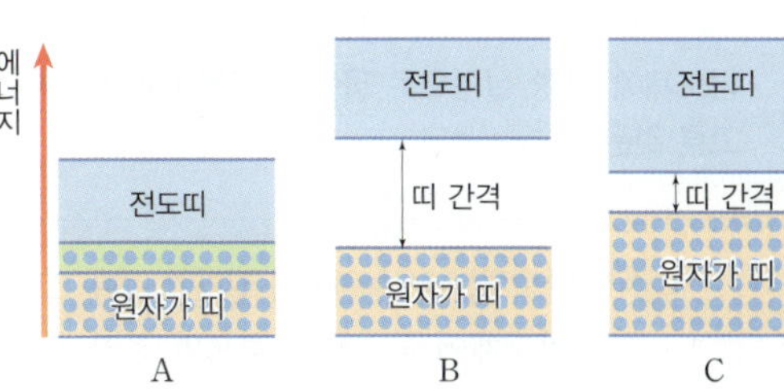

A~C를 전기 전도성에 따라 도체, 절연체, 반도체로 분류한 것으로 가장 적절한 것은?

	도체	절연체	반도체
①	A	B	C
②	A	C	B
③	B	A	C
④	B	C	A
⑤	C	A	B

05 다음은 고체에서 전류가 흐르는 이유에 대한 설명이다.

> 원자가 띠에 있던 (㉠)이/가 전도띠로 전이하면 원자가 띠에는 (㉡)이/가 생긴다. 전도띠의 (㉠)은/는 외부 전기장에 따라 쉽게 이동할 수 있어 전류가 흐르게 할 수 있다. 또 원자가 띠의 (㉡)에도 주변의 (㉢)이/가 이동할 수 있어 전류가 흐르게 할 수 있다.

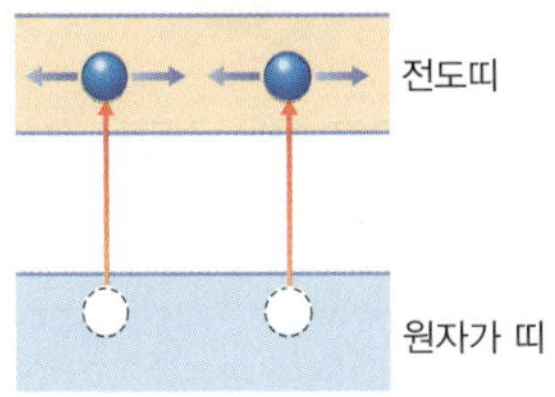

㉠~㉢에 들어갈 말을 옳게 짝 지은 것은?

	㉠	㉡	㉢
①	양공	전자	양공
②	양공	양공	전자
③	전자	양공	양공
④	전자	양공	전자
⑤	전자	전자	양공

B 반도체

06 반도체에 대한 설명으로 옳은 것만을 〈보기〉에서 있는 대로 고른 것은?

| 보기 |
ㄱ. 순수 반도체는 모든 원자가 전자가 공유 결합을 한다.
ㄴ. 순수 반도체에 불순물을 섞으면 전기 전도성이 좋아진다.
ㄷ. p형 반도체는 전자의 수가 양공의 수보다 많다.

① ㄱ ② ㄴ ③ ㄱ, ㄴ
④ ㄴ, ㄷ ⑤ ㄱ, ㄴ, ㄷ

07 그림은 규소(Si)에 붕소(B)를 도핑하여 만든 불순물 반도체를 나타낸 것이다.

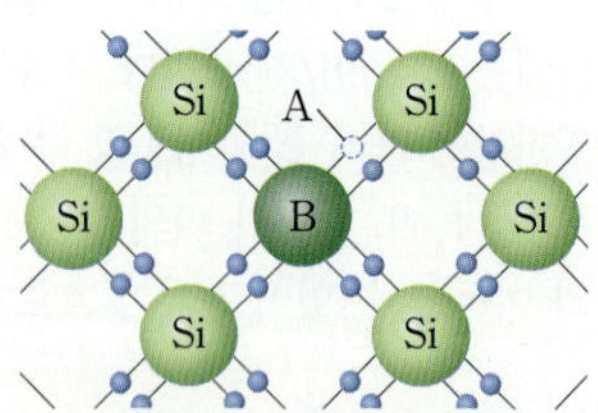

이에 대한 설명으로 옳은 것만을 〈보기〉에서 있는 대로 고른 것은?

| 보기 |
ㄱ. A는 양공이다.
ㄴ. 순수 반도체보다 전기 전도성이 좋다.
ㄷ. 상온에서 전도띠의 전자보다 원자가 띠의 양공이 더 많다.

① ㄱ ② ㄷ ③ ㄱ, ㄴ
④ ㄴ, ㄷ ⑤ ㄱ, ㄴ, ㄷ

C 다이오드

08 다이오드에 대한 설명으로 옳은 것만을 〈보기〉에서 있는 대로 고른 것은?

| 보기 |
ㄱ. p형 반도체와 n형 반도체를 접합하여 만든다.
ㄴ. 전류를 한 쪽으로만 흐르게 하는 정류 작용을 한다.
ㄷ. 전류가 흐를 때 접합면에서 전자와 양공이 재결합한다.

① ㄱ ② ㄴ ③ ㄷ
④ ㄴ, ㄷ ⑤ ㄱ, ㄴ, ㄷ

09 그림은 p형 반도체와 n형 반도체를 접합하여 만든 발광 다이오드(LED)에서 빛이 방출되는 것을 나타낸 것이다.

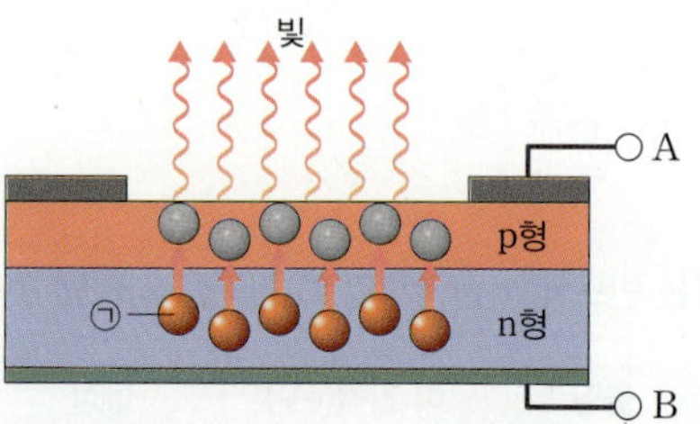

이에 대한 설명으로 옳은 것만을 〈보기〉에서 있는 대로 고른 것은?

| 보기 |
ㄱ. ㉠은 전자이다.
ㄴ. A는 전원의 (+)극에 연결되어 있다.
ㄷ. 전자가 전도띠에서 원자가 띠로 전이하면서 잃는 에너지가 빛 에너지로 전환된다.

① ㄱ ② ㄷ ③ ㄱ, ㄴ
④ ㄴ, ㄷ ⑤ ㄱ, ㄴ, ㄷ

10 그림은 불순물 반도체 A와 B를 접합하여 만든 다이오드를 나타낸 것이다. A와 B의 주요 전하 운반체는 각각 양공과 전자이다.

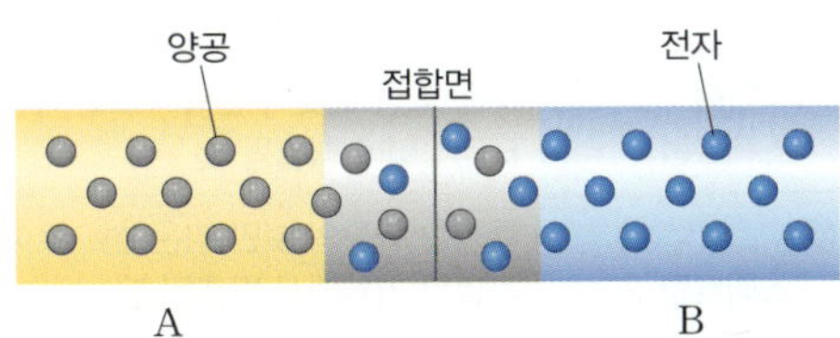

이에 대한 설명으로 옳은 것만을 〈보기〉에서 있는 대로 고른 것은?

| 보기 |

ㄱ. A는 p형 반도체이다.
ㄴ. B는 순수 반도체에 원자가 전자가 3개인 원소를 도핑하여 만든다.
ㄷ. 접합면에는 전위 장벽이 형성된다.

① ㄱ   ② ㄴ   ③ ㄱ, ㄷ
④ ㄴ, ㄷ   ⑤ ㄱ, ㄴ, ㄷ

11 그림 (가)와 (나)는 각각 p-n 접합 다이오드를 전지에 연결한 것을 나타낸 것이다.

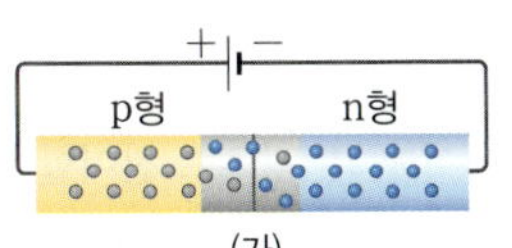

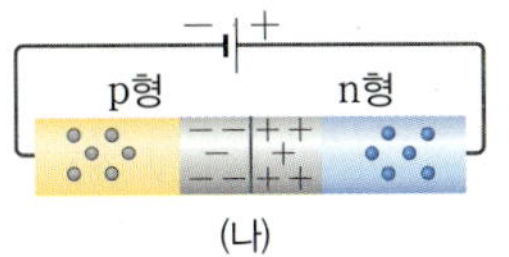

이에 대한 설명으로 옳은 것만을 〈보기〉에서 있는 대로 고른 것은?

| 보기 |

ㄱ. (가)는 순방향 바이어스이다.
ㄴ. (나)에서 p형 반도체의 양공은 접합면 쪽으로 이동한다.
ㄷ. 전위 장벽의 크기는 (가)와 (나)에서 같다.

① ㄱ   ② ㄴ   ③ ㄱ, ㄷ
④ ㄴ, ㄷ   ⑤ ㄱ, ㄴ, ㄷ

 이렇게!

12 그림은 도체, 절연체, 반도체 중 2가지의 에너지띠 구조를 나타낸 것이다.

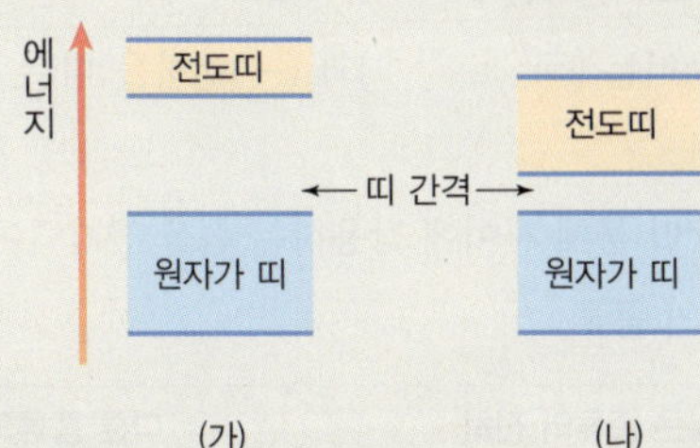

(가)와 (나)에 해당하는 고체의 종류를 쓰고, (나)에서 원자가 띠의 전자가 전도띠로 전이하기 위한 조건을 쓰시오.

13 그림 (가)와 (나)는 각각 1개와 4개의 다이오드를 이용해 만든 정류 회로를 나타낸 것이고, (다)는 교류 전원의 입력 전압을 시간에 따라 나타낸 것이다.

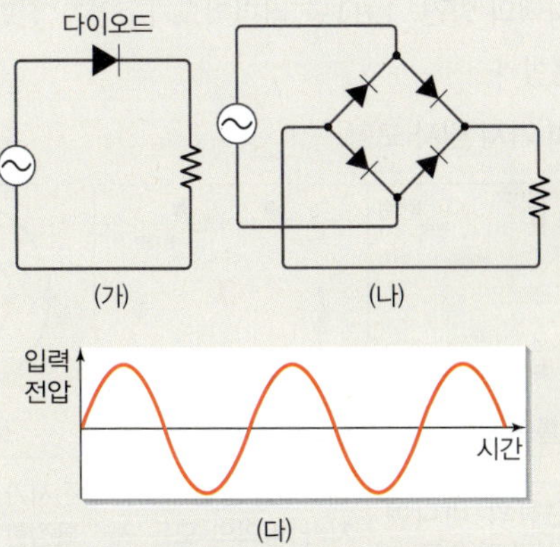

(가)와 (나)에서 저항에 흐르는 전류가 어떤 차이가 있는지 비교하고, 그 차이가 발생하는 이유를 설명하시오.

01 전자의 에너지 준위 → 92~99쪽

1. 원자 구조와 전기력

(1) 전기력

① 원자 구조: 원자는 10^{-10} m 정도의 매우 작은 크기이며, (+) 전하를 띠는 (㉠   )과 (−)전하를 띠는 전자로 이루어져 있다.

② 전하를 띤 물체 사이에 작용하는 힘을 전기력이라고 한다.

③ 전기력의 종류

같은 종류의 전하	다른 종류의 전하
서로 미는 방향의 전기력이 작용한다.	서로 당기는 방향의 전기력이 작용한다.
➡ 전기력 척력	➡ 전기력 인력

④ 전기력의 크기: 전하량의 곱에 비례하고 두 전하 사이의 (㉡   )의 제곱에 반비례한다.

$$F=k\frac{q_1q_2}{r^2}$$

(2) 원자 구조의 발견

① 전자의 발견: 1897년 톰슨이 음극선 실험으로 발견하였다.

② 원자핵의 발견: 1911년 러더퍼드가 α입자 산란 실험으로 발견하였다.

③ 여러 가지 원자 모형

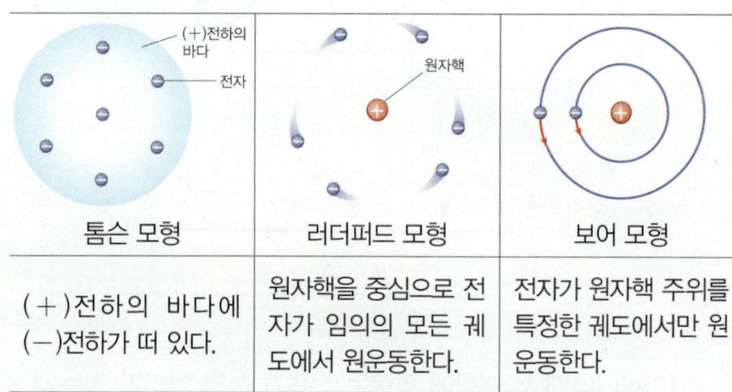

톰슨 모형	러더퍼드 모형	보어 모형
(+)전하의 바다에 (−)전하가 떠 있다.	원자핵을 중심으로 전자가 임의의 모든 궤도에서 원운동한다.	전자가 원자핵 주위를 특정한 궤도에서만 원운동한다.

(3) 전기력과 전자의 속박

① 전자와 원자핵 사이에는 서로 (㉢   ) 방향의 전기력이 작용한다.

② 전자와 원자핵 사이의 전기력 때문에 전자가 원자에 속박되어 있다.

2. 스펙트럼과 에너지 준위

(1) 스펙트럼

① 스펙트럼의 종류

연속 스펙트럼	• 모든 파장의 빛이 연속적으로 나타남 • 태양빛이나 백열등 빛
(㉣) 스펙트럼	• 특정한 파장의 빛만 밝은 선으로 나타남 • 가열된 기체에서 방출된 빛

② 광자의 에너지: 진동수에 비례하고 파장에 반비례한다.

$$E=hf=\frac{hc}{\lambda}$$

(2) 보어 모형과 에너지 준위

① 보어 모형: 전자는 원자핵 주위의 특정 궤도에서만 원운동할 수 있다.

➡ 특정 궤도에서 안정된 상태를 (㉤   ) 상태라고 한다.

② 에너지 준위: (㉤   ) 상태에 있는 전자의 에너지

③ 양자수: 원자핵에 가까운 전자 궤도부터 $n=1$, $n=2$, …인 에너지 준위라고하며, 이때 자연수 n을 의미한다.

④ 전자의 에너지가 가장 낮은 상태($n=1$)를 바닥상태라고 하고, 바닥상태보다 높은 에너지를 갖는 상태($n\geq2$)를 (㉥   )상태라고 한다.

(3) 전자 전이와 선 스펙트럼

① 전자가 전이할 때 두 궤도의 에너지 준위 차이 만큼의 에너지를 갖는 빛을 방출 또는 흡수한다.

$$E_{광자}=|E_m-E_n|=hf=\frac{hc}{\lambda}$$

② 에너지 준위가 높은 궤도에서 낮은 궤도로 전이할 때는 빛을 (㉦   )한다.

③ 에너지 준위가 낮은 궤도에서 높은 궤도로 전이할 때는 빛을 흡수한다.

④ 원자의 에너지 준위가 불연속적이므로 전자가 전이할 때 방출하는 빛의 파장도 불연속적인 선 스펙트럼이 된다.

(4) 수소 원자의 선 스펙트럼

① 라이먼 계열: $n=1$인 궤도로 전이할 때 방출하는 빛

➡ 자외선 영역

② 발머 계열: $n=2$인 궤도로 전이할 때 방출하는 빛

➡ 가시광선과 적외선 영역

③ 파셴 계열: $n=3$인 궤도로 전이할 때 방출하는 빛

➡ 적외선 영역

02 에너지띠와 반도체   ➡ 100~109쪽

1. 고체의 에너지띠와 전기 전도성

(1) **고체의 에너지띠**: 고체는 많은 원자가 가까이에서 서로의 전자 궤도에 영향을 주므로, 에너지 준위가 미세하게 나뉘며 연속적인 에너지띠를 이룬다.

(2) **에너지띠 구조**

① 허용된 띠: 전자가 존재할 수 있는 에너지 영역

② 원자가 띠: 전자가 채워진 가장 바깥쪽 에너지띠

③ (ⓞ   ): 원자가 띠 위의 에너지띠

④ 띠 간격: 에너지띠 사이에 전자가 존재할 수 없는 영역

⑤ 원자가 띠의 전자가 띠 간격 이상의 에너지를 얻으면 전도띠로 전이

➡ 원자가 띠의 전자가 전도띠로 전이하여 생긴 빈 자리를 (ⓩ   )이라고 한다.

(3) **에너지띠와 전기 전도성**

① 전기 전도성: 외부 전기장에 의해 전류가 흐르는 정도

➡ 전기 전도성이 좋다＝전기 저항이 낮다.

② 에너지띠와 고체

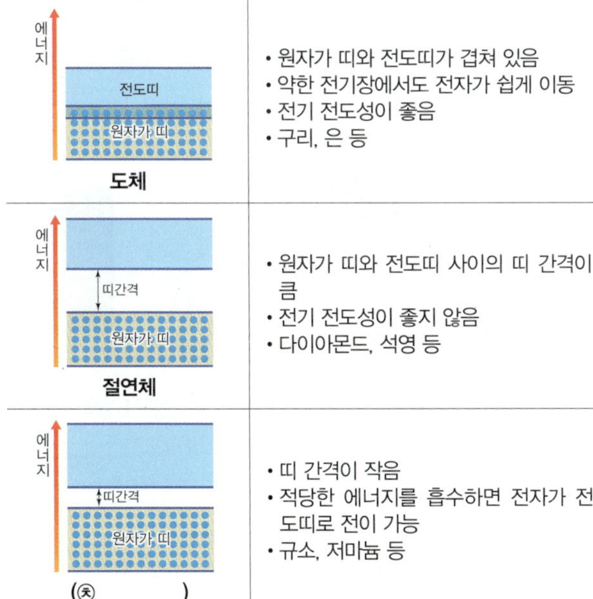

2. 반도체

(1) **순수 반도체**

① 규소, 저마늄: 4개의 원자가 전자가 모두 공유 결합

➡ 전류가 흐르기 어려움

② (ⓞ   ): 순수 반도체에 불순물을 첨가

➡ (ⓔ   )이 좋아진다.

(2) **n형 반도체와 p형 반도체**

① 불순물 반도체: 도핑한 불순물의 종류에 따라 구분

n형 반도체	p형 반도체
• 원자가 전자가 5개인 원소(인, 비소, 안티모니) 도핑 • 공유 결합에서 전자가 남음 • 전자가 주요 전하 운반체	• 원자가 전자가 3개인 원소(붕소, 갈륨, 인듐) 도핑 • 공유 결합에서 양공이 남음 • 양공이 주요 전하 운반체

② 불순물 반도체의 에너지띠

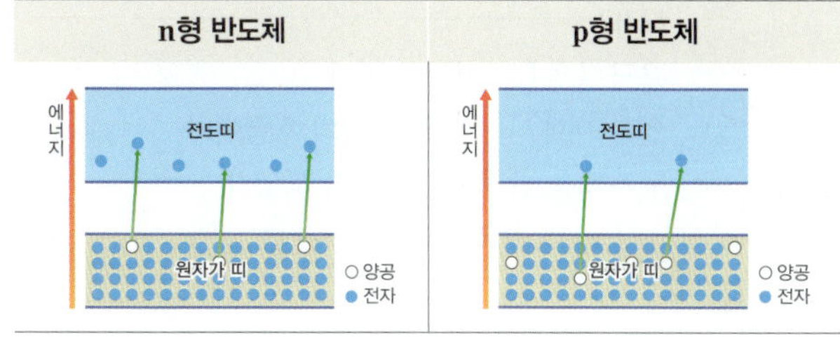

3. 다이오드

(1) p-n **접합 다이오드**: p형 반도체와 n형 반도체를 접합한 반도체 소자 ➡ (ⓟ   ) 작용

(2) **순방향 바이어스와 역방향 바이어스**

순방향 바이어스	역방향 바이어스
p형 반도체 ➡ (＋)극 n형 반도체 ➡ (－)극	p형 반도체 ➡ (－)극 n형 반도체 ➡ (＋)극
전위 장벽이 작아져 전류가 잘 흐른다.	전위 장벽이 커져 전류가 흐르지 못한다.
p형 반도체의 양공과 n형 반도체의 전자가 p-n 접합면으로 이동하여 재결합한다.	p형 반도체의 양공과 n형 반도체의 전자가 접합면으로부터 멀어져 전하가 이동할 수 없다.

(3) **다이오드의 이용**

① 어댑터: 정류 작용을 이용하여 교류를 직류로 전환

② (ⓗ   ) 다이오드: 전류가 흐를 때 빛을 방출하는 반도체 소자 ➡ 영상 장치, 리모컨, 조명 장치

③ 반도체 레이저 다이오드: 다이오드를 이용해 레이저 발생 ➡ 광통신, 레이저 포인터, DVD 입출력 시스템

④ 광 다이오드: 빛을 전기 신호로 변환하는 반도체 소자 ➡ TV 리모컨 수신부, 화재 경보기

01 전자의 에너지 준위

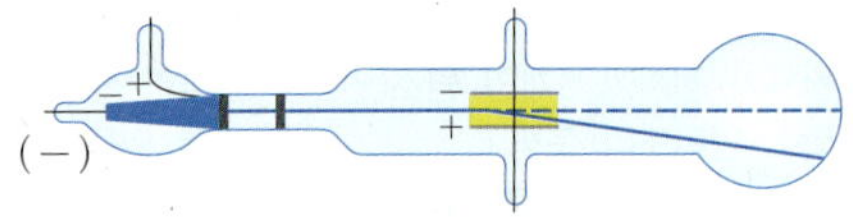

01 그림은 음극선 실험 장치의 (−)극에서 발생한 음극선이 진공에서 직진하다가 (+)극 쪽으로 휘어지는 모습을 나타낸 것이다.

이에 대한 설명으로 옳은 것만을 〈보기〉에서 있는 대로 고른 것은?

| 보기 |

ㄱ. 음극선은 (−)전하를 띤다.
ㄴ. 원자 내에서 방출된 입자의 흐름이다.
ㄷ. 원자핵을 발견하는 계기가 되었다.

① ㄱ   ② ㄷ   ③ ㄱ, ㄴ
④ ㄴ, ㄷ   ⑤ ㄱ, ㄴ, ㄷ

02 그림은 대전된 도체구 A, B가 실로 천장에 매달려 정지해 있는 모습을 나타낸 것이다.

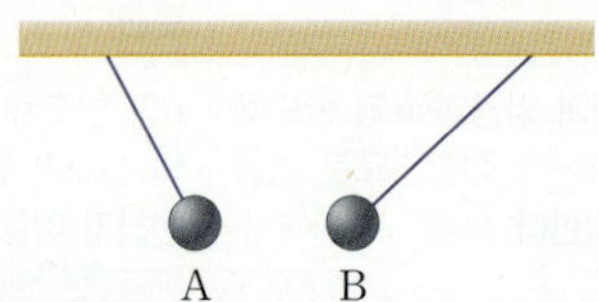

이에 대한 설명으로 옳은 것만을 〈보기〉에서 있는 대로 고른 것은?

| 보기 |

ㄱ. A와 B는 같은 종류의 전하를 띤다.
ㄴ. A와 B에 작용하는 전기력의 크기는 같다.
ㄷ. A와 B에 작용하는 전기력의 방향은 같다.

① ㄴ   ② ㄷ   ③ ㄱ, ㄴ
④ ㄱ, ㄷ   ⑤ ㄴ, ㄷ

03 그림은 수소 원자에서 바닥 상태의 궤도를 따라 운동하던 전자가 들뜬 상태의 궤도로 전이한 것을 나타낸 것이다.

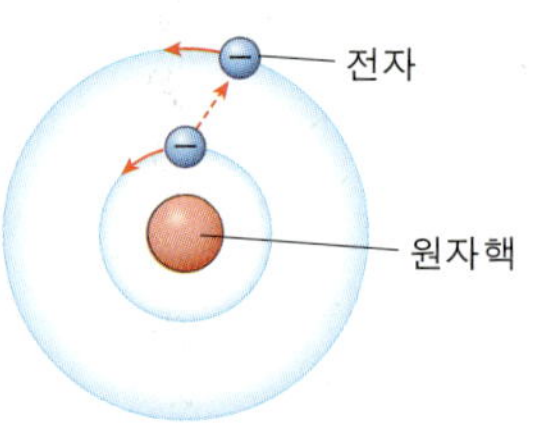

전자가 받는 전기력에 대한 설명으로 옳은 것만을 〈보기〉에서 있는 대로 고른 것은?

| 보기 |

ㄱ. 전자가 원자에 속박되도록 하는 힘이다.
ㄴ. 전기력의 방향은 운동 방향과 같다.
ㄷ. 전기력의 크기는 바닥상태에 있을 때가 들뜬상태에 있을 때보다 크다.

① ㄱ   ② ㄴ   ③ ㄷ
④ ㄱ, ㄴ   ⑤ ㄱ, ㄷ

04 그림은 수소 기체 방전관에서 방출되는 빛을 간이 분광기로 관찰하는 모습을 나타낸 것이다.

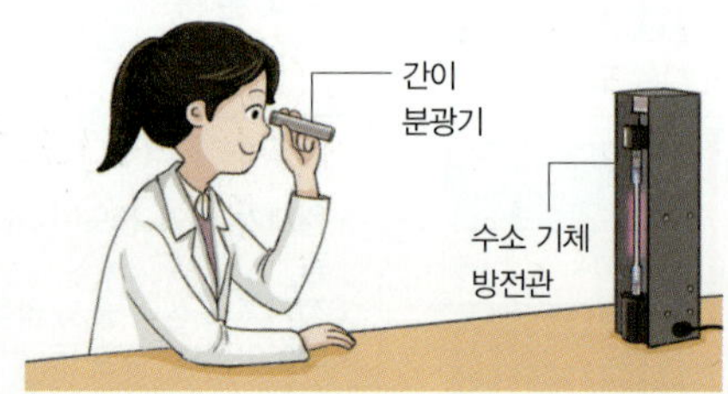

이에 대한 설명으로 옳은 것만을 〈보기〉에서 있는 대로 고른 것은?

| 보기 |

ㄱ. 선 스펙트럼을 관찰할 수 있다.
ㄴ. 맨눈으로 관찰한 스펙트럼은 수소 원자에서 전자가 바닥상태로 전이할 때 방출하는 빛이다.
ㄷ. 수소 원자의 에너지 준위가 양자화되어 있음을 알 수 있다.

① ㄴ   ② ㄷ   ③ ㄱ, ㄴ
④ ㄱ, ㄷ   ⑤ ㄱ, ㄴ, ㄷ

05 그림 (가)는 수소 원자의 선 스펙트럼의 일부를 나타낸 것이고, (나)는 보어의 수소 원자 모형에서 전자의 전이 a, b, c를 나타낸 것이다. a, b, c에서 방출된 빛의 진동수는 각각 f_a, f_b, f_c이다.

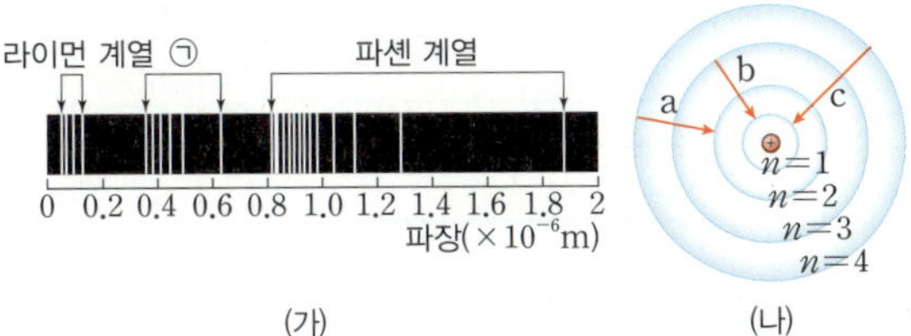

이에 대한 설명으로 옳은 것만을 〈보기〉에서 있는 대로 고른 것은? (단, h는 플랑크 상수이다.)

| 보기 |
ㄱ. a는 ㉠ 중에서 파장이 가장 긴 빛이다.
ㄴ. $f_a > f_b > f_c$이다.
ㄷ. $n=3$인 상태에 있던 전자가 $h(f_c - f_b)$의 에너지를 흡수하면 $n=4$인 상태로 전이할 수 있다.

① ㄱ ② ㄴ ③ ㄷ
④ ㄱ, ㄴ ⑤ ㄱ, ㄷ

06 그림 (가)는 보어의 수소 원자 모형에서 양자수 n에 따른 에너지 준위와 전자 전이 p, q, r를 나타낸 것이고, (나)는 발머 계열의 선 스펙트럼 중 일부를 순서대로 나타낸 것이다. b는 q에서 방출되는 빛의 스펙트럼이다.

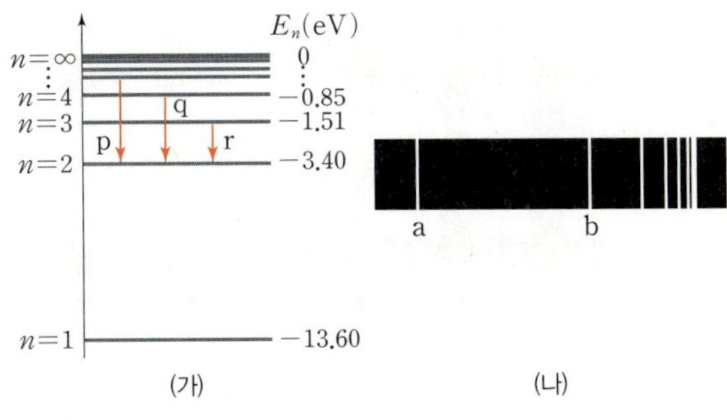

이에 대한 설명으로 옳은 것만을 〈보기〉에서 있는 대로 고른 것은?

| 보기 |
ㄱ. a는 r에서 방출되는 빛의 스펙트럼이다.
ㄴ. b의 광자 1개의 에너지는 3.40 eV이다.
ㄷ. 빛의 파장은 a가 b보다 크다.

① ㄱ ② ㄴ ③ ㄷ
④ ㄱ, ㄷ ⑤ ㄴ, ㄷ

07 그림 (가)는 양자수 $n=4$인 상태에 있던 전자가 $n=2$인 상태로, (나)는 양자수 $n=2$인 상태에 있던 전자가 $n=1$인 상태로 전이하면서 빛을 방출하는 것을 나타낸 것이다.

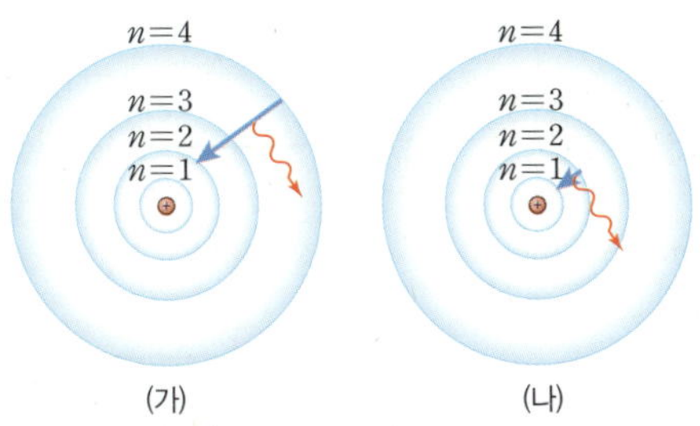

(가)에서가 (나)에서보다 값이 큰 물리량만을 〈보기〉에서 있는 대로 고른 것은?

| 보기 |
ㄱ. 전이하는 전자의 에너지 준위 차이
ㄴ. 방출하는 빛의 파장
ㄷ. 방출하는 광자 1개의 에너지

① ㄱ ② ㄴ ③ ㄷ
④ ㄱ, ㄴ ⑤ ㄴ, ㄷ

08 그림 (가)와 (나)는 보어의 수소 원자 모형에서 전자가 바닥 상태에 있을 때 각각 10.2 eV, 11.2 eV의 에너지를 갖는 광자가 입사하는 과정을 모식적으로 나타낸 것이다.

중요

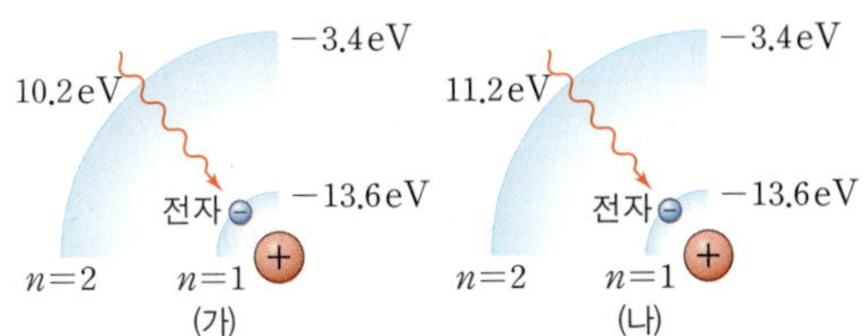

이에 대한 설명으로 옳은 것만을 〈보기〉에서 있는 대로 고른 것은?

| 보기 |
ㄱ. 광자의 진동수는 (나)가 (가)보다 크다.
ㄴ. (가)에서 전자는 $n=2$인 상태로 전이한다.
ㄷ. (나)에서 전자는 $n=1$인 상태를 유지한다.

① ㄱ ② ㄷ ③ ㄱ, ㄴ
④ ㄴ, ㄷ ⑤ ㄱ, ㄴ, ㄷ

09 그림은 보어의 수소 원자 모형에서 양자수 n에 따른 에너지 준위와 전자 전이 a, b, c를 나타낸 것이다. a, b, c 과정에서 흡수되거나 방출된 빛의 진동수는 각각 f_a, f_b, f_c이다.

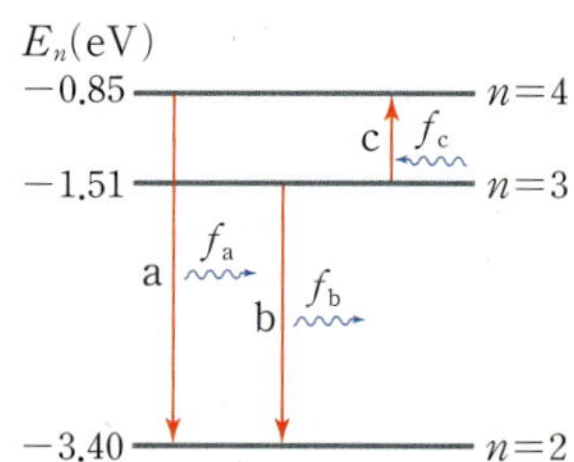

이에 대한 설명으로 옳은 것만을 〈보기〉에서 있는 대로 고른 것은?

| 보기 |

ㄱ. $f_a = f_b + f_c$이다.
ㄴ. b와 c는 발머 계열에 속한다.
ㄷ. 방출되는 광자 1개의 에너지는 a에서가 b에서보다 크다.

① ㄱ 　② ㄴ　 ③ ㄱ, ㄷ
④ ㄴ, ㄷ　 ⑤ ㄱ, ㄴ, ㄷ

02 에너지띠와 반도체

10 그림은 고체의 에너지띠 구조를 모식적으로 나타낸 것이다. a는 전자가 거의 없는 에너지띠이고 c는 전자가 채워져 있는 에너지띠이다.

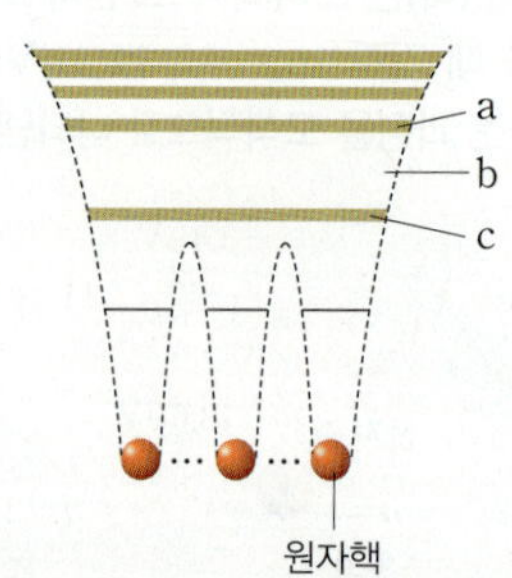

이에 대한 설명으로 옳은 것만을 〈보기〉에서 있는 대로 고른 것은?

| 보기 |

ㄱ. a는 전도띠이다.
ㄴ. b가 작으면 전기 전도성이 낮다.
ㄷ. c에 있던 전자가 a로 전이하면 c에는 양공이 생긴다.

① ㄱ 　② ㄴ　 ③ ㄱ, ㄷ
④ ㄴ, ㄷ　 ⑤ ㄱ, ㄴ, ㄷ

11 그림 (가)는 수소 원자의 에너지 준위를 양자수 n에 따라 나타낸 것이고, (나)는 띠 간격이 $E_3 - E_2$인 고체의 에너지띠를 나타낸 것이다.

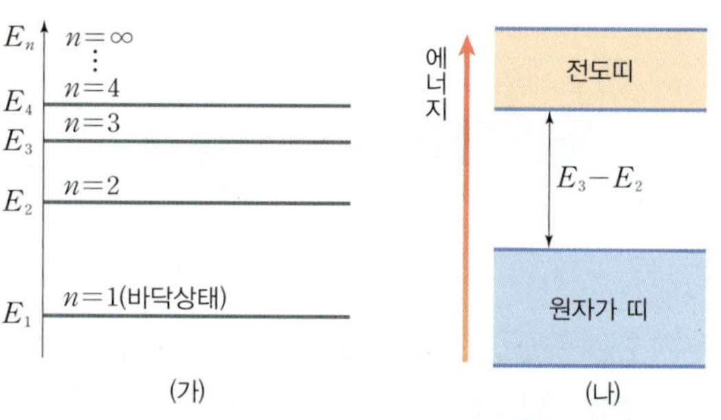

(가)에서 전자가 전이할 때 방출하는 빛을 (나)의 고체에 비추었을 때 원자가 띠의 전자가 전도띠로 전이할 수 있는 경우만을 〈보기〉에서 있는 대로 고른 것은?

| 보기 |

ㄱ. $n=4$인 상태에서 $n=1$인 상태로 전이할 때
ㄴ. $n=3$인 상태에서 $n=2$인 상태로 전이할 때
ㄷ. $n=2$인 상태에서 $n=1$인 상태로 전이할 때

① ㄱ 　② ㄷ　 ③ ㄱ, ㄴ
④ ㄴ, ㄷ　 ⑤ ㄱ, ㄴ, ㄷ

12 그림 (가)와 (나)는 각각 규소(Si)로 구성된 순수 반도체와 불순물 X를 첨가한 불순물 반도체를 나타낸 것이다.

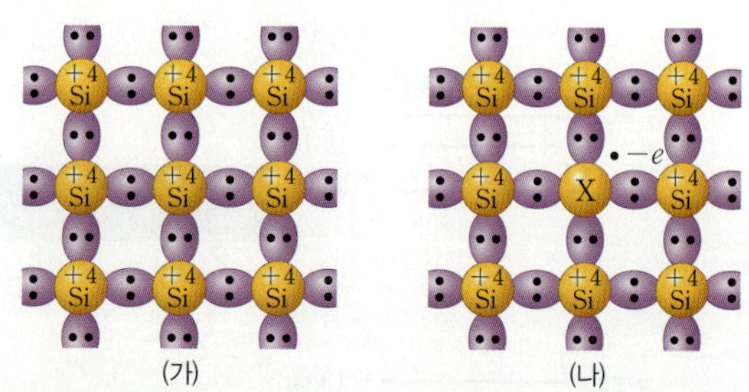

이에 대한 설명으로 옳은 것만을 〈보기〉에서 있는 대로 고른 것은?

| 보기 |

ㄱ. (가)에서 규소 원자는 모두 공유 결합을 한다.
ㄴ. X는 원자가 전자가 3개이다.
ㄷ. (나)에서 결합에 참여하지 않는 전자는 원자가 띠에 존재한다.

① ㄱ 　② ㄴ　 ③ ㄱ, ㄷ
④ ㄴ, ㄷ　 ⑤ ㄱ, ㄴ, ㄷ

13 그림은 p-n 접합 다이오드를 전지와 저항에 연결하여 회로를 꾸민 것을 나타낸 것이다.

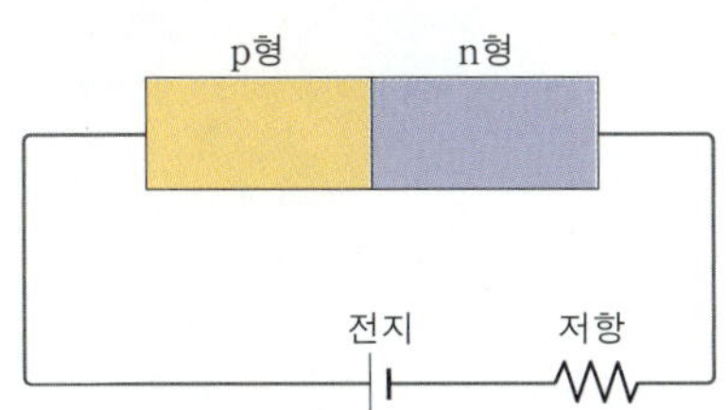

이에 대한 설명으로 옳은 것만을 〈보기〉에서 있는 대로 고른 것은?

| 보기 |

ㄱ. 저항에는 전지 → 저항 → 다이오드 방향으로 전류가 흐른다.
ㄴ. p형 반도체의 전자는 전지의 (+)극 쪽으로 이동한다.
ㄷ. 접합면에서 양공과 전자가 재결합한다.

① ㄱ 　② ㄴ 　③ ㄱ, ㄷ
④ ㄴ, ㄷ 　⑤ ㄱ, ㄴ, ㄷ

14 그림 (가)는 상온에서 순수한 저마늄(Ge)의 에너지띠 구조를 나타낸 것이고, (나)는 저마늄에 원소 a를 도핑하였을 때 원자가 전자의 배열을 나타낸 것이다.

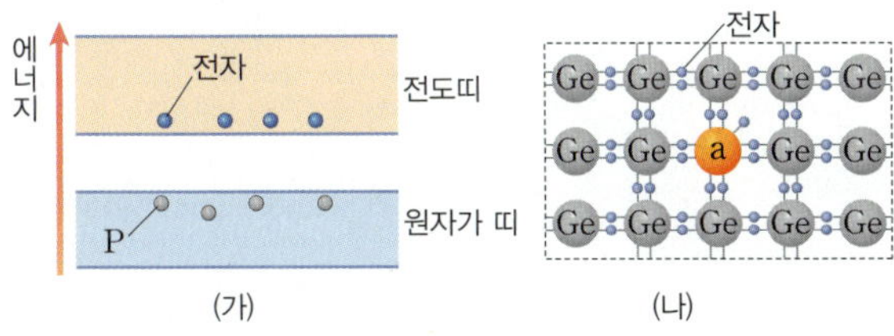

이에 대한 설명으로 옳은 것만을 〈보기〉에서 있는 대로 고른 것은?

| 보기 |

ㄱ. P는 양공이다.
ㄴ. a의 원자가 전자는 5개이다.
ㄷ. (나)의 에너지띠에서는 전도띠의 전자와 원자가 띠의 P의 개수가 같다.

① ㄱ 　② ㄷ 　③ ㄱ, ㄴ
④ ㄴ, ㄷ 　⑤ ㄱ, ㄴ, ㄷ

15 그림 (가)는 다이오드를 이용하여 만든 정류 회로의 모습을 나타낸 것이고, (나)는 교류 전원의 전압 V를 시간 t에 따라 나타낸 것이다.

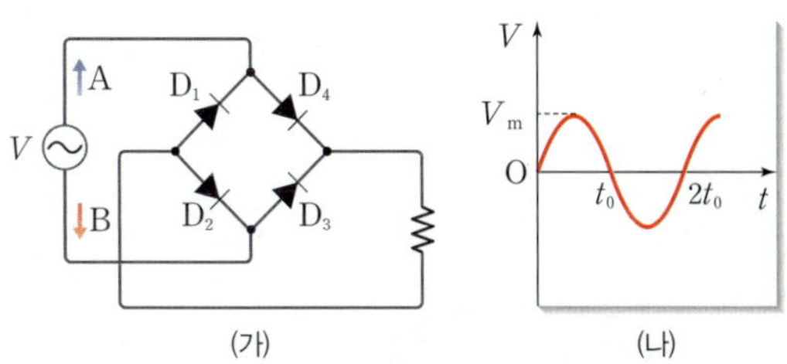

이에 대한 설명으로 옳은 것만을 〈보기〉에서 있는 대로 고른 것은?

| 보기 |

ㄱ. 다이오드는 한 방향으로만 전류를 흐르게 한다.
ㄴ. A 방향으로 전류가 흐를 때 D_3에는 순방향 바이어스가 걸린다.
ㄷ. B 방향으로 전류가 흐를 때 D_2에서는 양공과 전자가 접합면에서 재결합한다.

① ㄱ 　② ㄴ 　③ ㄱ, ㄷ
④ ㄴ, ㄷ 　⑤ ㄱ, ㄴ, ㄷ

16 그림은 발광 다이오드(LED)가 빛을 방출할 때 전자와 양공의 이동을 모식적으로 나타낸 것이다. 원자가 띠와 전도띠의 에너지 준위 차이는 E_g이다.

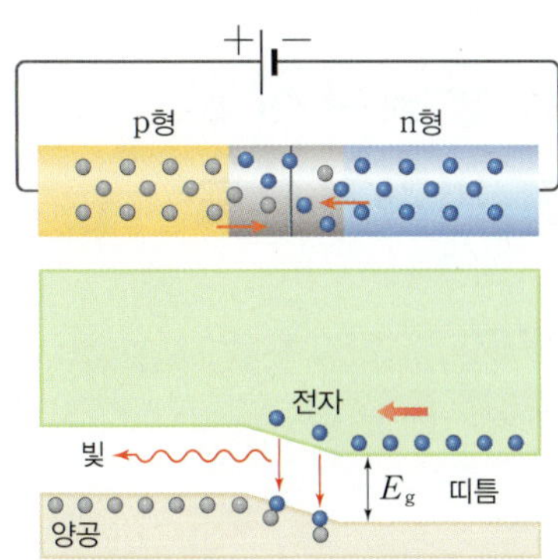

이에 대한 설명으로 옳은 것만을 〈보기〉에서 있는 대로 고른 것은?

| 보기 |

ㄱ. LED에는 순방향 바이어스가 걸린다.
ㄴ. E_g가 클수록 빛의 파장도 증가한다.
ㄷ. 접합면에서 전도띠의 전자가 원자가 띠의 양공과 재결합한다.

① ㄱ 　② ㄴ 　③ ㄱ, ㄷ
④ ㄴ, ㄷ 　⑤ ㄱ, ㄴ, ㄷ

02

자기

01 전류에 의한 자기장

⊗ 먼저 알아야 할 내용

1. **지구 자기장** 지구 주위의 자기장은 북극이 S극이고 남극이 N극이다.
2. **전류가 흐르는 코일 주위의 자기장**
   (1) **모양**: ⓐ[㉠]에 의한 자기장과 비슷한 모양이며,
      한 쪽은 N극, 다른 쪽은 S극이 된다.
   (2) **방향**: 작은 직선 도선에 흐르는 전류에 의한 자기장을
      오른나사 규칙으로 정하고, 합성한다.
   (3) **세기**: 코일의 감은 수가 많을수록, 전류의 세기가 클수
      록 코일 중심에서 자기장의 세기도 ⓐ[㉡].

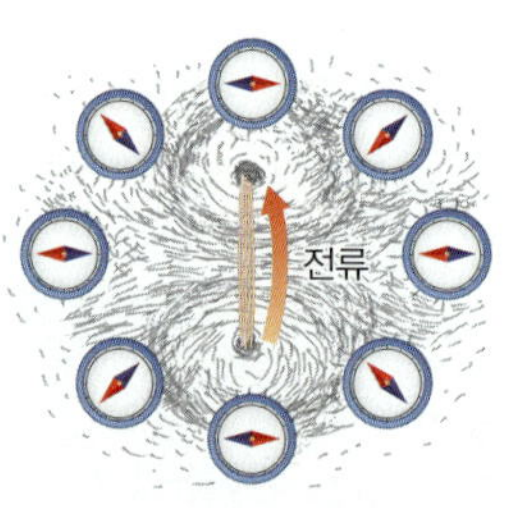

답 ㉠ 막대자석 ㉡ 크다

❖ **자기장의 3차원 모양 관찰**
자기장은 공간 상에 3차원적으로 만들어
진다. 나침반을 평면이 아닌 공간 상에
배열하면 자기장의 3차원 모양을 관찰할
수 있다.

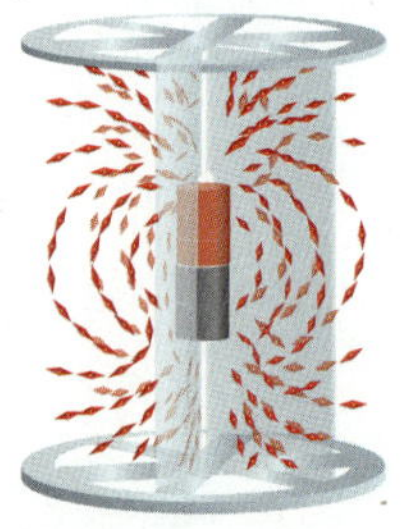

❖ **자기력선의 특징**
• 자기력선 간격이 좁을수록 자기장의
 세기가 세다.
• 자기력선의 한 점에서 접선 방향이 자
 기장 방향이다.
• 자기력선은 도중에 분리되거나 만나지
 않는다.
• 자기력선은 도중에 생성되거나 소멸되
 지 않는다.

❖ **원형 전류에 의한 자기장**
원형 도선에 흐르는 전류에 의한 자기장
은 작은 직선 도선에 흐르는 전류가 만드
는 자기장의 합으로 생각할 수 있다.

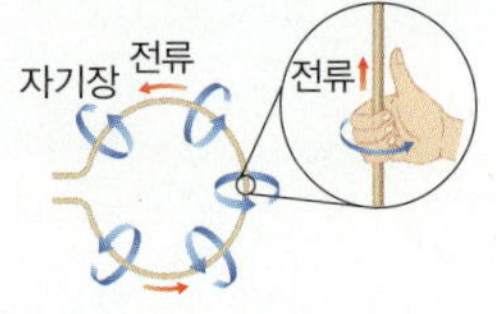

Ⓐ 전류에 의한 자기장

1. 자기장과 자기력선

① **자기장**: 자석 주위나 전류가 흐르는 도선 주위와 같이 자기력이 작용하는 공간
② **자기력선**: 자기장에서 나침반의 N극이 가리키는 방향을 연속적으로 이은 선

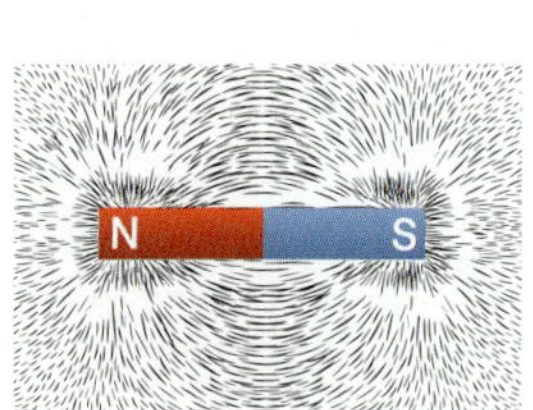

자석 주위의 철 가루 배열

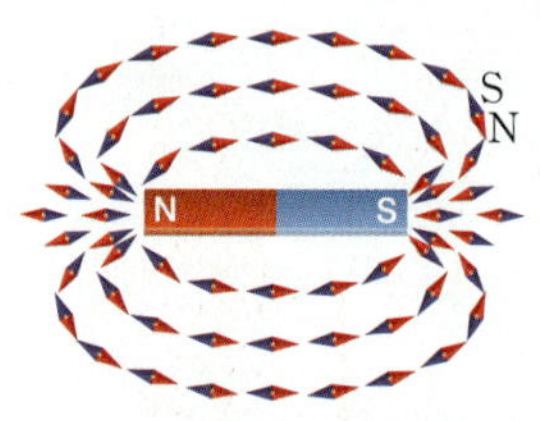

(가) 자석 주위의 자침 배열

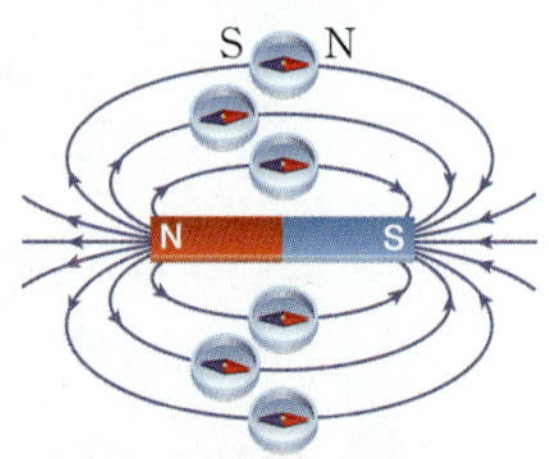

(나) 자석 주위의 자기장 모양

2. 전류에 의한 자기장

① **외르스테드의 발견**: 전류가 흐르는 도선 주위에서 나침반이 회전한다.
   ➡ 전류에 의해 자기장이 만들어진다.
② **여러 가지 모양의 전류 흐름에 의한 자기장**

직선 전류	원형 전류	솔레노이드
오른 나사 규칙 적용	오른 나사 규칙 적용	오른손 네 손가락을 전류 방향으로 감아쥘 때 엄지손가락 방향
전류가 흐르는 도선에 수직인 평면에서 도선을 중심으로 하는 동심원 모양	작은 직선 도선에 흐르는 전류가 만드는 자기장이 합성된 모양	내부는 중심축에 나란하고 균일한 모양, 외부는 막대자석에 의한 자기장과 비슷

③ 자기장의 세기

- 직선 전류 주변: 전류 세기(I)에 비례하고 도선으로부터 떨어진 거리(r)에 반비례

  ➡ $B = k\dfrac{I}{r}$

- 원형 도선의 중심: 전류 세기(I)에 비례하고 원의 반지름(r)에 반비례 ➡ $B = k'\dfrac{I}{r}$

- 솔레노이드 내부: 전류 세기(I)와 1 m 당 감은 수(n)에 비례 ➡ $B = k''nI$

실전 자료 두 직선 전류에 의한 자기장이 0인 점 찾기

전류의 방향이 같은 경우	전류의 방향이 반대인 경우	
	전류의 세기가 다를 때	전류의 세기가 같을 때
• 두 도선 사이에 자기장이 0인 지점이 존재 • 두 도선으로부터의 거리의 비가 전류의 비와 같음	• 전류의 세기가 작은 쪽의 바깥쪽에 존재 • 두 도선으로부터의 거리의 비가 전류의 비와 같음	• 자기장이 0인 지점이 존재하지 않음

개념 바로 확인

정답 및 해설 | 24쪽

01 직선 도선에 흐르는 전류에 의한 자기장의 세기는 전류의 세기에 [   ]하고 도선으로부터 떨어진 거리에 [   ]한다.

01 다음 중 전류에 의한 자기장에 대한 설명으로 옳은 것은 ○표, 옳지 <u>않은</u> 것은 ×표를 하시오.

(1) 직선 도선에 흐르는 전류에 의한 자기장의 방향은 전류의 방향과 나란하다.

(   )

(2) 원형 도선에 흐르는 전류의 세기가 클수록 중심에서 자기장의 세기도 커진다.

(   )

(2) 솔레노이드의 내부 지름이 2배가 되면 솔레노이드 내부 자기장의 세기는 1/2배가 된다.

(   )

02 전류가 흐르는 [   ] 내부에는 중심축과 나란하고 균일한 자기장이 만들어진다.

02 전류에 의한 자기장에 대한 설명으로 옳은 것만을 〈보기〉에서 있는 대로 고르시오.

| 보기 |

ㄱ. 직선 도선에 가까운 지점일수록 자기장의 세기가 증가한다.

ㄴ. 원형 도선에 흐르는 전류의 방향을 반대로 하면 원의 중심에서 자기장의 방향이 반대가 된다.

ㄷ. 솔레노이드의 길이를 2배로 하고 감은 수를 2배로 하면 내부의 자기장의 세기는 4배가 된다.

01 전류에 의한 자기장

❖ **전류에 의한 자기장을 이용하는 또 다른 예**
 − 자동차 연료 계기판
 − 전기밥솥의 솔레노이드 밸브

❖ **토로이드(toroid)**
솔레노이드를 원형으로 감아 끝을 연결시킨 도넛 모양의 코일로, 이상적인 토로이드의 경우 내부에는 자기장이 형성되지만 외부 자기장은 0이 된다.

B 전류에 의한 자기 작용의 이용

1. 전류에 의한 자기장을 이용하는 예

① **하드 디스크(HDD)**: 코일로 이루어진 헤드에 흐르는 전류에 의한 자기장을 이용해 플래터에 정보를 기록한다.
　➡ 자기장의 방향을 변화시켜 0과 1의 정보를 기록한다.

② **자기 공명 영상 장치(MRI)**: 솔레노이드에 큰 전류가 흐르도록 하여 강력한 자기장을 만들어 인체 내부를 영상화한다.
　➡ 강한 자기장을 이용하는 기계 속으로 사람이 들어가므로 금속을 소지한 사람은 이용하기 어렵다.

③ **뇌자도(MEG)**: 사람의 뇌세포에 흐르는 미세한 전류가 만드는 자기장을 감지한다.

④ **핵융합 장치(토카막)**: 강한 자기장을 이용해 고온(약 1억 °C)의 플라즈마를 가두어 둔다. ➡ 솔레노이드를 둥글게 만든 형태의 토로이드로, 내부에 강한 자기장을 만들어 플라즈아 상태의 핵융합 발전용 연료 기체를 담아두는 용기의 역할을 한다.

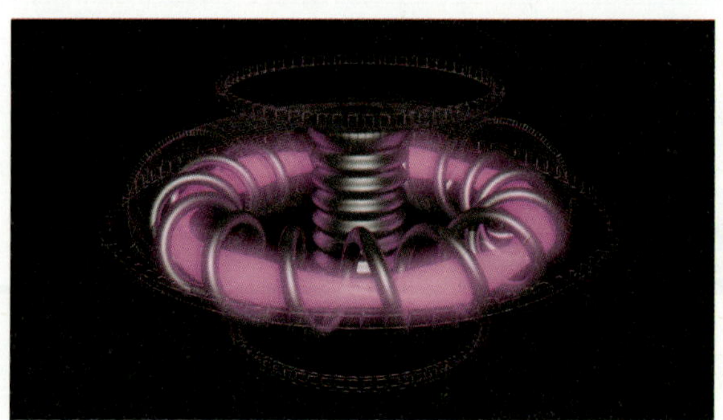

▲ 토카막

2. 자기장에 의한 자기력을 이용하는 예

① **전자석 기중기**: 강력한 자기력으로 고철과 같은 무거운 물체를 들어 올린다.
　➡ 전자석의 세기를 조절하여 별도의 결속 작업이 불필요하다.

② **자기 부상 열차**: 솔레노이드에 흐르는 전류를 이용해 열차를 띄워 운행한다.
　➡ 열차가 떠서 운행하므로 마찰이 없어 매우 빠른 속도를 낼 수 있다.

③ **스피커**: 코일과 자석 사이의 자기력을 이용해 진동판을 진동시킨다.

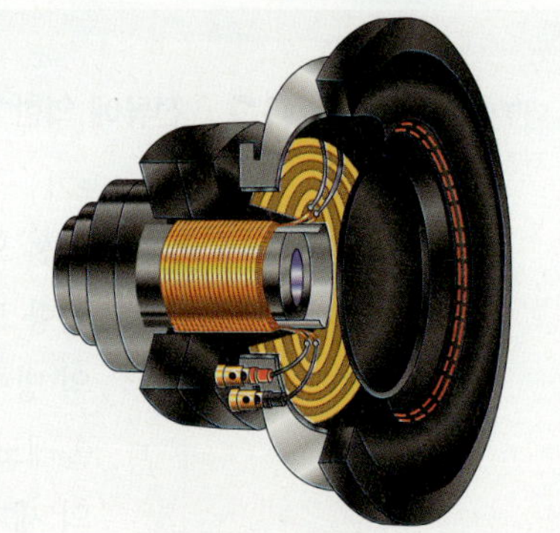

▲ 스피커의 구조

3. **전기 에너지를 운동 에너지로 전환하는 예**

① **전동기**: 중심에 있는 회전 코일 주위를 자석이 감싸고 있는 형태로, 전류가 흐르면 코일의 각 부분에 자기력이 작용하여 코일이 회전한다.

➡ 선풍기, 세탁기, 청소기, 엘리베이터 등 일상 생활에서 전기 모터가 사용되는 예는 쉽게 찾을 수 있다.

② **디지털 카메라의 보이스 코일 모터**: 디지털 카메라의 렌즈를 감싸고 있는 코일과 자석을 이용해 렌즈를 미세하게 조정한다.

▲ 보이스 코일 모터

③ **쿼츠 시계**: 수정 진동자(쿼츠)에 낮은 전압을 가하면 일정하게 진동하며 이를 이용해 시간을 측정한다.

❖ **쿼츠(Quartz)**
4 mm 크기의 수정 진동자로 낮은 전압을 적용시키면 정확하게 초당 32,768번 진동한다.

개념 바로 확인

03 전동기는 전기 에너지를 [   ] 에너지로 전환한다.

03 다음 중 전류에 의한 자기장의 활용에 대한 설명으로 옳은 것은 ○표, 옳지 **않은** 것은 ×표를 하시오.

(1) 전자석은 자기장의 세기는 크게 할 수 있지만 방향은 바꿀 수 없다.

(   )

(2) 스피커는 전류가 흐르는 코일과 자석의 상대 운동을 이용해 진동판을 진동시킨다.

(   )

(3) 하드 디스크는 코일로 이루어진 헤드에 흐르는 전류에 의한 전기장을 이용해 정보를 저장한다.

(   )

04 [   ]는 솔레노이드 내부에 강한 자기장을 만들어 인체 내부 영상을 얻는다.

04 다음은 자기 공명 영상 장치에 대한 설명이다. 빈 칸에 알맞은 말은?

> 자기 공명 영상 장치(MRI)는 핵자기 공명 현상을 이용해 신체 내부의 영상을 얻는 의료 진단 장치이다. 이를 위해서는 강한 (   )이 필요하다. MRI에서는 초전도체를 이용한 솔레노이드에 큰 (   )가 흐르게 하여 매우 강한 자기장을 만들어 생체의 장기, 조직 등의 단층 영상을 얻어 질병을 진단한다.

· 두 도선에 흐르는 전류에 의한 자기장의 합성 ·

원리 (1) 두 직선 도선에 의한 자기장

• 같은 방향으로 전류 I가 흐를 때

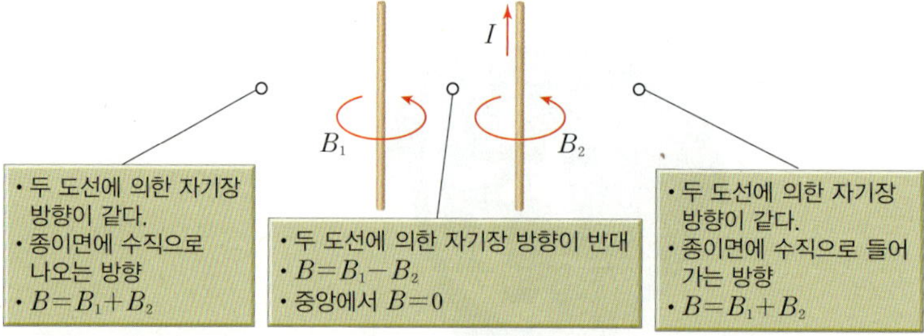

• 반대 방향으로 전류 I가 흐를 때

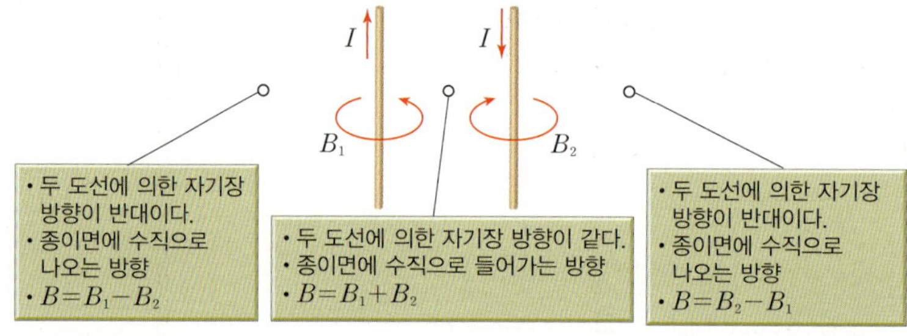

(2) 두 원형 도선(동심원)에 의한 자기장

• 같은 방향으로 전류가 흐를 때   • 반대 방향으로 전류가 흐를 때

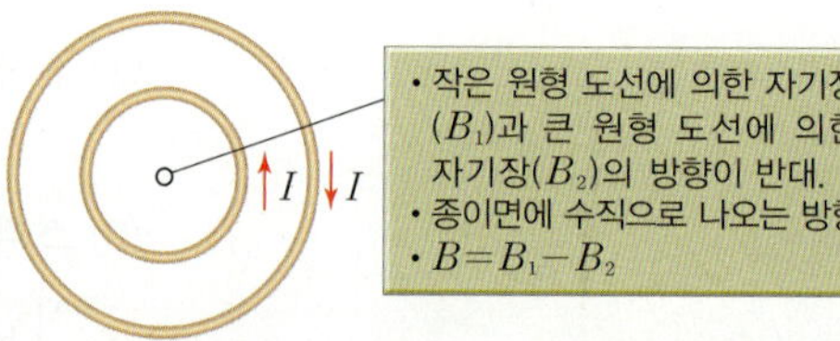

(3) 직선 도선과 원형 도선에 의한 자기장

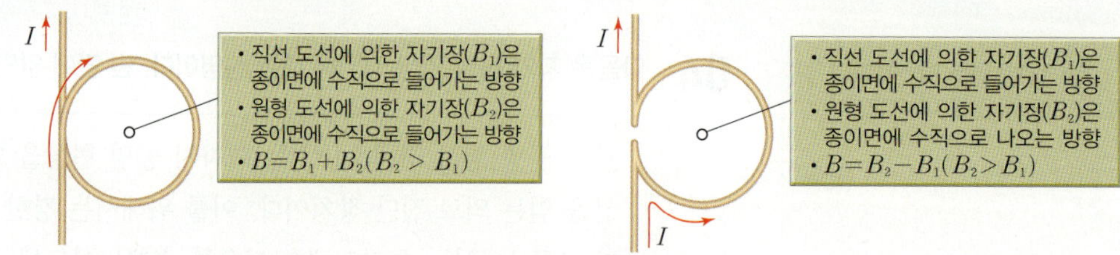

A 전류에 의한 자기장

01 종이면에 수직으로 들어가는 방향으로 전류가 흐르는 직선 도선 주위에 나침반을 놓았을 때, 나침반 자침이 가리키는 방향이 가장 적절한 것은? (단, 지구 자기장은 무시한다.)

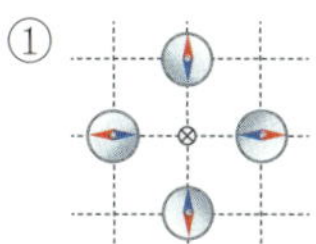
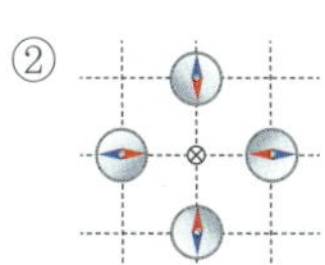
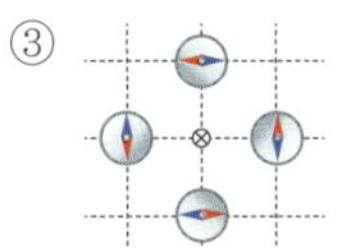

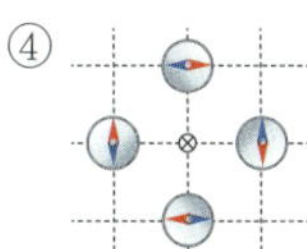
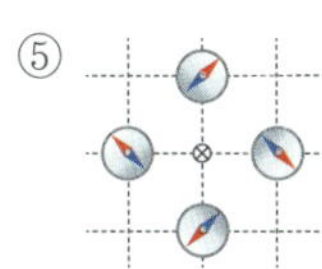

02 전류가 흐르는 직선 도선 주위에 나침반을 놓으면 나침반의 자침이 전류에 의한 자기장의 영향으로 회전한다.
자침의 회전각을 더 크게 할 수 있는 방법만을 〈보기〉에서 있는 대로 고른 것은?

┤ 보기 ├

ㄱ. 전류의 세기를 증가시킨다.
ㄴ. 전류의 방향을 반대로 바꾼다.
ㄷ. 도선과 나침반의 거리를 더 멀리한다.

① ㄱ   ② ㄷ   ③ ㄱ, ㄴ
④ ㄴ, ㄷ   ⑤ ㄱ, ㄴ, ㄷ

03 그림은 직선 도선에 xy 평면에 수직으로 나오는 방향으로 전류가 흐르는 것을 나타낸 것이다.
이에 대한 설명으로 옳은 것만을 〈보기〉에서 있는 대로 고른 것은?

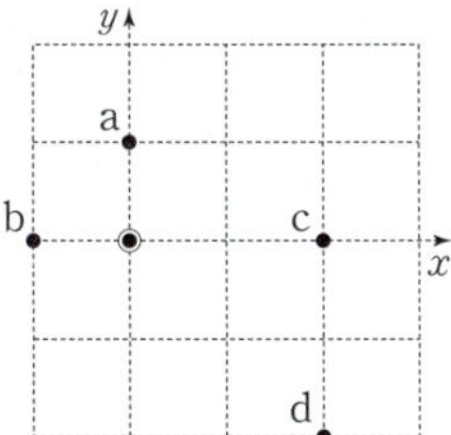

┤ 보기 ├

ㄱ. a에서 자기장의 방향은 $-x$ 방향이다.
ㄴ. b와 c에서 자기장의 방향은 서로 반대 방향이다.
ㄷ. 자기장의 세기는 c에서가 d에서의 2배이다.

① ㄱ   ② ㄷ   ③ ㄱ, ㄴ
④ ㄴ, ㄷ   ⑤ ㄱ, ㄴ, ㄷ

04 그림은 종이면에 수직인 두 직선도선 A, B를 나타낸 것으로, 도선에는 같은 세기의 전류가 A는 나오는 방향, B는 들어가는 방향으로 흐르고 있다.
a～c에서 자기장의 세기의 비로 옳은 것은?

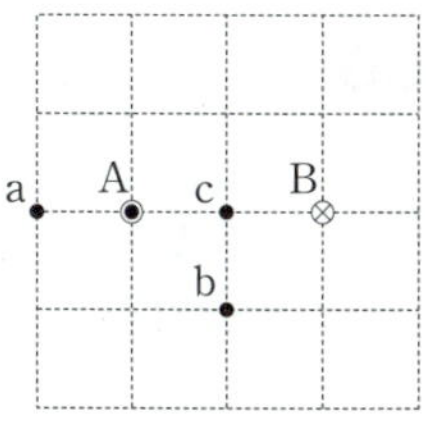

① $1 : 1 : \sqrt{2}$ ② $2 : 3 : 6$
③ $2 : 3\sqrt{2} : 6$ ④ $4 : 3\sqrt{2} : 0$
⑤ $2 : 3\sqrt{2} : 4$

05 다음은 전류에 의한 자기장에 관한 실험이다.

[실험 과정]
(가) 그림과 같이 실험 장치를 구성한다.

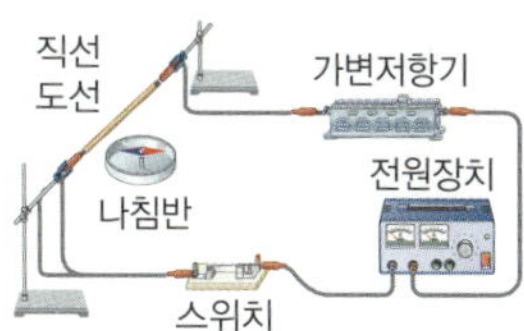

(나) 스위치를 닫고 나침반 자침의 방향을 관찰한다.
(다) (가)에서 전류의 방향은 반대, 세기는 2배가 되도록 바꾸고 (나)를 반복한다.

[실험 결과]
(나), (다)에서 나침반 자침과 도선 사이 각이 θ로 같다.

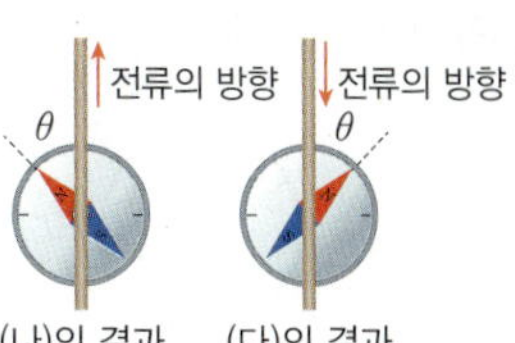

이에 대한 설명으로 옳은 것만을 〈보기〉에서 있는 대로 고른 것은?

┤ 보기 ├

ㄱ. (가)에서 직선 도선은 남북 방향으로 설치되지 않았다.
ㄴ. 전류가 흐르지 않을 때를 기준으로 나침반 자침의 회전각은 (다)에서가 (나)에서보다 크다.
ㄷ. 나침반이 있는 곳에서 전류에 의한 자기장의 방향은 (나)와 (다)에서 서로 반대 방향이다.

① ㄱ   ② ㄷ   ③ ㄱ, ㄴ
④ ㄴ, ㄷ   ⑤ ㄱ, ㄴ, ㄷ

06 그림은 xy평면에서 $+y$ 방향으로 전류 I_0이 흐르는 무한히 긴 도선 P와, P로부터 $2d$만큼 떨어져 P에 평행한 도선 Q를 나타낸 것이다. P와 Q의 중간 지점과 Q에서 $+x$ 방향으로 d만큼 떨어진 지점에서 자기장의 세기는 각각 $2B_0$, B_0이고 방향은 반대이다.

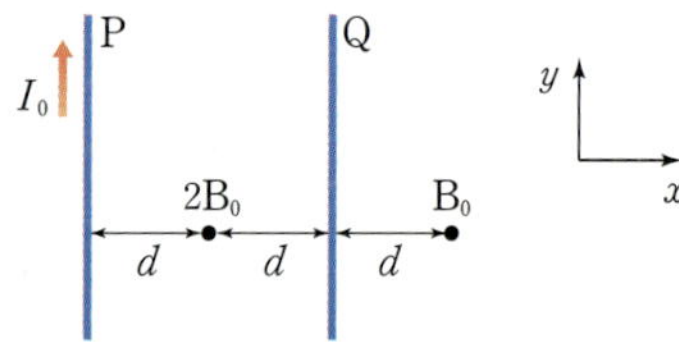

Q에 흐르는 전류의 세기와 방향을 옳게 짝 지은 것은?

	세기	방향		세기	방향
①	$\dfrac{3}{4}I_0$	$+y$	②	$\dfrac{3}{4}I_0$	$-y$
③	$\dfrac{5}{4}I_0$	$+y$	④	$\dfrac{5}{3}I_0$	$-y$
⑤	$\dfrac{5}{3}I_0$	$+y$			

07 그림과 같이 xy평면에 고정된 반지름이 a인 원형 도선 A와 무한히 긴 직선 도선 B, C에 전류가 흐르고 있다. A에는 반시계 방향으로, B에는 $+x$ 방향으로 전류가 흐르고, B에 흐르는 전류의 세기는 I_0이다.

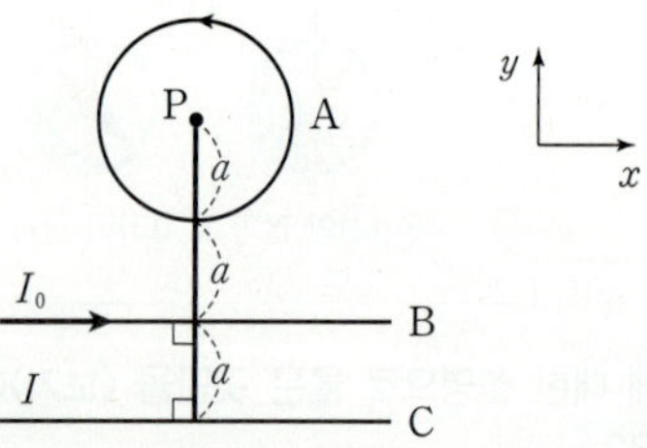

A의 중심인 점 P에서 자기장이 0일 때, 이에 대한 설명으로 옳은 것만을 〈보기〉에서 있는 대로 고른 것은?

보기
ㄱ. C에 흐르는 전류의 방향은 $-x$ 방향이다. ㄴ. C에 흐르는 전류의 세기는 I_0보다 크다. ㄷ. P에서 B와 C에 흐르는 전류에 의한 자기장의 방향은 xy평면에 수직으로 나오는 방향이다.

① ㄱ   ② ㄷ   ③ ㄱ, ㄴ
④ ㄴ, ㄷ   ⑤ ㄱ, ㄴ, ㄷ

08 원형 도선에 흐르는 전류에 의한 자기장에 대한 설명으로 옳지 <u>않은</u> 것은?

① 작은 직선 도선에 흐르는 전류에 의한 자기장의 합으로 생각할 수 있다.
② 원의 반지름이 클수록 중심에서 자기장 세기가 증가한다.
③ 도선에 흐르는 전류 세기가 클수록 중심에서 자기장 세기가 증가한다.
④ 도선에 시계 방향으로 전류가 흐르면 중심에서 자기장 방향은 평면에 수직으로 들어가는 방향이다.
⑤ 원형 도선 바깥에도 자기장이 생긴다.

09 전류에 의한 자기장에 대한 설명으로 옳은 것은?

① 직선 도선으로부터 거리가 증가할수록 자기장의 세기가 증가한다.
② 직선 도선에 흐르는 전류의 세기가 클수록 자기장의 세기가 증가한다.
③ 원형 도선에 흐르는 전류의 세기를 2배로 하면 중심에서의 자기장의 세기는 4배가 된다.
④ 직선 도선에 흐르는 전류에 의한 자기장과 솔레노이드에 흐르는 전류에 의한 자기장의 모양은 같다.
⑤ 솔레노이드의 길이를 2배로 하고 감은 수를 2배로 하면 내부의 자기장의 세기는 4배가 된다.

10 그림은 솔레노이드와 저항, 전원 장치를 연결한 모습을 나타낸 것이고, 표는 솔레노이드의 길이, 감은 수, 전원 장치의 전압을 변화시킬 때 솔레노이드 내부의 자기장의 세기를 나타낸 것이다.

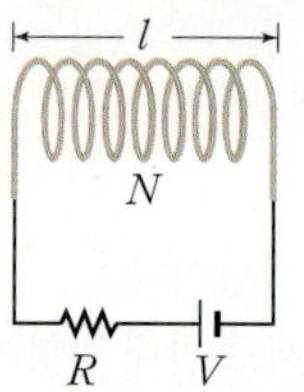

실험	I	II	III
길이(l)	L_0	L_0	$2L_0$
감은 수(N)	N_0	N_0	$2N_0$
전압(V)	V_0	$2V_0$	V_0
자기장 세기	B_1	B_2	B_3

$B_1 : B_2 : B_3$는?

① $1 : 2 : 1$ ② $1 : 2 : 4$ ③ $2 : 1 : 2$
④ $2 : 1 : 4$ ⑤ $4 : 2 : 1$

B 전류에 의한 자기 작용의 이용

11 다음은 스피커의 원리에 대한 설명이다.

> 스피커는 자석과 코일, 진동판으로 구성된다. 코일에 (가) 전류가 흐르면 코일에 흐르는 전류에 의한 자기장의 세기와 방향이 시간에 따라 변한다. 이때 자석과 코일 사이에 당기거나 밀어내는 자기력이 작용하고, 코일에 붙어있는 진동판이 진동하여 소리가 발생한다.

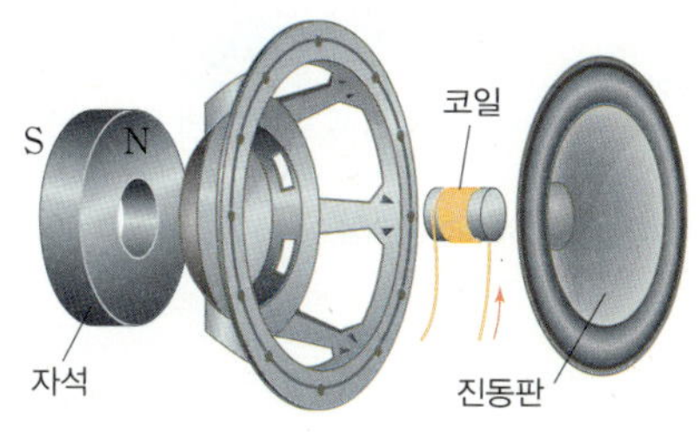

이에 대한 설명으로 옳은 것만을 〈보기〉에서 있는 대로 고른 것은?

| 보기 |

ㄱ. (가)에 들어갈 말은 교류이다.
ㄴ. 코일에 화살표 방향으로 전류가 흐르면 자석과 코일에는 서로 밀어내는 자기력이 작용한다.
ㄷ. 코일에 흐르는 전류의 세기가 증가하면 자석과 코일 사이의 자기력의 세기가 증가한다.

① ㄱ　　　② ㄴ　　　③ ㄱ, ㄴ
④ ㄱ, ㄷ　　⑤ ㄴ, ㄷ

12 그림은 전동기의 구조를 간단하게 나타낸 것이다. 이에 대한 설명으로 옳은 것만을 〈보기〉에서 있는 대로 고른 것은?

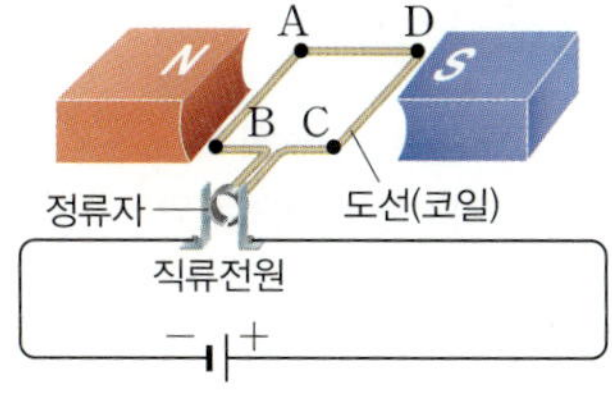

| 보기 |

ㄱ. 도선 AB와 CD에 작용하는 자기력의 방향은 반대 방향이다.
ㄴ. 도선 ABCD는 시계 방향으로 회전한다.
ㄷ. 전동기는 전기 에너지를 운동 에너지로 전환한다.

① ㄱ　　　② ㄷ　　　③ ㄱ, ㄴ
④ ㄴ, ㄷ　　⑤ ㄱ, ㄴ, ㄷ

이렇게!

13 그림은 실로 벽에 연결된 자석 가까이에 솔레노이드를 고정한 모습을 나타낸 것이다.

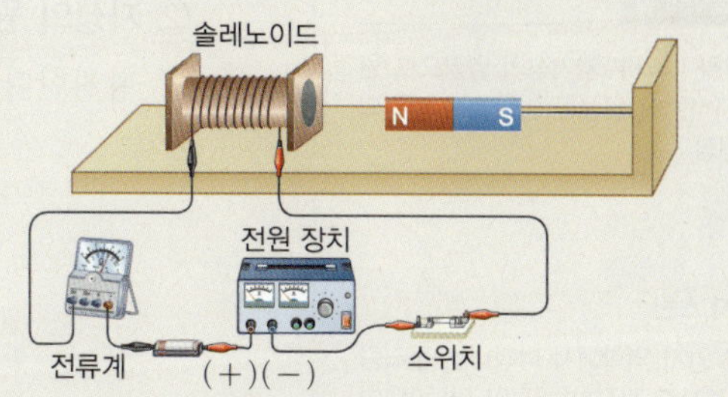

스위치를 닫았을 때 솔레노이드와 자석 사이에 작용하는 자기력에 대해 설명하시오.

14 그림과 같이 실에 매달린 자석 아래에 직선 도선을 남북 방향으로 고정한 뒤 전류를 흘려주었더니 자석이 회전하였다.

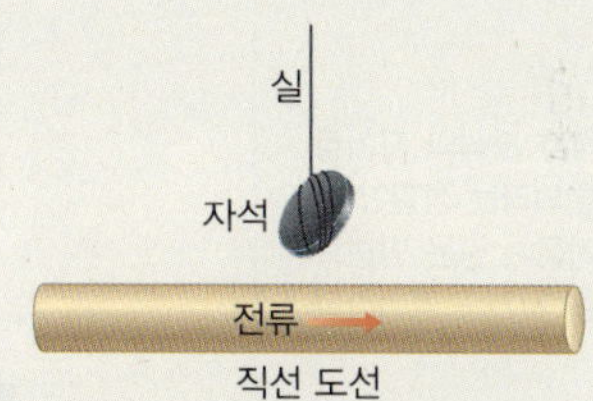

직선 도선에 흐르는 전류의 세기만을 증가시켰을 때와 전류의 방향만을 반대로 했을 때 자석의 움직임을 각각 서술하시오.

15 전류가 흐르는 솔레노이드 내부의 자기장 세기에 영향을 미치는 요인과 그 영향을 설명하시오.

물질의 자성

02

A 자성과 자성체

1. 자성

① **자성**: 물질이 자석에 반응하는 성질

② **자성의 원인**: 전자의 스핀과 궤도 운동으로 인해 원자가 작은 자석과 같은 자기장을 형성한다. ➡ 원자 자석

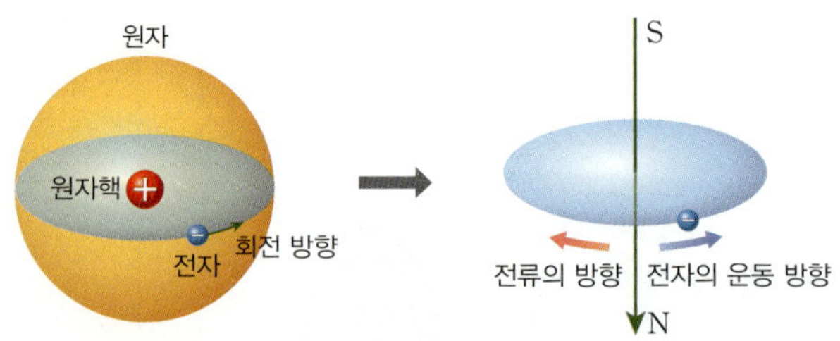

2. 자성체의 종류

① 자성체의 종류와 특징

• 강자성체: 자기장이 한 방향으로 정렬된 자기 구역이 있으나, 전체적으로는 서로 상쇄된다.

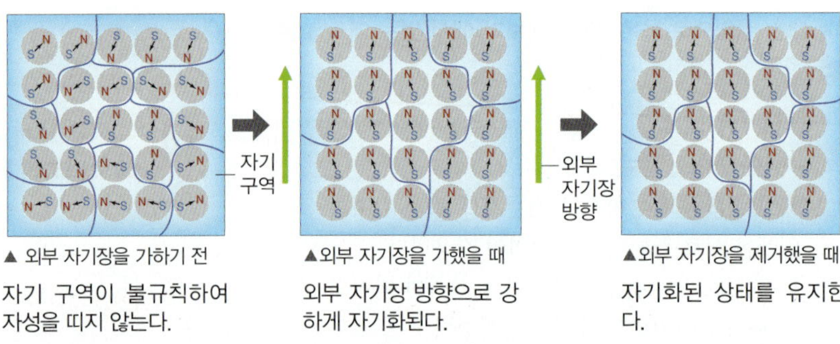

▲ 외부 자기장을 가하기 전
자기 구역이 불규칙하여 자성을 띠지 않는다.

▲ 외부 자기장을 가했을 때
외부 자기장 방향으로 강하게 자기화된다.

▲ 외부 자기장을 제거했을 때
자기화된 상태를 유지한다.

• 상자성체: 각 원자가 만드는 자기장이 서로 상쇄된다.

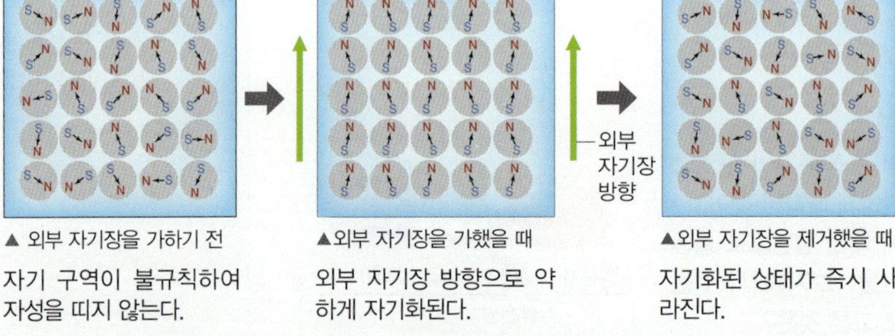

▲ 외부 자기장을 가하기 전
자기 구역이 불규칙하여 자성을 띠지 않는다.

▲ 외부 자기장을 가했을 때
외부 자기장 방향으로 약하게 자기화된다.

▲ 외부 자기장을 제거했을 때
자기화된 상태가 즉시 사라진다.

• 반자성체: 원자가 자기장을 만들지 않는다.

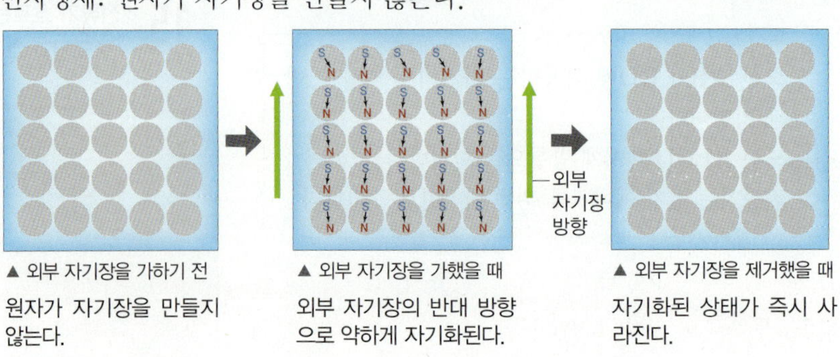

▲ 외부 자기장을 가하기 전
원자가 자기장을 만들지 않는다.

▲ 외부 자기장을 가했을 때
외부 자기장의 반대 방향으로 약하게 자기화된다.

▲ 외부 자기장을 제거했을 때
자기화된 상태가 즉시 사라진다.

먼저 알아야 할 용어!

* **자기화** | 외부 자기장의 영향으로 원자 자석들이 일정한 방향으로 배열되는 현상

❖ **전자 스핀**

스핀은 양자 역학에서 나타나는 물리량이다. 전자가 자전하는 것이 아니며, 이에 대응하는 고전적인 물리량은 없다. 대부분의 물질에서 전자 스핀에 의한 자기장이 궤도 운동에 의한 자기장보다 세다.

❖ **원자 자석**

각각의 원자가 자기장을 형성하므로 원자 하나를 작은 자석으로 볼 수 있다. 이를 원자 자석이라고 한다.

❖ **자기 구역**

강자성체는 인접한 원자 자석의 자기장이 같은 방향으로 정렬되려는 성질이 있다. 강자성체에서 자기장이 같은 방향으로 정렬된 미세 영역을 자기 구역이라고 한다.

❖ **자성**

• 강자성: 자석에 강하게 끌린다.
• 상자성: 자석에 약하게 끌린다.
• 반자성: 자석을 약하게 밀어낸다.

❖ **주요 자성 물질**

• 강자성체: 철, 니켈, 고발트
• 상자성체: 알루미늄, 산소, 백금
• 반자성체: 물, 유리, 구리, 수은

Ⓑ 자성체의 이용

1. 강자성을 이용한 예

① 정보 저장 및 기록 장치

- 하드 디스크: 정보를 기록하는 플래터는 원판 위에 강자성체인 산화철 막을 씌운 구조이다. 외부 자기장을 이용해 강자성체를 정렬시켜 정보를 저장한다.

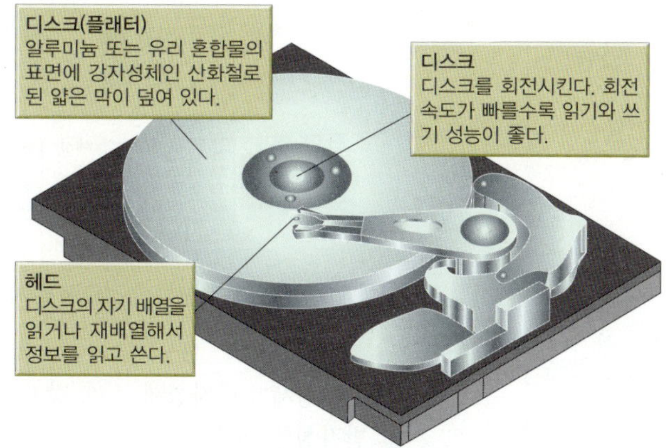

② 자기력을 활용한 장치

- 전자석: 솔레노이드 내부에 강자성체인 철심을 넣으면 솔레노이드에 의한 자기장에 의해 철심이 자기화되어 매우 강한 자기장이 형성된다.
- 고층 창문이나 어항 청소용 자석: 헝겊을 덧댄 강한 자석 두 개를 유리 안팎에 밀착시켜 손이 닿지 않는 곳을 청소할 수 있다.
- 캡슐형 내시경: 내시경에 강자성체를 넣어 캡슐의 위치와 방향을 조정한다.

2. 반자성을 이용한 예

① **초전도체의 마이스너 효과**: 초전도체는 임계 온도 이하에서 반자성체가 된다. 이로 인해 내부 자기장이 0이 되는 마이스너 효과가 나타난다.

② **자기 부상 열차**: 초전도체를 이용한 반발식 자기 부상 열차를 개발하려는 연구가 진행되고 있다.

❖ 자성체의 이용

자성체를 이용하는 또 다른 사례에는 다음과 같은 것들이 있다.
- 고무 자석
- 물체 분리
- 손목 밴드 자석
- 자판기 동전 감별기
- 화폐 위조 방지
- MRI 조영제

❖ 자기 부상 열차

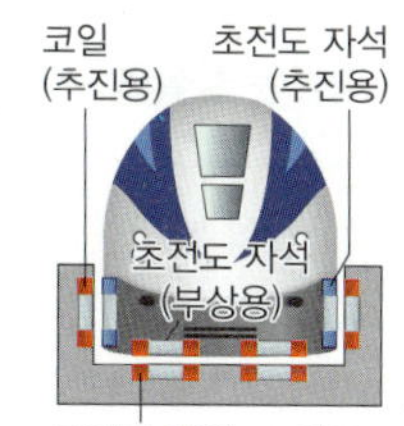

개념 바로 확인

정답 및 해설 | 26쪽

01 자석에 강하게 끌리면 ☐, 자석을 약하게 밀어내면 ☐, 약하게 끌리면 상자성이다.

02 ☐의 내부는 외부 자기장의 반대 방향으로 자기화된다.

01 다음 중 자성과 자성체에 대한 설명으로 옳은 것은 ○표, 옳지 <u>않은</u> 것은 ×표를 하시오.

(1) 원자 내부의 전자의 스핀과 궤도 운동으로 자기장이 형성된다. (　　)

(2) 상자성체는 외부 자기장이 사라져도 자기화된 상태를 유지한다. (　　)

(3) 초전도체는 강자성을 이용하는 예이다. (　　)

02 다음은 어떤 자성체에 대한 설명이다. (가)~(다)에 해당하는 자성체를 각각 쓰시오.

┤ 보기 ├

(가) 평소에는 자성을 띠지 않지만 강한 자석에는 약하게 끌려오는 물질이다.

(나) 외부 자기장에 의해 자화된 후 외부 자기장이 사라져도 자성을 유지한다. 철, 니켈, 코발트가 있다.

(다) 외부 자기장이 있을 때 외부 자기장과 반대 방향으로 자화된다.

A 자성과 자성체

01 그림은 y축을 회전축으로 하여 반지름 r인 궤도를 따라 원운동 하는 전자의 모습을 나타낸 것이다.
이에 대한 설명으로 옳은 것만을 〈보기〉에서 있는 대로 고른 것은?

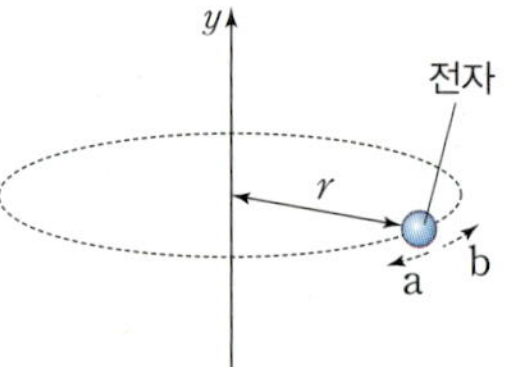

| 보기 |

ㄱ. 전자가 a 방향으로 원운동 하면 궤도에 흐르는 전류의 방향은 b이다.
ㄴ. 전자의 운동으로 인한 자기장의 N극이 $+y$ 방향일 때 전자는 b 방향으로 원운동 한다.
ㄷ. r가 클수록 원 궤도 중심에서 자기장의 세기가 증가한다.

① ㄱ ② ㄴ ③ ㄱ, ㄴ
④ ㄴ, ㄷ ⑤ ㄱ, ㄴ, ㄷ

02 다음은 물질의 자성에 관한 실험이다.

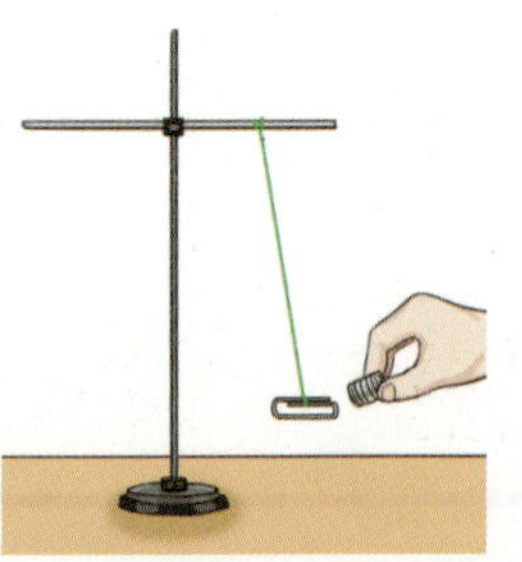

[실험 과정]
(가) 스탠드에 실로 클립을 매달고 자석을 가까이 가져가 본다.
(나) 클립 대신 유리 조각을 매달고 자석을 가까이 가져가 본다.

[실험 결과]
클립은 끌려오고, 유리는 밀려난다.

이에 대한 설명으로 옳은 것만을 〈보기〉에서 있는 대로 고른 것은?

| 보기 |

ㄱ. 클립 내부의 자기구역은 자석의 자기장과 같은 방향으로 자기화된다.
ㄴ. 유리는 반자성체이다.
ㄷ. (나)에서 유리에 (가)의 클립을 가까이 가져가면 유리와 클립 사이에는 서로 밀어내는 자기력이 작용한다.

① ㄱ ② ㄷ ③ ㄱ, ㄴ
④ ㄴ, ㄷ ⑤ ㄱ, ㄴ, ㄷ

03  그림은 물질 A와 B에 외부 자기장을 걸어 주었다가 제거하였을 때 원자 자석의 배열을 나타낸 것이다.

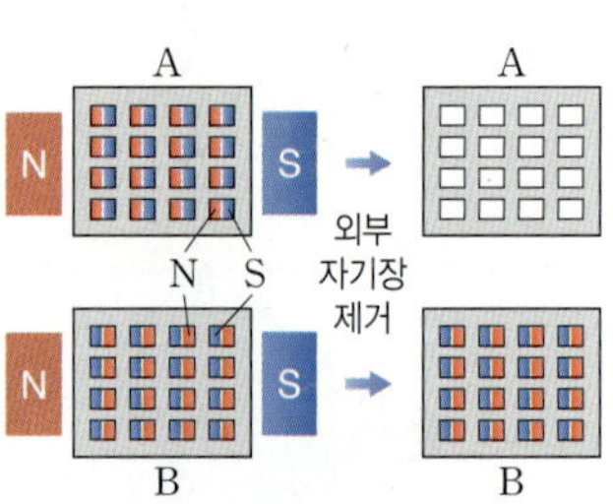

자성에 따라 A, B를 분류한 것으로 옳게 짝 지은 것은?

	A	B		A	B
①	강자성체	반자성체	②	강자성체	상자성체
③	반자성체	강자성체	④	반자성체	상자성체
⑤	상자성체	강자성체			

04 다음은 물질의 자기적 특성에 따라 물질을 분류하는 방법에 대한 설명이다.

물질은 외부 자기장에 반응하는 자기적 특성에 따라 ㉠ 강자성체, ㉡ 상자성체, ㉢ (   )로 분류한다.

이에 대한 설명으로 옳은 것만을 〈보기〉에서 있는 대로 고른 것은?

| 보기 |

ㄱ. ㉠에는 철, 니켈 등이 있다.
ㄴ. ㉡은 외부 자기장이 사라져도 자기화된 상태를 유지한다.
ㄷ. ㉢은 반자성체이다.

① ㄴ ② ㄷ ③ ㄱ, ㄴ
④ ㄱ, ㄷ ⑤ ㄱ, ㄴ, ㄷ

05 반자성체에 대한 설명으로 옳지 <u>않은</u> 것은?

① 반자성체에는 구리, 유리, 물 등이 있다.
② 외부 자기장의 반대 방향으로 자기화된다.
③ 외부 자기장이 없을 때 내부 자기장은 0이다.
④ 초전도체는 임계 온도 이하에서 반자성체가 된다.
⑤ 외부 자기장이 사라져도 반대 방향으로 자기화된 상태를 유지한다.

B 자성체의 이용

06 다음은 하드디스크에 정보를 기록하는 것에 대한 설명이다.

> 하드디스크는 정보를 쓰고 읽는 헤드와 정보를 저장하는 플래터로 이루어져 있다. 헤드의 코일에 전류가 흐르면 ㉠자기장이 만들어진다. 이때 플래터의 표면에 코팅된 ㉡산화철이 ㉢자기화되면서 정보가 기록된다.
>
> 
>

이에 대한 설명으로 옳은 것만을 〈보기〉에서 있는 대로 고른 것은?

| 보기 |
ㄱ. ㉡은 상자성체이다.
ㄴ. ㉠과 ㉢은 같은 방향이다.
ㄷ. 하드디스크에 자석을 가까이 하면 정보가 손실된다.

① ㄱ   ② ㄷ   ③ ㄱ, ㄴ
④ ㄴ, ㄷ   ⑤ ㄱ, ㄴ, ㄷ

07 그림은 자화되지 않은 못을 자석의 N극에 가까이 하였을 때 못이 끌려와 N극에 붙는 모습을 나타낸 것이다. P는 못의 머리 부분이다.

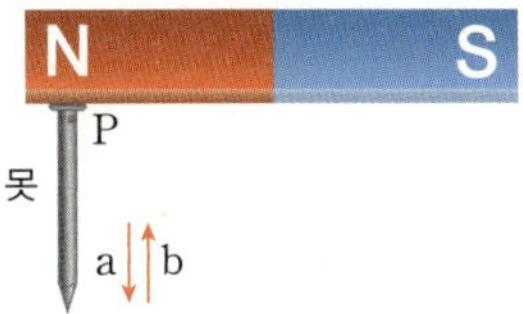

이에 대한 설명으로 옳은 것만을 〈보기〉에서 있는 대로 고른 것은?

| 보기 |
ㄱ. 못은 반자성체이다.
ㄴ. P는 N극이 된다.
ㄷ. 못 내부 자기장 방향은 a 방향이다.
ㄹ. 자석을 떼어내어도 못은 자기화된 상태를 유지한다.

① ㄱ, ㄴ   ② ㄱ, ㄷ   ③ ㄴ, ㄷ
④ ㄴ, ㄹ   ⑤ ㄷ, ㄹ

08 다음 중 물질의 자성을 이용하는 예로 적절하지 <u>않은</u> 것은?

① 전자석   ② 발광 다이오드
③ 캡슐형 내시경   ④ 자기 부상 열차
⑤ 고층 건물의 창문 청소용 자석

서술형 이렇게!

09 그림 (가)는 실로 천장에 매달린 강자성체 막대가 자석의 N극과 S극의 사이에서 자기장 방향과 나란하게 정지해 있는 모습을 나타낸 것으로, p는 막대의 한쪽 끝 부분이다. 그림 (나)와 같이 자석을 제거하고 전류가 흐르는 직선 도선을 고정시켰을 때, 막대가 수평을 유지하며 화살표 방향으로 회전하였다.

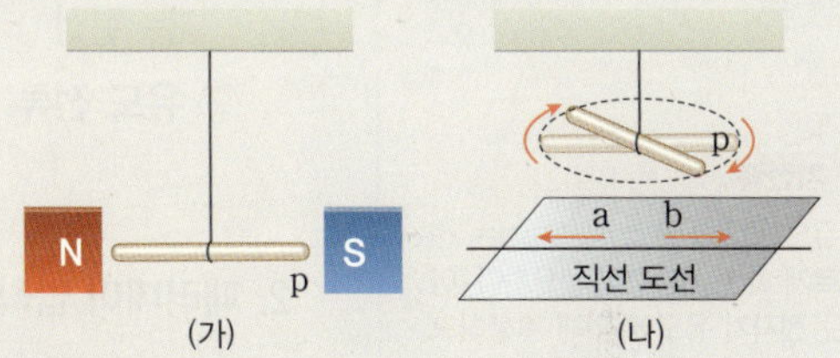

(나)에서 직선 도선에 흐르는 전류의 방향을 추론 과정과 함께 설명하시오.

10 그림은 균일한 자기장이 형성된 영역에 반자성체를 넣었을 때, 반자성체 내부의 원자 자석 배열을 모식적으로 나타낸 것이다.

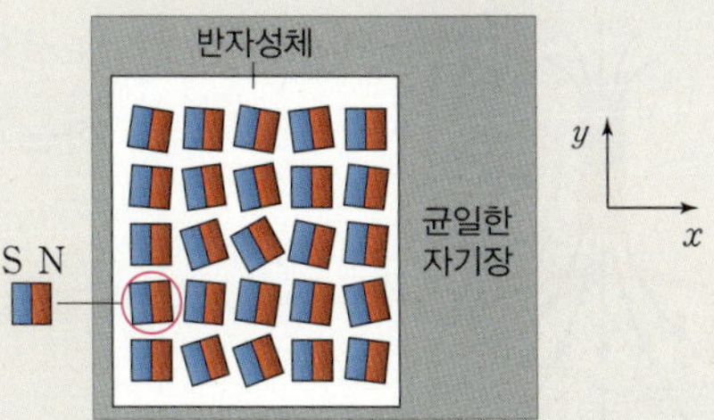

균일한 자기장의 방향을 찾고, 균일한 자기장을 제거하였을 때 반자성체 내부의 자기장이 어떻게 될지 서술하시오.

03 전자기 유도

- 전자기 유도의 원인과 특성을 알아야 한다.
- 전자기 유도 현상이 적용되는 예를 찾아 그 원리를 설명할 수 있어야 한다.

* **유도** | 물체가 전기장이나 자기장의 영향을 받아 전기나 자기를 띠는 것
* **기전력** | 전위차를 만들고 그 사이의 전기장에 의해 전하를 이동시켜 전류를 흐르게 하는 원인

먼저 알아야 할 내용

1. 자기장에서 전류가 흐르는 도선이 받는 힘
(1) **방향**: 자기장과 전류 방향에 수직인 방향이다.
(2) **세기**: 자기장의 세기와 전류의 세기에 ⓐ [______] 한다.

2. 자기 선속(Φ)
(1) 닫힌 회로를 통과하는 ⓑ [______]의 양
(2) 자기장의 세기(B)와 닫힌 회로의 단면적(A)을 곱한 것

$$\Phi = BA$$

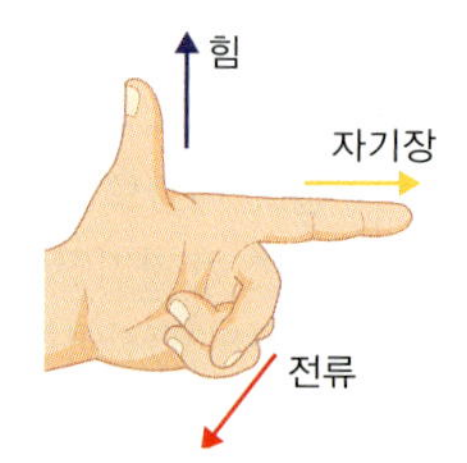

답 ⓐ 비례 ⓑ 자기장

A 전자기 유도

1. 전자기 유도 현상
① **전자기 유도**: 코일을 통과하는 자기 선속이 변할 때 전류가 흐르는 현상
② **유도 전류**: 전자기 유도에 의해 코일에 흐르는 전류

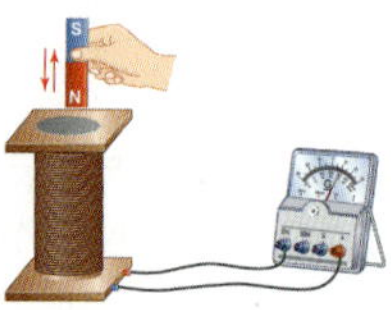

❖ **유도 기전력**

코일에 유도 전류가 흐르기 위해서는 전류를 흐르게 하는 기전력이 필요하다. 이 기전력은 전자기 유도에 의해 발생하므로 유도 기전력이라고 한다.

2. 패러데이 법칙(전자기 유도 법칙)

> 유도 기전력(V)과 유도 전류의 세기(I)는 코일 속을 지나는 자기 선속(Φ)의 시간적 변화율에 비례하고, 코일의 감은 수(N)에 비례한다.

$$I \propto V \propto N\frac{d\Phi}{dt}$$

3. 렌츠 법칙

> 도선으로 이루어진 닫힌 회로 내에 생긴 유도 전류는 닫힌 회로를 지나는 자속이 변하는 것을 방해하는 방향으로 흐른다.

❖ **렌츠 법칙**

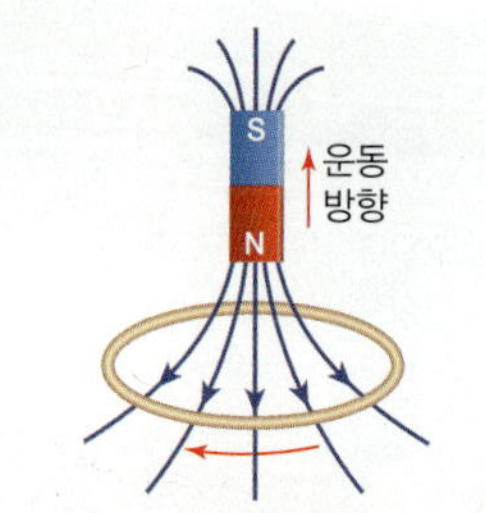

자석이 금속 고리에서 멀어질 때에는 자석이 금속 고리에 접근할 때와 반대이다.

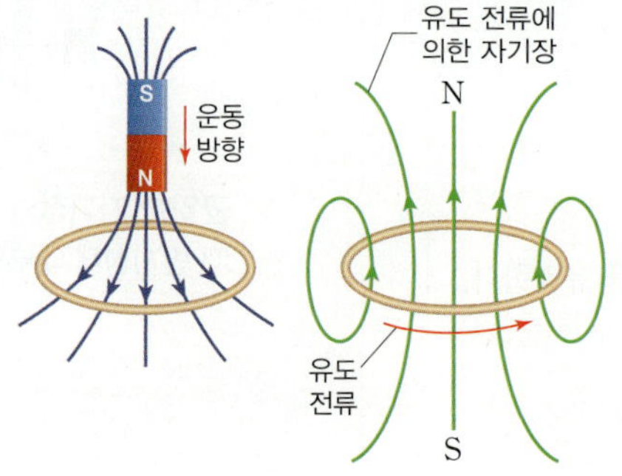

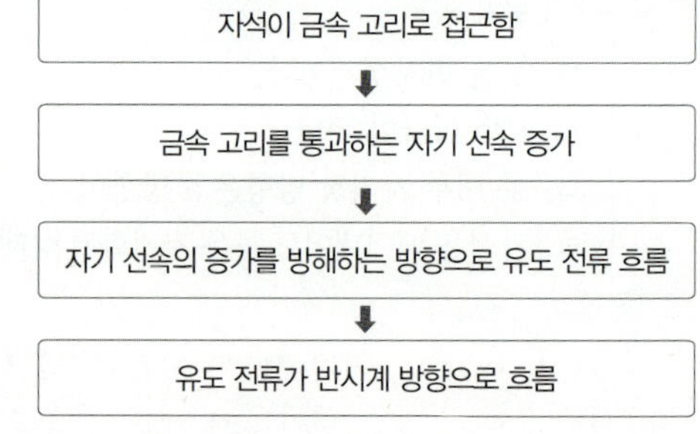

자석이 금속 고리로 접근함
↓
금속 고리를 통과하는 자기 선속 증가
↓
자기 선속의 증가를 방해하는 방향으로 유도 전류 흐름
↓
유도 전류가 반시계 방향으로 흐름

- 코일 주변에서 자석이 운동하면 검류계에 유도 전류가 흐른다.
- 유도 전류는 자석의 운동을 방해하는 방향으로 흐른다.
- 자석의 극을 반대로 하면 유도 전류 방향이 반대가 된다.
- 자석은 정지하고 코일이 운동할 때는 코일의 운동을 방해하는 방향으로 유도 전류가 흐른다.

구분	N극과 코일이 가까워질 때	N극과 코일이 멀어질 때	S극과 코일이 가까워질 때	S극과 코일이 멀어질 때
자석의 운동				
유도 전류 방향	B → ⓖ → A	A → ⓖ → B	A → ⓖ → B	B → ⓖ → A
유도 전류에 의한 자기장 (청색 선)	코일 위쪽이 N극	코일 위쪽이 S극	코일 위쪽이 S극	코일 위쪽이 N극
자석과 코일 사이의 자기력	척력	인력	척력	인력

개념 바로 확인

정답 및 해설 ㅣ 27쪽

01 금속 고리를 통과하는 자기 선속이 변하면 금속 고리에 [   ]가 흐른다.

01 다음 중 전자기 유도에 대한 설명으로 옳은 것은 ○표, 옳지 <u>않은</u> 것은 ×표를 하시오.

(1) 유도 전류에 의한 자기장은 코일은 통과하는 자기 선속의 변화를 방해하는 방향으로 형성된다.　　　　　(　　　)

(2) N극이 코일로 접근할 때 N극이 코일로부터 받는 자기력의 방향은 자석의 운동 방향과 같다.　　　　　(　　　)

(3) 코일의 감은 수를 2배로 하면 유도 전류의 세기는 2배가 된다.　　　(　　　)

02 유도 전류의 세기는 코일의 감은 수와 [   ]의 시간당 변화율에 [   ]한다.

02 고정된 동일한 원형 금속 고리 주변에서 자석이 운동할 때 코일에 흐르는 유도 전류의 방향이 같은 것을 〈보기〉에서 찾아 짝 지으시오.

> ┤ 보기 ├
>
> ㄱ. 자석의 N극이 금속 고리에 가까이 올 때
>
> ㄴ. 자석의 S극이 금속 고리에 가까이 올 때
>
> ㄷ. 자석의 N극이 금속 고리에서 멀어질 때
>
> ㄹ. 자석의 S극이 금속 고리에서 멀어질 때

전자기 유도

Ⓑ 전자기 유도의 이용

① 발전

교류 발전	퀵보드 바퀴	휴대용 손발전기
자석 사이에 놓인 코일을 회전시켜 교류 전류를 얻는다.	바퀴축의 자석 주위를 바퀴와 코일이 회전하면 유도 전류가 발생한다.	손잡이를 돌리면 코일 주위의 자석이 회전하며 전류가 흐른다.

② 정보 통신

하드 디스크	교통 카드
헤더의 코일에서 일어나는 전자기 유도 현상을 이용해 플래터의 자기 정보를 읽는다.	단말기에서 만드는 자기장이 변하면 교통 카드의 안테나에 유도 전류가 흐른다.

③ 에너지 전달

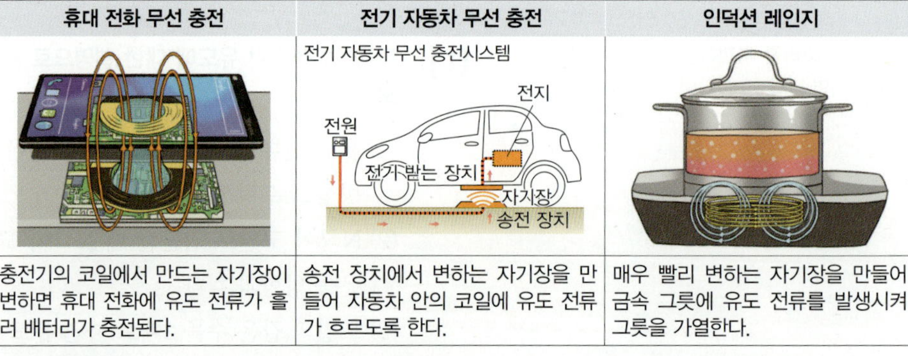

휴대 전화 무선 충전	전기 자동차 무선 충전	인덕션 레인지
충전기의 코일에서 만드는 자기장이 변하면 휴대 전화에 유도 전류가 흘러 배터리가 충전된다.	송전 장치에서 변하는 자기장을 만들어 자동차 안의 코일에 유도 전류가 흐르도록 한다.	매우 빨리 변하는 자기장을 만들어 금속 그릇에 유도 전류를 발생시켜 그릇을 가열한다.

④ 금속 탐지

공항 금속 탐지기	도난 방지 장치	비파괴 검사
화물 속의 금속 물질에 흐르는 유도 전류를 감지한다.	물건에 붙어 있는 작은 자석이 도난 방지 장치를 지나가면 유도 전류가 흐른다.	전자기 유도 현상을 이용해 문화재나 건물 속의 금속 물질을 찾는다.

❖ **전자기 유도를 활용한 그 밖의 예**

- 전동 칫솔 충전
- 고속도로 하이패스
- 과속 방지 카메라
- 하이브리드 자동차 발전기
- 전자기타

⑤ 기타

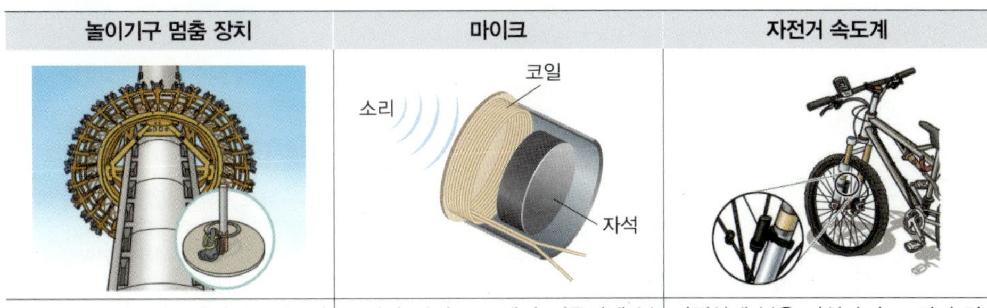

놀이기구 멈춤 장치	마이크	자전거 속도계
놀이기구에 고정된 자석이 금속 기둥에 접근할 때 자기력에 의해 속력이 감소한다.	고정된 자석 부근에서 진동판에 붙은 코일이 진동하면 유도 전류가 흐른다.	바큇살에 붙은 자석과 속도 감지 장치 속의 코일을 이용해 속력을 측정한다.

실전 자료 ｜ 교류 발전

- 일상생활에 쓰이는 교류 발전은 전자기 유도 현상을 이용한 것이다.
- 고정된 자석 사이에서 도선 고리를 회전시키면 도선 고리의 단면적이 변한다.
    ➡ 도선 고리 내부를 통과하는 자기 선속이 시간에 따라 변한다.
    ➡ 유도 기전력이 발생하여 전류가 흐른다.
    ➡ 단면적이 주기적으로 감소와 증가를 반복하므로 유도 전류의 방향도 주기적으로 변한다.

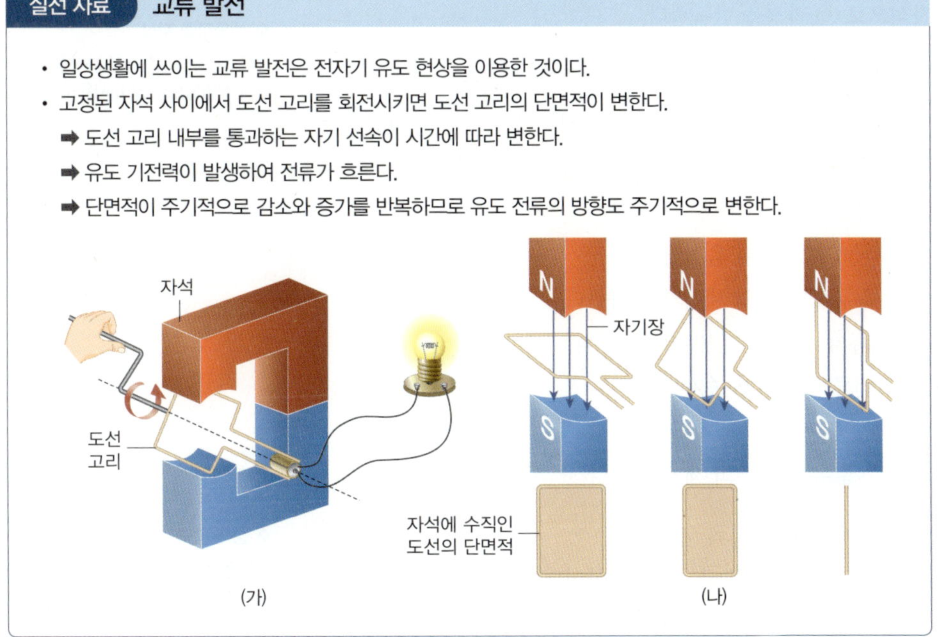

개념 바로 확인

03 놀이기구에 고정된 자석이 기둥의 금속 부분을 통과할 때 놀이기구는 [ ]에 의해 운동 방향과 반대 방향으로 자기력을 받는다.

04 마이크는 진동판의 [ ]과 고정된 자석 사이의 상대 운동에 의한 전자기 유도 현상을 이용한다.

03 다음 중 전자기 유도 현상을 이용하는 사례로 적절하지 <u>않은</u> 것은?

① 발전기에서 교류 전류를 발성시킨다.
② 퀵보드 바퀴에서 빛이 발생한다.
③ 전기 자동차를 무선으로 충전시킨다.
④ 전자석 기중기로 고철을 들어 올린다.
⑤ 공항 금속 탐지기에서 화물 속의 금속을 탐지한다.

04 다음은 교통 카드의 원리에 대한 설명이다. 빈 칸에 알맞은 말은?

> 교통 카드 단말기에서 시간에 따라 변하는 자기장을 발생시키면 교통 카드의 코일에 ( )가 흐른다. 이를 이용해 교통 카드의 반도체 회로에 전기 에너지를 공급하여 정보를 주고받는다.

· 전자기 유도 ·

과정

① 솔레노이드와 검류계를 전선으로 그림과 같이 연결한다.

② 막대자석의 N극을 솔레노이드 쪽으로 운동시키거나 멀어지는 쪽으로 운동시켰을 때 검류계 바늘의 움직임을 관찰한다.

③ 자석의 속력을 더 빠르게 하여 ② 과정을 반복한다.

④ 막대자석 대신 네오디뮴 자석으로 ② 과정을 반복한다.

⑤ 더 많이 감은 솔레노이드로 ② 과정을 반복한다.

결과

❶ 막대자석의 N극을 솔레노이드 쪽으로 운동시켰을 때와 멀어지는 쪽으로 운동시켰을 때 검류계 바늘이 반대 방향으로 움직인다.
➡ 자석의 운동 방향이 바뀌면 유도 전류의 방향이 바뀐다.

❷ 자석의 속력이 빠르면 검류계 바늘이 더 많이 움직인다.
➡ 자석의 운동 속력이 빠를수록 유도 전류의 세기가 증가한다.

❸ 네오디뮴 자석으로 실험하면 검류계 바늘이 더 많이 움직인다.
➡ 자석의 세기가 클수록 유도 전류의 세기가 증가한다.

❹ 감은 수가 많은 솔레노이드에서 유도 전류의 세기가 크다.
➡ 솔레노이드의 감은 수가 클수록 유도 전류의 세기가 크다.

정리

• 자석과 코일이 상대적인 운동을 하면 유도 전류가 흐른다.
• 유도 전류의 방향에 영향을 주는 요인은 자석의 극, 운동 방향이다.
• 유도 전류의 세기에 영향을 주는 요인은 자석의 세기, 속력, 솔레노이드의 감은 수이다.

목표

• 유도 전류의 방향에 영향을 미치는 요인을 찾을 수 있다.
• 유도 전류의 세기에 영향을 미치는 요인을 찾을 수 있다.

❖ **네오디뮴 자석**
다른 자석에 비해 강한 자력을 지니고 있으며 상업용으로 많이 사용하고 있다.

❖ **상대 운동**
자석은 가만히 두고 솔레노이드를 움직이며 실험하여도 같은 결과를 얻을 수 있다.

정답 및 해설 | 27쪽

---

01 위 탐구에 대한 설명으로 옳은 것은 ○표, 옳지 <u>않은</u> 것은 ×표 하시오.

(1) 자석의 극을 바꾸면 유도 전류의 방향이 변한다.
( )

(2) 강한 자석을 이용하면 유도 전류의 세기가 약해진다.
( )

(3) 자석의 속력이 빨라지면 유도 전류의 방향이 변한다.
( )

(4) 자석은 고정시키고 코일이 움직이면 유도 전류가 흐르지 않는다.
( )

02 그림은 수평면에 고정된 금속 고리 가까이에서 막대자석을 운동시키는 모습을 나타낸 것이다.

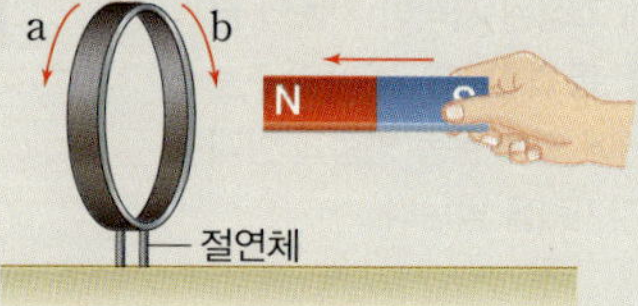

이에 대한 설명으로 옳은 것만을 〈보기〉에서 있는 대로 고른 것은?

┤ 보기 ├

ㄱ. 그림에서 유도 전류의 방향은 a이다.
ㄴ. 자석에 작용하는 자기력의 방향은 오른쪽이다.
ㄷ. N극이 금속 고리에서 멀어질 때와 S극이 금속 고리에 접근할 때 유도 전류의 방향은 같다.

① ㄴ ② ㄷ ③ ㄱ, ㄴ
④ ㄱ, ㄷ ⑤ ㄱ, ㄴ, ㄷ

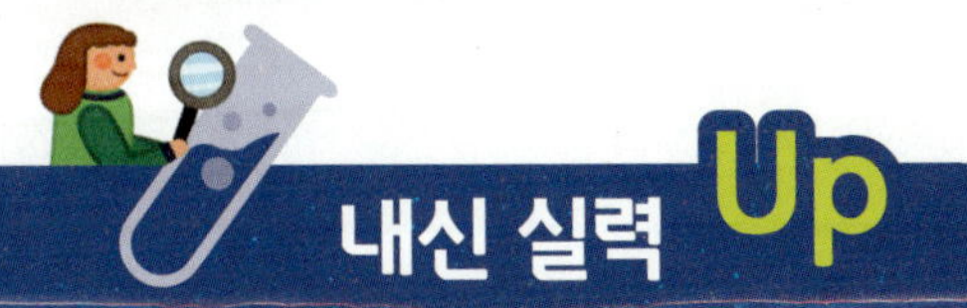

A 전자기 유도

01 자속과 전자기 유도에 대한 설명으로 옳은 것은?

① 자기장의 크기는 전체 면적을 통과하는 자속이다.
② 자기장이 일정하면 자속의 시간 변화율은 일정하다.
③ 코일을 통과하는 자속의 변화를 방해하도록 유도 전류가 흐른다.
④ 단위 시간 당 자속의 변화가 클수록 유도 전류의 세기는 감소한다.
⑤ 일정한 세기의 전류가 흐르는 도선 주위에 고정된 원형 도선에 유도 전류가 흐른다.

02 그림은 일정한 전류가 흐르는 무한히 긴 직선 도선이 y축에 고정되어 있고 xy평면에 원형 도선이 놓여 있는 모습을 나타낸 것이다.

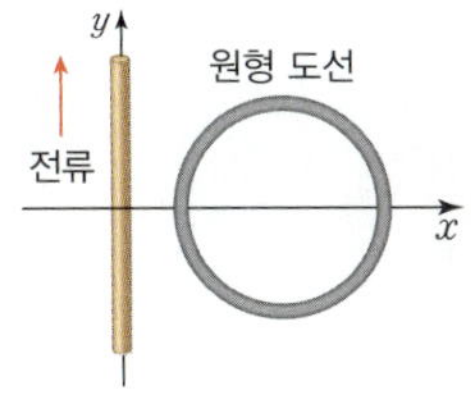

원형 도선을 일정한 속도로 움직일 때, 원형 도선에서 일어나는 현상에 대한 설명으로 옳은 것만을 〈보기〉에서 있는 대로 고른 것은?

| 보기 |

ㄱ. $+x$ 방향으로 이동할 때 시계 방향으로 유도 전류가 흐른다.
ㄴ. $+y$ 방향으로 이동할 때 도선을 통과하는 자속은 일정하다.
ㄷ. $-x$ 방향으로 움직일 때 유도 전류의 세기는 일정하다.

① ㄱ　　　　② ㄷ　　　　③ ㄱ, ㄴ
④ ㄴ, ㄷ　　　⑤ ㄱ, ㄴ, ㄷ

03 그림과 같이 막대자석이 원형 도선 X, Y의 중심축을 따라 등속 직선 운동하고 있다.

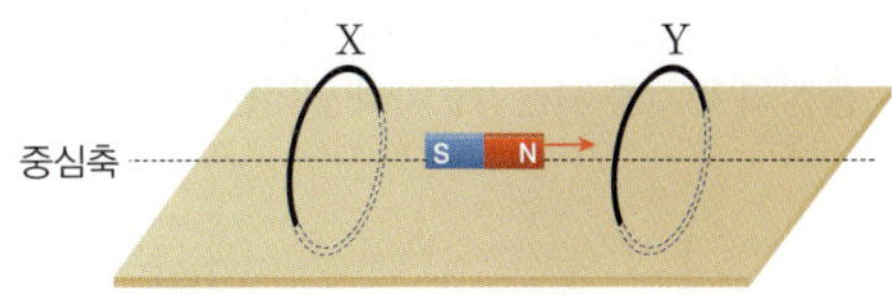

자석이 X에서 Y까지 운동하는 동안에 대한 설명으로 옳은 것만을 〈보기〉에서 있는 대로 고른 것은?

| 보기 |

ㄱ. X와 자석 사이에는 서로 당기는 자기력이 작용한다.
ㄴ. Y에 흐르는 유도 전류의 세기는 점점 감소한다.
ㄷ. X와 Y에 흐르는 유도 전류의 방향은 같다.

① ㄱ　　　　② ㄴ　　　　③ ㄱ, ㄷ
④ ㄴ, ㄷ　　　⑤ ㄱ, ㄴ, ㄷ

04 그림과 같이 코일이 감긴 유리관 속을 자석이 낙하한다. 자석이 코일을 통과할 때 코일에 연결된 각각의 전구에 불이 켜졌다.

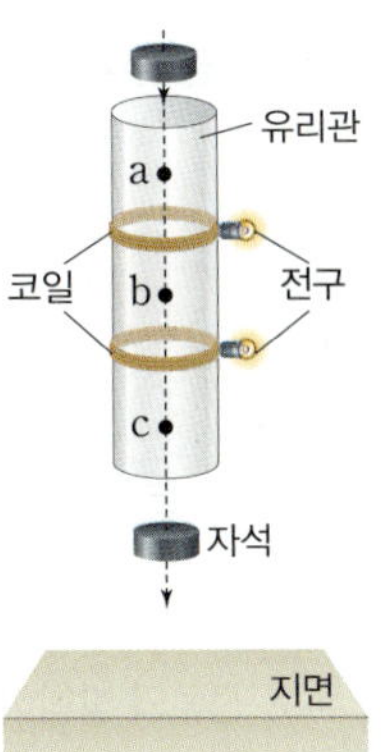

자석의 낙하 경로 상의 세 점 a, b, c에서 자석의 역학적 에너지를 각각 E_a, E_b, E_c라고 할 때, E_a, E_b, E_c를 비교한 것으로 옳은 것은?

① $E_a = E_b = E_c$　　　② $E_a > E_b = E_c$
③ $E_a > E_b > E_c$　　　④ $E_a = E_b > E_c$
⑤ $E_c > E_b > E_a$

05 그림 (가)와 같이 일정한 전류가 흐르는 무한히 긴 직선 도선이 y축에 고정되어 있고, 반지름이 $\frac{3}{7}d_0$인 원형 도선이 xy평면에서 x축을 따라 운동한다. 그림 (나)는 (가)에서 원형 도선 중심의 위치를 시간 t에 따라 나타낸 것이다.

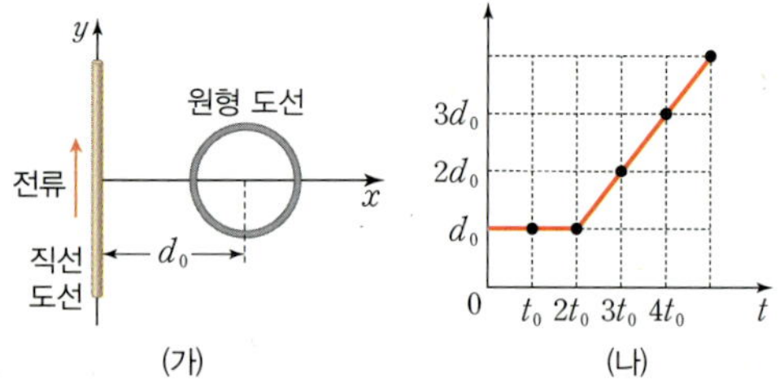

이에 대한 설명으로 옳은 것만을 〈보기〉에서 있는 대로 고른 것은?

| 보기 |

ㄱ. t_0일 때 원형 도선을 통과하는 자속은 일정하다.

ㄴ. $3t_0$일 때 원형 도선 중심에서 직선 도선에 흐르는 전류가 만드는 자기장과 유도 전류가 만드는 자기장은 방향이 같다.

ㄷ. $4t_0$일 때 원형 도선에는 유도 전류가 시계 방향으로 흐른다.

① ㄱ   ② ㄴ   ③ ㄱ, ㄴ
④ ㄱ, ㄷ   ⑤ ㄱ, ㄴ, ㄷ

06 그림 (가)~(라)는 코일 주위에서 자석이 운동하는 것을 나타낸 것이다.

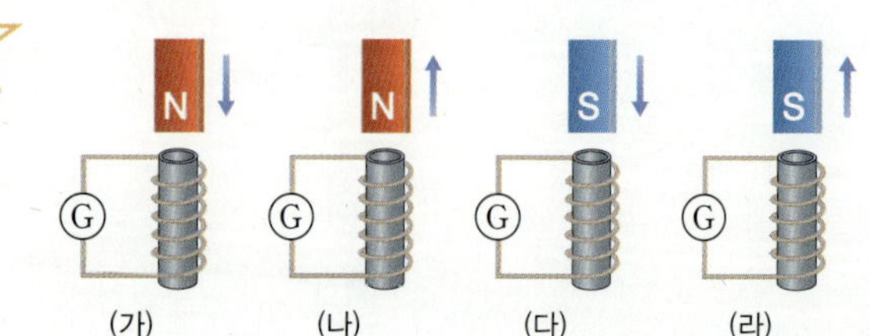

(가)~(라) 중 유도 전류의 방향이 같은 것과 자석에 작용하는 자기력의 방향이 같은 것끼리 짝 지은 것으로 옳은 것은?

	유도 전류 방향이 같은 것	자기력 방향이 같은 것
①	(가), (나)	(가), (다)
②	(가), (다)	(가), (다)
③	(가), (라)	(나), (다)
④	(나), (다)	(나), (라)
⑤	(나), (라)	(가), (라)

07 그림은 빗면을 따라 내려온 자석이 마찰이 없고 수평인 직선 레일을 따라 운동하여 길이가 같은 세 구간 A, B, C를 통과하는 모습을 나타낸 것이다. B에는 구리관이 고정되어 있다.

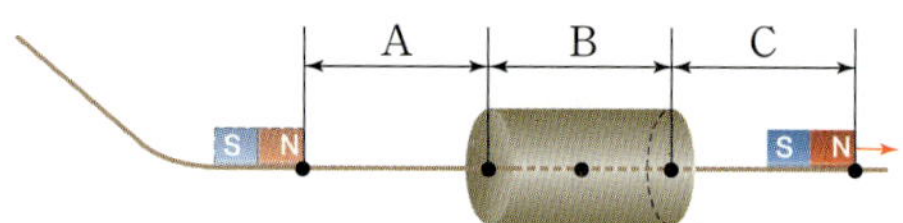

A, B, C 구간에서 평균 속력을 각각 v_A, v_B, v_C라고 할 때, v_A, v_B, v_C의 크기를 비교한 것으로 옳은 것은? (단, 자석의 크기는 무시한다.)

① $v_A > v_B > v_C$ ② $v_A > v_B = v_C$ ③ $v_A = v_B > v_C$
④ $v_A > v_C > v_B$ ⑤ $v_C > v_B > v_A$

B 전자기 유도의 이용

08 다음은 놀이기구가 멈추는 원리에 대한 설명이다.

자이로드롭은 높은 곳에 정지하였다가 기둥을 따라 수직으로 떨어지는 놀이기구이다. 자이로드롭에는 자석이 붙어 있고, 기둥의 아래 부분에는 알루미늄판이 붙어 있다. 자이로드롭이 알루미늄판 가까이 오면 전자기 유도에 의해 알루미늄판에 ㉠유도 전류가 흐르고, 자이로드롭은 (가)으로 자기력을 받아 속력이 감소한다.

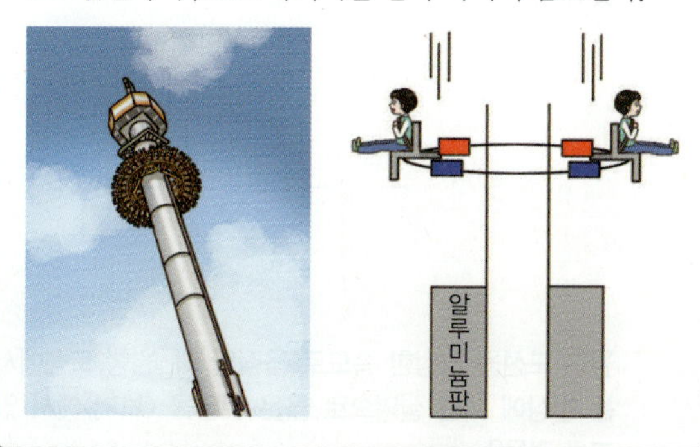

이에 대한 설명으로 옳은 것만을 〈보기〉에서 있는 대로 고른 것은?

| 보기 |

ㄱ. (가)에 들어갈 말은 '아래쪽'이다.

ㄴ. ㉠은 자이로드롭의 운동을 방해하도록 흐른다.

ㄷ. 알루미늄판을 통과할 때 자이로드롭의 역학적 에너지가 전기 에너지로 전환된다.

① ㄱ   ② ㄴ   ③ ㄱ, ㄷ
④ ㄴ, ㄷ   ⑤ ㄱ, ㄴ, ㄷ

09 그림 (가)는 교통 카드의 구조를 간단하게 나타낸 것이고, (나)는 (가)의 카드 안테나에 흐르는 유도 전류의 세기를 시간에 따라 나타낸 것이다.

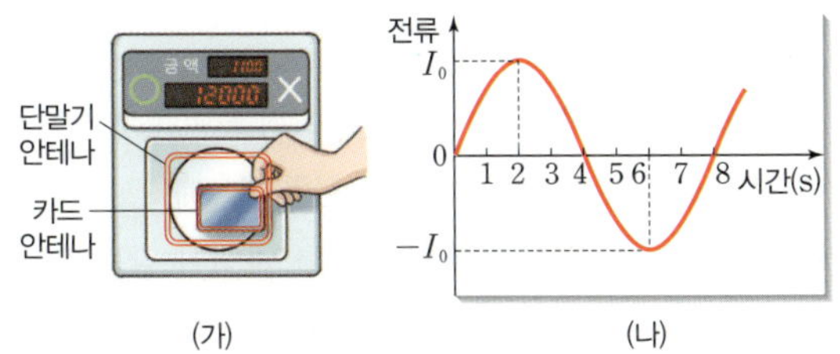

이에 대한 설명으로 옳은 것만을 〈보기〉에서 있는 대로 고른 것은?

| 보기 |

ㄱ. 단말기 안테나에서 만드는 자기장의 세기는 일정하다.
ㄴ. 카드 안테나에 흐르는 유도 전류에 의한 자기장의 방향은 4초마다 변한다.
ㄷ. 4초일 때 단말기 안테나에 흐르는 전류의 세기는 0이다.

① ㄱ ② ㄴ ③ ㄱ, ㄷ
④ ㄴ, ㄷ ⑤ ㄱ, ㄴ, ㄷ

10 그림과 같이 코일 속에서 막대자석을 빠르게 움직였더니 코일에 연결된 검류계의 바늘이 움직였다.

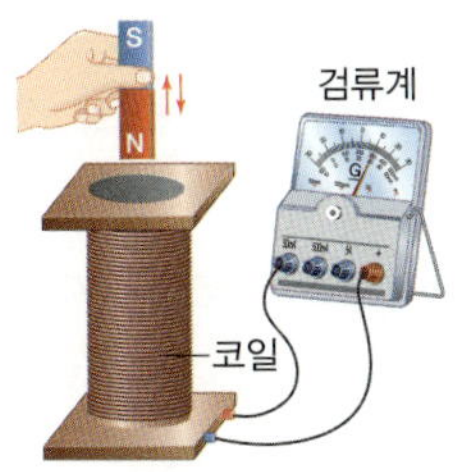

위의 원리를 활용한 기구로 보기 어려운 것은?

① 손 발전기 ② 발광 바퀴
③ 금속 탐지기 ④ 도난 방지 장치
⑤ 스피커

서술형 이렇게!

11 그림은 철수가 자석을 실에 매달아 고정된 원형 도선의 중심축을 따라 일정한 속력으로 위로 올리는 모습을 나타낸 것이다. 점 a, b는 중심축 상의 지점이며 원형 도선의 중심으로부터의 거리는 a가 b보다 크다.
자석이 a, b를 지날 때 원형 도선에 흐르는 유도 전류의 세기와 방향을 비교하시오. (단, 자석의 크기는 무시한다.)

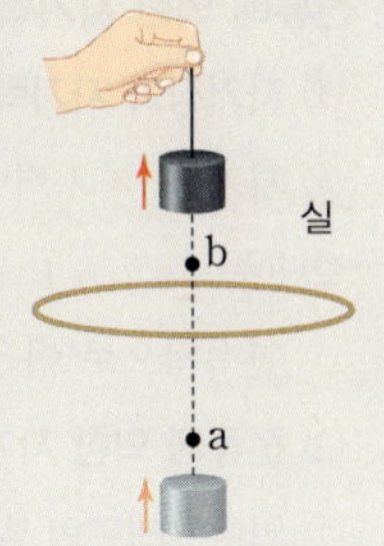

12 다음은 전자기 유도에 관한 실험이다.

(가) 그림과 같이 두 코일 A, B를 가까이 놓고 A에는 직류 전원 장치와 스위치를, B에는 검류계를 연결한다.

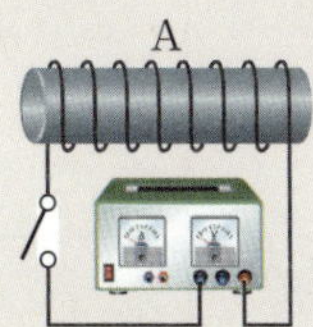
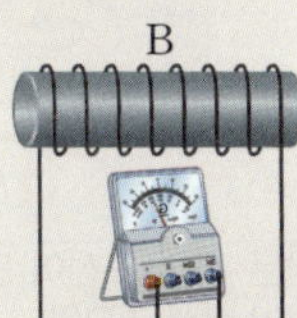

(나) 스위치를 닫는 순간 검류계 바늘의 움직임을 관찰한다.
(다) 스위치를 닫은 상태로 검류계 바늘의 움직임을 관찰한다.
(라) 스위치를 여는 순간 검류계 바늘의 움직임을 관찰한다.

(나)~(라) 중에서 검류계에 전류가 흐르는 경우만을 쓰고, 실험 결과로부터 내릴 수 있는 결론을 한 문장으로 서술하시오.

13 그림은 다이나믹 마이크의 구조를 간단히 나타낸 것이다.

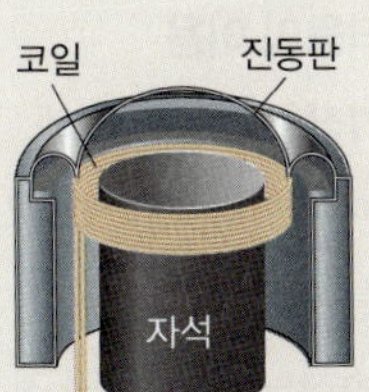

마이크에서 소리 신호를 전기 신호로 변환하는 과정을 전자기 유도를 이용하여 설명하시오.

01 전류에 의한 자기장 → 118~125쪽

1. 전류에 의한 자기력

(1) 자기장과 자기력선

① 자기장: 자기력이 작용하는 공간

② (㉠   ): 자기장에서 나침반의 N극이 가리키는 방향을 연속적으로 이은 선

(2) 전류에 의한 자기장

① 외르스테드의 발견: 전류가 흐르는 도선 주위에 자기장이 만들어진다.

② 여러 가지 모양의 도선에 흐르는 전류에 의한 자기장

구분	모양과 방향	세기
직선 도선	도선을 중심으로 하는 동심원 모양 자기장의 방향 S N ↑전류	전류 세기에 비례하고 도선으로부터 떨어진 거리에 반비례 $$B=k\dfrac{I}{r}$$
원형 도선	작은 직선 도선이 만드는 자기장이 합성된 모양 N S ↑전류	원의 중심에서 전류의 세기에 비례하고 원의 반지름에 반비례 $$B=k'\dfrac{I}{r}$$
솔레노이드	솔레노이드 내부에서 세기와 방향이 균일 자기장의 방향 N S ↓전류 ↑전류	전류의 세기와 단위 길이당 (㉢)에 비례 $$B=k''nI$$

2. 전류에 의한 자기 작용의 이용

(1) 전류에 의한 자기장을 이용하는 예

① HDD: 코일로 이루어진 헤드에 흐르는 전류에 의한 자기장을 이용해 정보를 기록

② (㉢   ): 솔레노이드에 큰 전류가 흘러 강력한 자기장으로 인체 내부를 영상화하는 의료 진단 장치

③ 뇌자도: 사람의 뇌세포에 흐르는 미세한 전류가 만드는 자기장을 감지

④ 토카막: 자기장을 이용해 고온의 플라스마를 가둠

(2) 자기장에 의한 자기력을 이용하는 예

① 전자식 거중기: 강력한 자기력으로 무거운 물체를 들어 올림

② (㉣   ): 솔레노이드에 의한 자기장으로 열차를 부상시킴

③ 스피커: 코일과 자석 사이의 자기력을 이용해 진동판을 진동

(3) 전기 에너지를 운동 에너지로 전환하는 예

① (㉤   ): 회전 코일 주위를 자석이 감싸고 있어, 전류가 흐르면 코일이 회전

② 디지털 카메라 보이스 코일 모터

렌즈를 감싸고 있는 코일과 자석을 이용해 렌즈의 위치를 미세하게 조정

③ 시계: 낮은 전압을 가하면 진동하는 수정을 이용해 시간을 측정

02 물질의 자성 → 126~129쪽

1. 자성과 자성체

(1) 자성

① 자성: 물질이 자석에 반응하는 성질

② 자성의 원인: 원자 내의 전자의 스핀과 궤도 운동

➡ 원자 자석

(2) 자성체의 종류

① 강자성체: 자기장이 한 방향으로 정렬된 자기 구역이 있으나 전체적으로 상쇄된다.

➡ 외부 자기장 방향으로 강하게 자기화된다.

➡ 외부 자기장이 없어져도 자기화된 상태를 (㉥   )한다. 예 철, 니켈, 코발트

② (㉦   ): 각 원자가 만드는 자기장이 서로 상쇄된다.

➡ 외부 자기장 방향으로 약하게 자기화된다.

➡ 외부 자기장이 없어지면 자기화된 상태가 즉시 사라진다.

예 알루미늄, 산소, 백금

③ 반자성체: 원자가 자기장을 만들지 않는다.

➡ 외부 자기장의 반대 방향으로 약하게 자기화된다.

➡ 외부 자기장이 없어지면 자기화된 상태가 즉시 사라진다.

　　예 물, 유리, 구리, 수은

2. 자성체의 이용

⑴ 강자성을 이용한 예

① 하드 디스크: 정보를 기록하는 플래터에 강자성체인 산화철을 정렬시켜 정보를 저장한다.

② 전자석: 솔레노이드 내부에 강자성체인 철심을 넣어 더욱 강력한 자기장을 만든다.

⑵ 반자성을 이용한 예

① (ⓞ　　　　): 임계 온도 이하에서 반자성체가 되어 마이스너 효과가 나타난다.

② 자기 부상 열차: (ⓞ　　　　)를 이용하여 열차를 띄운다.

03 전자기 유도　　　➡ 130~137쪽

1. 전자기 유도

⑴ 전자기 유도 현상

① 전자기 유도: 코일을 통과하는 자기 선속이 변할 때 코일에 전류가 흐르는 현상

② (ⓩ　　　): 전자기 유도에 의해 코일에 흐르는 전류

⑵ 패러데이 법칙

유도 기전력과 유도 전류는 코일 속을 지나가는 자기 선속의 시간적 변화율에 비례하고, 코일의 감은 수에 (ⓧ　　　)한다.

$$I \propto V \propto N \frac{d\Phi}{dt}$$

⑶ 렌츠 법칙

① 닫힌 회로 내에 생긴 유도 전류는 닫힌 회로를 지나는 자속이 변하는 것을 (㉠　　　)하는 방향으로 흐른다.

② 자석이 금속 고리에 접근

➡ 금속 고리를 통과하는 자기 선속 증가

➡ 자기 선속의 변화를 방해하려는 방향으로 유도 전류가 흐름

➡ 자석을 밀어내는 방향으로 자기력 작용

③ 자석이 금속 고리에서 멀어짐

➡ 금속 고리를 통과하는 자기 선속 감소

➡ 자기 선속의 변화를 방해하려는 방향으로 유도 전류가 흐름

➡ 자석을 당기는 방향으로 자기력 작용

2. 전자기 유도의 이용

⑴ 발전

① 교류 발전: 자석 사이에 놓인 코일을 회전시켜 발전

② 킥보드 바퀴: 바퀴축에 고정된 자석 주위를 바퀴에 붙어 있는 코일이 지날 때 코일에 유도 전류가 흐른다.

③ 휴대용 손 발전기: 손잡이를 돌리면 코일 주위의 자석이 회전하여 전류가 흐른다.

⑵ 정보 통신

① 하드 디스크: 헤더의 (ⓔ　　　)에서 일어나는 전자기 유도 현상을 이용해 자기 정보를 읽는다.

② 교통 카드: 단말기에서 만드는 자기장의 변화로 인해 교통 카드의 안테나에 유도 전류가 흐른다.

⑶ 에너지 전달

① 휴대 전화 무선 충전: 충전기의 코일에서 만드는 (ⓟ　　　)이 변하면 휴대 전화에 유도 전류가 흘러 충전

② 전기 자동차 무선 충전: 자동차 주변의 자기장이 변하면 자동차 안의 코일에 유도 전류가 흘러 충전

③ 인덕션 레인지: 자기장의 변화에 의해 그릇 밑바닥에 유도 전류가 발생하여 그릇이 가열

⑷ 금속 탐지

① 공항 금속 탐지기: 탐지기에서 방출되는 자기장이 변하면 화물 속의 금속 물질에 유도 전류가 흐르고 이에 의한 자기장을 감지

② 도난 방지 장치: 물건에 붙어 있는 자석이 코일이 들어 있는 장치를 지날 때 유도 전류가 흐른다.

③ 비파괴 검사: 문화재나 건물 속의 금속 물질을 탐색

⑸ 기타

① 놀이기구 멈춤 장치: 놀이기구에 고정된 자석이 금속 기둥에 접근할 때 운동과 반대 방향으로 (ⓗ　　　)이 작용해 속력이 감소한다.

② 마이크: 고정된 자석 부근에서 진동판에 고정된 코일이 진동하면서 유도 전류가 발생

01 전류에 의한 자기장

01 그림과 같이 xy평면에 수직으로 고정된 무한히 긴 직선 도선 A, B, C에 각각 일정한 세기의 전류가 흐르고 있다. A, B, C 는 x축에 같은 간격으로 고정되어 있으며, A에서 전류의 방 향은 xy평면에 수직으로 들어가는 방향이다. 점 p에서 도선 B와 C에 의한 자기장의 방향은 $+y$ 방향이고, 점 q에서 A와 C에 의한 자기장은 0이다.

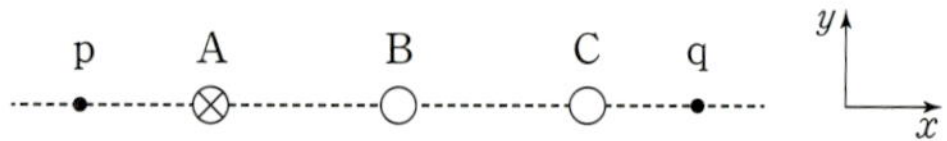

이에 대한 설명으로 옳은 것은?

① A와 C에 흐르는 전류의 세기는 같다.
② C에 흐르는 전류의 방향은 평면에 수직으로 들어가 는 방향이다.
③ B와 C에 흐르는 전류의 방향은 같다.
④ B와 C 사이에서 자기장은 $-y$ 방향이다.
⑤ A와 B 사이에는 자기장이 0인 점이 존재하지 않는다.

02 다음은 직선 도선에 흐르는 전류에 의한 자기장에 대한 실험 과정이다.

> (가) 그림과 같이 매우 긴 직선 도선 P, Q를 종이면에 수직으로 고정시키고, P, Q에서 각각 거리가 d 인 곳에 나침반 A, B를 고정시킨다.
>
> 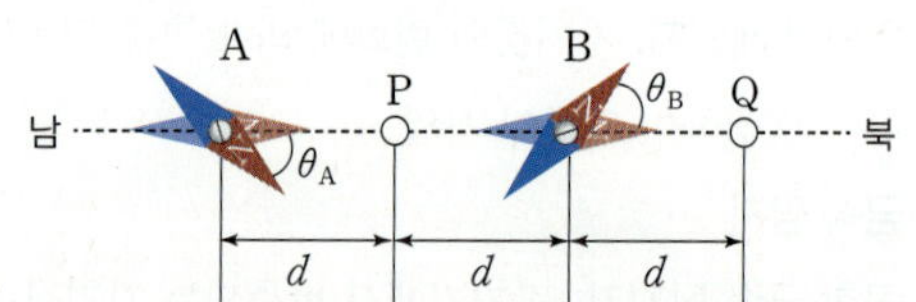
>
> (나) P, Q에 세기가 같은 전류를 흐르게 하고, A, B 의 자침이 회전한 각 θ_A, θ_B를 측정한다.

이에 대한 설명으로 옳은 것만을 〈보기〉에서 있는 대로 고른 것은? (단, 나침반의 크기는 무시한다.)

> | 보기 |
> ㄱ. P와 Q에 흐르는 전류의 방향은 서로 반대이다.
> ㄴ. A에서 P에 의한 자기장의 방향은 동쪽 방향이다.
> ㄷ. $\theta_A > \theta_B$이다.

① ㄱ   ② ㄴ   ③ ㄷ
④ ㄱ, ㄴ   ⑤ ㄴ, ㄷ

03 그림은 xy평면에서 무한히 긴 두 직선 도선 A, B가 y축에 나 란하게 고정되어 있는 것을 나타낸 것이다. A에는 $+y$ 방향 으로 전류 I_0이, B에는 전류 $2I_0$이 흐른다. A, B 사이의 간격 이 L일 때 x축 위의 점 p에서 자기장은 0이고, B를 $+x$ 방향 으로 $6L$만큼 이동시켜 고정하였을 때 x축 위의 점 q에서 자 기장이 0이다.

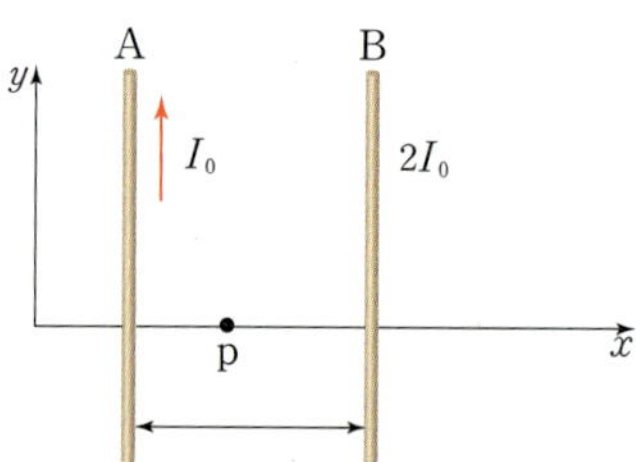

p와 q 사이의 거리가 $6\,\mathrm{m}$일 때, L는?

① $1\,\mathrm{m}$ ② $2\,\mathrm{m}$ ③ $3\,\mathrm{m}$
④ $4\,\mathrm{m}$ ⑤ $5\,\mathrm{m}$

04 그림 (가), (나)는 xy평면에서 일정한 전류 I가 흐르는 직선 도 선이 y축에 나란하게 고정되어 있고 반지름이 각각 $2r$, r인 원 형 도선 A, B가 원점을 중심으로 고정되어 있는 모습을 나타 낸 것이다. A, B에는 각각 전류 I_0이 화살표 방향으로 흐른다. O에서의 자기장의 세기는 (가)와 (나)에서 각각 B_0, 0이다.

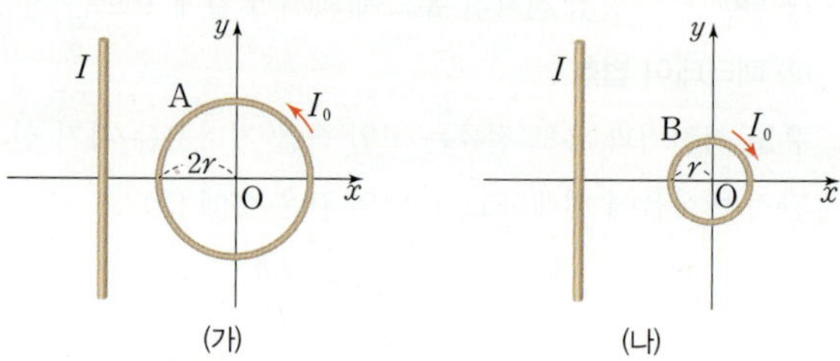

(가)의 O에서 원형 도선에 의한 자기장의 세기는?

① $\dfrac{B_0}{4}$ ② $\dfrac{B_0}{3}$ ③ $\dfrac{B_0}{2}$
④ B_0 ⑤ $\dfrac{4B_0}{3}$

05 그림 (가)는 점 O를 공통 중심으로 하는 원형 도선 A, B에 화살표 방향으로 전류가 흐르는 모습을 나타낸 것이다. A, B의 반지름은 각각 $2r$, r이고 A에 흐르는 전류의 세기는 I_0이다. 그림 (나)는 B에 흐르는 전류의 세기 I를 시간 t에 따라 나타낸 것이다.

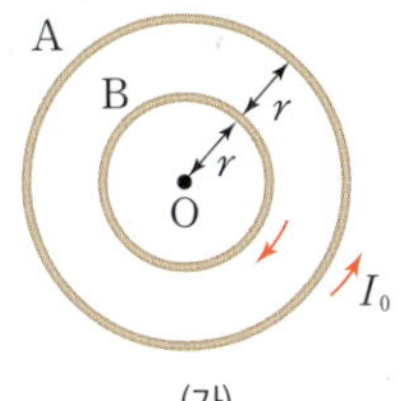

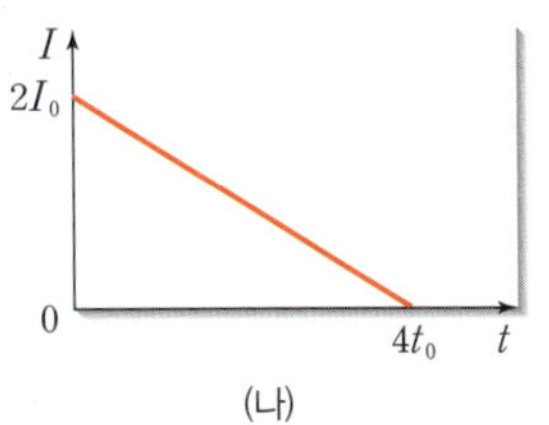

(가)　　(나)

O에서의 자기장에 대한 설명으로 옳은 것만을 〈보기〉에서 있는 대로 고른 것은?

| 보기 |

ㄱ. t_0일 때 자기장의 방향은 종이면에 수직으로 나오는 방향이다.
ㄴ. $2t_0$일 때 자기장은 0이다.
ㄷ. 자기장의 세기는 t_0일 때가 $4t_0$일 때의 2배이다.

① ㄱ 　　② ㄴ 　　③ ㄷ
④ ㄱ, ㄷ 　　⑤ ㄴ, ㄷ

06 그림과 같이 xy평면에 전류가 흐르는 무한히 긴 직선 도선 A, B, C가 고정되어 있다. A에는 $+y$ 방향으로 전류 I_0이 흐르고, p점과 q점에서 자기장은 세기가 같고 방향이 반대이다.

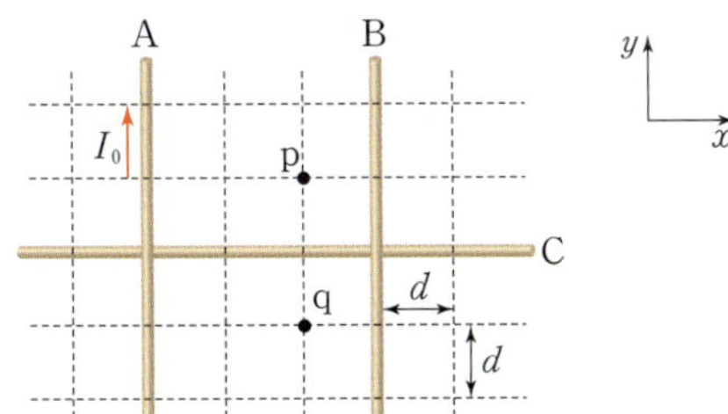

이에 대한 설명으로 옳은 것만을 〈보기〉에서 있는 대로 고른 것은?

| 보기 |

ㄱ. B에 흐르는 전류의 세기는 I_0이다.
ㄴ. B에 흐르는 전류의 방향은 $+y$ 방향이다.
ㄷ. C에 흐르는 전류의 세기가 2배가 되면 p에서 자기장의 세기는 2배가 된다.

① ㄱ 　　② ㄴ 　　③ ㄱ, ㄷ
④ ㄴ, ㄷ 　　⑤ ㄱ, ㄴ, ㄷ

07 그림과 같이 코일과 전원 장치, 스위치를 연결하고 코일 내부에 강자성체 막대 A 또는 상자성체 막대 B를 넣었다.
스위치를 닫았을 때(ON)와 다시 열었을 때(OFF) 나침반의 N극이 가리키는 방향을 나타낸 것으로 가장 적절한 것은?

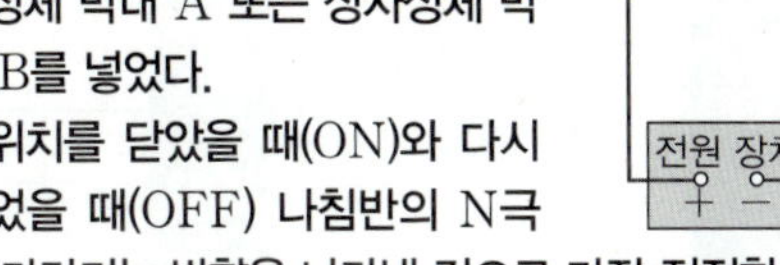

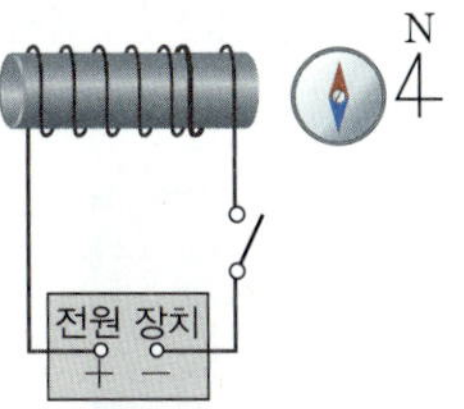

08 다음은 물체 A, B, C의 자성을 알아보기 위한 실험이다.

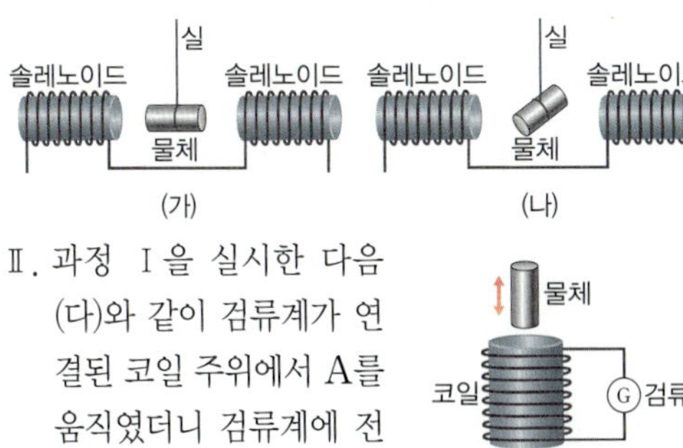

Ⅰ. 실에 매단 물체를 솔레노이드 사이에 놓았더니 A는 (가)와 같이 솔레노이드와 나란한 상태를 유지하였고, B는 (나)와 같이 회전하였다.

Ⅱ. 과정 Ⅰ을 실시한 다음 (다)와 같이 검류계가 연결된 코일 주위에서 A를 움직였더니 검류계에 전류가 흘렀다.

이에 대한 설명으로 옳은 것만을 〈보기〉에서 있는 대로 고른 것은?

| 보기 |

ㄱ. Ⅰ의 (가)에서 A가 받는 알짜힘은 0이다.
ㄴ. Ⅰ의 (나)에서 솔레노이드와 물체 사이에는 서로 당기는 자기력이 작용한다.
ㄷ. Ⅱ에서 B를 코일에 넣으면 검류계에 전류가 흐르지 않는다.

① ㄱ 　　② ㄴ 　　③ ㄱ, ㄴ
④ ㄱ, ㄷ 　　⑤ ㄱ, ㄴ, ㄷ

09 그림 (가)와 같이 솔레노이드에 자화되지 않은 물체 A를 넣고 스위치를 p에 연결하였더니 A가 자화되었다. 그림 (나)는 (가)에서 스위치를 q에 연결한 후 A를 위로 빼는 모습을 나타낸 것이다. (나)에서 저항에 전류가 흘렀다.

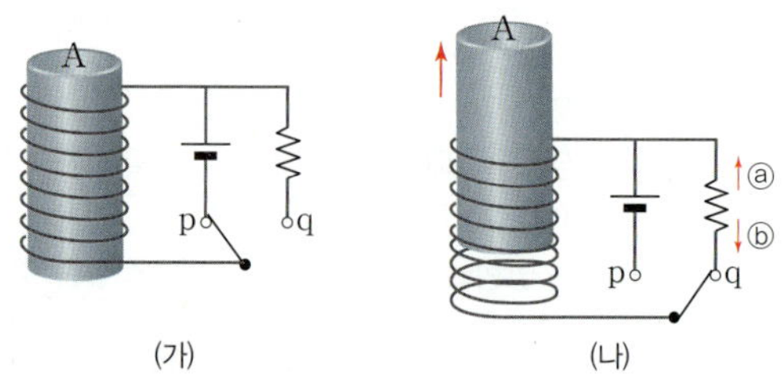

(가)　　　　　(나)

이에 대한 설명으로 옳은 것만을 〈보기〉에서 있는 대로 고른 것은?

┤ 보기 ├
ㄱ. A는 강자성체이다.
ㄴ. (나)에서 저항에 흐르는 전류의 방향은 ⓐ이다.
ㄷ. (나)에서 A를 다시 솔레노이드 안으로 넣을 때는 전류가 흐르지 않는다.

① ㄱ　　　　② ㄴ　　　　③ ㄱ, ㄴ
④ ㄴ, ㄷ　　　⑤ ㄱ, ㄴ, ㄷ

03 전자기 유도

10 그림 (가)는 자석 위에서 y축을 따라 금속 고리를 운동시키는 모습을, (나)는 고리의 위치 y를 시간에 따라 나타낸 것이다.

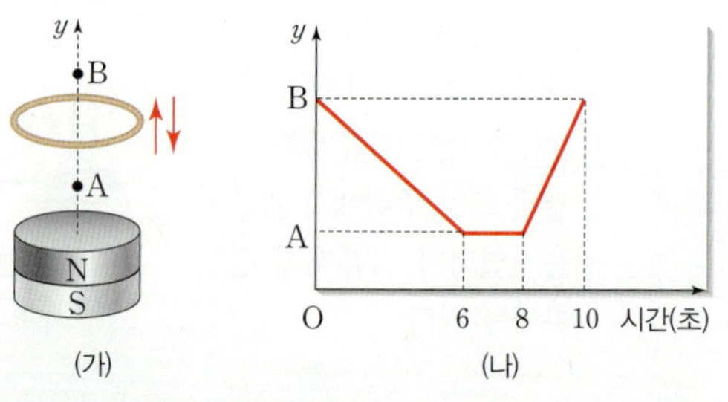

(가)　　　　　(나)

고리에 흐르는 유도 전류에 대한 옳은 설명만을 〈보기〉에서 있는 대로 고른 것은? (단, 자석의 윗면과 금속 고리는 나란하다.)

┤ 보기 ├
ㄱ. 1초일 때와 9초일 때 유도 전류의 방향은 반대 방향이다.
ㄴ. 3초일 때와 9초일 때 유도 전류의 세기는 같다.
ㄷ. 7초일 때 유도 전류의 세기가 최대이다.

① ㄱ　　　　② ㄷ　　　　③ ㄱ, ㄴ
④ ㄴ, ㄷ　　　⑤ ㄱ, ㄴ, ㄷ

11 그림은 종이면에 수직하게 들어가는 방향의 균일한 자기장이 형성된 공간에서 종이면에 수평하게 고정된 ㄷ자형 도선 위에 올려놓은 금속 막대를 일정한 속력으로 오른쪽 방향으로 당기는 모습을 나타낸 것이다. P와 Q는 금속 막대와 도선 사이의 접점이다.

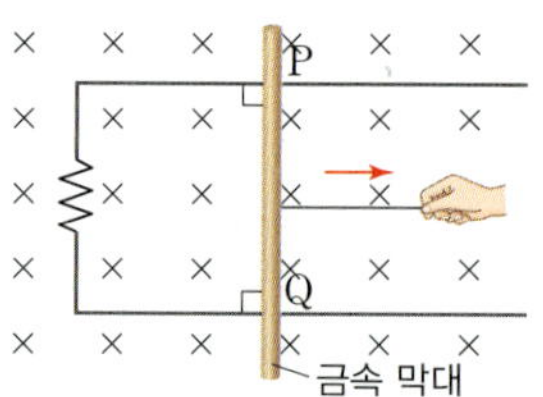

저항에 흐르는 유도 전류의 세기를 증가시키는 방법으로 옳은 것만을 〈보기〉에서 있는 대로 고른 것은?

┤ 보기 ├
ㄱ. 자기장의 세기를 증가시킨다.
ㄴ. 막대의 속력을 증가시킨다.
ㄷ. P와 Q 사이의 거리를 증가시킨다.

① ㄱ　　　　② ㄷ　　　　③ ㄱ, ㄴ
④ ㄴ, ㄷ　　　⑤ ㄱ, ㄴ, ㄷ

12 그림과 같이 정사각형 금속 고리 P가 $1\,\text{cm/s}$의 일정한 속력으로 $+x$ 방향으로 운동하여 자기장 영역 Ⅰ, Ⅱ, Ⅲ을 통과한다. Ⅰ, Ⅱ, Ⅲ에서 자기장의 세기는 각각 B_0, $2B_0$, B_0이고, $t=0$일 때 P의 중심은 $x=0$을 지난다.

중요

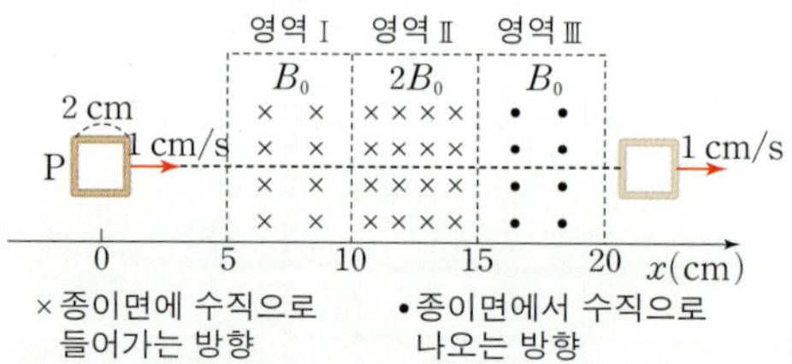

이에 대한 설명으로 옳은 것만을 〈보기〉에서 있는 대로 고른 것은?

┤ 보기 ├
ㄱ. $t=8$초일 때 P에 흐르는 유도 전류는 0이다.
ㄴ. $t=10$초일 때 P에 흐르는 유도 전류의 방향은 반시계 방향이다.
ㄷ. $t=5$초일 때와 $t=20$초일 때 P에 흐르는 유도 전류의 세기와 방향이 서로 같다.

① ㄴ　　　　② ㄷ　　　　③ ㄱ, ㄴ
④ ㄱ, ㄷ　　　⑤ ㄱ, ㄴ, ㄷ

13 그림과 같이 윗면을 N극이 되도록 하여 자석을 위로 던졌더니 자석이 금속 고리 A를 통과한 후 다시 A를 통과해 내려온다.
p점에서 자석이 올라갈 때와 내려올 때에 대한 설명으로 옳은 것만을 보기에서 있는 대로 고른 것은? (단, 공기 저항은 무시한다.)

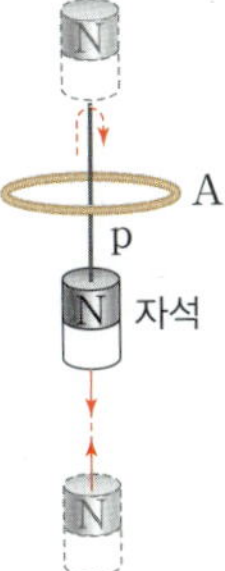

| 보기 |

ㄱ. A에 흐르는 유도 전류의 세기는 같다.
ㄴ. A에 흐르는 유도 전류의 방향은 반대 방향이다.
ㄷ. 자석이 받는 자기력의 방향은 같다.

① ㄱ   ② ㄴ   ③ ㄱ, ㄷ
④ ㄴ, ㄷ   ⑤ ㄱ, ㄴ, ㄷ

14 다음은 자석과 금속 고리로 실시한 실험이다.

[실험 과정]
(가) 실에 자석을 매달고 정지할 때까지 기다린다.
(나) 자석 주변에서 금속 고리를 자석에 가까이 가져갔다가 멀어지게 하는 왕복 운동을 반복한다.

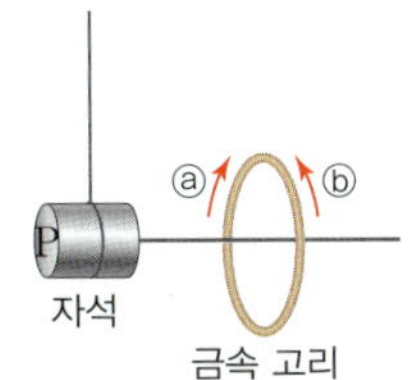

[실험 결과]
금속 고리를 자석에 가까이 가져갈 때 고리에는 ⓐ 방향으로 전류가 흘렀다.

이에 대한 설명으로 옳은 것만을 〈보기〉에서 있는 대로 고른 것은?

| 보기 |

ㄱ. P는 N극이다.
ㄴ. 고리를 자석에 가까이 가져갈 때 자석과 고리 사이에는 당기는 자기력이 작용한다.
ㄷ. 고리를 자석에서 멀어지게 하면 고리에는 ⓑ 방향으로 전류가 흐른다.

① ㄱ   ② ㄴ   ③ ㄱ, ㄴ
④ ㄱ, ㄷ   ⑤ ㄴ, ㄷ

15 그림과 같이 수평면으로부터 높이 h인 빗면 위의 점에서 질량이 같은 두 자석 A와 B를 각각 가만히 놓았더니, A, B가 빗면에 고정된 구리 링을 통과한 후 각각 속력 v_A, v_B로 수평면에 닿았다. A와 B가 빗면을 내려오는 동안 A와 B의 가속도 방향은 일정하고, $v_A > v_B$이다.

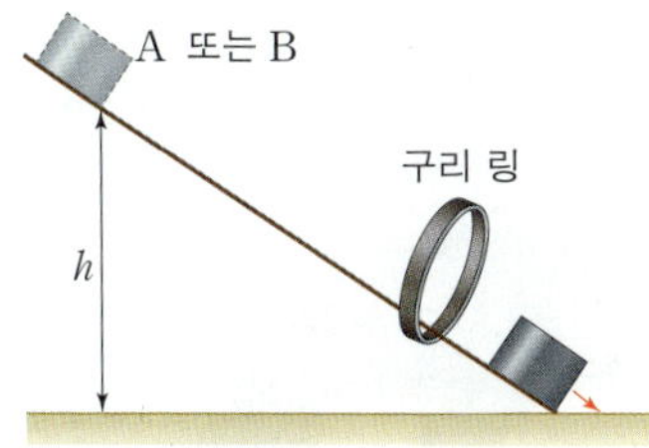

이에 대한 설명으로 옳은 것만을 〈보기〉에서 있는 대로 고른 것은?

| 보기 |

ㄱ. 자석의 세기는 A가 B보다 세다.
ㄴ. 빗면에서 운동하는 동안 A에 작용하는 자기력의 방향은 일정하다.
ㄷ. 빗면을 내려오기 시작하여 수평면에 닿기 직전까지 역학적 에너지 감소량은 A가 B보다 작다.

① ㄱ   ② ㄴ   ③ ㄷ
④ ㄴ, ㄷ   ⑤ ㄱ, ㄴ, ㄷ

16 다음은 리드 스위치에 대한 설명이다.

리드 스위치는 유리관 속에 들어 있는 강자성체 금속 리드 A, B와 유리관을 감싸고 있는 코일로 구성되어 있다. 코일에 작은 전류가 흐르면 내부에 자기장이 형성된다. 이때 금속 리드 A의 오른쪽 끝은 (가)극으로 자기화되고 B의 왼쪽 끝은 (나)극으로 자기화되어 서로 (다) 자기력이 작용한다.

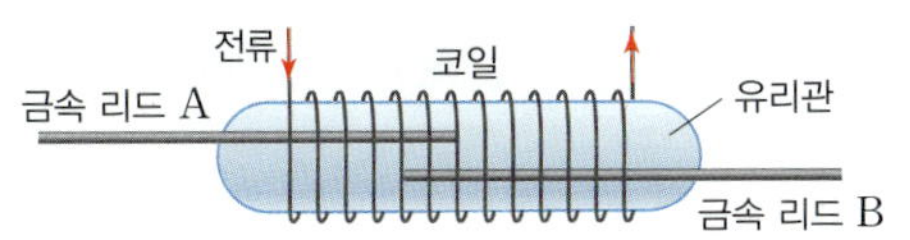

(가)~(다)에 들어갈 말로 옳은 것은?

	(가)	(나)	(다)
①	N	N	밀어내는
②	N	S	당기는
③	N	S	밀어내는
④	S	N	당기는
⑤	S	S	밀어내는

01

파동

01 파동의 성질

먼저 알아야 할 용어!

* **법선** | 평면에 수직인 선
* **파면** | 파동이 진행할 때 위상이 같은 점(주로 마루)을 이어서 만든 선이나 면

✕ 먼저 알아야 할 내용

1. 파원과 매질

(1) ⑦ [　　　] : 파동이 발생한 지점

(2) ⑥ [　　　] : 파동을 전달하는 물질

답 ⑦ 파원 ⑥ 매질

Ⓐ 파동

1. 파동

① 파동의 발생과 전파

• 파동: 한 지점에서 발생한 진동이 주위로 퍼져 나가는 현상

➡ 에너지만 주위로 전달되고 매질은 제자리에서 진동할 뿐 이동하지 않는다.

2. 파동의 표시

① 파동의 요소

• 진폭(A): 진동의 중심에서 가장 멀리 진동한 지점까지의 거리. 횡파에서는 진동 중심에서 마루 또는 골까지의 거리가 진폭이다. (단위: m)

• 파장(λ): 이웃한 동일 위상의 두 지점 사이의 거리. (단위: m)

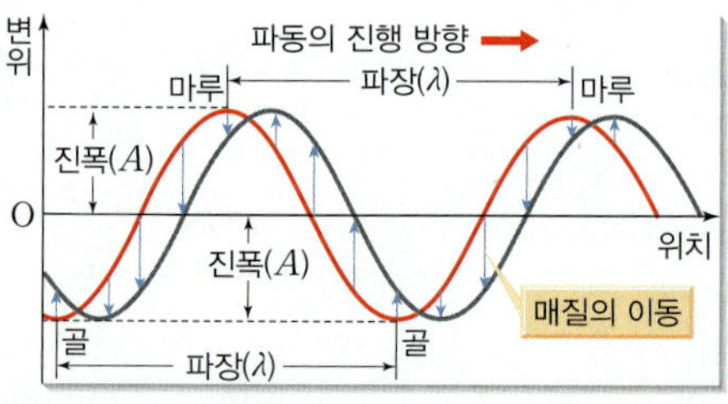

❖ **위상**

매질의 한 점이 진동할 때 어느 순간 진동 기준점으로부터의 위치와 운동 상태(방향)를 위상이라고 한다.

횡파	종파
이웃한 마루 사이 또는 골 사이의 거리	밀한 지점 또는 소한 지점 사이의 거리

❖ **횡파와 종파**

− 횡파: 파동의 진행 방향과 매질의 진동 방향이 수직
− 종파: 파동의 진행 방향과 매질의 진동 방향이 평행

❖ **밀과 소**

종파가 진행할 때 매질의 밀도가 가장 큰 곳을 밀, 가장 작은 곳을 소라고 한다.

• 주기(T): 매질이 한 번 진동하는 데 걸리는 시간 (단위: 초)

• 진동수(f): 매질이 1초 동안 진동한 횟수 (단위: Hz(헤르츠))

• 주기와 진동수의 관계: 진동수 $(f) = \dfrac{1}{주기(T)}$

② 파동의 표현

변위−위치 그래프	변위−시간 그래프
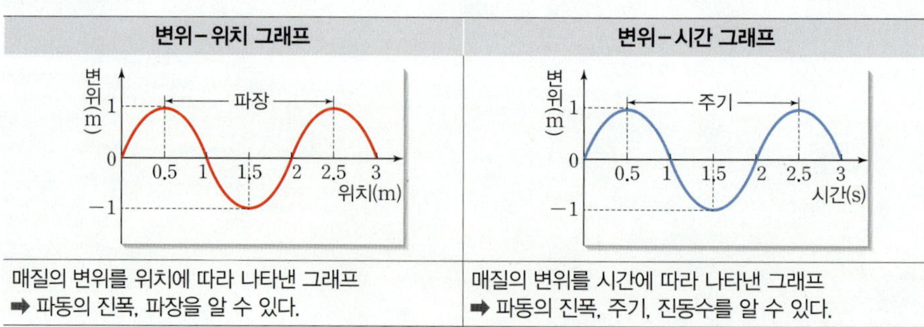	

매질의 변위를 위치에 따라 나타낸 그래프
➡ 파동의 진폭, 파장을 알 수 있다.

매질의 변위를 시간에 따라 나타낸 그래프
➡ 파동의 진폭, 주기, 진동수를 알 수 있다.

3. 파동의 속력

① 파동은 한 주기 동안 한 파장만큼 진행하므로 파동의 속력은 다음과 같다.

$$\text{파동의 속력}(v) = \frac{\text{파장}(\lambda)}{\text{주기}(T)} = \text{진동수}(f) \times \text{파장}(\lambda)$$

② 매질과 파동의 속력

- 물결파: 물의 깊이(수심)가 깊을수록 빠르다.
- 소리: 대체적으로 고체 > 액체 > 기체 순으로 빠르고, 진공에서는 전달되지 않는다.
- 빛: 진공에서 속력이 299,792,458 m/s로 가장 빠르며 파장에 상관 없이 일정한 값을 갖는다. 매질에서는 진공에서보다 속력이 느리다.

실전 자료   **파동 그래프 분석**

파동을 나타내는 그래프로부터 파동을 분석해 보자.

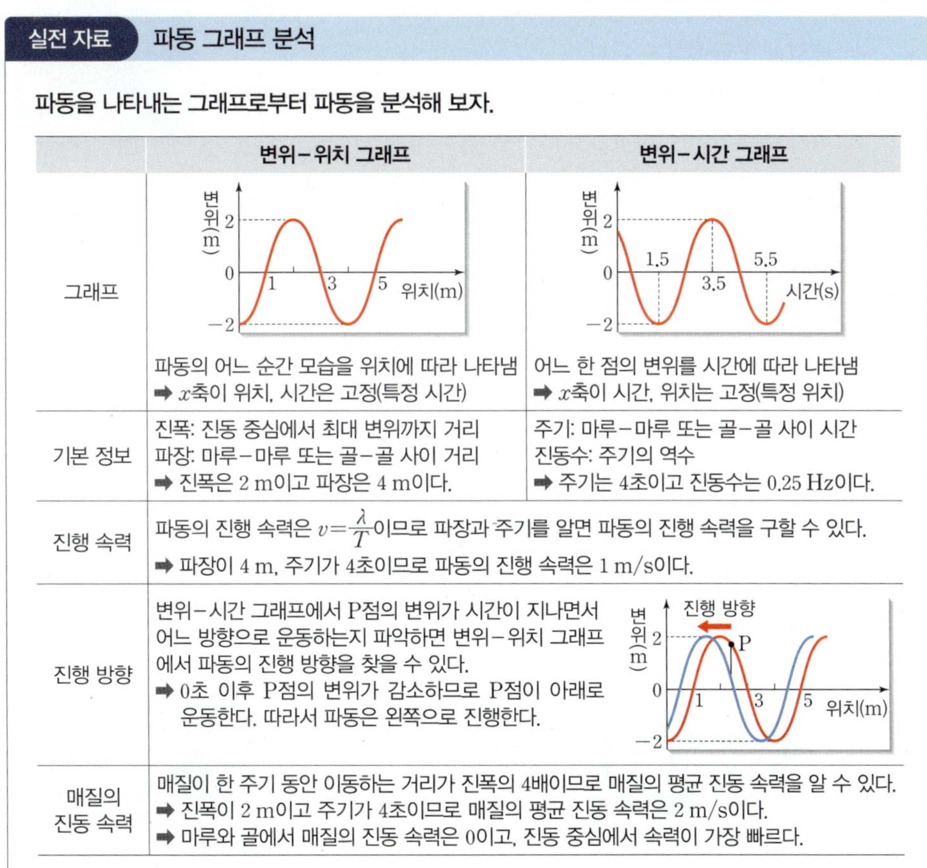

	변위–위치 그래프	변위–시간 그래프
그래프	파동의 어느 순간 모습을 위치에 따라 나타냄 ➡ x축이 위치, 시간은 고정(특정 시간)	어느 한 점의 변위를 시간에 따라 나타냄 ➡ x축이 시간, 위치는 고정(특정 위치)
기본 정보	진폭: 진동 중심에서 최대 변위까지 거리 파장: 마루–마루 또는 골–골 사이 거리 ➡ 진폭은 2 m이고 파장은 4 m이다.	주기: 마루–마루 또는 골–골 사이 시간 진동수: 주기의 역수 ➡ 주기는 4초이고 진동수는 0.25 Hz이다.
진행 속력	파동의 진행 속력은 $v = \dfrac{\lambda}{T}$이므로 파장과 주기를 알면 파동의 진행 속력을 구할 수 있다. ➡ 파장이 4 m, 주기가 4초이므로 파동의 진행 속력은 1 m/s이다.	
진행 방향	변위–시간 그래프에서 P점의 변위가 시간이 지나면서 어느 방향으로 운동하는지 파악하면 변위–위치 그래프에서 파동의 진행 방향을 찾을 수 있다. ➡ 0초 이후 P점의 변위가 감소하므로 P점이 아래로 운동한다. 따라서 파동은 왼쪽으로 진행한다.	
매질의 진동 속력	매질이 한 주기 동안 이동하는 거리가 진폭의 4배이므로 매질의 평균 진동 속력을 알 수 있다. ➡ 진폭이 2 m이고 주기가 4초이므로 매질의 평균 진동 속력은 2 m/s이다. ➡ 마루와 골에서 매질의 진동 속력은 0이고, 진동 중심에서 속력이 가장 빠르다.	

개념 바로 확인

정답 및 해설 ┃ 31쪽

01 [　　　]은 위상이 같은 가장 가까운 두 지점 사이의 거리이다.

02 파동의 속력은 파장과 [　　　]의 곱으로 구할 수 있다.

01 다음 중 파동에 대한 설명으로 옳은 것은 ○표, 옳지 <u>않은</u> 것은 ×표를 하시오.

(1) 파동이 진행할 때 물질과 에너지가 모두 전달된다. (　　)

(2) 파동의 진동수가 2배가 되면 주기도 2배가 된다. (　　)

(3) 소리의 속력은 물에서가 공기에서보다 빠르다. (　　)

02 이웃한 마루에서 마루까지 거리가 2 m인 파동의 한 점이 2초마다 마루가 된다. 이 파동의 속력은?

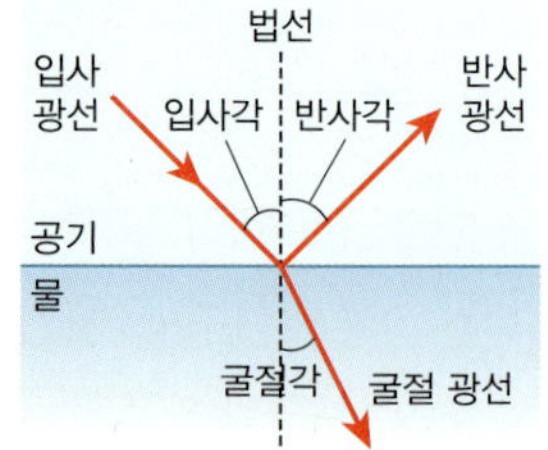

❖ **물결파의 파면**
파면과 파면 사이의 거리가 파장이고, 파동의 진행 방향은 파면에 수직이다. 또 파면이 경계면과 이루는 각이 입사각, 굴절각이 된다.

B 굴절

1. 파동의 굴절

① 굴절: 속력이 다른 매질의 경계면에 비스듬히 입사한 파동의 진행 방향이 꺾이는 현상
➡ 매질이 달라져도 진동수는 변하지 않는다.

② 파동이 굴절하는 까닭은 두 매질에서 파동의 진행 속력이 다르기 때문이다.

2. 물결파의 굴절

① 수심이 다른 곳에서는 물결파의 속력이 다르므로 경계면에서 물결파가 굴절하게 된다.

② 물결파가 진행할 때 진동수는 변하지 않는다. 따라서 파장의 비가 속력의 비이다.

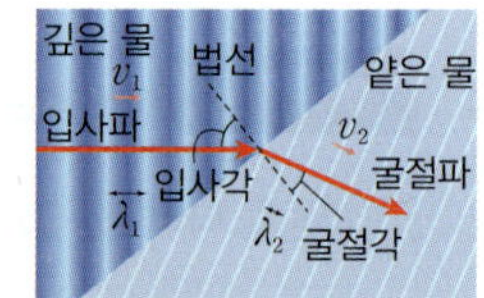

$$v_1 : v_2 = f\lambda_1 : f\lambda_2 = \lambda_1 : \lambda_2$$

③ 물결파가 매질 1에서 매질 2로 굴절할 때 입사각(θ_1), 굴절각(θ_2), 파동의 속력(v_1, v_2), 파장(λ_1, λ_2)의 관계는 다음과 같다.

$$\frac{v_1}{v_2} = \frac{\sin \theta_1}{\sin \theta_2} = \frac{\lambda_1}{\lambda_2}$$

3. 소리의 굴절

① 소리가 다른 매질을 만나면 그 경계면에서 굴절한다.

② 공기의 온도가 다르면 소리의 속력이 다르므로 온도가 다른 공기층을 통과할 때 소리가 굴절한다.

➡ 낮에는 소리가 위로 굴절하고 밤에는 아래로 굴절한다.

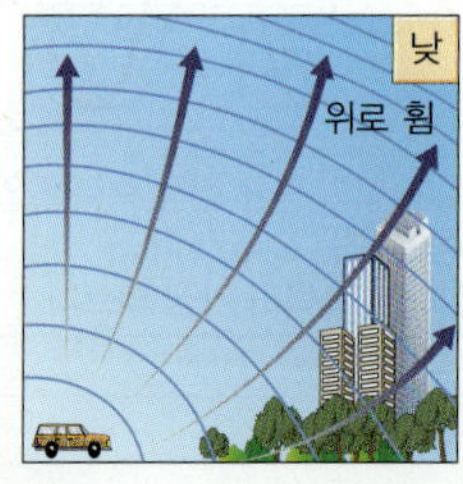

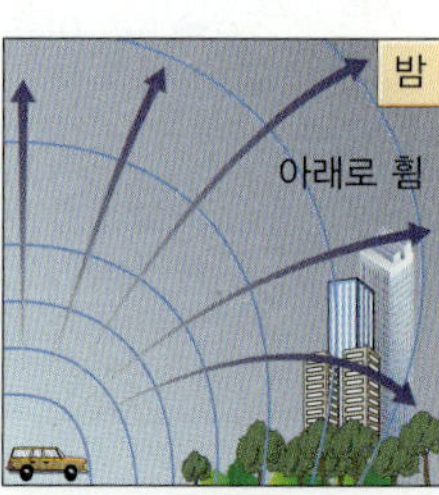

❖ **매질에서 빛의 속력**
매질에서 빛의 속력은 파장에 비례하고 굴절률에 반비례한다.

❖ **빛의 굴절률**
물질의 굴절률을 측정할 때는 나트륨(Na)에서 방출되는 노란색 파장(589.29 nm)의 빛을 기준으로 한다.

4. 빛의 굴절

① 매질에 따라 빛의 속력이 다르므로 매질의 경계면에서 빛이 굴절한다.

② 굴절률(n): 진공에서 빛의 속력(c)과 매질에서 빛의 속력(v)의 비

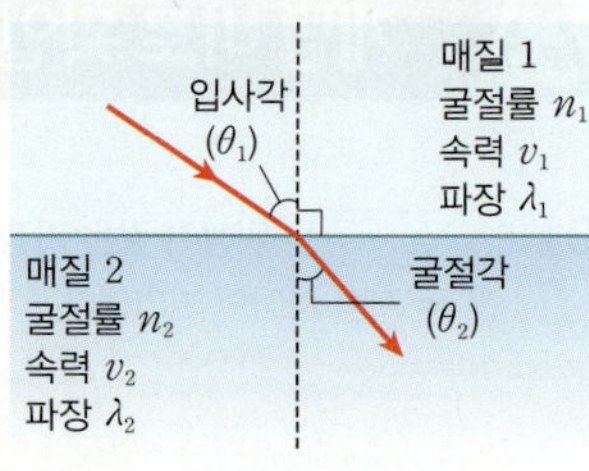

$$굴절률(n) = \frac{진공에서\ 빛의\ 속력(c)}{매질에서\ 빛의\ 속력(v)}$$

③ 빛의 굴절 법칙(스넬의 법칙)

$$n_1 \sin \theta_1 = n_2 \sin \theta_2$$

④ 빛의 굴절과 입사각, 굴절각

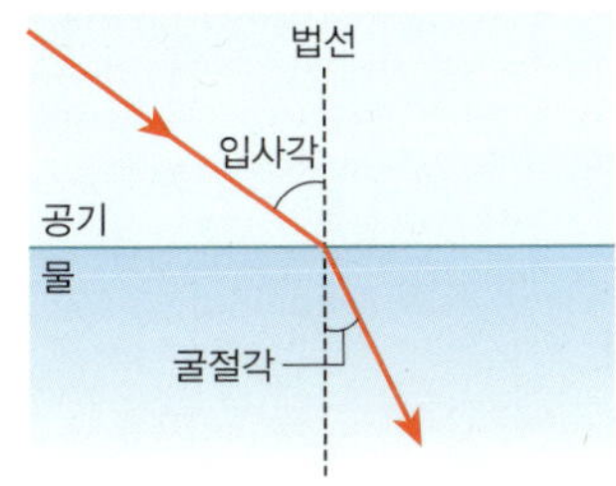

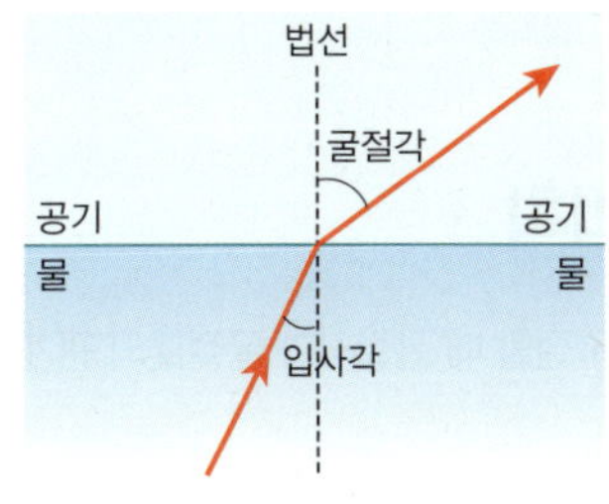

❖ **공기와 물의 경계면에서 일어나는 빛의 굴절**

— 물속에 있는 다리가 짧아 보임
— 바닥의 물체가 실제보다 얕은 곳에 있는 것처럼 보임
— 빨대가 꺾여 보임

- 매질의 굴절률은 물이 공기보다 크다. $(n_물 > n_{공기})$

  ➡ 공기에서 물로 입사할 때: 입사각 > 굴절각

  ➡ 물에서 공기로 입사할 때: 입사각 < 굴절각

⑤ **빛의 굴절의 예**

신기루	렌즈
뜨거운 지표면 부근의 공기는 밀도가 작아 빛의 속력이 빠르다. 찬 상층의 공기는 밀도가 커 빛의 속력이 느리다. 이때 빛이 굴절하여 눈에 들어오는데, 사람은 빛이 직진하는 것으로 인식하므로 바닥에 물이 있어 물체가 반사되어 보이는 것처럼 인식한다.	유리에서 빛의 속력이 공기에서보다 느리므로 빛이 공기와 유리의 경계면에서 굴절한다. 이때 볼록 렌즈는 빛을 모아주고 오목 렌즈는 빛을 퍼뜨린다.

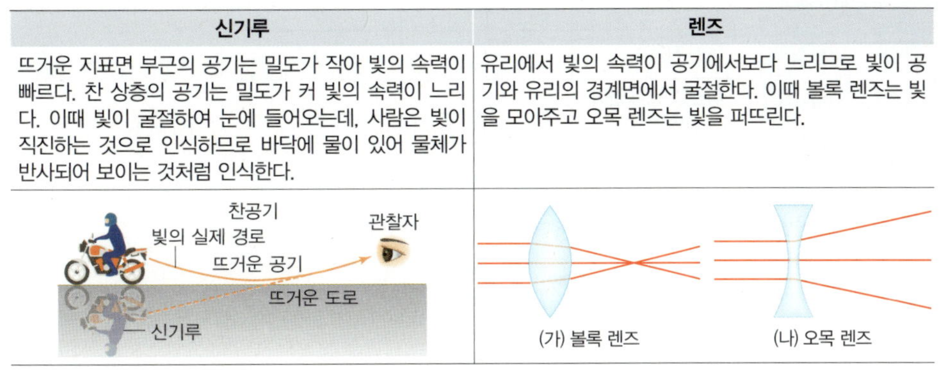

개념 바로 확인

정답 및 해설 | 31쪽

03 파동이 진행할 때 두 매질의 경계면에서 진행 방향이 꺾이는 현상을 ☐ 이라고 한다.

03 다음 중 파동의 굴절에 대한 설명으로 옳은 것은 ○표, 옳지 <u>않은</u> 것은 ✕표를 하시오.

(1) 굴절은 매질에서 파동의 진동수가 다르기 때문에 일어난다. ( )

(2) 파동이 두 매질의 경계면에서 굴절할 때 입사각의 크기와 상관없이 입사각과 굴절각의 비는 일정하다. ( )

(3) 빛이 굴절할 때 매질의 굴절률이 클수록 빛의 속력은 느리다. ( )

04 빛의 굴절률은 진공에서 빛의 ☐ 과 매질에서 빛의 ☐ 의 비로 구한다.

04 다음은 어떤 현상에 대한 설명이다. 빈 칸에 들어갈 알맞은 말은?

> 여름철 사막 위의 모래에 햇볕을 비추면 지면 쪽 공기가 가열되어 온도가 올라간다. 빛의 속력은 온도가 낮은 공기보다 온도가 높은 공기에서 더 빠르므로 물체에서 반사된 빛은 연속적으로 ( )하여 곡선을 그리며 사람의 눈에 들어온다. 이때 사람은 빛이 직진하는 것으로 인식하기 때문에 물체의 실제 위치가 아닌 곳에서 물체를 보게 되며, 이러한 현상을 ( )라고 한다.

· 물결파의 굴절과 굴절 법칙 ·

| 파동이 서로 다른 물질의 경계면에서 굴절할 때 굴절각과 굴절률의 관계를 이해해야 합니다.

원리 **물결파가 매질 1과 2의 경계면에서 굴절할 때 속력, 파장, 입사각과 굴절각의 관계를 알아보자.**

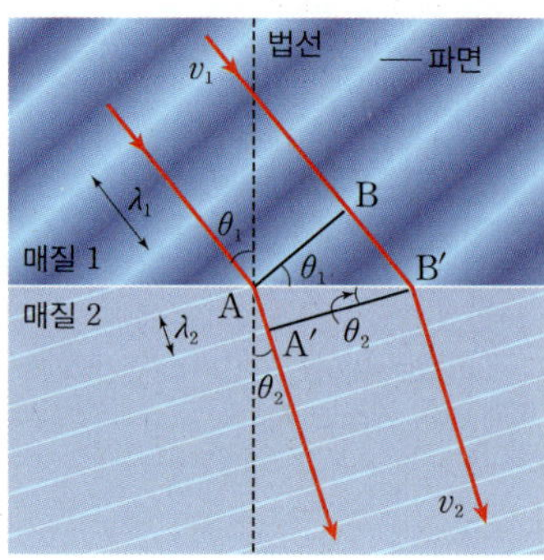

구분	매질 1	매질 2
속력	v_1	v_2
파장	λ_1	λ_2
진동수	f	f
파면과 경계면이 이루는 각	θ_1	θ_2

파면 AB가 A′B′로 진행하는 시간을 t라고 하면, $\lambda_1 = v_1 t$, $\lambda_2 = v_2 t$이다. 따라서

$$t = \frac{\lambda_1}{v_1} = \frac{\lambda_2}{v_2} \ \Rightarrow\ \frac{v_1}{v_2} = \frac{\lambda_1}{\lambda_2}$$

이다.

또, $\sin \theta_1 = \dfrac{\overline{BB'}}{\overline{AB'}}$, $\sin \theta_2 = \dfrac{\overline{AA'}}{\overline{AB'}}$이므로

$$\overline{AB'} = \frac{\overline{BB'}}{\sin \theta_1} = \frac{\overline{AA'}}{\sin \theta_2} \ \Rightarrow\ \frac{\sin \theta_1}{\sin \theta_2} = \frac{\overline{BB'}}{\overline{AA'}}$$

이다.

물결파의 파장은 $\lambda_1 = \overline{BB'}$, $\lambda_2 = \overline{AA'}$이므로

$$\frac{v_1}{v_2} = \frac{\lambda_1}{\lambda_2} = \frac{\sin \theta_1}{\sin \theta_2} \ \text{(굴절 법칙)}$$

이다.

빛이 굴절할 때 매질 1, 매질 2에서 굴절률을 각각 n_1, n_2라고 하면

$$n_1 = \frac{c}{v_1}, \ n_2 = \frac{c}{v_2}$$

이므로
굴절 법칙은

$$\frac{v_1}{v_2} = \frac{\lambda_1}{\lambda_2} = \frac{\sin \theta_1}{\sin \theta_2} = \frac{n_2}{n_1} \ \Rightarrow\ n_1 \sin \theta_1 = n_2 \sin \theta_2$$

이다.

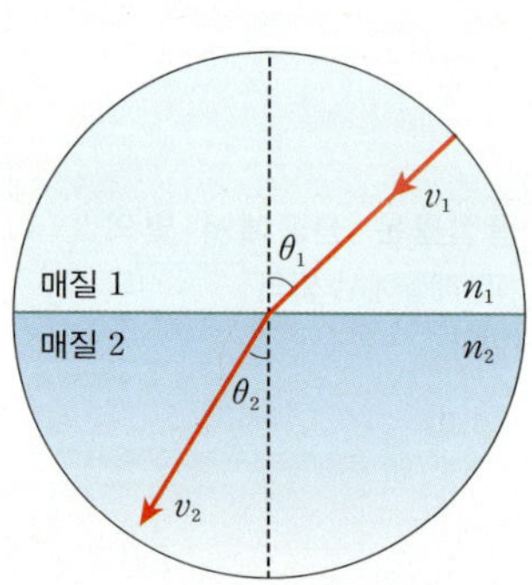

A 파동

01 다음은 파동에 대한 설명이다.

> 파동은 한 지점에서 발생한 진동이 주변으로 전파되는 현상이다. 파동이 발생한 지점을 (가)이라 하고, 파동을 전달하는 물질을 (나)라고 한다. 파동이 전파될 때 (나)은/는 진동할 뿐 이동하지 않고, (다)이/가 전달된다.

(가)~(다)에 들어갈 말로 옳은 것은?

	(가)	(나)	(다)
①	파원	매질	에너지
②	파원	매질	물질
③	파원	에너지	물질
④	진원	매질	에너지
⑤	진원	에너지	매질

02 파동의 종류에 대한 설명으로 옳은 것은?

① 소리는 횡파이다.
② 종파는 매질이 없어도 전달된다.
③ 횡파에는 초음파, 지진파의 S파 등이 있다.
④ 지진파가 진행할 때 매질은 파동과 함께 진행한다.
⑤ 횡파는 매질의 진동 방향과 파동의 진행 방향이 수직이다.

03 그림은 주기가 2초인 파동의 어느 순간의 모습을 파원으로부터의 거리에 따라 나타낸 것이다.

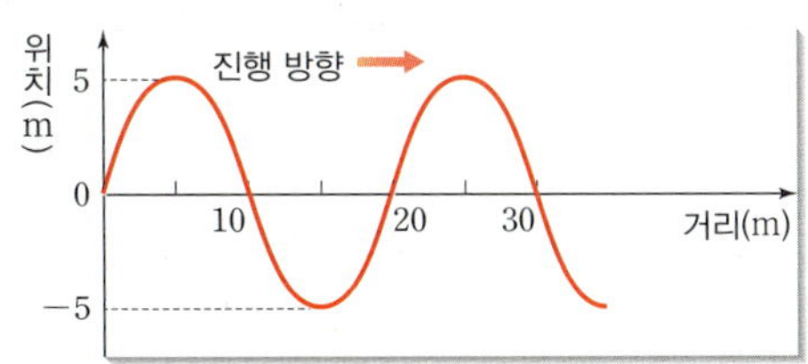

이에 대한 설명으로 옳지 않은 것은?

① 매질의 진동 방향과 파동의 진행 방향이 서로 수직이다.
② 진폭은 10 m이다.
③ 파장은 20 m이다.
④ 진동수는 0.5Hz이다.
⑤ 파동의 속력은 10 m/s이다.

04 그림 (가), (나)는 횡파에서 매질의 변위를 각각 시간과 위치에 따라 표현한 것이다.

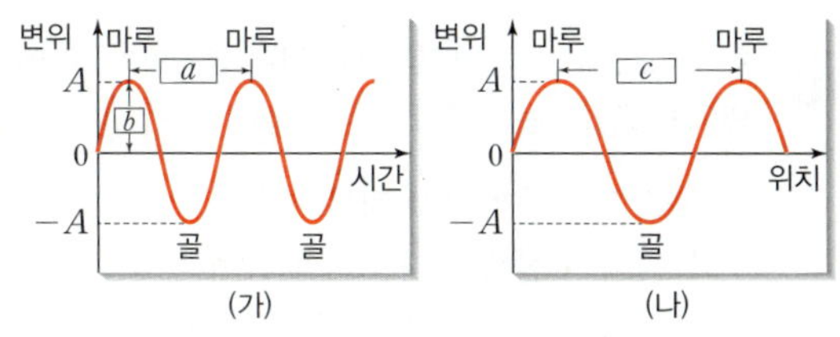

이 횡파의 진동수와 파장으로 옳은 것은?

	진동수	파장		진동수	파장
①	a	b	②	a	c
③	$\dfrac{1}{a}$	b	④	$\dfrac{1}{a}$	c
⑤	$\dfrac{1}{c}$	b			

05 그림은 왼쪽으로 2 m/s의 속력으로 진행하는 파동의 어느 순간의 모습을 위치에 따라 나타낸 것이다. 점 P, Q는 각각 파동 위의 점이다.

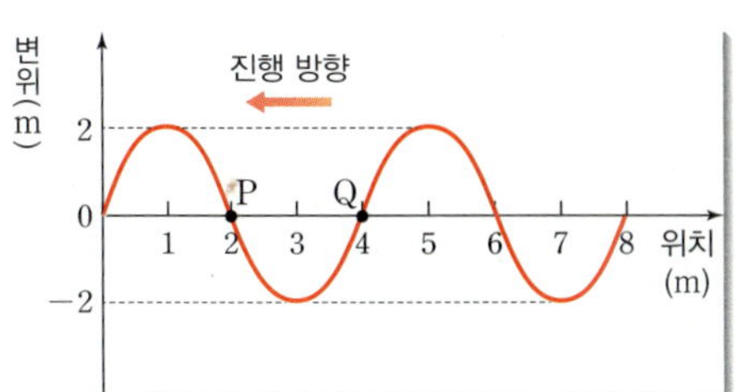

이에 대한 설명으로 옳은 것만을 <보기>에서 있는 대로 고른 것은?

> **보기**
>
> ㄱ. 진동수는 2Hz이다.
> ㄴ. P와 Q는 항상 반대 방향으로 운동한다.
> ㄷ. 1초 후 P와 Q 사이의 거리는 2 m이다.

① ㄱ ② ㄴ ③ ㄱ, ㄴ
④ ㄴ, ㄷ ⑤ ㄱ, ㄴ, ㄷ

B 굴절

06 한 매질에서 다른 매질로 진행하던 물결파가 두 매질의 경계면에서 굴절하는 이유로 가장 적절한 것은?

① 물결파가 종파이기 때문이다.
② 물결파의 진폭이 다르기 때문이다.
③ 물결파의 진동수가 다르기 때문이다.
④ 물결파의 진행 속력이 다르기 때문이다.
⑤ 물결파가 경계면에 수직으로 입사하기 때문이다.

07 그림은 물결파가 영역 A에서 영역 B로 진행하는 모습을 나타낸 것이다.

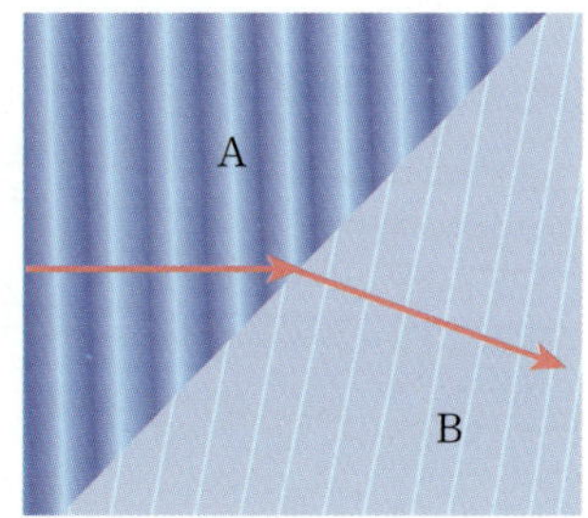

A에서가 B에서보다 큰 물리량만을 〈보기〉에서 있는 대로 고른 것은?

┤ 보기 ├
ㄱ. 수심
ㄴ. 물결파의 파장
ㄷ. 물결파의 진동수

① ㄱ   ② ㄷ   ③ ㄱ, ㄴ
④ ㄴ, ㄷ   ⑤ ㄱ, ㄴ, ㄷ

08 빛의 굴절에 의한 현상이 <u>아닌</u> 것은?

① 거울에 내 모습이 비친다.
② 오목렌즈를 통과한 빛이 퍼진다.
③ 물 속에 있는 다리가 짧아 보인다.
④ 유리컵에 잠긴 빨대가 꺾여 보인다.
⑤ 뜨거운 여름날 지면 근처에서 신기루가 나타난다.

09 그림은 낮과 밤에 지면 근처에서 소리가 굴절하는 것을 나타낸 것이다.

이에 대한 설명으로 옳은 것만을 〈보기〉에서 있는 대로 고른 것은?

┤ 보기 ├
ㄱ. 소리의 속력은 따뜻한 공기에서가 차가운 공기에서보다 빠르다.
ㄴ. 소리의 파장은 따뜻한 공기와 차가운 공기에서 같다.
ㄷ. 소리의 진동수는 따뜻한 공기에서가 차가운 공기에서보다 크다.

① ㄱ   ② ㄴ   ③ ㄱ, ㄷ
④ ㄴ, ㄷ   ⑤ ㄱ, ㄴ, ㄷ

10 그림과 같이 단색광 X를 공기 중에서 매질 A를 향해 비추었더니 X가 굴절하여 점 P에 도달하였다.

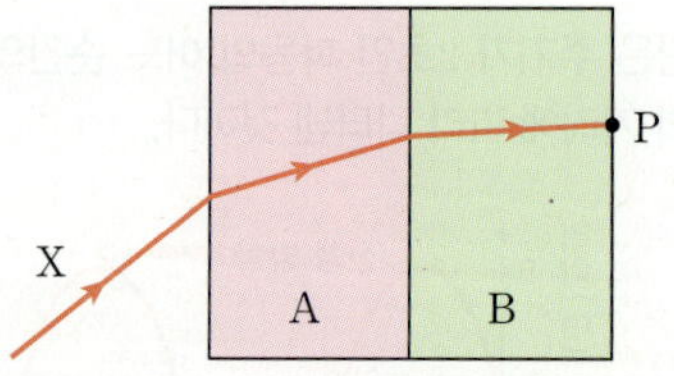

이에 대한 설명으로 옳은 것만을 〈보기〉에서 있는 대로 고른 것은?

┤ 보기 ├
ㄱ. 굴절률은 A가 B보다 크다.
ㄴ. X의 진동수는 A에서가 B에서보다 크다.
ㄷ. X의 속력은 A에서가 B에서보다 크다.

① ㄱ   ② ㄴ   ③ ㄷ
④ ㄱ, ㄷ   ⑤ ㄴ, ㄷ

11 그림은 물결파가 매질 1에서 매질 2로 진행할 때 같은 파면 위에 있는 점 A, B가 같은 시간 동안 각각 A′, B′으로 이동한 것을 나타낸 것이다. 점선은 물결파 파면을 나타낸 것이고, θ_1, θ_2는 각각 매질1, 2에서 물결파 파면이 경계면과 이루는 각이다.

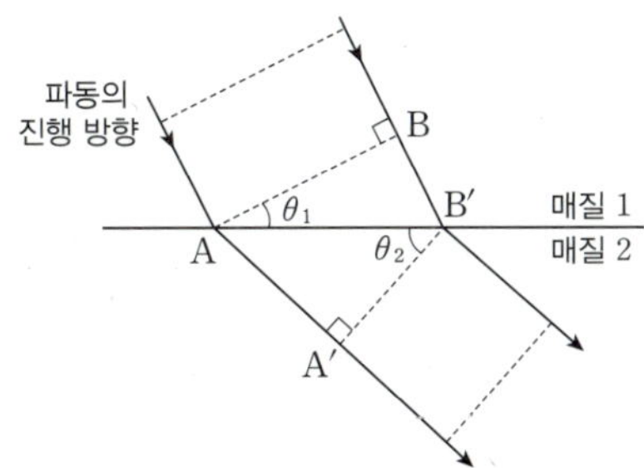

이에 대한 설명으로 옳은 것만을 〈보기〉에서 있는 대로 고른 것은?

| 보기 |

ㄱ. 입사각이 굴절각보다 크다.
ㄴ. 물결파의 속력은 매질 2에서가 매질 1에서보다 크다.
ㄷ. $\overline{BB'}\sin\theta_1 = \overline{AA'}\sin\theta_2$이다.

① ㄱ　　　　② ㄴ　　　　③ ㄱ, ㄷ
④ ㄴ, ㄷ　　⑤ ㄱ, ㄴ, ㄷ

12 그림은 신기루에 대한 설명이다.

> 찬 공기는 더운 공기보다 밀도가 크므로 빛의 속력이 더 (가). 신기루는 밀도가 다른 공기에서 빛의 속력이 다르기 때문에 빛이 (나)하여 나타나는 현상이다.
>
> 

(가)와 (나)에 알맞은 말은?

	(가)	(나)		(가)	(나)
①	빠르다	굴절	②	느리다	굴절
③	빠르다	반사	④	느리다	반사
⑤	빠르다	직진			

13 그림 (가)와 (나)는 동일한 줄을 서로 다른 진동수로 진동시켰을 때 만들어진 파동의 모습을 나타낸 것이다.

(가)와 (나)에서 만들어진 파동의 주기, 파장, 전파 속력을 비교하여 서술하시오.

14 그림은 공기 중에서 물로 진행하던 레이저 빛의 일부가 수면에서 굴절하는 모습을 나타낸 것이다.

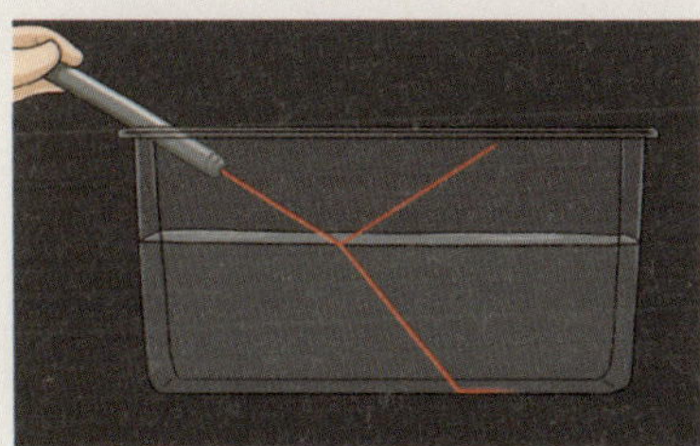

빛이 굴절하는 이유를 빛의 속력과 관련지어 서술하시오.

15 그림은 빛이 공기, 물, 유리 순으로 진행하며 굴절하는 모습을 나타낸 것이다.

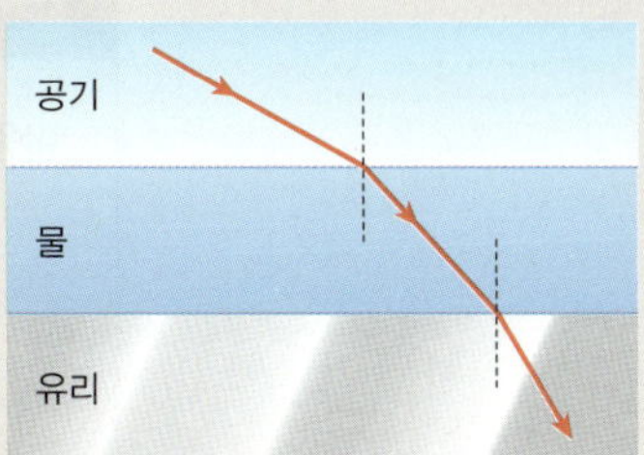

각 매질에서 빛의 파장의 크기를 과학적 근거를 제시하여 비교하시오. (단, 두 경계면은 평행하다.)

02 전반사와 광통신

- 파동의 전반사 원리를 알아야 한다.
- 전반사를 이용한 광통신 과정을 설명할 수 있어야 한다.

A 전반사

1. 전반사

① **전반사**: 빛이 진행하다가 두 매질의 경계면에서 모두 반사되는 현상

② **임계각**(θ_c): 굴절각이 90°가 될 때의 입사각

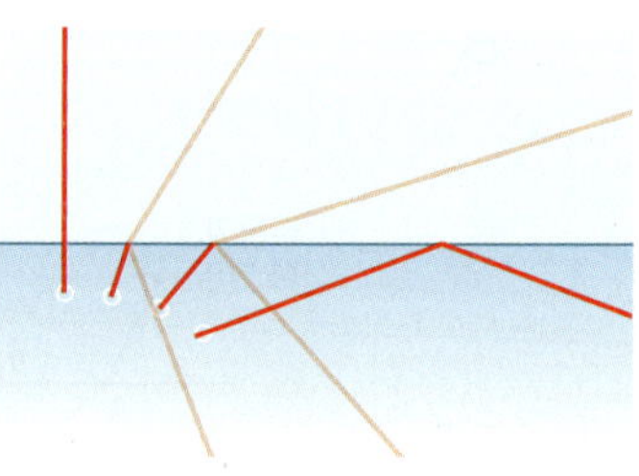

③ **임계각과 굴절률**: 빛이 굴절률이 n_1인 매질에서 굴절률이 n_2인 매질로 진행할 때 임계각 θ_c는 다음과 같다.

$$n_1\sin\theta_c = n_2\sin 90° = n_2 \;\Rightarrow\; \sin\theta_c = \frac{n_2}{n_1}$$

- 공기의 굴절률은 거의 1이므로 매질에서 공기로 진행할 때는

$$\frac{1}{n_1} = \sin\theta_c$$

➡ 굴절률 n_1이 클수록 임계각 θ_c가 작다.

❖ **굴절률과 전반사**

빛이 굴절률이 작은 매질에서 큰 매질로 진행할 때는 입사각이 굴절각보다 크므로 전반사가 일어날 수 없다.

❖ **빛의 속력과 전반사**

매질 1에서 2로 진행하며 전반사가 일어날 때 $\sin\theta_c = \dfrac{v_1}{v_2}$이다. 빛이 매질 1에서 공기 중으로 진행할 경우에는 $\sin\theta_c = \dfrac{v_1}{c}$이다.

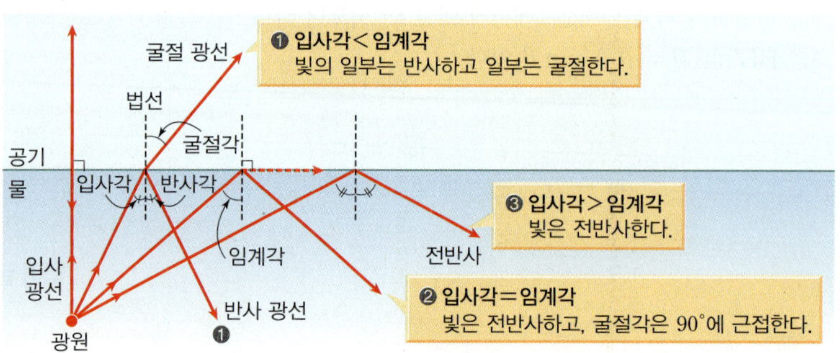

④ 전반사가 일어나는 조건

- 빛이 굴절률이 큰 매질에서 굴절률이 작은 매질로 진행한다.
- 입사각이 임계각보다 크다. ($\theta_1 > \theta_c$)

실전 자료 임계각과 전반사

반원형 물통에 레이저를 비춰 임계각을 찾을 수 있다.

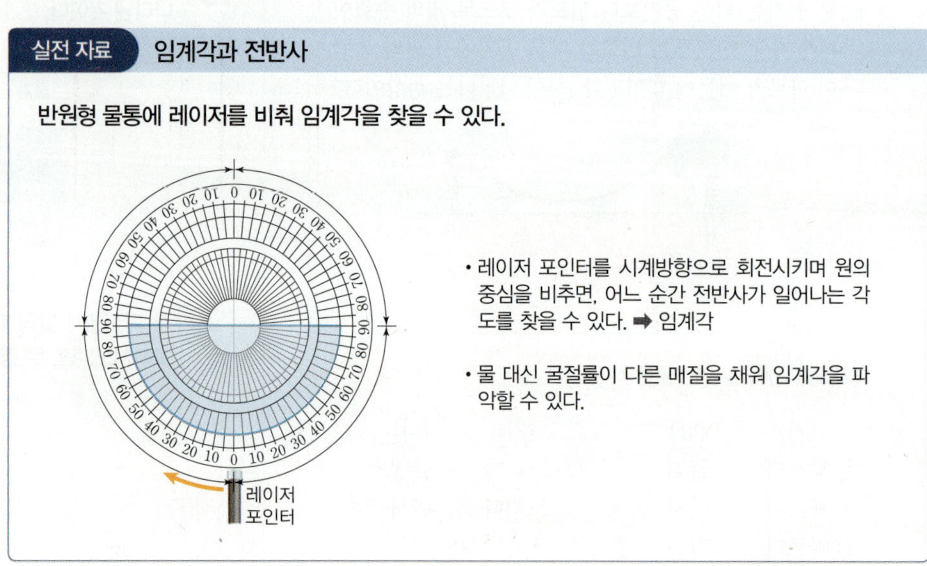

- 레이저 포인터를 시계방향으로 회전시키며 원의 중심을 비추면, 어느 순간 전반사가 일어나는 각도를 찾을 수 있다. ➡ 임계각

- 물 대신 굴절률이 다른 매질을 채워 임계각을 파악할 수 있다.

2. 전반사 현상과 이용

① 일상생활에서 볼 수 있는 전반사 현상

다이아몬드	수면에서 전반사	물을 따라 진행하는 레이저

다이아몬드는 임계각이 작아서 (24.4°) 전반사가 잘 일어난다. 외부에서 들어온 빛이 전반사를 통해 대부분 되돌아 나온다.	물에서 공기로 빛이 진행할 때 전반사가 일어나 수족관의 물고기가 수면에 비쳐 보인다.	레이저가 구멍 뚫린 컵에서 흐르는 물줄기를 따라 진행한다.

② 전반사를 이용하는 예

광케이블	내시경	쌍안경	잠망경
광섬유로 이루어진 광케이블은 전반사를 이용해 빛을 멀리 보낸다.	가늘고 쉽게 휘어지는 광섬유에 전등과 카메라를 연결해 인체 내부를 관찰한다.	쌍안경은 직각 프리즘에서의 전반사를 이용해 빛의 진행 방향을 바꾼다.	직각 프리즘으로 빛의 진행 방향을 바꾸어 물 밖의 물체를 볼 수 있다.

- 쌍안경이나 잠망경, 사진기 등 광학 기구에 거울이 아닌 프리즘을 이용하는 이유는 거울은 반사 과정에서 빛의 손실이 발생하지만, 전반사를 이용하면 빛을 손실 없이 전달할 수 있기 때문이다.

개념 바로 확인

정답 및 해설 | 32쪽

01 진행하던 빛이 두 매질의 경계면에서 전부 반사하는 현상을 [   ]라고 한다.

01 다음 중 전반사에 대한 설명으로 옳은 것은 ○표, 옳지 <u>않은</u> 것은 ×표를 하시오.

(1) 빛이 공기에서 물로 진행할 때 입사각이 매우 크면 전반사가 일어난다. (   )

(2) 두 매질의 굴절률 차이가 클수록 임계각도 커진다. (   )

(3) 전반사가 일어났을 때 입사광과 반사광의 세기는 같다. (   )

02 [   ]은 굴절각이 90°인 순간의 입사각이다.

02 빛이 굴절률이 n인 매질에서 진공으로 진행할 때 임계각 θ_c와 굴절률의 관계를 나타낸 것으로 옳은 것은? (단, 진공에서 빛의 굴절률은 1이다.)

① $\sin \theta_c = \dfrac{1}{n}$　　② $\sin \theta_c = \dfrac{1}{n^2}$　　③ $\sin \theta_c = n$

④ $\cos \theta_c = \dfrac{1}{n}$　　⑤ $\cos \theta_c = \dfrac{1}{n^2}$

B 광통신

1. 광섬유

① **광섬유의 구조**

- 머리카락 굵기 정도로 가늘게 만든 유리 섬유로, 코어와 클래딩으로 구성된다.
  - 코어: 중심부의 원통 모양의 투명한 유리
  - 클래딩: 코어의 바깥쪽을 감싸고 있는 원통 모양의 투명한 유리
    ➡ 코어는 굴절률이 큰 유리, 클래딩은 굴절률이 작은 유리를 사용한다.

② **광섬유에서 빛의 진행**: 코어의 굴절률이 클래딩의 굴절률보다 크므로 코어에 입사한 빛이 코어와 클래딩의 경계면에서 전반사하면서 광섬유를 따라 진행한다.

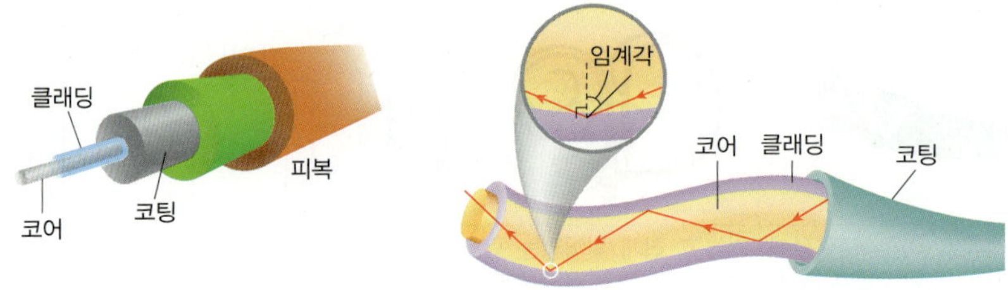

2. 광통신

① **광통신**: 정보 신호를 빛 신호로 전환하여 광섬유가 들어 있는 광케이블로 전송하는 통신 방식

- 광섬유는 전반사를 통해 빛을 전달하므로 빛의 손실을 최소화하여 멀리까지 전달할 수 있다.

② **광통신 과정**

- 발신자: 소리나 영상 정보를 전기 신호로 변환
- 발신기(레이저 또는 발광 다이오드): 전기 신호를 빛 신호로 변환
- 광섬유: 전반사를 통해 빛 신호를 전달
- 수신기(광다이오드): 빛 신호를 전기 신호로 변환

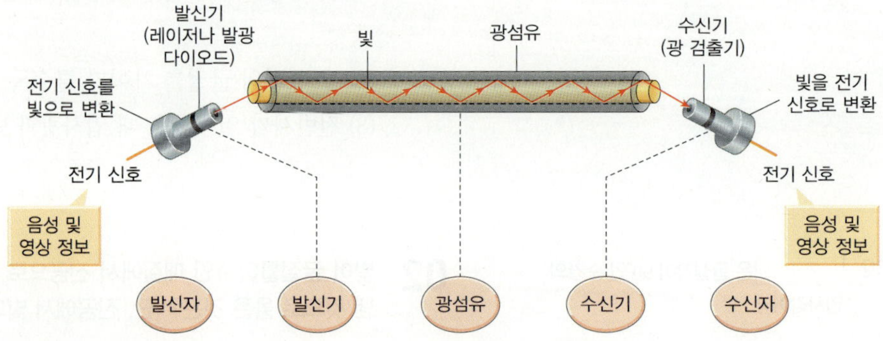

③ **광통신의 장점**

- 빛 신호를 이용하므로 많은 정보를 빠르게 전달할 수 있다.
  ➡ 대용량, 고속

❖ 광증폭기

빛이 광섬유를 따라 진행할 때 일부가 광섬유에 흡수되므로 세기가 점점 감소한다. 중간 중간에 광증폭기를 설치하여 빛 신호를 증폭한다.

• 빛 신호를 아주 멀리까지 전달할 수 있다.

  ➡ 전송 거리가 길다.

• 빛 신호의 변화가 적고 외부 전파에 의한 간섭이나 혼선이 없다.

• 도청할 수 없다. ➡ 보안이 뛰어남

④ 광통신의 단점

• 광섬유를 설치하고 관리하는 비용이 많이 든다.

• 연결 부위에 불순물이 끼거나 틈이 생기면 광통신이 불가능하다.

• 광섬유가 화재나 충격에 약하다.

• 광섬유가 끊어졌을 때 복구가 어렵다.

실전 자료 빛의 굴절과 전반사 응용

빛이 굴절하거나 전반사할 때 기하학적 구조를 이용하여 굴절률을 파악한다.

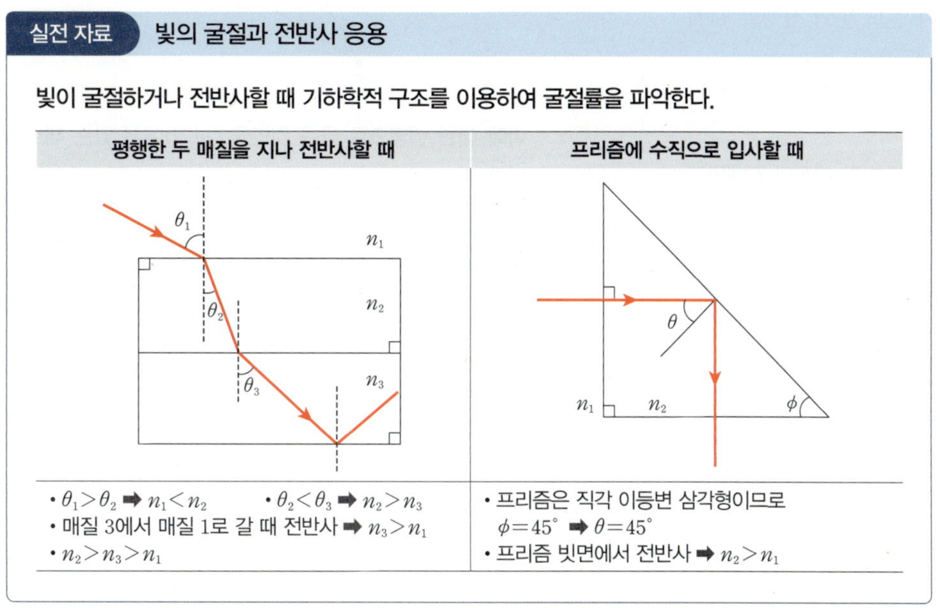

• $\theta_1 > \theta_2$ ➡ $n_1 < n_2$ • $\theta_2 < \theta_3$ ➡ $n_2 > n_3$
• 매질 3에서 매질 1로 갈 때 전반사 ➡ $n_3 > n_1$
• $n_2 > n_3 > n_1$

• 프리즘은 직각 이등변 삼각형이므로
  $\phi = 45°$ ➡ $\theta = 45°$
• 프리즘 빗면에서 전반사 ➡ $n_2 > n_1$

개념 바로 확인

정답 및 해설 | 32쪽

03 광섬유는 중심부의 [　　　]와 이를 둘러싸고 있는 [　　　]으로 이루어져 있다.

03 다음 중 광섬유와 광통신에 대한 설명으로 옳은 것은 ○표, 옳지 <u>않은</u> 것은 ×표를 하시오.

(1) 빛이 코어에서 클래딩으로 진행할 때 입사각이 임계각보다 크다. (　　　)

(2) 코어와 클래딩의 굴절률 차이가 클수록 임계각이 크다. (　　　)

(3) 유선 통신에 비해 광통신은 대용량의 정보를 빠르게 전달할 수 있다.

(　　　)

04 광통신 과정에서 [　　　]에는 레이저나 발광 다이오드가 사용된다.

04 광통신에 대한 설명으로 옳은 것은?

① 중간에 쉽게 도청할 수 있다.

② 광섬유는 화재나 충격에 강하다.

③ 유선 통신에 비해 설치비가 적다.

④ 광섬유에서 전반사를 통해 빛이 전달된다.

⑤ 외부 신호에 의한 간섭이나 혼선이 심하다.

A 전반사

01 전반사에 대한 설명으로 옳지 <u>않은</u> 것은?

① 두 매질의 경계면에서 빛이 전부 반사되는 현상이다.
② 임계각은 굴절각이 90°일 때의 입사각이다.
③ 빛이 임계각보다 큰 입사각으로 입사해야 한다.
④ 굴절률이 작은 매질에서 큰 매질로 빛이 진행할 때에만 발생한다.
⑤ 두 매질의 굴절률 차이가 클수록 임계각은 작아진다.

02 그림은 매질 1에서 매질 2로 진행하던 빛이 매질의 경계면에서 전반사하는 모습을 나타낸 것이다.

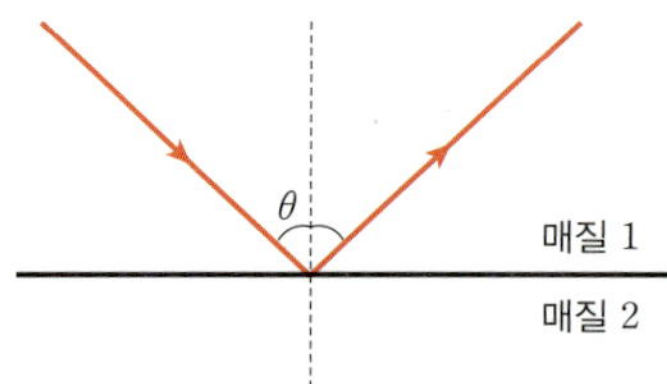

이에 대한 설명으로 옳은 것만을 〈보기〉에서 있는 대로 고른 것은?

> **보기**
> ㄱ. θ는 임계각보다 크다.
> ㄴ. 굴절률은 매질 1이 매질 2보다 작다.
> ㄷ. 빛의 속력은 매질 1에서가 매질 2에서보다 작다.

① ㄱ   ② ㄴ   ③ ㄱ, ㄴ
④ ㄱ, ㄷ   ⑤ ㄴ, ㄷ

03 그림은 직각 프리즘에 수직으로 입사한 레이저 빛이 되돌아 나오는 모습을 나타낸 것이다.
이에 대한 설명으로 옳은 것을 〈보기〉에서 있는 대로 고른 것은?

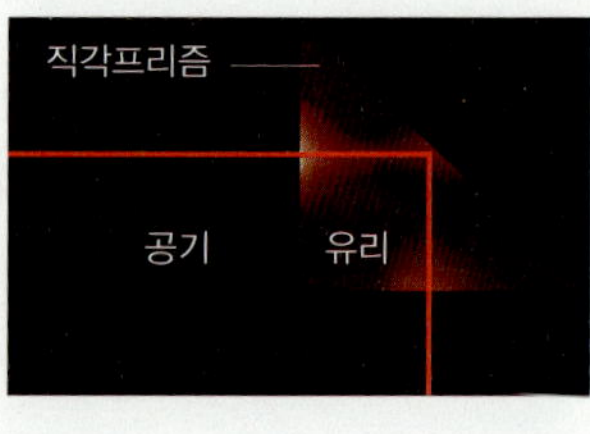

> **보기**
> ㄱ. 프리즘에서 공기로 빛이 진행할 때 전반사가 일어났다.
> ㄴ. 굴절률은 프리즘이 공기보다 크다.
> ㄷ. 임계각은 45°보다 크다.

① ㄱ   ② ㄷ   ③ ㄱ, ㄴ
④ ㄴ, ㄷ   ⑤ ㄱ, ㄴ, ㄷ

04 그림은 매질 1에서 매질 2로 진행하던 빛이 점 P에서는 일부가 굴절하여 진행하고, 점 Q에서는 전반사하는 모습을 나타낸 것이다. $\theta_1 < \theta_2$이다.

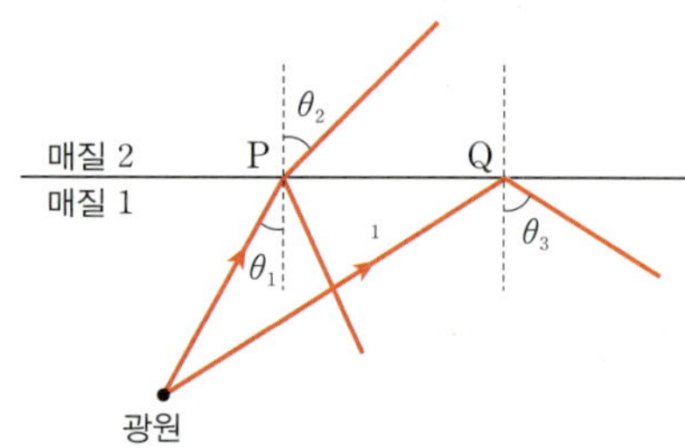

이에 대한 설명으로 옳은 것만을 〈보기〉에서 있는 대로 고른 것은?

> **보기**
> ㄱ. θ_3는 임계각보다 작다.
> ㄴ. 굴절률은 매질 1이 매질 2보다 작다.
> ㄷ. 반사한 빛의 세기는 Q에서가 P에서보다 크다.

① ㄱ   ② ㄷ   ③ ㄱ, ㄴ
④ ㄴ, ㄷ   ⑤ ㄱ, ㄴ, ㄷ

05 그림은 단색광이 점 A, B, C를 거쳐 진행하는 경로를 나타낸 것이다. B에서 빛은 전반사하였고 C에서 빛의 진행 방향이 변하지 않았다.

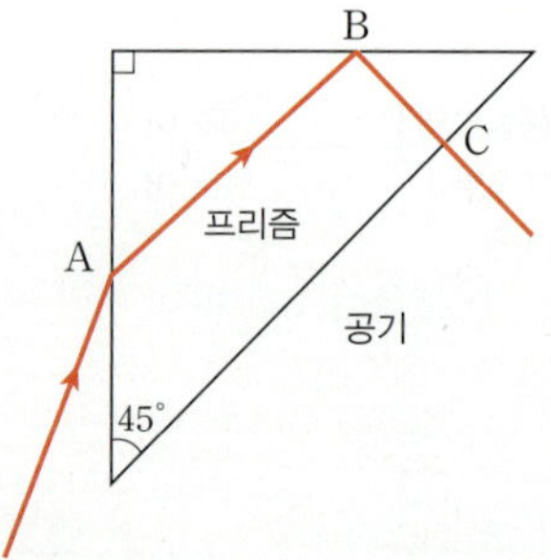

이에 대한 설명으로 옳은 것만을 〈보기〉에서 있는 대로 고른 것은?

> **보기**
> ㄱ. 임계각은 45°보다 작다.
> ㄴ. 입사각은 C에서가 B에서의 2배이다.
> ㄷ. 단색광의 속력은 공기에서가 프리즘에서보다 크다.

① ㄴ   ② ㄷ   ③ ㄱ, ㄴ
④ ㄱ, ㄷ   ⑤ ㄱ, ㄴ, ㄷ

B 광통신

06 다음은 광통신에 대한 설명이다.

> 광통신은 광섬유를 이용하여 정보를 주고 받는 통신 방식이다. 입력 신호를 (가) 신호로 변환하고, 빛의 굴절률이 큰 (나)에서 굴절률이 작은 (다)으로 빛이 진행할 때 (라)하도록 하여 멀리까지 손실 없이 정보를 전달할 수 있다.

(가)~(다)에 들어갈 말로 옳은 것은?

	(가)	(나)	(다)	(라)
①	빛	코어	클래딩	난반사
②	빛	코어	클래딩	전반사
③	빛	클래딩	코어	전반사
④	전기	코어	클래딩	전반사
⑤	전기	클래딩	코어	난반사

07 그림은 광섬유에서 빛이 전반사하며 진행하는 모습을 나타낸 것이다.

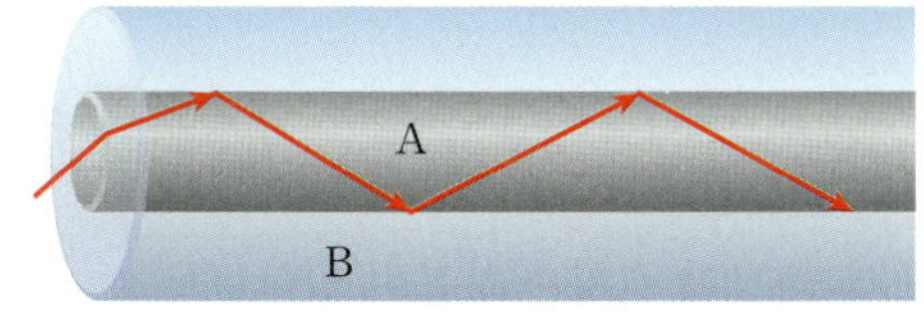

이에 대한 설명으로 옳은 것만을 〈보기〉에서 있는 대로 고른 것은?

> **보기**
> ㄱ. 공기에서 A로 입사할 때 입사각은 굴절각보다 크다.
> ㄴ. 굴절률은 A가 B보다 크다.
> ㄷ. A에서 B로 입사할 때 입사각은 임계각보다 크다.

① ㄱ ② ㄷ ③ ㄱ, ㄴ
④ ㄴ, ㄷ ⑤ ㄱ, ㄴ, ㄷ

08 그림은 광통신을 통해 음성 정보가 전달되는 과정을 나타낸 것이다.

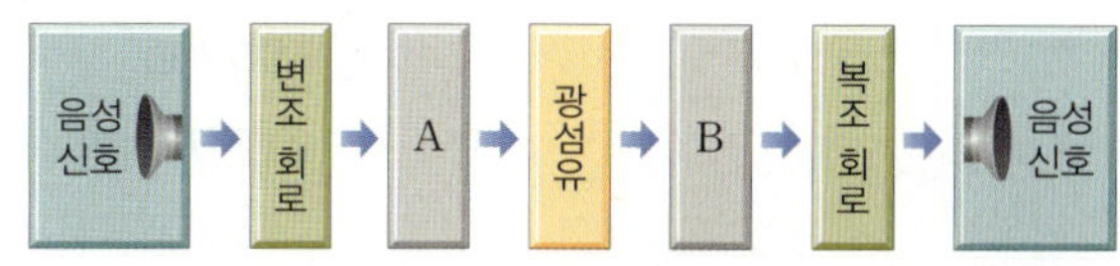

이에 대한 설명으로 옳은 것만을 〈보기〉에서 있는 대로 고른 것은?

> **보기**
> ㄱ. A는 빛을 검출하는 회로이다.
> ㄴ. 광섬유에서 빛은 전반사한다.
> ㄷ. B에는 발광 다이오드나 레이저가 쓰인다.

① ㄴ ② ㄷ ③ ㄱ, ㄴ
④ ㄱ, ㄷ ⑤ ㄱ, ㄴ, ㄷ

서술형 이렇게!

09 그림은 굴절률이 n인 매질에서 진공으로 빛이 진행할 때 입사각이 θ인 것을 나타낸 것이다.

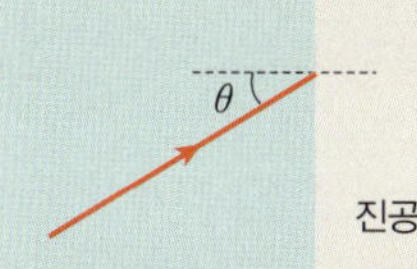

전반사가 일어나기 위한 조건 2가지를 n과 θ를 이용하여 서술하시오. (단, 진공에서 빛의 굴절률은 1이다.)

10 그림은 A가 B를 감싸고 있는 광섬유에서 빛이 전반사하여 진행하는 모습을 나타낸 것이다.

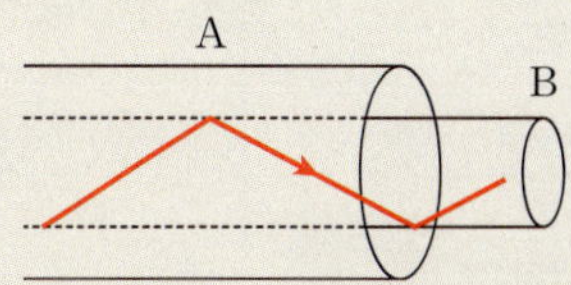

A, B 중 코어를 찾고, A와 B의 굴절률 크기를 비교하시오.

03 전자기파

A 전자기파의 성질

1. 전자기파

① **전자기파**: 변하는 전기장과 자기장이 서로 원인과 결과가 되어서 주기적으로 진동하며 공간을 퍼져 나가는 파동

② **전자기파의 속력**: 진공에서 전자기파의 속력은 빛의 속력(약 30만 km/s)과 같다.

❖ **전기장과 자기장**
전기장 방향에서 자기장 방향으로 오른나사를 돌릴 때 나사의 진행 방향이 전자기파의 진행 방향이다.

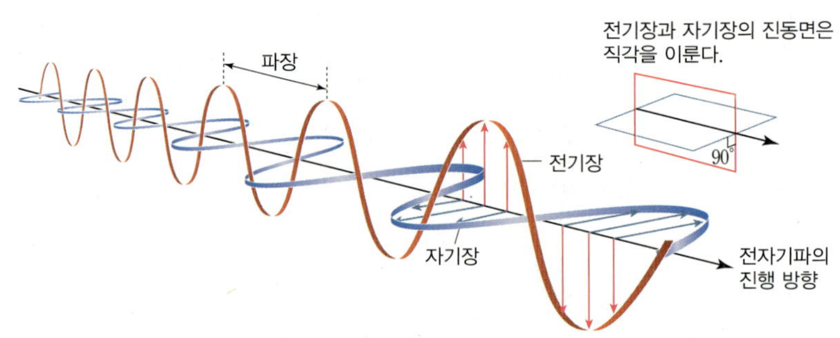

2. 전자기파의 성질

① 전기장과 자기장의 진동 방향은 항상 수직이며, 전기장이 강하면 자기장도 강하다.

② 진행 방향이 전기장과 자기장의 진동 방향에 항상 수직이다.

③ 매질이 없는 진공에서도 전달된다.

④ 반사, 굴절, 간섭, 회절 현상이 일어난다.

⑤ 횡파이다.

⑥ 진공에서 빛의 속력(c)으로 진행하므로 전자기파의 진동수(f)와 파장(λ)은

$$c = f\lambda$$

와 같이 나타낼 수 있다.

❖ **전자기파 발견**
1864년 맥스웰(J. C. Maxwell)이 처음 전자기파의 존재를 예측하였으며, 1886년에 헤르츠(H. R. Hertz)가 실험으로 확인하였다.

❖ **가시광선(빛)**
가시광선은 맨눈으로 관찰할 수 있는 전자기파이며, 파장이 약 380 nm(보라색)에서 750 nm(빨간색) 정도인 전자기파이다.

B 전자기파의 종류와 이용

1. 전자기파 스펙트럼

① 전자기파 발생 방법과 성질에 따라 분류한다.

➡ 전자기파 종류에 따라 분류할 때 파장이 겹치는 부분이 있다.

② 파장이 짧을수록, 진동수가 클수록 에너지가 크다.

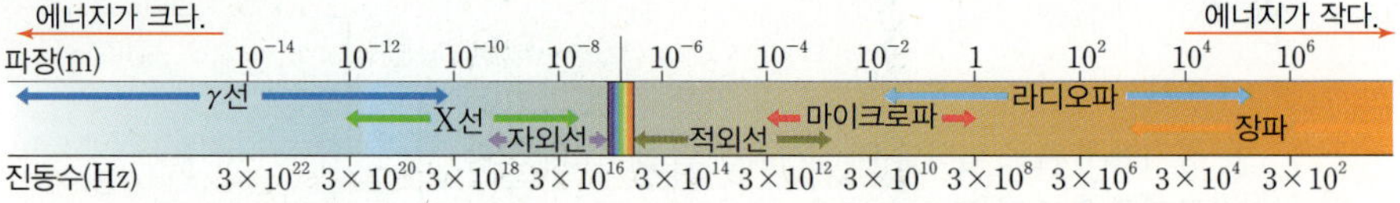

2. 전자기파의 특징과 이용

① 일반적으로 파장이 짧을수록 직진성이 강하고, 파장이 길수록 멀리 전파된다.

② 진공에서는 속력이 모두 같지만 매질에서는 파장에 따라 속력이 다르다.

전자기파	특징	이용
감마선	• 핵반응에서 나오는 방사선의 한 종류로 주로 원자핵 내부에서 발생한다. • 전자기파 중 파장이 가장 짧고 에너지가 가장 크다.	암 치료 등
X선	• 고속의 전자가 금속과 충돌할 때 방출된다. • 투과력이 강해 인체 내부나 물질을 특성을 알아보는데 이용된다.	X선 사진, 공항 수화물 검색, 비파괴 검사 등
자외선	• 원자의 전자 전이 과정에서 방출한다. • 화학 작용이 강하고 강한 살균 기능이 있다. • 형광 물질에 흡수되면 가시광선을 방출한다.	식기 소독기, 형광등, 위조지폐 감별 등
가시광선	• 원자의 전자 전이 과정에서 방출한다. • 사람의 눈으로 감지할 수 있다.	광합성, 영상 표현 장치, LED 등
적외선	• 원자의 전자 전이 과정이나 열을 가진 물체에서 방출한다. • 열작용이 강해 열선이라고도 한다.	적외선 온도계, 적외선 카메라, 리모컨 등
마이크로파	• 전기 기구에서 전자의 진동으로 발생한다. • 특정 파장의 마이크로파는 물에 흡수되어 열을 발생시킨다.	전자레인지, 레이더와 위성 통신, 전파 망원경 등
라디오파	• 가속 운동하는 전하에 의해 발생한다.	휴대 전화, 라디오, 텔레비전 등

▲ 자외선 소독기

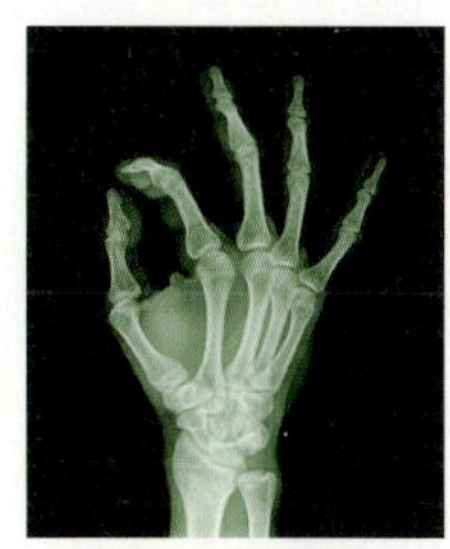

▲ X선 촬영

개념 바로 확인

정답 및 해설 | 33쪽

01 전자기파는 [   ]과 [   ]의 진동이 공간으로 전달되는 파동이다.

01 다음 중 전자기파에 대한 설명으로 옳은 것은 ○표, 옳지 <u>않은</u> 것은 ×표를 하시오.

(1) 전자기파의 진행 방향과 전기장의 진동 방향은 서로 수직이다. (   )

(2) 전자기파는 횡파이다. (   )

(3) 전자기파의 파장이 길수록 에너지가 크다. (   )

02 전자기파에서 전기장과 자기장의 진동 방향은 서로 [   ]이다.

02 다음은 어떤 전자기파에 대한 설명이다. 이 전자기파는?

> 고속의 전자가 금속과 충돌할 때 방출되는 전자기파로, 투과력이 좋아 인체 내부 영상을 얻거나 공항 수하물 검색 등에 활용된다. 1895년 독일의 물리학자 뢴트겐이 발견하였다.

A 전자기파의 성질

01 전자기파에 대한 설명으로 옳지 <u>않은</u> 것은?

① 진공에서도 전달된다.
② 진공에서 진행 속력은 약 3×10^8 m/s이다.
③ 전기장과 자기장의 진동 방향은 서로 수직이다.
④ 전기장의 세기가 최대일 때 자기장의 세기는 최소이다.
⑤ 전기장의 진동 방향과 전자기파의 진행 방향이 서로 수직이다.

02 그림은 진공에서 전기장과 자기장이 진동하면서 진행하는 전자기파의 모습을 모식적으로 나타낸 것이다. 이때 자기장은 y축 방향으로 진동한다.

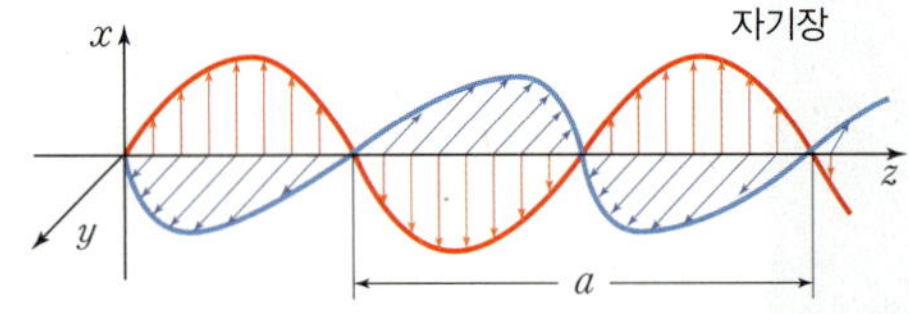

이에 대한 설명으로 옳은 것만을 〈보기〉에서 있는 대로 고른 것은? (단, 진공에서 빛의 속력은 c이다.)

| 보기 |

ㄱ. 파동의 진행 방향은 축과 나란하다.
ㄴ. 진동수는 $\dfrac{c}{a}$이다.
ㄷ. 전기장은 x축 방향으로 진동한다.

① ㄱ   ② ㄴ   ③ ㄱ, ㄴ
④ ㄴ, ㄷ   ⑤ ㄱ, ㄴ, ㄷ

03 그림은 파장에 따라 전자기파를 분류한 것이다.

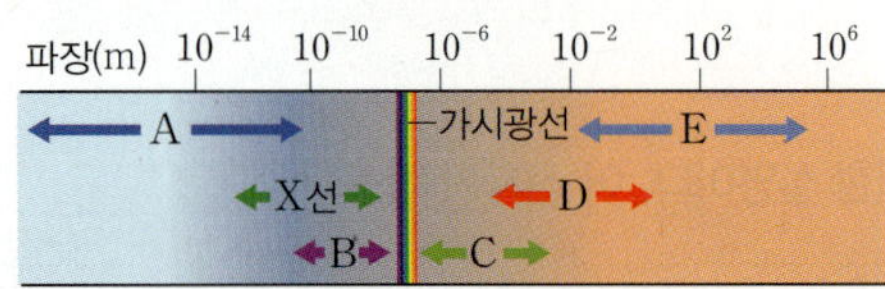

전자기파 A~E를 바르게 짝 지은 것은?

① A—전파   ② B—자외선   ③ C—라디오파
④ D—적외선   ⑤ E—감마선

B 전자기파의 종류와 이용

04 다음은 전자기파에 대한 설명이다.

(가) 휴대 전화나 라디오 통신에 이용된다.
(나) CT, X-ray 등 의학적 진단에 활용된다.
(다) 핵분열 과정에서 방출되며 암치료 등에 활용된다.

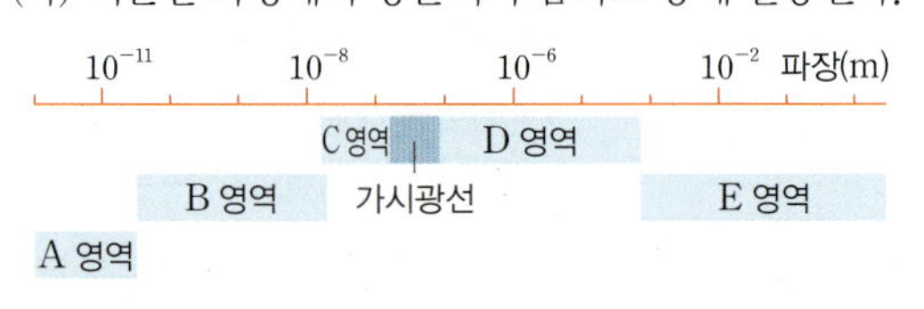

A~E 중에서 (가)~(다)에 해당하는 전자기파를 바르게 짝 지은 것은?

	(가)	(나)	(다)		(가)	(나)	(다)
①	A	B	C	②	A	C	E
③	D	E	B	④	E	B	A
⑤	E	C	A				

05 다음은 RFID 시스템에 대한 설명이다.

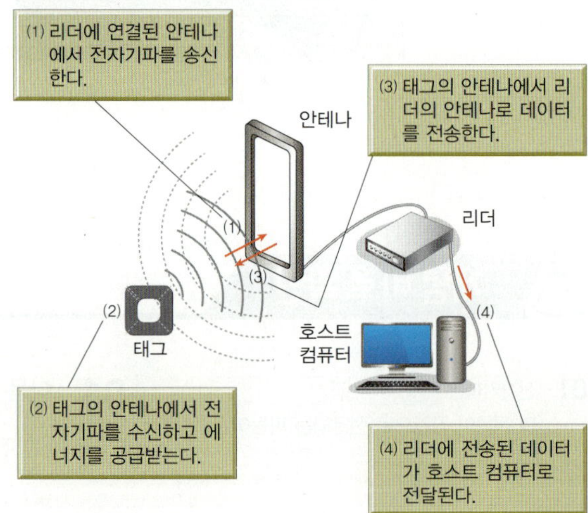

이에 대한 설명으로 옳은 것만을 〈보기〉에서 있는 대로 고른 것은?

| 보기 |

ㄱ. (1)에서 사용하는 전자기파는 가시광선보다 파장이 짧다.
ㄴ. (2)에서 태그에는 전자기 유도 현상이 일어난다.
ㄷ. (3)에서 데이터는 가시광선으로 전송된다.

① ㄱ   ② ㄴ   ③ ㄱ, ㄷ
④ ㄴ, ㄷ   ⑤ ㄱ, ㄴ, ㄷ

06 그림은 적외선 카메라를 이용해 주택의 외부 온도를 조사하고 있는 모습을 나타낸 것이다.

이와 같은 종류의 전자기파를 사용하는 기기로 가장 적절한 것은?

① 비파괴 검사
② 전자현미경
③ 위성 안테나
④ 식기 소독기
⑤ TV 리모컨

07 그림(가)는 전자기파를 진동수에 따라 분류한 것을, (나)는 컴퓨터 단층 촬영 장치(CT)에서 어떤 전자기파를 이용해 인체 내부를 촬영하는 것을 나타낸 것이다.

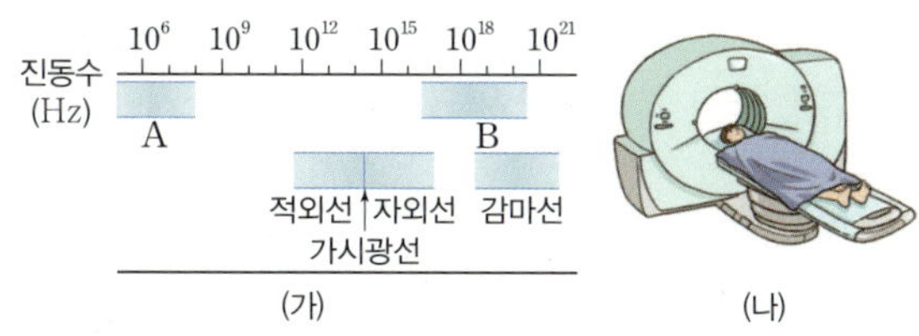

이에 대한 설명으로 옳은 것만을 〈보기〉에서 있는 대로 고른 것은?

┌ 보기 ├
ㄱ. (나)에 이용되는 전자기파는 A에 속한다.
ㄴ. 진공에서 파장은 A가 B보다 길다.
ㄷ. B는 고속으로 운동하던 전자가 금속에 충돌할 때 발생한다.

① ㄱ
② ㄴ
③ ㄱ, ㄷ
④ ㄴ, ㄷ
⑤ ㄱ, ㄴ, ㄷ

08 다음은 스마트 카드에 대한 설명이다.

> 스마트 카드는 카드 판독기에 접촉하지 않고 가까이만 가져가도 전파를 이용해 정보를 주고 받을 수 있다. 이는 스마트 카드 내부에 사각형 코일로 이루어진 안테나가 있기 때문이다. 이 안테나에서 (가) 현상을 이용해 판독기에서 보낸 신호를 받을 수 있고, (나)를 발생시켜 판독기로 보낼 수 있다. 고속도로 요금을 자동으로 계산해 주는 하이패스 카드도 스마트 카드의 한 종류이다.

(가)와 (나)에 들어갈 말로 옳은 것은?

	(가)	(나)
①	정전기 유도	전파
②	정전기 유도	적외선
③	전자기 유도	전파
④	전자기 유도	적외선
⑤	전자기 유도	감마선

서 술 형 이렇게!

09 그림은 여러 가지 전자기파를 진동수에 따라 분류한 것을 나타낸 것이다.

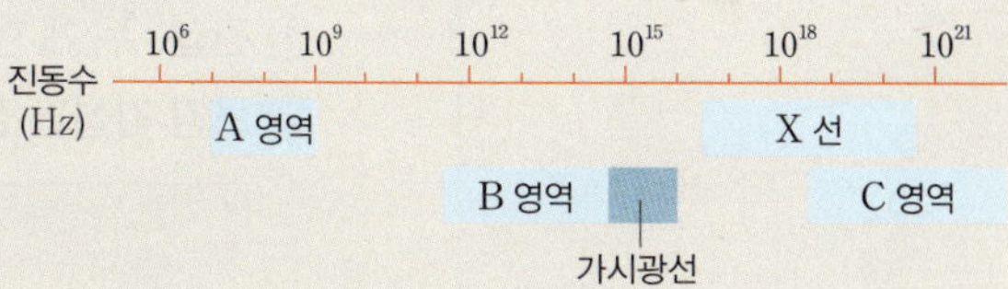

A~C 중 다음 설명에 해당하는 전자기파를 찾고, 활용 분야를 1가지만 쓰시오.

> 가시광선보다 에너지가 작은 전자기파로, 난로와 같은 뜨거운 물체에서 열을 전달하는 역할을 한다.

10 소리나 물결파와 달리 매질이 없는 진공에서도 전자기파가 전달되는 이유를 쓰시오.

04 파동의 간섭

A 파동의 간섭

1. 중첩과 독립성

① **중첩**: 둘 이상의 파동이 진행하다 만나서 겹치는 현상 ➡ 둘 이상의 파동이 한 지점에서 겹칠 때 그 지점에서의 매질의 변위는 각 파동의 변위를 더한 것과 같다.(중첩 원리)

② **독립성**: 파동이 중첩된 후에는 각 파동이 원래의 파형을 유지한 채 진행한다.

먼저 알아야 할 **용어!**

* **합성파** | 둘 이상의 파동이 합쳐져 만들어진 파동
* **보강** | 보태거나 채워서 본디보다 더 튼튼하게 함
* **상쇄** | 상반되는 것이 서로 영향을 주어 효과가 없어지는 일

❖ **반대 위상으로 중첩**
파동이 반대 위상으로 중첩되면 진폭이 감소한다.

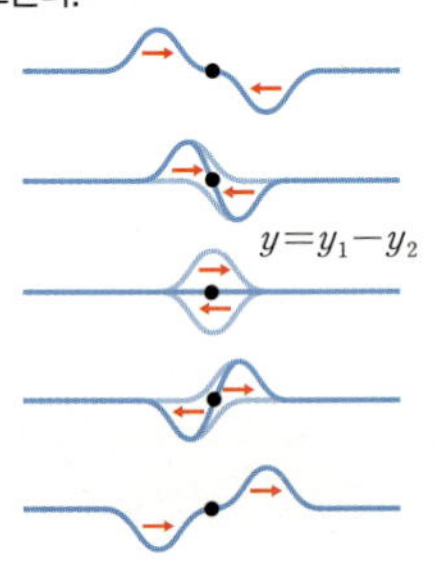

$y = y_1 - y_2$

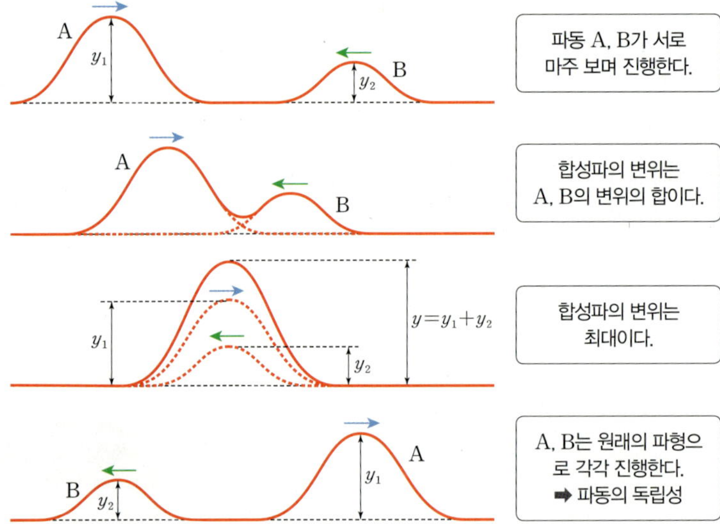

2. 보강 간섭과 상쇄 간섭

① **간섭**: 두 개 이상의 파동이 서로 중첩될 때 합성파의 진폭이 변하는 현상

② **보강 간섭과 상쇄 간섭**

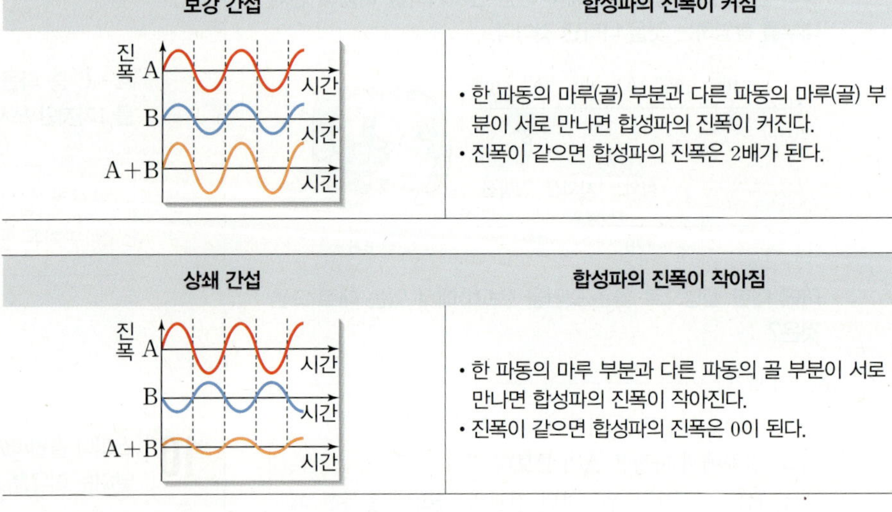

3. 물결파의 간섭

① 두 점파원 S_1, S_2에서 진동수와 진폭, 위상이 같은 물결파를 발생시키면 두 물결파가 진행하며 중첩되어 간섭이 일어난다.

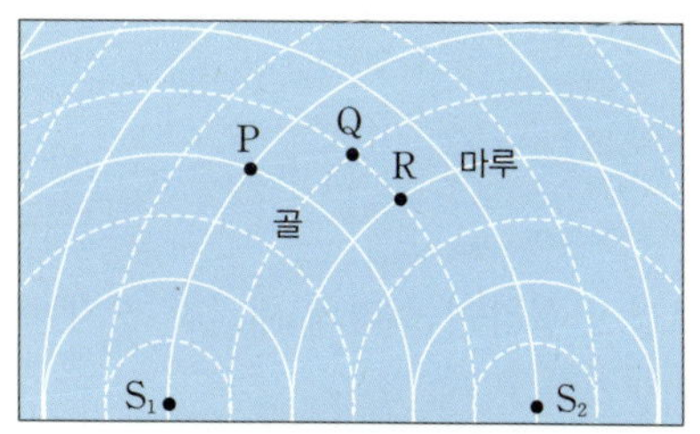

마루＋마루(P점)	골＋골(Q점)	마루＋골(R점)
보강 간섭 ➡ 진폭 최대	보강 간섭 ➡ 진폭 최대	상쇄 간섭 ➡ 진폭 최소
수면이 볼록 ➡ 가장 밝음	수면이 오목 ➡ 가장 어두움	수면이 거의 평면 ➡ 밝기 변화 없음

② 시간이 지나도 P점과 Q점에서는 두 파동이 항상 같은 위상으로 만나 보강 간섭하고, R점에서는 항상 반대 위상으로 만나 상쇄 간섭한다.

➡ 1/2 주기 후: P점에서 골+골, Q점에서 마루+마루, R점에서 골+마루로 간섭한다.

실전 자료   물결파의 간섭

두 점파원에서 발생한 물결파가 한 점에서 보강 간섭할지 상쇄 간섭할지 판단하는 방법을 알아보자.

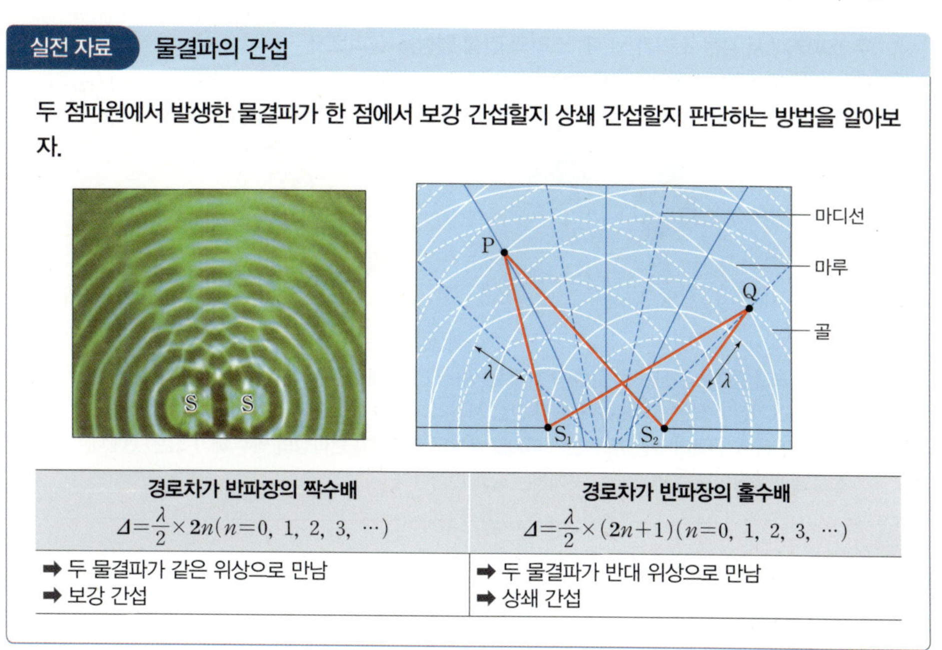

경로차가 반파장의 짝수배	경로차가 반파장의 홀수배
$\Delta = \dfrac{\lambda}{2} \times 2n\,(n=0,\ 1,\ 2,\ 3,\ \cdots)$	$\Delta = \dfrac{\lambda}{2} \times (2n+1)\,(n=0,\ 1,\ 2,\ 3,\ \cdots)$
➡ 두 물결파가 같은 위상으로 만남 ➡ 보강 간섭	➡ 두 물결파가 반대 위상으로 만남 ➡ 상쇄 간섭

개념 바로 확인

정답 및 해설 ┃ 34쪽

01 서로 반대 방향으로 진행하던 파동이 겹칠 때 서로 다른 파동에 영향을 주지 않고 본래 파동의 특성을 유지하는 것을 파동의 ☐☐☐이라고 한다.

02 두 파동이 같은 위상으로 중첩하면 ☐☐ 간섭이 일어난다.

01 최대 변위가 y_1, $y_2\,(y_1 > y_2)$인 두 파동이 중첩될 때 합성파의 최대 변위는 (   )이고 최소 변위는 (   )이다.

02 다음 중 파동의 간섭에 대한 설명으로 옳은 것은 ○표, 옳지 <u>않은</u> 것은 ×표를 하시오.

(1) 진폭이 A로 같은 두 파동이 보강 간섭하면 최대 변위는 $2A$가 된다. (   )

(2) 두 파동이 간섭할 때 골과 골이 만나면 상쇄 간섭한다. (   )

(3) 두 점파원에서 동일한 물결파가 발생할 때, 두 점파원으로부터 경로차가 파장의 정수배이면 보강 간섭한다. (   )

4. 소리의 간섭

① 두 소리가 만나면 보강 간섭하여 소리의 세기가 커지는 곳과 상쇄 간섭하여 소리의 세기가 작아지는 곳이 생긴다.

(가) 보강 간섭: 소리가 크게 들린다.　　　　(나) 상쇄 간섭: 소리가 작게 들린다.

실전 자료　**두 개의 스피커를 이용한 소리의 간섭**

두 스피커에서 같은 소리가 날 때, 소리의 간섭 현상을 살펴보자.

· 두 스피커에서 같은 소리가 나도록 하고, 일직선을 따라 이동하며 소리의 세기를 측정한다.

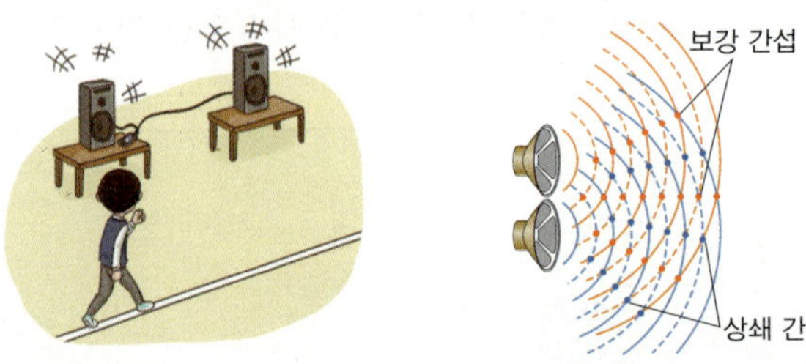

➡ 소리가 크게 들리는 지점(보강 간섭)과 작게 들리는 지점(상쇄 간섭)이 교대로 나타난다.

➡ 높은 소리(파장이 작은 소리)일수록 보강 간섭 사이의 거리가 짧아진다.

➡ 위상과 진동수, 진폭이 같은 두 음원(스피커)으로부터 경로차가 반파장의 짝수 배가 되는 곳에서는 보강 간섭하고, 반파장의 홀수 배가 되는 곳에서는 상쇄 간섭한다.

❖ 소리의 높낮이와 세기

진동수가 클수록(파장이 작을수록) 높은 소리이며, 진폭이 클수록 소리의 세기가 크다.

Ⓑ 간섭의 이용

1. 소리의 간섭 현상 이용

① **소음 제거**: 마이크로 감지한 외부 소음과 위상이 반대인 소음을 발생시켜 상쇄 간섭으로 소음을 제거한다.

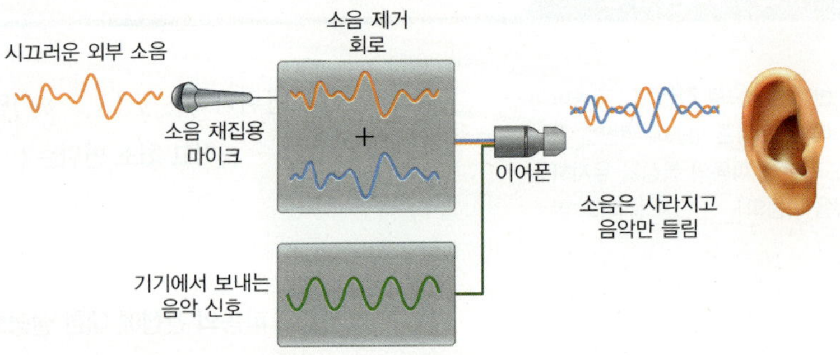

➡ 활용: 여객기 소음 제거, 소음 제거 이어폰, 자동차 배기관 소음 제거 등

② **악기**: 맥놀이 현상을 이용해 악기를 조율하거나 관이나 줄, 판에서 보강 간섭을 이용해 큰 소리를 만든다.

➡ 활용: 피아노 조율기, 현악기, 관악기, 타악기 등

❖ 맥놀이

진동수가 비슷한 소리가 간섭하게 되면 주기적으로 소리가 커졌다 작아졌다 하는 현상

2. 빛의 간섭 효과 이용

① **렌즈의 코팅**: 코팅막의 윗면에서 반사된 빛과 아랫면
에서 반사된 빛이 상쇄간섭을 일으켜 반사광을 제거
한다.

➡ 활용: 안경 등의 반사 방지 코팅

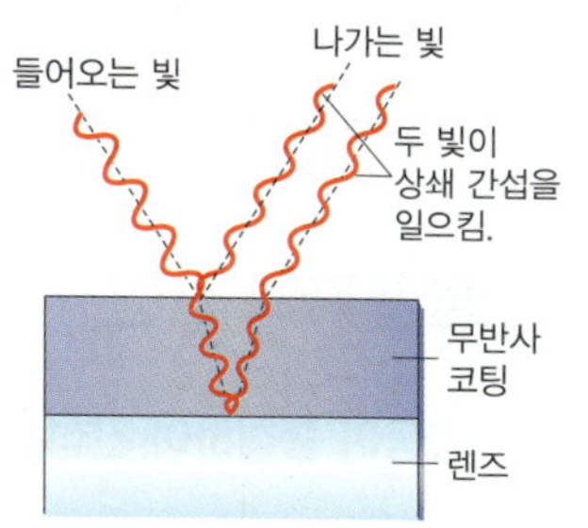

② **홀로그램**: 얇은 막의 두께와 빛의 입사 각도에 따라 보강 간섭되는 빛의 파장이 다르
기 때문에 다양한 색과 문양을 나타낼 수 있다.

➡ 활용: 신용카드, 지폐 등의 복사 및 위조 방지용 홀로그램 이미지

❖ **간섭 현상을 활용한 다른 예**
- 충격파 쇄석술
- 전파 망원경
- 분광기

개념 바로 확인

정답 및 해설 | 34쪽

03 두 스피커에서 나는 소리가 [　　] 간섭하면 소리의 세기가 커진다.

03 보강 간섭을 이용한 것은 '보강', 상쇄 간섭을 이용한 것은 '상쇄'로 표시 하시오.

(1) 소음 제거 이어폰을 이용하면 소음이 거의 들리지 않는다. (　　　)

(2) 바이올린은 줄에서의 간섭을 이용한 것이다. (　　　)

(3) 가게 유리창에 무반사 코팅을 하면 외부의 빛을 반사하지 않아 밖에서 가게 안의 상품이 선명하게 보인다. (　　　)

04 여객기 소음 제거 기술은 소리의 [　　] 간섭을 이용한 것이다.

04 다음은 파동의 간섭을 실생활에 활용하는 예에 대한 설명이다. 빈 칸에 들어갈 알맞은 말은?

> 소음 제거 헤드폰은 주위의 소음과 반대 위상의 파동을 만들어 이 파동과 소음이 (　　　) 간섭을 일으키게 한다. 이러한 방식으로 소음을 제거하여 깨끗한 음질로 음악을 감상할 수 있다. 또 여객기 밖은 엔진에서 발생하는 소리로 매우 시끄럽지만, 여객기 안은 소음 제거 기술로 인해 그 소리를 크게 느낄 수 없다. 여객기 엔진에서 발생하는 소리와 진동수는 같지만 위상이 (　　　)인 소리를 여객기 내부에서 발생시켜 상쇄 간섭으로 소음을 제거하기 때문이다.

· 두 파원에서 발생한 물결파의 간섭 ·

원리 두 파원에서 발생한 파동이 중첩하여 간섭하는 모습을 살펴보자.

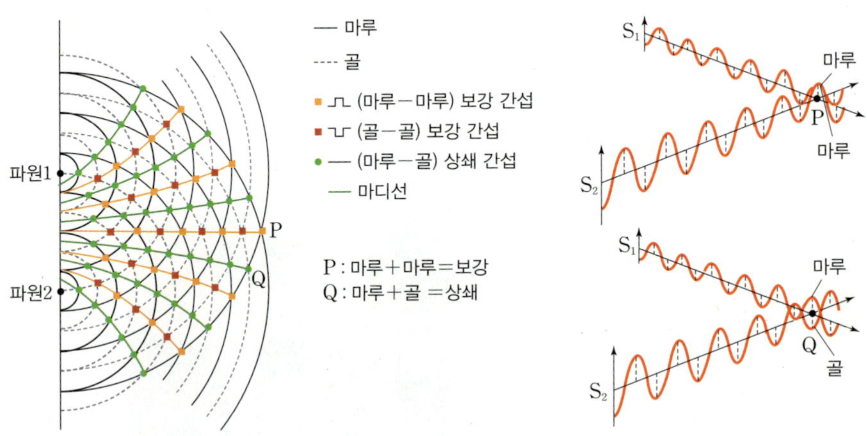

- 점 P: 두 파원 S_1, S_2에서 위상이 같은 파동이 발생하여 진행할 때 같은 위상(마루와 마루)으로 만난다.
  ➡ 보강 간섭, 진폭 최대
  ➡ 두 파원으로부터 경로가 $\overline{S_1P}=5.5\lambda$, $\overline{S_2P}=5.5\lambda$이므로 S_1에서 온 물결파가 마루일 때 S_2에서 온 물결파도 마루이다.
  ➡ $|\overline{S_1P}-\overline{S_2P}|=0$
  ➡ 두 파원에서 거리 차가 반파장의 짝수 배이므로 도달하는 두 파동의 위상이 같다.

$$|\overline{S_1P}-\overline{S_2P}|=\frac{\lambda}{2}\times 2m \ \Rightarrow \ 보강$$

- 점 Q: 두 파원 S_1, S_2에서 위상이 같은 파동이 발생하여 진행할 때 반대 위상(마루와 골)으로 만난다.
  ➡ 상쇄 간섭, 진폭 최소
  ➡ 두 파원으로부터 경로가 $\overline{S_1P}=5.5\lambda$, $\overline{S_2P}=5\lambda$이므로 S_1에서 온 물결파가 마루일 때 S_2에서 온 물결파는 골이다.
  ➡ $|\overline{S_1P}-\overline{S_2P}|=\frac{1}{2}\lambda$
  ➡ 두 파원에서 거리 차가 반파장의 홀수 배이므로 도달하는 두 파동의 위상이 반대이다.

$$|\overline{S_1P}-\overline{S_2P}|=\frac{\lambda}{2}\times(2m+1) \ \Rightarrow \ 상쇄$$

- 만약 두 파원에서 위상이 반대인 파동이 발생하면 점 P에서는 상쇄 간섭이 일어나고, 점 Q에서는 보강 간섭이 일어난다.
- 상쇄 간섭하는 점에서는 높이 변화가 거의 없다.
- 마디인 점들을 연결하면 높이 변화가 없는 선이 나타난다. ➡ 마디선
- 파장이 짧을수록, 진동수가 클수록 마디선 사이의 간격이 좁아진다.

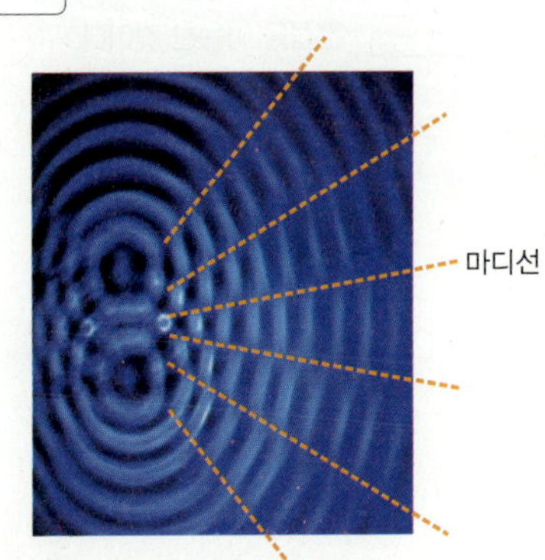

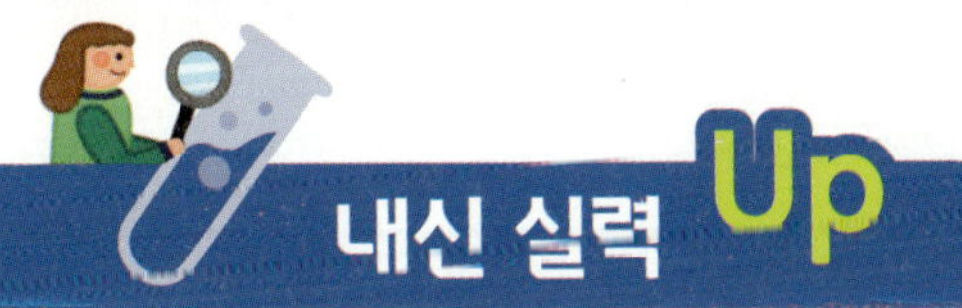

A 파동의 간섭

01 다음은 파동이 서로 겹칠 때에 대한 설명이다.

> 둘 이상의 파동이 만나 겹칠 때 매질의 (가)이/가 변하는 현상을 파동의 중첩이라고 하고, 겹친 후 다시 처음의 특성을 유지한 상태로 독립적으로 진행하는 현상을 파동의 (나)이라고 한다.

(가)와 (나)에 들어갈 말로 옳은 것은?

	(가)	(나)		(가)	(나)
①	진동수	독립성	②	진동수	이중성
③	진폭	독립성	④	진폭	이중성
⑤	파장	독립성			

02 파동의 간섭에 대한 설명으로 옳은 것은?

① 두 파동이 중첩하면 진행 방향이 바뀐다.
② 두 파동이 같은 위상으로 만나면 합성파의 진폭이 작아진다.
③ 진폭이 같은 파동이 보강 간섭한 후 분리되면 중첩하기 전보다 진폭이 증가한다.
④ 두 파원에서 진폭과 진동수, 위상이 같은 파동이 발생하면 두 파원의 중점에서 진폭이 2배가 된다.
⑤ 위상과 진동수가 같은 두 파동이 보강 간섭하려면 두 파원으로부터의 경로차가 반파장의 홀수배여야 한다.

03 그림은 서로 반대 방향으로 2 m/s의 속력으로 진행하는 두 파동을 나타낸 것이다.

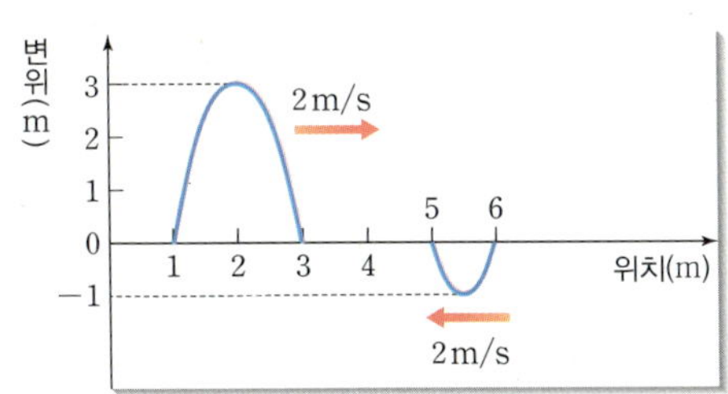

1초 후 두 파동이 중첩되었을 때 합성파의 최대 변위는?

① 0 m ② 1 m ③ 2 m ④ 3 m ⑤ 4 m

04 그림은 진폭이 1 cm, 진행 속력이 2 cm/s인 두 파동이 서로 반대 방향으로 진행하는 어느 순간의 모습을 나타낸 것이다. A, B는 매질 위의 한 점이다.

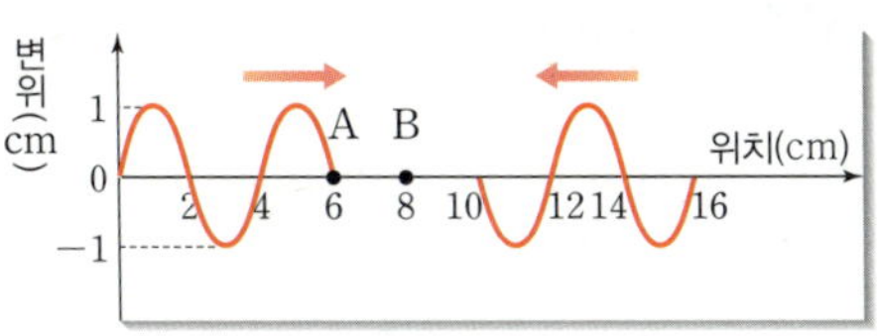

이에 대한 설명으로 옳은 것만을 〈보기〉에서 있는 대로 고른 것은?

> **보기**
> ㄱ. 파동의 진동수는 1Hz이다.
> ㄴ. 2초 후 A에서는 상쇄 간섭이 일어난다.
> ㄷ. 2초 후 B의 변위는 2 cm이다.

① ㄱ   ② ㄴ   ③ ㄱ, ㄴ
④ ㄱ, ㄷ   ⑤ ㄴ, ㄷ

05 그림은 진폭이 A이고 파장이 λ인 물결파가 반사면에 입사하여 반사하는 어느 순간의 모습을 나타낸 것이다. 실선과 점선은 각각 물결파의 마루와 골를 나타내고 점 P, Q는 공간상에 고정된 점이다.

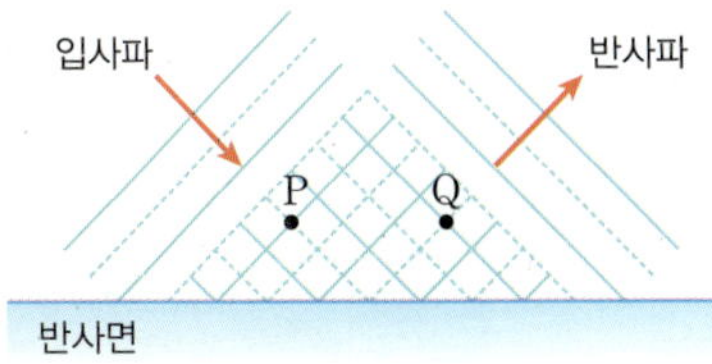

이에 대한 설명으로 옳은 것만을 〈보기〉에서 있는 대로 고른 것은?

> **보기**
> ㄱ. PQ 사이의 거리는 2λ이다.
> ㄴ. P에서는 보강간섭이 일어난다.
> ㄷ. P와 Q를 잇는 직선상에서 중첩된 파동의 변위는 항상 0이다.

① ㄱ   ② ㄷ   ③ ㄱ, ㄴ
④ ㄴ, ㄷ   ⑤ ㄱ, ㄴ, ㄷ

06 그림은 두 점 S_1, S_2에서 진폭과 위상, 파장이 같은 물결파가 발생하여 진행하는 어느 순간의 모습을 나타낸 것이다. 실선과 점선은 각각 물결파의 마루와 골을 나타내고, 점 p, q, r는 평면 상에 고정된 지점이다.

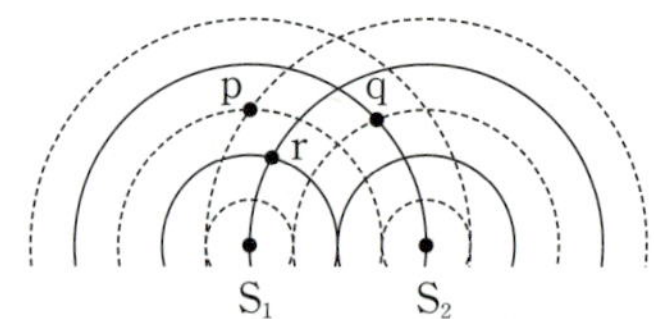

p, q, r 중 보강 간섭이 일어나는 곳을 있는 대로 고른 것은?

① q ② r ③ p, q ④ p, r ⑤ p, q, r

07 그림은 두 파원 S_1, S_2에서 진동수가 같은 물결파가 발생하는 모습을 나타낸 것이다. 두 물결파의 속력은 24 cm/s이고, 점 P는 평면 상에 고정된 점이다.

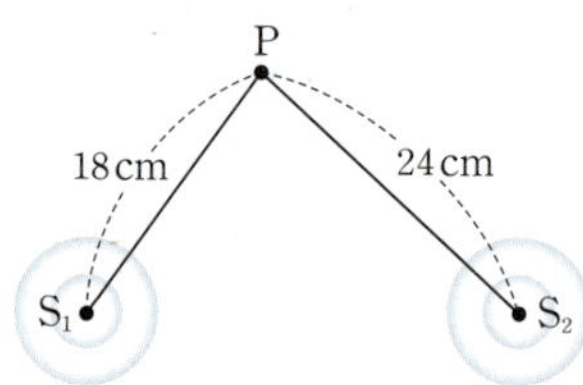

P에서 보강 간섭이 일어나는 진동수가 아닌 것은?

① 4 Hz ② 6 Hz ③ 8 Hz ④ 12 Hz ⑤ 24 Hz

08 그림은 간격이 6 cm인 두 점파원 S_1, S_2에서 진동수와 진폭이 같은 물결파를 같은 위상으로 발생시켰을 때 간섭하는 어느 순간의 모습을 나타낸 것이다. 실선과 점선은 각각 물결파의 마루와 골을 나타내고, 점 A, B, C는 공간상에 고정된 점이다.

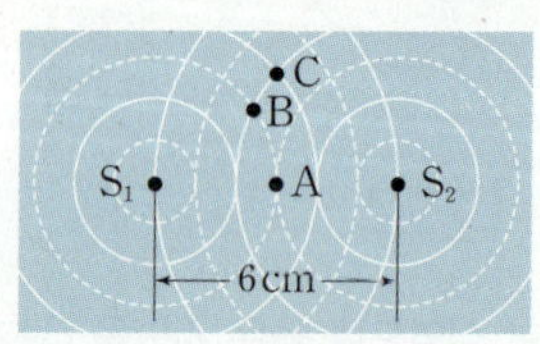

이에 대한 설명으로 옳은 것만을 〈보기〉에서 있는 대로 고른 것은?

┤ 보기 ├
ㄱ. 물결파의 파장은 1 cm이다.
ㄴ. A가 마루일 때 C는 골이다.
ㄷ. 두 점파원에서 B까지 경로차는 1 cm이다.

① ㄱ ② ㄴ ③ ㄷ
④ ㄱ, ㄷ ⑤ ㄴ, ㄷ

09 그림은 스피커 A, B로부터 위상과 진폭이 같은 소리가 발생하는 것을 나타낸 것이다. 점 O, P, Q는 A, B에서 10 m 떨어진 평행선 위의 점이고, O는 A, B로부터 같은 거리에 있다. O에서 이동할 때 처음으로 소리가 가장 작게 들리는 곳이 P이다. A, B에서 P까지 경로차는 36 cm이고, Q까지 경로차는 72 cm이다.

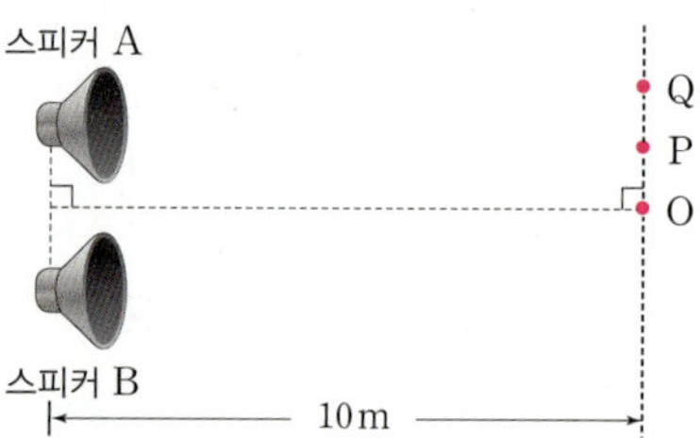

A, B에서 발생한 소리에 대한 설명으로 옳은 것만을 〈보기〉에서 있는 대로 고른 것은? (단, 소리의 속력은 360 m/s이다.)

┤ 보기 ├
ㄱ. 파장은 18 cm이다.
ㄴ. 진동수는 500Hz이다.
ㄷ. Q에서 보강 간섭한다.

① ㄱ ② ㄷ ③ ㄱ, ㄴ
④ ㄴ, ㄷ ⑤ ㄱ, ㄴ, ㄷ

B 간섭의 이용

10 파동의 간섭을 실생활에 활용하는 예에 대한 설명이다.

자동차의 소음 제거 장치는 소리의 (가) 간섭을, 안경의 반사 방지 코팅은 빛의 (나) 간섭을, 악기는 소리의 (다) 간섭을 이용한다. 이 밖에도 신용카드의 홀로그램, 천체 망원경도 파동의 간섭을 이용한다.

(가)~(다)에 들어갈 말로 옳은 것은?

	(가)	(나)	(다)		(가)	(나)	(다)
①	보강	보강	상쇄	②	보강	상쇄	보강
③	상쇄	보강	보강	④	상쇄	상쇄	보강
⑤	상쇄	상쇄	상쇄				

11 그림은 소음 제거 장치의 구조를 간단하게 나타낸 것이다. 소음 감지 마이크는 파동 A를 감지하고 상쇄 소음 스피커는 파동 B를 방출한다.

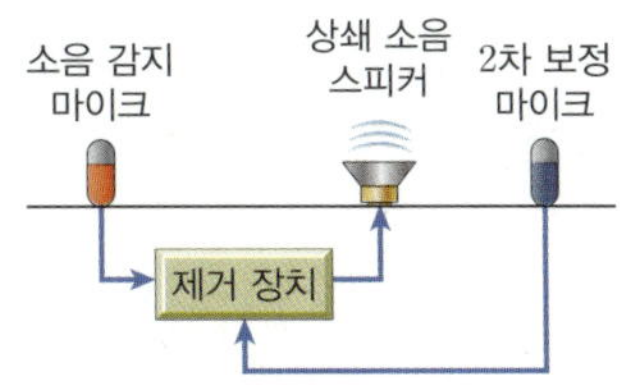

이에 대한 설명으로 옳은 것만을 〈보기〉에서 있는 대로 고른 것은?

| 보기 |

ㄱ. A와 B는 파장, 진폭, 위상이 동일한 파동이다.
ㄴ. 진행 속력은 A와 B가 같다.
ㄷ. 소음 제거 장치는 A와 B의 간섭 현상을 이용한다.

① ㄱ　　　　② ㄴ　　　　③ ㄱ, ㄷ
④ ㄴ, ㄷ　　　⑤ ㄱ, ㄴ, ㄷ

12 다음은 얇은 막에서 빛의 간섭에 대한 설명이다.

> 안경 렌즈나 카메라 렌즈 표면에 적당한 두께의 얇은 막을 코팅하면 반사되는 빛들이 (가) 간섭 하여, 코팅하지 않은 렌즈에 비해 반사되는 빛이 매우 줄어들어 효율적으로 빛이 투과하는 렌즈를 만들 수 있다.
>
> 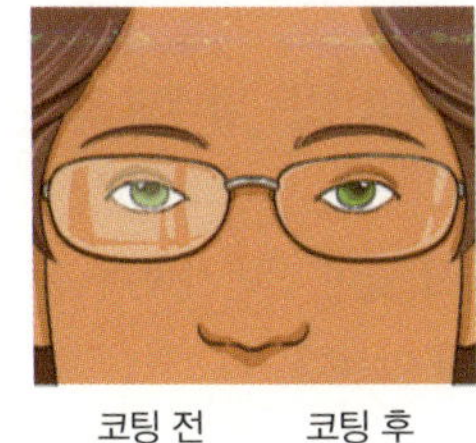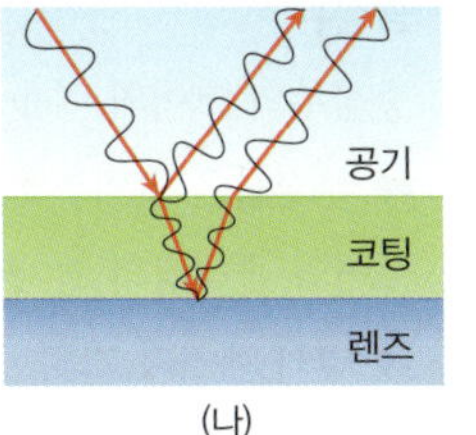
>

이에 대한 설명으로 옳은 것만을 〈보기〉에서 있는 대로 고른 것은?

| 보기 |

ㄱ. (가)에 들어갈 말은 '상쇄'이다.
ㄴ. 파장이 다른 빛을 상쇄 간섭하려면 막의 두께도 다르게 해야 한다.
ㄷ. 물 위에 뜬 기름의 색이 여러 가지로 보이는 것도 기름막에서의 빛의 간섭 현상이다.

① ㄱ　　② ㄷ　　③ ㄱ, ㄴ　④ ㄴ, ㄷ　⑤ ㄱ, ㄴ, ㄷ

 이렇게!

13 여객기에는 제트 엔진의 소음을 제거하여 승객에게 소음으로 인한 불편을 줄일 수 있는 소음 제거 장치가 있다. 이 장치의 작동 원리를 설명하시오.

14 그림은 두 파원 S_1, S_2에서 파장과 진폭이 같은 물결파가 연속적으로 발생하여 간섭하는 어느 순간의 모습을 나타낸 것이다. 실선과 점선은 각각 물결파의 마루와 골을 나타낸다.

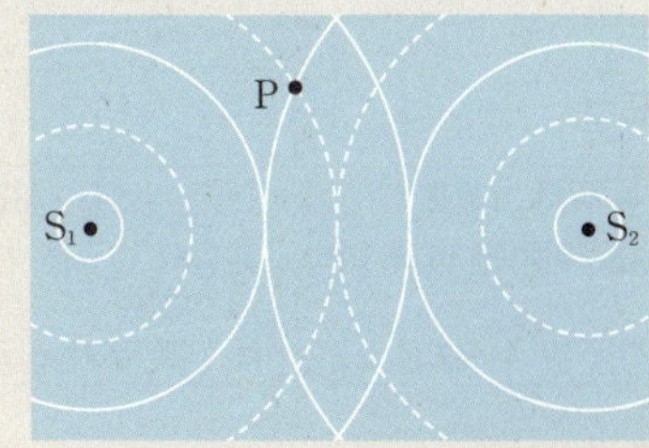

시간이 지나도 P점의 변위가 일정한 이유를 설명하시오.

15 그림은 (가)는 비누막을 수직으로 세웠을 때 비누막의 두께가 다른 것을, (나)는 비누막에 입사한 빛이 간섭하여 만드는 무늬를 나타낸 것이다.

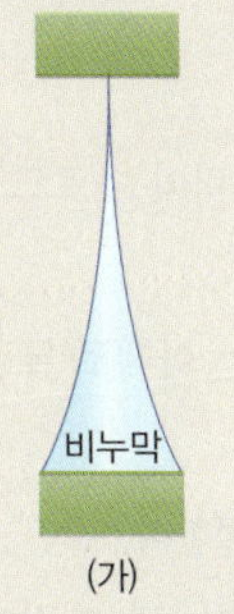

(나)에서 비누막의 간섭 무늬 색이 다른 이유를 설명하시오.

01 파동의 성질   → 146~153쪽

1. 파동

(1) 파동의 발생과 전파

① (㉠   ): 한 지점에서 발생한 진동이 주위로 퍼져 나가는 현상

➡ 에너지만 전달되고 매질은 제자리에서 진동한다.

② **파동의 표시**

진폭	진동의 중심에서 최대 변위까지의 거리
파장	위상이 같은 두 이웃 지점 사이의 거리
주기	매질이 한 번 진동하는 데 걸리는 시간
(㉡)(f)	매질이 1초 동안 진동하는 횟수

$$(㉡\qquad)=\frac{1}{주기}$$

(2) 파동의 표시

변위−위치 그래프	변위−시간 그래프
매질의 변위를 위치에 따라 나타낸 그래프	매질의 변위를 시간에 따라 나타낸 그래프
➡ 진폭, 파장을 알 수 있다.	➡ 진폭, 주기, 진동수를 알 수 있다.

(3) 파동의 속력

$$속력=\frac{파장}{주기}=파장\times진동수$$

2. 굴절

(1) 파동의 굴절: 두 매질의 경계면에서 파동의 (㉢   )이 달라져 진행 방향이 꺾이는 현상

➡ 매질이 달라져도 진동수는 변하지 않는다.

(2) 물결파의 굴절: 수심이 다른 곳에서는 물결파의 속력이 다르므로 물결파가 굴절한다.

$$\frac{v_1}{v_2}=\frac{\sin\theta_1}{\sin\theta_2}=\frac{\lambda_1}{\lambda_2}$$

(3) 소리의 굴절: 공기의 온도가 다르면 속력이 다르므로 온도가 다른 공기층을 통과할 때 굴절한다.

➡ 낮에는 소리가 위로 굴절하고 밤에는 아래로 굴절한다.

(4) 빛의 굴절

① 매질에 따라 빛의 속력이 다르므로 굴절한다.

② (㉣   )(n) : 진공에서 빛의 속력(c)과 매질에서 빛의 속력(v)의 비

$$(㉣\qquad)(n)=\frac{진공에서\ 빛의\ 속력(c)}{매질에서\ 빛의\ 속력(v)}$$

③ 빛의 굴절 법칙(스넬의 법칙)

$$n_1\sin\theta_1=n_2\sin\theta_2$$

④ 입사각과 굴절각 크기 비교

• 굴절률이 큰 매질에서 작은 매질로 진행할 때

➡ 입사각 < 굴절각

• 굴절률이 작은 매질에서 큰 매질로 진행할 때

➡ 입사각 > 굴절각

⑤ 빛의 굴절의 예

• 신기루: 뜨거운 지표면의 공기 때문에 빛이 휘어 바닥에 물이 있는 것처럼 인식

• 볼록 렌즈: 빛을 모아준다.

• 오목 렌즈: 빛을 퍼뜨린다.

02 전반사와 광통신   → 154~159쪽

1. 전반사

(1) 전반사: 빛이 진행하다가 두 매질의 경계면에서 모두 반사되는 현상

① (㉤   )(θ_c): 굴절각이 90°일 때의 입사각

• 굴절률 n_1인 매질에서 n_2인 매질로 진행할 때 $\sin\theta_c=\dfrac{n_2}{n_1}$

② 전반사가 일어 나는 조건

• 굴절률이 (㉥   ) 매질에서 (㉦   ) 매질로 진행

• 입사각이 임계각보다 크다.

(2) 전반사의 예: 다이아몬드, 수면에서의 전반사 등

➡ 광케이블, 내시경, 쌍안경, 잠망경 등에 이용

2. 광통신

(1) 광섬유

① 중심부의 코어와 이를 둘러싸고 있는 클래딩으로 구성

➡ 굴절률은 코어 > 클래딩

② 코어와 클래딩의 경계면에서 빛이 전반사하며 진행

➡ 빛의 세기가 거의 변하지 않는다.

(2) 광통신

① 광통신: 광섬유로 (◎   ) 신호를 전송하는 통신

② 광통신 과정

발신자 → 발신기 → 광섬유 → 수신기 → 수신자

③ 광통신의 장단점

장점	단점
• 대용량의 정보를 빠르게 전달 • 장거리 전송 가능 • 외부 전파에 의한 간섭이나 혼선이 없음 • 도청 불가	• 끊어졌을 때 복구가 어려움 • 연결 부위에 작은 불순물이 끼거나 틈이 생기면 광통신이 불가능 • 화재나 충격에 약함 • 설치, 관리 비용이 많음

03 전자기파 → 160~163쪽

1. 전자기파의 성질

(1) **전자기파**: 변하는 전기장과 자기장이 진동하며 공간을 퍼져 나가는 파동

➡ 진공에서 속력은 빛의 속력(약 30만 km/s)과 같다.

(2) **전자기파의 성질**

① 전기장, 자기장, 진행 방향이 서로 수직

② 소리와 달리 (㉒   )에서도 전달

③ 반사, 굴절, 간섭, 회절 현상 ➡ 파동의 성질

④ 횡파

2. 전자기파의 종류와 이용

(1) **전자기파 스펙트럼**

① 전자기파의 성질에 따라 구분 ➡ 주로 파장에 따라 성질이 구분되지만 파장이 겹치는 부분이 있음

(2) **전자기파의 특징과 이용**

전자기파	특징	이용		
r선	• 핵반응에서 나오는 방사선의 한 종류로 주로 원자핵 내부에서 발생한다. • 전자기파 중 파장이 가장 짧고 에너지가 가장 크다.	암 치료 등	작다	크다
(㉔)	• 고속의 전자가 금속과 충돌할 때 방출된다. • 투과력이 강해 인체 내부나 물질을 특성을 알아보는데 이용된다.	X선 사진, 공항 수화물 검색, 비파괴 검사 등		
자외선	• 원자의 전자 전이 과정에서 방출한다. • 화학 작용이 강하고 강한 살균 기능이 있다. • 형광 물질에 흡수되면 가시광선을 방출한다.	식기 소독기, 형광등, 위조지폐 감별 등	파장	진동수
가시광선	• 원자의 전자 전이 과정에서 방출한다. • 사람의 눈으로 감지할 수 있다.	광합성, 영상 표현 장치, LED 등		
적외선	• 원자의 전자 전이 과정이나 열을 가진 물체에서 방출한다. • 열작용이 강해 열선이라고도 한다.	적외선 온도계, 적외선 카메라, 리모컨 등		
(㉠)	• 전기 기구에서 전자의 진동으로 발생한다. • 특정 파장에서는 물에 흡수되어 열을 발생시킨다.	전자레인지, 레이더와 위성 통신, 전파 망원경 등	크다	작다
전파	• 가속 운동하는 전하에 의해 발생한다.	휴대 전화, 라디오, 텔레비전 등		

04 파동의 간섭 → 164~171쪽

1. 파동의 간섭

(1) **중첩과 독립성**

① **중첩**: 둘 이상의 파동이 진행하다 만나서 겹치는 현상

➡ 매질의 변위는 각 파동의 변위를 더한것과 같다.

② (㉧   ): 중첩된 후에는 각 파동이 원래의 파형을 유지한 채 진행

(2) **보강 간섭과 상쇄 간섭**

보강 간섭	상쇄 간섭
같은 위상(마루+마루, 골+골)으로 중첩 ➡ 진폭이 커짐	반대 위상(마루+골)으로 중첩 ➡ 진폭이 작아짐

(3) **두 점파원에서 발생한 동일한 물결파의 간섭**

마루+마루	골+골	마루+골
(㉤) 간섭 ➡ 진폭 최대	보강 간섭 ➡ 진폭 최대	(㉨) 간섭 ➡ 진폭 최소
수면이 볼록 ➡ 가장 밝음	수면이 오목 ➡ 가장 어두움	수면이 거의 평면 ➡ 밝기 일정

➡ 두 점파원으로부터의 경로차가 반파장의 짝수 배이면 보강 간섭, 홀수 배이면 상쇄 간섭

(4) **두 스피커에서 나는 소리의 간섭**

① 소리가 크게 들리는 지점(보강 간섭)과 작게 들리는 지점(상쇄 간섭)이 번갈아 나타남

② 높은 소리일수록 보강 간섭 사이의 거리가 짧아짐

2. 간섭의 이용

(1) **소음 제거**: 외부 소음과 위상이 반대인 파동을 발생시켜 상쇄 간섭으로 소음을 제거

➡ 소음 제거 이어폰, 여객기 소음 제거, 자동차 배기관 소음 제거

(2) **악기**: 맥놀이 현상을 이용해 악기를 조율, 보강 간섭을 이용해 악기의 소리를 크게 만듦

➡ 피아노 조율기, 현악기, 관악기, 타악기 등

(3) **렌즈의 코팅**: 코팅막의 윗면과 아랫면에서 각각 반사된 빛의 상쇄 간섭으로 반사광을 제거

➡ 안경 등의 반사 방지 코팅

(4) **홀로그램**: 얇은 막의 두께와 각도에 따라 보강 간섭되는 빛의 파장이 다름을 이용

➡ 신용카드, 지폐의 위조 방지용 이미지

01 파동의 성질

01 그림은 횡파의 어느 순간의 변위를 위치에 따라 나타낸 것이다. 이 순간으로부터 1초 후 매질 위의 한 점 P의 변위는 $+2\,\mathrm{cm}$이다.

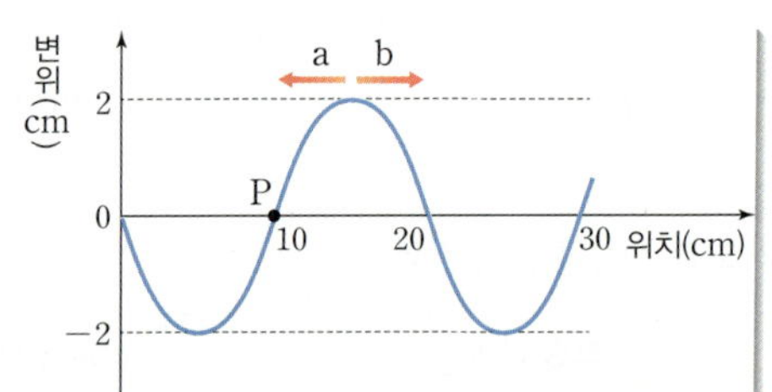

이에 대한 설명으로 옳은 것만을 〈보기〉에서 있는 대로 고른 것은?

| 보기 |

ㄱ. 진폭은 $4\,\mathrm{cm}$이다.
ㄴ. a 방향으로 진행할 때 진동수는 $0.25\mathrm{Hz}$이다.
ㄷ. b 방향으로 진행할 때 파동의 속력은 $15\,\mathrm{cm/s}$이다.

① ㄱ   ② ㄴ   ③ ㄱ, ㄷ
④ ㄴ, ㄷ   ⑤ ㄱ, ㄴ, ㄷ

02 그림 (가)는 속력이 $10\,\mathrm{m/s}$인 파동이 진행할 때 어느 한 순간 매질의 변위 y를 거리 x에 따라 나타낸 것이다. 그림 (나)는 (가)의 순간부터 P점의 변위 y를 시간 t에 따라 나타낸 것이다.

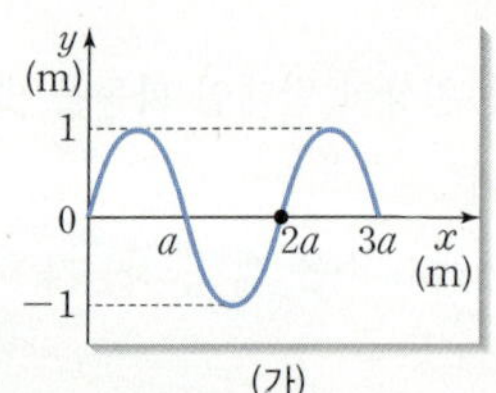
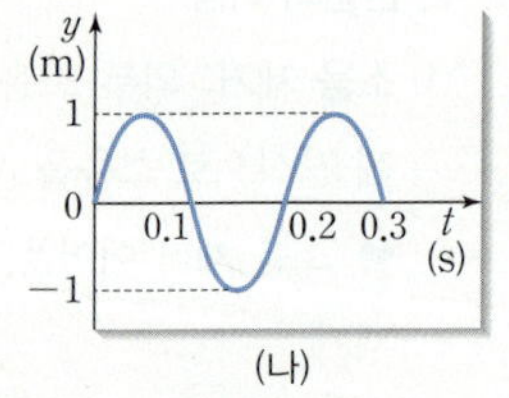

이 파동에 대한 설명으로 옳은 것만을 〈보기〉에서 있는 대로 고른 것은?

| 보기 |

ㄱ. 진동수는 $5\mathrm{Hz}$이다.
ㄴ. $a=2$이다.
ㄷ. $+x$ 방향으로 진행한다.

① ㄱ   ② ㄴ   ③ ㄱ, ㄷ
④ ㄴ, ㄷ   ⑤ ㄱ, ㄴ, ㄷ

03 그림은 매질 1에서 진행하던 빛이 각각 매질 2, 매질 3으로 굴절될 때 빛의 진행 경로를 나타낸 것이다. 매질 2와 3의 굴절률은 각각 $\sqrt{\dfrac{3}{2}}$, $\sqrt{2}$이다.

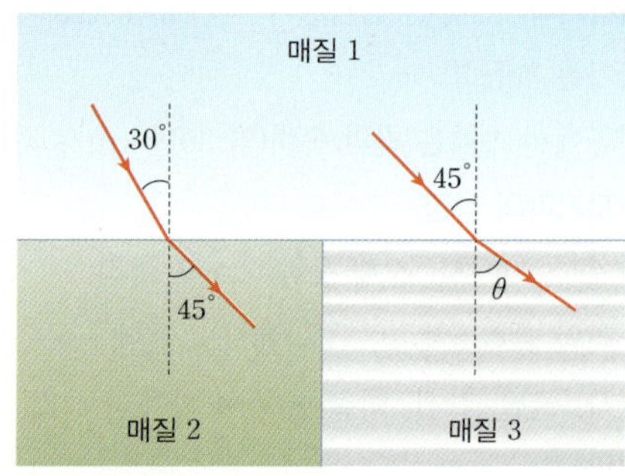

$\sin\theta$는?

① $\dfrac{1}{2\sqrt{2}}$ ② $\dfrac{1}{2}$ ③ $\dfrac{1}{\sqrt{2}}$ ④ $\sqrt{\dfrac{2}{3}}$ ⑤ $\dfrac{\sqrt{3}}{2}$

04 그림은 평행하게 진행하던 빛이 어떤 렌즈를 통과한 후 한 점에서 나오는 것처럼 퍼지는 모습을 나타낸 것이다.

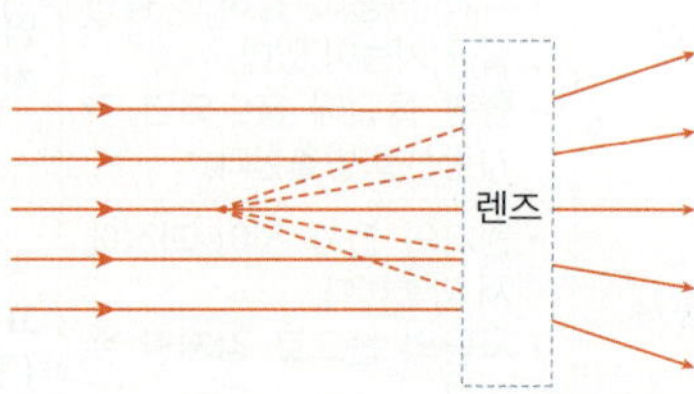

이 렌즈를 사용하는 경우로 옳은 것만을 〈보기〉에서 있는 대로 고른 것은?

| 보기 |

ㄱ. 현미경에서 물체를 축소하기 위해
ㄴ. 카메라에서 빛을 모으기 위해
ㄷ. 근시인 사람이 물체를 뚜렷이 보기 위해

① ㄱ   ② ㄴ   ③ ㄷ
④ ㄴ, ㄷ   ⑤ ㄱ, ㄴ, ㄷ

02 전반사와 광통신

05 그림은 빛이 공기에서 매질 A로 진행하는 경로를 나타낸 것이다.

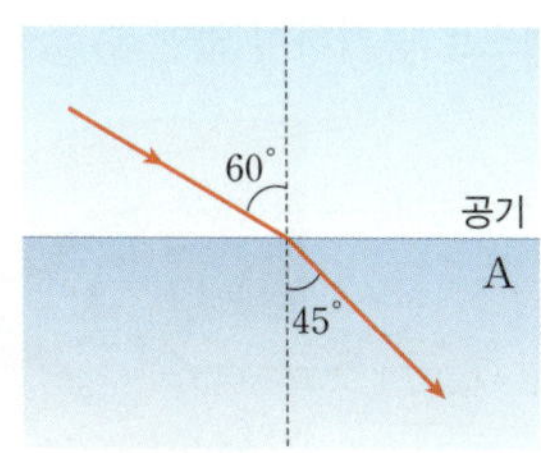

빛이 A에서 공기로 진행할 때의 임계각을 θ_c라고 한다면 $\sin \theta_c$는? (단, 공기의 굴절률은 1이다.)

① $\dfrac{1}{\sqrt{6}}$ ② $\dfrac{1}{\sqrt{3}}$ ③ $\dfrac{1}{\sqrt{2}}$ ④ $\sqrt{\dfrac{2}{3}}$ ⑤ $\sqrt{\dfrac{3}{2}}$

06 그림은 수평면에 반원형 물질 A를 놓고 핀 2에서 관찰하였을 때 점 P, O, S가 겹쳐 보이는 것을 나타낸 것이다. 점 R와 Q를 잇는 선은 A와 공기의 경계면에 수직이다.

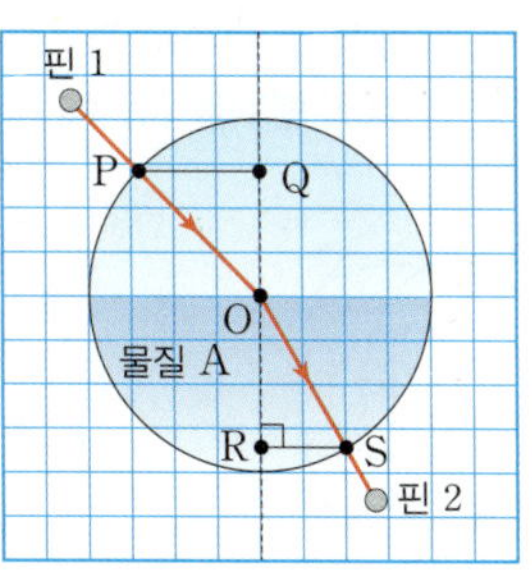

이에 대한 설명으로 옳은 것만을 〈보기〉에서 있는 대로 고른 것은? (단, 공기의 굴절률은 1이다.)

| 보기 |
ㄱ. A의 굴절률은 1.5이다.
ㄴ. 입사각이 증가하면 전반사가 일어난다.
ㄷ. 입사각을 바꿔도 $\dfrac{\overline{PQ}}{\overline{RS}}$ 는 변하지 않는다.

① ㄱ ② ㄴ ③ ㄱ, ㄷ
④ ㄴ, ㄷ ⑤ ㄱ, ㄴ, ㄷ

07 그림은 빛이 공기에서 광섬유의 코어를 통과하여 클래딩으로 진행하는 경로를 나타낸 것이다. 공기에서 코어로 진행할 때와 코어에서 클래딩으로 진행할 때 입사각은 각각 θ_1, θ_2이다.

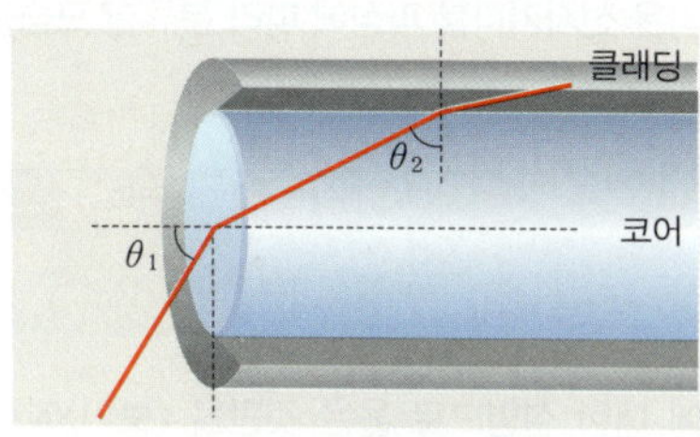

이에 대한 설명으로 옳은 것만을 〈보기〉에서 있는 대로 고른 것은?

| 보기 |
ㄱ. θ_2는 임계각보다 크다.
ㄴ. 굴절률은 코어가 가장 크다.
ㄷ. 빛이 코어와 클래딩의 경계면에서 전반사하려면 θ_1을 증가시켜야 한다.

① ㄱ ② ㄴ ③ ㄱ, ㄷ
④ ㄴ, ㄷ ⑤ ㄱ, ㄴ, ㄷ

08 구리 도선을 이용한 전기 통신과 광섬유를 이용한 광통신의 장점을 보기에서 골라 짝 지은 것으로 옳은 것은?

| 보기 |
ㄱ. 도청이 잘 되지 않는다.
ㄴ. 증폭기 없이 전송시킬 수 있는 거리가 더 길다.
ㄷ. 끊어진 경우 쉽게 연결할 수 있다.
ㄹ. 변조, 복조 과정을 거치지 않아도 된다.

	전기 통신	광통신
①	ㄱ, ㄴ	ㄷ, ㄹ
②	ㄱ, ㄷ	ㄴ, ㄹ
③	ㄴ, ㄷ	ㄱ, ㄹ
④	ㄴ, ㄹ	ㄱ, ㄷ
⑤	ㄷ, ㄹ	ㄱ, ㄴ

03 전자기파

09 그림은 전자기파를 파장에 따라 분류한 모습을 나타낸 것이다.

이에 대한 설명으로 옳은 것만을 〈보기〉에서 있는 대로 고른 것은?

| 보기 |
ㄱ. A 영역의 전자기파는 핵붕괴 과정에서 방출된다.
ㄴ. B 영역의 전자기파는 비접촉식 온도계에 사용된다.
ㄷ. 진공에서 B 영역과 C 영역의 전자기파 속력은 같다.

① ㄱ ② ㄴ ③ ㄱ, ㄴ
④ ㄱ, ㄷ ⑤ ㄴ, ㄷ

---

10 다음은 일상생활에서 접할 수 있는 전자기파에 관한 신문 기사의 일부이다.

국제암연구기구(IARC)는 1999년에 전자기파를 발암인자 2등급으로 분류하였다. 이후 국내 연구에 따르면 휴대전화를 많이 사용한 어린이의 경우 주의력 결핍 과잉행동장애(ADHD) 가능성이 높다는 결과가 나왔다. 또 ㉠ X선, ㉡ 감마선 등도 암을 비롯한 여러 질병을 일으킨다고 알려져 있다. 특히 가전제품 등의 ㉢ 극저주파와 휴대전화에서 발생하는 ㉣ 고주파가 유해 전자파 논란의 대상이 되고 있다.

㉠~㉣에 대한 설명으로 옳은 것만을 〈보기〉에서 있는 대로 고른 것은?

| 보기 |
ㄱ. 파장은 ㉠이 ㉣보다 크다.
ㄴ. 광자 1개의 에너지가 가장 큰 것은 ㉡이다.
ㄷ. ㉢은 고속 전자를 금속에 충돌시킬 때 발생한다.

① ㄱ ② ㄴ ③ ㄱ, ㄷ
④ ㄴ, ㄷ ⑤ ㄱ, ㄴ, ㄷ

---

11 다음은 어떤 전자기파를 이용한 의료 기구에 관한 설명이다.

이 장치는 ^{60}Co(코발트)가 방사성 붕괴를 할 때 발생하는 전자기파 A를 이용하여 암을 치료한다. A는 전자기파 중 파장이 가장 짧고 에너지가 커 암 세포를 효과적으로 공격하여 없앨 수 있다.

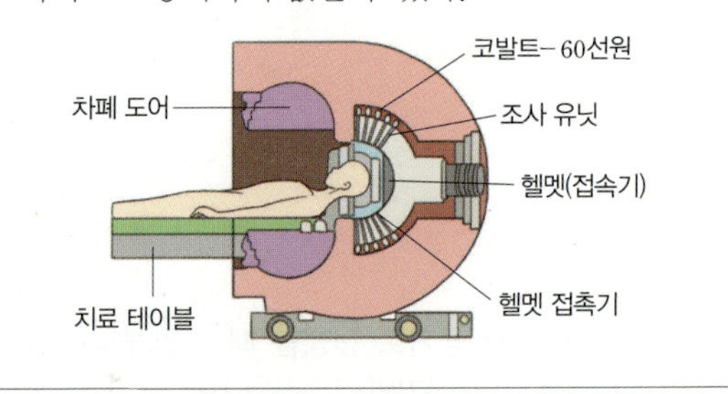

A는?

① 감마선 ② 라디오파 ③ 자외선
④ 적외선 ⑤ X선

---

04 파동의 간섭

12 그림 (가)는 두 점파원 S_1, S_2에서 진폭이 같은 두 물결파가 반대 위상으로 발생하여 진행하는 어느 순간의 모습을 나타낸 것이다. S_1, S_2에서 점 Q까지 경로차는 6 m이다. 그림 (나)는 점 P, Q 중 한 점의 변위를 시간에 따라 나타낸 것이다.

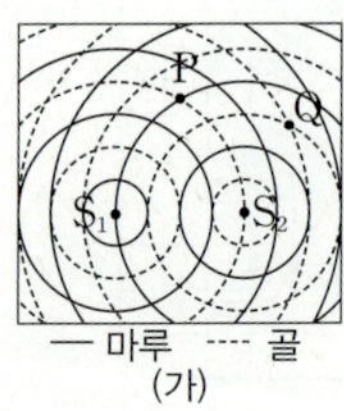

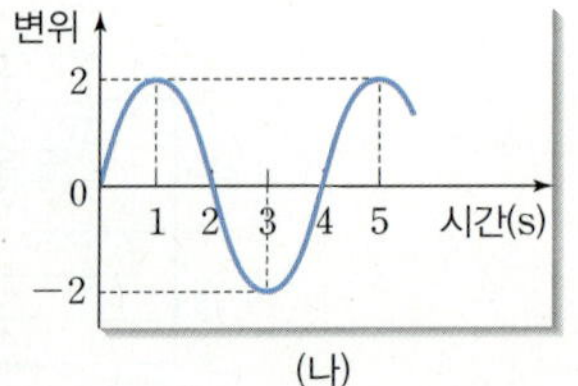

이에 대한 설명으로 옳은 것만을 〈보기〉에서 있는 대로 고른 것은?

| 보기 |
ㄱ. 물결파의 속력은 2 m/s이다.
ㄴ. S_1, S_2 사이에서 보강 간섭하는 지점은 4곳이다.
ㄷ. (나)는 P의 변위를 나타낸 것이다.

① ㄱ ② ㄴ ③ ㄱ, ㄷ
④ ㄴ, ㄷ ⑤ ㄱ, ㄴ, ㄷ

13 그림은 진폭과 파장이 같은 물결파가 발생하는 두 점파원 S_1, S_2에서 각각 10 cm, 7 cm 떨어진 점 P를 나타낸 것이다. P는 S_1, S_2을 잇는 직선을 수직 이등분하는 직선 AB로부터 두 번째 보강 간섭이 일어나는 지점 중 한 곳이다. 두 점파원에서는 진동수가 4Hz인 물결파가 반대 위상으로 발생하고 있다.

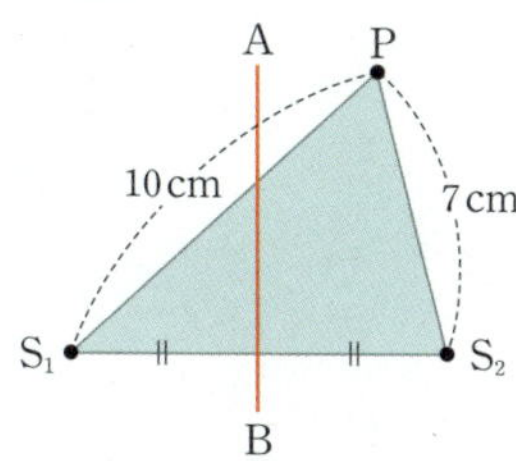

이에 대한 설명으로 옳은 것만을 〈보기〉에서 있는 대로 고른 것은?

| 보기 |

ㄱ. 물결파의 파장은 2 cm이다.

ㄴ. 물결파의 속력은 8 cm/s이다.

ㄷ. 직선 AB 위의 점은 진동하지 않는다.

① ㄱ   ② ㄷ   ③ ㄱ, ㄴ

④ ㄴ, ㄷ   ⑤ ㄱ, ㄴ, ㄷ

14 그림은 두 음파 발생기 S_1, S_2에서 세기와 진동수가 일정하고 파장이 λ인 음파를 발생시키고, S_1에서 거리 3λ만큼 떨어진 원 위의 점에서 소리의 세기를 측정하는 것을 나타낸 것이다. 점 P에서는 소리가 보강 간섭하였다.

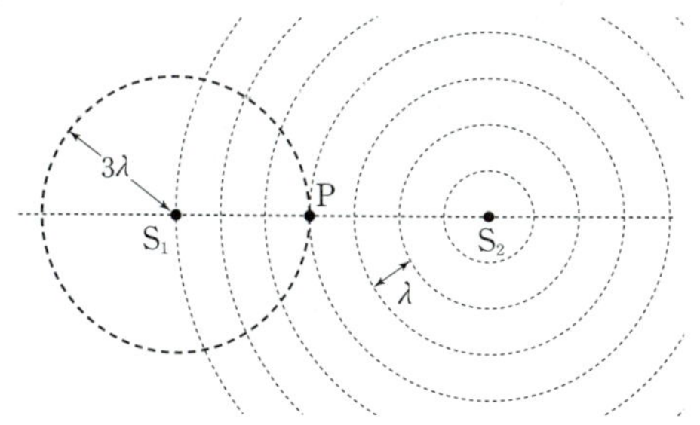

원을 한 바퀴 돌며 측정하였을 때 소리가 가장 작게 들리는 지점이 나타나는 횟수는?

① 6회   ② 8회   ③ 10회   ④ 12회   ⑤ 14회

15 그림 (가)는 진폭, 진동수, 파장이 같은 두 파동이 서로 반대 방향으로 진행하여 중첩된 어느 순간의 모습을 나타낸 것이다. 그림 (나)는 (가)의 순간부터 3초가 지난 후 모든 지점의 변위가 0이 된 모습을 나타낸 것이다.

★중요

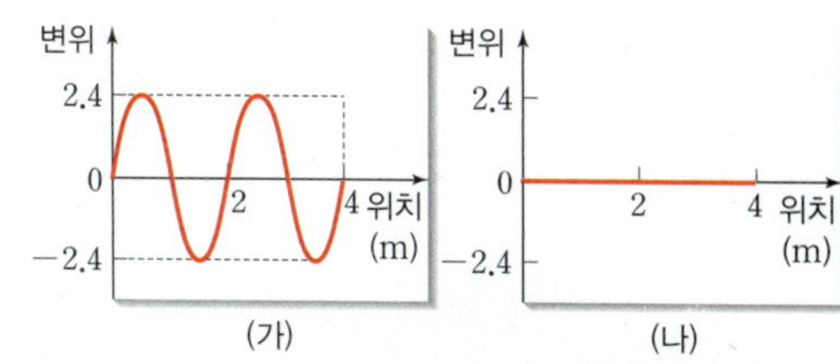

이 파동의 진행 속력으로 가능하지 <u>않은</u> 것은?

① $\dfrac{1}{6}$ m/s   ② $\dfrac{1}{3}$ m/s   ③ $\dfrac{1}{2}$ m/s

④ $\dfrac{5}{6}$ m/s   ⑤ $\dfrac{3}{2}$ m/s

16 그림 (가)는 소음 제거 장치의 마이크에 입력된 소음의 파형을, (나)는 소음 제거 장치를 통과하여 사람이 듣는 음파의 파형을 나타낸 것이다.

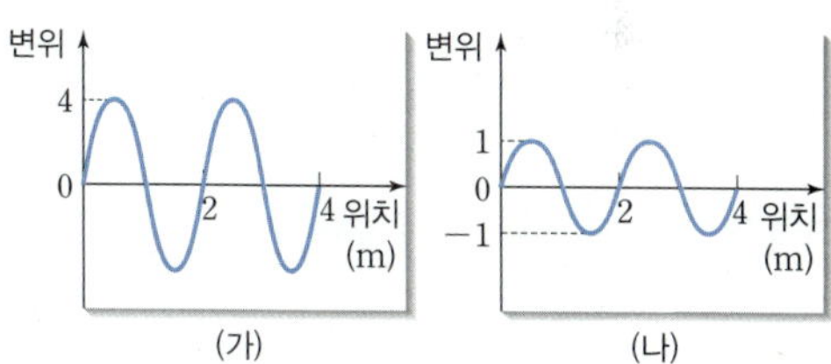

소음 제거 장치에서 소음을 제거하기 위해 만드는 파동의 파형으로 가장 적절한 것은?

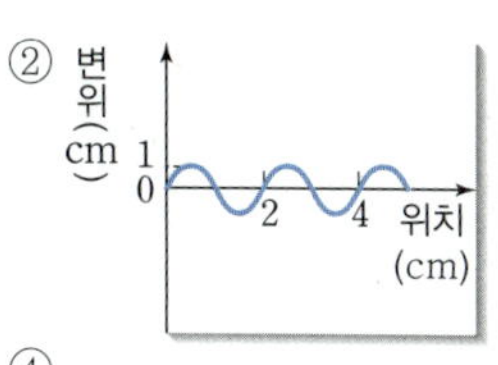
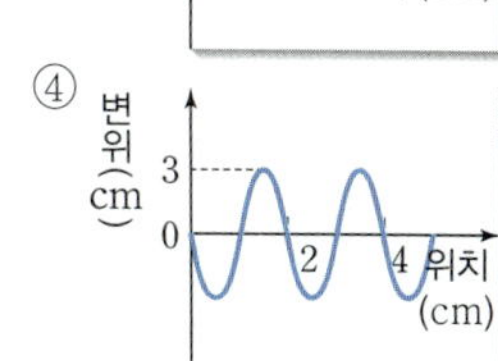
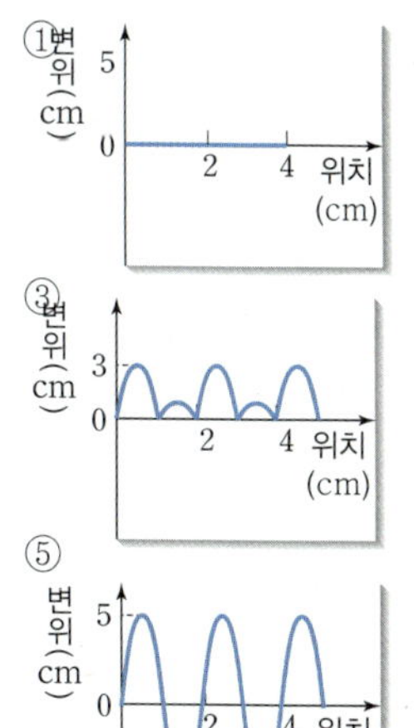

02

빛과 물질의 이중성

빛의 이중성

Ⓐ 광전 효과와 광양자설

1. 광전 효과 금속 표면에 특정 진동수 이상의 빛을 비출 때 광전자가 방출되는 현상

① **광전자**: 광전 효과에 의해 방출되는 전자

② **문턱 진동수(한계 진동수)**: 전자가 방출되기 위한 빛의 최소 진동수 ➡ 문턱 진동수보다 진동수가 큰 빛을 비출 때에만 금속판에서 전자가 방출된다.

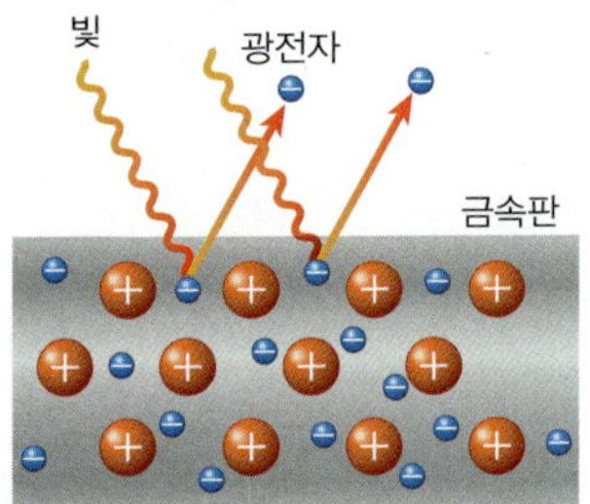

③ **광전 효과 실험 결과**

• 1887년 헤르츠(H. Hertz)가 광전 효과 발견 ➡ 빛을 파동으로만 생각하면 설명할 수 없음 ➡ 1905년 아인슈타인(A. Einstein)이 광양자설로 설명

2. 광양자설

① **광양자설**: 빛은 진동수에 비례하는 에너지를 갖는 입자들의 흐름이며 그 입자를 광자(광양자, photon)라고 한다.

② **광자의 에너지**: 진동수가 f인 광자 한 개의 에너지는 다음과 같다.

$$E = hf = \frac{hc}{\lambda} \ (h: \text{플랑크 상수})$$

➡ **에너지 양자화**: 빛의 에너지는 hf라는 기본적인 양의 정수 배만 가능하다.

③ **빛의 세기와 광자**: 광자의 수가 많을수록 센 빛이다.

④ **광양자설과 광전 효과**: 광전 효과는 광자와 전자의 에너지 전달로 설명한다.

3. 광전 효과 실험 결과 해석

광전 효과 실험 결과		파동설에 의한 예상
금속 표면에 비추는 빛의 진동수가 문턱 진동수보다 작으면 아무리 센 빛을 비추어도 광전자가 방출되지 않는다.	설명할 수 없음	아무리 작은 진동수의 빛이라도 충분히 센 빛을 비추면 광전자가 방출될 것이다.
금속 표면에 비추는 빛의 진동수가 문턱 진동수보다 크면 즉시 광전자가 방출된다.		진동수가 커도 세기가 약한 빛을 비추면 광전자가 튀어 나오는데 시간이 걸릴 것이다.
광전자가 방출될 때는 빛의 세기가 셀수록 단위 시간당 방출되는 광전자의 수가 많다.		빛의 세기와 방출되는 광전자의 수는 상관이 없다.
금속 표면에 비추는 빛의 진동수가 클수록 광전자의 최대 운동 에너지가 크다.		빛의 세기가 셀수록 튀어 나오는 광전자의 최대 운동 에너지가 클 것이다.

광양자설에 의한 설명	
광전자 발생 여부	광자의 에너지는 빛의 진동수에만 비례하므로 광전자 발생 여부는 빛의 진동수에 따라서만 결정된다.
광전자의 수	빛의 세기가 셀수록 광자의 수가 많으므로 방출되는 광전자의 수도 많다.
최대 운동 에너지	진동수가 클수록 광자의 에너지가 크므로, 광자로부터 에너지를 받아 방출되는 광전자의 최대 운동 에너지도 크다.

4. 빛의 이중성 빛은 입자성과 파동성을 모두 갖는다.

➡ 빛의 입자성과 파동성이 동시에 나타나지는 않는다.

파동성의 증거	입자성의 증거
• 영의 실험: 좁은 슬릿을 통과한 빛이 간섭무늬를 만든다.	• 광전 효과: 금속에 빛을 비추면 전자가 방출된다.
• 라우에의 X선 회절 무늬: 황산 아연 결정에 X선을 쪼이자 회절 무늬가 나타났다.	• 컴퓨턴 효과: 전자에 X선을 쪼여 주면 산란된 X선의 파장이 길어진다.

❖ **일함수(W)**

광전 효과에서 금속 표면으로부터 전자를 떼어내기 위해 필요한 최소 에너지. 문턱 진동수 (f_0)에 해당하는 광자의 에너지이다.

$$W = hf_0$$

❖ **파동설과 빛의 에너지**

파동설에서는 빛의 에너지가 빛의 세기에 의해서도 결정된다고 본다.

❖ **광전자의 최대 운동 에너지**

광전자의 최대 운동 에너지(E_k)는 광자로부터 받은 에너지(hf)에서 일함수를 뺀 값이다.

$$E_k = hf - W$$

❖ **회절**

파동이 한 매질 내에서 진행하다가 슬릿이나 장애물을 만났을 때 파동의 진행 경로가 휘어져 진행하는 현상

1. 디지털 카메라 원리

① 렌즈를 통해 들어온 빛이 조리개와 셔터를 지나 전하 결합 소자(CCD)에 상을 맺는다.

② 전하 결합 소자는 빛의 세기만 인식 ➡ 색 필터를 이용해 색 정보를 인식

2. 전하 결합 소자(CCD)

① **구조**: 수백만 개의 광 다이오드가 규칙적으로 배열

② **작동 원리**

p-n 접합면에 광자가 도달하면 광전 효과에 의해 전자와 양공 쌍이 형성

➡ 전자가 전극 아래에 모임. 모이는 전자의 개수는 빛의 세기에 비례

➡ 전극에 전압을 가하여 전자가 전하량 측정 장치로 이동

③ **전하 결합 소자의 활용**: 디지털 카메라나 캠코더, 허블 우주 망원경이나 케플러 망원경, CCTV, 내시경 등에 활용

실전 자료 전하 결합 소자에서 전자의 이동

전하 결합 소자에서 전자가 어떻게 이동하는지 알아보자.

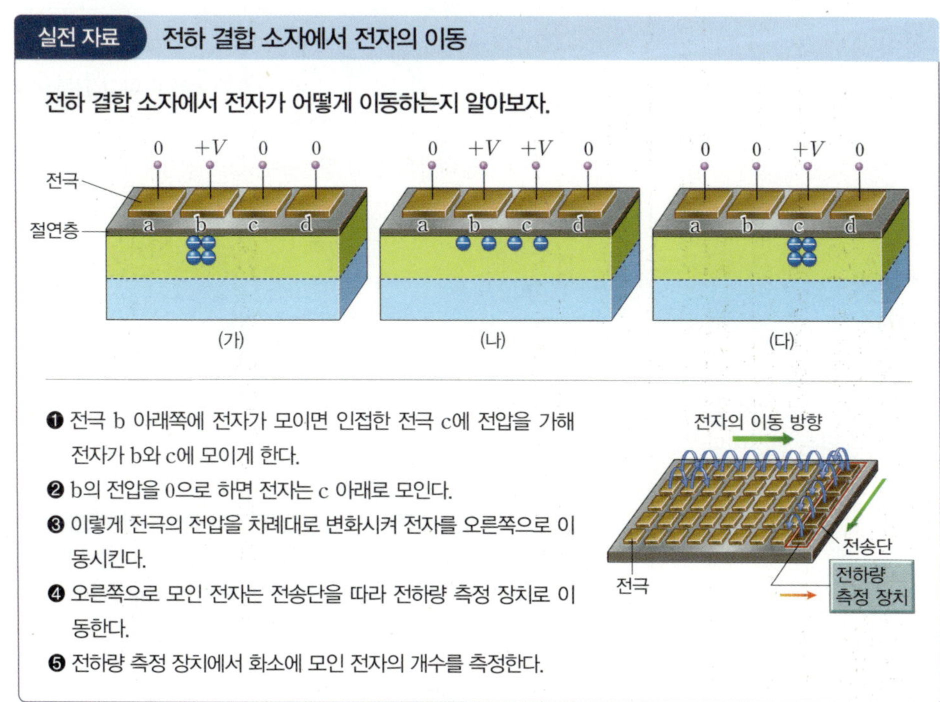

❶ 전극 b 아래쪽에 전자가 모이면 인접한 전극 c에 전압을 가해 전자가 b와 c에 모이게 한다.

❷ b의 전압을 0으로 하면 전자는 c 아래로 모인다.

❸ 이렇게 전극의 전압을 차례대로 변화시켜 전자를 오른쪽으로 이동시킨다.

❹ 오른쪽으로 모인 전자는 전송단을 따라 전하량 측정 장치로 이동한다.

❺ 전하량 측정 장치에서 화소에 모인 전자의 개수를 측정한다.

개념 바로 확인

정답 및 해설 | 38쪽

01 금속판에 빛을 비추었을 때 전자가 방출되는 현상을 [　　　　]라고 한다.

02 광양자설에서는 빛을 [　　　]에 비례하는 에너지를 갖는 [　　　]의 흐름이라고 본다.

01 다음 중 파동에 대한 설명으로 옳은 것은 ○표, 옳지 않은 것은 ×표를 하시오.

(1) 진동수가 문턱 진동수보다 큰 빛을 비출 때 금속판에서 광전자가 방출된다. (　　)

(2) 광전 효과는 빛의 입자성으로 설명할 수 있다. (　　)

(3) 빛의 세기가 클수록 광전자의 최대 운동 에너지가 크다. (　　)

02 디지털 카메라에서 광전 효과를 이용해 빛 신호를 전기 신호로 변환하는 장치를 무엇이라고 하는가?

A 광전 효과와 광양자설

01 다음은 아인슈타인이 주장한 어떤 이론에 대한 설명이다.

> 1905년 아인슈타인은 헤르츠가 발견한 광전 효과를 설명하기 위해 플랑크의 양자가설을 받아들여 <u>이 이론</u>을 제시하였다.

밑줄 친 '이 이론'에 대한 설명으로 옳은 것은?

① 빛은 광전자의 흐름이다.
② 빛은 연속적인 에너지를 갖는다.
③ 빛은 굴절과 간섭을 하므로 파동이다.
④ 빛은 진동수에 비례하는 에너지를 갖는다.
⑤ 진공에서 빛의 속력은 파장이 길수록 빠르다.

02 광전 효과에 대한 설명으로 옳지 <u>않은</u> 것은?

① 빛의 파동성으로는 설명할 수 없다.
② 빛의 입자성을 뒷받침하는 증거가 된다.
③ 진동수가 클수록 광전자의 운동 에너지도 증가한다.
④ 금속 표면에 빛을 비출 때 전자가 방출되는 현상이다.
⑤ 진동수가 문턱 진동수보다 작은 빛을 비추어야 광전자가 방출된다.

03 그림은 동일한 금속판에 빛 A를 비추었을 때는 광전자가 방출되고 빛 B를 비추었을 때는 광전자가 방출되지 않는 모습을 나타낸 것이다.

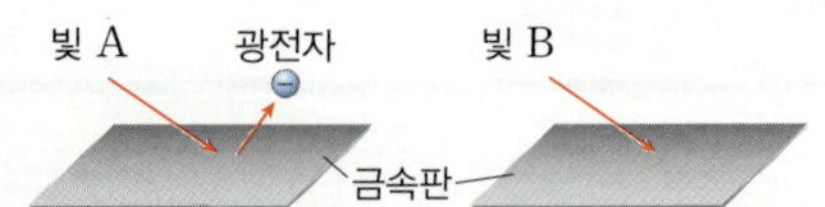

이 결과로부터 알 수 있는 것만을 〈보기〉에서 있는 대로 고른 것은?

| 보기 |
ㄱ. 빛의 세기는 A가 B보다 세다.
ㄴ. 빛의 진동수는 A가 B보다 크다.
ㄷ. B의 진동수는 금속판의 문턱 진동수보다 크다.

① ㄱ   ② ㄴ   ③ ㄱ, ㄷ
④ ㄴ, ㄷ   ⑤ ㄱ, ㄴ, ㄷ

04 그림은 금속박 검전기 위에 금속판을 올려놓고 단색광을 비추는 모습을 나타낸 것이다. 표는 단색광 A, B, C 중 2가지를 금속판에 함께 비추었을 때의 실험 결과이다.

단색광	광전자 방출
A+B	방출됨
B+C	방출 안 됨
C+A	방출됨

이에 대한 설명으로 옳은 것만을 〈보기〉에서 있는 대로 고른 것은?

| 보기 |
ㄱ. 파장이 가장 짧은 빛은 A이다.
ㄴ. 문턱 진동수가 더 큰 금속판으로 바꾸고 B를 비추면 광전자가 방출된다.
ㄷ. 금속판의 문턱 진동수는 C의 진동수보다 크다.

① ㄱ   ② ㄴ   ③ ㄷ
④ ㄱ, ㄷ   ⑤ ㄴ, ㄷ

05 (중요) 그림 (가)는 대전되지 않은 검전기의 금속판에 백열등을 비추었을 때 금속박에 아무 변화가 없는 모습을, (나)는 (가)에서 자외선등을 비추었을 때 금속박이 벌어진 모습을 나타낸 것이다.

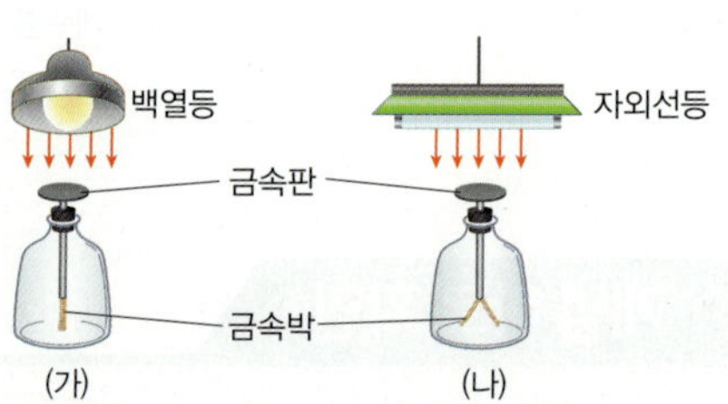

이에 대한 설명으로 옳은 것만을 〈보기〉에서 있는 대로 고른 것은?

| 보기 |
ㄱ. (가)에서 백열등의 세기를 증가시키면 금속박이 벌어진다.
ㄴ. 자외선의 진동수는 금속판의 문턱 진동수보다 크다.
ㄷ. (나)는 빛이 파동이라는 증거가 된다.

① ㄱ   ② ㄴ   ③ ㄷ
④ ㄴ, ㄷ   ⑤ ㄱ, ㄴ, ㄷ

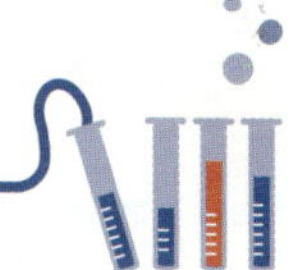

06 빛의 이중성에 대한 설명으로 옳은 것은?

① 빛은 입자성과 파동성이 동시에 나타난다.
② 광전 효과는 빛의 파동성으로 설명할 수 있다.
③ 빛은 연속적인 에너지를 갖는 광자의 흐름이다.
④ 라우에의 X선 회절 무늬는 빛을 파동으로 볼 때 설명할 수 있다.
⑤ 이중 슬릿을 통과한 빛이 간섭 무늬를 만든 것은 빛을 입자로 볼 때 설명할 수 있다.

B 영상 정보의 기록

07 다음은 디지털 카메라의 전하 결합 소자(CCD)에 대한 설명이다.

> 디지털 카메라에서 렌즈를 통과한 신호를 (가) 신호로 변환하는 CCD는 매우 많은 수의 광다이오드가 규칙적으로 배열되어 있다. 광다이오드의 p-n 접합면에 빛이 도달하면 (나)에 의해 전자가 방출되어 전극 아래에 모인다. 이때 모이는 전자의 수는 빛의 (다)에 비례한다.

(가)~(라)에 들어갈 말로 옳은 것은?

	(가)	(나)	(다)
①	빛	정전기 효과	세기
②	빛	광전 효과	진동수
③	전기	정전기 효과	진동수
④	전기	광전 효과	세기
⑤	전기	광전 효과	진동수

08 다음 중 빛 신호를 전기 신호로 변환하는 전하 결합 소자(CCD)를 활용하는 것으로 보기 어려운 것은?

① 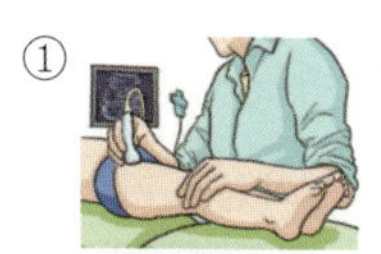 ▲ 초음파 진단
②  ▲ 디지털 카메라
③  ▲ 폐쇄회로 TV
④ 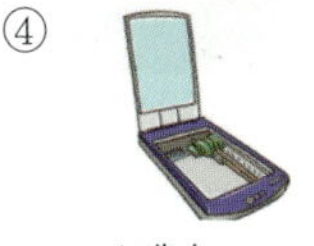 ▲ 스캐너
⑤   ▲ 우주 망원경

이렇게!

09 그림은 광전관의 금속판에 단색광을 비출 때 금속판에서 광전자가 방출되는 것을 나타낸 것이다.

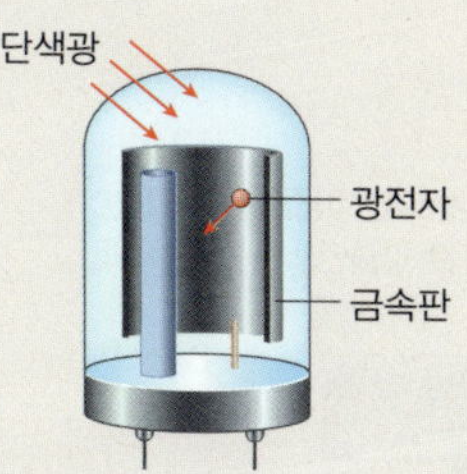

단색광의 세기만 증가시켰을 때와 진동수만 증가시켰을 때 방출되는 광전자의 변화를 각각 서술하시오.

10 다음은 디지털 카메라의 전하 결합 소자에 관한 설명이다.

> 디지털 카메라에서 많이 쓰이는 전하 결합 소자(CCD)는 광 다이오드를 이용하여 렌즈를 통과한 빛을 전기 신호로 변환하는 센서이다. <u>CCD의 화소에서는 광전 효과에 의해 광전자가 발생하며, 이때 발생한 광전자의 수로 빛의 세기 분포 정보를 얻게 된다.</u>
> 한편, CCD는 그 자체로는 빛의 양만을 기록할 수 있기 때문에 색을 구분하기 위해 빨강, 초록, 파랑의 색 필터를 CCD에 붙여 특정한 색 필터를 통과한 빛의 양을 측정한다.

밑줄친 부분을 이용하여 주황색 빛이 CCD에 들어왔을 때 빨강, 초록, 파랑 화소에서 발생한 광전자의 수를 비교하여 설명하시오.

02 물질의 이중성

Ⓐ 물질의 이중성

1. 물질파 물질이 파동성을 가질 때 그 파동을 물질파 또는 드브로이파라고 한다.

① 입자의 운동량이 p일 때 물질파 파장 λ는 다음과 같다.

$$\lambda = \frac{h}{p} = \frac{h}{mv} \; (m: \text{질량}, \; v: \text{속력})$$

② **물질파의 확인**: 물질파가 만드는 회절과 간섭 현상을 통해 물질파의 존재를 확인

- **데이비슨−거머 실험**: 니켈 표면에 전자선을 쏘았을 때 튀어 나온 전자의 수가 특정 지점에 많음 ➡ 전자의 물질파가 반사될 때 특정 각도에서 보강 간섭이 일어나는 것으로 해석

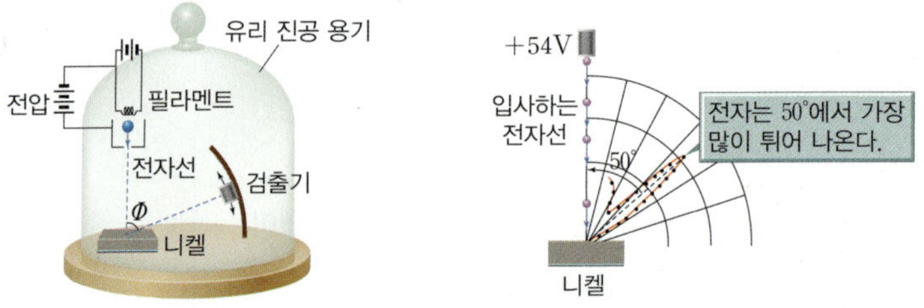

- **톰슨의 전자선 회절 실험**: X선과 전자선을 입사시켜 회절 무늬를 비교

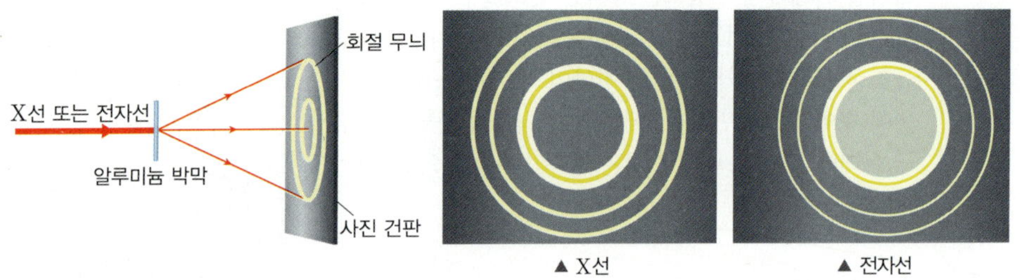

- **전자를 이용한 이중 슬릿 실험**: 슬릿을 통과한 전자의 수가 많으면 파동의 간섭무늬가 나타남 ➡ 전자가 물질파의 형태로 이중 슬릿을 통과함

2. 물질의 이중성

① **물질의 이중성**: 빛뿐만 아니라 물질도 입자의 성질과 파동의 성질을 모두 갖는다.

② 일상 생활에서 야구공 같은 물체는 플랑크 상수(h)에 비해 운동량이 매우 크므로 물질파 파장이 매우 작아 관측하기 어렵다.

예 질량 145 g, 속력 108 km/h인 야구공의 물질파 파장은 약 4.35×10^{-34} m이다.

Ⓑ 광학 현미경

1. 파동의 회절과 분해능

① **회절**: 빛이 렌즈를 지나며 회절하므로 어느 정도 퍼져서 상이 맺힌다.

② **분해능**: 광학 기구에서 가까이 있는 두 점이나 선을 구별하는 능력

두 점의 상을 구분 가능	상을 구분할 수 있는 한계	두 점의 상을 구분 불가능

➡ **파장과 분해능**: 사용하는 빛의 파장이 짧을수록 분해능이 좋다.

➡ **렌즈 지름과 분해능**: 렌즈의 지름이 클수록 회절이 덜 일어나므로 분해능이 좋다.

❖ **전자의 물질파 파장**
전자의 물질파 파장은 약 $10^{-11} \sim 10^{-10}$ m로 X선의 파장과 비슷하다.

❖ **입자로서의 전자**
전자가 입자의 성질만 갖는다면 이중 슬릿을 통과한 전자의 무늬는 2줄만 나타날 것이다.

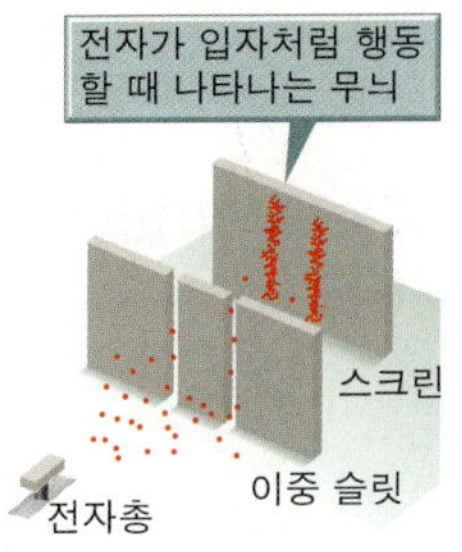

❖ **파동으로서의 전자**

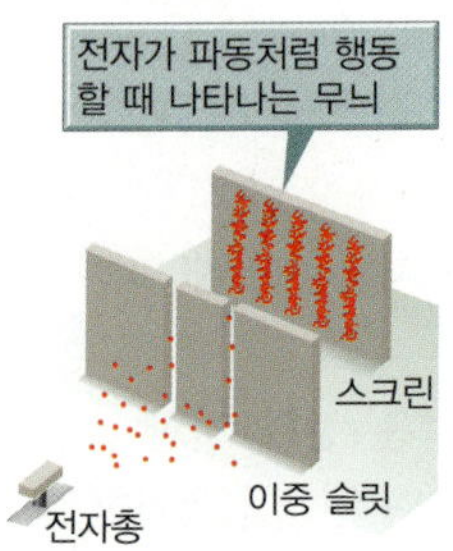

❖ **레일리 기준**
두 점을 두 점으로 구별할 수 있는 한계로, 한 회절 무늬의 밝은 무늬 중심이 다른 회절 무늬의 첫 번째 어두운 무늬에 일치하는 것이다. 이 기준보다 멀리 떨어져 있어야 두 점을 두 점으로 구별할 수 있다.

❖ **광학 현미경의 분해능**
빛의 회절 현상 때문에 $0.2\,\mu\text{m}$ 정도가 분해능의 한계이므로 바이러스 같은 미생물을 관찰하기 어렵다.

1. 원리

① 전자를 가속하는 전압을 조절하여 가시광선보다 파장이 훨씬 짧은 물질파를 발생시킨다.

② 파장이 짧을수록 회절이 잘 일어나지 않으므로 분해능이 훨씬 좋다.

③ 시료에 전자를 쪼여야 하므로 살아 있는 생물은 관찰할 수 없다.

④ 전자선을 쪼여야 하므로 내부를 진공 상태로 유지한다.

➡ 전자 현미경은 광학 현미경보다 높은 배율과 분해능을 얻을 수 있다.

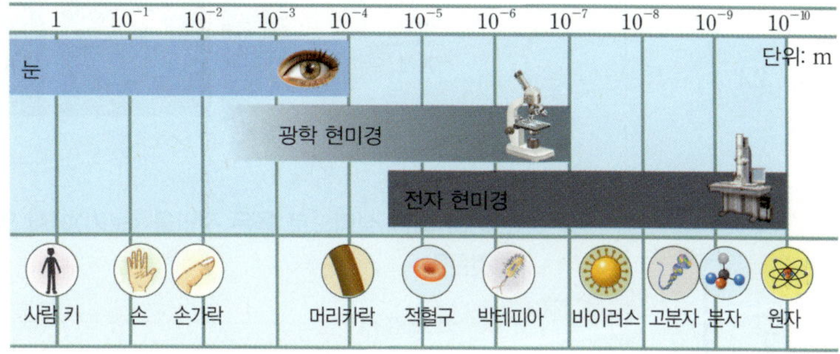

2. 종류

투과 전자 현미경(TEM)	주사 전자 현미경(SEM)
전자선을 얇은 시료에 투과시켜 스크린에 형성된 단면상을 관찰	전자선을 시료 표면에 쪼일 때 튀어 나온 전자를 검출하여 입체 영상을 관찰
· SEM보다 분해능이 좋아 세포 내부를 관찰하는 데 이용 · 전자선이 잘 투과할 수 있도록 시료를 얇게 만들어야 함	· TEM보다 분해능이 낮지만 물체 표면의 3차원 구조를 볼 수 있음 · 시료 표면을 금속으로 얇게 코팅하여 전기 전도성을 좋게 해야 함

❖ **자기 렌즈**

전자 현미경에서는 자기 렌즈가 집속 렌즈, 대물렌즈로 사용된다.
자기 렌즈는 원통형 전자석으로, 전자선의 경로를 휘게 만들어 한 점에 모아주는 장치이다. 광학 현미경의 렌즈와 같은 역할을 한다.

개념 바로 확인

정답 및 해설 | 39쪽

01 질량을 갖는 물질이 파동성을 나타낼 때의 파동을 [ ] 또는 드브로이파라고 한다.

01 물질의 이중성을 확인한 실험만을 〈보기〉에서 있는 대로 고르시오.

> ┤ 보기 ├
> ㄱ. 데이비슨–거머 실험
> ㄴ. 톰슨의 전자선 회절 실험
> ㄷ. 러더퍼드의 α입자 산란 실험

02 전자나 양성자 같은 물질이 입자의 성질과 파동의 성질을 모두 가지는 것을 물질의 [ ]이라고 한다.

02 다음 중 전자 현미경에 대한 설명으로 옳은 것은 ○표, 옳지 않은 것은 ×표를 하시오.

(1) 자기 렌즈를 이용해 전자선의 진행 방향을 조정한다. ( )

(2) 광학 현미경에 비해 분해능과 배율이 좋다. ( )

(3) 투과 전자 현미경은 시료 표면에 얇은 금속 코팅을 하여 전기 전도성을 좋게 한다. ( )

A 물질의 이중성

01 입자의 질량이 m이고 운동 에너지가 K일 때 드브로이 파장이 λ였다. 질량이 $2m$이고 운동 에너지가 $2K$인 입자의 드브로이 파장은?

① $\dfrac{1}{2}\lambda$　② $\dfrac{1}{\sqrt{2}}\lambda$　③ λ　④ $\sqrt{2}\lambda$　⑤ 2λ

02 그림은 음극판에서 정지 상태에 있던 전자가 일정한 전압 V에 의해 등가속도 직선 운동하는 모습을 나타낸 것이다. 전자의 질량은 m이고 전하량은 e이다.

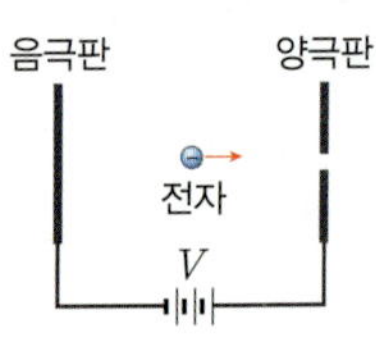

양극판을 통과하는 순간 전자의 드브로이 파장은? (단, 플랑크 상수는 h이다.)

① $\dfrac{h}{2\sqrt{meV}}$　② $\dfrac{h}{\sqrt{2meV}}$　③ $\dfrac{h}{\sqrt{meV}}$

④ $\dfrac{\sqrt{2}h}{\sqrt{meV}}$　⑤ $\dfrac{2h}{\sqrt{meV}}$

03 다음은 전자의 이중 슬릿 실험에 대한 설명이다.

> 진공에서 전자총으로 전자를 발사하여 이중 슬릿에 통과시키면 스크린에 밝고 어두운 (가) 무늬가 나타난다. 이때 (가) 무늬는 빛을 이중 슬릿에 통과시켰을 때와 매우 유사하다. 이것은 전자가 (나)의 성질을 갖기 때문이다.
>
> 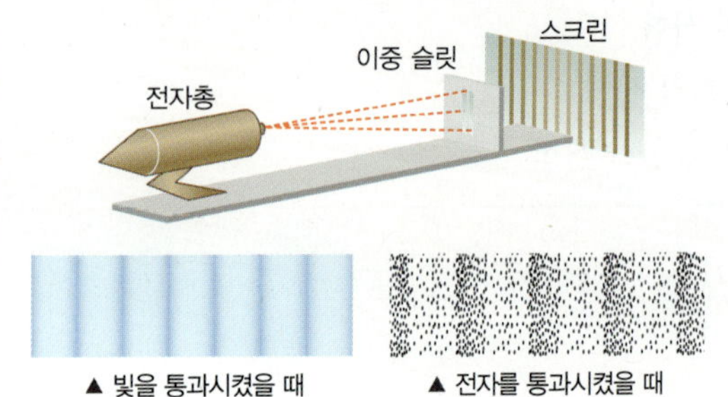
>

(가)와 (나)에 들어갈 말로 옳은 것은?

	(가)	(나)		(가)	(나)
①	간섭	입자	②	간섭	파동
③	회절	입자	④	회절	파동
⑤	중첩	입자			

04 그림 (가)는 금속박에 전자 또는 X선을 입사시킬 때 형광판에 회절 무늬가 나타나는 것을 나타낸 것이다. 그림 (나), (다)는 각각 X선, 전자에 의한 회절 무늬로, 회절 무늬 간격은 (나)와 (다)가 같다.

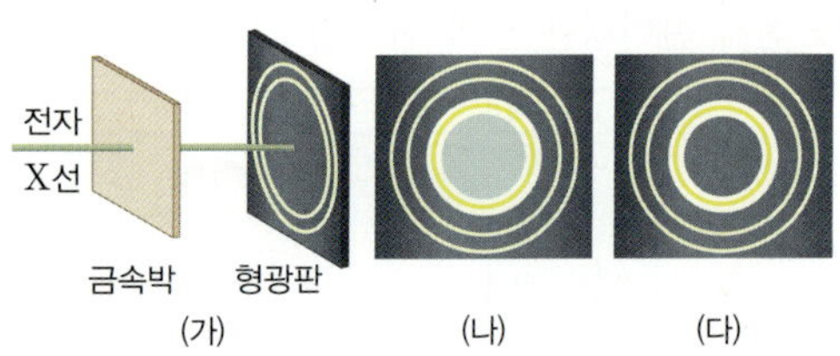

이에 대한 설명으로 옳은 것만을 〈보기〉에서 있는 대로 고른 것은?

> **보기**
> ㄱ. X선이 입자성을 갖고 있음을 보여준다.
> ㄴ. 전자가 파동성을 갖고 있음을 보여준다.
> ㄷ. 전자의 물질파 파장은 X선의 파장과 같다.

① ㄱ　② ㄴ　③ ㄱ, ㄷ
④ ㄴ, ㄷ　⑤ ㄱ, ㄴ, ㄷ

05 그림은 진공에서 작은 입자를 가만히 놓았을 때 입자가 t초 후 거리 H만큼 자유 낙하한 모습을 나타낸 것이다. 이 순간 입자의 물질파 파장이 λ이었다.

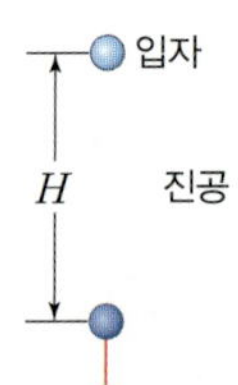

시간이 $2t$일 때와 낙하 거리가 $2H$일 때 입자의 물질파 파장으로 옳은 것은?

	시간이 $2t$일 때	낙하 거리가 2H일 때
①	$\dfrac{1}{2}\lambda$	$\dfrac{1}{4}\lambda$
②	$\dfrac{1}{2}\lambda$	$\dfrac{1}{2}\lambda$
③	$\dfrac{1}{2}\lambda$	$\dfrac{1}{\sqrt{2}}\lambda$
④	$\dfrac{1}{\sqrt{2}}\lambda$	$\dfrac{1}{2}\lambda$
⑤	$\dfrac{1}{\sqrt{2}}\lambda$	$\dfrac{1}{\sqrt{2}}\lambda$

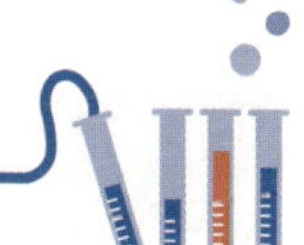

B 전자 현미경

06 다음은 전자 현미경에 대한 설명이다.

> 현미경의 분해능은 사용하는 빛이나 물질파의 파장이 짧을수록 좋아진다. 전압 V로 가속된 전자의 운동 에너지는 eV이므로 수십 kV의 전압으로 가속된 전자를 이용하는 전자 현미경을 이용하면 광학 현미경보다 높은 분해능을 얻을 수 있다.

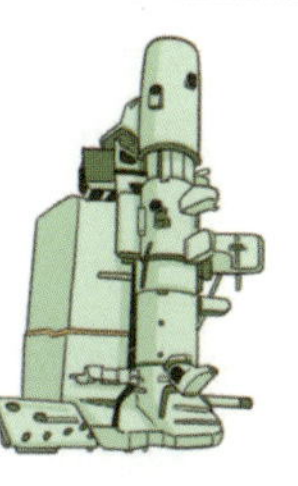

이에 대한 설명으로 옳은 것만을 〈보기〉에서 있는 대로 고른 것은?

| 보기 |
> ㄱ. 전자의 드브로이 파장은 가시광선의 파장보다 짧다.
> ㄴ. 전자 현미경의 가속 전압을 더 크게 하면 분해능이 좋아진다.
> ㄷ. 파동의 회절이 잘 될수록 가까이 있는 두 점을 구분하기 쉽다.

① ㄷ ② ㄴ ③ ㄱ, ㄴ ④ ㄱ, ㄷ ⑤ ㄴ, ㄷ

07 그림 (가), (나)는 투과 전자 현미경, 주사 전자 현미경을 순서 없이 나타낸 것이다.

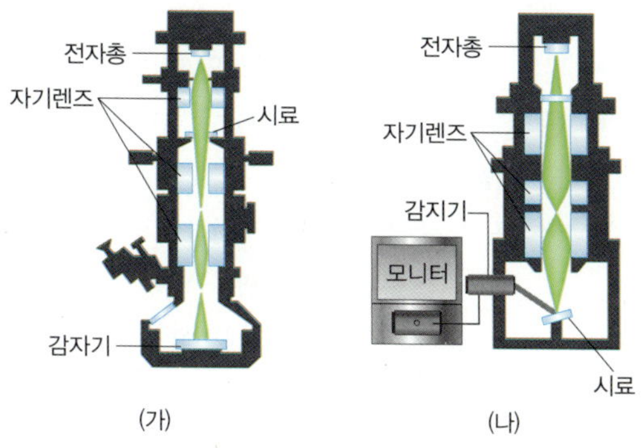

(가)　　　　(나)

이에 대한 설명으로 옳은 것만을 〈보기〉에서 있는 대로 고른 것은?

| 보기 |
> ㄱ. (가)는 시료를 얇게 만드는 것이 중요하다.
> ㄴ. (나)는 시료 표면의 3차원 구조를 볼 수 있다.
> ㄷ. (나)는 전자총에서 방출되는 전자의 속력이 빠를수록 분해능이 좋다.

① ㄱ ② ㄷ ③ ㄱ, ㄴ ④ ㄴ, ㄷ ⑤ ㄱ, ㄴ, ㄷ

08 그림은 어떤 전자 현미경의 구조를 간단하게 나타낸 것이다. 이에 대한 설명으로 옳은 것만을 〈보기〉에서 있는 대로 고른 것은?

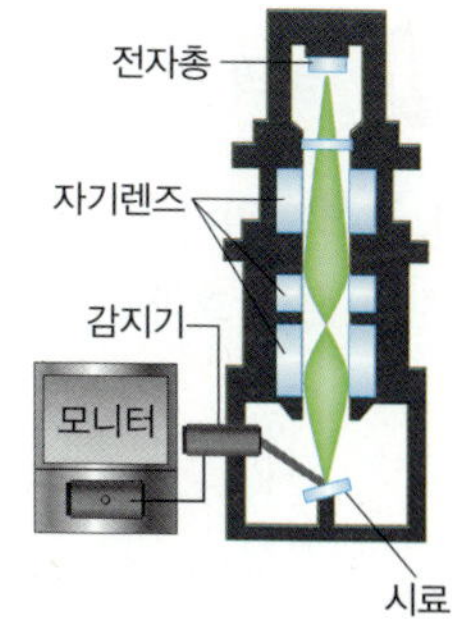

| 보기 |
> ㄱ. 시료 내부 모습을 관찰할 수 있다.
> ㄴ. 시료 표면에 금속으로 얇게 코팅한다.
> ㄷ. 자기 렌즈는 광학 현미경의 렌즈와 같은 역할을 한다.

① ㄱ ② ㄴ ③ ㄱ, ㄴ ④ ㄴ, ㄷ ⑤ ㄱ, ㄴ, ㄷ

서술형 이렇게!

09 다음은 빛과 물질의 이중성에 대한 설명이다.

> • 광양자설은 빛을 진동수에 비례하는 에너지를 갖는 광자의 흐름으로 본다.
> • 드브로이는 물질의 파동성을 가정하고 물질파 이론을 수립하였다. 이때 물질파의 파장은 운동량에 반비례한다.

에너지가 E인 빛의 파장과 에너지가 E인 입자의 물질파 파장이 같을 때 입자의 질량을 풀이 과정과 함께 구하시오. (단, 빛의 속력은 c이고, 플랑크 상수는 h이다.)

10 그림 (가)와 (나)는 각각 투과 전자 현미경(TEM)과 주사 전자 현미경(SEM)으로 관찰한 짚신벌레의 모습이다.

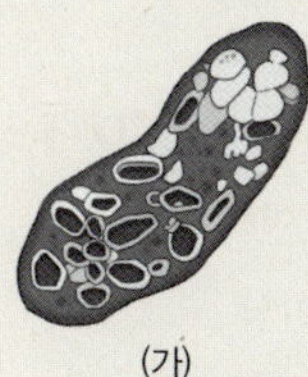

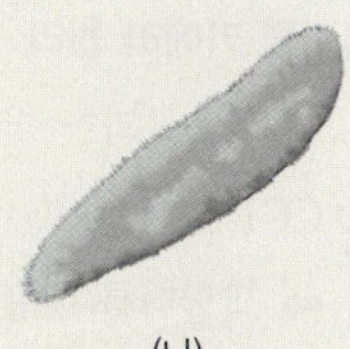

(가)　　　　(나)

투과 전자 현미경(TEM)과 주사 전자 현미경(SEM)의 장점을 각각 한 가지씩 서술하시오.

한눈에 정리하기

01 빛의 이중성 → 180~183쪽

1. 광전 효과와 광양자설

(1) **광전 효과**: 금속 표면에 특정 진동수 이상의 빛을 비출 때 (㉠)가 방출되는 현상

① (㉠): 광전 효과에 의해 방출되는 전자.

② (㉡) 진동수: 전자가 방출되기 위한 빛의 최소 진동수

③ 광전 효과 실험: 아인슈타인이 광양자설로 설명

(2) **광양자설**: 빛은 (㉢)에 비례하는 에너지를 갖는 광자(광양자, photon)의 흐름

① 광자의 에너지: $E=hf=\dfrac{hc}{\lambda}$ ➡ 에너지의 양자화

② 광자의 수가 많을수록 센 빛이다.

(3) **광전 효과 실험의 해석**

구분	실험 결과	광양자설
광전자 발생 여부	·금속 표면에 비추는 빛의 진동수가 문턱 진동수보다 작으면 아무리 센 빛을 비추어도 광전자가 방출되지 않는다.	·광자의 에너지는 빛의 진동수에만 비례하므로 광전자 발생 여부는 빛의 진동수에 따라서만 결정된다.
광전자 개수	·광전자가 방출될 때는 빛의 세기가 셀수록 단위 시간당 방출되는 광전자의 수가 많다.	·빛의 세기가 셀수록 광자의 수가 많으므로 방출되는 광전자의 수도 많다.
최대 운동 에너지	·금속 표면에 비추는 빛의 진동수가 클수록 광전자의 최대 운동 에너지가 크다.	·진동수가 클수록 광자의 에너지가 크므로, 광자로부터 에너지를 받아 방출되는 광전자의 최대 운동 에너지도 크다.

(4) **빛의 이중성**: 빛은 (㉣)성과 (㉤)성을 모두 갖는다.

① (㉣)성의 증거: 영의 실험, 라우에의 X선 회절 무늬

② (㉤)성의 증거: 광전 효과

2. 영상 정보의 기록

(1) **디지털 카메라 원리**

① 렌즈를 통과한 빛이 전하 결합 소자(CCD)에 상을 맺는다.

② CCD는 빛의 (㉥)만 인식 가능

➡ 색필터를 이용해 색 정보 인식

(2) **전하 결합 소자(CCD)**

① 구조: 수백만 개의 (㉦) 다이오드가 배열

② 원리: 광전 효과에 의해 빛 신호를 전기 신호로 전환

③ 활용: 디지털 카메라, 우주 망원경, CCTV, 내시경 등

02 물질의 이중성 → 184~187쪽

1. 물질의 이중성

(1) **물질파**: 질량을 갖는 물질이 (◎)을 가질 때 그 파동을 물질파(드브로이파)라고 한다.

① 운동량이 p일 때 물질파 파장 λ:

$$\lambda=\frac{h}{p}=\frac{h}{mv} \ (m: 질량, \ v: 속력)$$

② 물질파 확인 실험

· 데이비슨–거머 실험

➡ 전자의 물질파가 특정 각도에서 보강 간섭

· 톰슨의 (㉧) 회절 실험

➡ X선과 전자선의 화질 무늬 비교

· 전자를 이용한 이중 슬릿 실험

➡ 전자의 간섭 무늬 확인

(2) **물질의 (㉨)**: 물질도 입자의 성질과 파동의 성질을 모두 갖는다.

2. 전자 현미경

(1) **파동의 회절과 분해능**

① 빛이 렌즈를 지날 때 회절하므로 한 점에서 나온 빛이 어느 정도 퍼져서 상이 맺힌다.

② (㉪): 광학 기구에서 가까이 있는 두 점이나 선을 구별하는 능력

➡ 빛의 파장이 짧을수록 분해능이 좋다.

➡ 렌즈의 지름이 클수록 분해능이 좋다.

(2) **전자 현미경의 원리**

① 전자를 가속하는 전압을 조절하여 가시광선보다 파장이 (㉫) 물질파를 발생

② 광학 현미경보다 배율과 분해능이 좋다.

③ 현미경 내부는 진공 상태를 유지한다.

(3) **전자 현미경의 종류**

(㉬) 전자 현미경(TEM)	(㉭) 전자 현미경(SEM)
전자선을 얇은 시료에 투과시켜 스크린에 형성된 단면상을 관찰	전자선을 시료 표면에 쪼일 때 튀어 나온 전자를 검출하여 입체 영상을 관찰
·SEM보다 분해능이 좋아 세포 내부를 관찰하는 데 이용 ·전자선이 잘 투과할 수 있도록 시료를 얇게 만들어야 함	·TEM보다 분해능이 낮지만 물체 표면의 3차원 구조를 볼 수 있음 ·시료 표면을 금속으로 얇게 코팅하여 전기 전도성을 좋게 해야 함

01 빛의 이중성

01 다음 중 광전자의 최대 운동 에너지가 증가하기 위해서 감소되어야 하는 요인은?

① 문턱 진동수   ② 금속의 면적
③ 빛의 진동수   ④ 빛의 세기
⑤ 광자의 에너지

02 다음은 검전기로 광전 효과를 확인하는 실험이다.

[실험 과정]
(가) (−)전하로 대전된 검전기에 빨간색 빛을 비춘다.
(나) (가)의 검전기에 파란색 빛을 비춘다.
(다) (나)에서 빛의 세기를 증가시킨다.

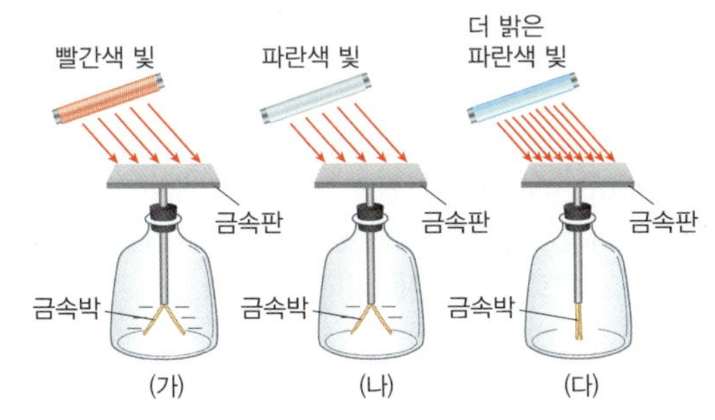

[실험 결과]
(가)에서는 오므라들지 않았고, (나)에서는 조금 오므라들었으며, (다)에서 가장 많이 오므라들었다.

이에 대한 설명으로 옳은 것만을 〈보기〉에서 있는 대로 고른 것은?

| 보기 |

ㄱ. (가)에서는 광전자가 방출되지 않았다.
ㄴ. 방출되는 광전자의 운동 에너지는 (다)가 (나)보다 크다.
ㄷ. 같은 시간 동안 방출되는 광전자의 수는 (다)가 (나)보다 크다.

① ㄱ   ② ㄴ   ③ ㄱ, ㄷ
④ ㄴ, ㄷ   ⑤ ㄱ, ㄴ, ㄷ

03 그림 (가)는 보어의 수소 원자 모형에서 양자수 n에 따른 에너지 준위와 전자의 전이 과정에서 방출되는 빛 A~D를 나타낸 것이다. 그림 (나)는 A~D 중 하나를 광전관에 비추는 모습을 나타낸 것이다. A를 비추었을 때는 광전자가 방출되지 않았고 B를 비추었을 때는 광전자가 방출되었다.

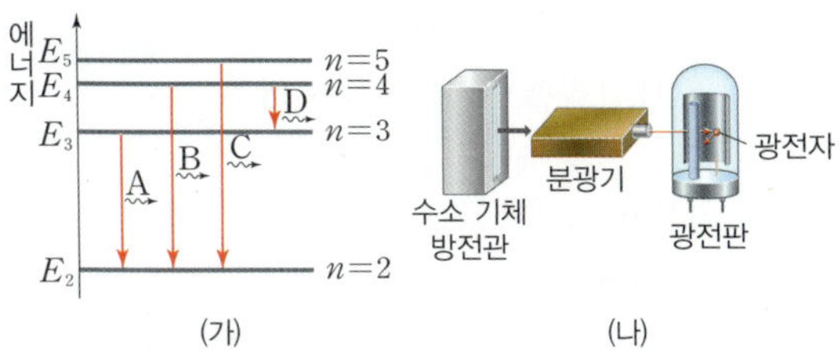

이에 대한 설명으로 옳은 것만을 〈보기〉에서 있는 대로 고른 것은?

| 보기 |

ㄱ. D를 비추면 광전자가 방출된다.
ㄴ. 금속판의 문턱 진동수는 A보다 크다.
ㄷ. 광전자의 최대 운동 에너지는 B를 비출 때가 C를 비출 때보다 크다.

① ㄱ   ② ㄴ   ③ ㄱ, ㄴ
④ ㄴ, ㄷ   ⑤ ㄱ, ㄴ, ㄷ

04 그림 (가)는 디지털카메라의 CCD(전하 결합 소자)를 구성하는 광센서와 색필터의 배열을 나타낸 것이고, (나)는 CCD의 각 화소에 해당하는 광센서에 빛이 입사하는 것을 나타낸 것이다.

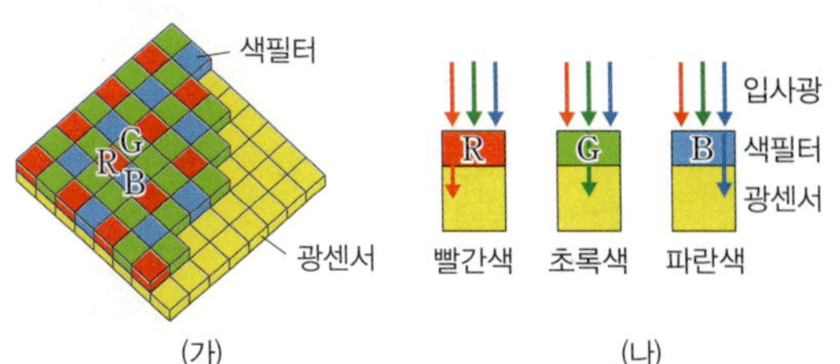

이에 대한 설명으로 옳은 것만을 〈보기〉에서 있는 대로 고른 것은?

| 보기 |

ㄱ. 광센서의 문턱 진동수는 빨간색 빛의 진동수보다 크다.
ㄴ. 광센서는 입사하는 빛의 파장에 따라 방출하는 전자의 수가 다르다.
ㄷ. 초록색 필터를 통과한 빛의 파장은 파란색 필터를 통과한 빛의 파장보다 크다.

① ㄱ   ② ㄷ   ③ ㄱ, ㄴ
④ ㄴ, ㄷ   ⑤ ㄱ, ㄴ, ㄷ

05 다음은 광전 효과에 관한 실험이다.

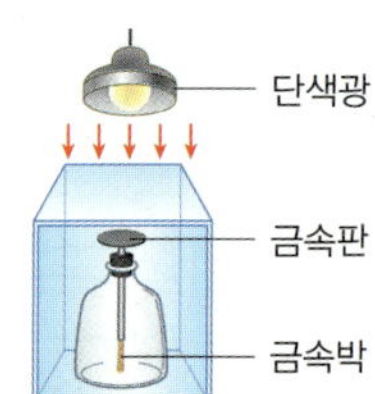

[실험 과정]
(가) 그림과 같이 진공 용기에 검전기를 넣고, 그 위에 금속판 P 또는 Q를 올려놓는다.
(나) 단색광 A 또는 B를 비추며 금속박을 관찰한다.

[실험 결과]

금속판	P		Q	
단색광	A	B	A	B
금속박	벌어짐	벌어짐	벌어짐	안 벌어짐

이에 대한 설명으로 옳은 것만을 〈보기〉에서 있는 대로 고른 것은?

| 보기 |
ㄱ. 금속박이 벌어지는 것은 금속판에서 광전자가 방출되기 때문이다.
ㄴ. 진동수는 A가 B보다 크다.
ㄷ. 문턱 진동수는 P가 Q보다 크다.

① ㄱ   ② ㄷ   ③ ㄱ, ㄴ
④ ㄴ, ㄷ   ⑤ ㄱ, ㄴ, ㄷ

06 그림 (가)는 단색광 A, B, C의 세기와 진동수를 나타낸 것이고, (나)는 광전관의 금속판에 B를 비추었을 때 광전자가 방출되는 모습을 나타낸 것이다.

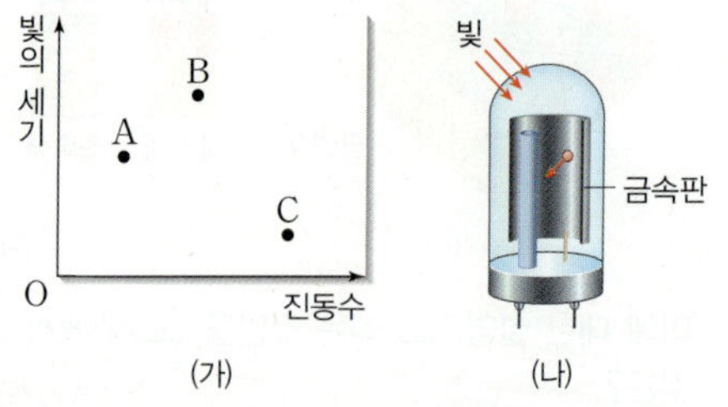

광전관에 A~C 중 하나를 비추었을 때에 대한 설명으로 옳은 것만을 〈보기〉에서 있는 대로 고른 것은?

| 보기 |
ㄱ. C를 비추면 광전자가 방출되지 않는다.
ㄴ. 광자 1개의 에너지는 B가 C보다 크다.
ㄷ. 1초 동안 방출되는 광전자의 개수는 B를 비추었을 때가 가장 많다.

① ㄱ   ② ㄴ   ③ ㄷ
④ ㄱ, ㄴ   ⑤ ㄴ, ㄷ

---

02 물질의 이중성

07 그림은 균일한 전기장에서 기준선 P에서 정지해 있던 두 대전 입자 A, B가 각각 등가속도 운동하여 기준선 Q를 통과하는 모습을 나타낸 것이다. 질량은 A가 B의 2배이며 Q를 통과할 때 물질파 파장은 같다.

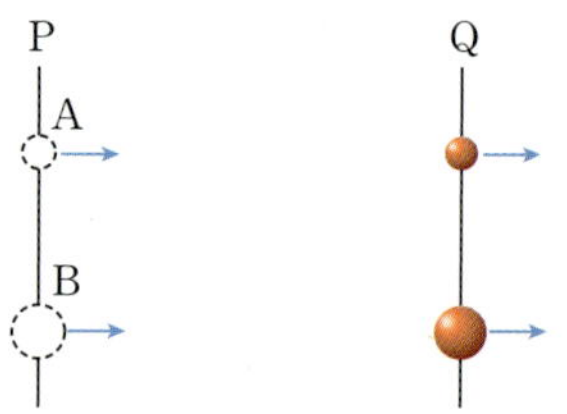

A와 B의 전하량의 비는?

① 1 : 4   ② 1 : 2   ③ 1 : 1   ④ 2 : 1   ⑤ 4 : 1

08 그림은 빨강, 초록, 파랑의 빛을 같은 세기로 방출하는 세 발광 다이오드에서 나온 빛을 광 다이오드에 비추는 모습을 나타낸 것이다. 표는 빨간색과 초록색 빛을 비추었을 때 전류계에 전류가 흐르는지 여부를 나타낸 것이다.

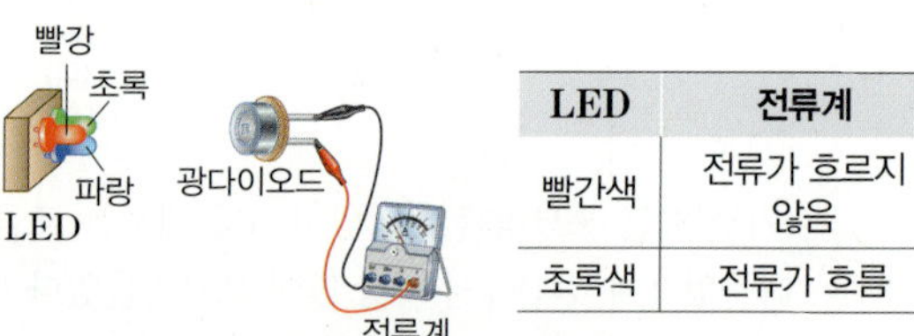

LED	전류계
빨간색	전류가 흐르지 않음
초록색	전류가 흐름

이에 대한 설명으로 옳은 것만을 〈보기〉에서 있는 대로 고른 것은?

| 보기 |
ㄱ. 광 다이오드의 문턱 진동수는 빨간색 빛보다 크다.
ㄴ. 광자 1개의 에너지는 빨간색 빛이 초록색 빛보다 크다.
ㄷ. 전류의 세기는 파란색 빛을 비출 때가 초록색 빛을 비출 때보다 크다.

① ㄱ   ② ㄴ   ③ ㄱ, ㄴ
④ ㄱ, ㄷ   ⑤ ㄴ, ㄷ

09 그림 (가), (나)는 전하 결합 소자(CCD)를 이용해 영상 정보를 기록하는 원리를 나타낸 것으로, (가)는 광 다이오드를, (나)는 CCD에서 전자의 이동을 나타낸 것이다.

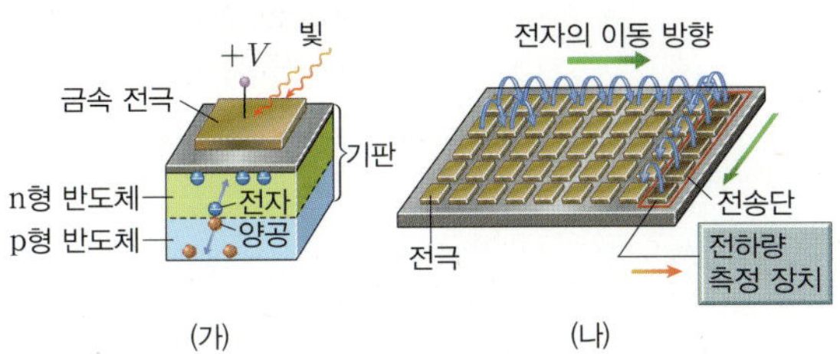

이에 대한 설명으로 옳은 것만을 〈보기〉에서 있는 대로 고른 것은?

> **보기**
> ㄱ. 광 다이오드는 빛을 전기 신호로 변환한다.
> ㄴ. 광 다이오드에서 방출되는 전자의 수는 빛의 색에 따라 다르다.
> ㄷ. (나)에서 전극에 전압을 차례대로 가하면 전자는 전극을 따라 이동하여 전하량 측정 장치로 모인다.

① ㄴ ② ㄷ ③ ㄱ, ㄴ
④ ㄱ, ㄷ ⑤ ㄴ, ㄷ

11 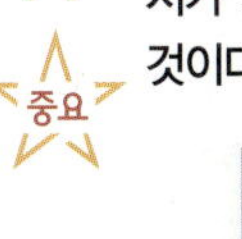 그림 (가), (나)는 각각 운동 에너지가 E인 중성자와 운동 에너지가 $1,000E$인 전자를 금속에 입사시켜 얻은 무늬를 나타낸 것이다. 질량은 중성자가 전자의 약 2,000배이다.

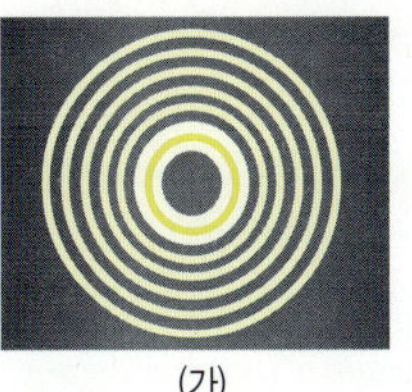 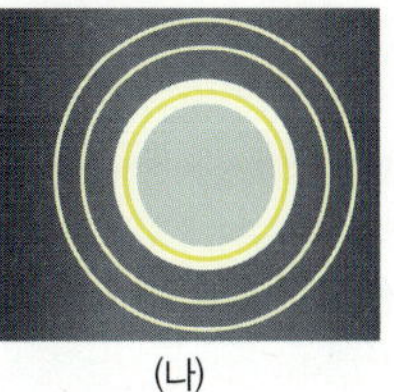

이에 대한 설명으로 옳은 것만을 〈보기〉에서 있는 대로 고른 것은?

> **보기**
> ㄱ. 물질파 파장은 전자가 중성자보다 크다.
> ㄴ. (가)는 중성자의 입자성에 의해 나타난 무늬이다.
> ㄷ. (나)에서 전자의 운동 에너지를 증가시키면 무늬 사이의 간격은 좁아진다.

① ㄴ ② ㄷ ③ ㄱ, ㄴ
④ ㄱ, ㄷ ⑤ ㄱ, ㄴ, ㄷ

10 그림은 두 입자 A, B의 운동 에너지에 따른 드브로이 파장을 나타낸 것이다.

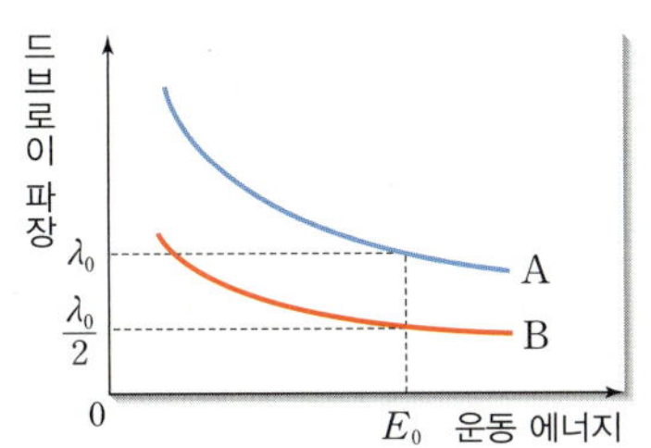

이에 대한 설명으로 옳은 것만을 〈보기〉에서 있는 대로 고른 것은? (단, h는 플랑크 상수이다.)

> **보기**
> ㄱ. A의 질량은 $\dfrac{h^2}{2\lambda_0^2 E_0}$이다.
> ㄴ. 운동 에너지가 E_0일 때 속력은 A가 B의 2배이다.
> ㄷ. 드브로이 파장이 λ_0일 때 B의 운동 에너지는 $\dfrac{\sqrt{2}}{4}E_0$이다.

① ㄱ ② ㄷ ③ ㄱ, ㄴ
④ ㄴ, ㄷ ⑤ ㄱ, ㄴ, ㄷ

12 그림 (가), (나), (다)는 각각 광학 현미경, 주사 전자 현미경(SEM), 투과 전자 현미경(TEM)으로 짚신벌레를 찍은 사진을 나타낸 것이다. 전자를 가속시킨 전압은 (다)가 (나)보다 크다.

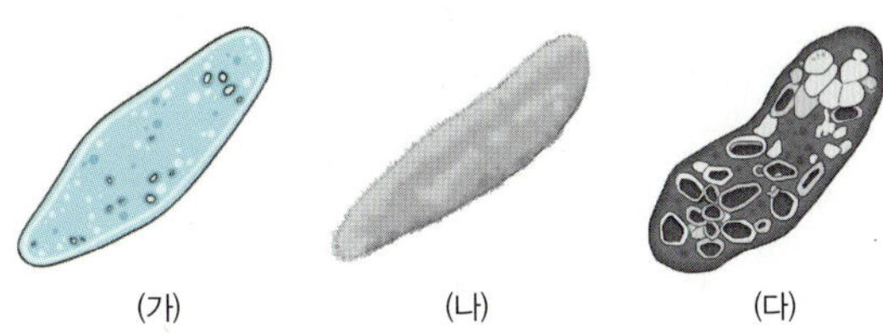

이에 대한 설명으로 옳은 것만을 〈보기〉에서 있는 대로 고른 것은?

> **보기**
> ㄱ. (가)에서 사용한 빛의 파장은 (나)에서 사용한 전자선의 물질파 파장보다 크다.
> ㄴ. (다)는 짚신벌레 내부의 단면 구조를 관찰할 수 있다.
> ㄷ. 해상도는 (다)가 (나)보다 좋다.

① ㄱ ② ㄷ ③ ㄱ, ㄴ
④ ㄴ, ㄷ ⑤ ㄱ, ㄴ, ㄷ

MEMO

ON
고등 수학의 모든 유형을 켜다
유형온

수학의 바이블
유형 ON
수학 1
모든 유형으로 실력을 밝혀라
유형 ON
이투스북

수학의 바이블
유형 ON
수학 II
모든 유형으로 실력을 밝혀라
유형 ON
이투스북

수학의 바이블
유형 ON
확률과 통계
모든 유형으로 실력을 밝혀라
유형 ON
이투스북

수학의 바이블
유형 ON
미적분
모든 유형으로 실력을 밝혀라
유형 ON
이투스북

BON 본
PHYSICS I

시험 대비 워크북

이투스북

BON. 본

BON 본
PHYSICS I

시험 대비 워크북

쪽지 시험

01 평균 속력은 ( )를 걸린 시간으로 나누어 준 것이고, 순간 속력은 아주 짧은 시간 동안의 ( )이다. 또한 평균 속도는 ( )를 걸린 시간으로 나누어 준 것이고, 순간 속도는 아주 짧은 시간 동안의 ( )이다.

02 직선 운동하는 물체의 위치를 시간에 따라 나타낸 그래프에서 ( ) 속력은 두 점을 연결한 직선의 기울기이고, ( ) 속력은 접선의 기울기이다.

03 그림은 등속도 운동하는 물체의 위치를 시간에 따라 나타낸 그래프이다. 물체의 속도는 ( )이다.

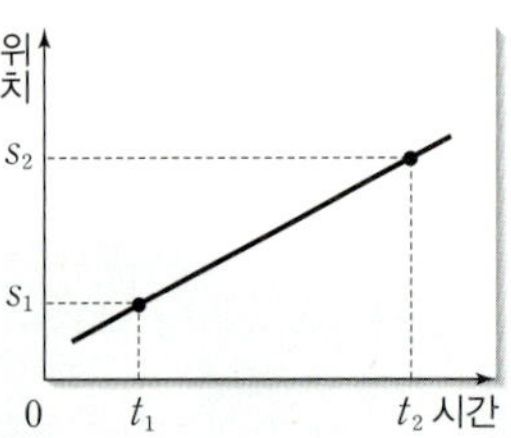

04 그림은 등속도 운동하는 물체의 속도를 시간에 따라 나타낸 그래프이다. t_1부터 t_2까지 물체의 이동 거리는 ( )이다.

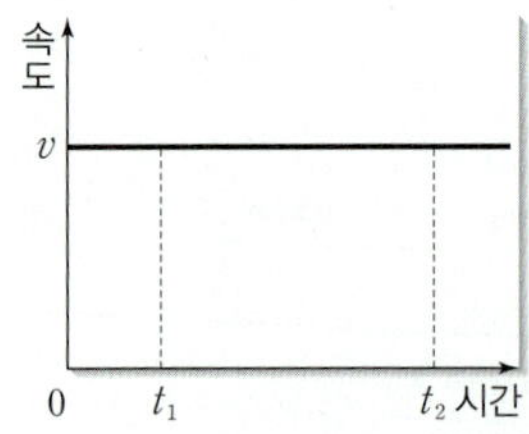

05 평균 가속도는 ( ) 변화량을 걸린 시간으로 나누어 준 것이고, 순간 가속도는 아주 짧은 시간 동안의 ( )이다.

06 ( )는 속도를 시간에 따라 나타낸 그래프에서 두 점을 연결한 직선의 기울기이고, ( )는 접선의 기울기이다.

07 등가속도 직선 운동의 식은 $s=v_0t+\dfrac{1}{2}at^2$, $v=v_0+at$, $2as=($)이다.

[08~10] 그림 (가)~(다)는 등가속도 직선 운동하는 물체의 위치, 속도, 가속도를 시간에 따라 나타낸 그래프이다.

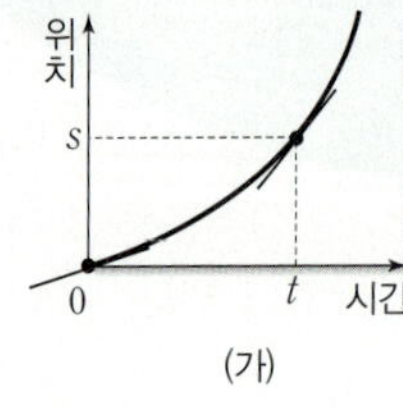
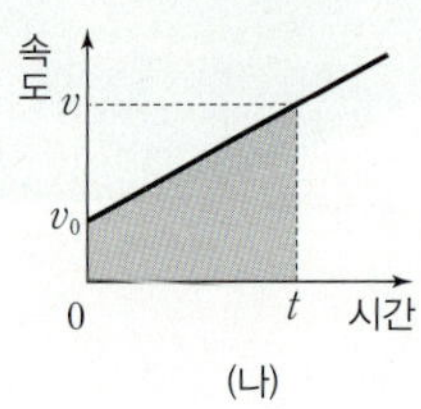
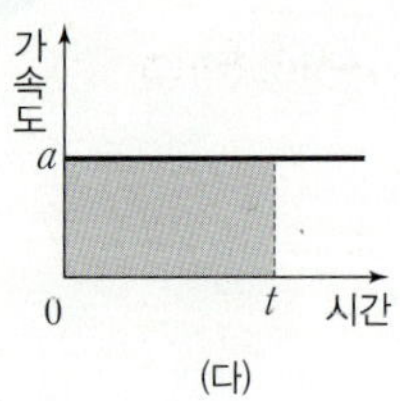

08 위치-시간 그래프에서 0초일 때 기울기는 ( )이다.

09 속도-시간 그래프에서 기울기는 ( )이고, 0초부터 t초까지 그래프 아랫부분의 넓이는 ( )이다.

10 가속도-시간 그래프에서 0초부터 t초까지 그래프 아랫부분의 넓이는 ( )이다.

01 한 물체에 여러 힘이 동시에 작용할 때, 물체에 작용하는 모든 힘의 합력을 (　　　　　)이라고 한다.

02 그림 (가), (나)에서 물체에 작용하는 합력을 그리시오. (나)의 경우 두 힘의 합력의 크기는 (　　　　　)이다.

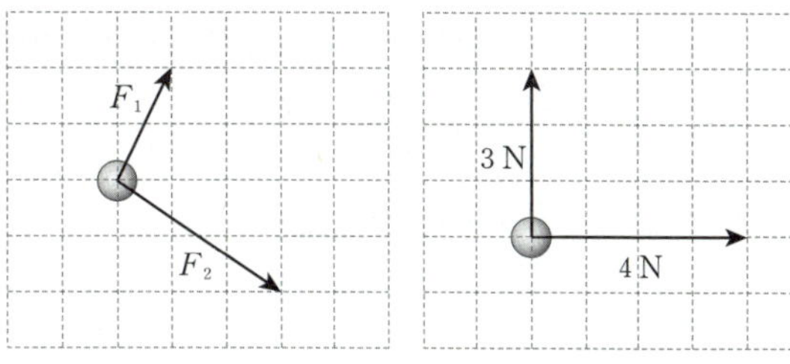

03 두 힘의 합력이 0일 때 두 힘이 (　　　　　)을 이룬다고 한다.

04 운동 제1법칙인 관성 법칙은 물체에 작용하는 (　　　　　)이 0일 때 정지하고 있는 물체는 계속 정지해 있고, 운동하던 물체는 운동하던 방향으로 (　　　　　) 운동한다.

05 운동 제2법칙인 가속도 법칙은 물체의 가속도가 물체에 작용하는 (　　　　　)에 비례하고 질량에 (　　　　　)한다는 것이다.

06 운동 제3법칙인 작용 반작용 법칙은 그림과 같이 A가 B에 힘을 작용하면 동시에 B는 A에 같은 크기의 힘을 (　　　　　) 방향으로 작용한다는 것이다.

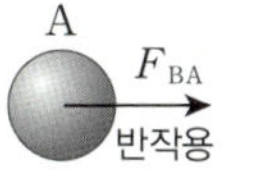

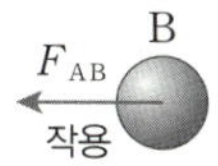

07 그림과 같이 질량이 m인 물체에 크기가 F인 힘이 마찰이 없는 수평면에서 오른쪽으로 작용할 때 물체의 가속도 크기는 (　　　　　)이고, 수평면이 물체를 떠받치는 힘(수직 항력)의 반작용은 물체가 (　　　　　)에 작용하는 힘이다. 또한 수평면이 물체를 떠받치는 힘과 (　　　　　)은 평형을 이룬다.

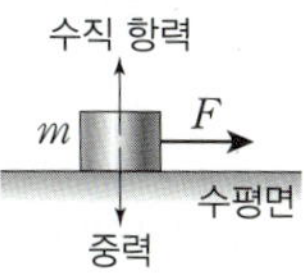

08 그림과 같이 크기가 20 N인 힘이 마찰이 없는 수평면에서 물체 A, B에 오른쪽으로 작용할 때 A의 가속도의 크기는 (　　　　　)이고 B에 작용하는 알짜힘은 (　　　　　)이다. 또한 A, B를 연결한 줄의 장력은 크기가 (　　　　　)이다.

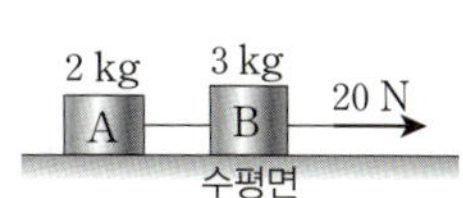

쪽지 시험

I-01. 힘과 운동

03 운동량과 충격량

01 운동량은 물체의 질량과 (　　　　)의 곱이며 운동량의 방향은 (　　　　)의 방향과 같다.

02 질량이 m인 물체의 속도가 v_0에서 v로 변하는 경우 운동량의 변화량은 (　　　　)이다.

03 다음 (가), (나), (다)와 같이 물체의 속도가 변할 때 운동량의 변화량을 구하시오. (단, 오른쪽 방향을 (＋)로 한다.)

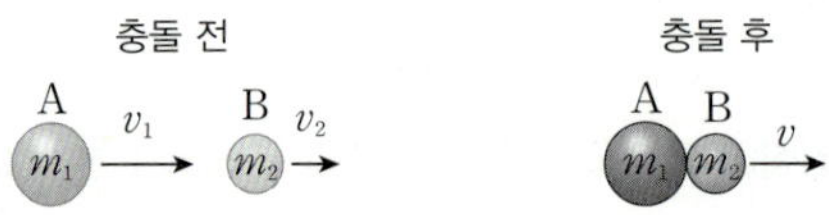

구분	(가)	(나)	(다)
물체의 운동	2 kg 정지 처음 → 6 m/s 나중	2 kg 6 m/s 처음 → 3 m/s 나중	2 kg 6 m/s 처음 → 3 m/s 나중
운동량 변화량	(　　　)	(　　　)	(　　　)

04 물체들이 서로 충돌할 때 외력이 작용하지 않는 경우 충돌 전 물체들의 운동량의 총합은 충돌 후 물체들의 운동량의 총합과 항상 (　　　　).

05 그림과 같이 일직선상에서 질량이 각각 m_1, m_2인 두 물체 A, B가 v_1, v_2의 속도로 서로 충돌할 때, 충돌한 후 한 덩어리가 된 두 물체의 속도는 $v=$(　　　　)이다.

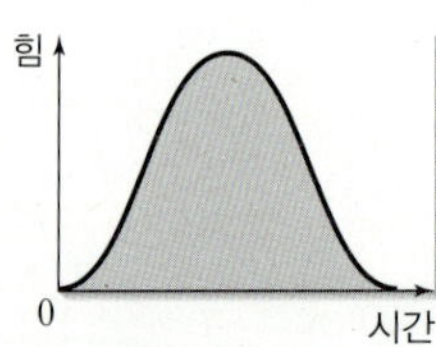

06 충격량은 물체에 작용한 힘과 힘이 작용한 (　　　　)의 곱이며, 충격량의 방향은 작용한 (　　　　)의 방향과 같다.

07 그림과 같이 힘과 시간의 관계 그래프에서 그래프 아랫부분의 넓이는 (　　　　)이다.

08 물체에 작용한 충격량은 물체의 (　　　　)의 변화량과 같다.

09 테니스, 야구에서 공을 밀어치는 방법을 사용하는 것은 힘이 작용하는 (　　　　)을 길게 하여 충격량을 증가시키는 것이다.

10 그림은 자동차 에어백과 범퍼, 배에 달린 타이어 등을 사용하여 충격이 작용하는 시간을 길게 하여 (　　　　)을 감소시키는 안전 장비의 원리를 나타낸 것이다.

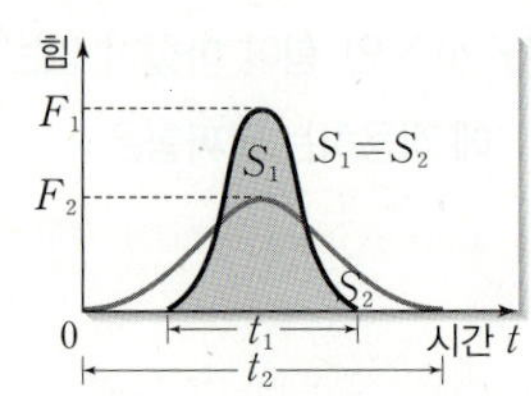

쪽지 시험

I-02. 에너지와 열 | **01 역학적 에너지 보존**

01 물리학에서의 일은 힘과 힘의 방향으로의 (　　　　)를 곱한 양이다.

02 힘과 이동 거리의 관계 그래프에서 그래프 아래의 색칠한 넓이가 힘이 물체에 한 (　　　　)이다. 1 J은 (　　　　)의 힘을 작용하여 힘의 방향으로 물체를 1 m 이동시킨 일이다.

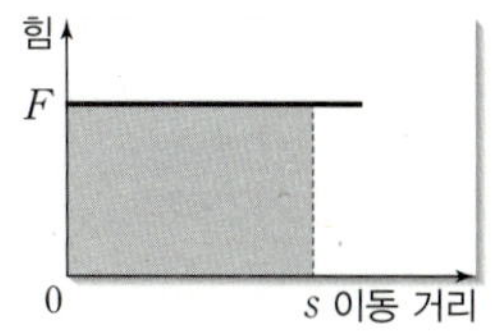

03 그림과 같이 F인 힘을 작용하여 물체가 수평면과 나란한 방향으로 s의 거리를 움직였을 때 힘이 한 일은 $W = ($　　　　$)$이다.

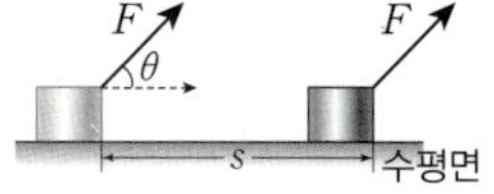

04 질량이 m인 물체가 직선 운동하여 속력이 v_0에서 v로 변하는 동안 알짜힘이 한 일은 $W = ($　　　　　　　$)$이므로 알짜힘이 물체에 한 일은 물체의 (　　　　)의 변화량과 같다.

05 지표면을 기준점으로 할 때 높이 h인 곳에 있는 질량이 m인 물체의 중력에 의한 퍼텐셜 에너지는 $E_p = ($　　　$)$이다. 또한 용수철 상수가 k인 용수철이 늘어난 길이가 x일 때 탄성력에 의한 퍼텐셜 에너지는 $E_p = ($　　　$)$이다.

06 역학적 에너지는 물체의 운동 에너지와 (　　　　) 에너지의 합이며, 마찰이나 공기 저항이 없으면 물체의 역학적 에너지는 변하지 않고 (　　　　)하다.

07 중력이 있을 때 역학적 에너지는 $E = \frac{1}{2}mv^2 + ($　　　$) =$ 일정, 탄성력이 있을 때 역학적 에너지는 $E = \frac{1}{2}mv^2 + ($　　　$) =$ 일정(단, 마찰과 공기 저항은 무시한다.)

08 마찰이나 공기 저항이 있을 때 (　　　　) 에너지는 감소하며 감소한 (　　　　) 에너지는 열에너지, 소리 에너지 등으로 전환되며 최종적으로 열에너지가 된다.

09 역학적 에너지가 감소할 때 공과 바닥 및 공기 등과 같이 주변의 물질 전체를 포함하면 역학적 에너지와 열에너지를 합한 전체 (　　　　)는 감소하지 않고 보존된다.

10 그림과 같이 빗면 위 높이 h인 곳에 가만히 놓은 질량이 m인 물체가 내려가 용수철 상수가 k인 용수철에 충돌한다. 중력 가속도는 g이고 마찰과 공기 저항을 무시할 때 (　) 안에 들어갈 알맞은 말을 쓰시오. (단, 물체의 크기는 무시한다.)

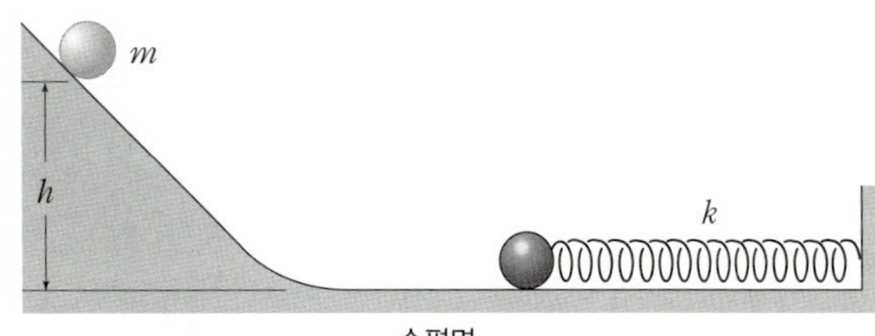

- 물체가 수평면에 도달하였을 때 속력은 $v = ($　　　$)$이다.
- 용수철을 압축시키는 최대 길이는 $x = ($　　　$)$이다.

쪽지 시험

I-02. 에너지와 열

02 열역학 제1법칙

01 모든 물체는 분자나 원자로 구성되어 있고, 이들은 끊임없이 운동하며 온도가 (   )수록 빠르게 운동한다. 이 운동을 열운동이리고 한다. 열은 온도가 높은 곳에서 낮은 곳으로 물체를 통해서 이동해 가는 분자의 (   ) 에너지라고 할 수 있다.

02 고온의 물체와 저온의 물체를 접촉시켰을 때 다음의 관계를 열량 보존 법칙이라고 한다.

고온의 물체가 (   ) 열량 = 저온의 물체가 (   ) 열량

03 기체의 압력이 P로 일정하고 부피가 ΔV만큼 증가할 때 기체가 외부에 한 일은 $W = ($ $)$이다. 기체의 부피가 (   )할 때 외부에 일을 하고, 기체의 부피가 (   )할 때 외부로부터 일을 받는다.

04 기체의 부피가 V_1에서 V_2로 증가하는 동안 (가)와 같이 기체의 압력이 일정한 경우 기체가 한 일은 $W = ($ $)$이고 , 압력이 (나)와 같이 변할 때 그래프 아래의 색칠한 넓이가 기체가 한 (   )이다.

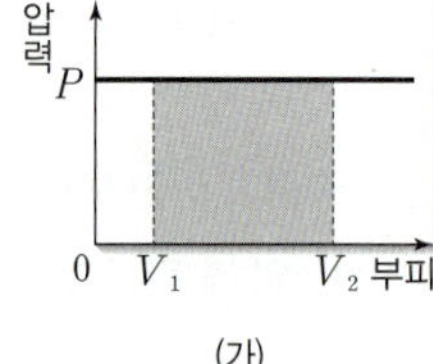

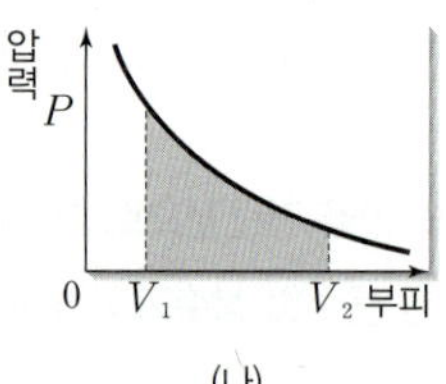

05 열기관은 고열원에서 얻은 열에너지를 (   ) 에너지로 바꾸는 장치이다. 열기관이 한 번 순환하는 사이에 고온의 열원에서 흡수하는 열량을 Q_1, 저온의 열원에 방출하는 열량을 Q_2라고 하면 열기관이 외부에 하는 일 $W = ($ $)$이다.

06 물질을 구성하는 입자들이 가진 운동 에너지와 퍼텐셜 에너지의 총합을 (   )라고 한다.

07 이상 기체의 내부 에너지는 구성 분자들의 (   ) 에너지의 총합이다. 질량이 동일한 분자 N개로 구성된 이상 기체 분자의 평균 운동 에너지는 $\overline{E_k} = \dfrac{E_k}{N} = \dfrac{1}{2} m\overline{v^2}$이므로 이상 기체의 내부 에너지는 $U = ($ $)$이다.

08 온도가 높을수록 분자들의 열운동이 활발해지므로 이상 기체의 내부 에너지는 온도가 높을수록 (   )한다.

09 그림과 같이 외부에서 기체에 열량 Q를 가하여 기체의 내부 에너지가 ΔU만큼 증가하고 기체가 외부에 한 일의 양이 W일 때 $Q = ($ $)$의 관계가 있으며 이를 열역학 제1법칙이라고 한다. 열역학 제1법칙은 열에너지와 (   ) 에너지를 포함한 에너지 보존 법칙이다.

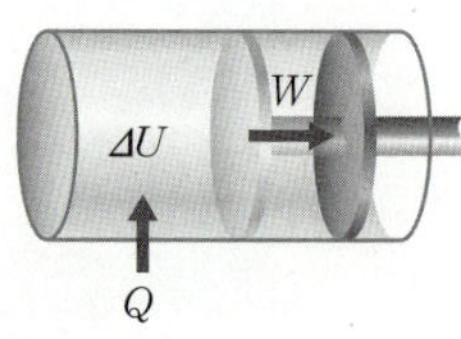

10 기체의 단열 변화 과정에서는 팽창할 때 내부 에너지가 (   )하고 수축할 때 내부 에너지가 (   )한다. 이러한 단열 변화 과정으로 쬔 현상을 설명할 수 있다.

쪽지 시험

01 가역 현상은 외부에 어떤 변화도 남기지 않고 원래의 상태로 되돌아갈 수 있는 변화이고, (　　　　) 현상은 외부에 어떤 변화도 남기지 않고 원래의 상태로 되돌아갈 수 없는 변화이다.

02 열역학 제2법칙은 자연 현상의 방향성을 정해 주는 법칙이라고 할 수 있으며 다음과 같이 여러 가지로 표현한다. (　　) 안에 들어갈 알맞은 말을 쓰시오.

- 열은 자연적으로 (　　　　)의 물체에서 저온의 물체 쪽으로 흐른다.
- 자연적인 변화는 무질서한 정도(엔트로피)가 (　　　　)하는 방향으로 일어난다.
- 흡수한 열을 모두 일로 전환할 수 있는 (　　　　)은 없다.

03 열기관이 한 순환 과정 동안 고온에서 흡수한 열이 Q_1이고 외부에 한 알짜힘이 W일 때 열기관의 열효율은 $e=($　　　　$)$이다.

04 열기관이 한 순환 과정 동안 고열원에서 흡수한 열량이 1000 J이고 저열원으로 방출한 열량이 800 J일 때 한 순환 과정 동안 외부에 한 일은 (　　　　)J이고 열효율은 (　　　　)%이다.

05 자연적으로 열은 (　　　　)에서 저열원으로 흐르므로 Q_2(저열원으로 방출하는 열량)$=0$이 될 수 없으며 열효율이 (　　　　)%인 열기관은 불가능하다.

06 카르노 기관은 주어진 고온과 저온 사이에서 작동하는 열기관 중에서 (　　　　)이 가장 좋은 이론적인 열기관이다.

07 카르노 순환 과정은 그림과 같으며 등온 팽창, (　　　　) 팽창, 등온 압축, (　　　　) 압축의 4개의 가역 열역학 과정으로 구성되어 있으며 총 엔트로피는 보존된다.

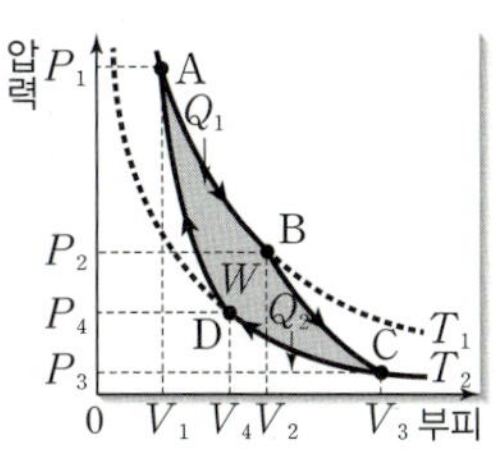

08 절대 온도 T_1인 고열원과 절대 온도 T_2인 저열원 사이에 작동하는 카르노 기관의 열효율은 $e_c=($　　　　$)$이다.

09 고열원의 온도가 $327\,°C$이고 저열원의 온도가 $27\,°C$인 열기관의 열효율은 (　　　　)%보다 클 수 없다.

쪽지 시험

01 그림은 직선 도로에서 운동하는 자동차의 속도를 나타낸 것이다. 동쪽 방향을 (+)로 할 때 (　) 안에 들어갈 알맞은 말을 쓰시오.

· A에 대한 B의 속도는 (　　　　)km/h이다.
· B에 대한 C의 속도는 (　　　　)km/h이다.
· C에 대한 A의 속도는 (　　　　)km/h이다.

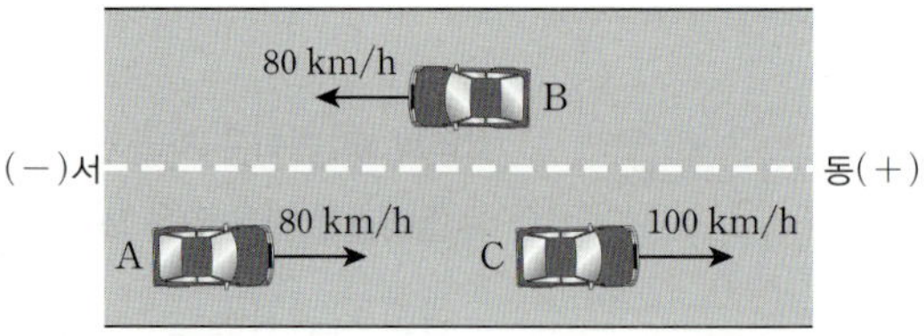

02 마이컬슨 · 몰리 실험은 에테르를 통해 전달되는 빛의 (　　　　)이 에테르 흐름의 방향에 따라 달라질 것이라고 가정하고 그 차이를 측정하여 에테르의 존재를 확인하는 실험이다.

03 특수 상대성 원리는 모든 관성 좌표계에서 물리 법칙이 동일하게 성립한다는 (　　　) 원리와 모든 관성 좌표계에서 진공에서의 광속은 광원이나 관측자의 운동에 관계없이 항상 동일하다는 (　　　) 원리로 구성되어 있다.

04 동일한 관성 좌표계에서는 관찰자의 위치에 관계없이 사건의 위치와 시간을 동일하게 취급하는 것을 시계의 (　　　) 라고 한다.

05 한 좌표계에서 동시인 사건이 다른 좌표계에서는 동시가 아닐 수 있다는 것을 동시성의 (　　　)이라고 한다.

06 특수 상대성 이론에서 한 관찰자가 볼 때 운동하는 관찰자의 시계는 자신의 시계보다 (　　　) 가는 것으로 관측되는 것을 시간 팽창이라고 한다.

07 특수 상대성 이론에서 한 관찰자에 대하여 상대적으로 운동하는 물체의 길이가 정지해 있을 때보다 (　　　) 보이는 것을 길이 수축이라고 한다.

[08~10] 그림은 우주선이 지구에서 별까지 이동하는 것을 나타낸 것이다. 지구에서 측정할 때 별은 정지해 있으며 우주선이 별까지 이동하는 데 걸린 시간은 Δt이고 지구에서 별까지의 거리는 L_0이다. (　) 안에 들어갈 알맞은 말을 쓰시오.

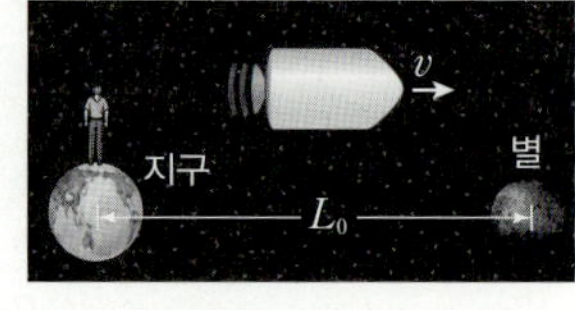

08 우주선에서 측정할 때 우주선이 별까지 이동하는 시간은 Δt보다 (　　　).

09 우주선에서 측정할 때 지구에서 별까지의 거리는 L_0보다 (　　　).

10 우주선이 별까지 이동하는 데 걸린 시간은 (　　　)에서 측정한 시간이 고유 시간이고, 지구에서 별까지의 거리는 (　　　)에서 측정한 길이가 고유 길이이다.

쪽지 시험

I-03. 시간과 공간

02 질량과 에너지

01 특수 상대론에서 물체의 질량은 속력이 증가할수록 질량이 (　　　　)하며 속력이 0일 때의 질량을 (　　　　) 질량이라고 한다.

02 물체에 일을 해 주면 물체의 속력이 증가하며 동시에 질량이 증가한다. 이는 에너지가 (　　　　)으로 전환될 수 있으며 질량과 에너지가 동등하다는 것을 의미한다.

03 진공에서의 빛의 속력이 c일 때 질량이 m인 물체가 가진 에너지는 $E=($　　　　$)$이다. 정지한 물체도 질량의 형태로 에너지를 가지며 이를 정지 에너지라고 한다.

04 큰 원자핵이 쪼개져 작은 원자핵으로 나누어지는 (　　　　)이나 작은 원자핵이 합쳐져 큰 원자핵이 되는 (　　　　)을 핵반응이라고 한다.

05 핵반응 전후의 질량수, 원자 번호, 전하량 등의 보존 관계를 나타낸 관계식을 (　　　　)이라고 한다.

06 핵반응 과정에서 핵자들의 질량의 총합은 감소하는데 이를 (　　　　)이라고 하며, 이에 의하여 방출되는 에너지를 핵에너지라고 한다.

07 원자력 발전소에서 우라늄이 핵분열할 때 방출된 2∼3개의 중성자의 속력을 (　　　　) 만들어 다른 우라늄을 연속적으로 핵분열하게 만드는 것을 연쇄 반응이라고 한다.

08 그림은 우라늄의 핵분열 반응을 나타낸 것이다. 입자 ㉠은 (　　　　)이며 핵반응 과정에서 (　　　　)이 에너지로 전환되어 방출된다.

09 다음의 핵반응식은 태양에서 일어나는 (　　　　) 반응을 나타낸 식이다. 핵반응 과정에서의 (　　　　)이 에너지로 전환되어 방출되며 양전자 e^+의 원자 번호는 (　　　　)이므로 핵반응 전후 원자 번호가 보존된다.

$$4\,^1_1\mathrm{H} \rightarrow\ ^4_2\mathrm{He}+2e^++2\nu+26.7\ \mathrm{MeV}$$

쪽지 시험

Ⅱ-01. 전기 | **01 전자의 에너지 준위**

01 원자에서 (＋)전하를 띠는 (　　　　)과 (－)전하를 띠는 (　　　　) 사이에는 (　　　　)이 작용한다.

02 같은 종류의 전하 사이에는 (　　　　) 방향의 전기력이, 다른 종류의 전하 사이에는 (　　　　) 방향의 전기력이 작용한다.

03 전기력의 크기는 두 전하의 전하량 곱에 (　　　　)하고 두 전하 사이의 거리의 제곱에 (　　　　)한다.

04 톰슨은 음극선 실험을 통해 (　　　　)를 발견하였고, 러더퍼드는 알파입자 산란 실험을 통해 (　　　　)의 존재를 발견하였다.

05 가열된 기체에서 방출된 빛은 (　　　　) 스펙트럼이 나타나는데, (　　　　) 종류가 다르면 선의 위치, 개수, 모양이 다르다.

06 진동수가 f인 광자의 에너지 $E=$(　　　　)이므로 파란색 빛의 에너지가 빨간색 빛의 에너지보다 (　　　　).

07 보어의 수소 원자 모형에서 $n=1$로 전자의 에너지가 가장 낮은 상태를 (　　　　)라고 하고, $n \geq 2$인 상태를 (　　　　)라고 한다.

08 수소 원자 선 스펙트럼에서 (　　　　) 계열은 전자가 $n=2$인 궤도로 전이할 때 방출하는 빛이다.

09 전자가 낮은 궤도에서 높은 궤도로 전이할 때 두 궤도의 에너지 준위 차이만큼의 에너지를 (　　　　)한다.

10 수소 원자와 헬륨 원자에서 전자가 $n=3$인 상태에서 $n=2$인 상태로 전이할 때 방출하는 빛의 파장은 다르다. (○, ×)

쪽지 시험

01 고체는 수많은 원자가 가까이 있어 에너지 준위가 미세하게 나뉘어 (　　　　)를 이룬다.

02 0 K에서 전자가 채워진 가장 바깥쪽 에너지띠를 (　　　　)라고 하고, 이 에너지띠 바로 위의 에너지띠를 (　　　　) 라고 한다.

03 원자가 띠에 있던 (　　　　)가 에너지를 얻어 전도띠로 전이하면 원자가 띠에는 (　　　　)이 생긴다.

04 (　　　　)는 전기 저항이 작고 전기 전도성이 좋아서 외부 전기장에 따라 전자가 자유롭게 이동할 수 있다.

05 고체의 에너지띠를 보고 도체, 절연체, 반도체로 구분하시오.

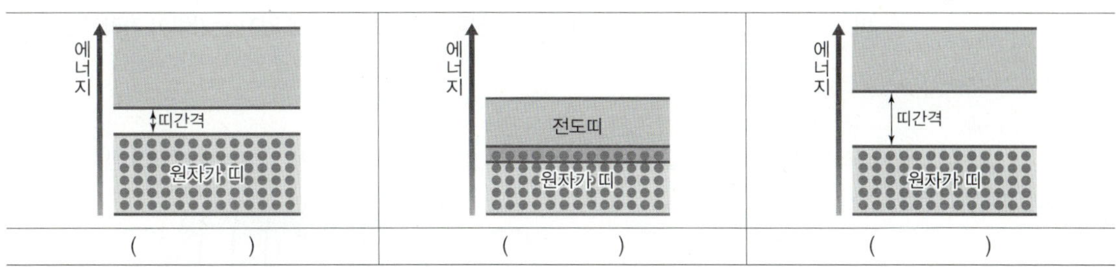

06 순수 반도체에 원자가 전자가 3개인 원소를 도핑하면 (　　　　) 반도체가 되고, 원자가 전자가 5개인 원소를 도핑하면 (　　　　) 반도체가 된다.

07 p형 반도체는 (　　　　)이, n형 반도체는 (　　　　)가 주요 전하 운반체이다.

08 불순물 반도체의 에너지띠 구조에서 전자와 양공을 나타낸 그림을 보고 p형 반도체와 n형 반도체로 구분하시오.

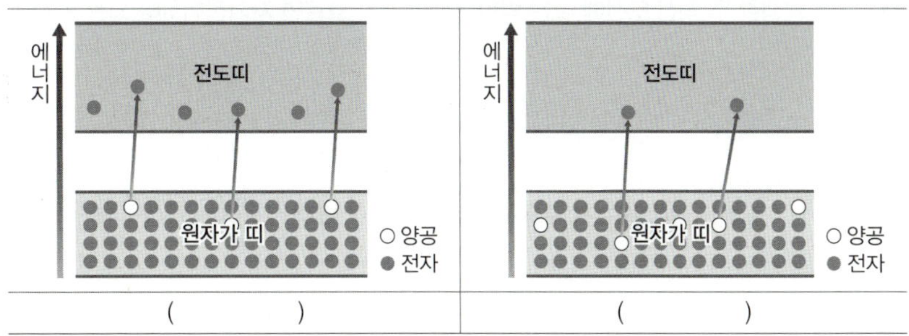

09 다이오드의 (　　　　) 반도체에 (+)극을, (　　　　) 반도체에 −극을 연결하면 다이오드에 순방향 바이어스가 걸려 전류가 (　　　　).

10 (　　　　)는 전류가 흐를 때 빛을 방출하는 성질을 이용하며, 각종 영상 장치, 리모컨, 조명 장치 등에 사용된다.

쪽지 시험

Ⅱ-02. 자기 | **01 전류에 의한 자기장**

01 자석 주위나 전류가 흐르는 도선 주위와 같이 자기력이 작용하는 공간에는 (　　　　)이 생긴다.

02 직선 도선에 전류가 흐르면 도선을 중심으로 하는 (　　　　) 모양의 자기장이 생기며, 방향은 (　　　　) 엄지 손가락을 전류 방향으로 했을 때 나머지 네 손가락이 회전하는 방향이다.

03 직선 도선에 흐르는 전류에 의한 자기장의 세기는 (　　　　)의 세기에 비례하고 (　　　　)에 반비례한다.

04 원형 도선 중심에서 전류에 의한 자기장의 세기는 (　　　　)의 세기에 비례하고 원형 도선의 (　　　　)에 반비례하며, 중심에서는 (　　　　) 네 손가락을 전류 방향으로 했을 때 엄지 손가락이 가리키는 방향이 자기장 방향이 된다.

05 솔레노이드에 그림과 같은 방향으로 전류가 흐를 때 직선 상의 세 나침반에 N극의 방향을 화살표로 그려 넣으시오.

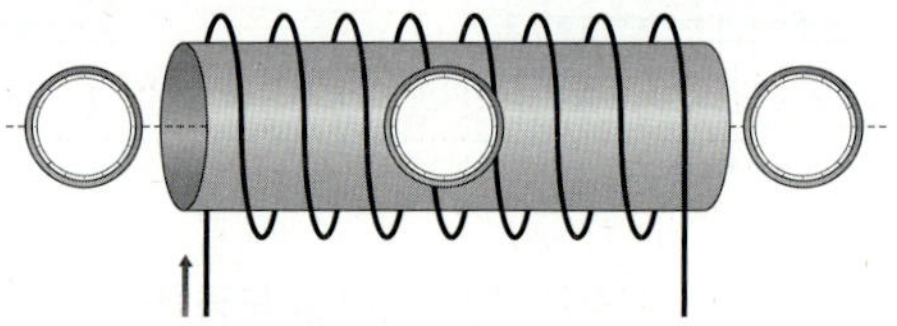

06 솔레노이드 내부의 자기장 세기는 (　　　　)의 세기와 (　　　　)에 비례한다.

07 평행한 두 직선 도선에 같은 방향으로 전류가 흐르면 자기장이 0이 되는 지점은 전류의 세기가 작은 도선의 바깥쪽에 있다.

(○, ×)

08 (　　　　)는 헤드의 코일에 흐르는 전류에 의한 자기장을 이용해 플래터에 정보를 기록한다.

09 (　　　　)는 솔레노이드에 큰 전류가 흐르도록 하여 강력한 자기장을 만들어 인체 내부 영상을 얻는다.

10 (　　　　)는 회전 코일 주위를 자석이 감싸고 있는 형태로, 전류가 흐르면 코일이 회전하여 전기 에너지를 운동 에너지로 전환한다.

01 물질은 자성에 따라 자석에 강하게 끌리는 (   ), 약하게 끌리는 (   ), 자석을 약하게 밀어내는 (   )으로 구분된다.

02 자성의 원인은 주로 (   )의 궤도 운동과 (   )이다.

03 (   )의 예로는 철, 니켈, 코발트 등이 있고, (   )의 예로는 물, 유리, 구리 등이 있다.

04 강자성체에 외부 자기장을 가했을 때와 제거했을 때 자기 구역의 자기화 상태를 그리시오.

05 (   )는 외부 자기장을 가했을 때 외부 자기장 방향으로 약하게 자기화되고, 외부 자기장을 제거하면 자기화된 상태가 (   ) 사라진다.

06 반자성체는 외부 자기장의 (   ) 방향으로 약하게 자기화되었다가 외부 자기장을 제거하면 자기화된 상태가 즉시 사라진다.

07 하드 디스크의 (   )는 원판 위에 (   )인 산화철 막을 씌워 자기 정보를 기록할 수 있다.

08 (   ) 거중기는 솔레노이드 내부에 (   )인 철심을 넣어 강한 자기력으로 무거운 물체를 들어올린다.

09 (   )는 임계 온도 이하에서 (   )가 되어 내부 자기장이 0이 되는 마이스너 효과가 나타난다.

10 초전도체를 활용하여 자성체 사이의 반발력을 이용한 (   )를 개발하려는 연구가 진행되고 있다.

쪽지 시험

Ⅱ-02. 자기 | **03** 전자기 유도

01 닫힌 회로를 통과하는 (　　　　　)이 변할 때 회로에 유도 전류가 흐르는 현상을 (　　　　　)라고 한다.

02 패러데이 법칙은 유도 전류의 세기가 코일 속을 지나는 (　　　　　)의 시간적 변화율에 비례하고, 코일의 (　　　　　)에 비례한다는 법칙이다.

03 (　　　　　) 법칙은 닫힌 회로 내에 생긴 유도 전류는 닫힌 회로를 지나는 자기선속의 변화를 (　　　　　)하는 방향으로 흐른다는 법칙이다.

04 자석의 운동 방향에 따른 유도 전류의 방향을 그리시오.

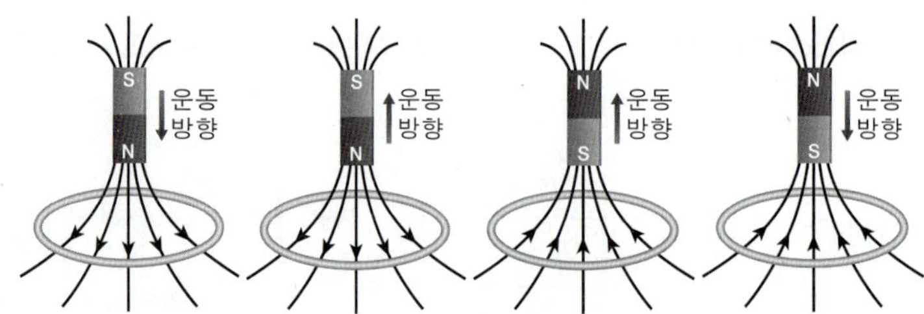

05 자석이 원형 도선을 일정한 속력으로 통과할 때 원형 도선을 통과하기 전과 통과한 후 원형 도선으로부터 받는 자기력의 방향을 화살표로 표시하시오.

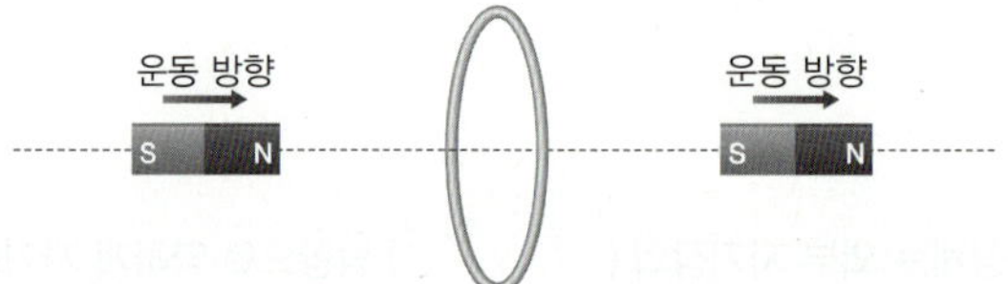

06 코일 주변에서 자석이 운동하면 코일에 (　　　　　)가 자석의 운동을 (　　　　　)하는 방향으로 흐른다.

07 자석의 극을 반대로 하면 유도 전류의 방향이 반대가 된다. (○, ×)

08 정지한 자석 주위에서 코일이 운동하면 코일에는 유도 전류가 흐르지 않는다. (○, ×)

09 (　　　　　)는 자석 사이에 놓인 코일을 회전시켜 교류 전류를 얻는다.

10 휴대 전화를 무선 충전할 때 충전기 코일에서 만드는 (　　　　　)이 변하면 휴대 전화에 (　　　　　)가 흘러 배터리가 충전된다.

쪽지 시험

Ⅲ-01. 파동 | **01** 파동의 성질

01 파동은 한 지점에서 발생한 ( )이 주위로 퍼지면서 ( )가 전달되는 현상이다.

02 진동의 중심에서 매질이 가장 멀리 진동한 지점까지의 거리를 ( )이라고 하고, 이웃한 동일 위상인 두 지점 사이의 거리를 ( )이라고 한다.

03 파장이 2 m이고 주기가 0.2초인 파동의 진동수는 ( )Hz이고, 진행 속력은 ( ) m/s이다.

04 물결파는 물의 깊이가 깊을수록 속력이 ( )고, 소리는 대체적으로 고체보다 기체에서 속력이 ( )며 ( )에서는 전달되지 않는다.

05 빛은 ( )에서 파장에 상관 없이 일정한 속력을 가지며, 매질에서는 진공에서보다 ( ).

06 그래프에 표현된 파동의 진폭, 파장, 주기, 진동수, 진행 속력을 구하시오.

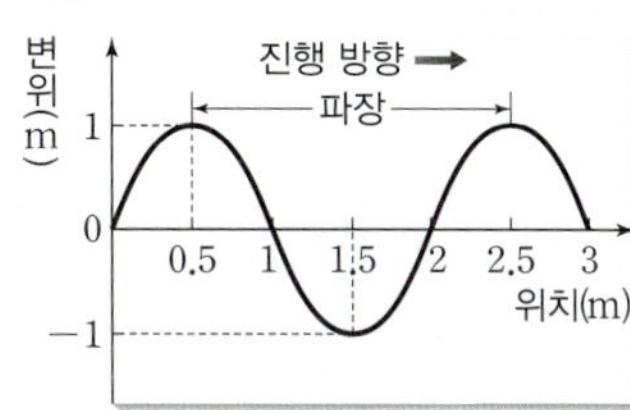

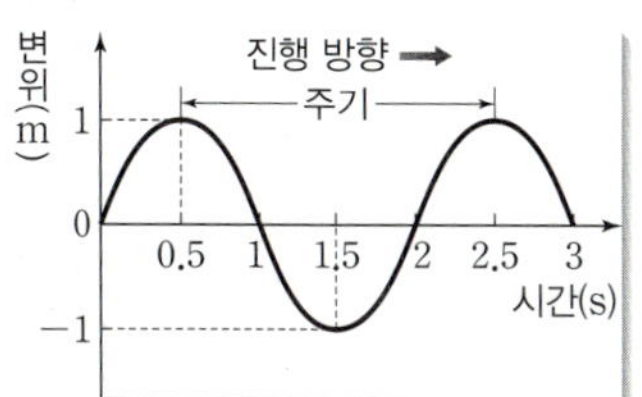

07 ( )은 두 매질의 경계면에 비스듬히 입사한 파동의 진행 방향이 꺾이는 현상으로 매질에서 파동의 ( )이 다르기 때문에 일어난다.

08 파동이 굴절률 n_1인 매질에서 n_2인 매질로 진행할 때 입사각이 θ_1, 굴절각이 θ_2이다. 이때 굴절 법칙을 쓰시오.

09 밤에는 위쪽보다 아래쪽 공기에서 소리의 속력이 ( )므로 소리가 ( )쪽으로 휘어지며 진행한다.

10 ( )는 뜨거운 지표면 부근에서 빛의 속력이 달라 ( )하기 때문에 나타나는 현상이다.

쪽지 시험

Ⅲ-01. 파동   **02 전반사와 광통신**

01 빛이 진행하다가 두 매질의 경계면에서 모두 반사되는 현상을 (　　　　　)라고 하고, 굴절각이 $90°$일 때의 입사각을 (　　　　　)이라고 한다.

02 전반사가 일어나기 위한 조건 두 가지를 쓰시오.

03 굴절률이 n인 매질에서 굴절률이 1인 공기로 빛이 진행할 때 임계각 θ_c와 n의 관계를 쓰시오.

04 빛이 진행할 때 두 매질의 굴절률 차이가 클수록 임계각은 (　　　　　).

05 전반사가 일어날 때 입사한 빛의 세기와 반사한 빛의 세기는 같다. (○, ×)

06 그림과 같이 잠망경에서 빛이 진행할 때 전반사는 (　　　　　)회 일어난다.

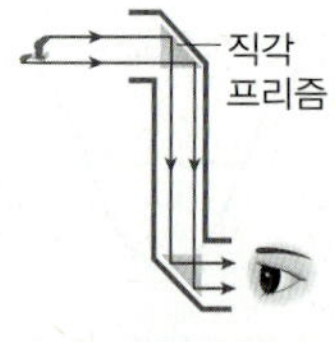

07 광섬유는 굴절률이 큰 (　　　　　)와 굴절률이 작은 (　　　　　)으로 구성된다.

08 (　　　　　)에 입사한 빛이 경계면에서 (　　　　　)하면 빛이 광섬유를 따라 진행하게 된다.

09 광통신 과정에서 전기 신호를 빛 신호로 변환하는 발신기에는 (　　　　　), (　　　　　) 등이 사용된다.

10 광통신은 구리선을 이용한 전기 통신에 비해 전송 거리가 길고 외부 전파에 의한 간섭이나 혼선이 거의 없다. (○, ×)

01 전자기파는 (   )과 (   )이 주기적으로 진동하며 공간을 퍼져 나간다.

02 전자기파의 진행 방향은 전기장, 자기장에 (   )이다.

03 전자기파는 파장에 따라 (   ) − X선 − (   ) − 가시광선 + 적외선 − (   ) − 라디오파 − 장파
로 분류할 수 있다.

04 (   )은 고속의 전자가 금속과 충돌할 때 발생하고, (   )은 핵반응 과정에서 방출되는 방사선이다.

05 (   )은 원자의 전자 전이 과정에서 방출되며 강한 살균 작용을 하며 형광 물질에 흡수되면 가시광선을 방출한다.

06 둘 이상의 파동이 한 지점에서 중첩될 때, 그 지점에서 매질의 변위는 각 파동의 변위를 더한 것과 같다. (○, ×)

07 두 파동이 같은 위상으로 중첩하면 (   ) 간섭, 반대 위상으로 중첩하면 (   ) 간섭이 일어난다.

08 수면파가 간섭할 때 마루와 마루가 중첩되면 (   ) 간섭하여 바닥이 가장 (   ), 골과 골이 중첩되면
(   ) 간섭하여 바닥이 가장 (   ).

09 소음 제거 장치는 외부 소음과 위상이 (   ) 파동을 발생시켜 서로 (   ) 간섭하도록 한다.

10 동일한 소리를 방출하는 두 스피커의 수직 이등분선에 있는 지점에서는 항상 (   ) 간섭이 일어난다.

쪽지 시험

01 광전 효과는 금속 표면에 특정 진동수보다 큰 진동수의 빛을 비추었을 때 ( )가 방출되는 현상이다.

02 금속에 빛을 비추었을 때 전자가 방출되기 위한 최소 진동수를 ( ) 진동수라고 한다.

03 아인슈타인은 빛이 ( )에 비례하는 에너지를 갖는 ( )라고 하는 입자의 흐름이라는 광양자설을 주장하였다.

04 에너지 ( )는 진동수가 f인 빛의 에너지가 ( )라는 기본적인 양의 정수 배만 가능하다는 것을 뜻한다. (단, 플랑크 상수는 h이다.)

05 금속 표면에 진동수가 문턱 진동수보다 작은 빛을 오래 비추면 광전자가 방출된다. (○, ×)

06 광전자가 방출될 때 빛의 세기가 클수록 단위 시간 당 방출되는 광전자의 개수가 많다. (○, ×)

07 금속 표면에 비추는 빛의 ( )이 작을수록 광전자의 최대 운동 에너지가 크다.

08 빛의 입자성과 파동성은 동시에 나타난다. (○, ×)

09 전하 결합 소자는 광 다이오드를 이용해 ( ) 신호를 ( ) 신호로 변환한다.

10 전하 결합 소자는 빛의 파장에 따라 방출하는 광전자의 수가 다르다. (○, ×)

01 질량을 갖는 물질이 파동성을 가질 때 그 파동을 ( ) 또는 드브로이파라고 한다.

02 데이비슨과 거머는 니켈 표면에 전자선을 쏘는 실험에서 튀어 나온 전자의 수가 특정 지점에 많다는 결과를 전자의 물질파가 반사될 때 특정 각도에서 ( )이 일어나는 것으로 해석하였다.

03 톰슨은 ( )과 전자선을 입사시켜 ( ) 무늬를 비교하여 전자선이 파동성을 가짐을 확인하였다.

04 이중 슬릿을 통과한 전자의 수가 많으면 ( ) 무늬가 나타나는데, 이것은 전자가 물질파 형태로 이중 슬릿을 통과한다는 것을 보여준다.

05 질량이 m, 속력이 v인 입자의 물질파 파장과 질량이 m이고 운동 에너지가 E인 입자의 물질파 파장을 쓰시오. (단, 플랑크 상수는 h이다.)

06 빛이 렌즈를 지날 때 ( )하므로 한 점에서 나온 빛은 어느 정도 퍼져 상이 맺힌다. 이 때문에 광학 기구에서는 가까이 있는 두 점을 구별할 수 있는 ( )이 중요하다.

07 분해능을 좋게 하려면 사용하는 파장이 ( ) 빛을 이용하고, 렌즈의 지름이 커야 한다.

08 전자 현미경은 전자를 가속하는 ( )을 크게하여 파장이 가시광선보다 ( ) 물질파를 발생시킨다.

09 물체 표면의 3차원 구조를 볼 수 있는 전자 현미경을 쓰시오.

10 전자선이 잘 투과할 수 있도록 시료를 얇게 만들어야 하는 전자 현미경을 쓰시오.

01 그림은 맑은 여름날 비행기가 직선 운동하는 동안 언덕이 있는 지형에 생긴 비행기의 그림자가 비행기를 따라가는 모습을 나타낸 것이다. 지면의 P, Q점의 높이는 다르다.

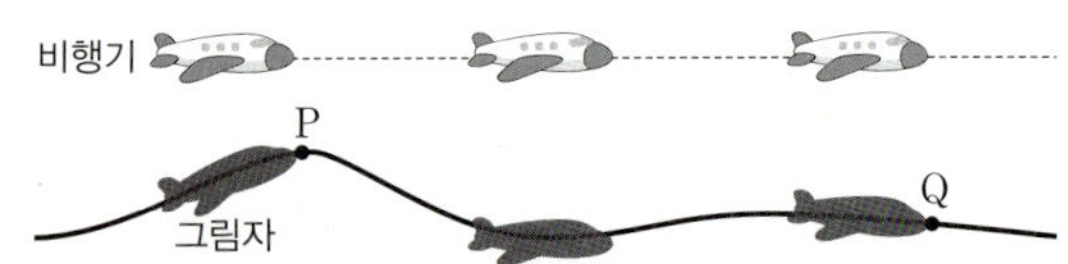

P에서 Q까지 그림자가 이동하는 동안에 대한 설명으로 옳은 것만을 〈보기〉에서 있는 대로 고른 것은?

| 보기 |
ㄱ. 비행기와 그림자의 변위는 같다.
ㄴ. 평균 속력은 그림자가 비행기보다 크다.
ㄷ. 평균 속도의 크기는 비행기와 그림자가 서로 같다.

① ㄱ ② ㄴ ③ ㄱ, ㄷ ④ ㄴ, ㄷ ⑤ ㄱ, ㄴ, ㄷ

02 그림은 직선상에서 운동하는 물체의 위치를 시간에 따라 나타낸 것이다.
이 물체의 운동에 대한 설명으로 옳은 것만을 〈보기〉에서 있는 대로 고른 것은?

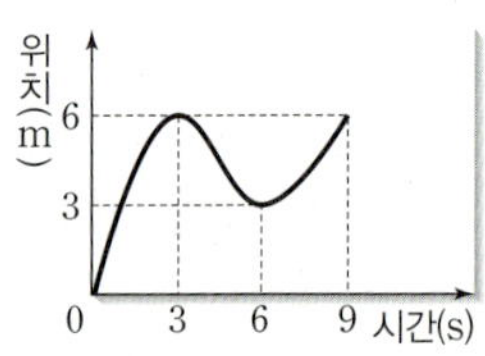

| 보기 |
ㄱ. 0초부터 3초까지 평균 속력과 평균 속도의 크기는 같다.
ㄴ. 0초부터 6초까지 평균 속도의 크기는 1.5 m/s이다.
ㄷ. 3초부터 9초까지 평균 속력은 0이다.

① ㄱ ② ㄴ ③ ㄱ, ㄷ ④ ㄴ, ㄷ ⑤ ㄱ, ㄴ, ㄷ

03 그림은 동일 직선상에서 운동하는 물체 A, B의 위치를 시간에 따라 나타낸 것이다.
A, B의 운동에 대한 설명으로 옳은 것만을 〈보기〉에서 있는 대로 고른 것은?

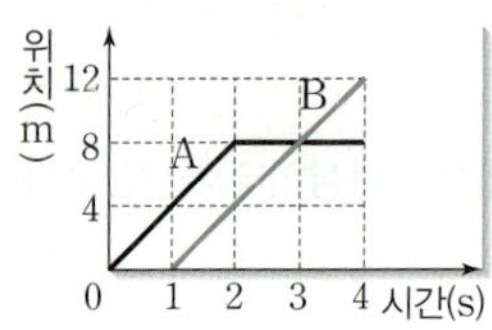

| 보기 |
ㄱ. 1초부터 4초까지 평균 속력은 A가 B보다 작다.
ㄴ. 3초일 때 A와 B의 속도는 같다.
ㄷ. 1초부터 2초 사이에 A, B의 속도의 크기는 같다.

① ㄱ ② ㄴ ③ ㄱ, ㄷ ④ ㄴ, ㄷ ⑤ ㄱ, ㄴ, ㄷ

04 그림은 0초일 때 출발하여 직선상에서 운동하는 물체의 속도를 시간에 따라 나타낸 것이다.

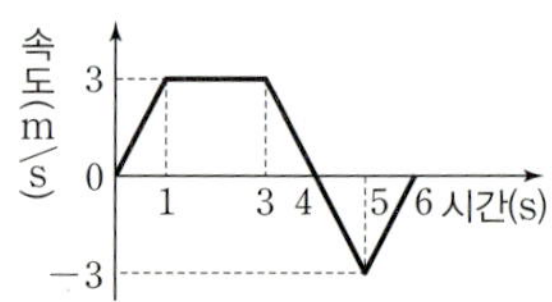

0초부터 6초까지 이 물체의 운동에 대한 설명으로 옳은 것만을 〈보기〉에서 있는 대로 고른 것은?

| 보기 |
ㄱ. 0초부터 6초까지 평균 속도는 1 m/s이다.
ㄴ. 4초일 때 가속도의 크기는 0이다.
ㄷ. 4초일 때 출발점으로부터 가장 멀리 떨어져 있다.

① ㄱ ② ㄴ ③ ㄱ, ㄷ ④ ㄴ, ㄷ ⑤ ㄱ, ㄴ, ㄷ

05 그림은 동일 직선상에서 운동하는 물체 A, B의 속도를 시간에 따라 나타낸 것이다.
A, B의 운동에 대한 설명으로 옳은 것만을 〈보기〉에서 있는 대로 고른 것은?

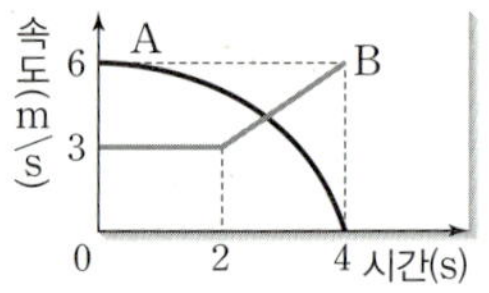

| 보기 |
ㄱ. 0초부터 4초까지 A의 가속도 크기는 감소한다.
ㄴ. 2초부터 4초까지 A와 B의 가속도 방향은 서로 같다.
ㄷ. 0초부터 4초까지 A가 이동한 거리는 12 m보다 크다.

① ㄱ ② ㄷ ③ ㄱ, ㄴ ④ ㄴ, ㄷ ⑤ ㄱ, ㄴ, ㄷ

06 그림은 동일 직선상에서 운동하는 물체 A, B의 위치를 시간에 따라 나타낸 것이다.
A, B의 운동에 대한 설명으로 옳은 것만을 〈보기〉에서 있는 대로 고른 것은?

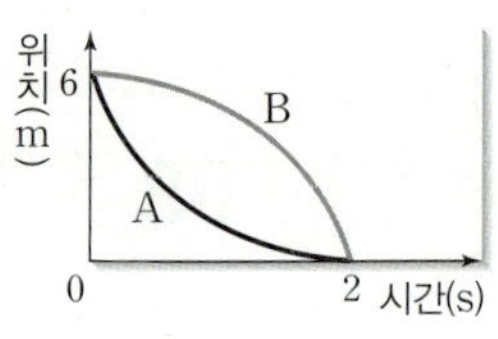

| 보기 |
ㄱ. 0초부터 2초까지 A와 B의 평균 속도의 크기는 같다.
ㄴ. 1초일 때 A의 운동 방향과 가속도 방향은 같다.
ㄷ. 1초일 때 A와 B의 가속도 방향은 같다.

① ㄱ ② ㄴ ③ ㄱ, ㄷ ④ ㄴ, ㄷ ⑤ ㄱ, ㄴ, ㄷ

07 그림 (가)는 직선 도로에서 달리는 자동차 A와 B를, (나)는 A, B의 위치를 시간에 따라 나타낸 것이다.

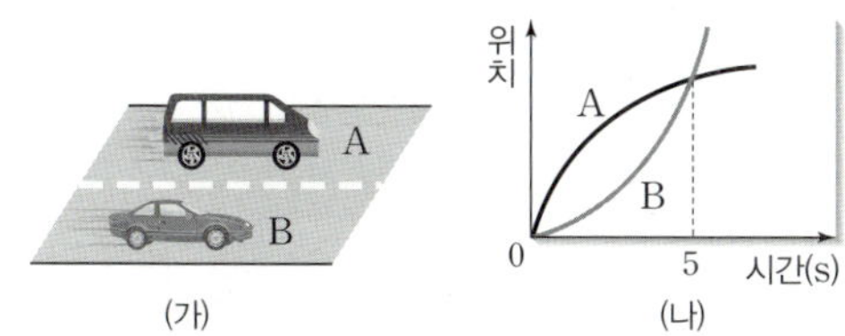

A, B의 운동에 대한 설명으로 옳지 <u>않은</u> 것은?

① A, B는 가속도 운동을 하고 있다.
② 0초일 때 A, B의 속력은 0이다.
③ 5초일 때 속력은 B가 A보다 크다.
④ 5초일 때 A와 B는 같은 위치에 있다.
⑤ 0초부터 5초 사이에 A와 B의 평균 속도는 같다.

08 그림 (가)는 직선 도로에서 달리는 자동차 A와 B를, (나)는 A, B의 속도를 시간에 따라 나타낸 것이다. 0초일 때 A, B 사이의 거리는 25 m이다.

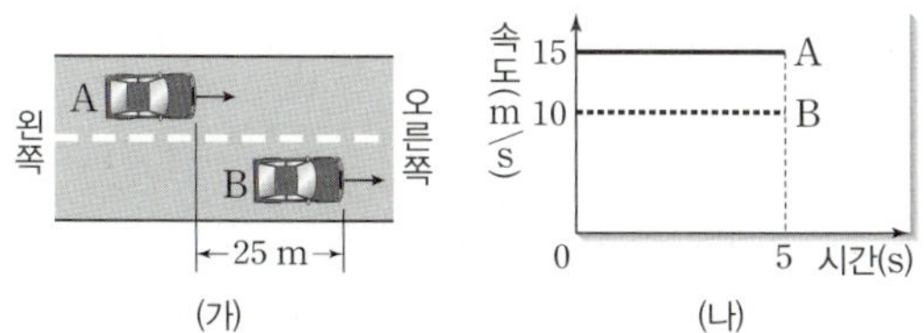

A, B의 운동에 대한 설명으로 옳은 것만을 〈보기〉에서 있는 대로 고른 것은? (단, 자동차의 크기는 무시한다.)

┌─── 보기 ───┐

ㄱ. 5초일 때 A, B의 위치는 같다.
ㄴ. 0초부터 5초까지 A와 B 사이의 거리는 감소한다.
ㄷ. 1초일 때 A가 관찰한 B의 운동 방향은 왼쪽이다.

① ㄱ   ② ㄴ   ③ ㄱ, ㄷ   ④ ㄴ, ㄷ   ⑤ ㄱ, ㄴ, ㄷ

09 그림은 직선 도로에서 기준선에 정지해 있던 자동차 A가 출발하는 순간 자동차 B가 기준선을 10 m/s로 통과하는 것을 나타낸 것이다. 0초일 때 A가 출발하며 10초일 때 A의 속도는 v이고, 위치는 B보다 25 m 앞서 있다. A는 등가속도 운동, B는 등속도 운동을 한다.

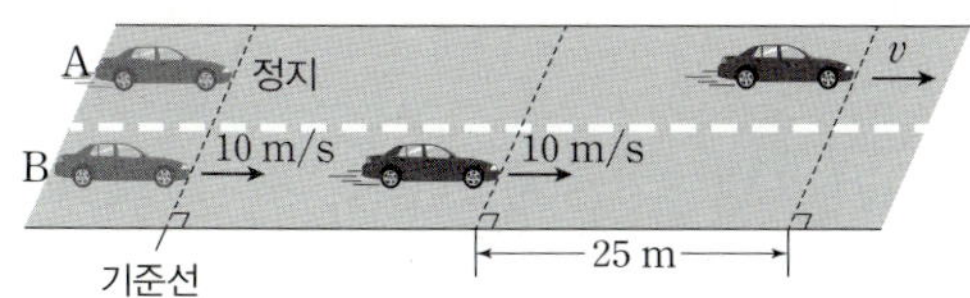

v는? (단, 자동차의 크기는 무시한다.)

① 20 m/s   ② 22 m/s   ③ 25 m/s
④ 28 m/s   ⑤ 30 m/s

10 그림은 직선 도로에서 0초일 때 자동차 A, B가 각각 속력 5 m/s, 10 m/s로 기준선을 동시에 통과하여 10초일 때 기준선으로부터 떨어진 거리가 s인 도착선을 동시에 통과하는 것을 나타낸 것이다. 기준선부터 도착선까지 A, B는 속력이 빨라지는 등가속도 운동을 하며 가속도의 크기는 A가 B의 1.5배이다.

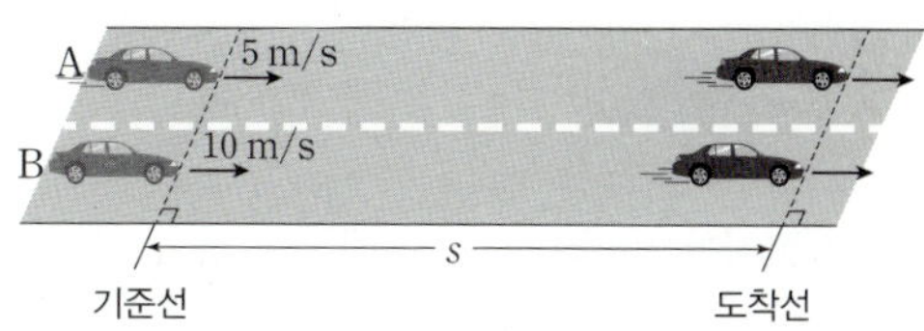

s는? (단, 자동차의 크기는 무시한다.)

① 50 m   ② 75 m   ③ 100 m
④ 150 m   ⑤ 200 m

11 중요 그림은 정지 상태에서 출발한 물체의 가속도를 시간에 따라 나타낸 것이다.
0초부터 4초까지 이 물체의 운동에 대한 설명으로 옳은 것은?

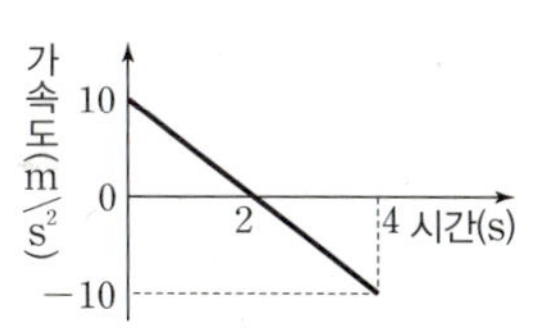

① 3초일 때 물체의 속력은 2.5 m/s이다.
② 1초일 때와 3초일 때 운동 방향이 반대이다.
③ 2초일 때 출발점으로부터의 거리가 최대이다.
④ 4초일 때 물체의 속도는 0이다.
⑤ 0초부터 4초까지 물체의 변위는 0이다.

12 그림은 기울기가 일정한 빗면을 따라 내려가는 물체를 나타낸 것이다. P, Q점을 지날 때 물체의 속도는 각각 1 m/s, 5 m/s이었다.
물체가 P와 Q 사이의 중점 O를 지날 때의 속도의 크기는? (단, 모든 마찰과 물체의 크기는 무시한다.)

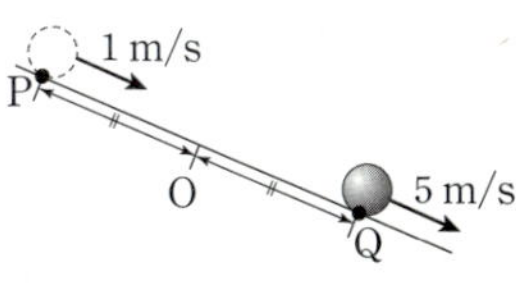

① $\dfrac{1+\sqrt{5}}{2}$ m/s   ② $\sqrt{3}$ m/s   ③ $\sqrt{5}$ m/s
④ 3 m/s   ⑤ $\sqrt{13}$ m/s

01 그림은 두루마리 휴지 끝을 잡고 갑자기 잡아당길 때 두루마리가 풀리지 않고 휴지가 끊어지는 것을 나타낸 것이다.

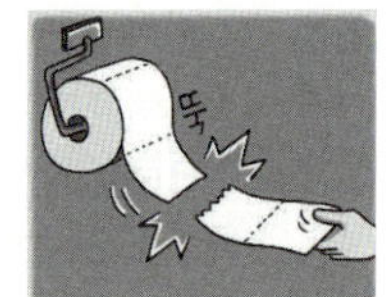

이 현상에 적용된 운동 법칙과 다른 운동 법칙이 적용되는 현상은?

① 
종이를 빨리 당기면 동전이 컵 속으로 떨어진다.

② 
로켓이 가스를 방출하며 앞으로 나아간다.

③ 
망치 자루를 내리치면 망치 머리가 박힌다.

④ 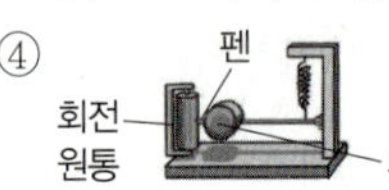
지진계가 지진을 기록한다.

⑤ 
버스가 갑자기 멈추면 승객들이 앞으로 쏠린다.

02 그림 (가), (나)는 수평면에서 물체 A, B에 12 N의 힘을 수평 방향으로 작용할 때 가속도의 크기가 각각 $3 \, \text{m/s}^2$, $2 \, \text{m/s}^2$인 것을 나타낸 것이다. 그림 (다)는 A, B를 붙여놓은 후 수평으로 10 N의 힘을 작용하는 것을 나타낸 것이다.

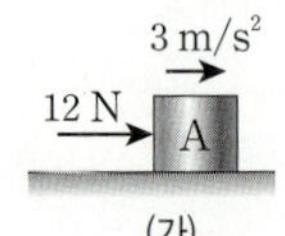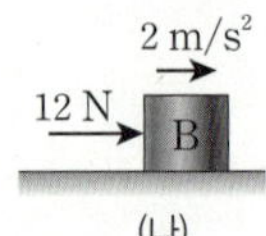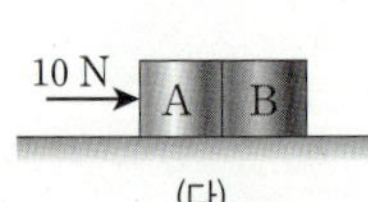

(다)에 대한 설명으로 옳은 것만을 〈보기〉에서 있는 대로 고른 것은? (단, 모든 마찰은 무시한다.)

| 보기 |
ㄱ. A, B의 가속도 크기는 $2 \, \text{m/s}^2$이다.
ㄴ. A에 작용하는 알짜힘의 크기는 4 N이다.
ㄷ. B가 A에 작용하는 힘의 크기는 6 N이다.

① ㄱ   ② ㄴ   ③ ㄱ, ㄷ
④ ㄴ, ㄷ   ⑤ ㄱ, ㄴ, ㄷ

03 그림은 수평 실험대에 놓인 물체 A에 도르래를 통하여 실로 물체 B를 연결한 것을 나타낸 것이다. A, B의 질량은 각각 3 kg, 1 kg이다.

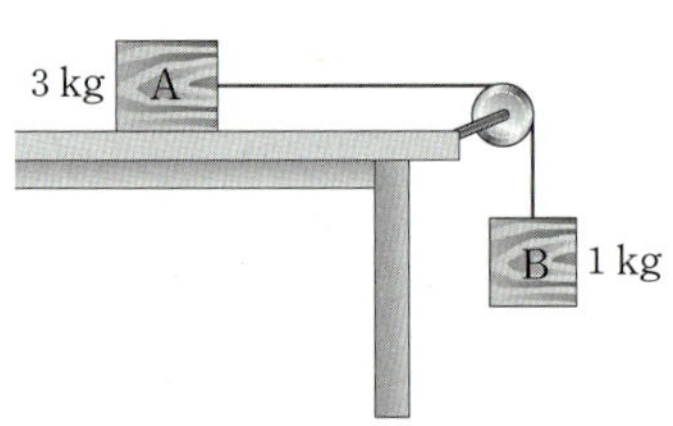

이에 대한 설명으로 옳은 것만을 〈보기〉에서 있는 대로 고른 것은? (단, 중력 가속도는 $10 \, \text{m/s}^2$이고, 모든 마찰은 무시한다.)

| 보기 |
ㄱ. A의 가속도 크기는 $5 \, \text{m/s}^2$이다.
ㄴ. B가 실을 잡아당기는 힘의 크기는 7.5 N이다.
ㄷ. B만 질량이 2 kg인 물체로 바꾸면 A의 가속도가 2배가 된다.

① ㄱ   ② ㄴ   ③ ㄱ, ㄷ
④ ㄴ, ㄷ   ⑤ ㄱ, ㄴ, ㄷ

04 _{중요} 그림 (가)는 물체 A, B, C를 실 p, q로 연결한 후, 손으로 C에 연직 아래 방향으로 일정한 힘 F를 가해 A, B, C가 정지해 있는 것을, (나)는 손을 치운 순간부터 물체가 운동하여 B가 지면에 닿고 이후 A가 B에 충돌하기 전까지 C의 속도를 시간에 따라 나타낸 것이다. B의 질량은 2 kg이다.

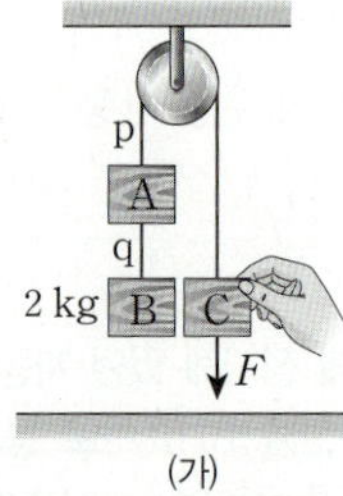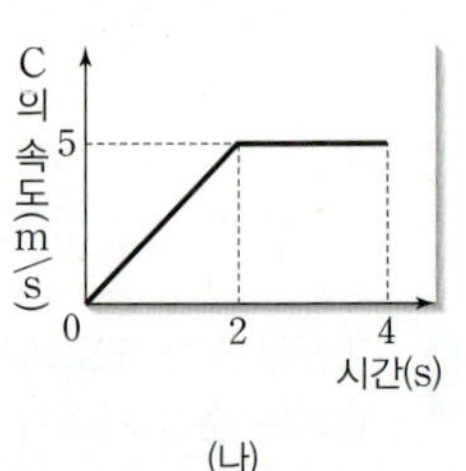

(가)   (나)

이에 대한 설명으로 옳은 것만을 〈보기〉에서 있는 대로 고른 것은? (단, 중력 가속도는 $10 \, \text{m/s}^2$이고, 모든 마찰은 무시한다.)

| 보기 |
ㄱ. F의 크기는 20 N이다.
ㄴ. A와 C의 질량의 합은 6 kg이다.
ㄷ. 1초일 때 p와 q의 장력 크기의 차이는 22.5 N이다.

① ㄱ   ② ㄴ   ③ ㄱ, ㄷ
④ ㄴ, ㄷ   ⑤ ㄱ, ㄴ, ㄷ

05 그림은 버스가 오른쪽 방향으로 운동하고 있을 때 버스 바닥에 놓인 물통 속의 물표면의 기울기를 시간에 따라 나타낸 것이다.

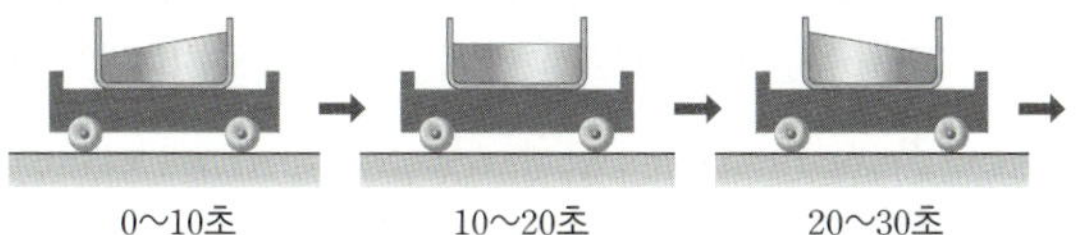

0초부터 30초까지 버스의 운동에 대한 설명으로 옳은 것만을 〈보기〉에서 있는 대로 고른 것은? (단, 모든 마찰은 무시한다.)

| 보기 |

ㄱ. 0초에서 10초 사이에 버스의 속력이 증가한다.
ㄴ. 10초에서 20초 사이에 버스의 평균 속력이 가장 크다.
ㄷ. 20초에서 30초 사이에 가속도의 방향은 버스의 운동 방향과 같다.

① ㄱ   ② ㄷ   ③ ㄱ, ㄴ
④ ㄴ, ㄷ   ⑤ ㄱ, ㄴ, ㄷ

06 그림 (가)는 물체 A를 물체 B와 도르래를 통하여 실로 연결하고 정지 상태에서 가만히 놓는 순간을 나타낸 것이다. A, B의 높이 차이는 2 m이다. 그림 (나)는 두 물체가 운동하여 높이가 같아진 순간을 나타낸 것이다.

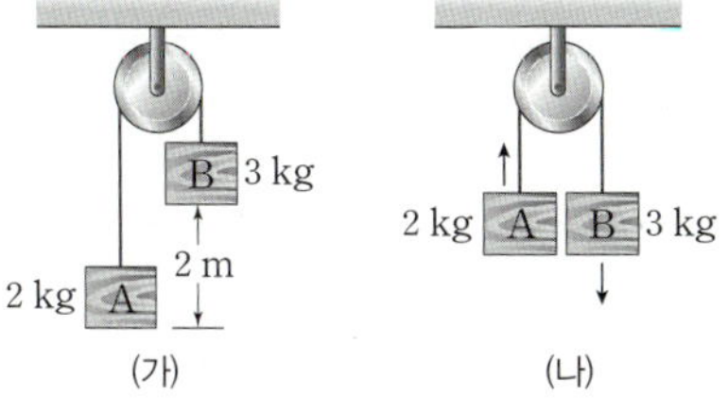

이에 대한 설명으로 옳은 것만을 〈보기〉에서 있는 대로 고른 것은? (단, 중력 가속도는 10 m/s^2이고, 실의 질량과 물체의 크기 및 모든 마찰은 무시한다.)

| 보기 |

ㄱ. A에 작용하는 알짜힘의 크기는 10 N이다.
ㄴ. (나)에서 B의 속력은 2 m/s이다.
ㄷ. (가)에서 (나)까지 걸린 시간은 1초이다.

① ㄱ   ② ㄴ   ③ ㄱ, ㄷ
④ ㄴ, ㄷ   ⑤ ㄱ, ㄴ, ㄷ

07 그림 (가), (나)와 같이 물체 A, B를 도르래를 통하여 실로 연결하고 가만히 놓았을 때 A, B가 s만큼 이동하였다. A, B의 질량은 각각 m, $2m$이다.

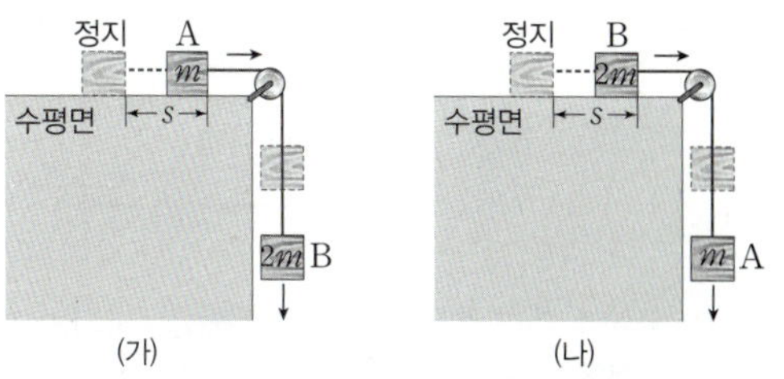

s만큼 이동하는 동안 (가)에서가 (나)에서의 2배인 물리량만을 〈보기〉에서 있는 대로 고른 것은? (단, 실의 질량, 모든 마찰과 물체의 크기는 무시한다.)

| 보기 |

ㄱ. A의 가속도의 크기
ㄴ. 실이 A를 잡아당기는 힘의 크기
ㄷ. B가 s의 거리를 이동하는 데 걸린 시간

① ㄱ   ② ㄴ   ③ ㄱ, ㄷ
④ ㄴ, ㄷ   ⑤ ㄱ, ㄴ, ㄷ

08 그림은 물체 A, B, C가 도르래를 통해 실 p, q로 연결되어 일정한 속력으로 운동하는 것을 나타낸 것이다.

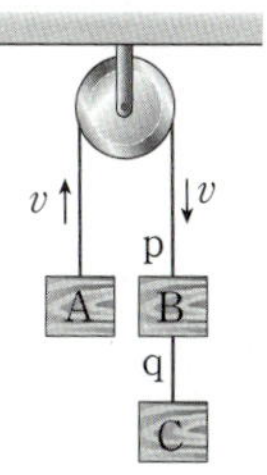

이에 대한 설명으로 옳은 것은? (단, 실의 질량과 모든 마찰은 무시한다.)

① A에 작용하는 알짜힘의 방향은 위 방향이다.
② p가 B를 당기는 힘과 q가 B를 당기는 힘은 평형 관계이다.
③ p가 A를 당기는 힘과 지구가 A를 당기는 힘은 평형 관계이다.
④ p가 B를 당기는 힘과 지구가 B를 당기는 힘은 평형 관계이다.
⑤ q가 C를 당기는 힘과 지구가 C를 당기는 힘은 작용과 반작용의 관계이다.

01 그림은 직선상에 운동하다가 충격을 받은 물체의 위치를 시간에 따라 나타낸 것이다. 물체의 질량이 $3\,kg$이고 충격이 작용하는 시간은 0.1초이다.

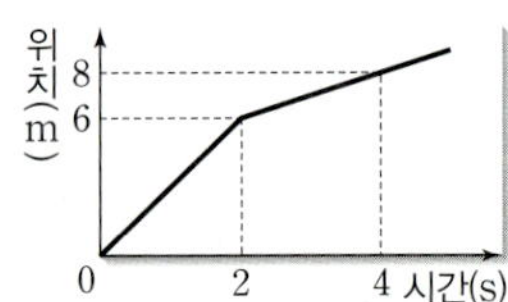

이 물체에 대한 설명으로 옳은 것만을 〈보기〉에서 있는 대로 고른 것은? (단, 모든 마찰은 무시한다.)

보기
ㄱ. 1초일 때 운동량의 크기는 $9\,kg\cdot m/s$이다.
ㄴ. 작용한 충격량의 크기는 $6\,N\cdot s$이다.
ㄷ. 작용한 충격력의 평균 크기는 $60\,N$이다.

① ㄱ　　　② ㄴ　　　③ ㄱ, ㄷ
④ ㄴ, ㄷ　　　⑤ ㄱ, ㄴ, ㄷ

02 그림 (가), (나)는 마찰이 없는 수평면에서 물체 A, B가 충돌하는 모습을 나타낸 것이다. (가)에서는 A가 v의 속도로 정지해 있는 B에 충돌하고, (나)에서는 B가 v의 속도로 정지해 있는 A에 충돌한다. 충돌 후 두 물체는 한 덩어리가 되어 운동한다. A, B의 질량은 각각 m, $2m$이다.

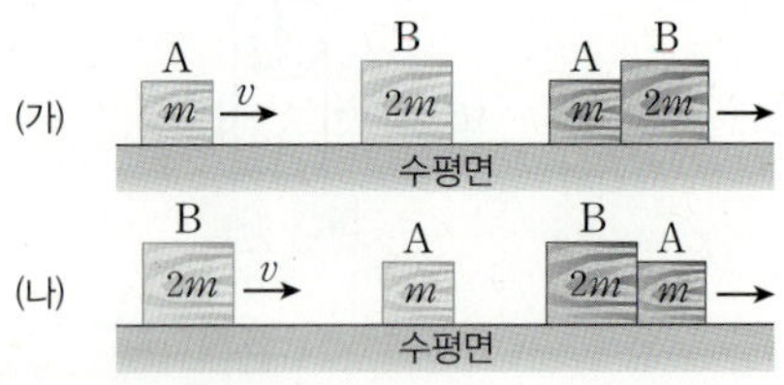

이에 대한 설명으로 옳은 것만을 〈보기〉에서 있는 대로 고른 것은? (단, 모든 마찰은 무시한다.)

보기
ㄱ. 충돌 후 A, B의 운동량의 합은 (나)에서가 (가)에서의 2배이다.
ㄴ. (가)와 (나)에서 충돌 후 A의 속력은 같다.
ㄷ. (가)에서 A가 B에 작용한 충격량의 크기와 (나)에서 B가 A에 작용한 충격량의 크기는 같다.

① ㄱ　　　② ㄴ　　　③ ㄱ, ㄷ
④ ㄴ, ㄷ　　　⑤ ㄱ, ㄴ, ㄷ

03 그림은 마찰이 없는 수평면에서 각각 v, $2v$, v의 속도로 화살표 방향으로 운동하는 물체 A, B, C의 위치가 각각 $x=0$, $x=L$, $x=2L$인 순간을 나타낸 것이다. A, B, C의 질량은 각각 m, m, $2m$이다. A, B, C는 충돌 전후 x축에서 운동하며 각 충돌에서 매우 짧은 시간 동안 충돌하여 한 덩어리가 된다.

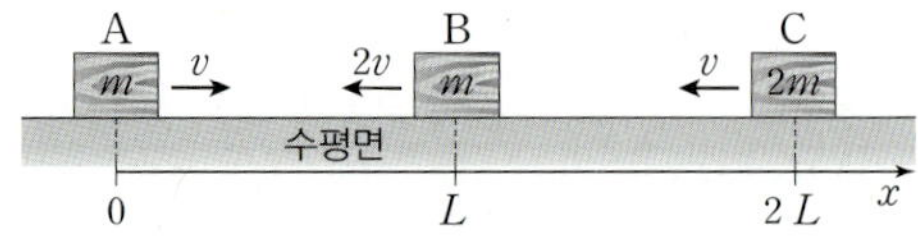

이에 대한 설명으로 옳은 것만을 〈보기〉에서 있는 대로 고른 것은? (단, 물체의 크기와 모든 마찰은 무시한다.)

보기
ㄱ. 충돌이 모두 끝난 후 A의 속력은 0이다.
ㄴ. A와 B가 충돌한 위치는 $x=\dfrac{L}{3}$이다.
ㄷ. A와 C가 충돌한 위치는 $x=-L$이다.

① ㄱ　　　② ㄴ　　　③ ㄱ, ㄷ
④ ㄴ, ㄷ　　　⑤ ㄱ, ㄴ, ㄷ

04 〔중요〕 그림 (가)는 물체 A가 물체 B를 향해 운동하는 것을, (나)는 충돌 전후 두 공의 위치를 시간에 따라 나타낸 것이다. 충돌 전후 두 공은 동일 직선상에서 운동한다.

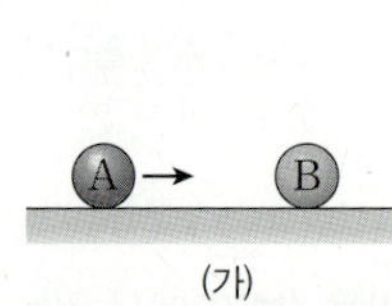 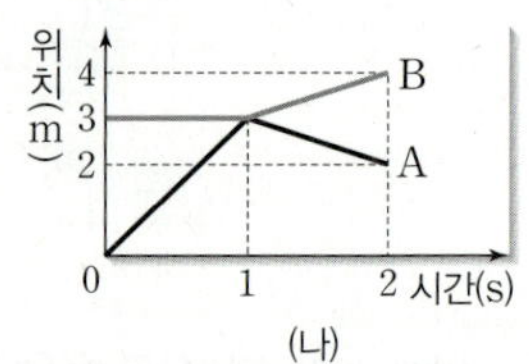

이에 대한 설명으로 옳은 것만을 〈보기〉에서 있는 대로 고른 것은? (단, 물체의 크기와 모든 마찰은 무시한다.)

보기
ㄱ. 충돌 후 A와 B의 운동량의 크기는 같다.
ㄴ. 충돌 전후 운동량 변화량의 크기는 A와 B가 같다.
ㄷ. 질량은 B가 A의 4배이다.

① ㄱ　　　② ㄴ　　　③ ㄱ, ㄷ
④ ㄴ, ㄷ　　　⑤ ㄱ, ㄴ, ㄷ

05 그림 (가)는 물체 A가 수평면에서 정지해 있는 물체 B를 향해 일정한 속도 v_0으로 운동하는 것을, (나)는 A가 B에 충돌하는 동안 B가 A에 작용한 힘의 크기를 시간에 따라 나타낸 것으로 그래프 아랫부분의 넓이는 $\frac{2}{3}mv_0$이다. A, B의 질량은 m으로 같고, 충돌 전후 A, B는 동일 직선에서 운동한다.

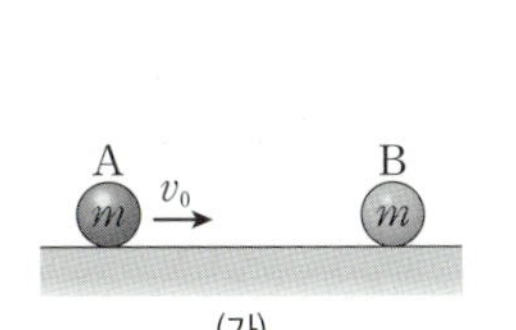
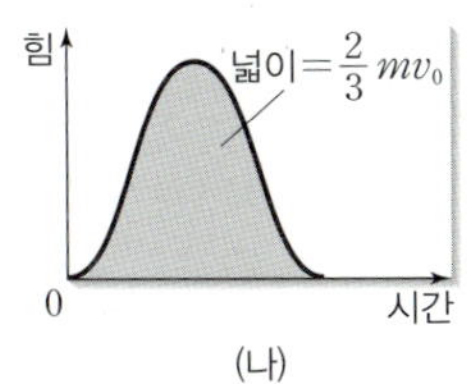

이에 대한 설명으로 옳은 것만을 〈보기〉에서 있는 대로 고른 것은? (단, 모든 마찰은 무시한다.)

| 보기 |

ㄱ. 충돌 후 A의 운동 방향은 충돌 전과 반대 방향이다.

ㄴ. 충돌 후 B의 속력은 $\frac{2}{3}v_0$이다.

ㄷ. 충돌 과정에서 A가 B에 작용한 충격량의 크기가 B가 A에 작용한 충격량의 크기보다 크다.

① ㄱ　　　　② ㄴ　　　　③ ㄱ, ㄷ
④ ㄴ, ㄷ　　　⑤ ㄱ, ㄴ, ㄷ

06 그림 (가)는 자동차 충돌 안전 실험을 하는 장면을, (나)는 (가)의 실험에서 질량이 같은 자동차 A, B가 정지해 있는 벽에 작용하는 힘을 시간에 따라 나타낸 것이다. 충돌 전 두 자동차의 속도는 같으며 충돌 후 정지한다.

이 물체에 대한 설명으로 옳은 것만을 〈보기〉에서 있는 대로 고른 것은? (단, 모든 마찰은 무시한다.)

| 보기 |

ㄱ. A와 B의 그래프 아랫부분의 넓이는 같다.

ㄴ. 자동차가 벽에 작용한 충격량의 크기는 A가 B보다 크다.

ㄷ. B가 A보다 안전한 자동차이다.

① ㄱ　　　　② ㄴ　　　　③ ㄱ, ㄷ
④ ㄴ, ㄷ　　　⑤ ㄱ, ㄴ, ㄷ

07 그림 (가)는 v_1의 일정한 속도로 운동하던 질량이 m인 물체가 운동 방향과 나란하게 크기가 F인 일정한 힘을 t_1부터 t_2까지 받은 후 속력 v_2로 운동하는 것을, (나)는 물체의 운동량을 시간에 따라 나타낸 것이다.

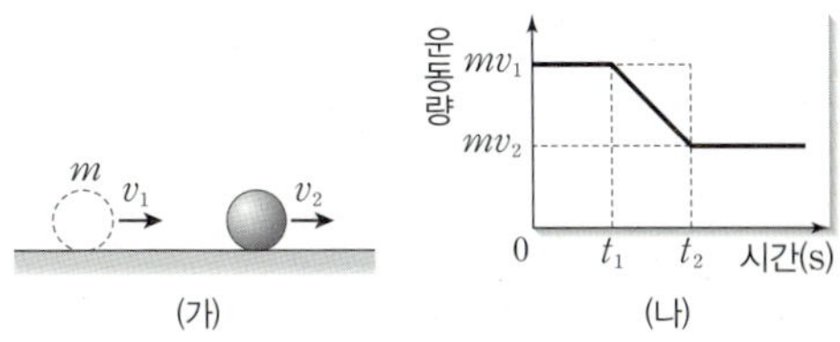

이에 대한 설명으로 옳은 것만을 〈보기〉에서 있는 대로 고른 것은?

| 보기 |

ㄱ. t_1부터 t_2까지 물체의 가속도의 방향은 물체가 받은 충격량의 방향과 반대이다.

ㄴ. t_1부터 t_2까지 물체가 받은 충격량의 크기는 $m(v_1-v_2)$이다.

ㄷ. 힘의 크기 $F = \dfrac{m(v_1-v_2)}{t_2-t_1}$이다.

① ㄱ　　　　② ㄴ　　　　③ ㄱ, ㄴ
④ ㄱ, ㄷ　　　⑤ ㄴ, ㄷ

08 그림 (가)는 철수가 점 P에 있던 공을 차서 공이 벽에 부딪쳐 되돌아오는 것을, (나)는 공을 찬 순간부터 공의 속도를 시간에 따라 나타낸 것이다. 공의 질량은 m이다.

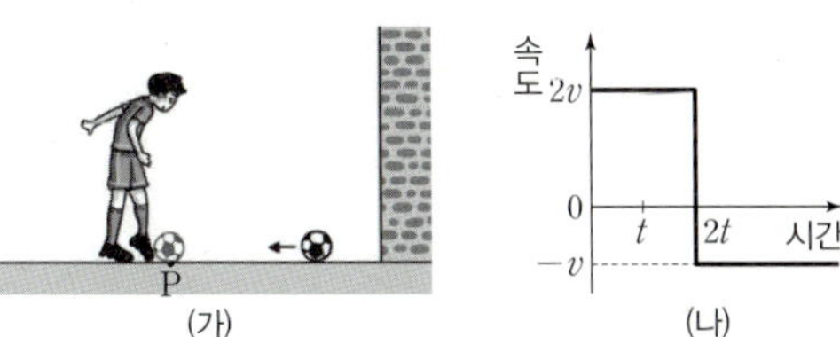

이에 대한 설명으로 옳은 것만을 〈보기〉에서 있는 대로 고른 것은? (단, 공은 벽과 수직인 동일 직선상에서 운동하며, 공의 크기는 무시한다.)

| 보기 |

ㄱ. P와 벽 사이의 거리는 $4vt$이다.

ㄴ. 벽으로부터 공이 받은 힘의 방향은 충돌 전 공의 운동 방향과 반대이다.

ㄷ. 충돌하는 동안 벽으로부터 물체가 받은 충격량의 크기는 mv이다.

① ㄱ　　　　② ㄷ　　　　③ ㄱ, ㄴ
④ ㄴ, ㄷ　　　⑤ ㄱ, ㄴ, ㄷ

01 그림 (가)는 물체 A, B를 실로 연결하여 도르래에 걸쳐 놓고 전동기로 정지해 있는 A를 당기는 것을, (나)는 전동기가 당기는 힘을 A의 이동 거리에 따라 나타낸 것이다.

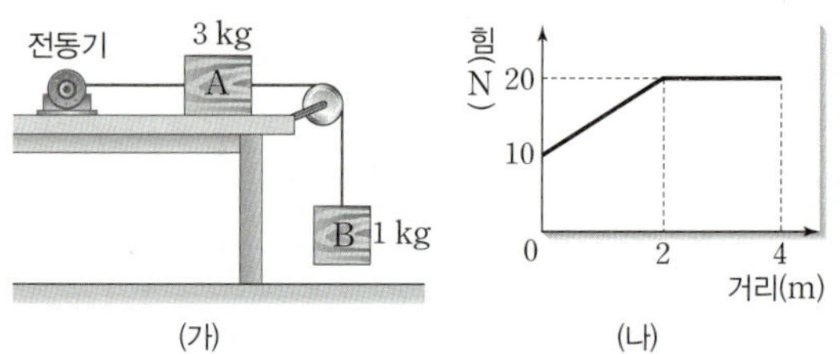

A에 대한 설명으로 옳은 것만을 〈보기〉에서 있는 대로 고른 것은? (단, 중력 가속도는 $10\,\mathrm{m/s^2}$이고, 실의 질량 및 모든 마찰은 무시한다.)

| 보기 |
ㄱ. 이동 거리가 3 m일 때 가속도의 크기는 $5\,\mathrm{m/s^2}$이다.
ㄴ. 0에서부터 2 m를 이동하는 동안 전동기가 한 일은 30 J이다.
ㄷ. 이동 거리가 4 m일 때 속력은 $\sqrt{15}\,\mathrm{m/s}$이다.

① ㄱ ② ㄴ ③ ㄱ, ㄷ
④ ㄴ, ㄷ ⑤ ㄱ, ㄴ, ㄷ

02 그림은 건물 옥상에서 질량이 같은 물체 A, B를 같은 지점에서 차례로 가만히 놓았을 때, A와 B가 운동하는 모습을 나타낸 것이다.
A가 지면에 도달하기 전까지, 이에 대한 설명으로 옳은 것만을 〈보기〉에서 있는 대로 고른 것은? (단, 공기 저항은 무시한다.)

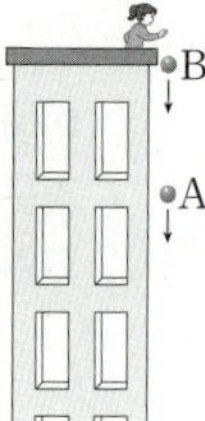

| 보기 |
ㄱ. A와 B의 속력 차는 일정하다.
ㄴ. A와 B의 운동 에너지 차는 일정하다.
ㄷ. A와 B 사이의 중력 퍼텐셜 에너지 차는 증가한다.

① ㄱ ② ㄷ ③ ㄱ, ㄴ
④ ㄱ, ㄷ ⑤ ㄴ, ㄷ

03 그림은 질량이 $1\,\mathrm{kg}$인 물체가 기울기가 일정한 빗면의 점 a를 지나 점 c를 통과하여 최고점 점 b에 도달한 후, 다시 c를 지나는 순간의 모습을 나타낸 것이다. 물체가 a에서 b에 도착한 후 c까지 이동하는 데 걸린 시간은 6초이고, a, c 사이, b, c 사이 길이의 비는 3 : 1이다. a에서 중력에 의한 퍼텐셜 에너지는 0이며, 물체는 직선상에서 운동한다.

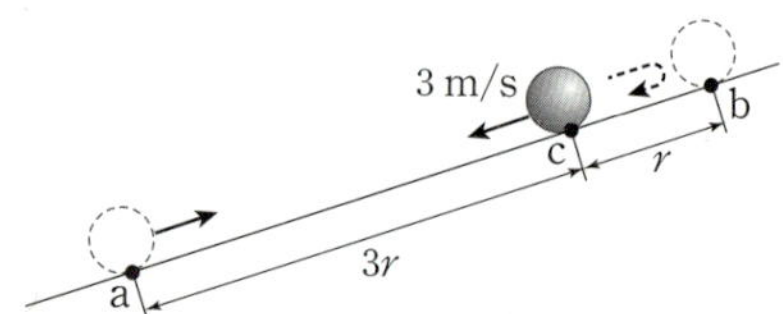

이 물체에 대한 설명으로 옳은 것만을 〈보기〉에서 있는 대로 고른 것은? (단, 물체의 크기와 모든 마찰은 무시한다.)

| 보기 |
ㄱ. a에서 속력은 $9\,\mathrm{m/s}$이다.
ㄴ. b에서 가속도의 크기는 $3\,\mathrm{m/s^2}$이다.
ㄷ. c에서 중력에 의한 퍼텐셜 에너지는 운동 에너지의 3배이다.

① ㄱ ② ㄷ ③ ㄱ, ㄴ
④ ㄴ, ㄷ ⑤ ㄱ, ㄴ, ㄷ

04 중요
그림은 질량이 같은 물체 A와 B를 밀어 놓았을 때 두 물체가 높이 P를 지나 기울기가 변하는 경사면을 따라 올라가 높이 Q를 지나는 것을 나타낸 것이다. A, B는 P를 동시에 통과하여 같은 거리를 이동하여 동시에 Q를 통과한다.

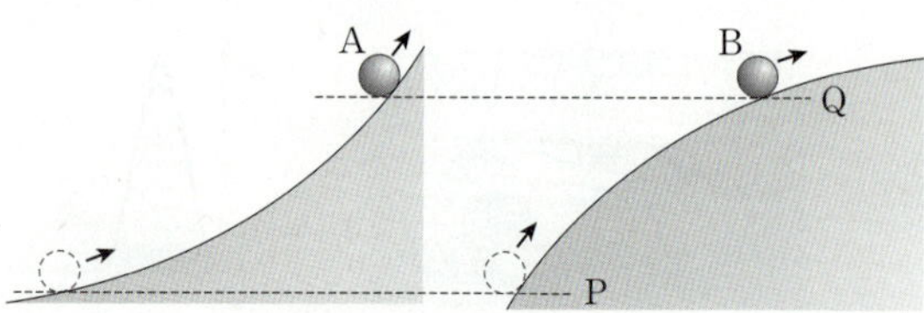

P를 지나는 순간부터 Q에 도달할 때까지 A, B의 운동에 대한 설명으로 옳은 것만을 〈보기〉에서 있는 대로 고른 것은? (단, 물체는 경사면을 벗어나지 않고, 물체의 크기와 모든 마찰은 무시한다.)

| 보기 |
ㄱ. 중력이 한 일은 A와 B가 서로 같다.
ㄴ. 운동 에너지 변화량은 A와 B가 서로 같다.
ㄷ. 역학적 에너지는 B가 A보다 크다.

① ㄱ ② ㄷ ③ ㄱ, ㄴ
④ ㄴ, ㄷ ⑤ ㄱ, ㄴ, ㄷ

05 그림과 같이 높이가 L인 수평면에 정지해 있던 질량이 m인 물체에 수평 방향의 일정한 힘 F를 물체가 거리 L만큼 이동할 때까지만 작용하였다. 지면에서의 속력은 경사면을 내려오기 직전의 2배이다.

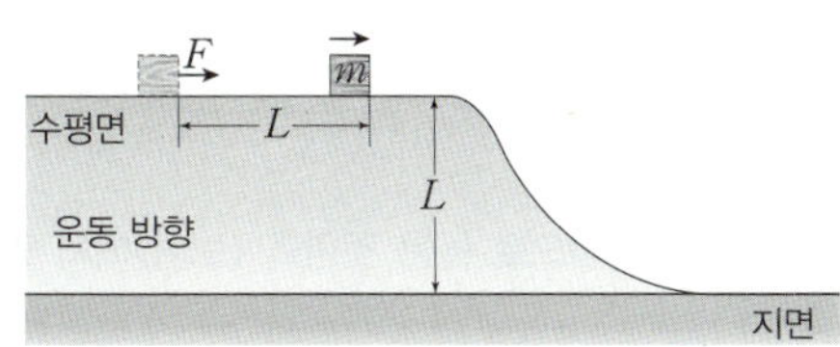

F는? (단, 중력 가속도는 g이고, 물체의 크기와 모든 마찰, 공기 저항은 무시한다.)

① $\dfrac{mg}{3}$ ② $\dfrac{mg}{2}$ ③ $\dfrac{2mg}{3}$

④ mg ⑤ $2mg$

06 그림은 물체 A가 일정한 속력 v로 운동하여 수평면에 정지해 있는 물체 B에 충돌한 후 A와 B가 각각 빗면을 따라 최고 높이 h, $4h$까지 올라가는 것을 나타낸 것이다. A, B의 질량은 각각 $2m$, m이다.

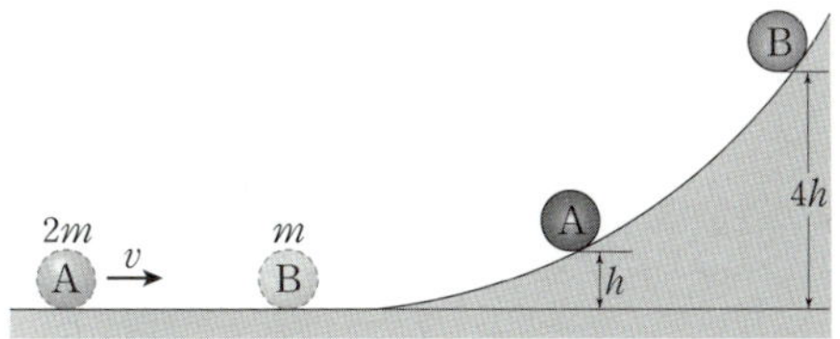

이에 대한 설명으로 옳은 것만을 〈보기〉에서 있는 대로 고른 것은? (단, 중력 가속도는 g이고, 물체의 크기와 모든 마찰, 공기 저항은 무시한다.)

보기

ㄱ. 충돌 직후 B의 속력은 $0.5v$이다.

ㄴ. $h = \dfrac{v^2}{8g}$이다.

ㄷ. 충돌하는 동안 손실된 역학적 에너지는 $\dfrac{1}{2}mv^2$이다.

---

① ㄴ   ② ㄷ   ③ ㄱ, ㄴ

④ ㄱ, ㄷ   ⑤ ㄱ, ㄴ, ㄷ

07 그림과 같이 위쪽 수평면에서 용수철에 나무도막을 접촉시켜 x_A만큼 압축시켰다가 가만히 놓았더니 나무도막이 경사면을 따라 내려와 아래쪽 수평면에서 용수철을 최대 x_B만큼 압축시켰다. 위쪽과 아래쪽에 있는 용수철의 용수철 상수는 각각 k_A, k_B이다. 표는 동일한 나무도막을 사용하여 x_A를 달리할 때 x_B를 측정한 결과이다.

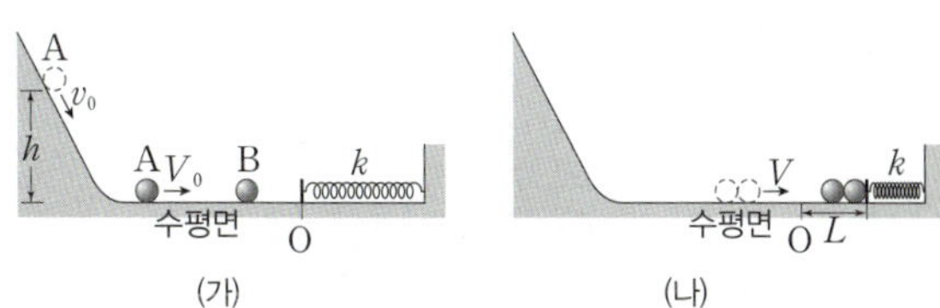

구분	1회	2회
x_A(cm)	1	2
x_B(cm)	1	$\sqrt{2}$

$\dfrac{k_B}{k_A}$는? (단, 용수철은 탄성 한계 내에서 압축되며, 나무도막의 크기, 용수철의 질량, 모든 마찰과 공기 저항은 무시한다.)

① $\sqrt{2}$ ② $\sqrt{3}$ ③ 2

④ 3   ⑤ 4

08 그림 (가)는 v_0의 속력으로 높이 h인 지점을 통과한 물체 A가 마찰이 없는 비탈면을 내려와 마찰이 없는 수평면에 정지해 있던 물체 B를 향해 V_0의 속력으로 운동하는 모습을 나타낸 것이다. 그림 (나)는 충돌 후 한 덩어리가 되어 V의 속력으로 운동하던 A와 B가 용수철을 L만큼 최대로 압축시킨 모습을 나타낸 것이다. A와 B의 질량은 각각 m이고, 용수철 상수는 k이다.

다음은 철수가 L을 구한 계산 과정의 일부이다.

[계산 과정]

$$\frac{1}{2}mv_0^2 + mgh = \frac{1}{2}mV_0^{\,2}$$

$$mV_0 = \boxed{\quad(\text{ㄱ})\quad}$$

$$mV^2 = \boxed{\quad(\text{ㄴ})\quad}$$

(ㄱ), (ㄴ)에 해당하는 것으로 옳은 것은? (단, g는 중력 가속도이고, 용수철의 질량, 공기 저항 및 A, B의 크기는 무시하며, 중력 퍼텐셜 에너지의 기준면은 수평면이다.)

	(ㄱ)	(ㄴ)		(ㄱ)	(ㄴ)
①	mv_0	$\dfrac{1}{2}kL^2$	②	mv_0	kL^2
③	mV	$\dfrac{1}{2}kL^2$	④	mV	kL^2
⑤	$2mV$	$\dfrac{1}{2}kL^2$			

01 그림은 냉장고에 넣어 차갑게 된 빈 플라스틱 병의 입구를 물로 골고루 적신 후 동전을 올려놓은 다음 플라스틱 병을 양손으로 감싸 잡으면 동전이 톡톡 튀어오르는 것을 나타낸 것이다.

이에 대한 설명으로 옳은 것만을 〈보기〉에서 있는 대로 고른 것은?

| 보기 |
ㄱ. 병 속의 공기의 내부 에너지가 감소한다.
ㄴ. 병 속의 공기 분자들의 운동이 활발해진다.
ㄷ. 병 속의 공기가 동전에 역학적 에너지를 공급한다.

① ㄱ　　　　② ㄷ　　　　③ ㄱ, ㄴ
④ ㄴ, ㄷ　　　⑤ ㄱ, ㄴ, ㄷ

02 그림은 일정량의 이상 기체의 상태가 A → B → C → A로 변할 때 압력과 부피의 관계를 나타낸 것이다. C → A 과정에서 온도가 일정하다.

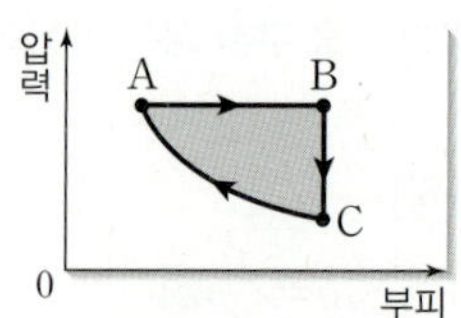

이에 대한 설명으로 옳은 것만을 〈보기〉에서 있는 대로 고른 것은?

| 보기 |
ㄱ. A → B 과정에서 기체가 흡수한 열은 기체가 한 일보다 작다.
ㄴ. C → A 과정에서 기체가 방출한 열은 기체가 외부로부터 얻은 일과 같다.
ㄷ. A → B → C → A 과정에서 기체는 외부로부터 열을 흡수한다.

① ㄴ　　　　② ㄷ　　　　③ ㄱ, ㄴ
④ ㄱ, ㄷ　　　⑤ ㄴ, ㄷ

03 그림은 일정량의 이상 기체의 상태가 A → B → C로 변할 때 온도와 압력의 관계를 나타낸 것이다.

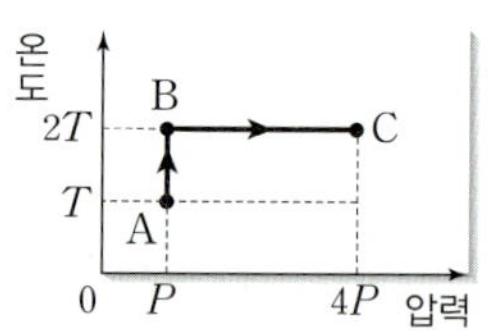

이에 대한 설명으로 옳은 것만을 〈보기〉에서 있는 대로 고른 것은?

| 보기 |
ㄱ. 기체의 부피는 B일 때가 C일 때보다 작다.
ㄴ. 기체의 평균 운동 에너지는 A일 때가 C일 때보다 작다.
ㄷ. A → B 과정에서 기체가 흡수한 열량은 기체가 외부에 한 일과 같다.

① ㄴ　　　　② ㄷ　　　　③ ㄱ, ㄴ
④ ㄱ, ㄷ　　　⑤ ㄱ, ㄴ, ㄷ

04 그림은 일정량의 이상 기체의 상태가 A → B → C → A를 따라 변하는 과정에서 부피와 절대 온도의 관계를 나타낸 것이다.

중요

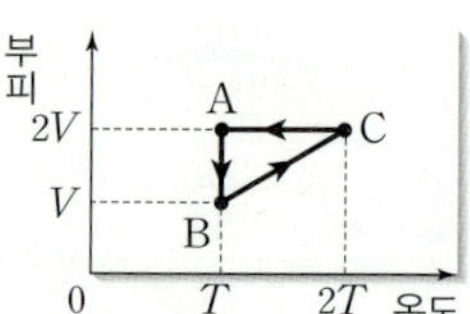

이에 대한 설명으로 옳은 것만을 〈보기〉에서 있는 대로 고른 것은?

| 보기 |
ㄱ. A → B 과정에서 기체는 외부로부터 열을 흡수한다.
ㄴ. B → C 과정에서 기체의 압력은 일정하다.
ㄷ. C → A 과정에서 기체는 외부로부터 일을 얻는다.

① ㄱ　　　　② ㄴ　　　　③ ㄱ, ㄷ
④ ㄴ, ㄷ　　　⑤ ㄱ, ㄴ, ㄷ

05 그림 (가)는 단열된 실린더에 일정량의 이상 기체가 들어 있고, 모래가 올려진 단열된 피스톤이 정지해 있는 것을, (나)는 (가)에서 피스톤 위의 모래의 양을 조절하거나 기체에 열을 가하여 기체의 상태를 A → B → C를 따라 변화시킬 때, 압력과 부피의 관계를 나타낸 것이다. A → B 과정은 등압 과정, B → C 과정은 단열 과정이다.

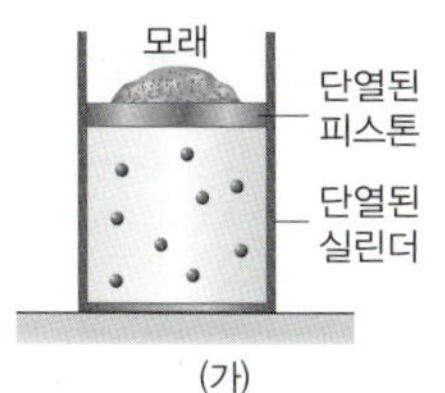

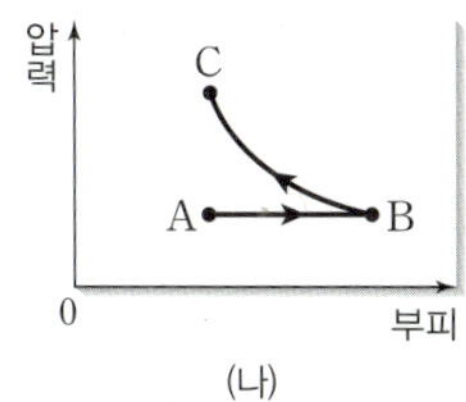

이에 대한 설명으로 옳은 것만을 〈보기〉에서 있는 대로 고른 것은? (단, 대기압은 일정하고, 피스톤과 실린더 사이의 마찰은 무시한다.)

| 보기 |
> ㄱ. A → B 과정에서 기체가 흡수한 열량은 내부 에너지 증가량보다 크다.
> ㄴ. B → C 과정에서 기체의 내부 에너지가 감소한다.
> ㄷ. B → C 과정에서 모래의 양을 증가시켰다.

① ㄱ　　　② ㄴ　　　③ ㄱ, ㄷ
④ ㄴ, ㄷ　　　⑤ ㄱ, ㄴ, ㄷ

06 그림 (가)는 피스톤에 의해 두 부분으로 나누어진 실린더의 왼쪽에는 이상 기체가 있고, 오른쪽에는 벽에 고정된 용수철이 피스톤과 연결된 것을 나타낸 것이다. 용수철은 늘어나거나 줄어들지 않은 상태이다. 그림 (나)는 (가)에서 고정핀이 제거된 피스톤이 오른쪽으로 서서히 움직이다가 정지해 있는 것을 나타낸 것이다.

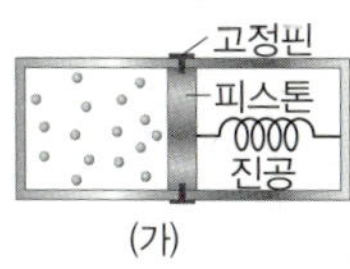

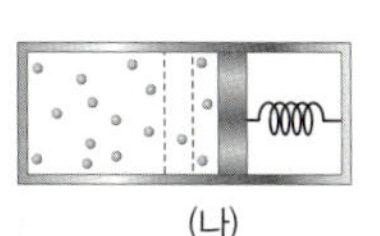

이에 대한 설명으로 옳은 것만을 〈보기〉에서 있는 대로 고른 것은? (단, 피스톤과 실린더 사이의 마찰은 무시하며, 피스톤과 실린더와 외부 사이의 열 출입이 없다.)

| 보기 |
> ㄱ. 이상 기체의 압력은 (가)에서가 (나)에서보다 크다.
> ㄴ. 이상 기체의 온도는 (가)에서가 (나)에서보다 높다.
> ㄷ. (가) → (나)의 과정 동안 용수철의 탄성력에 의한 퍼텐셜 에너지의 변화량은 이상 기체의 내부 에너지의 변화량보다 크다.

① ㄴ　　　② ㄷ　　　③ ㄱ, ㄴ
④ ㄱ, ㄷ　　　⑤ ㄱ, ㄴ, ㄷ

[07~08] 그림 (가)는 실린더에 들어 있는 일정량의 이상 기체가 열전달이 잘되는 금속판에 의해 두 부분 A, B로 나뉜 것을 나타낸 것이다. 금속판은 고정되어 있으며 A와 B의 이상 기체 온도는 서로 같다. 그림 (나)는 A의 이상 기체에 일정 시간 동안 열을 Q만큼 가했더니 피스톤이 위로 올라가 정지한 것을 나타낸 것이다. 이때 A, B의 온도는 서로 같다. 실린더와 피스톤을 통한 열 출입은 없으며 모든 마찰은 무시한다.

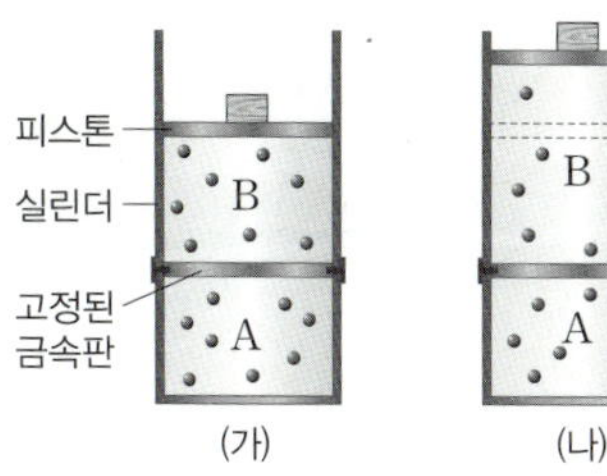

07 (가)에서 (나)로 변하는 동안 A, B의 기체 압력과 부피의 관계를 가장 적절하게 나타낸 것은? (단, 그래프의 점선은 등온 곡선이다.)

〈중요〉

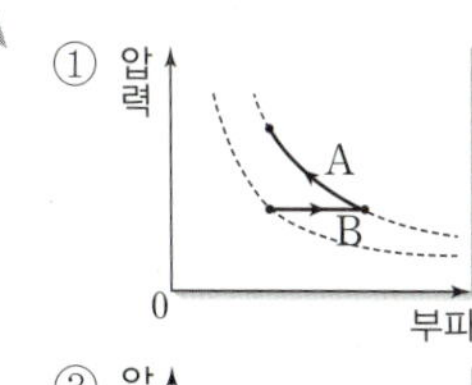

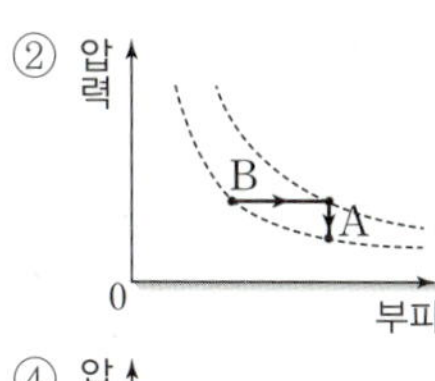

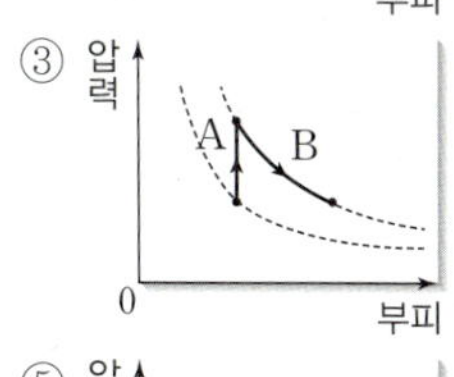

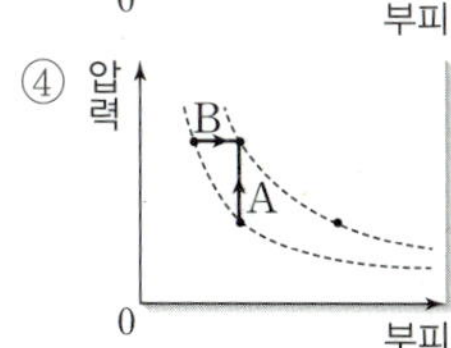

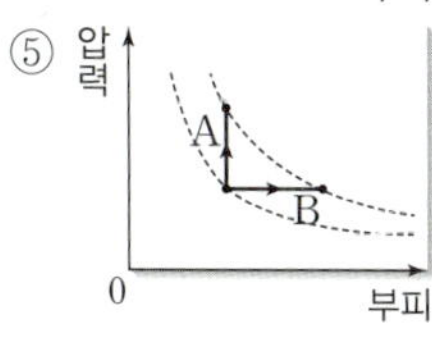

08 A와 B의 이상 기체에 대한 설명으로 옳은 것만을 〈보기〉에서 있는 대로 고른 것은?

| 보기 |
> ㄱ. A의 이상 기체 내부 에너지는 (가)에서가 (나)에서보다 크다.
> ㄴ. 피스톤이 올라가는 동안 B의 이상 기체가 외부에 한 일은 Q이다.
> ㄷ. (나)에서 A와 B의 기체 분자 1개의 평균 운동 에너지는 서로 같다.

① ㄴ　　　② ㄷ　　　③ ㄱ, ㄴ
④ ㄱ, ㄷ　　　⑤ ㄱ, ㄴ, ㄷ

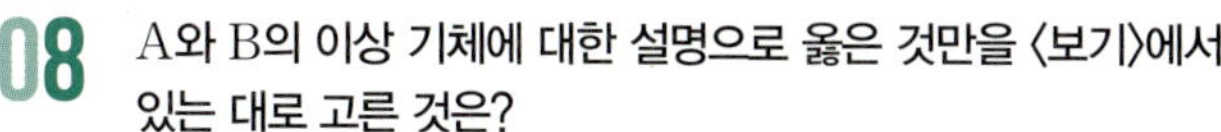

01 그림은 비커 안에 얼음을 넣고 가열하였을 때 얼음이 녹아 물이 된 후 물의 온도가 올라가는 것을 보며 철수, 영희, 민수가 대화를 나누는 것을 나타낸 것이다.

대화 내용이 옳은 학생만을 있는 대로 고른 것은?

① 영희   ② 민수   ③ 철수, 영희
④ 철수, 민수   ⑤ 철수, 영희, 민수

02 그림은 6개의 분자가 크기가 같은 두 방 A, B에 들어 있는 것을 나타낸 것이다. 표는 각 상태에서 A, B에 들어 있는 분자의 수와 경우의 수를 나타낸 것이다.

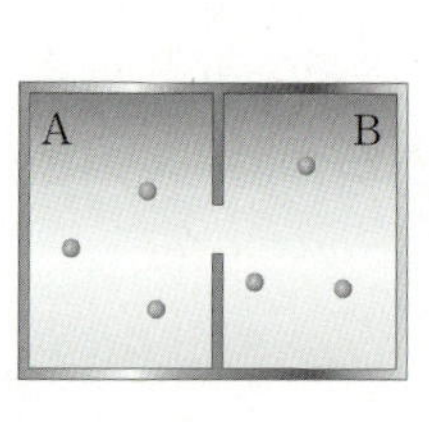

상태	분자 수 A	분자 수 B	경우의 수
I	6	0	1
II	5	1	6
III	4	2	15
IV	3	3	20
V	2	4	15
VI	1	5	6
VII	0	6	1

이에 대한 설명으로 옳은 것만을 〈보기〉에서 있는 대로 고른 것은?

┤ 보기 ├
ㄱ. 엔트로피가 가장 큰 상태는 IV이다.
ㄴ. 자연적으로 I 에서 IV를 거쳐 VII으로 변한다.
ㄷ. 방향제의 향기가 방안에 골고루 퍼지는 현상을 설명할 수 있는 내용이다.

① ㄴ   ② ㄷ   ③ ㄱ, ㄴ
④ ㄱ, ㄷ   ⑤ ㄱ, ㄴ, ㄷ

03 그림 (가)는 중력이 추에 한 일과 열 사이의 관계를 알아보기 위한 줄의 실험 장치를, (나)는 고열원에서 Q_1의 열을 흡수하여 W의 일을 하고 저열원으로 Q_2의 열을 방출하는 열기관을 나타낸 것이다.

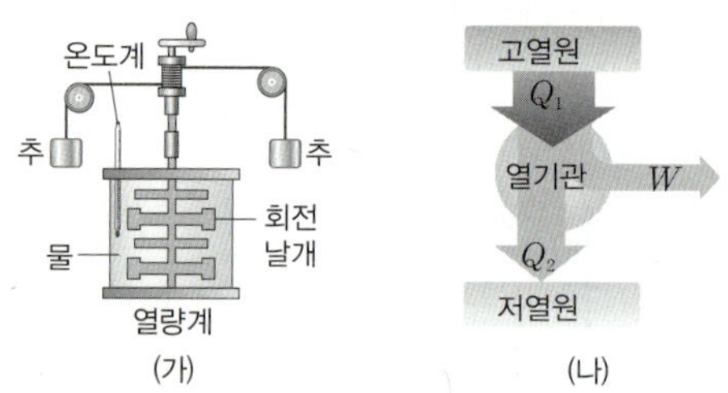

이에 대한 설명으로 옳은 것만을 〈보기〉에서 있는 대로 고른 것은?

┤ 보기 ├
ㄱ. (가)에서 열과 일이 동등함을 알 수 있다.
ㄴ. (나)에서 열기관의 열효율은 $\dfrac{W}{Q_1}$이다.
ㄷ. (나)에서 $Q_2=0$인 열기관을 만들 수 있다.

① ㄴ   ② ㄷ   ③ ㄱ, ㄴ
④ ㄱ, ㄷ   ⑤ ㄱ, ㄴ, ㄷ

04 그림은 고열원에서 Q_1의 열을 흡수하여 일을 하고 저열원으로 Q_2의 열을 방출하는 열기관을 나타낸 것이고, 표는 열기관 A, B, C에서 Q_1, Q_2, 열효율을 조사하여 기록한 것이다.

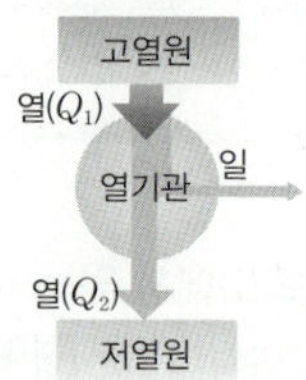

구분	A	B	C
$Q_1(\mathrm{J})$	500	400	200
$Q_2(\mathrm{J})$	400	300	(나)
열효율(%)	(가)	25	—

이에 대한 설명으로 옳은 것만을 〈보기〉에서 있는 대로 고른 것은?

┤ 보기 ├
ㄱ. (가)는 20이다.
ㄴ. B가 한 일은 100 J이다.
ㄷ. (나)가 0이면 열역학 제1법칙에 위배된다.

① ㄴ   ② ㄷ   ③ ㄱ, ㄴ
④ ㄱ, ㄷ   ⑤ ㄱ, ㄴ, ㄷ

05 그림은 온도 T_1인 고열원으로부터 열량 Q_1을 공급받아 외부에 일 W를 하고, 온도 T_2인 저열원으로 열량 Q_2를 방출하는 열기관에 대하여 철수, 영희, 민수가 대화하는 것을 나타낸 것이다.

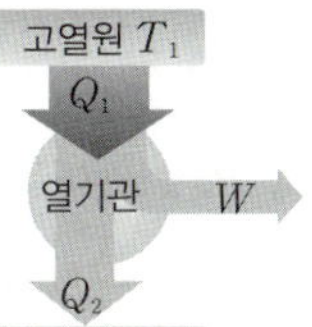

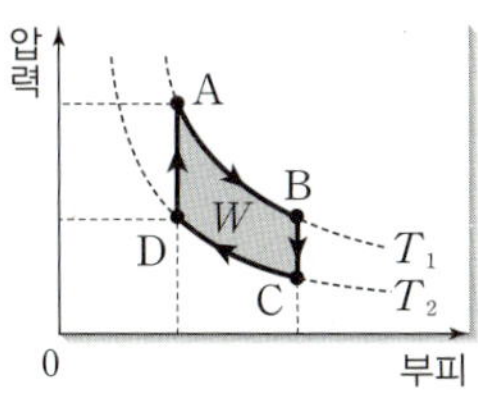

이 열기관에 대해 옳게 말한 학생만을 있는 대로 고른 것은?

① 철수　　　② 영희　　　③ 민수
④ 철수, 민수　　　⑤ 영희, 민수

07 그림은 한 열기관의 작동 물질인 일정량의 이상 기체의 상태가 A → B → C → D → A를 따라 변화할 때 압력과 부피의 관계를 나타낸 것이다. 한 순환 과정에서 기체가 외부로부터 받은 열량은 Q_1이고, 방출한 열량은 Q_2이다. A → B와 C → D는 등압 과정, B → C는 단열 과정, D → A는 등온 과정이다. 색칠된 부분의 넓이는 S이다.

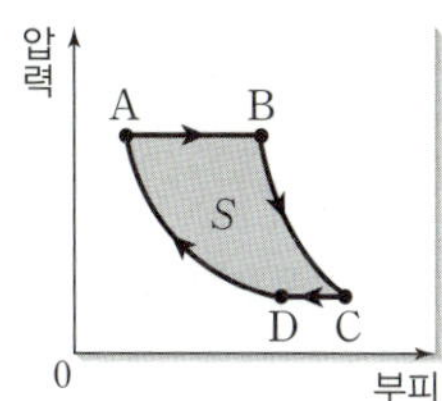

이에 대한 설명으로 옳은 것만을 〈보기〉에서 있는 대로 고른 것은?

| 보기 |
ㄱ. B → C 과정에서 내부 에너지가 감소한다.
ㄴ. 열효율은 $\dfrac{S}{Q_1}$이다.
ㄷ. D → A 과정에서 방출한 열량은 Q_2이다.

① ㄱ　　　② ㄷ　　　③ ㄱ, ㄴ
④ ㄴ, ㄷ　　　⑤ ㄱ, ㄴ, ㄷ

06 그림은 일정량의 이상 기체가 들어 있는 열기관의 한 순환 과정 A → B → C → D → A를 압력과 부피 관계 그래프로 나타낸 것이다. A → B, C → D 과정에서는 온도가 일정하고, B → C, D → A 과정은 부피가 일정하다. 순환 과정으로 둘러싸인 부분의 넓이는 W이다.

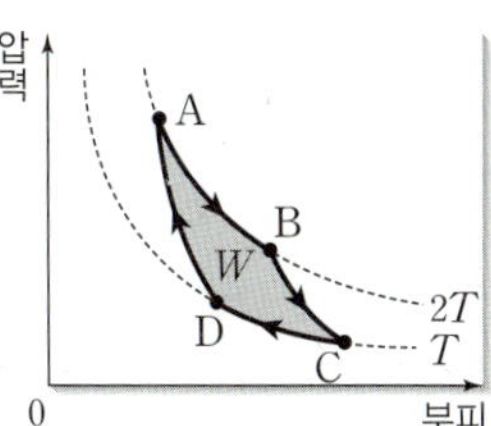

이에 대한 설명으로 옳은 것만을 〈보기〉에서 있는 대로 고른 것은?

| 보기 |
ㄱ. D → A 과정에서 열을 방출한다.
ㄴ. A → B 과정에서 한 일은 흡수한 열량과 같다.
ㄷ. 한 순환 과정에서 열기관이 한 일은 W이다.

① ㄱ　　　② ㄷ　　　③ ㄱ, ㄴ
④ ㄴ, ㄷ　　　⑤ ㄱ, ㄴ, ㄷ

08 그림은 카르노 기관의 순환 과정 A → B → C → D → A를 압력과 부피 그래프로 나타낸 것이다. A → B 과정과 C → D 과정은 각각 절대 온도가 $2T$, T인 등온 과정이고, A → B → C → D → A로 둘러싸인 부분의 넓이는 W이다.

압력
A
B
W
D
$2T$
C
T
0
부피

이에 대한 설명으로 옳은 것만을 〈보기〉에서 있는 대로 고른 것은?

| 보기 |
ㄱ. 이 열기관의 열효율은 0.5이다.
ㄴ. A → B 과정에서 외부에 한 일은 W이다.
ㄷ. C → D 과정에서 외부에 방출한 열량은 $0.5W$이다.

① ㄱ　　　② ㄴ　　　③ ㄱ, ㄴ
④ ㄴ, ㄷ　　　⑤ ㄱ, ㄴ, ㄷ

01 그림은 철수와 영희가 기준선 A를 동시에 통과하여 100 m 떨어진 기준선 B까지 직선 상에서 일정한 속도로 운동하는 것을 나타낸 것이다. 철수와 영희가 A에서 B까지 이동하는 데 걸린 시간은 각각 20초, 25초이었다.

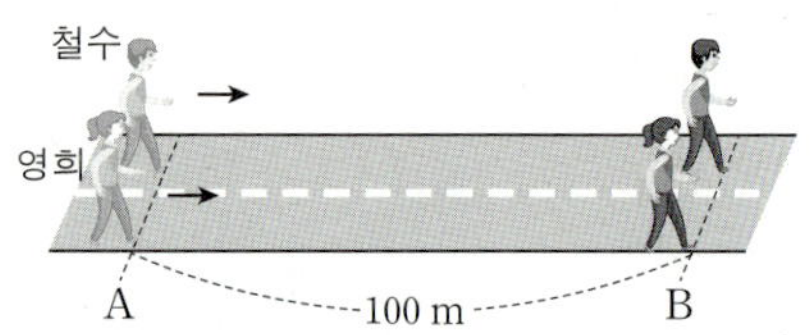

두 사람이 같이 운동하는 동안, 이에 대한 설명으로 옳은 것만을 〈보기〉에서 있는 대로 고른 것은?

┤ 보기 ├

ㄱ. 영희에 대한 철수의 속도는 크기가 5 m/s이다.
ㄴ. 철수에 대한 영희의 속도는 방향이 철수의 운동 방향과 같다.
ㄷ. 철수에 대한 영희의 속도와 영희에 대한 철수의 속도는 크기가 같다.

① ㄱ　　　② ㄷ　　　③ ㄱ, ㄴ
④ ㄴ, ㄷ　　　⑤ ㄱ, ㄴ, ㄷ

02 그림과 같이 지면에 서 있는 사람 A가 스케이트보드를 타고 있는 사람 B가 공을 위로 던지고 다시 받는 것을 관찰하고 있다. 스케이트보드는 지면에 대해 일정한 속도로 운동한다.

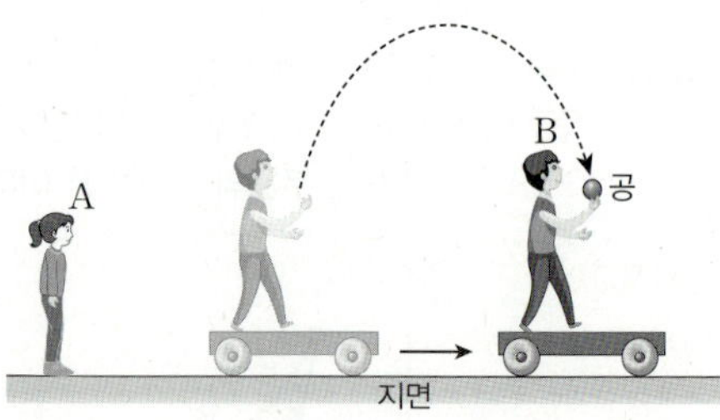

이에 대한 설명으로 옳은 것만을 〈보기〉에서 있는 대로 고른 것은? (단, 마찰과 공기 저항은 무시한다.)

┤ 보기 ├

ㄱ. 공의 속력은 A가 관찰하였을 때가 B가 관찰하였을 때보다 크다.
ㄴ. A, B가 각각 관찰한 공에 작용한 알짜힘의 방향은 서로 다르다.
ㄷ. A, B가 각각 공을 관찰하였을 때 공의 역학적 에너지 보존 법칙이 성립한다.

① ㄴ　　　② ㄷ　　　③ ㄱ, ㄴ
④ ㄱ, ㄷ　　　⑤ ㄱ, ㄴ, ㄷ

03 그림은 정지해 있는 철수에 대해 우주선 A, B가 각각 일정한 속력 $0.7c$, $0.9c$로 같은 방향으로 직선 운동하는 것을 나타낸 것이다. 철수가 측정할 때 A, B의 길이는 같다.

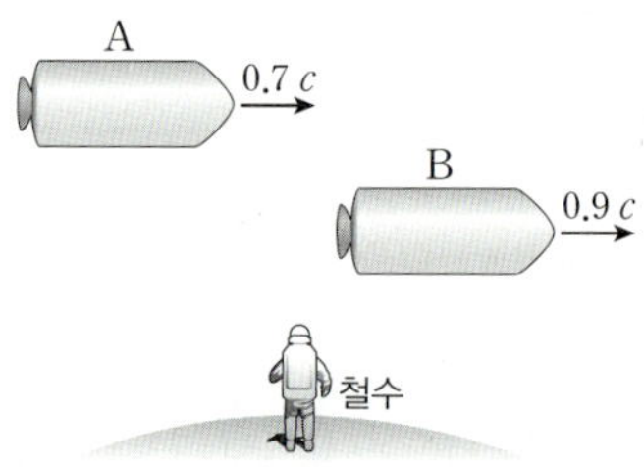

이에 대한 설명으로 옳은 것만을 〈보기〉에서 있는 대로 고른 것은? (단, c는 빛의 속력이다.)

┤ 보기 ├

ㄱ. 우주선의 고유 길이는 A가 B보다 짧다.
ㄴ. A가 측정할 때 철수와 B의 운동 방향이 같다.
ㄷ. B가 측정할 때 A의 시간이 철수의 시간보다 빠르게 흐른다.

① ㄱ　　　② ㄴ　　　③ ㄱ, ㄷ
④ ㄴ, ㄷ　　　⑤ ㄱ, ㄴ, ㄷ

04 그림은 정지해 있는 철수에 대해 민수가 타고 있는 우주선이 일정한 속력 $0.9c$로 A에서 B로 직선 운동하는 것을 나타낸 것이다. A, B는 철수에 대해 정지해 있으며 철수가 측정한 A와 B 사이의 거리는 R_0이다.

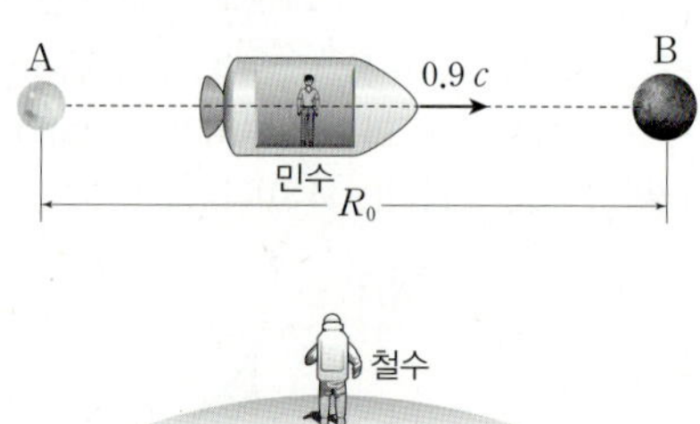

이에 대한 설명으로 옳은 것만을 〈보기〉에서 있는 대로 고른 것은? (단, c는 빛의 속력이다.)

┤ 보기 ├

ㄱ. 민수가 측정한 A, B 사이 길이는 R_0보다 짧다.
ㄴ. 민수가 측정할 때 우주선이 A에서 B까지 이동하는 데 걸린 시간은 $\dfrac{R_0}{0.9c}$이다.
ㄷ. 우주선이 A에서 B까지 이동하는 데 걸린 시간은 철수가 측정한 값이 민수가 측정한 값보다 작다.

① ㄱ　　　② ㄴ　　　③ ㄱ, ㄴ
④ ㄴ, ㄷ　　　⑤ ㄱ, ㄴ, ㄷ

05 그림은 민수가 탄 우주선이 정지해 있는 철수에 대해 구간 A에서 $0.6c$의 속력으로 등속도 운동을 한 후, 속력이 변하여 다시 구간 B에서 등속도 운동을 하는 모습을 나타낸 것이다. 철수가 측정할 때, 구간 A, B는 정지해 있고 구간 길이는 같으며 민수의 시간은 A에서가 B에서보다 빠르게 흐른다.

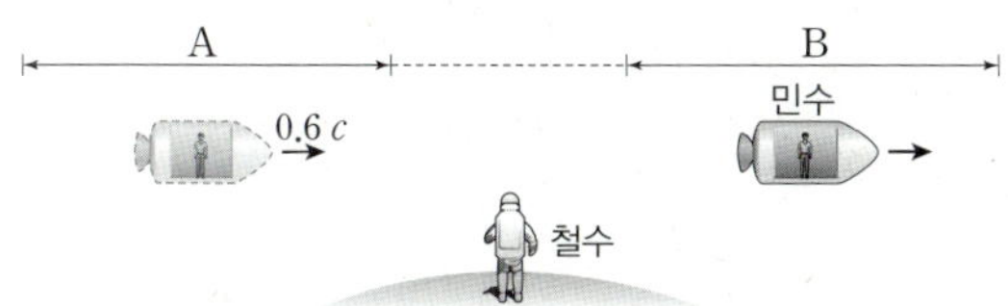

이에 대한 설명으로 옳은 것만을 〈보기〉에서 있는 대로 고른 것은? (단, c는 빛의 속력이다.)

| 보기 |

ㄱ. 철수가 측정할 때 B에서 우주선의 속력은 $0.6c$보다 크다.
ㄴ. 민수가 측정한 구간 길이는 A가 B보다 크다.
ㄷ. 철수가 측정할 때 우주선의 길이는 A에서가 B에서보다 크다.

① ㄱ ② ㄴ ③ ㄱ, ㄷ
④ ㄴ, ㄷ ⑤ ㄱ, ㄴ, ㄷ

06 그림은 정지해 있는 철수에 대해 양성자가 일정한 속도 $0.9c$로 점 p를 지나 점 q를 통과하는 것을 나타낸 것이다. 철수가 측정할 때 p, q는 정지해 있으며 p와 q 사이의 거리는 L_0이고, 양성자와 같은 속도로 움직이는 우주선에 탄 영희가 측정한 p에서 q까지 이동하는 데 걸린 시간은 T_0이다.

중요

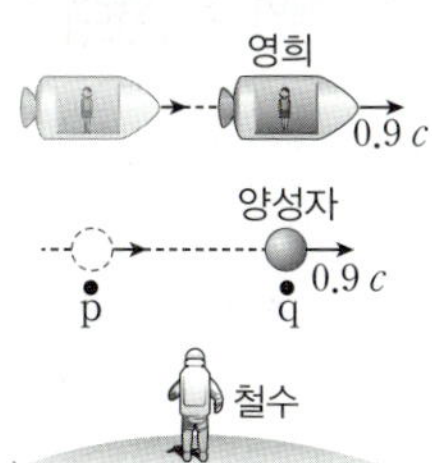

이에 대한 설명으로 옳은 것만을 〈보기〉에서 있는 대로 고른 것은? (단, c는 빛의 속력이다.)

| 보기 |

ㄱ. 영희가 측정할 때 p와 q 사이의 거리는 L_0보다 짧다.
ㄴ. 철수가 측정할 때 양성자가 p에서 q까지 이동하는 데 걸린 시간은 T_0보다 크다.
ㄷ. $L_0 = 0.9cT_0$이다.

① ㄱ ② ㄷ ③ ㄱ, ㄴ
④ ㄴ, ㄷ ⑤ ㄱ, ㄴ, ㄷ

07 그림은 철수가 탄 우주선이 영희에 대해 일정한 속도 $0.7c$로 운동하고 있는 것을 나타낸 것이다. 우주선의 바닥에서 출발한 빛이 P에 도달할 때까지 철수와 영희가 측정한 빛의 이동 거리는 각각 $L_{철수}$, $L_{영희}$이고 걸린 시간은 각각 $T_{철수}$, $T_{영희}$이다.

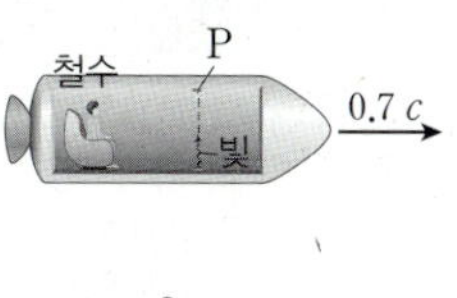

이에 대한 설명으로 옳은 것만을 〈보기〉에서 있는 대로 고른 것은? (단, c는 빛의 속력이다.)

| 보기 |

ㄱ. $L_{철수} > L_{영희}$이다.
ㄴ. $T_{철수} < T_{영희}$이다.
ㄷ. $\dfrac{L_{철수}}{T_{철수}} = \dfrac{L_{영희}}{T_{영희}} = c$이다.

① ㄱ ② ㄴ ③ ㄱ, ㄷ ④ ㄴ, ㄷ ⑤ ㄱ, ㄴ, ㄷ

08 그림 (가)는 지표면에 정지해 있는 우주선 내부에서 광원을 중심으로 하는 원에서 같은 거리에 광센서 A, B, C, D가 고정되어 있는 것을, (나)는 이 우주선이 지표면에 정지해 있는 영희에 대해 $0.6c$의 일정한 속도로 운동하는 것을 나타낸 것이다. 우주선의 운동 방향은 빛이 광원에서 C로 진행하는 방향과 같다.

중요

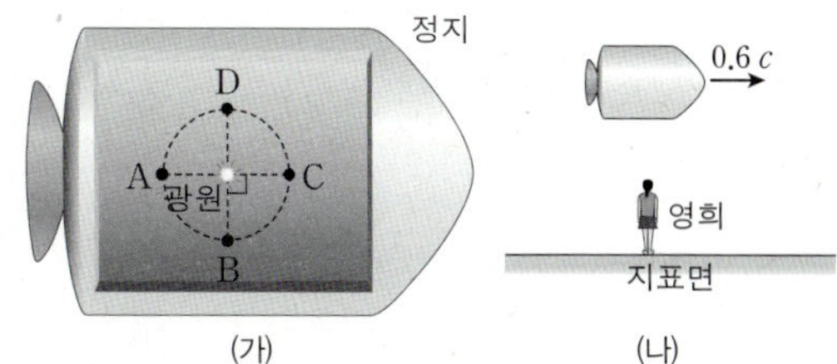

영희가 관측할 때, (나)에 대한 설명으로 옳은 것만을 〈보기〉에서 있는 대로 고른 것은? (단, c는 빛의 속력이다.)

| 보기 |

ㄱ. 광원에서 A, B, C, D로 진행하는 빛의 속력은 모두 같다.
ㄴ. 광원에서 동시에 방출한 빛은 C보다 A에 먼저 도달한다.
ㄷ. 광원과 A 사이의 거리는 광원과 C 사이의 거리보다 짧다.

① ㄱ ② ㄷ ③ ㄱ, ㄴ ④ ㄴ, ㄷ ⑤ ㄱ, ㄴ, ㄷ

01 그림은 수평면에 정지해 있는 B가 측정했을 때 A가 타고 있는 우주선과 뮤온이 수평면과 나란하게 B에 대해 $0.9c$의 속력으로 운동하는 것을 나타낸 것이다.

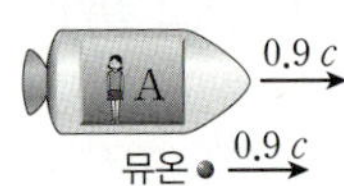

B가 측정했을 때가 A가 측정했을 때보다 더 큰 물리량만을 〈보기〉에서 있는 대로 고른 것은? (단, c는 빛의 속력이다.)

보기
ㄱ. 뮤온의 수명
ㄴ. 우주선의 길이
ㄷ. 뮤온의 전체 에너지

① ㄱ　　　　② ㄴ　　　　③ ㄱ, ㄷ
④ ㄴ, ㄷ　　　⑤ ㄱ, ㄴ, ㄷ

02 그림은 에너지가 매우 큰 빛이 원자핵에 흡수되어 소멸되고 전자와 양전자가 생성되는 쌍생성 과정을 나타낸 것이다. 양전자는 전자와 전하량, 질량이 같지만 양(+)전하를 띠는 입자이다. 전자의 정지 에너지는 E_0이다.

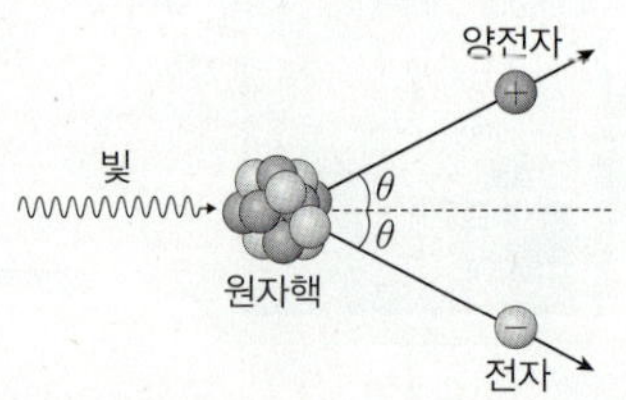

이에 대한 설명으로 옳은 것만을 〈보기〉에서 있는 대로 고른 것은?

보기
ㄱ. 빛의 운동량은 0이다.
ㄴ. 빛의 에너지는 양전자와 전자의 운동 에너지로 전환된다.
ㄷ. 이 현상은 에너지와 질량이 동등하다는 것을 보여 주는 예이다.

① ㄱ　　　　② ㄷ　　　　③ ㄱ, ㄴ
④ ㄴ, ㄷ　　　⑤ ㄱ, ㄴ, ㄷ

03 〔중요〕 그림은 우주선(cosmic rays)이 성층권의 공기 분자와 충돌하여 같은 높이에서 뮤온 A, B를 생성하는 것을 나타낸 것이다. 지표면의 관찰자가 측정할 때 A, B는 각각 연직 방향으로 일정한 속도 $0.99c$, $0.95c$로 지표면을 향해 운동한다.

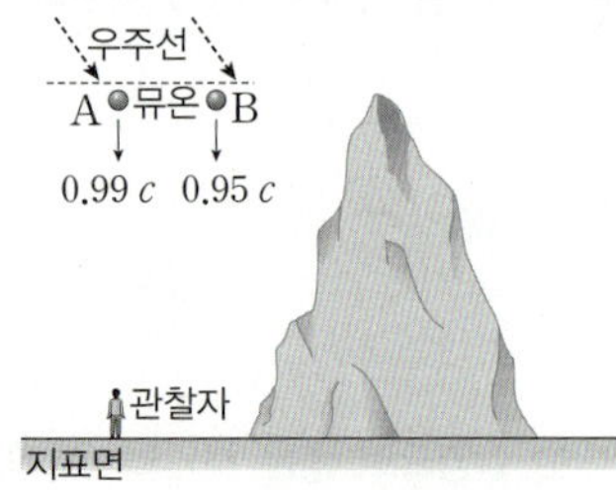

지표면의 관찰자가 측정할 때에 대한 설명으로 옳은 것만을 〈보기〉에서 있는 대로 고른 것은? (단, c는 빛의 속력이다.)

보기
ㄱ. 뮤온의 수명은 A가 B보다 길다.
ㄴ. 관찰자에게 가까이 관측되는 지표면으로부터 높이는 A가 B보다 높다.
ㄷ. 뮤온의 전체 에너지는 A가 B보다 크다.

① ㄱ　　　　② ㄴ　　　　③ ㄱ, ㄷ
④ ㄴ, ㄷ　　　⑤ ㄱ, ㄴ, ㄷ

04 다음은 태양에서 일어나는 핵반응에 대한 설명이다.

> 수소 원자핵 4개가 관여하는 　ㄱ　 반응에 의하여 헬륨 원자핵이 생성되고 이 핵반응에서 발생한 　ㄴ　 이 에너지로 전환되어 방출된다. 이런 핵반응에 의한 에너지는 방사능 오염과 같은 환경 문제가 없으므로 미래의 에너지로 주목 받고 있다.

이에 대한 설명으로 옳은 것만을 〈보기〉에서 있는 대로 고른 것은?

보기
ㄱ. ㉠은 핵융합이다.
ㄴ. ㉡은 질량 결손이다.
ㄷ. 고속 증식로에서 일어나는 핵반응과 같다.

① ㄱ　　　　② ㄷ　　　　③ ㄱ, ㄴ
④ ㄴ, ㄷ　　　⑤ ㄱ, ㄴ, ㄷ

05 그림 (가)는 서로 분리되어 정지해 있는 중성자 2개와 양성자 2개를, (나)는 헬륨 원자핵을 나타낸 것이고, 표는 양성자, 중성자, 헬륨 원자핵의 질량을 나타낸 것이다.

$$1u = 1.66 \times 10^{-27} kg$$

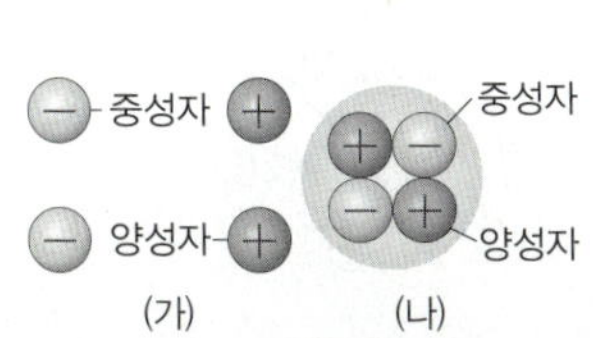

입자	질량(u)
양성자	1.0078
중성자	1.0087
헬륨	4.0026

(가)에서 (나)로 핵반응이 일어날 때에 대한 설명으로 옳은 것만을 〈보기〉에서 있는 대로 고른 것은? (단, 진공에서 빛의 속력은 3×10^8 m/s이다.)

| 보기 |

ㄱ. 핵분열 반응이 일어난다.
ㄴ. 질량 결손은 0.0304u이다.
ㄷ. 발생한 에너지는 $0.0304 \times (3 \times 10^8)^2$ J이다.

① ㄴ 　　② ㄷ 　　③ ㄱ, ㄴ
④ ㄱ, ㄷ 　　⑤ ㄱ, ㄴ, ㄷ

06 그림은 우라늄($^{235}_{92}$U)의 원자핵이 ㉠과 충돌하여 발생한 핵반응을 나타낸 것이다. 충돌 후 크립톤($^{92}_{36}$kr)과 바륨($^{141}_{56}$Ba) 및 3개의 ㉡이 방출된다.

중요

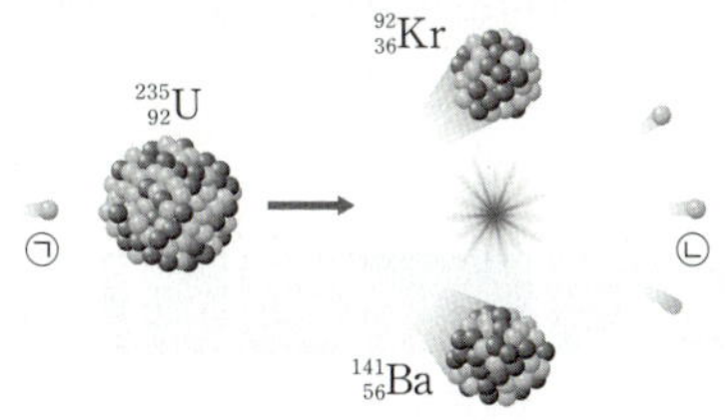

이에 대한 설명으로 옳은 것만을 〈보기〉에서 있는 대로 고른 것은?

| 보기 |

ㄱ. ㉠은 양(+)전하를 띤다.
ㄴ. 우라늄이 정지해 있는 관성계에서 관측할 때 ㉡은 ㉠보다 질량이 크다.
ㄷ. 질량 결손에 의한 에너지가 방출된다.

① ㄱ 　　② ㄷ 　　③ ㄱ, ㄴ
④ ㄴ, ㄷ 　　⑤ ㄱ, ㄴ, ㄷ

07 그림 (가)는 중수소($^2_1$H)와 삼중수소($^3_1$H)의 원자핵이 핵반응하여 17.6MeV의 에너지를 방출하는 것을, (나)는 우라늄($^{235}_{92}$U)의 원자핵이 핵반응하여 200MeV의 에너지를 방출하는 것을 나타낸 것이다.

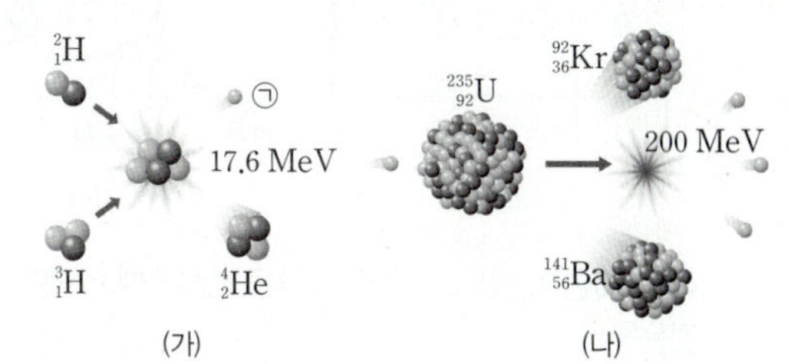

이에 대한 설명으로 옳은 것만을 〈보기〉에서 있는 대로 고른 것은?

| 보기 |

ㄱ. ㉠은 중성자이다.
ㄴ. (가)는 핵융합 반응이다.
ㄷ. 핵자 1개당 방출하는 에너지는 (가)에서가 (나)에서보다 크다.

① ㄱ 　　② ㄷ 　　③ ㄱ, ㄴ
④ ㄴ, ㄷ 　　⑤ ㄱ, ㄴ, ㄷ

08 그림 (가)는 입자 A, B의 핵반응을, (나)는 (가)의 핵반응에서 입자 A, B, C의 양성자수와 중성자수를 나타낸 것이다.

중요

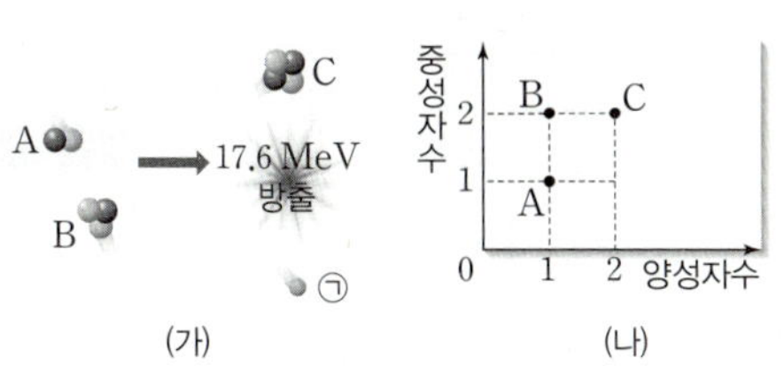

이에 대한 설명으로 옳은 것만을 〈보기〉에서 있는 대로 고른 것은?

| 보기 |

ㄱ. ㉠은 양성자이다.
ㄴ. 원자 번호는 C가 A의 2배이다.
ㄷ. A와 B의 질량수 합은 C의 질량수와 같다.

① ㄱ 　　② ㄴ 　　③ ㄱ, ㄷ
④ ㄴ, ㄷ 　　⑤ ㄱ, ㄴ, ㄷ

01 그림 (가)와 (나)는 각각 톰슨과 러더퍼드가 원자 모형과 관련하여 수행한 실험을 간단하게 나타낸 것이다.

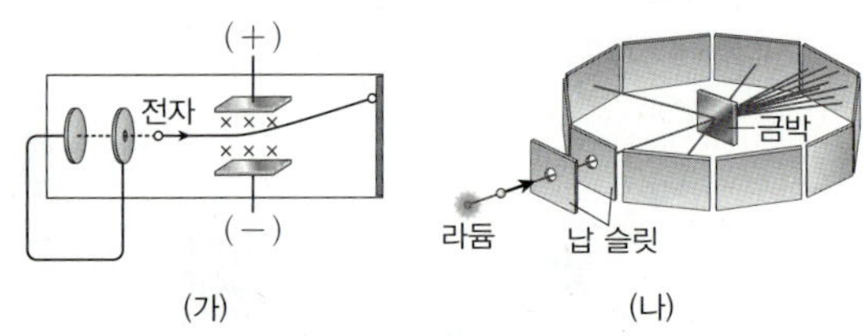

이에 대한 설명으로 옳은 것만을 〈보기〉에서 있는 대로 고른 것은?

---| 보기 |---
ㄱ. (가)의 결과로 음극선이 (−)전하를 띠는 전자의 흐름임을 알게 되었다.
ㄴ. (나)에서 금박에 입사하는 입자는 (−)전하로 대전되어 있다.
ㄷ. (나)의 결과로 중성자의 존재를 알게 되었다.

① ㄱ　　　　② ㄴ　　　　③ ㄱ, ㄷ
④ ㄴ, ㄷ　　　⑤ ㄱ, ㄴ, ㄷ

02 그림 (가)는 보어의 수소 원자 모형에서 전자의 전이 과정에서 방출되는 빛 A~D를 나타낸 것이다. 그림 (나)는 A~C에 의한 스펙트럼을 파장에 따라 나타낸 것이다.

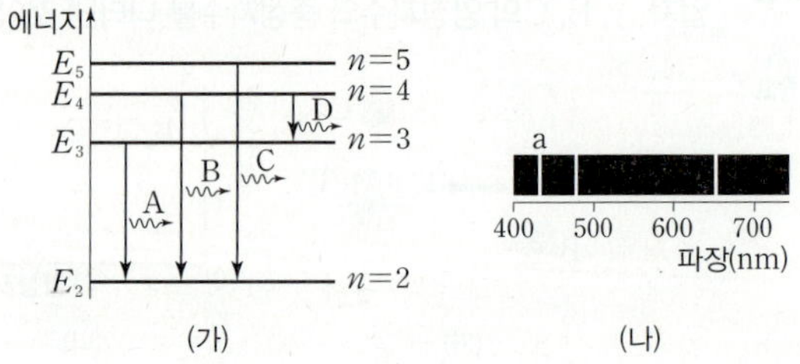

이에 대한 설명으로 옳은 것만을 〈보기〉에서 있는 대로 고른 것은?

---| 보기 |---
ㄱ. A와 D의 진동수의 합은 B의 진동수와 같다.
ㄴ. D의 파장은 400 nm보다 작다.
ㄷ. a는 C의 선 스펙트럼이다.

① ㄱ　　　　② ㄴ　　　　③ ㄱ, ㄷ
④ ㄴ, ㄷ　　　⑤ ㄱ, ㄴ, ㄷ

03 그림은 수소 원자에서 $n=1$인 상태에 있던 전자가 빛 A를 흡수하여 $n=3$인 상태로 전이하였다가 다시 빛 B, C를 순서대로 방출하며 $n=2$, $n=1$인 상태로 전이하는 것을 나타낸 것이다. A, B, C의 진동수는 각각 f_A, f_B, f_C이다.

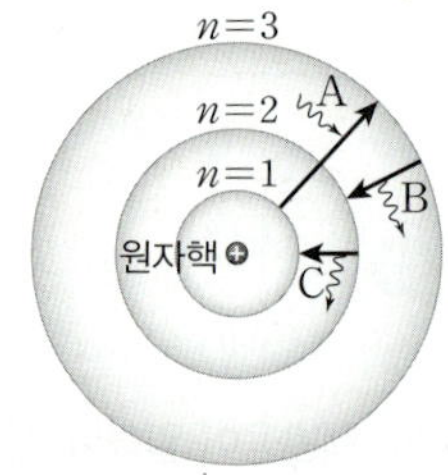

이에 대한 설명으로 옳은 것만을 〈보기〉에서 있는 대로 고른 것은?

---| 보기 |---
ㄱ. A의 광자 1개의 에너지는 B와 C의 광자 1개의 에너지의 합과 같다.
ㄴ. $f_B > f_C$이다.
ㄷ. $\dfrac{1}{f_A} = \dfrac{1}{f_B} + \dfrac{1}{f_C}$이다.

① ㄱ　　　　② ㄴ　　　　③ ㄱ, ㄷ
④ ㄴ, ㄷ　　　⑤ ㄱ, ㄴ, ㄷ

04 그림은 보어의 수소 원자 모형에서 $n=4$인 상태에 있던 전자가 전이하며 방출하는 빛의 선 스펙트럼을 나타낸 것이고, 표는 양자수에 따른 에너지 준위를 나타낸 것이다.

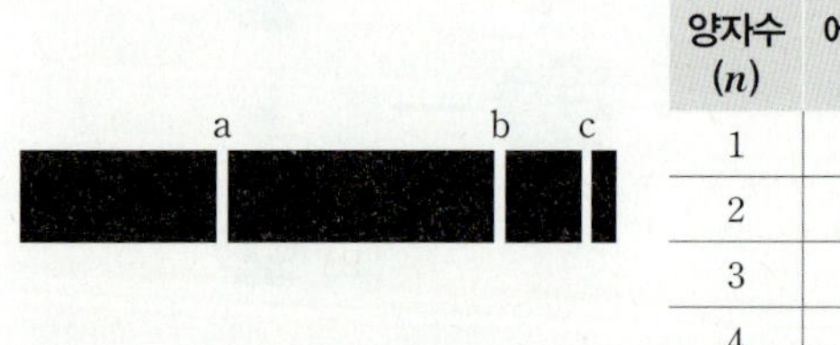

양자수 (n)	에너지 준위 (eV)
1	-13.6
2	-3.40
3	-1.51
4	-0.85

이에 대한 설명으로 옳은 것만을 〈보기〉에서 있는 대로 고른 것은?

---| 보기 |---
ㄱ. $hf_a = 0.66$ eV이다.
ㄴ. b는 발머 계열에 속한다.
ㄷ. $f_a = f_b + f_c$이다.

① ㄱ　　　　② ㄴ　　　　③ ㄱ, ㄷ
④ ㄴ, ㄷ　　　⑤ ㄱ, ㄴ, ㄷ

05 그림은 보어의 수소 원자 모형에서 양자수 n에 따른 에너지 준위와 전자 전이 a, b, c를 나타낸 것이다. a, b, c에서 흡수되거나 방출된 빛의 파장은 각각 λ_a, λ_b, λ_c이다.

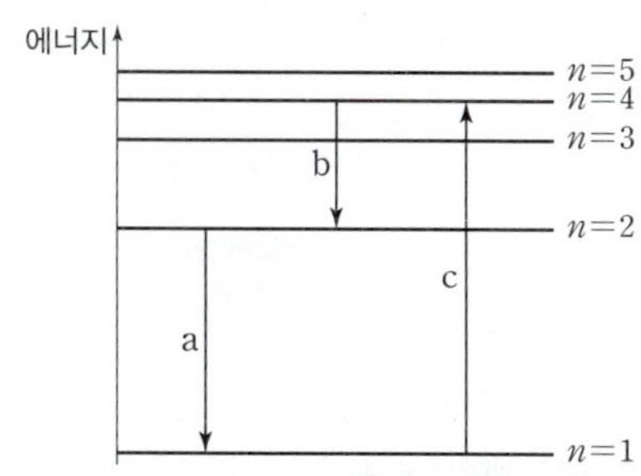

이에 대한 설명으로 옳은 것만을 〈보기〉에서 있는 대로 고른 것은?

| 보기 |

ㄱ. 빛의 에너지는 a가 b보다 크다.
ㄴ. c에서 발머 계열의 빛을 흡수한다.
ㄷ. $\lambda_c = \lambda_a + \lambda_b$이다.

① ㄱ   ② ㄴ   ③ ㄷ
④ ㄱ, ㄷ   ⑤ ㄴ, ㄷ

06 그림 (가)는 보어의 수소 원자 모형에서 에너지 준위를 양자수에 따라 나타낸 것이고, (나)는 수소 기체의 선 스펙트럼을 나타낸 것이다. P, Q, R는 각각 라이먼 계열, 발머 계열, 파셴 계열을 나타낸 것으로, a, b, c는 각 영역에서 파장이 가장 긴 빛의 스펙트럼이다.

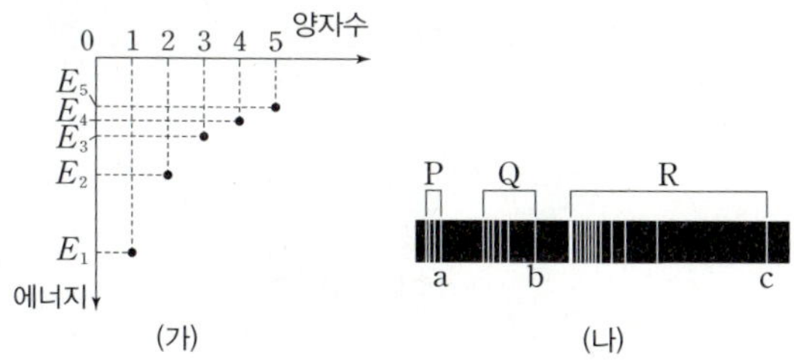

이에 대한 설명으로 옳은 것만을 〈보기〉에서 있는 대로 고른 것은? (단, 플랑크 상수는 h, 빛의 속력은 c이다.)

| 보기 |

ㄱ. P는 자외선이다.
ㄴ. a의 진동수는 b와 c의 진동수의 합과 같다.
ㄷ. c의 파장은 $\dfrac{hc}{E_4 - E_3}$이다.

① ㄴ   ② ㄷ   ③ ㄱ, ㄴ
④ ㄱ, ㄷ   ⑤ ㄱ, ㄴ, ㄷ

07 그림은 수소 원자에서 들뜬 상태에 있던 전자가 $n=2$인 상태로 전이할 때 방출하는 빛 중 파장이 가장 긴 4개의 스펙트럼을 나타낸 것이다.

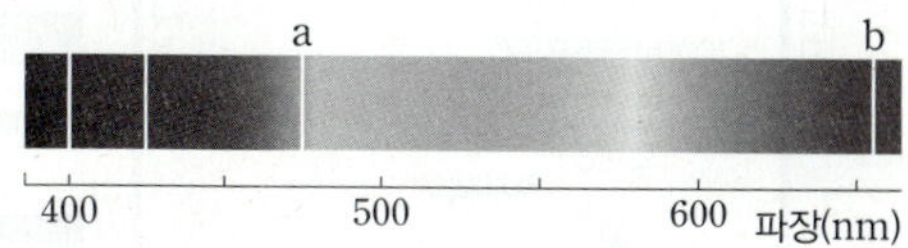

이에 대한 설명으로 옳은 것만을 〈보기〉에서 있는 대로 고른 것은?

| 보기 |

ㄱ. 광자 1개의 에너지는 a가 b보다 크다.
ㄴ. a는 $n=5$인 상태에 있던 전자가 전이할 때 방출하는 빛이다.
ㄷ. b는 가시광선이다.

① ㄱ   ② ㄴ   ③ ㄷ
④ ㄱ, ㄷ   ⑤ ㄴ, ㄷ

08 그림 (가)는 백열등에서 방출된 빛을 저온의 기체 A에 통과시켰을 때의 스펙트럼을, (나)는 고온의 기체 B에서 방출된 빛의 스펙트럼을 나타낸 것이다.

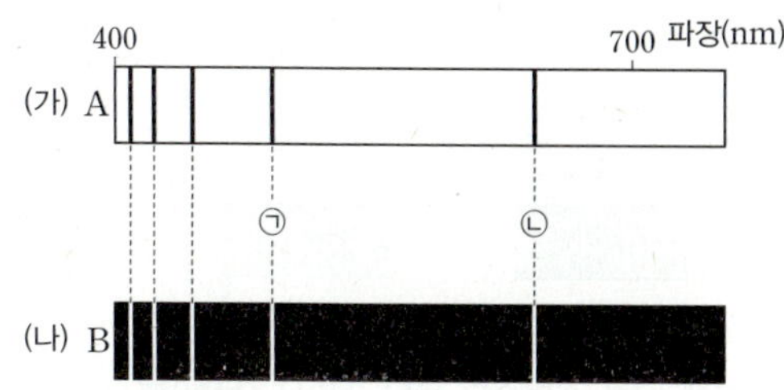

이에 대한 설명으로 옳은 것만을 〈보기〉에서 있는 대로 고른 것은?

| 보기 |

ㄱ. A와 B는 같은 종류의 기체이다.
ㄴ. 광자 1개의 에너지는 ㉠이 ㉡보다 크다.
ㄷ. B의 에너지 준위가 연속적임을 알 수 있다.

① ㄴ   ② ㄷ   ③ ㄱ, ㄴ
④ ㄱ, ㄷ   ⑤ ㄱ, ㄴ, ㄷ

01 그림 (가)와 (나)는 각각 기체와 고체 원자들이 갖는 에너지 준위를 나타낸 것이다.

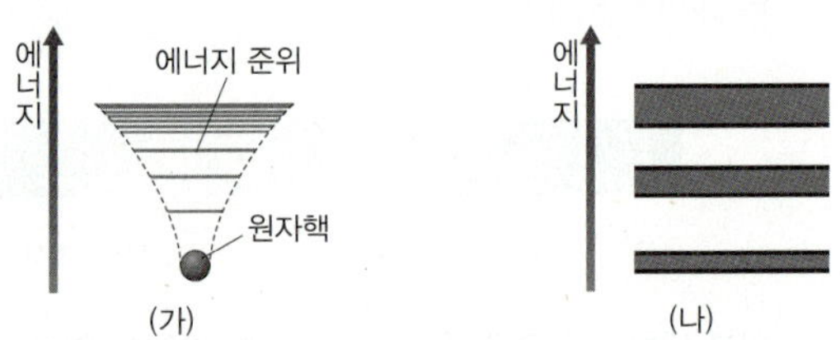

고체에서 (나)와 같은 에너지 준위가 나타나는 이유로 가장 적절한 것은?

① 전자가 원자에 구속되어 있다.
② 인접한 원자의 수가 매우 많다.
③ 에너지 준위가 양자화 되어 있다.
④ 낮은 에너지 준위로 전이할 때 빛을 방출한다.
⑤ 높은 에너지 준위로 전이할 때 빛을 흡수한다.

02 그림 (가)~(다)는 도체, 반도체, 절연체의 에너지띠 구조를 순서 없이 나타낸 것이다.

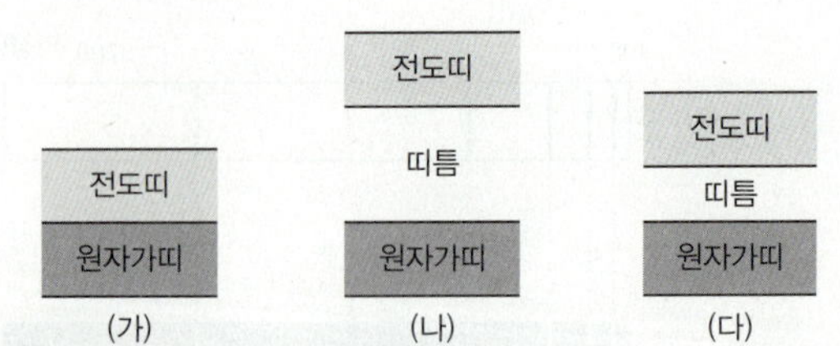

이에 대한 설명으로 옳은 것만을 〈보기〉에서 있는 대로 고른 것은?

| 보기 |
ㄱ. (가)는 온도가 높을수록 전기 저항이 증가한다.
ㄴ. 구리는 (나)와 같은 에너지띠 구조를 갖는다.
ㄷ. (다)는 온도가 높을수록 전도띠에 있는 전자의 수가 증가한다.

① ㄱ   ② ㄷ   ③ ㄱ, ㄴ
④ ㄱ, ㄷ   ⑤ ㄴ, ㄷ

03 그림은 모양이 같은 고체 A, B를 이용하여 회로를 구성한 것을 나타낸 것이다. 스위치 S를 열었을 때는 LED에서 빛이 방출되지 않았고, S를 닫았을 때는 LED에서 빛이 방출되었다.

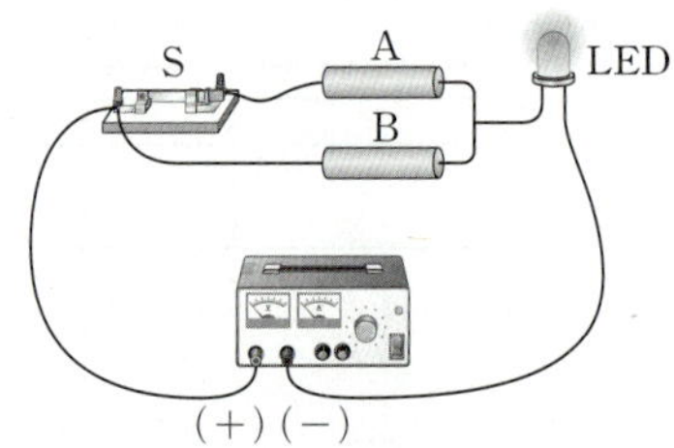

이에 대한 설명으로 옳은 것만을 〈보기〉에서 있는 대로 고른 것은?

| 보기 |
ㄱ. 전기 전도성은 A가 B보다 좋다.
ㄴ. 원자가 띠와 전도띠 사이의 띠간격은 A가 B보다 크다.
ㄷ. S를 열었을 때 LED에는 순방향 바이어스가 걸린다.

① ㄱ   ② ㄴ   ③ ㄱ, ㄷ
④ ㄴ, ㄷ   ⑤ ㄱ, ㄴ, ㄷ

04 그림은 저마늄(Ge)에 불순물 원소 A를 첨가하여 만든 반도체의 전자 배치를 모식적으로 나타낸 것이다.

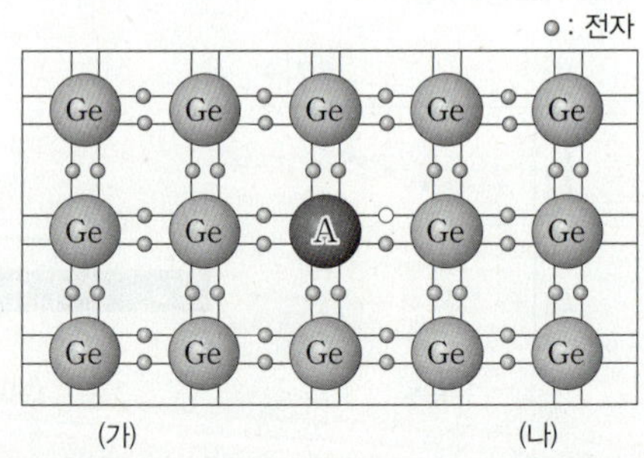

이에 대한 설명으로 옳은 것만을 〈보기〉에서 있는 대로 고른 것은?

| 보기 |
ㄱ. A의 원자가 전자는 3개이다.
ㄴ. 원자가 띠에 양공이 존재한다.
ㄷ. 전자가 주요 전하 운반체이다.

① ㄱ   ② ㄷ   ③ ㄱ, ㄴ
④ ㄴ, ㄷ   ⑤ ㄱ, ㄴ, ㄷ

05 그림은 p−n 접합 다이오드의 반도체 A, B의 전자 배열을 모식적으로 나타낸 것이다.

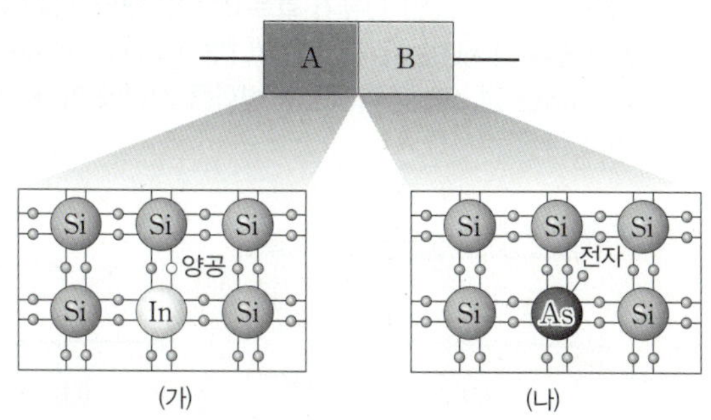

이에 대한 설명으로 옳은 것만을 〈보기〉에서 있는 대로 고른 것은?

| 보기 |

ㄱ. A는 양공이 주요 전하 운반체이다.
ㄴ. B는 원자가 전자가 5개인 원소를 도핑한 것이다.
ㄷ. A에 (+)극을, B에 (−)극을 연결하면 순방향 바이어스가 된다.

① ㄱ 　　　② ㄷ 　　　③ ㄱ, ㄴ
④ ㄴ, ㄷ 　　　⑤ ㄱ, ㄴ, ㄷ

06 그림은 발광 다이오드(LED)를 저항과 전원 장치에 연결하였을 때 LED에서 빛이 방출되는 것을 나타낸 것이다.

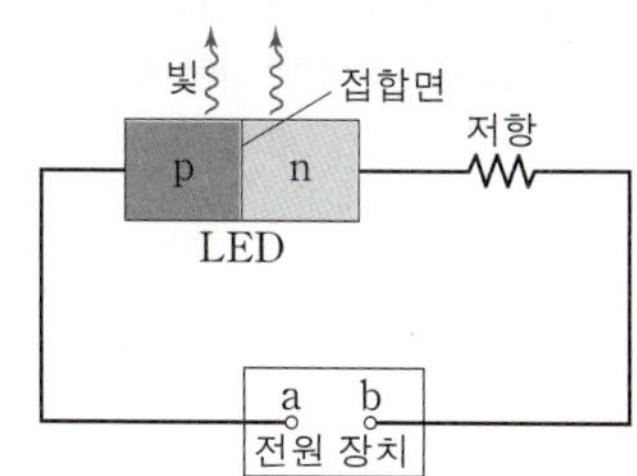

이에 대한 설명으로 옳은 것은?

① a는 (−)극이다.
② 전자는 a → LED → 저항 → b 방향으로 이동한다.
③ LED에 순방향 바이어스가 걸려 있다.
④ p형 반도체에서는 전자가 접합면 쪽으로 이동한다.
⑤ 접합면에서 전자가 잃는 에너지가 클수록 빛의 파장이 크다.

07 그림은 반도체 A, B로 이루어진 발광 다이오드(LED)에 전원 장치를 연결하였을 때 단색광이 방출되는 것을 나타낸 것이다. 원자가 띠와 전도띠 사이의 띠간격은 E이다.

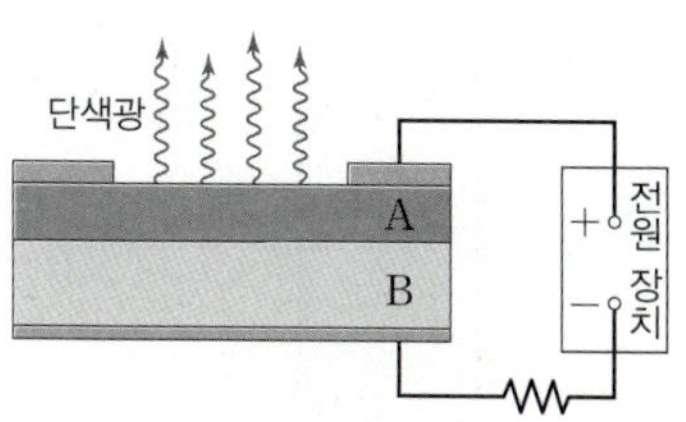

이에 대한 설명으로 옳은 것만을 〈보기〉에서 있는 대로 고른 것은? (단, 플랑크 상수는 h이다.)

| 보기 |

ㄱ. A는 n형 반도체이다.
ㄴ. 단색광의 진동수는 $\dfrac{E}{h}$이다.
ㄷ. LED에 순방향 바이어스가 걸려 있다.

① ㄱ 　　　② ㄴ 　　　③ ㄱ, ㄷ
④ ㄴ, ㄷ 　　　⑤ ㄱ, ㄴ, ㄷ

08 그림 (가), (나)는 발광 다이오드(LED)에 전압을 걸었을 때 양공과 전자의 이동 방향과 분포를 나타낸 것이다.

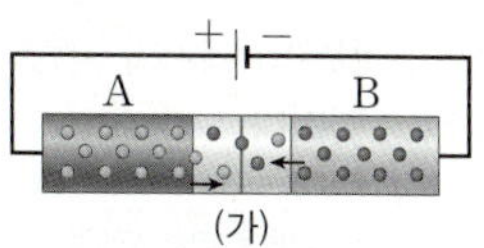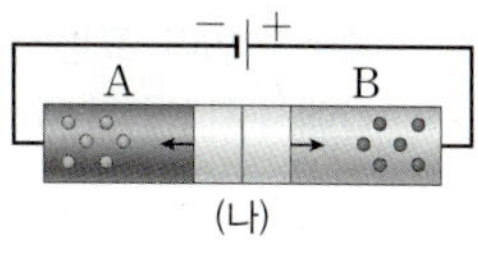

이에 대한 설명으로 옳은 것만을 〈보기〉에서 있는 대로 고른 것은?

| 보기 |

ㄱ. A는 전자가 주요 전하 운반체이다.
ㄴ. (가)에서 빛이 방출된다.
ㄷ. (나)는 순방향 바이어스이다.

① ㄱ 　　　② ㄴ 　　　③ ㄷ
④ ㄴ, ㄷ 　　　⑤ ㄱ, ㄴ, ㄷ

01 그림은 xy평면에 고정된 무한히 길고 가는 두 평행 도선 A, B에 각각 전류가 흐르는 것을 나타낸 것이다. A에는 $+y$ 방향으로 세기가 I_0인 전류가 흐르며, O점에서 자기장이 0이다.

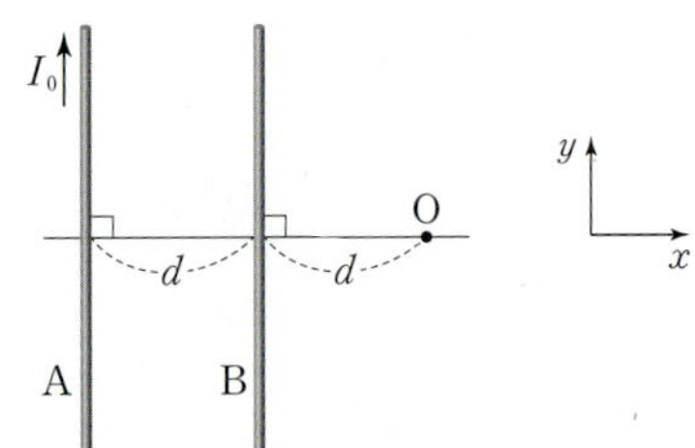

B에 흐르는 전류의 세기와 방향으로 옳은 것은?

	세기	방향		세기	방향
①	$\dfrac{I_0}{2}$	$+y$	②	$\dfrac{I_0}{2}$	$-y$
③	I_0	$+y$	④	$2I_0$	$-y$
⑤	$2I_0$	$+y$			

02 그림은 xy평면에서 전류가 흐르는 무한히 길고 가는 직선 도선 P, Q와 원형 도선 R를 나타낸 것이다. P에는 $+y$ 방향으로 세기가 I_0인 전류가 흐르고, R에는 시계 방향으로 전류가 흐르고 있다. 표는 Q에 흐르는 전류의 세기와 방향에 따른 점 O에서 자기장의 세기를 나타낸 것이다.

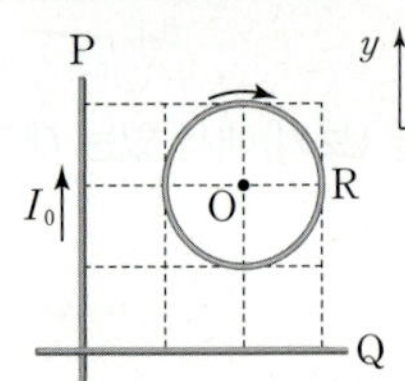

	Q에 흐르는 전류		O에서 자기장의 세기
	세기	방향	
(가)	$2I_0$	$+x$	0
(나)	I_0	$-x$	B_0
(다)	$2I_0$	$-x$	㉠

㉠은?

① $\dfrac{1}{3}B_0$ ② $\dfrac{1}{2}B_0$ ③ $\dfrac{2}{3}B_0$

④ $\dfrac{4}{3}B_0$ ⑤ $\dfrac{3}{2}B_0$

03 그림 (가)는 무한히 길고 가는 두 직선 도선 P, Q가 x축에 나란하게 고정되어 있는 모습을 나타낸 것이다. P에는 $+x$ 방향으로 세기가 I_0인 전류가 흐르고, t_1일 때와 t_3일 때 Q에 흐르는 전류의 세기는 같다. 그림 (나)는 P와 Q에서 같은 거리만큼 떨어진 점 a에서 자기장의 변화를 시간에 따라 나타낸 것이다.

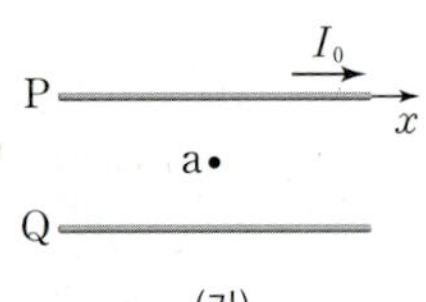
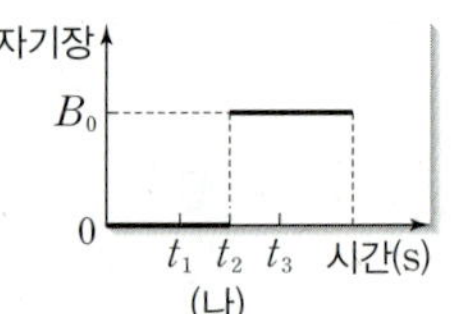

(가)　(나)

Q에 흐르는 전류의 세기를 시간에 따라 나타낸 그래프로 가장 적절한 것은? (단, 전류가 $+x$ 방향으로 흐를 때를 $+$로 표시한다.)

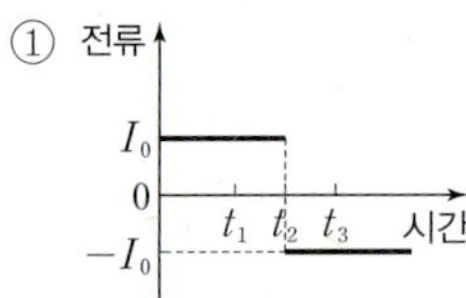
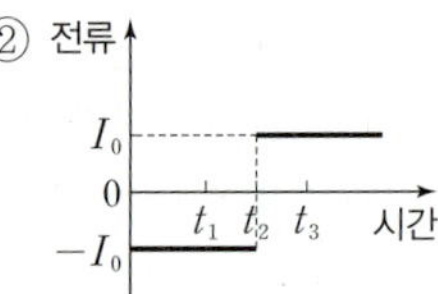
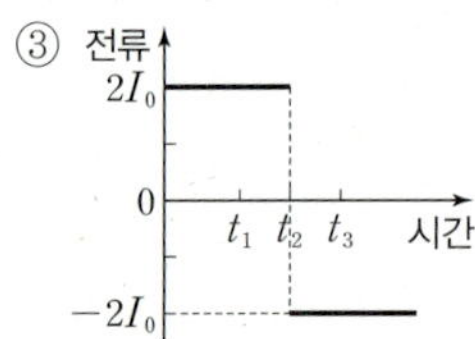
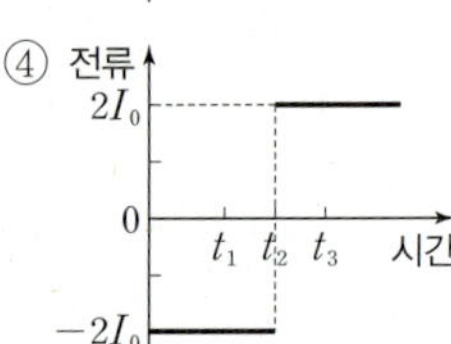
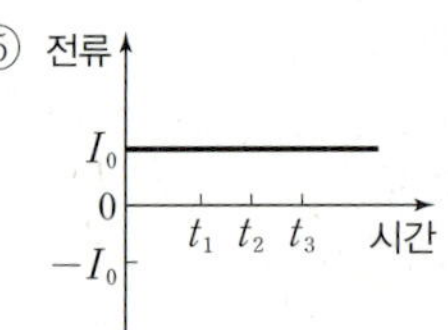

04 그림과 같이 평면에서 일정한 세기의 전류가 흐르는 무한히 긴 직선 도선 A, B가 $x=d$, $x=4d$에 수직으로 고정되어 있다. A, B에 흐르는 전류에 의한 자기장은 점 p에서 0이고, 점 q에서 $-y$ 방향으로 B_0이다.

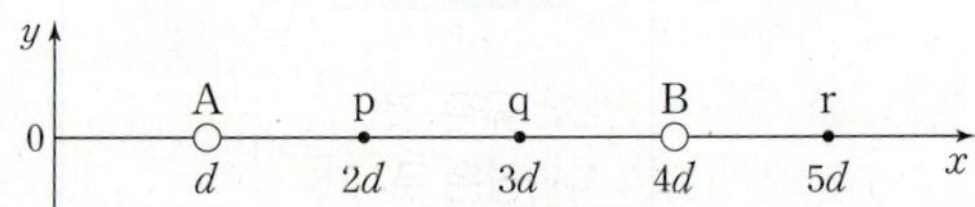

점 r에서 자기장의 세기와 방향으로 옳은 것은?

	세기	방향		세기	방향
①	$\dfrac{1}{2}B_0$	$+y$	②	$\dfrac{1}{2}B_0$	$-y$
③	$\dfrac{3}{2}B_0$	$+y$	④	$\dfrac{3}{2}B_0$	$-y$
⑤	$\dfrac{5}{2}B_0$	$+y$			

05 그림 (가)와 같이 원형 고리의 중심축을 동서 방향으로 맞추고, 수평으로 놓인 판의 원형 고리의 중심에 나침반을 놓은 후 전압이 일정한 전원 장치와 가변 저항기에 연결하였다. 그림 (나)는 가변 저항기의 저항값만을 다르게 하고 스위치를 닫았을 때 나침반 바늘이 가리키는 방향을 나타낸 것이다.

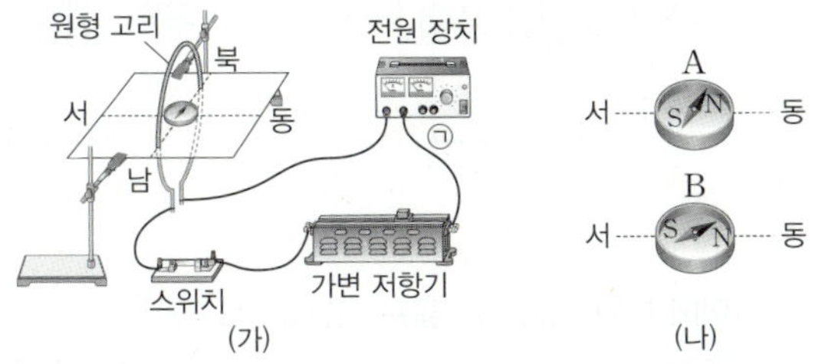

이에 대한 설명으로 옳은 것만을 〈보기〉에서 있는 대로 고른 것은?

| 보기 |

ㄱ. ㉠은 ＋극이다.
ㄴ. 원형 고리의 중심에서 원형 고리에 흐르는 전류에 의한 자기장의 방향은 동쪽이다.
ㄷ. 가변 저항기의 저항값은 A일 때가 B일 때보다 크다.

① ㄱ　　　　② ㄴ　　　　③ ㄱ, ㄴ
④ ㄱ, ㄷ　　　⑤ ㄴ, ㄷ

06 그림과 같이 xy평면에 고정된 무한히 길고 가는 직선 도선 A, B, C에 각각 방향과 세기가 일정한 전류가 흐르고 있다. 점 P와 Q에서 A, B, C에 흐르는 전류에 의한 자기장의 세기는 같고, 방향은 P와 Q에서 서로 반대이다.

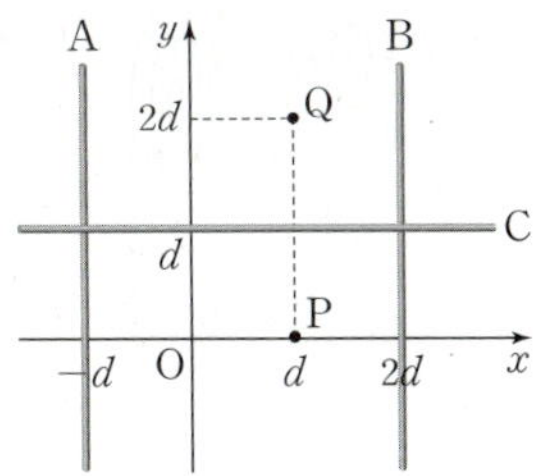

이에 대한 설명으로 옳은 것만을 〈보기〉에서 있는 대로 고른 것은? (단, 지구 자기장은 무시한다.)

| 보기 |

ㄱ. A와 B에 흐르는 전류의 방향은 같다.
ㄴ. 도선에 흐르는 전류의 세기는 A가 B의 2배이다.
ㄷ. C에 흐르는 전류의 방향이 바뀌어도 P와 Q에서 자기장 방향은 서로 반대이다.

① ㄱ　　　　② ㄷ　　　　③ ㄱ, ㄴ
④ ㄴ, ㄷ　　　⑤ ㄱ, ㄴ, ㄷ

07 그림 (가)는 종이면에 원형 도선과 무한히 긴 직선 도선이 고정되어 있는 모습을 나타낸 것이다. 점 P는 원형 도선의 중심이고 원형 도선에는 일정한 방향으로 세기가 변하는 전류가 흐르며, 직선 도선에는 세기가 일정한 전류가 화살표 방향으로 흐른다. 그림 (나)는 원형 도선에 흐르는 전류의 세기에 따른 P에서의 자기장의 변화를 나타낸 것이다.

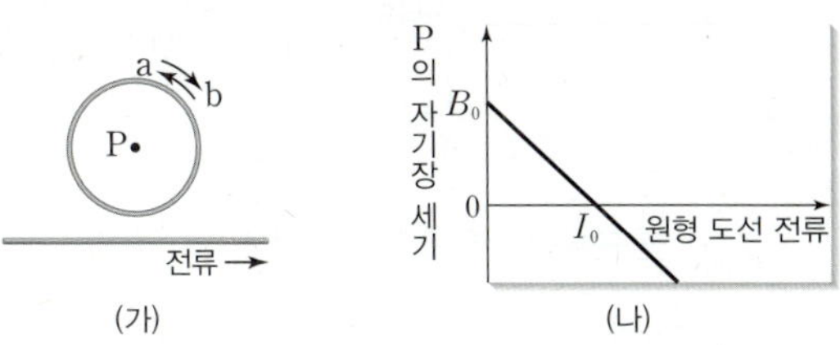

이에 대한 설명으로 옳은 것만을 〈보기〉에서 있는 대로 고른 것은?

| 보기 |

ㄱ. 원형 도선에 흐르는 전류의 방향은 b이다.
ㄴ. 직선 도선에 흐르는 전류의 세기는 I_0보다 작다.
ㄷ. P에서 직선 도선에 흐르는 전류에 의한 자기장의 세기는 B_0이다.

① ㄴ　　　　② ㄷ　　　　③ ㄱ, ㄴ
④ ㄱ, ㄷ　　　⑤ ㄱ, ㄴ, ㄷ

08 그림과 같이 균일한 자기장 영역 I, II에서 무한히 긴 두 직선 도선 A, B가 자기장에 수직으로 고정되어 있다. I, II에서 자기장의 세기는 B이고, 방향은 I에서는 종이면에 수직으로 들어가는 방향, II에서는 종이면에 수직으로 나오는 방향이고, 점 O, P, Q는 x축 위에 있다. A, B에 세기가 I인 전류가 각각 화살표 방향으로 흐를 때 O에서 자기장의 세기는 0이다.

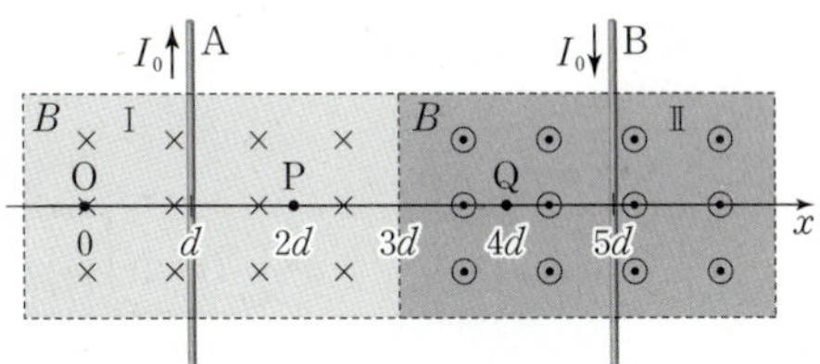

이에 대한 설명으로 옳은 것만을 〈보기〉에서 있는 대로 고른 것은?

| 보기 |

ㄱ. P에서 A와 B에 흐르는 전류에 의한 자기장의 세기는 $\frac{5}{3}B$이다.
ㄴ. P와 Q에서 자기장의 방향은 같다.
ㄷ. 자기장의 세기는 P에서가 Q에서의 4배이다.

① ㄱ　　　　② ㄷ　　　　③ ㄱ, ㄴ
④ ㄴ, ㄷ　　　⑤ ㄱ, ㄴ, ㄷ

01 그림은 세 물질 A, B, C를 자성에 따라 분류한 것이다.

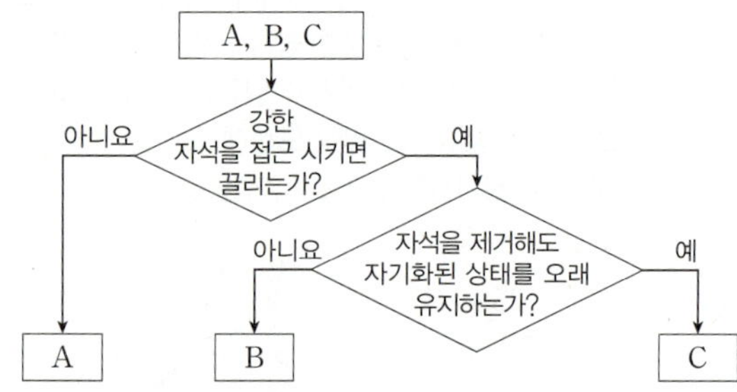

A~C를 분류한 것으로 옳은 것은?

	강자성체	상자성체	반자성체
①	A	B	C
②	A	C	B
③	B	C	A
④	C	A	B
⑤	C	B	A

02 그림 (가)는 코일에 전원 장치를 연결하고 물체 A를 코일 옆에 오랜 시간 동안 놓아둔 것을 나타낸 것이다. 그림 (나)는 코일에 전구를 연결하고 경사면의 점 a에 A를 가만히 놓아 A가 코일을 통과할 때 전구에 불이 들어오는 모습을 나타낸 것이다. 점 b, c의 높이는 같다.

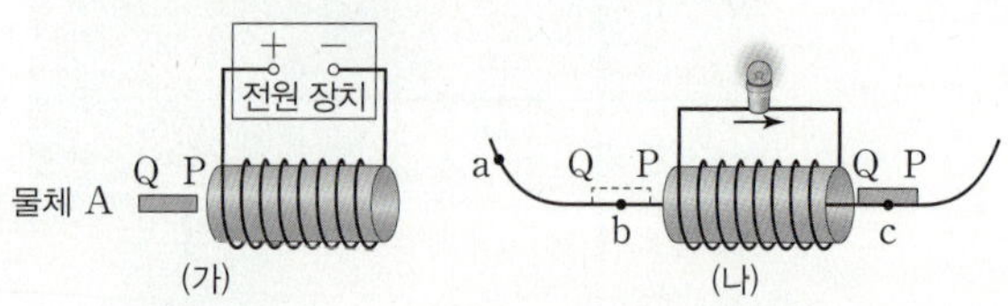

A에 대한 설명으로 옳은 것만을 〈보기〉에서 있는 대로 고른 것은? (단, 모든 마찰과 공기 저항은 무시한다.)

┌── 보기 ├──
ㄱ. 강자성체이다.
ㄴ. P는 N극으로 자기화된다.
ㄷ. b와 c에서 속력은 같다.

① ㄱ　　　② ㄴ　　　③ ㄷ
④ ㄱ, ㄴ　　　⑤ ㄴ, ㄷ

03 그림 (가)는 전원 장치에 연결된 솔레노이드 양쪽에 물체 A, B를 가만히 놓았더니 A, B가 모두 오른쪽으로 자기력을 받는 것을 나타낸 것이다. 그림 (나)와 같이 (가)의 A를 검류계가 연결된 솔레노이드에 접근시킬 때 검류계에 전류가 흘렀다.

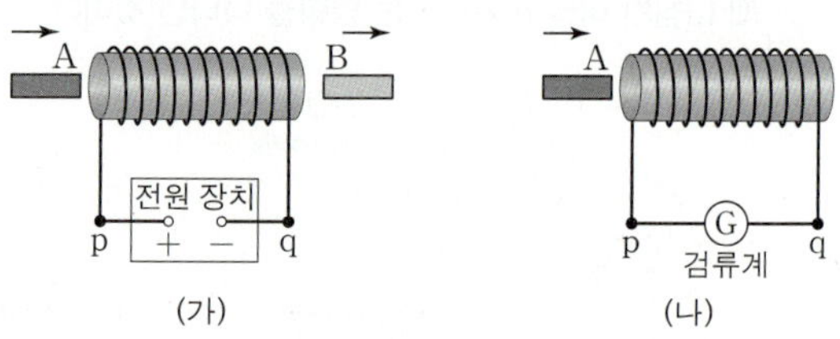

이에 대한 설명으로 옳은 것만을 〈보기〉에서 있는 대로 고른 것은?

┌── 보기 ├──
ㄱ. A는 상자성체이다.
ㄴ. B는 반자성체이다.
ㄷ. (나)에서 전류는 p→검류계→q 방향으로 흐른다.

① ㄱ　　　② ㄴ　　　③ ㄱ, ㄷ
④ ㄴ, ㄷ　　　⑤ ㄱ, ㄴ, ㄷ

04 그림은 실에 매달려 정지해 있던 철 막대가 스위치를 닫아 코일에 전류가 흐르는 순간 철 막대의 한쪽 끝 A 지점이 코일 쪽으로 끌려오는 것을 나타낸 것이다.

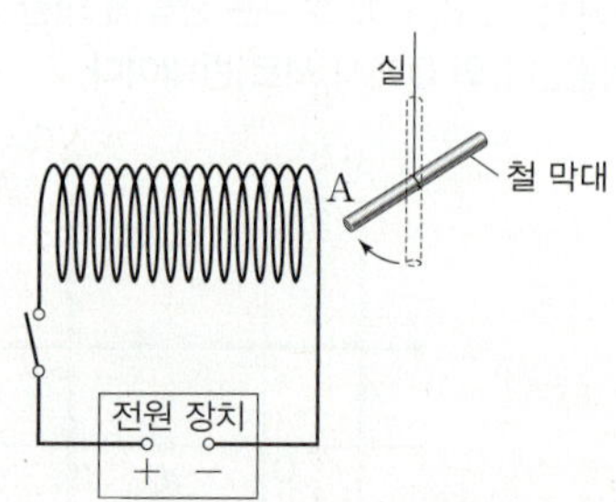

이에 대한 설명으로 옳은 것만을 〈보기〉에서 있는 대로 고른 것은?

┌── 보기 ├──
ㄱ. 철 막대는 코일에 흐르는 전류에 의한 자기장 방향으로 자기화된다.
ㄴ. 스위치를 열면 철 막대는 즉시 자성을 잃는다.
ㄷ. 철 막대가 자기화되지 않은 상태에서 전류의 방향을 반대로 바꾸면 A는 밀려난다.

① ㄱ　　　② ㄴ　　　③ ㄱ, ㄷ
④ ㄴ, ㄷ　　　⑤ ㄱ, ㄴ, ㄷ

05 그림 (가)와 같이 전류가 흐르는 코일 옆에 자화되지 않은 물체 A, B를 놓았을 때 A, B가 모두 코일 쪽으로 자기력을 받았다. 그림 (나)와 같이 (가)에서 코일을 제거한 후 A, B를 철가루 가까이 가져갔더니 A에는 철가루가 달라붙었으나 B에는 달라붙지 않는 모습을 나타낸 것이다.

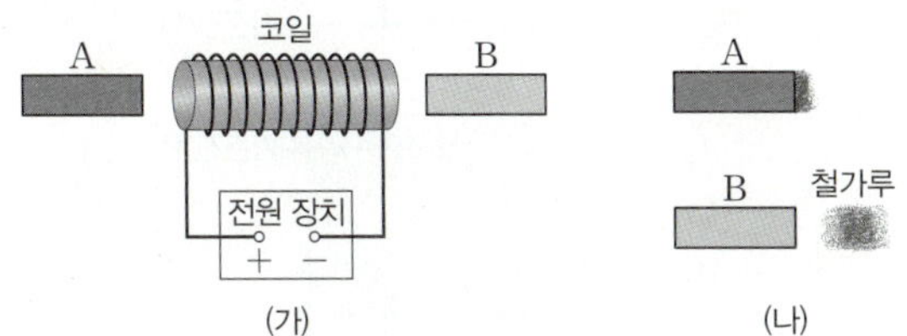

A, B를 자성에 따라 분류한 것으로 옳은 것은?

	A	B		A	B
①	강자성체	상자성체	②	강자성체	반자성체
③	상자성체	강자성체	④	상자성체	반자성체
⑤	반자성체	상자성체			

06 다음은 자성에 관한 실험이다.

[실험 과정]
(가) 자석 A의 P 부분을 물체 B의 Q 부분에 가까이 가져간다.
(나) A, B를 접촉시켰다가 떼어낸 후 각각 원형 도선의 중심으로 접근시킨다.

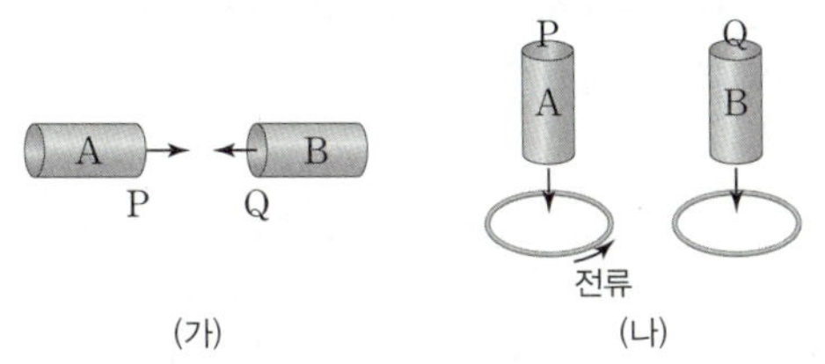

[실험 결과]
(가)에서 A와 B가 서로 끌려온다.
(나)에서 A가 접근할 때는 유도 전류가 반시계 방향(화살표 방향)으로 흘렀으나 B가 접근할 때는 유도 전류가 흐르지 않는다.

이에 대한 설명으로 옳은 것만을 〈보기〉에서 있는 대로 고른 것은?

| 보기 |
ㄱ. P는 N극을 띤다.
ㄴ. (가)에서 Q는 S극으로 자기화된다.
ㄷ. B는 상자성체이다.

① ㄱ　　　② ㄴ　　　③ ㄷ
④ ㄱ, ㄷ　　　⑤ ㄱ, ㄴ, ㄷ

07 그림은 헤드와 플래터로 구성된 하드 디스크를 나타낸 것이다. 헤드에는 코일이 있으며 플래터에는 물질 A가 코팅되어 자기 정보를 저장한다.

이에 대한 설명으로 옳은 것만을 〈보기〉에서 있는 대로 고른 것은?

| 보기 |
ㄱ. A는 강자성체이다.
ㄴ. 플래터에 정보를 저장할 때 헤드의 코일에서 전자기 유도가 일어난다.
ㄷ. 플래터에 자석을 가까이 가져가면 저장된 정보를 잃게 된다.

① ㄴ　　　② ㄷ　　　③ ㄱ, ㄴ
④ ㄱ, ㄷ　　　⑤ ㄱ, ㄴ, ㄷ

08 그림은 초전도체를 이용한 자기 부상 열차를 나타낸 것이다.

초전도체에 대한 설명으로 옳은 것만을 〈보기〉에서 있는 대로 고른 것은?

| 보기 |
ㄱ. 임계 온도 이하에서 전기 저항이 0이다.
ㄴ. 임계 온도 이하에서 반자성체가 된다.
ㄷ. 상온에서 외부 자기장을 밀어낸다.

① ㄱ　　　② ㄴ　　　③ ㄱ, ㄴ
④ ㄱ, ㄷ　　　⑤ ㄴ, ㄷ

01 그림은 솔레노이드 내부를 지나는 유리관 속에 있는 자석을 일정한 속력으로 점 P와 Q를 통과시키는 모습을 나타낸 것이다. 자석이 점 P를 지날 때 발광 다이오드(LED)에서 빛이 방출되었다.

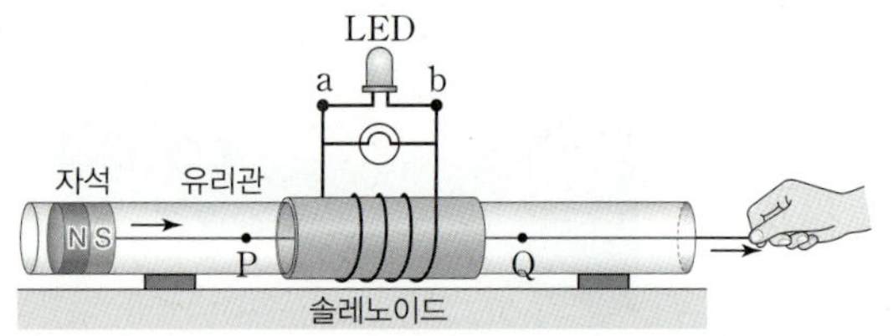

이에 대한 설명으로 옳은 것만을 〈보기〉에서 있는 대로 고른 것은?

| 보기 |

ㄱ. 자석이 P를 지날 때 a→LED→b 방향으로 전류가 흐른다.
ㄴ. 자석이 Q를 지날 때 LED에 순방향 바이어스가 걸린다.
ㄷ. 자석이 P와 Q를 지날 때 받는 자기력의 방향은 같다.

① ㄱ　　　　② ㄴ　　　　③ ㄱ, ㄴ
④ ㄱ, ㄷ　　　⑤ ㄴ, ㄷ

02 그림과 같이 종이면에 수직인 방향으로 각각 균일한 자기장이 형성된 영역 I, II에 발광 다이오드(LED)가 연결된 금속 레일을 평행하게 놓고, 금속 레일 위에 금속 막대 A, B가 각각 LED로부터 멀어지는 방향으로만 움직인다. 표는 A, B의 속력에 따른 LED의 변화를 나타낸 것이다.

	A의 속력	B의 속력	LED
(가)	0	v	켜짐
(나)	v	v	꺼짐

이에 대한 설명으로 옳은 것만을 〈보기〉에서 있는 대로 고른 것은?

| 보기 |

ㄱ. (가)에서 LED에 순방향 바이어스가 걸린다.
ㄴ. II에서 자기장 방향은 종이면에 들어가는 방향이다.
ㄷ. 자기장의 세기는 II가 I보다 크다.

① ㄱ　　　　② ㄴ　　　　③ ㄱ, ㄴ
④ ㄱ, ㄷ　　　⑤ ㄴ, ㄷ

03 그림은 정사각형 금속 고리를 기준선 O에 가만히 놓았을 때 금속 고리가 수평 방향의 자기장이 걸린 영역을 통과하는 모습을 나타낸 것이다. 금속 고리의 속력은 기준선 P에서보다 기준선 Q에서 더 크다.

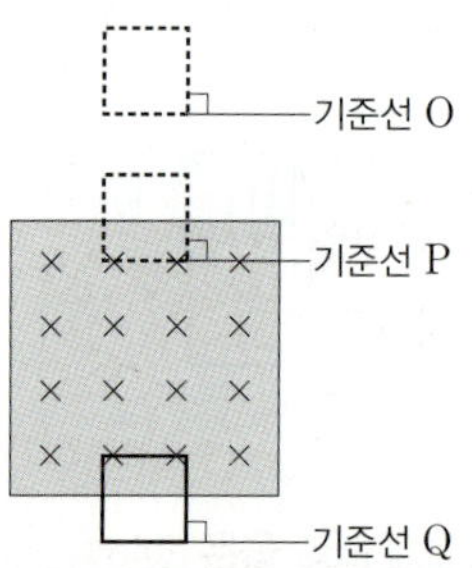

P와 Q에서 금속 고리에 대한 설명으로 옳은 것만을 〈보기〉에서 있는 대로 고른 것은? (단, 금속 고리는 수직으로 운동하며 회전하지 않는다.)

| 보기 |

ㄱ. 금속 고리이 받는 자기력의 방향은 같다.
ㄴ. 금속 고리에 흐르는 유도 전류의 세기는 같다.
ㄷ. 금속 고리의 역학적 에너지는 같다.

① ㄱ　　　　② ㄴ　　　　③ ㄱ, ㄷ
④ ㄴ, ㄷ　　　⑤ ㄱ, ㄴ, ㄷ

04 그림 (가)와 같이 교류 전원에 연결된 원형 도선 P 안에 원형 도선 Q가 놓여 있다. P와 Q는 중심이 같고 동일 평면상에 있다. 그림 (나)는 P에 흐르는 전류를 시간에 따라 나타낸 것이다.

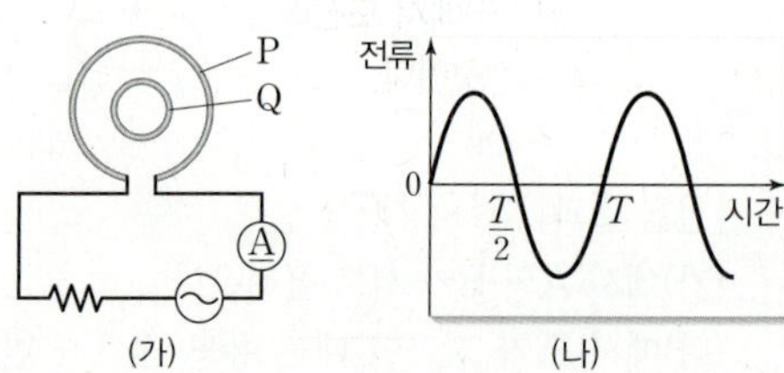

Q에 흐르는 전류에 대한 설명으로 옳은 것만을 〈보기〉에서 있는 대로 고른 것은?

| 보기 |

ㄱ. $0 \sim \frac{T}{2}$ 사이에서 전류의 방향이 일정하다.
ㄴ. $\frac{T}{2}$일 때 전류의 세기는 0이다.
ㄷ. $\frac{3}{8}T$와 $\frac{5}{8}T$일 때 전류의 방향은 같다.

① ㄱ　　　　② ㄴ　　　　③ ㄷ
④ ㄱ, ㄴ　　　⑤ ㄴ, ㄷ

05 그림 (가)는 빗면 위의 점 P에 자석을 가만히 놓았을 때 자석이 수평면에서 코일을 향해 운동하는 모습을 나타낸 것이다. 그림 (나)는 (가)에서 코일을 통과하여 반대편 빗면을 올라갔던 자석이 수평면에서 코일을 향해 운동하는 모습을 나타낸 것이다.

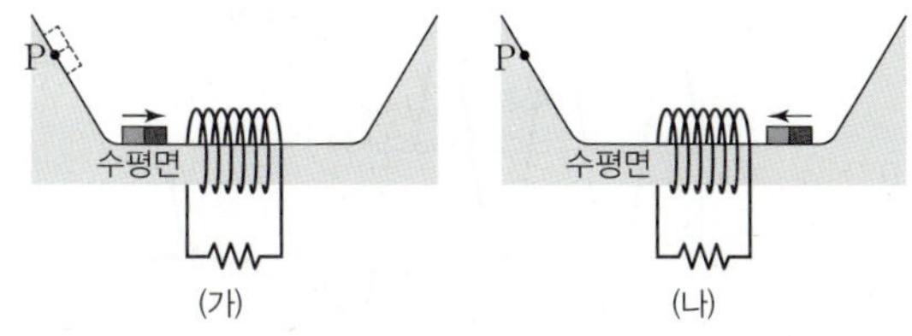

이에 대한 설명으로 옳은 것만을 〈보기〉에서 있는 대로 고른 것은?

| 보기 |

ㄱ. (가)와 (나)에서 자석이 받는 자기력의 방향은 같다.
ㄴ. (가)와 (나)에서 저항에 흐르는 전류의 방향은 같다.
ㄷ. (나)에서 자석이 코일을 통과한 후 P까지 올라간다.

① ㄱ ② ㄴ ③ ㄱ, ㄴ
④ ㄱ, ㄷ ⑤ ㄴ, ㄷ

06 그림 (가)는 다이오드가 연결된 정사각형 도선이 균일한 자기장 영역 I, II를 $+x$ 방향의 일정한 속력으로 통과하는 모습을 나타낸 것이다. 도선의 한 변의 길이는 d이고 점 p는 도선에 고정된 점이며, I, II에서 자기장의 방향은 xy 평면에 수직이다. 그림 (나)는 (가)에서 도선에 흐르는 전류의 세기를 p의 위치에 따라 나타낸 것이다.

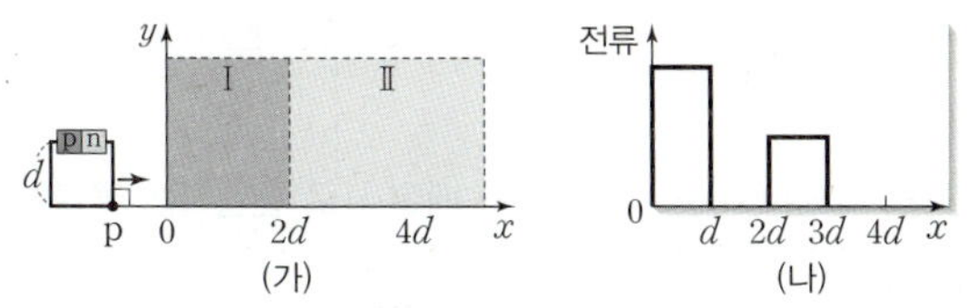

이에 대한 설명으로 옳은 것만을 〈보기〉에서 있는 대로 고른 것은?

| 보기 |

ㄱ. p가 $x=0.5d$를 지날 때 다이오드에는 순방향 바이어스가 걸린다.
ㄴ. 자기장 방향은 I과 II가 같다.
ㄷ. 자기장의 세기는 I보다 II에서 크다.

① ㄱ ② ㄷ ③ ㄱ, ㄴ
④ ㄴ, ㄷ ⑤ ㄱ, ㄴ, ㄷ

07 다음은 RFID 방식의 카드에 관한 설명이다.

리더의 안테나에서 전자기파를 보내면 카드의 코일을 통과하는 ⓐ자속에 의해 ⓑ유도 전류가 흐르게 된다. 마찬가지로 카드의 코일에서 전자기파를 보내면 리더의 안테나에서 이를 수신하여 정보를 전달하게 된다.

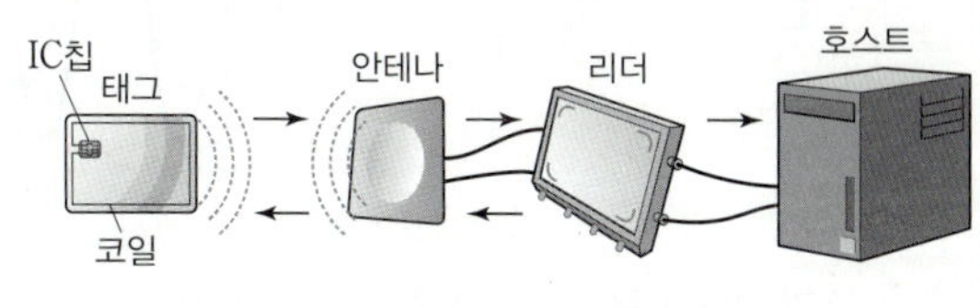

이에 대한 설명으로 옳은 것만을 〈보기〉에서 있는 대로 고른 것은?

| 보기 |

ㄱ. ⓐ은 시간에 따라 변한다.
ㄴ. ⓑ의 세기는 일정하다.
ㄷ. 코일과 안테나에서는 전자기 유도가 일어난다.

① ㄱ ② ㄴ ③ ㄷ
④ ㄱ, ㄴ ⑤ ㄱ, ㄷ

08 그림은 전자 기타의 픽업 장치 부분을 확대하여 간단하게 나타낸 것이다. 기타 줄의 a는 코일과 먼 부분이고 b는 가까운 부분이다.

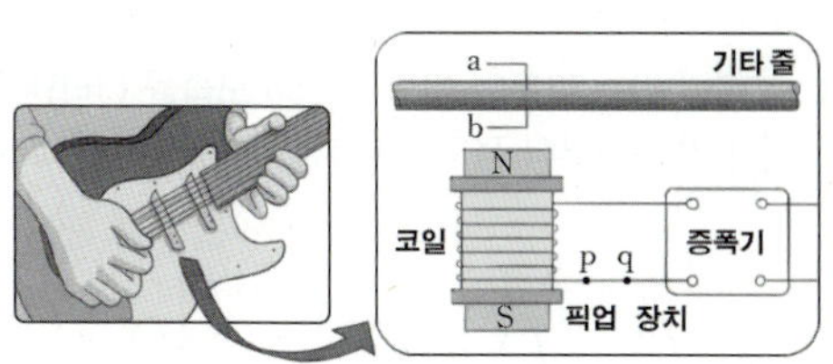

이에 대한 설명으로 옳은 것만을 〈보기〉에서 있는 대로 고른 것은?

| 보기 |

ㄱ. a는 N극으로 자화된다.
ㄴ. b가 코일에 가까이 갈 때 코일에는 p → q 방향으로 유도 전류가 흐른다.
ㄷ. 기타 줄이 진동할 때 코일에 흐르는 전류의 방향은 일정하다.

① ㄱ ② ㄴ ③ ㄱ, ㄷ
④ ㄴ, ㄷ ⑤ ㄱ, ㄴ, ㄷ

01 그림 (가)는 스피커에서 음파 A, B가 각각 발생하여 진행하는 모습을, (나)는 어느 순간 두 점 P와 Q 사이에서 음파의 압력을 위치에 따라 나타낸 것이다.

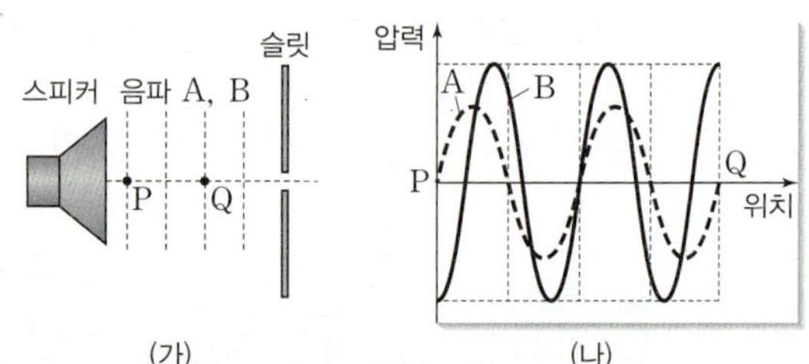

A가 B보다 큰 물리량만을 〈보기〉에서 있는 대로 고른 것은? (단, 슬릿에서 반사되는 음파는 무시하고 공기 온도는 일정하다.)

| 보기 |
ㄱ. 음 높이
ㄴ. 소리 세기
ㄷ. 슬릿을 통과한 후 회절하는 정도

① ㄱ   ② ㄷ   ③ ㄱ, ㄴ
④ ㄴ, ㄷ   ⑤ ㄱ, ㄴ, ㄷ

02 그림 (가)는 파동의 어느 순간의 모습을 나타낸 것이고, (나)는 (가)의 순간부터 점 P의 변위를 시간에 따라 나타낸 것이다.

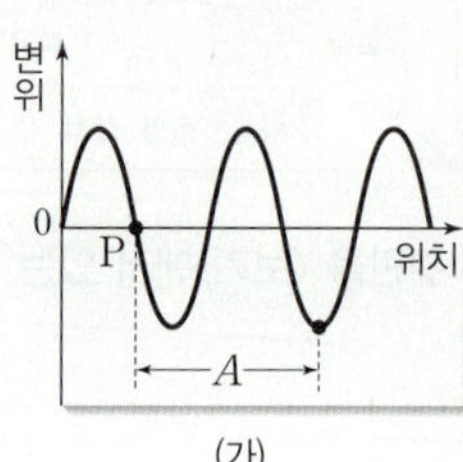

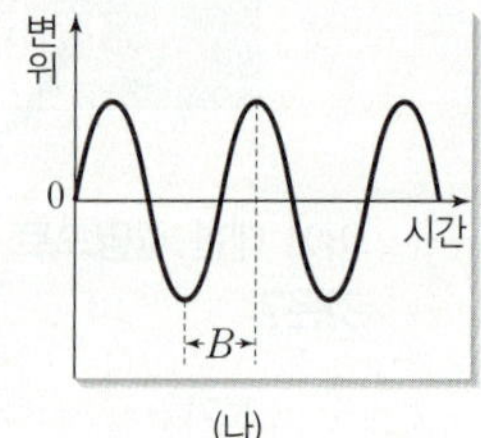

이 파동의 진행 방향과 속력은?

	방향	속력		방향	속력
①	왼쪽	$\dfrac{A}{3B}$	②	오른쪽	$\dfrac{A}{3B}$
③	왼쪽	$\dfrac{2A}{5B}$	④	오른쪽	$\dfrac{2A}{5B}$
⑤	왼쪽	$\dfrac{A}{2B}$			

03 그림 (가)는 줄에서 $+x$ 방향으로 진행하는 횡파의 어느 순간의 모습을 나타낸 것이다. 점 P는 줄 위의 한 점이다. 그림 (나)는 (가)의 순간부터 P의 이동 거리를 시간에 따라 나타낸 것이다.

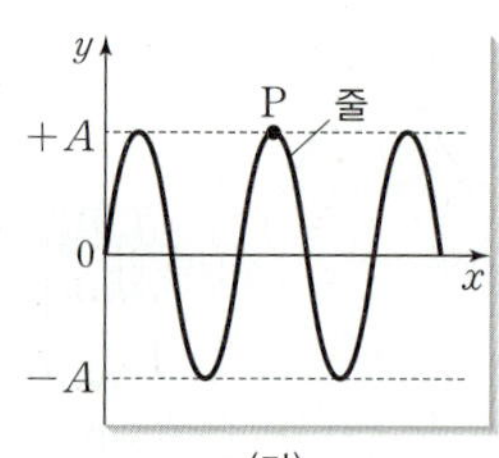

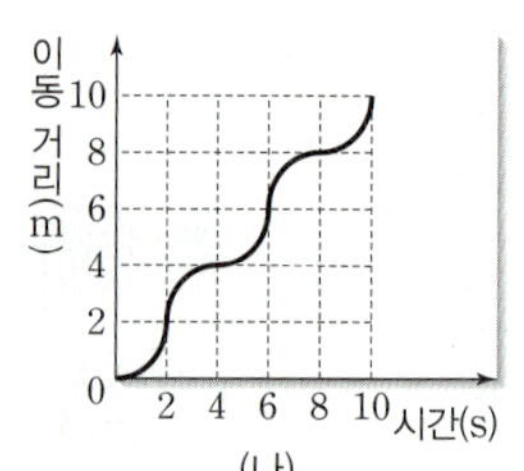

이에 대한 설명으로 옳은 것만을 〈보기〉에서 있는 대로 고른 것은?

| 보기 |
ㄱ. $A = 4\,\mathrm{m}$이다.
ㄴ. 주기는 8초이다.
ㄷ. 6초일 때 P는 $-y$ 방향으로 운동한다.

① ㄱ   ② ㄴ   ③ ㄱ, ㄷ
④ ㄴ, ㄷ   ⑤ ㄱ, ㄴ, ㄷ

04 그림 (가)는 매질 Ⅰ에서 매질 Ⅱ로 진행하는 물결파의 파면을 나타낸 것이다. 점 P는 수면의 점이고, Ⅰ, Ⅱ에서 파면이 두 매질의 경계면과 이루는 각은 각각 45°, 30°이다. 그림 (나)는 P의 변위를 시간에 따라 나타낸 것이다.

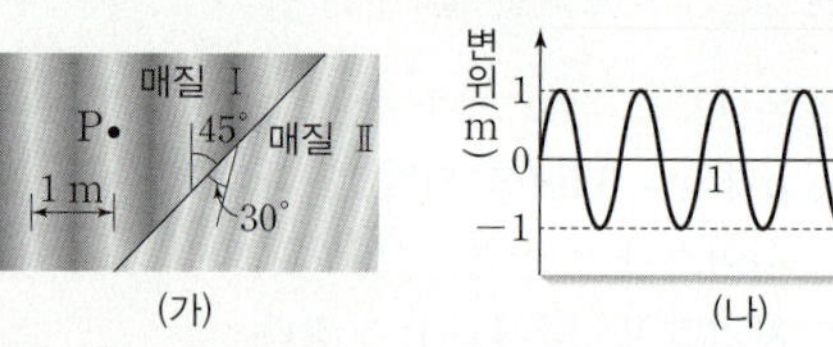

Ⅱ에서 물결파의 속력은?

① $\dfrac{1}{\sqrt{2}}\,\mathrm{m/s}$ ② $\dfrac{\sqrt{2}}{\sqrt{3}}\,\mathrm{m/s}$ ③ $\sqrt{2}\,\mathrm{m/s}$
④ $\sqrt{3}\,\mathrm{m/s}$ ⑤ $2\,\mathrm{m/s}$

05 그림은 물결파가 매질 Ⅰ에서 매질 Ⅱ로 진행할 때 파면의 모습을 나타낸 것이다. 입사각은 $45°$이고 굴절각은 $30°$이다. Ⅰ에서 이웃한 파면 사이의 거리는 d이고, Ⅱ에서 물결파의 속력은 v이다.

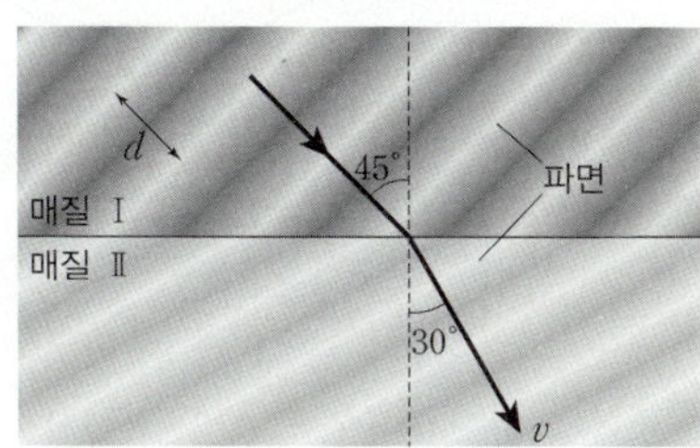

이에 대한 설명으로 옳은 것만을 〈보기〉에서 있는 대로 고른 것은?

| 보기 |

ㄱ. 물결파의 진동수는 Ⅰ, Ⅱ에서 같다.
ㄴ. Ⅰ에서 물결파의 속력은 $\sqrt{2}\,v$이다.
ㄷ. Ⅱ에서 물결파의 파장은 $\sqrt{2}\,d$이다.

① ㄱ   ② ㄷ   ③ ㄱ, ㄴ
④ ㄴ, ㄷ   ⑤ ㄱ, ㄴ, ㄷ

06 그림은 매질 Ⅰ에서 매질 Ⅱ로 진행하는 물결파의 파면을 나타낸 것이다.

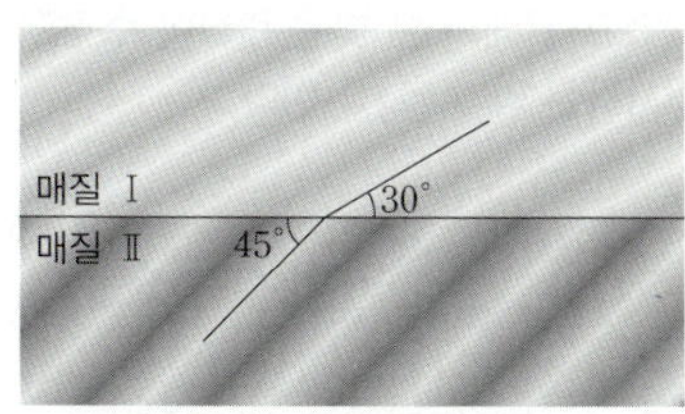

Ⅱ에서가 Ⅰ에서보다 큰 물리량만을 〈보기〉에서 있는 대로 고른 것은?

| 보기 |

ㄱ. 물의 깊이
ㄴ. 물결파의 주기
ㄷ. 물결파의 속력

① ㄴ   ② ㄷ   ③ ㄱ, ㄴ
④ ㄱ, ㄷ   ⑤ ㄱ, ㄴ, ㄷ

07 그림은 단색광이 물질 A에서 물질 B를 지나 다시 A로 진행하는 모습을 나타낸 것이다.

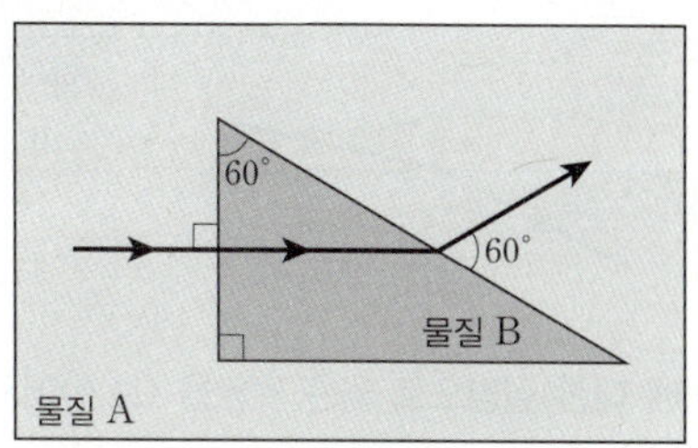

이에 대한 설명으로 옳은 것만을 〈보기〉에서 있는 대로 고른 것은?

| 보기 |

ㄱ. 단색광의 파장은 A와 B에서 같다.
ㄴ. B에서 A로 진행할 때 입사각은 $30°$이다.
ㄷ. 굴절률은 A가 B의 $\sqrt{3}$배이다.

① ㄴ   ② ㄷ   ③ ㄱ, ㄴ
④ ㄱ, ㄷ   ⑤ ㄱ, ㄴ, ㄷ

08  표는 몇 가지 매질에서 단색광의 속력을 나타낸 것이다.

매질	속력($\times 10^8$m/s)
공기	3.00
유리	1.97
물	2.56

이 단색광이 물질을 통과할 때, 빛의 경로로 가능한 것만을 〈보기〉에서 있는 대로 고른 것은?

| 보기 |

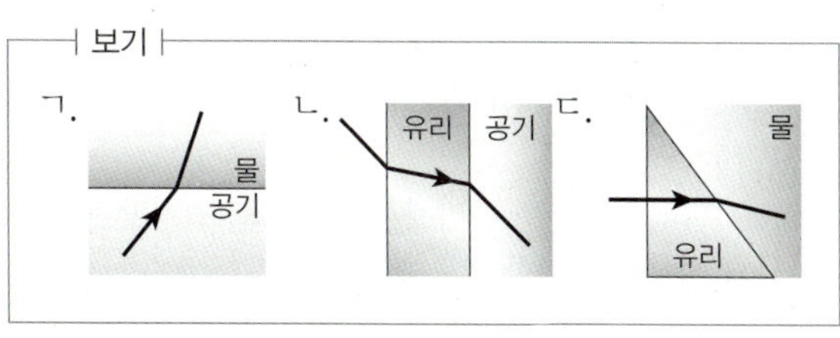

① ㄱ   ② ㄷ   ③ ㄱ, ㄴ
④ ㄴ, ㄷ   ⑤ ㄱ, ㄴ, ㄷ

01 그림은 매질 B에서 매질 A로 단색광이 진행하는 모습을 나타낸 것이다. 표는 입사각 에 따른 굴절각 를 나타낸 것이다.

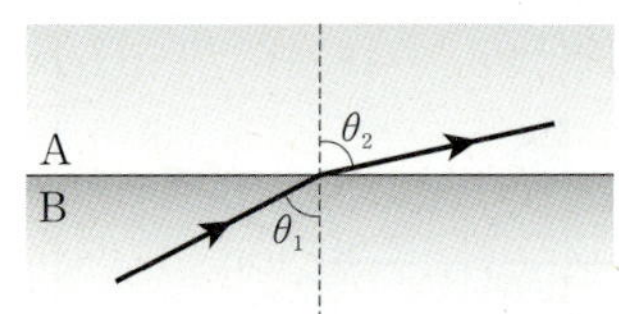

입사각(°)	굴절각(°)
60.0	64.6
70.0	78.5
73.5	89.2

이에 대한 설명으로 옳은 것만을 〈보기〉에서 있는 대로 고른 것은?

| 보기 |

ㄱ. 굴절률은 A가 B보다 크다.
ㄴ. A에서 B로 단색광이 진행할 때는 전반사가 일어날 수 없다.
ㄷ. A, B로 광섬유를 만들 때는 코어는 B로 만들어야 한다.

① ㄱ   ② ㄷ   ③ ㄱ, ㄴ
④ ㄴ, ㄷ   ⑤ ㄱ, ㄴ, ㄷ

02 그림은 액체 1에서 유리로 된 직각 프리즘에 수직으로 입사한 단색광이 액체 2로 진행하는 경로를 나타낸 것이다. 점 P, Q는 각각 액체 1, 2와 유리의 경계면에 있는 점이고, 단색광은 P에서만 전반사하였다.

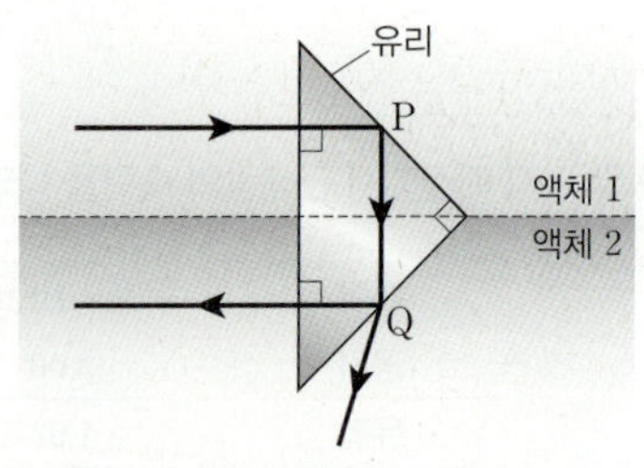

이에 대한 설명으로 옳은 것만을 〈보기〉에서 있는 대로 고른 것은?

| 보기 |

ㄱ. 굴절률은 유리가 액체 1보다 크다.
ㄴ. 단색광의 속력은 액체 1에서가 액체 2에서보다 빠르다.
ㄷ. 임계각은 유리에서 액체 1로 진행할 때가 액체 2로 진행할 때보다 크다.

① ㄱ   ② ㄷ   ③ ㄱ, ㄴ
④ ㄴ, ㄷ   ⑤ ㄱ, ㄴ, ㄷ

03 그림은 서로 다른 유리 A, B, C를 평행하게 겹쳐 놓았을 때 단색광이 진행하는 경로를 나타낸 것이다. 점 P에서 전반사가 일어났고, $\theta_2 > \theta_1$이다.

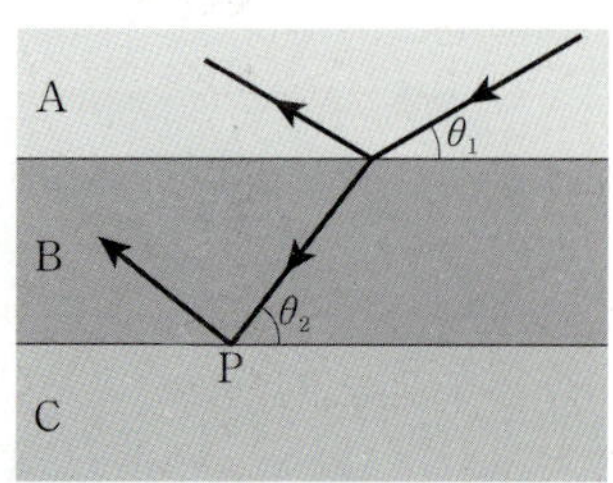

A, B, C의 굴절률을 각각 n_A, n_B, n_C라고 할 때, n_A, n_B, n_C의 크기를 비교한 것으로 옳은 것은?

① $n_A > n_B > n_C$ ② $n_A > n_C > n_B$
③ $n_B > n_A > n_C$ ④ $n_B > n_C > n_A$
⑤ $n_C > n_A > n_B$

04 그림과 같이 물이 담긴 수조 바닥의 두 지점 A, B에서 단색광을 점 P를 향해 쏘았을 때, A에서 쏜 빛은 공기에서 관찰할 수 있었고, B에서 쏜 빛은 관찰할 수 없었다. A, B에서 쏜 빛의 입사각은 각각 θ_A, θ_B이다.

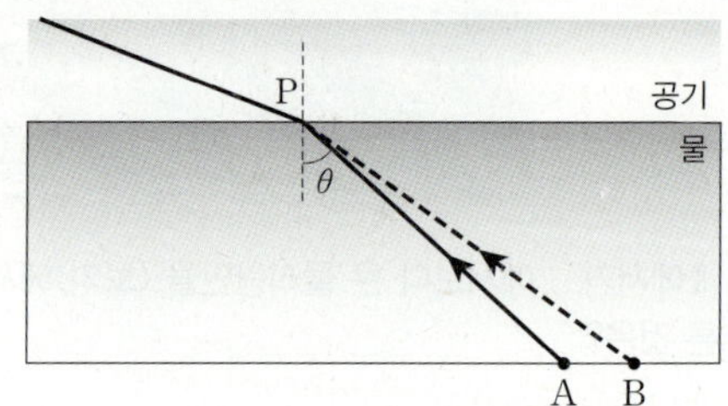

단색광이 물에서 공기로 진행할 때의 임계각을 θ_c라고 할 때 θ_A, θ_B, θ_c의 크기를 옳게 비교한 것은? (단, A, B에서 방출하는 단색광의 진동수는 같다.)

① $\theta_A > \theta_B > \theta_c$ ② $\theta_A > \theta_c > \theta_B$
③ $\theta_B > \theta_A > \theta_c$ ④ $\theta_B > \theta_c > \theta_A$
⑤ $\theta_c > \theta_B > \theta_A$

05 그림 (가)와 (나)는 단색광을 입사각 θ로 각각 A, B에 비추었을 때 단색광이 진행하는 경로를 나타낸 것이다. A 또는 B에서 공기로 진행할 때 (가)에서만 전반사가 일어났다.

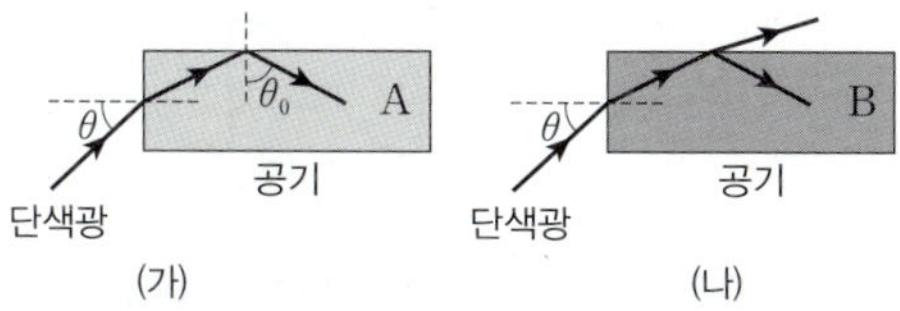

이에 대한 설명으로 옳은 것만을 〈보기〉에서 있는 대로 고른 것은?

| 보기 |

ㄱ. (가)에서 임계각은 θ_0보다 작다.
ㄴ. (나)에서 θ를 크게하면 전반사가 일어날 수 있다.
ㄷ. A, B로 광섬유를 만들 때는 A가 코어이다.

① ㄱ　　　　② ㄴ　　　　③ ㄱ, ㄴ
④ ㄱ, ㄷ　　　⑤ ㄴ, ㄷ

06 그림은 공기에서 입사각 θ_i로 매질 1로 입사시킨 단색광의 경로 중 일부를 나타낸 것이다. 단색광은 매질 2와 3의 경계면에서만 전반사하였다.

중요

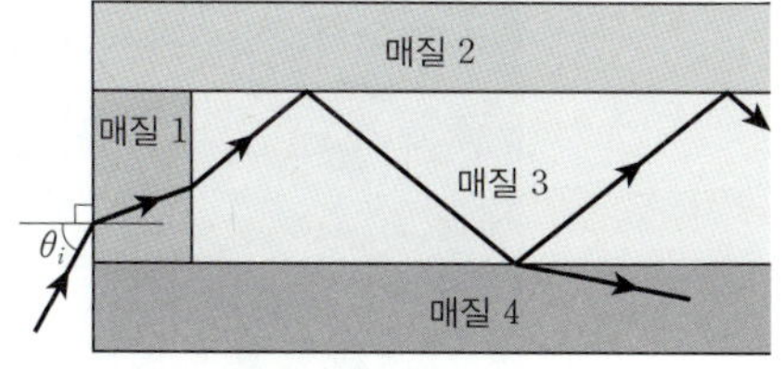

이에 대한 설명으로 옳은 것만을 〈보기〉에서 있는 대로 고른 것은?

| 보기 |

ㄱ. 빛의 속력은 매질 3에서가 매질 1에서보다 크다.
ㄴ. θ_i를 더 크게하면 매질 3과 4의 경계면에서 전반사가 일어날 수 있다.
ㄷ. 굴절률은 매질 2가 매질 4보다 크다.

① ㄱ　　　　② ㄴ　　　　③ ㄱ, ㄴ
④ ㄴ, ㄷ　　　⑤ ㄱ, ㄴ, ㄷ

07 그림은 매질 A와 B의 경계면에서 전반사하며 진행하던 빛이 B와 C의 경계면에서 일부가 굴절하는 모습을 나타낸 것이다. B와 C의 경계면에서 굴절각이 입사각보다 크다.

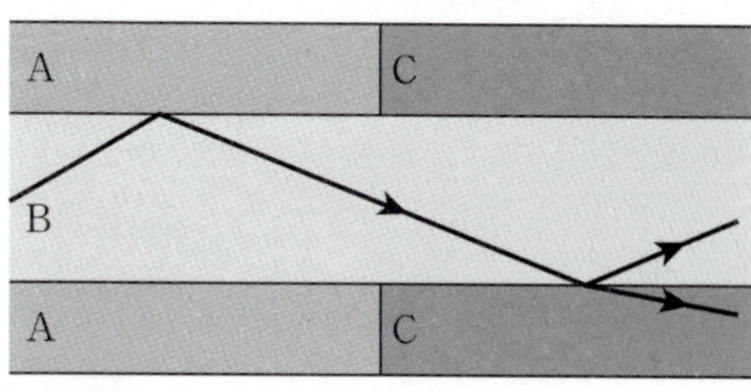

이에 대한 설명으로 옳은 것만을 〈보기〉에서 있는 대로 고른 것은?

| 보기 |

ㄱ. 굴절률은 A가 B보다 작다.
ㄴ. 빛의 파장은 B에서가 C에서보다 작다.
ㄷ. A와 C로 광섬유를 만들 때는 A를 코어로 해야 한다.

① ㄱ　　　　② ㄷ　　　　③ ㄱ, ㄴ
④ ㄴ, ㄷ　　　⑤ ㄱ, ㄴ, ㄷ

08 그림 (가), (나)는 광섬유의 구조와 광통신 과정을 간단하게 나타낸 것이다.

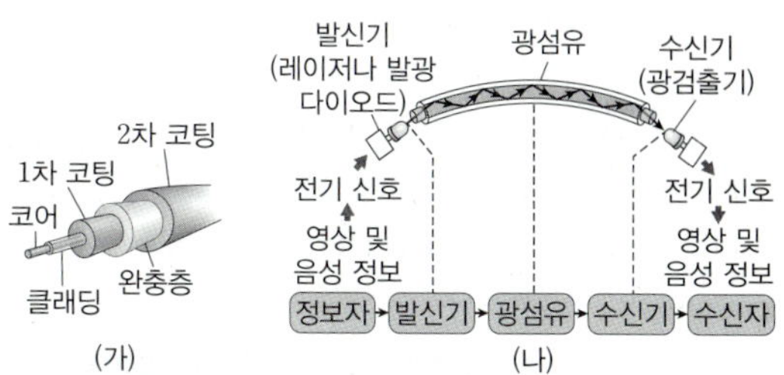

이에 대한 설명으로 옳은 것만을 〈보기〉에서 있는 대로 고른 것은?

| 보기 |

ㄱ. 광섬유에서 굴절률은 코어가 클래딩보다 크다.
ㄴ. 빛의 속력은 코어에서가 진공에서보다 빠르다.
ㄷ. 수신기에는 발광 다이오드가 사용된다.

① ㄱ　　　　② ㄴ　　　　③ ㄱ, ㄷ
④ ㄴ, ㄷ　　　⑤ ㄱ, ㄴ, ㄷ

01 다음은 전자기파 (가), (나)를 발생시키는 방법에 대한 설명이다.

(가)	(나)
고속의 전자를 금속에 충돌시킬 때 전자의 속력이 갑자기 감소하며 발생한다.	에너지를 공급받아 들뜬상태가 된 전자가 다른 에너지 준위로 전이하면서 방출한다.

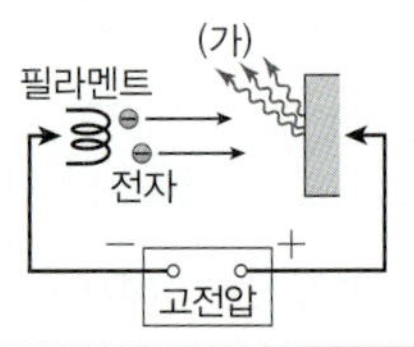

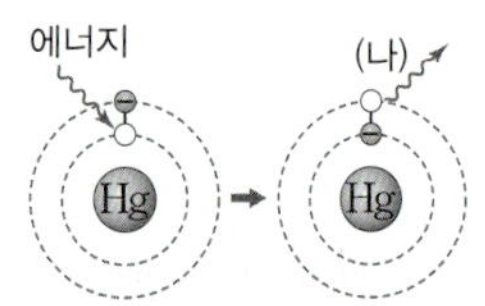

이에 대한 설명으로 옳은 것만을 〈보기〉에서 있는 대로 고른 것은?

| 보기 |

ㄱ. 파장은 (나)가 (가)보다 크다.
ㄴ. (가)는 살균 작용이 있어 식기 소독기 등에 이용된다.
ㄷ. (나)는 전자가 전이하는 에너지 준위 차이가 클수록 파장이 증가한다.

① ㄱ　　　② ㄴ　　　③ ㄱ, ㄷ
④ ㄴ, ㄷ　　⑤ ㄱ, ㄴ, ㄷ

02 다음은 전자기파 A에 대한 설명이다.

- 대부분의 곤충은 가시광선 뿐만 아니라 A까지 볼 수 있다. 특히 꽃의 꿀샘 부분은 A를 잘 반사하기 때문에 꿀벌과 나비는 꿀샘이 있는 곳을 쉽게 찾을 수 있다.

(가) 가시광선으로 촬영할 때

(나) A로 촬영할 때

- A의 파장은 가시광선보다 짧고 X선보다 길다.

A는?

① 감마선　　② 자외선　　③ 적외선
④ 마이크로파　⑤ 라디오파

03 그림은 전자기파가 $+x$ 방향으로 진행할 때 z축과 나란하게 진동하는 자기장을 위치 x에 따라 나타낸 것이다.

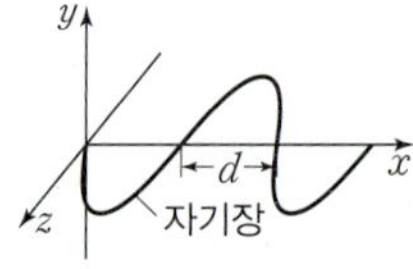

이에 대한 설명으로 옳은 것만을 〈보기〉에서 있는 대로 고른 것은?

| 보기 |

ㄱ. 전기장의 진동 방향은 y축과 나란하다.
ㄴ. 전기장이 최대일 때 자기장은 0이다.
ㄷ. 자외선은 적외선보다 d가 크다.

① ㄱ　　　② ㄴ　　　③ ㄱ, ㄷ
④ ㄴ, ㄷ　　⑤ ㄱ, ㄴ, ㄷ

04 중요 그림은 두 파원 S_1, S_2에서 동일한 물결파를 발생시켰을 때 만들어진 간섭 무늬를 나타낸 것이다. A, B점은 수면에 고정된 점이다.

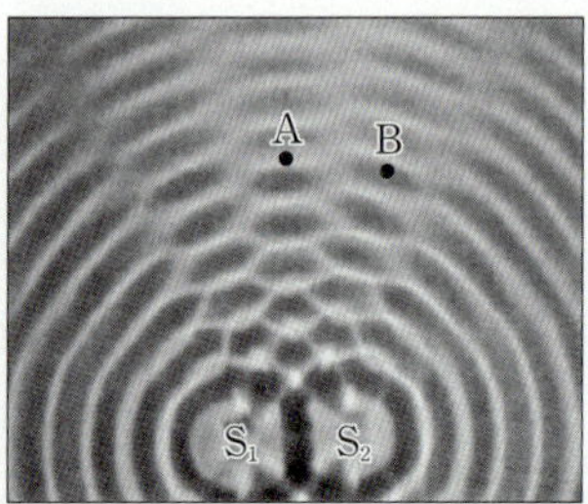

이에 대한 설명으로 옳은 것만을 〈보기〉에서 있는 대로 고른 것은?

| 보기 |

ㄱ. A는 보강 간섭이 일어난다.
ㄴ. B는 진폭이 0이다.
ㄷ. 두 파원으로부터의 경로차는 A가 B보다 크다.

① ㄱ　　　② ㄴ　　　③ ㄱ, ㄷ
④ ㄴ, ㄷ　　⑤ ㄱ, ㄴ, ㄷ

05 그림은 주기와 파장이 같은 두 파동이 x축을 따라 서로 반대 방향으로 진행하여 중첩하기 전 어느 순간의 모습을 나타낸 것이다.

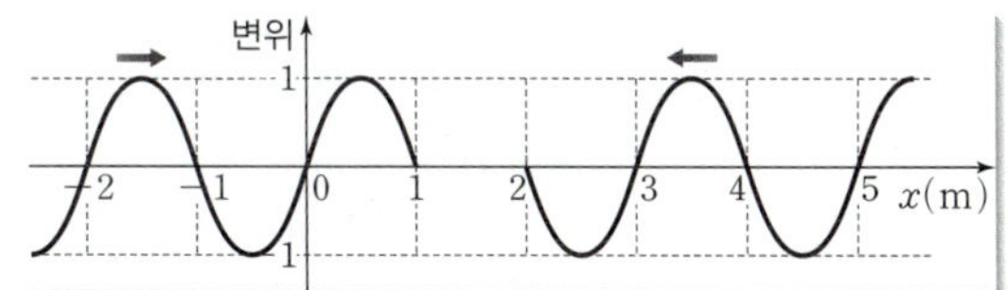

두 파동이 완전히 중첩되었을 때 $0 < x < 4$ 범위에서 진폭이 항상 0이 되는 지점의 수는?

① 1개 ② 2개 ③ 3개
④ 4개 ⑤ 5개

06 그림은 파장, 진폭이 같은 두 파동이 서로 반대 방향으로 진행하는 어느 순간의 모습을 나타낸 것이다. 두 파동의 주기는 4초이고, 점 A, B는 매질 위의 점이다.

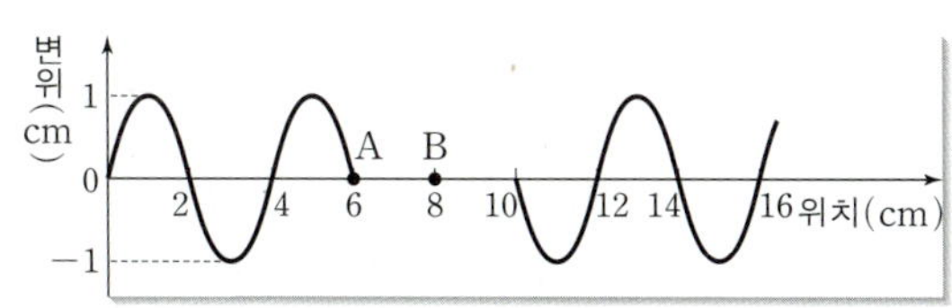

두 파동이 중첩되었을 때 A, B 사이의 최대 거리는?

① $\sqrt{5}$ cm ② 2 cm ③ $2\sqrt{2}$ cm
④ 4 cm ⑤ $2\sqrt{5}$ cm

07 그림은 두 파원 S_1, S_2에서 파장과 진폭이 같은 물결파를 발생시키는 모습을 나타낸 것이다. 점 P, Q, R는 수면 위의 세 지점이며, P에서 보강 간섭이 일어난다. 물결파의 파장은 λ이다.

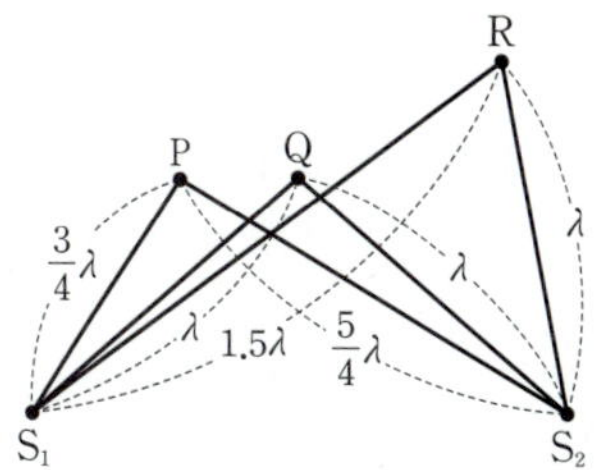

이에 대한 설명으로 옳은 것만을 〈보기〉에서 있는 대로 고른 것은?

| 보기 |
ㄱ. 두 파원에서는 물결파가 반대 위상으로 발생한다.
ㄴ. P가 마루일 때 R의 변위는 0이다.
ㄷ. Q에서는 수면의 높이가 일정하다.

① ㄴ ② ㄷ ③ ㄱ, ㄴ
④ ㄱ, ㄷ ⑤ ㄱ, ㄴ, ㄷ

08 다음은 휴대 전화의 소음 제거 기술에 대한 설명이다.

- 주변 소음의 주파수를 감지하여 이를 반영한 ⊙신호를 발생시킨다.
- 소음과 휴대 전화에서 발생시킨 신호가 (가) 간섭하여 시끄러운 장소에서도 깨끗한 음질로 통화할 수 있다.

이에 대한 설명으로 옳은 것만을 〈보기〉에서 있는 대로 고른 것은?

| 보기 |
ㄱ. ⊙ 신호는 소음과 위상이 반대이다.
ㄴ. (가)는 '보강'이다.
ㄷ. ⊙ 신호는 진공에서도 전달된다.

① ㄱ ② ㄴ ③ ㄱ, ㄷ
④ ㄴ, ㄷ ⑤ ㄱ, ㄴ, ㄷ

01 다음은 빛의 삼원색인 A, B, C를 동일한 세기로 방출하는 발광 다이오드로 수행한 실험이다.

> [실험 과정]
> (가) A, B를 흰 종이에 비춘다.
> (나) B, C를 검류계가 연결된 광 다이오드에 비춘다.
> (다) A, C를 (나)의 광 다이오드에 비춘다.
>
> 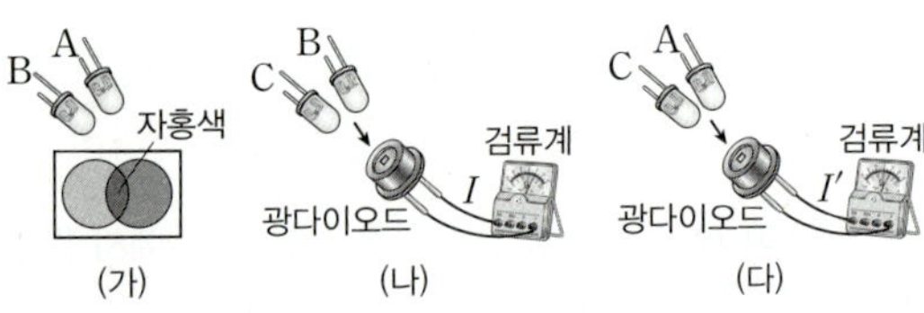
>
>
> [실험 결과]
> • (가)에서 빛이 겹쳐진 부분이 자홍색으로 보였다.
> • (나)에서보다 (다)에서 더 큰 전류가 흘렀다.

이에 대한 설명으로 옳은 것만을 〈보기〉에서 있는 대로 고른 것은?

> ┤ 보기 ├
> ㄱ. A는 파란색이다.
> ㄴ. (나)에서 B만 비추면 전류가 흐르지 않는다.
> ㄷ. 진동수는 C가 가장 크다.

① ㄱ　　　② ㄷ　　　③ ㄱ, ㄴ
④ ㄴ, ㄷ　　　⑤ ㄱ, ㄴ, ㄷ

02 표는 광전 효과 실험 장치에서 빛의 파장과 세기에 따라 금속판에서 광전자가 방출되는지를 나타낸 것이다.

	빛의 파장	빛의 세기	광전자 방출 여부
(가)	λ	I	
(나)	2λ	I	방출됨
(다)	2λ	$2I$	
(라)	3λ	$2I$	방출 안 됨

이에 대한 설명으로 옳은 것만을 〈보기〉에서 있는 대로 고른 것은? (단, 빛의 속력은 c이다.)

> ┤ 보기 ├
> ㄱ. 금속판의 문턱 진동수는 $\dfrac{c}{3\lambda}$보다 크다.
> ㄴ. 광전자의 최대 운동 에너지는 (가)가 (나)보다 크다.
> ㄷ. 광전자의 개수는 (가)가 (다)보다 크다.

① ㄱ　　　② ㄷ　　　③ ㄱ, ㄴ
④ ㄴ, ㄷ　　　⑤ ㄱ, ㄴ, ㄷ

03 다음은 검전기를 이용한 광전 효과 실험이다.

> [실험 과정]
> (가) 동일한 검전기 A와 B를 하나는 (+)전하로, 다른 하나는 (−)전하로 대전시켜 A, B의 금속박이 벌어진 상태가 되게 한다.
> (나) A, B의 금속판에 단색광 P 또는 Q를 비추며 금속박의 변화를 관찰한다.
>
> [실험 결과]
>
> | 검전기 | 금속박의 움직임 | |
> |---|---|---|
> | | P를 비출 때 | Q를 비출 때 |
> | A | 오므라듦 | 변화 없음 |
> | B | 더 벌어짐 | 변화 없음 |

검전기 중 (+)전하로 대전된 것과 P, Q의 진동수를 비교한 것으로 옳은 것은?

	+전하로 대전된 검전기	진동수 비교
①	A	$P>Q$
②	A	$P=Q$
③	A	$P<Q$
④	B	$P>Q$
⑤	B	$P<Q$

04 그림은 빛의 삼원색 중 하나인 A, B, C를 같은 세기로 광전관의 금속판에 비추었을 때 광전자가 방출되는 것을 나타낸 것이다. 표는 금속판에 비춘 빛에 따라 광전자 방출 여부를 나타낸 것이다.

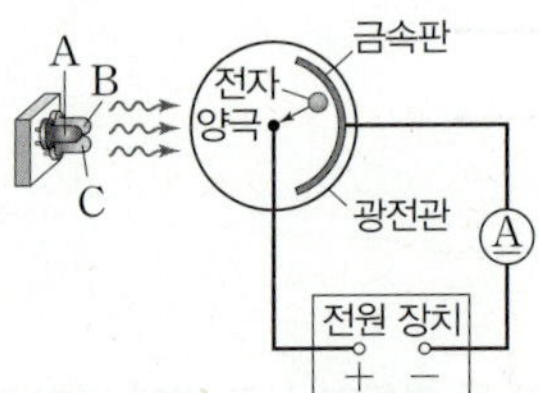

빛을 방출한 광원	광전자 방출 여부
A, B	방출
A, C	방출
B, C	방출되지 않음

이에 대한 설명으로 옳은 것만을 〈보기〉에서 있는 대로 고른 것은?

> ┤ 보기 ├
> ㄱ. 빛의 진동수는 A가 가장 크다.
> ㄴ. B의 진동수는 금속판의 문턱 진동수보다 작다.
> ㄷ. A, B를 비추었을 때와 A, C를 비추었을 때 광전류의 세기는 같다.

① ㄱ　　　② ㄷ　　　③ ㄱ, ㄴ
④ ㄴ, ㄷ　　　⑤ ㄱ, ㄴ, ㄷ

05 그림 (가)는 보어의 수소 원자 모형에서 $n=1$인 상태에 있던 전자가 빛 A를 흡수하여 $n=3$인 상태로 전이하였다가 빛 B, C를 차례대로 방출하며 $n=2$, $n=1$인 상태로 전이하는 과정을 나타낸 것이다. A, B, C의 파장은 각각 λ_A, λ_B, λ_C이다. 그림 (나)는 금속 P에 C를 비추었을 때 광전자가 방출되는 것을 나타낸 것이다.

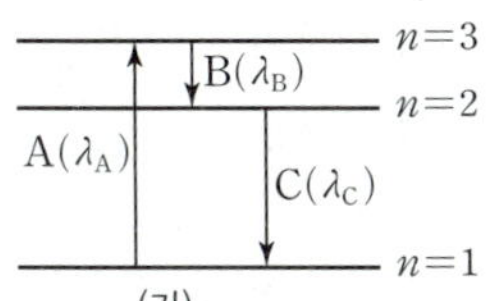

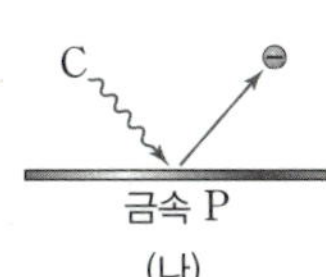

이에 대한 설명으로 옳은 것만을 〈보기〉에서 있는 대로 고른 것은?

| 보기 |

ㄱ. 진동수는 A가 가장 크다.

ㄴ. $\lambda_B = \dfrac{\lambda_A \lambda_C}{\lambda_C - \lambda_A}$ 이다.

ㄷ. P에 A를 비추면 광전자가 방출되지 않는다.

① ㄱ   ② ㄴ   ③ ㄷ
④ ㄱ, ㄴ   ⑤ ㄱ, ㄷ

06 그림 (가)는 수소 원자의 에너지 준위와 전자 전이를 나타낸 것으로 a, b, c는 전자의 전이 과정에서 방출되는 빛이다. 그림 (나)는 c를 대전되지 않은 검전기의 금속판에 비추었을 때 금속박이 벌어진 모습을 나타낸 것이다.

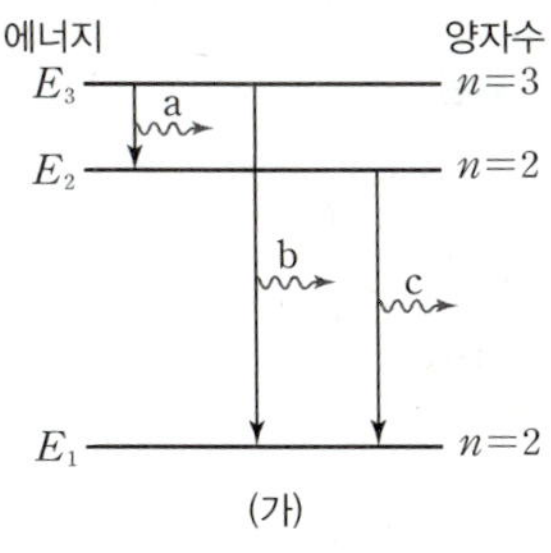

이에 대한 설명으로 옳은 것만을 〈보기〉에서 있는 대로 고른 것은?

| 보기 |

ㄱ. 빛의 파장은 a가 c보다 크다.

ㄴ. (나)에서 금속박은 (−)전하로 대전된다.

ㄷ. (나)에서 c대신 b를 비추어도 금속박이 벌어진다.

① ㄴ   ② ㄷ   ③ ㄱ, ㄴ
④ ㄱ, ㄷ   ⑤ ㄴ, ㄷ

07 다음은 광전 효과 실험에 대한 설명이다.

- 광 다이오드에 전류계를 연결한 후 발광 다이오드(LED)에서 방출되는 빛 A, B, C를 비추었다. A, B, C는 각각 빛의 삼원색 중 하나이다.

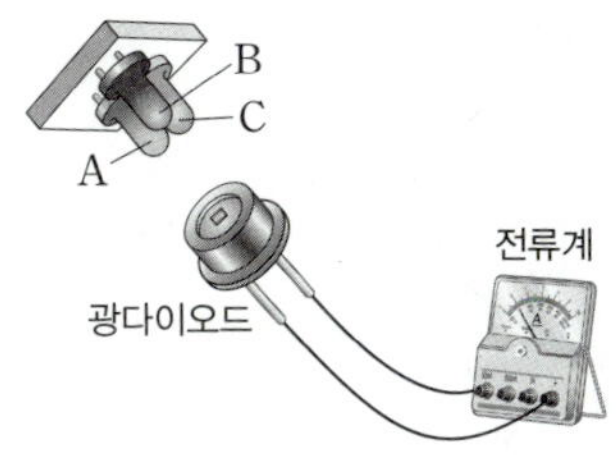

- A와 B를 동시에 비추었을 때는 전류가 흘렀다.
- B와 C를 동시에 비추었을 때는 전류가 흐르지 않았다.

이에 대한 설명으로 옳은 것만을 〈보기〉에서 있는 대로 고른 것은?

| 보기 |

ㄱ. A는 초록색 빛이다.

ㄴ. A와 C를 비추면 전류가 흐른다.

ㄷ. A의 세기를 강하게 하여 A만 비추면 전류가 흐르지 않는다.

① ㄱ   ② ㄴ   ③ ㄱ, ㄴ
④ ㄱ, ㄷ   ⑤ ㄴ, ㄷ

08 표는 음(−)전하로 대전시킨 검전기의 금속판을 P와 Q로 바꾸어 가며 단색광 a, b, c를 비추었을 때 금속박의 변화를 나타낸 것이다.

빛＼금속판	P	Q
a	오므라듦	오므라듦
b	변화 없음	변화 없음
c	변화 없음	오므라듦

이에 대한 설명으로 옳은 것만을 〈보기〉에서 있는 대로 고른 것은?

| 보기 |

ㄱ. 문턱 진동수는 P가 Q보다 크다.

ㄴ. c의 진동수는 Q의 문턱 진동수보다 크다.

ㄷ. Q에서 방출되는 광전자의 최대 운동 에너지는 a를 비출 때가 c를 비출 때보다 크다.

① ㄱ   ② ㄷ   ③ ㄱ, ㄴ
④ ㄴ, ㄷ   ⑤ ㄱ, ㄴ, ㄷ

01 그림 (가)는 니켈 결정에 전자를 입사시킨 후 전자 검출기로 결정에서 산란되는 전자 수를 측정하는 것을 나타낸 것이다. 그림 (나)는 (가)에서 측정한 전자 수로부터 구한 전자의 산란 세기를 전자의 입사 방향과 산란 방향 사이의 각도 θ에 따라 나타낸 것이다.

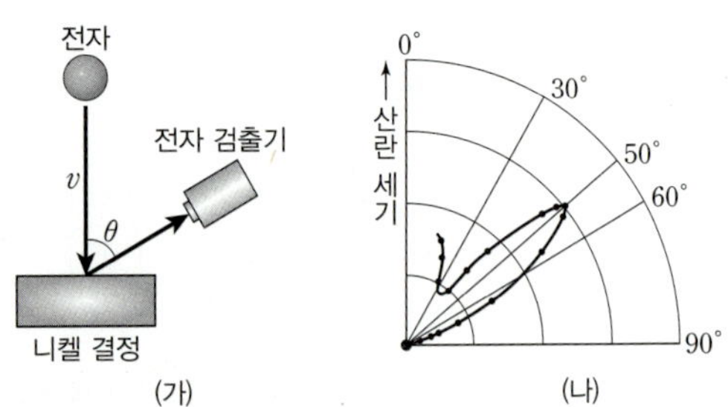

이에 대한 설명으로 옳은 것만을 〈보기〉에서 있는 대로 고른 것은?

| 보기 |
ㄱ. 전자의 속력이 빠를수록 물질파 파장이 증가한다.
ㄴ. $\theta = 50°$일 때 전자의 물질파가 보강 간섭한다.
ㄷ. 전자의 입자성을 보여준다.

① ㄴ 　② ㄷ 　③ ㄱ, ㄴ
④ ㄱ, ㄷ 　⑤ ㄴ, ㄷ

02 표는 진공 중에서 운동하는 입자 A, B, C의 질량, 에너지를 나타낸 것이다.

입자	질량	에너지
A	m	$2E$
B	$2m$	E
C	$2m$	$4E$

A, B, C의 물질파 파장을 각각 λ_A, λ_B, λ_C라고 할 때, λ_A, λ_B, λ_C의 크기를 비교한 것으로 옳은 것은?

① $\lambda_A > \lambda_C = \lambda_B$　② $\lambda_A = \lambda_B > \lambda_C$
③ $\lambda_A = \lambda_C > \lambda_B$　④ $\lambda_B > \lambda_A > \lambda_C$
⑤ $\lambda_C > \lambda_A = \lambda_B$

03 그림 (가)는 전자총에서 속력 v로 방출된 전자가 이중 슬릿을 통과하여 스크린에 도착할 때, 전자 검출기로 각 지점에 도달하는 전자의 수를 측정하는 것을 나타낸 것이다. 그림 (나)는 (가)에서 측정한 전자의 수를 나타낸 것이다.

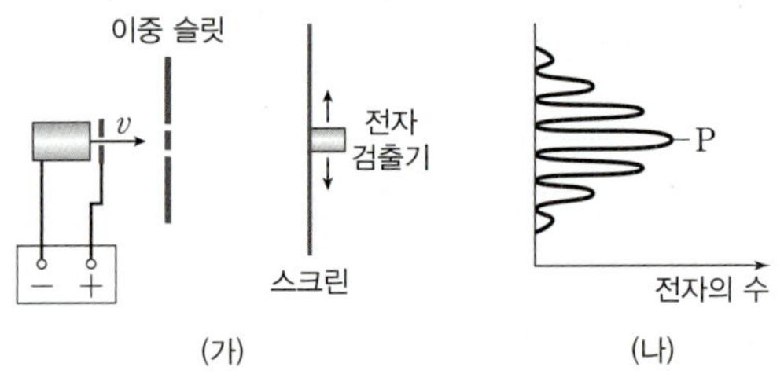

이에 대한 설명으로 옳은 것만을 〈보기〉에서 있는 대로 고른 것은?

| 보기 |
ㄱ. 전자의 파동성을 보여준다.
ㄴ. P에서 전자의 물질파는 보강 간섭한다.
ㄷ. v를 증가시키면 전자의 물질파 파장은 감소한다.

① ㄱ 　② ㄷ 　③ ㄱ, ㄴ
④ ㄴ, ㄷ 　⑤ ㄱ, ㄴ, ㄷ

04 그림 (가)는 입자 가속 장치로 입자를 가속시켜 이중 슬릿에 통과시켰을 때 스크린에 간섭 무늬가 생긴 것을 나타낸 것이다. Δx는 이웃한 밝은 무늬 사이의 간격이다. 그림 (나)는 입자 A, B, C의 운동 에너지와 질량을 나타낸 것이다.

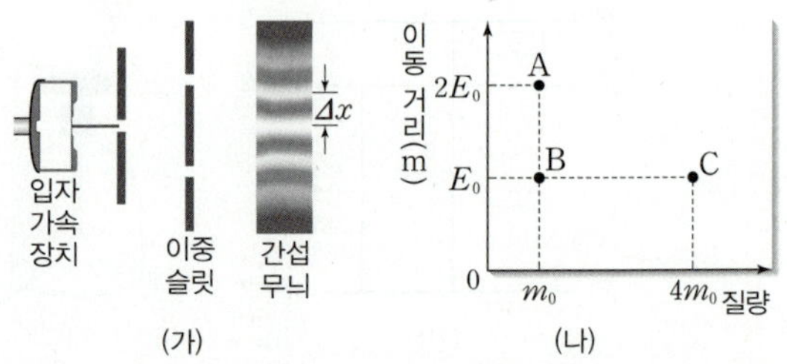

이에 대한 설명으로 옳은 것만을 〈보기〉에서 있는 대로 고른 것은?

| 보기 |
ㄱ. 운동량의 크기는 A가 B의 2배이다.
ㄴ. 물질파 파장은 B가 C의 2배이다.
ㄷ. A와 C로 실험할 때 Δx는 같다.

① ㄱ 　② ㄴ 　③ ㄱ, ㄴ
④ ㄱ, ㄷ 　⑤ ㄴ, ㄷ

05 그림은 투과 전자 현미경(TEM)을 간단하게 나타낸 것이다.

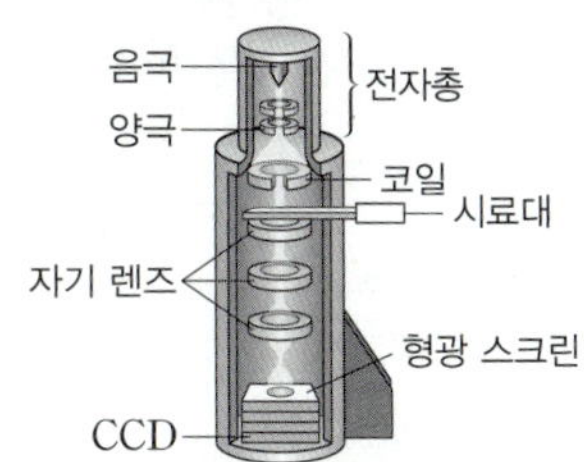

이에 대한 설명으로 옳은 것만을 〈보기〉에서 있는 대로 고른 것은?

| 보기 |

ㄱ. TEM은 전자의 입자성을 이용한다.
ㄴ. TEM은 시료 표면의 3차원적 구조를 볼 수 있다.
ㄷ. 음극과 양극 사이의 전압을 높이면 분해능을 높일 수 있다.

① ㄱ　　② ㄴ　　③ ㄷ　　④ ㄱ, ㄷ　　⑤ ㄴ, ㄷ

06 다음은 분해능에 대한 설명이다.

두 점광원에서 나온 두 빛이 구멍을 통과하면 각각 회절 무늬를 만든다. 이때 한 빛이 만드는 회절 무늬의 가운데 밝은 무늬 중심이 다른 빛에 의한 회절 무늬의 첫 번째 어두운 무늬의 바깥쪽에 위치하면 두 광원을 분리하여 볼 수 있다. 이것을 레일리 기준이라 하며, 빛의 파장이 λ이고 구멍의 지름이 D일 때 분해능 $\sin\theta = 1.22\dfrac{\lambda}{D}$이다.

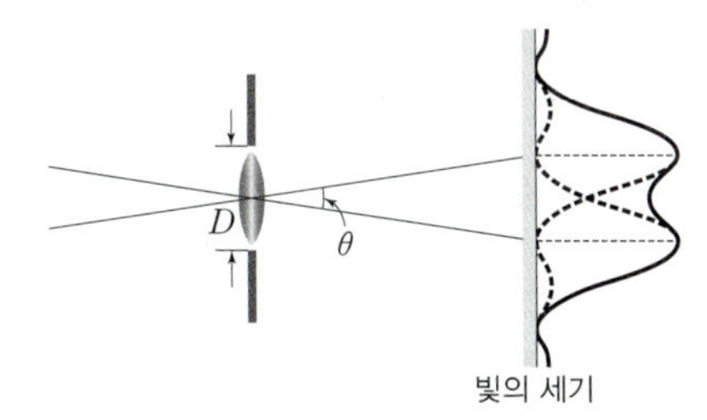

이에 대한 설명으로 옳은 것만을 〈보기〉에서 있는 대로 고른 것은?

| 보기 |

ㄱ. D가 클수록 분해능이 좋아진다.
ㄴ. 가시광선보다 X선이 분해능이 좋다.
ㄷ. 전자 현미경에서 전자의 속력이 빠를수록 θ가 감소한다.

① ㄱ　　② ㄷ　　③ ㄱ, ㄴ
④ ㄴ, ㄷ　　⑤ ㄱ, ㄴ, ㄷ

07 다음은 전자 현미경에 대한 설명이다.

- 가까이 붙어 있는 두 점을 구분할 수 있는 분해능은 현미경에서 사용하는 파동의 파장이 짧을수록 증가한다.
- 수십 kV의 전압으로 가속된 전자를 이용하는 전자 현미경은 광학 현미경보다 분해능이 좋다.
- 전하량이 e인 전자를 전압 V로 가속시켰을 때 전자의 운동 에너지는 eV이다.

이에 대한 설명으로 옳은 것만을 〈보기〉에서 있는 대로 고른 것은? (단, 전자의 질량은 m, 플랑크 상수는 h이다.)

| 보기 |

ㄱ. 전자 현미경에서 사용하는 전자의 물질파 파장은 가시광선의 파장보다 길다.
ㄴ. 전자의 물질파 파장은 $\dfrac{h}{\sqrt{2meV}}$이다.
ㄷ. 분해능을 증가시키려면 가속 전압을 증가시켜야 한다.

① ㄱ　　② ㄷ　　③ ㄱ, ㄴ
④ ㄴ, ㄷ　　⑤ ㄱ, ㄴ, ㄷ

08 그림은 투과 전자 현미경(TEM)의 단면을 간단하게 나타낸 것이다.

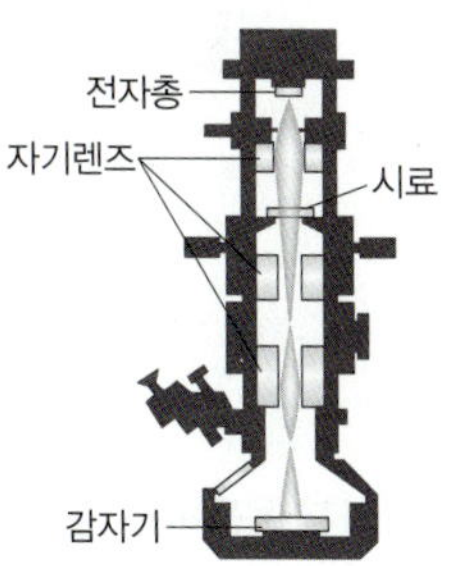

이에 대한 설명으로 옳은 것만을 〈보기〉에서 있는 대로 고른 것은?

| 보기 |

ㄱ. 자기렌즈는 전자의 운동 방향을 조절하는 역할을 한다.
ㄴ. 투과 전자 현미경은 물체 내부의 구조를 살펴볼 수 있다.
ㄷ. 투과 전자 현미경은 시료 표면에 얇은 금속 코팅을 한다.

① ㄱ　　② ㄴ　　③ ㄷ　　④ ㄱ, ㄴ　　⑤ ㄴ, ㄷ

고난도 문제

01 그림은 출발선에 정지해 있던 자동차가 출발하여 다리를 통과할 때까지 일정한 가속도로 직선 운동하는 것을 나타낸 것이다. 출발선에서 다리 입구까지의 거리는 L이고, 다리 입구와 출구에서 자동차의 속력은 각각 $20\,\text{m/s}$, v이며 다리 입구로부터 출구까지 이동하는 데 걸린 시간은 20초이었다.

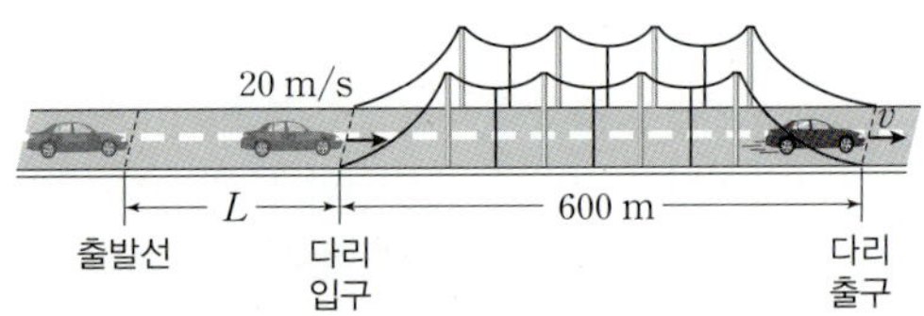

자동차의 운동에 대한 설명으로 옳은 것만을 〈보기〉에서 있는 대로 고른 것은? (단, 자동차의 크기는 무시한다.)

| 보기 |

ㄱ. v는 $40\,\text{m/s}$이다.
ㄴ. 자동차의 가속도 크기는 $1\,\text{m/s}^2$이다.
ㄷ. L은 $200\,\text{m}$이다.

① ㄱ   ② ㄷ   ③ ㄱ, ㄴ
④ ㄴ, ㄷ   ⑤ ㄱ, ㄴ, ㄷ

02 그림은 기울기가 일정한 빗면에 놓인 질량이 $2\,\text{kg}$인 물체 A가 질량이 $3\,\text{kg}$인 물체 B와 실로 연결되어 운동하는 것을 나타낸 것이다. p, q점에서의 A의 속력은 각각 $1\,\text{m/s}$, $3\,\text{m/s}$이고, p와 q 사이의 거리는 $1\,\text{m}$이다.

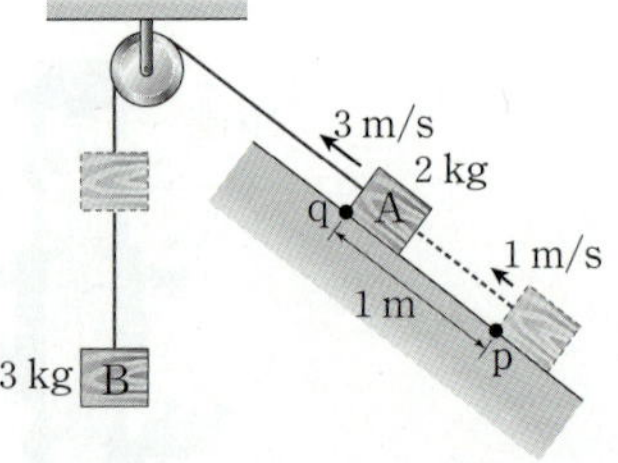

A가 p에서 q까지 운동하는 동안, 이에 대한 설명으로 옳은 것만을 〈보기〉에서 있는 대로 고른 것은? (단, 중력 가속도는 $10\,\text{m/s}^2$이고, 마찰과 공기 저항, 실의 질량 및 물체의 크기는 무시한다.)

| 보기 |

ㄱ. B의 운동 시간은 2초이다.
ㄴ. 실이 A를 당기는 힘의 크기는 $18\,\text{N}$이다.
ㄷ. 실이 B를 잡아당기는 힘과 지구가 B를 잡아당기는 힘은 작용과 반작용의 관계이다.

① ㄴ   ② ㄷ   ③ ㄱ, ㄴ
④ ㄱ, ㄷ   ⑤ ㄱ, ㄴ, ㄷ

03 그림 (가)는 0초일 때 정지해 있던 물체 A, B, C가 실로 연결된 채 화살표 방향으로 등가속도 운동을 하다가 3초일 때 B, C를 연결한 실이 끊어진 것을, (나)는 B의 속력을 시간에 따라 나타낸 것이다.

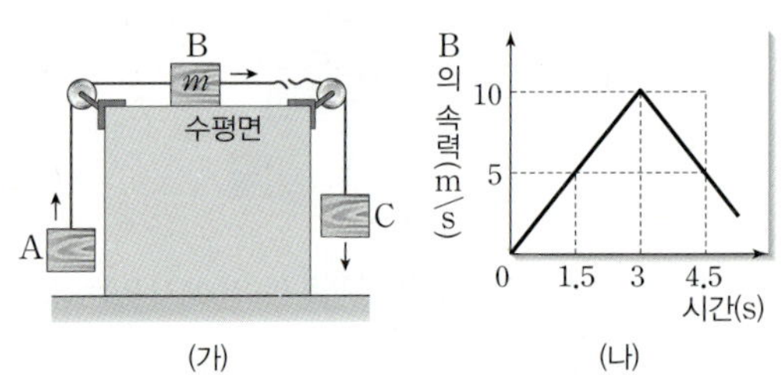

이에 대한 설명으로 옳은 것만을 〈보기〉에서 있는 대로 고른 것은? (단, 중력 가속도는 $10\,\text{m/s}^2$이고, 모든 마찰과 공기 저항, 실의 질량은 무시한다.)

| 보기 |

ㄱ. A의 질량은 $\dfrac{m}{2}$이다.
ㄴ. C의 질량은 A의 3배이다.
ㄷ. 3초부터 4.5초까지 A의 역학적 에너지는 일정하다.

① ㄴ   ② ㄷ   ③ ㄱ, ㄴ
④ ㄱ, ㄷ   ⑤ ㄱ, ㄴ, ㄷ

04 그림 (가)는 물체 A가 $4\,\text{m/s}$의 속력으로 p점을 통과하는 순간 q점에서 B를 가만히 놓은 것을, (나)는 수평면에서 (가)의 A, B가 충돌하여 한 덩어리가 되어 운동하는 것을 나타낸 것이다. A, B의 질량은 서로 같고, p, q의 높이는 같다.

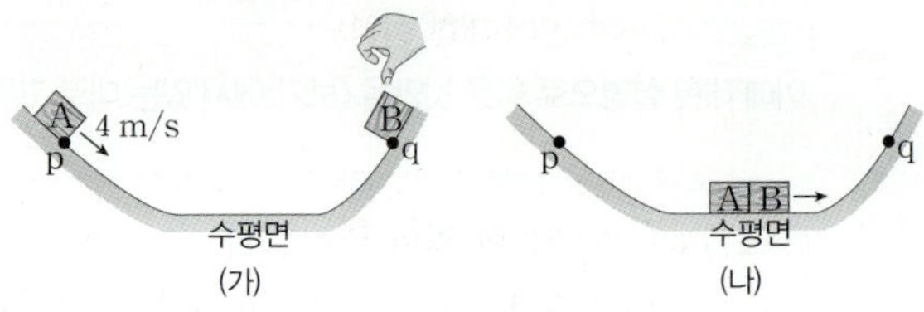

충돌 직전 B의 속력이 $3\,\text{m/s}$일 때, 충돌 직후 한 덩어리가 된 물체의 속력은? (단, 물체의 크기와 모든 마찰 및 공기 저항은 무시한다.)

① $1\,\text{m/s}$ ② $2\,\text{m/s}$ ③ $3\,\text{m/s}$
④ $4\,\text{m/s}$ ⑤ $5\,\text{m/s}$

05

그림 (가)와 같이 단열 실린더 A, B에 절대 온도가 T_0이고 압력이 P_0인 이상 기체가 들어 있다. A, B의 피스톤은 단열되어 있고, 길이가 일정한 막대로 연결되어 있다. 그림 (나)는 (가)에서 A의 기체에 열량 Q를 가했더니 피스톤이 천천히 이동하여 정지한 모습을 나타낸 것이다. A, B의 기체의 절대 온도는 각각 T_1, T_2이고, 압력은 각각 P_1, P_2이다.

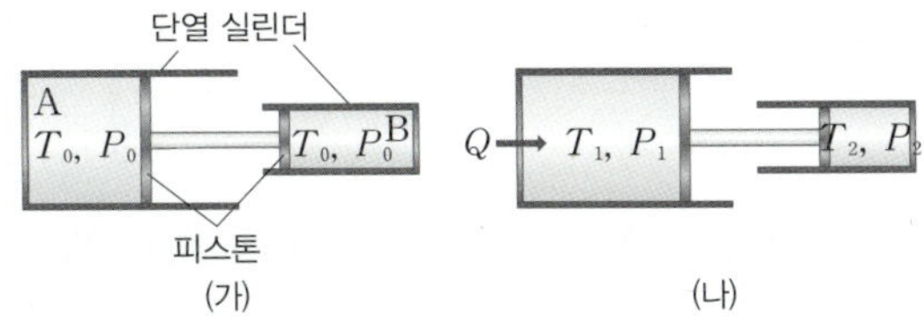

이에 대한 설명으로 옳은 것만을 〈보기〉에서 있는 대로 고른 것은? (단, 피스톤의 면적은 A가 B보다 크고, 피스톤과 막대의 질량 및 모든 마찰은 무시하며, 대기압은 일정하다.)

┤ 보기 ├
ㄱ. $P_1 = P_2$이다.
ㄴ. $T_2 > T_0$이다.
ㄷ. A의 기체가 외부에 한 일은 B의 기체의 내부 에너지 증가량과 같다.

① ㄴ 　　② ㄷ 　　③ ㄱ, ㄴ
④ ㄱ, ㄷ 　　⑤ ㄱ, ㄴ, ㄷ

06

그림은 A가 타고 있는 우주선이 지면에 정지해 있는 관측자 B에 대해 $0.9c$의 속력으로 직선 운동하는 것을 나타낸 것이다. 우주선에 타고 있는 관측자 A가 보았을 때 우주선 내부의 광원 P, Q에서 동시에 방출된 빛이 동시에 O점에 도달하였다. 우주선의 운동 방향은 P, O, Q를 이은 직선과 나란하다.

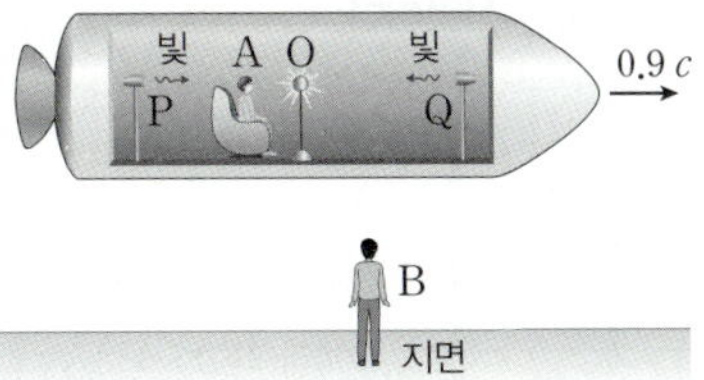

B가 관찰한 내용에 대한 설명으로 옳은 것만을 〈보기〉에서 있는 대로 고르시오.

┤ 보기 ├
ㄱ. Q에서 방출한 빛이 P에서 방출한 빛보다 먼저 O에 도달한다.
ㄴ. P에서가 Q에서보다 먼저 빛이 방출된다.
ㄷ. A의 시계가 자신의 시계보다 빠르게 간다.

① ㄴ 　　② ㄷ 　　③ ㄱ, ㄴ
④ ㄱ, ㄷ 　　⑤ ㄱ, ㄴ, ㄷ

서 술 형 문제

07

그림은 수평면에 놓인 질량이 M인 물체 A와 빗면 위의 질량이 m인 물체 B를 실로 연결한 후 A를 가만히 놓았더니, A와 B가 등가속도 운동을 하여 속력이 v가 된 순간을 나타낸 것이다. 이때 B의 높이가 h만큼 줄어드는 동안 B의 중력에 의한 퍼텐셜 에너지 감소량은 B의 운동 에너지 증가량의 4배이다.

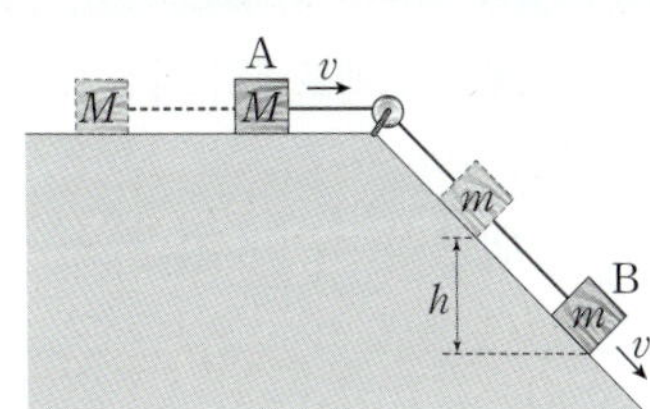

A, B의 질량 비 $M : m$ 을 풀이 방법과 함께 서술하시오. (단, 실의 질량, 물체의 크기와 마찰 및 공기 저항은 무시한다.)

08

그림은 빨대에 구슬을 넣고 입으로 부는 모습을 나타낸 것이다.
빨대를 같은 힘으로 불 때 빨대의 길이와 구슬이 날아가는 길이의 관계를 이유와 함께 서술하시오.

09

우주선에 의하여 대기권에서 생성된 뮤온은 수명이 매우 짧아 고전 물리학에 의하면 지표면 근처에서 발견될 수 없다. 따라서 뮤온이 지표면 근처에서 발견되는 것은 특수 상대성 이론의 증거이다. 그 이유를 그림 (가)에서는 뮤온의 좌표계에서 볼 때의 관점으로, 그림 (나)에서는 지상의 좌표계에서 볼 때의 관점으로 설명하시오.

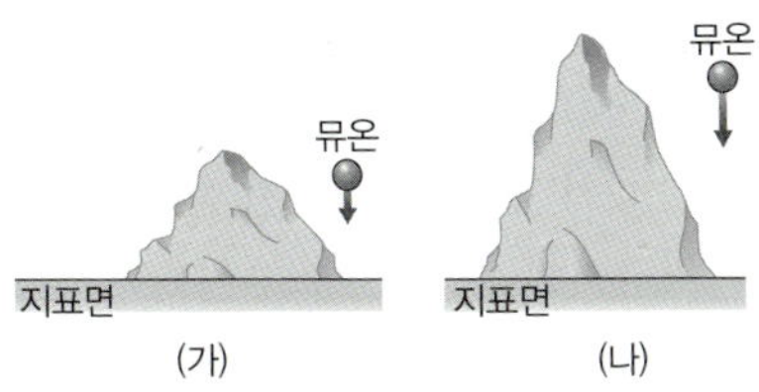

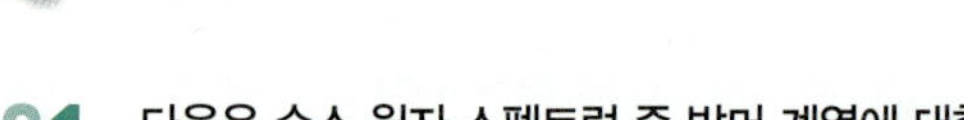

01 다음은 수소 원자 스펙트럼 중 발머 계열에 대한 설명이다.

> (가) 그림은 발머 계열 스펙트럼에서 파장이 가장 긴 것부터 3개를 나타낸 것이다.
>
> 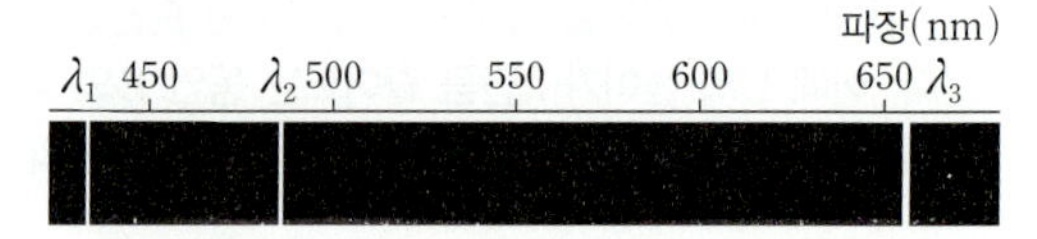
>
>
> (나) 발머 계열 스펙트럼의 파장 λ는 다음 식을 만족한다.
> $$\frac{1}{\lambda}=R\left(\frac{1}{4}-\frac{1}{n^2}\right) \quad (R\text{는 상수}, \; n=3, \, 4, \, 5, \, \cdots)$$

이에 대한 설명으로 옳은 것만을 〈보기〉에서 있는 대로 고른 것은? (단, 플랑크 상수는 h이고, 빛의 속력은 c이다.)

> ┤ 보기 ├
> ㄱ. λ_1은 전자가 $n=3$인 상태에서 $n=2$인 상태로 전이할 때 방출하는 빛의 파장이다.
> ㄴ. $\lambda_1 : \lambda_2 = 25 : 28$이다.
> ㄷ. 파장이 λ_3인 광자 1개의 에너지는 $\dfrac{5hcR}{36}$이다.

① ㄱ ② ㄴ ③ ㄱ, ㄷ ④ ㄴ, ㄷ ⑤ ㄱ, ㄴ, ㄷ

02 그림은 발광 다이오드(LED)가 연결된 사각형 도선이 자석 사이에서 일정한 속력으로 화살표 방향으로 회전하는 어느 순간의 모습을 나타낸 것이다. 이 순간 LED에서 빛이 방출되었다. θ는 사각형 도선의 면과 자기장이 이루는 각이다.

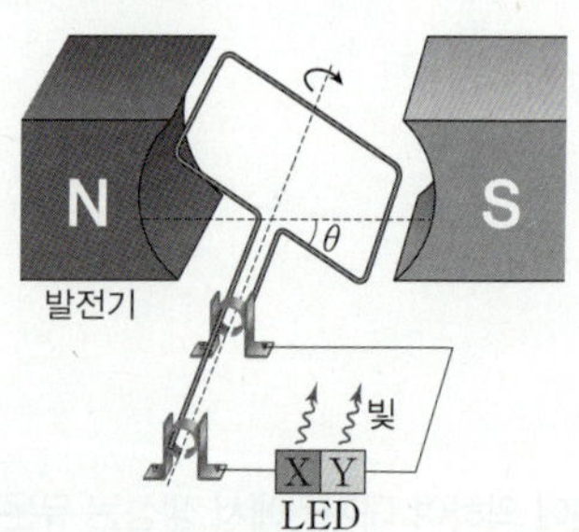

이에 대한 설명으로 옳은 것만을 〈보기〉에서 있는 대로 고른 것은?

> ┤ 보기 ├
> ㄱ. X는 p형 반도체이다.
> ㄴ. LED에 흐르는 전류의 세기는 $\theta=0°$일 때가 $\theta=90°$일 때보다 크다.
> ㄷ. 사각형 도선이 한 바퀴 회전하는 동안 LED는 켜졌다가 꺼지는 것을 2번 반복한다.

① ㄴ ② ㄷ ③ ㄱ, ㄴ ④ ㄱ, ㄷ ⑤ ㄴ, ㄷ

03 그림 (가)는 저마늄(Ge)에 불순물을 도핑하여 만든 다이오드를 전지에 연결한 것을 나타낸 것이고, (나)는 (가)에서 전류의 세기를 전압에 따라 나타낸 것이다.

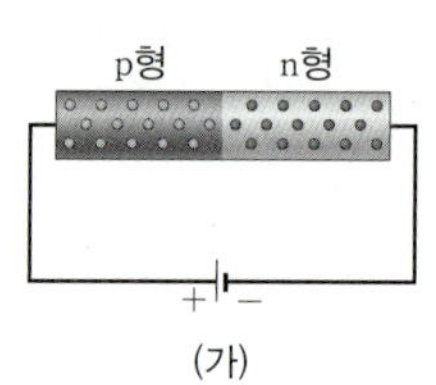

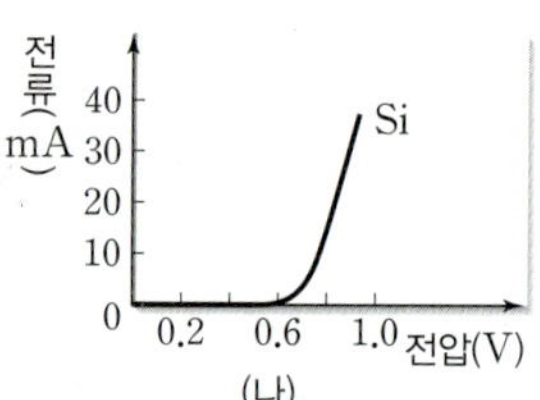

이에 대한 설명으로 옳은 것만을 〈보기〉에서 있는 대로 고른 것은?

> ┤ 보기 ├
> ㄱ. 다이오드에는 순방향 바이어스가 걸려 있다.
> ㄴ. p형 반도체의 양공과 n형 반도체의 전자는 접합면에서 재결합한다.
> ㄷ. 다이오드의 접합면에 생긴 전위 장벽의 크기는 0.6V이다.

① ㄱ ② ㄷ ③ ㄱ, ㄴ
④ ㄴ, ㄷ ⑤ ㄱ, ㄴ, ㄷ

04 그림 (가)는 xy평면에서 무한히 길고 가는 도선 A, B를 $x=-d$, $x=d$에 고정시킨 것을 나타낸 것이다. 그림 (나)는 무한히 길고 가는 도선 C를 (가)에 추가하여 $y=d$에 고정시킨 모습을 나타낸 것이다. A, B, C에는 각각 세기가 I_A, I_B, I_C로 일정한 전류가 흐른다. 글은 (가)와 (나)에서 위치에 따른 자기장에 대한 설명이다.

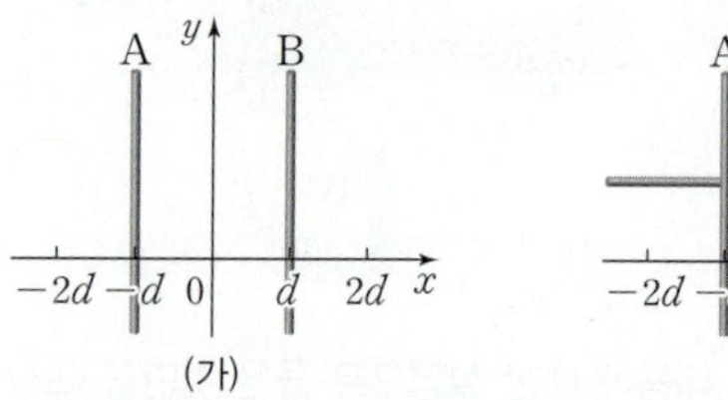

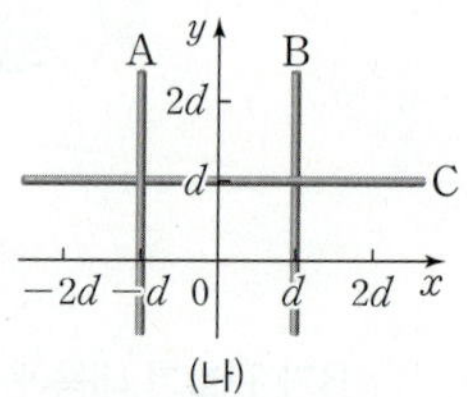

> • (가)의 $x=-2d$, $x=0$, $x=2d$에서 자기장의 세기의 비는 $5:9:1$이다.
> • (가)와 (나)의 원점에서 자기장의 세기는 같고 방향은 반대이다.

$I_A : I_B : I_C$는?

① $1:2:3$ ② $1:2:6$ ③ $2:1:3$
④ $2:1:6$ ⑤ $3:1:9$

05 그림은 다이오드의 전기적 특성을 알아보기 위한 실험이다.

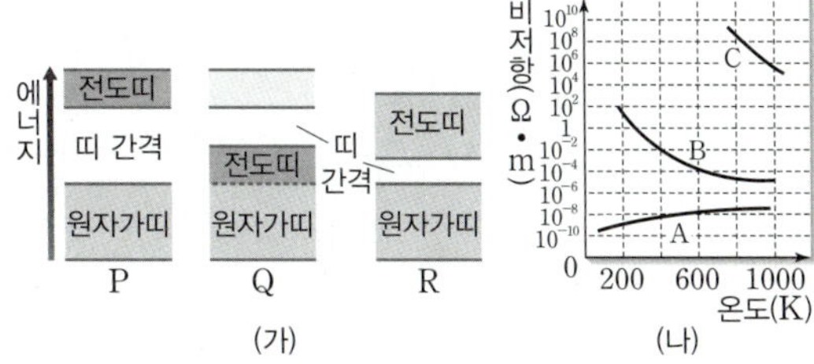

[실험 과정]
(가) 각각 p형 또는 n형 반도체 중 하나인 X와 Y를 접합시킨 다이오드, 저항, 전원 장치로 그림과 같이 회로를 구성하고 오른쪽 도선 위에 나침반을 올려놓는다.
(나) 스위치 S를 a에 연결하고 나침반의 N극이 가리키는 방향을 확인한다.
(다) S를 b에 연결하고 나침반의 N극이 가리키는 방향을 확인한다.

[실험 결과]
• 나침반 바늘은 (다)에서만 회전하였다.

이에 대한 설명으로 옳은 것만을 〈보기〉에서 있는 대로 고른 것은?

┤ 보기 ├
ㄱ. X는 전자가 주요 전하 운반체이다.
ㄴ. (다)에서 접합면에서 전자와 양공이 재결합한다.
ㄷ. (나)에서 전원 장치의 전극을 반대로 연결하면 나침반의 N극은 (다)에서와 같은 방향을 가리킨다.

① ㄱ　　② ㄷ　　③ ㄱ, ㄴ　④ ㄴ, ㄷ　⑤ ㄱ, ㄴ, ㄷ

06 그림 (가)는 도체, 절연체, 반도체의 에너지띠 구조를 순서 없이 P, Q, R로 나타낸 것이다. (나)는 세 물질 A, B, C의 비저항을 온도에 따라 나타낸 것이다.

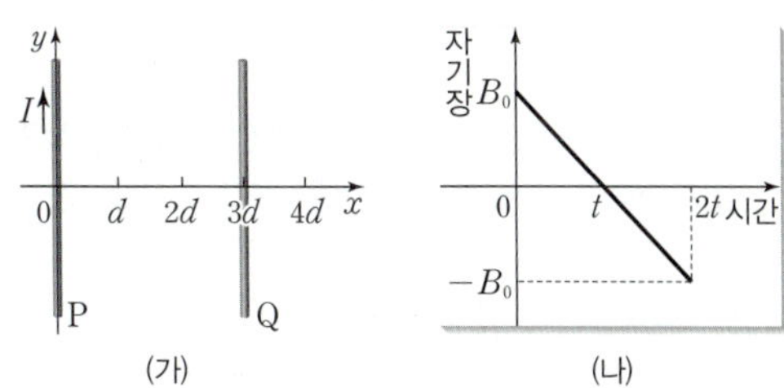

A~C를 P~R와 짝 지은 것으로 옳은 것은?

	P	Q	R		P	Q	R
①	A	B	C	②	B	A	C
③	B	C	A	④	C	A	B
⑤	C	B	A				

07 그림은 규소(Si)에 인(P)를 도핑하여 만든 n형 반도체의 전자 배치를 간단하게 나타낸 것이다.

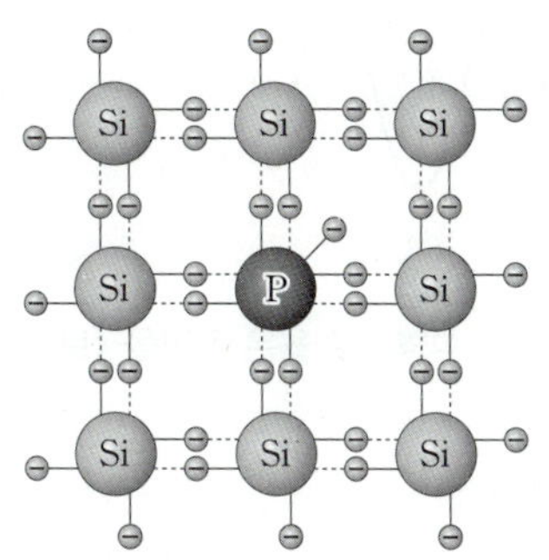

상온에서 n형 반도체의 전도띠에 있는 전가가 원자가 띠의 양공보다 많은 이유를 서술하시오.

08 그림 (가)는 xy평면에서 무한히 길고 가는 직선 도선 P와 Q가 각각 $x=0$, $x=3d$인 곳에 y축과 나란하게 고정되어 있는 모습을 나타낸 것이다. P에는 $+y$ 방향으로 세기가 I로 일정한 전류가 흐르고 있다. 그림 (나)는 Q에 흐르는 전류가 변함에 따라 $x=2d$인 점의 자기장 변화를 시간에 따라 나타낸 것이다. t일 때 $x=d$인 점의 자기장은 $-\frac{3}{2}B_0$이다.

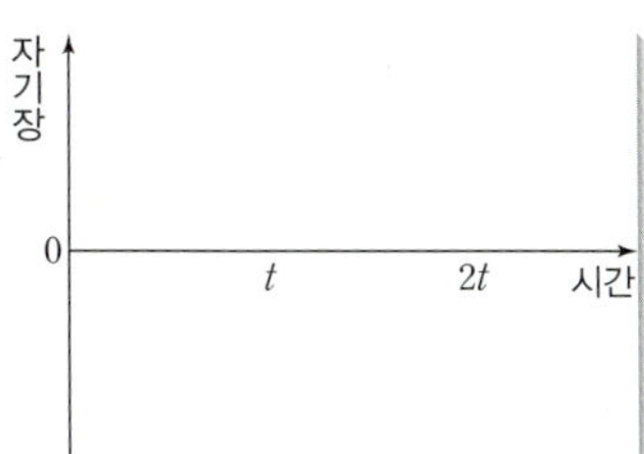

$x=4d$인 점에서 자기장 변화를 시간에 따라 그래프로 나타내시오. (단, 자기장은 종이면에 수직으로 나오는 방향을 (＋)로 한다.)

고난도 문제

01 그림 (가)는 $+x$ 방향으로 진행하는 횡파의 어느 순간의 모습을 나타낸 것이고, (나)는 (가)에서 매질에 고정된 점 p, q 사이의 직선거리를 시간에 따라 나타낸 것이다.

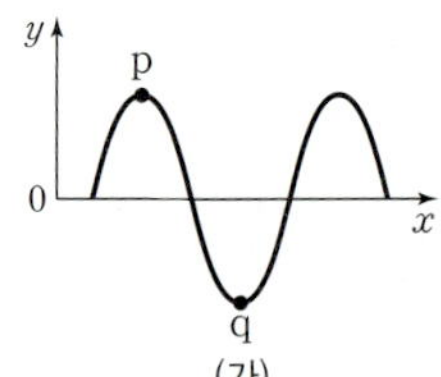
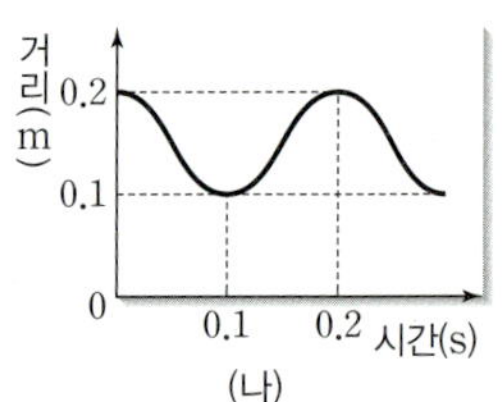

이에 대한 설명으로 옳은 것만을 〈보기〉에서 있는 대로 고른 것은?

| 보기 |

ㄱ. 0.1초일 때 p는 x축 위에 있다.

ㄴ. 0.2초일 때 p와 q의 위상은 같다.

ㄷ. 횡파의 주기는 0.4초이다.

① ㄱ   ② ㄴ   ③ ㄱ, ㄴ
④ ㄱ, ㄷ   ⑤ ㄴ, ㄷ

02 그림은 공기에서 평행하게 진행하던 동일한 단색광 p, q가 삼각 프리즘 A와 B를 통과한 뒤 공기로 진행하는 경로를 나타낸 것이다. p, q는 A와 B의 경계면에 수직으로 입사하였고, 프리즘을 통과하기 전과 후 p, q 사이의 거리는 각각 d, $0.8d$이다.

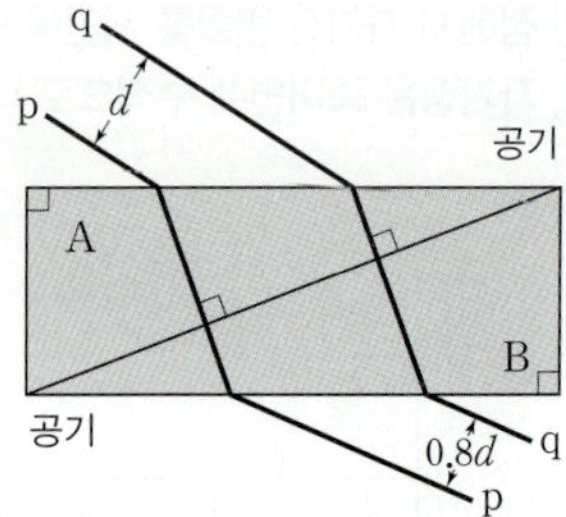

공기, A, B의 굴절률을 각각 n_0, n_A, n_B라고 할 때, n_0, n_A, n_B의 크기를 비교한 것으로 옳은 것은?

① $n_0 > n_A > n_B$ ② $n_A > n_0 > n_B$
③ $n_A > n_B > n_0$ ④ $n_B > n_0 > n_A$
⑤ $n_B > n_A > n_0$

03 그림은 매질 P, Q, R에서 단색광이 진행하는 경로를 나타낸 것이다. 단색광은 매질 P와 Q의 경계면에 입사각 $60°$로 입사한 후, P와 R의 경계면에서는 전반사하고 Q와 R의 경계면에서는 일부가 굴절한다.

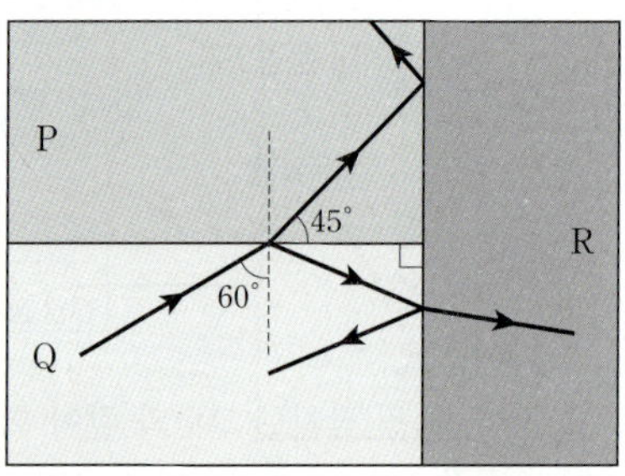

이에 대한 설명으로 옳은 것만을 〈보기〉에서 있는 대로 고른 것은?

| 보기 |

ㄱ. P, Q, R 중 굴절률은 P가 가장 크다.

ㄴ. 단색광이 P에서 R로 진행할 때 임계각은 $45°$보다 크다.

ㄷ. Q와 P의 경계면에서 입사각을 더 작게 하면 Q와 R의 경계면에서 전반사할 수 있다.

① ㄱ   ② ㄴ   ③ ㄱ, ㄷ
④ ㄴ, ㄷ   ⑤ ㄱ, ㄴ, ㄷ

04 그림 (가)는 연속적으로 발생하여 서로 반대 방향으로 진행하고 있는 두 파동의 $t=0$일 때의 모습을 나타낸 것이다. 그림 (나)는 매질 위의 지점 A의 변위를 시간에 따라 나타낸 것이다.

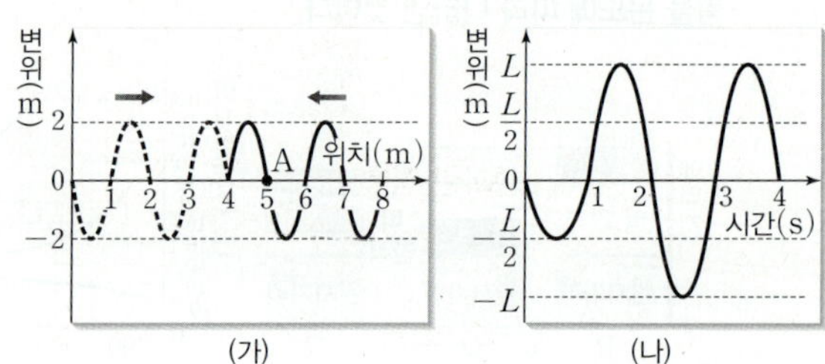

(가)에서 파동의 속력 v와 (나)에서 A의 최대 변위 L로 옳은 것은?

	v(m/s)	L(m)		v(m/s)	L(m)
①	1	4	②	1	8
③	2	4	④	2	8
⑤	4	4			

05 그림 (가)는 금속판 A에 단색광을 비추었을 때 광전자의 최대 운동 에너지 E_k를 단색광의 진동수 f에 따라 나타낸 것이다. 그림 (나)는 두 금속판 A, B에 단색광을 비추었을 때 방출되는 광전자의 최대 운동 에너지 E_k를 단색광의 파장 λ에 따라 나타낸 것이다. 파장이 λ_0인 단색광을 비추었을 때 A, B에서 방출된 광전자의 최대 운동 에너지는 각각 E_A, E_B이다.

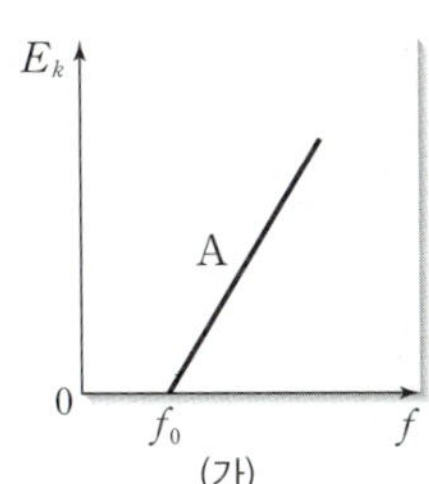
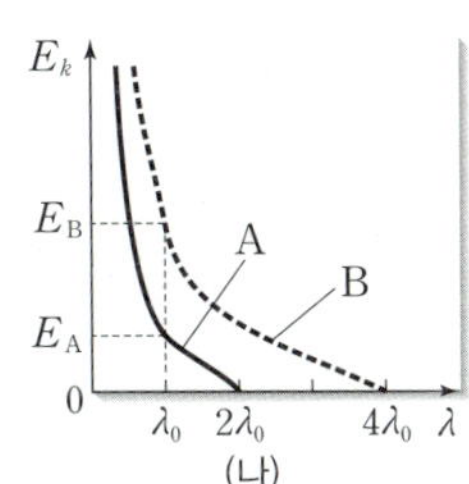

$E_B - E_A$는? (단, 플랑크 상수는 h이다.)

① $\dfrac{1}{4}hf_0$ ② $\dfrac{1}{3}hf_0$ ③ $\dfrac{1}{2}hf_0$

④ hf_0 ⑤ $2hf_0$

06 그림은 xy평면에서 $+x$ 방향으로 등속 운동하던 전자가 $+x$ 방향의 균일한 전기장이 걸린 영역을 통과하는 것을 나타낸 것이다. 전자가 전기장 영역에 들어가기 전 물질파 파장이 λ_0이고 전자의 질량과 전하량은 각각 m, e이며, 전기장 영역 양단의 전위차는 V이다.

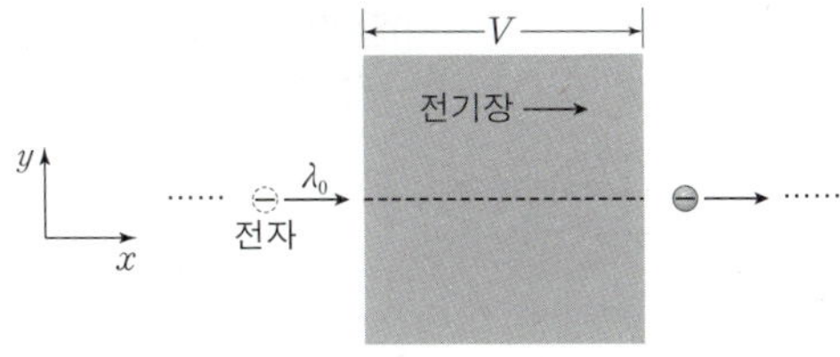

전기장 영역을 통과한 직후 전자의 물질파 파장은? (단, 플랑크 상수는 h이다.)

① $\dfrac{h}{\sqrt{\left(\dfrac{h}{\lambda_0}\right)^2 + 2meV}}$ ② $\dfrac{h}{\sqrt{\left(\dfrac{h}{\lambda_0}\right) + 2meV}}$

③ $\dfrac{h}{\sqrt{\left(\dfrac{h}{\lambda_0}\right)^2 + meV}}$ ④ $\dfrac{h}{\sqrt{\left(\dfrac{h}{\lambda_0}\right) - 2meV}}$

⑤ $\dfrac{h}{\sqrt{\left(\dfrac{h}{\lambda_0}\right)^2 - 2meV}}$

 문제

07 그림은 광전 효과 실험에서 금속판 A, B에 쪼여준 빛의 진동수에 따른 광전자의 최대 운동 에너지를 나타낸 것이다.

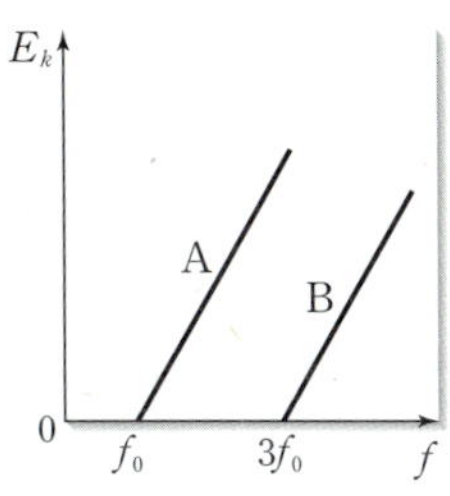

A, B에 진동수가 $2f_0$인 빛을 비추었을 때 A, B의 광전자 방출 여부를 서술하시오.

08 그림 (가)는 두 별을 가시광선으로 찍은 영상이고, (나)는 (가)의 두 별을 다른 망원경으로 촬영한 영상이다.

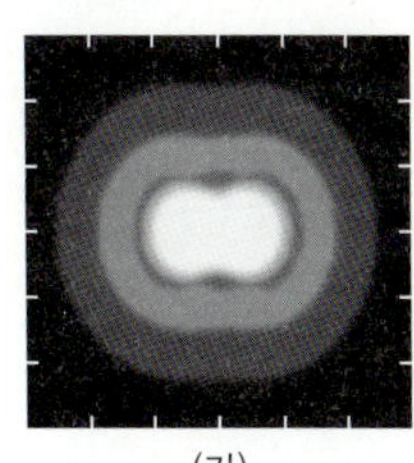
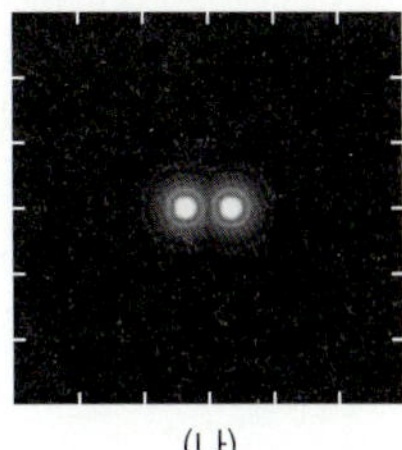

(가)의 영상을 (나)처럼 관측할 수 있는 방법 2가지를 쓰시오.

MEMO

MEMO

MEMO

BON 본
PHYSICS I

BON.

BON 본
PHYSICS I
본 물리학 I

—

모든 교과서 철저 분석

교과서 내용을 체계적으로 분석하여
핵심 개념을 완벽하게 설명

—

필수 자료 완벽 분석

시험에 자주 출제되는 필수 자료를
완벽하게 분석

BON 본

PHYSICS I

정답 및 해설

이투스북

BON. 본

BON 본

PHYSICS I

정답 및 해설

I. 역학과 에너지

01 힘과 운동

01 물체의 운동

개념 바로 확인 본교재 11, 13쪽

01 이동 거리 **02** 변위 **03** 접선 **04** 넓이 **05** 가속도 **06** 변위 **07** 속도

01 (1) ㉠ 7 m ㉡ 3 m (2) ㉠ 0.7 m/s ㉡ 0.3 m/s (3) ㉠ = ㉡ > **02** (1) > (2) ㉠ 3 m/s ㉡ 1 m/s **03** (1) ㉠ 3 m/s^2 ㉡ 운동 반대($-x$) (2) ㉠ 3 m/s ㉡ 0 (3) ㉠ 일정 ㉡ 변한다 **04** (1) -6 m/s (2) 6 m

01 (1) ㉠ 이동 거리는 물체가 실제 이동한 경로의 길이이므로 $3+2+2=7$(m)이다.
㉡ 변위의 크기는 물체의 처음 위치에서 나중 위치까지의 직선 길이이므로 3 m이다.
(2) ㉠ 평균 속력은 이동 거리를 걸린 시간으로 나눈 것이므로
$\frac{7}{10}=0.7$(m/s)이다.
㉡ 평균 속도의 크기는 변위의 크기를 걸린 시간으로 나눈 것이므로
$\frac{3}{10}=0.3$(m/s)이다.
(3) ㉠ P에서 R까지 이동 거리와 변위의 크기가 같으므로 평균 속력과 평균 속도의 크기가 같다.
㉡ P에서 Q까지 이동 거리가 변위의 크기보다 크므로 평균 속력이 평균 속도의 크기보다 크다.

02 (1) 0초에서 6초까지 이동 거리는 $12+6=18$(m)이고 변위의 크기는 6 m이므로 이동 거리가 변위의 크기보다 크다.
(2) ㉠ 이동 거리는 18 m, 걸린 시간은 6초이므로 평균 속력은
$\frac{18}{6}=3$(m/s)이다.
㉡ 변위의 크기는 6 m, 걸린 시간은 6초이므로 평균 속도의 크기는
$\frac{6}{6}=1$(m/s)이다.

03 (1) ㉠ 1초일 때 속도$-$시간 그래프의 기울기가 -3이므로 가속도의 크기는 3 m/s^{2}이다.
㉡ 속력이 감소하므로 가속도 방향은 운동 반대($-x$) 방향이다.
(2) ㉠ 0초부터 4초까지 이동 거리는 $6+6=12$(m)이므로 평균 속력은
$\frac{12}{4}=3$(m/s)이다.
㉡ 물체는 앞으로 6 m 간 후 뒤로 6 m를 가므로 제자리에 돌아온다. 따라서 변위가 0이고 평균 속도도 0이다.

(3) 가속도는 속도$-$시간 그래프의 기울기이므로 일정하고, 속도가 ($+$)에서 ($-$)로 변하므로 운동 방향이 변한다.

04 (1) 0초부터 4초까지 속도 변화량은 -12 m/s이므로 4초일 때 속도는 $6\,\text{m/s}-12\,\text{m/s}=-6\,\text{m/s}$이다.
(2) 가속도$-$시간 그래프를 속도$-$시간 그래프로 나타내면 다음과 같다.

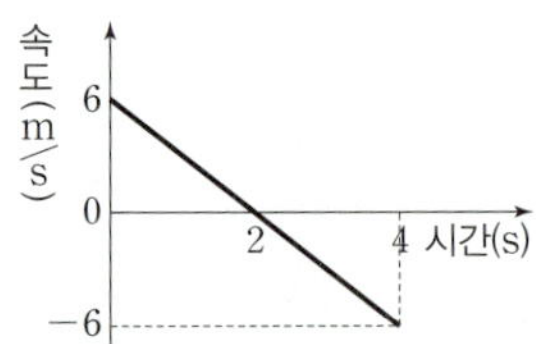

변위는 속도$-$시간 그래프 아랫부분의 넓이이므로 최대 변위는 6 m이다.

내신 실력 Up 본교재 15~17쪽

01 ⑤ **02** ④ **03** ⑤ **04** ③ **05** ② **06** ② **07** ② **08** ③ **09** ⑤ **10** ② **11** ② **12** ⑤ **13** ③ **14** ④ **15** 해설 참조 **16** 해설 참조 **17** 해설 참조

01 ① 이동 거리는 물체가 이동한 경로의 실제 길이이다.
② 변위의 크기는 물체가 이동한 경로에 상관없이 처음 위치에서 나중 위치까지 직선 길이이다.
③ 아주 짧은 시간 동안 변위는 운동 경로의 접선의 일부분이라고 볼 수 있으므로 변위 방향은 운동 방향이다.
④ 물체가 등속도 운동할 때 직선으로 한 방향으로 이동하므로 이동 거리와 변위의 크기는 같다.
오답 피하기 ⑤ 변위의 크기는 처음 위치에서 나중 위치까지 이은 직선의 길이이므로 등속 원운동할 때와 같이 운동 경로가 곡선일 때는 변위의 크기가 이동 거리보다 작다.

02 ① 속력은 이동 거리를 걸린 시간으로 나눈 것이다.
② 속도는 변위를 걸린 시간으로 나눈 것이다.
③ 속도의 방향은 운동 방향이므로 운동 경로의 접선 방향이다.
⑤ 물체가 등속 원운동할 때 운동 방향이 변하므로 속도가 계속 변한다.
오답 피하기 ④ 평균 속력은 평균 속도의 크기와 같거나 크다.

03 ㄱ. 이동 거리는 200 m, 걸린 시간은 40초이므로 평균 속력은 5 m/s이다.
ㄴ. 변위의 크기는 이동 거리보다 작으므로 평균 속도의 크기는 5 m/s보다 작다.
ㄷ. 평균 속도의 방향은 변위의 방향과 같으므로 P에서 Q로 향하는 방향이다.

04 ㄱ. 1초 동안의 이동 거리가 0~1초 동안이 가장 크므로, 단위 시간당 이동 거리는 0~1초 동안이 가장 크다.
ㄴ. 이동 거리는 0~2초 동안이 2~5초 동안보다 크고 걸린 시간은 0~2초 동안이 2~5초 동안보다 작으므로 평균 속력은 0~2초 동안이 2~5초 동안보다 크다.
오답 피하기 ㄷ. 0~5초 동안 운동 방향이 바뀌어 이동 거리가 변위의

크기보다 크므로 평균 속력이 평균 속도의 크기보다 크다.

05 ㄴ. 5초인 순간 위치-시간 그래프의 기울기가 A는 (−), B는 (+)이므로 운동 방향이 서로 반대이다.

오답 피하기 ㄱ. B는 2초부터 8초까지 위치-시간 그래프의 기울기가 일정하므로 속도가 일정한 등속도 운동을 한다.

ㄷ. 2초부터 6초까지 A의 평균 속도는 0이고, B의 평균 속도의 크기는 1 m/s이다.

06 ② 0초부터 9초까지 이동 거리는 6 m+3 m+3 m=12 m이다.

오답 피하기 ① 0초부터 3초까지 위치-시간 그래프의 기울기가 감소하므로 속력은 감소한다.

③ 0초부터 9초까지 변위의 크기는 6 m이다.

④ 0초부터 9초까지 운동 방향은 3초, 6초일 때 바뀐다.

⑤ 2초일 때와 4초일 때 위치-시간 그래프의 기울기가 각각 (−), (+)이므로 운동 방향은 서로 반대이다.

07 공이 바닥으로 내려가는 동안 속도가 (+) 방향으로 증가하고, 바닥에 부딪힌 후 튀어 오르는 동안 속도가 (−) 방향으로 감소한다. 따라서 옳은 그래프는 ②이다.

08 ③ $t_1 \sim t_3$ 동안 철수와 강아지의 변위가 같으므로 평균 속도도 서로 같다.

오답 피하기 ① $0 \sim t_1$ 동안 철수와 강아지가 한 방향으로 직선 운동하므로 이동 거리가 같고 평균 속력도 서로 같다.

② $t_1 \sim t_2$ 동안 철수의 위치가 변하지 않으므로 정지해 있다.

④ $0 \sim t_3$ 동안 그래프 기울기 부호(+, −)가 바뀌는 것이 세 번이므로 강아지의 운동 방향이 세 번 바뀌었다.

⑤ $0 \sim t_3$ 동안 강아지는 왔다 갔다 하므로 이동 거리는 $2L$보다 크다.

09 ㄱ. 0초부터 4초까지 A의 이동 거리는 그래프 아랫부분의 넓이가 $4v$이므로 평균 속력은 $\frac{4v}{4}=v$이다.

ㄴ. 3초일 때 A와 B의 그래프 기울기가 같으므로 가속도는 같다.

ㄷ. 그래프 아랫부분의 넓이는 이동 거리로 떨어진 높이와 같은데 A가 B의 4배이다. 따라서 h_1은 h_2의 4배이다.

10 ㄴ. 속도-시간 그래프의 기울기가 일정하므로 3초에서 5초까지 가속도는 일정하다.

오답 피하기 ㄱ. 1초, 3초일 때 속도가 (+)이므로 운동 방향이 같다.

ㄷ. 0초부터 4초까지 (+) 방향으로 이동한 변위의 크기는 12 m이고, 4초부터 6초까지 (−) 방향으로 이동한 변위의 크기는 6 m이다. 따라서 0초부터 6초까지 변위의 크기는 12 m−6 m=6 m이다.

11 출발선에서 결승선까지 걸린 시간은 같고 A가 B보다 먼저 최고 속력에 도달하므로 A, B의 속력−시간 그래프는 오른쪽 그림과 같다.

② B가 최고 속력에 도달하는 시간이 A보다 느리므로 짧은 시간 동안 더 빨리 운동하여야 하므로 최고 속력은 B가 더 크다.

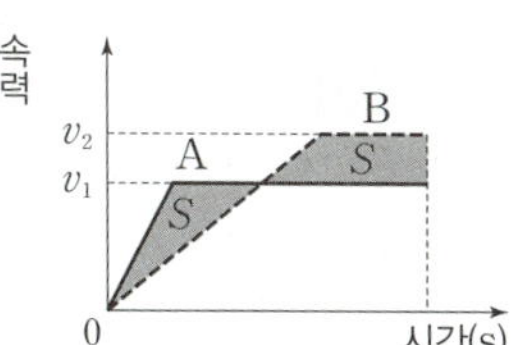

오답 피하기 ① 이동 거리와 걸린 시간이 같으므로 A, B의 평균 속력은

같다.

③ A가 더 빨리 최고 속력에 도달하므로 속력이 증가하는 동안 가속도는 A가 B보다 크다.

④ A가 B보다 먼저 최고 속력에 도달하므로 등속 운동하는 동안 이동한 거리는 A가 더 길다.

⑤ A가 B보다 먼저 최고 속력에 도달하므로 A, B의 속력이 같아질 때까지 이동한 거리는 A가 더 길다.

12 ㄱ. 속도가 (−)에서 (+)로 바뀌므로 운동 방향은 바뀐다.

ㄷ. 속도-시간 그래프의 기울기가 일정하므로 가속도 크기는 일정하다.

오답 피하기 ㄴ. 속도의 크기가 속력이므로 속력은 감소하다 증가한다.

13 ③ 가속도−시간 그래프 아랫부분의 넓이는 속도 변화량이다. 0~3초까지 두 사람의 그래프 아랫부분의 넓이가 같다. 따라서 3초일 때 철수와 영희의 속력은 같다.

오답 피하기 ① 영희는 4초일 때 가속도가 0이고 속력은 6 m/s이다.

② 0~6초 동안 철수의 가속도가 일정하므로 속력은 일정하게 증가한다.

④ 영희의 속력은 3초, 5초일 때 각각 3 m/s, 6 m/s이다.

⑤ 0~6초 동안 철수는 등가속도 운동하므로 이동 거리는 시간의 제곱에 비례한다. 따라서 0~6초 동안 철수의 이동 거리는 0~3초 동안 철수의 이동 거리의 4배이다.

14 ㄱ. 0초부터 2초까지 가속도가 0이므로 속력은 처음과 같이 2 m/s이다.

ㄷ. 4초일 때 속력은 2+3×2=8(m/s)이다.

오답 피하기 ㄴ. 0초부터 4초까지 이동한 거리는

$s=2\times2+2\times2+\frac{1}{2}\times3\times2^2=14(\text{m})$이다.

15 모범 답안 (1) 0~1초, 1~2초 사이 평균 속력은 각각 2 m/s, 4 m/s이므로 가속도의 크기는 $\frac{4-2}{1}=2(\text{m/s}^2)$이다.

(2) 1초일 때의 속력은 0~2초 사이의 평균 속력인 3 m/s이다. 따라서 0초일 때 속력은 $v_0+2\times1=3$에서 $v_0=1$ m/s이다.

채점 기준	배점
가속도와 속도를 식을 사용하여 옳게 구한 경우	100%
가속도와 속도 중 한 가지만 식을 사용하여 옳게 구한 경우	50%

16 모범 답안 0~2초 사이 이동 거리는 4 m, 2~5초 사이 이동 거리는 9 m이고 운동 방향이 서로 반대이므로 0~5초 사이 변위의 크기는 9 m−4 m=5 m이다. 따라서 0~5초 사이 평균 속도의 크기는 $\frac{5}{5}=1(\text{m/s})$이고 방향은 처음 속도의 반대 방향이다.

채점 기준	배점
운동 방향이 바뀐 것을 이용하여 변위를 옳게 구하고 평균 속도를 옳게 계산한 경우	100%
운동 방향이 바뀐 것을 설명하지 못한 경우	50%

17 모범 답안 등속도 운동의 식, 등가속도 직선 운동의 식을 이용하

면 A의 이동 거리는 $L=5\times10+5\times10+\dfrac{1}{2}\times a\times(10)^2$이고, B의 이동 거리는 $2L=5\times10+\dfrac{1}{2}\times a\times(10)^2+(5+10a)\times10$이다. 두 식으로부터 계산하면 $a=2\,\mathrm{m/s^2}$, $L=200\,\mathrm{m}$이다.

채점 기준	배점
A, B의 이동 거리 관계식을 옳게 표현하고, 두 식을 연립하여 a, L을 옳게 계산한 경우	100%
A, B의 이동 거리 관계식만을 옳게 표현한 경우	50%

02 뉴턴 운동 법칙

01 길이　**02** 평형　**03** 알짜힘, 질량　**04** 알짜힘　**05** B, A　**06** 다른, 같은

01 (1) ㉠=, ㉡> (2) $F_1=\dfrac{10}{\sqrt{3}}\,\mathrm{N}$, $F_2=5\,\mathrm{N}$　**02** (1) 줄이 잡아당기는 힘(장력) (2) 5 N (3) 5 m/s² **03** (1) ㉠ 20 N ㉡ 20 N (2) ㉠ 평형 ㉡ 중력　**04** (1) 3 N (2) ㉠ 알짜힘 ㉡ 2 N

01 (1) 중력은 지구가 물체에 작용하는 만유인력이고, 수직 항력은 빗면이 물체에 작용하는 힘이다.

㉠ (가), (나)에서 물체의 질량이 같으므로 중력은 같다.

㉡ (가)에서 힘 F_1은 수직으로 누르는 방향의 힘이 있고, (나)에서 힘 F_2는 빗면에 수직으로 누르는 방향의 힘이 없으므로 수직 항력은 (가)에서가 (나)에서보다 크다.

(2) 물체가 정지해 있으므로 물체에 작용하는 알짜힘은 0이다.

(가): $F_1=10\tan30°=\dfrac{10}{\sqrt{3}}(\mathrm{N})$, (나): $F_2=10\sin30°=5(\mathrm{N})$이다.

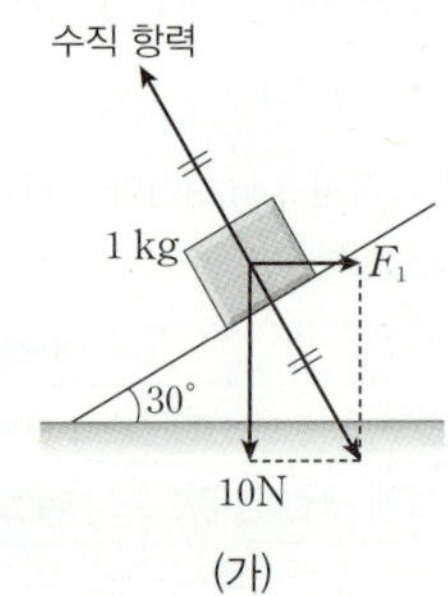

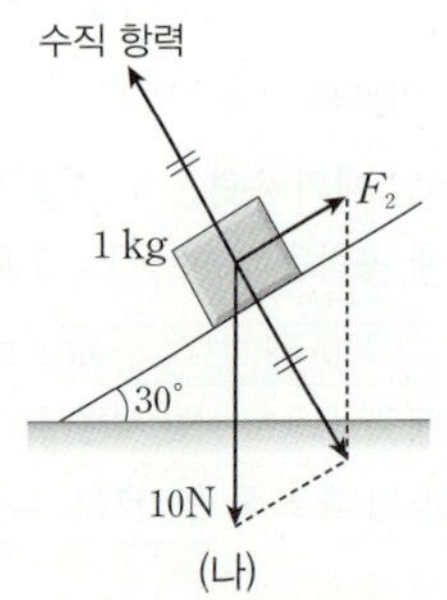

02 (1) 물체에는 지구가 작용하는 중력, 줄이 잡아당기는 힘(장력)이 작용한다.

(2) 물체의 무게가 10 N이므로 알짜힘은 크기가 $10-5=5(\mathrm{N})$이고, 무게가 줄이 당기는 힘보다 크므로 방향은 연직 아래 방향이다.

(3) 물체의 질량이 1 kg이고 알짜힘이 5 N이므로 가속도의 크기는 $a=\dfrac{5}{1}=5(\mathrm{m/s^2})$이다.

03 (1) 물체의 질량이 2 kg이므로 중력의 크기는 $2\times10=20(\mathrm{N})$이다. 물체는 연직 방향으로 운동하지 않으므로 중력과 수평면이 떠받치는 힘의 합력은 0이다. 따라서 수평면이 떠받치는 힘은 중력과 같은 크기인

20 N이다.

(2) 중력과 수평면이 떠받치는 힘은 평형을 이루며 중력의 반작용은 물체가 지구를 당기는 힘이다.

04 A와 B는 함께 운동한다. A와 B의 질량의 합은 5 kg이고 A와 B 전체에 작용하는 알짜힘은 5 N이므로 A와 B의 가속도는 1 m/s²이다.

(1) B의 질량은 3 kg이고 가속도는 1 m/s²이므로 B에 작용하는 알짜힘의 크기는 $3\times1=3(\mathrm{N})$이다.

(2) A가 B에 작용한 힘은 B의 알짜힘이다. B가 A에 작용하는 힘은 A가 B에 작용한 힘의 반작용이므로 B의 알짜힘의 크기 3 N이다. A에는 5 N의 힘이 오른쪽으로 B가 A에 작용하는 3 N의 힘이 왼쪽으로 작용하므로 A에 작용하는 알짜힘은 $5\,\mathrm{N}-3\,\mathrm{N}=2\,\mathrm{N}$이다. 이는 A의 질량과 가속도의 곱 $2\times1=2(\mathrm{N})$과 같다.

01 (1) ○ (2) × (3) × (4) ×　**02** ③

01 (1) 질량이 일정할 때 가속도는 당기는 힘에 비례한다.

(2) 수레의 속도가 점점 빨라지므로 이동 거리는 당기는 시간에 비례하여 증가하지 않는다. 이동 거리는 시간의 제곱에 비례한다.

(3) 당기는 힘이 일정할 때 가속도는 질량에 반비례한다.

(4) 물체의 가속도는 알짜힘에 비례하고 질량에 반비례한다.

02 ㄱ. 중력과 수평면이 떠받치는 힘은 평형을 이루므로 수레에 작용하는 알짜힘의 크기는 F이다.

ㄴ. 알짜힘의 크기가 F이므로 가속도의 크기는 $a=\dfrac{F}{m}$이다.

오답 피하기 ㄷ. 가속도가 일정하므로 수레는 등가속도 직선 운동을 한다. 따라서 이동 거리는 시간의 제곱에 비례한다.

01 ③　**02** ⑤　**03** ③　**04** ①　**05** ①　**06** ②　**07** ⑤　**08** ②
09 ③　**10** ④　**11** ④　**12** ⑤　**13** ②　**14** ②　**15** 해설 참조
16 해설 참조　**17** 해설 참조

01 알짜힘은 물체에 작용하는 모든 힘의 합력이다. 두 힘의 합력의 크기는 힘을 나타내는 화살표를 두 변으로 하는 평행사변형의 대각선 화살표의 길이이다. 3 N과 4 N의 힘이 직각 사각형을 이루므로 대각선의 힘은 크기가 5 N이다.

02 ⑤ 알짜힘은 빗면이 물체를 떠받치는 힘과 중력의 합력이며 물체가 빗면을 따라 내려가므로 알짜힘의 방향은 빗면에 나란하다.

오답 피하기 ① 빗면 위에 있으므로 빗면이 물체를 떠받치는 힘은 물체의 무게 10 N보다 작다.

② 물체의 질량이 1 kg이므로 중력은 10 N이다.

③ 알짜힘은 중력과 빗면이 물체를 떠받치는 힘의 합력이다.

④ 물체의 가속도는 중력 가속도보다 작으므로 알짜힘의 크기는 중력 10 N보다 작다.

03 ㄱ. 알짜힘은 물체에 작용하는 모든 힘의 합력이다.

ㄴ. 알짜힘이 0이면 모든 힘의 합력이 0이므로 모든 힘이 평형을 이루고 있는 상태이다.

오답 피하기 ㄷ. 알짜힘의 크기는 물체에 작용하는 모든 힘의 합력의 크기이다. 힘들의 방향이 다를 때 합력의 크기는 각 힘의 크기의 합보다 작다.

04 관성은 물체가 현재의 운동 상태를 유지하려는 성질이다.

ㄱ. 질량이 클수록 운동 상태를 변화시키기 어려우므로 관성이 크다.

오답 피하기 ㄴ. 정지해 있는 물체도 정지 상태를 유지하려는 관성이 있으므로 관성이 0이 아니다.

ㄷ. 버스가 급정거할 때 승객이 앞으로 넘어지는 것은 운동 상태를 유지하려는 것이지 관성이 증가하는 것은 아니다.

05 알짜힘이 0이면 운동 상태가 변하지 않는다.

ㄴ. 운동 상태가 변하지 않으므로 등속도 운동을 한다.

오답 피하기 ㄱ. 서서히 정지하는 것은 속력이 감소하는 것이므로 운동 상태가 변하는 것이고, 물체에 알짜힘이 작용하는 상태이다.

ㄷ. 속력이 일정한 원운동은 운동 방향이 변하는 운동이므로 운동 상태가 변하는 운동으로 알짜힘이 0이 아니다.

06 A: 식탁보를 재빨리 빼내었을 때 물체가 제자리에 있는 것은 정지 상태를 유지하려는 것이므로 정지 관성으로 설명할 수 있다.

B: 달리던 버스가 갑자기 멈출 때 승객과 손잡이가 앞으로 쏠리는 것은 운동 상태를 유지하려는 것이므로 운동 관성으로 설명할 수 있다.

C: 이불을 막대기로 두드렸을 때 먼지가 아래로 떨어지는 것은 먼지가 정지 상태를 유지하려는 것이므로 정지 관성으로 설명할 수 있다.

D: 달리다가 발이 돌에 걸렸을 때 앞으로 넘어지는 것은 몸이 운동 상태를 유지하려는 것이므로 운동 관성으로 설명할 수 있다.

07 등속도 운동하는 물체에 작용하는 알짜힘은 0이다.

ㄱ. 알짜힘이 0이므로 두 힘의 방향은 반대이다.

ㄴ. 등속도 운동하므로 물체에 작용하는 알짜힘은 0이다.

ㄷ. 두 힘이 평형을 이루므로 힘의 크기가 같다. 따라서 $F=4\,\text{N}$이다.

08 운동하던 물체가 갑자기 정지하면 물체는 계속 운동 상태를 유지하려고 한다. 따라서 컵은 외력에 의해 정지하지만 컵 속의 물은 앞으로 운동하는 상태를 유지하므로 물이 수레의 진행 방향으로 쏠리게 되어 ②와 같은 모양이 된다.

09 ㄱ. 알짜힘은 물체에 작용하는 힘들의 합력이므로 3 N이다.

ㄴ. 알짜힘이 3 N, 질량이 2 kg이므로 가속도의 크기는 $a=\dfrac{3}{2}=1.5(\text{m/s}^2)$이다.

오답 피하기 ㄷ. 3 N의 힘이 없어지면 알짜힘이 0이 된다. 알짜힘이 0이면 운동 상태를 유지하므로 운동하던 물체는 정지하지 않고 등속 직선 운동을 한다.

10 속력과 시간의 그래프에서 기울기는 가속도이다. 따라서 A의 가속도는 $\dfrac{4}{3}$ m/s², B의 가속도는 1 m/s²이다. A, B에 작용하는 알짜힘이 같으므로 가속도는 질량에 반비례한다. 따라서 A와 B의 질량비는 $m_A:m_B=\dfrac{3}{4}:1=3:4$이다.

11 ㄱ. A와 B는 함께 운동하므로 가속도가 같다. A, B에 작용하는 알짜힘은 20 N, 질량은 5 kg이므로 가속도 크기는 $\dfrac{20}{5}=4(\text{m/s}^2)$이다.

ㄷ. 줄 P가 A를 잡아당기는 힘이 A에 작용하는 알짜힘과 같다. 따라서 P가 A를 잡아당기는 힘의 크기는 $2\times4=8(\text{N})$이다.

오답 피하기 ㄴ. A, B의 가속도가 같으므로 작용하는 알짜힘은 질량에 비례한다. 따라서 A, B에 작용하는 알짜힘의 크기는 각각 2×4, 3×4가 되어 B가 A의 1.5배이다.

12 A, B는 함께 운동하므로 가속도의 크기(a)가 같고 작용하는 힘은 중력과 줄의 장력(T)이므로 A, B의 운동 방정식은 다음과 같다.
A: $T-20\,\text{N}=2\,\text{kg}\times a$, B: $30\,\text{N}-T=3\,\text{kg}\times a$

ㄱ. A, B의 가속도 크기는 $a=\dfrac{10}{5}=2(\text{m/s}^2)$이다.

ㄴ. 가속도 크기가 $2\,\text{m/s}^2$이므로 B에 작용하는 알짜힘의 크기는 $3\times2=6(\text{N})$이다.

ㄷ. 줄이 B를 잡아당기는 힘은 줄의 장력 $T=24\,\text{N}$이다.

13 ㄷ. 줄이 A를 당기는 힘과 B를 당기는 힘의 크기는 모두 줄의 장력의 크기로 같다.

오답 피하기 ㄱ. A가 줄을 당기면 줄이 A를 당기므로 A에 작용하는 알짜힘은 줄이 A를 당기는 힘이며 0이 아니다.

ㄴ. A와 B에 작용하는 알짜힘의 크기는 같으며 질량은 A가 B보다 크므로 가속도는 B가 A보다 크다. 따라서 A는 천천히 끌려가고 B는 빨리 끌려간다.

14 책이 정지해 있으므로 책에 작용하는 알짜힘은 0이다.

ㄴ. 책에 작용하는 힘은 아래 방향으로 손이 누르는 힘, 중력이고 위 방향으로 탁자가 책을 떠받치는 힘이다. 탁자가 책을 떠받치는 힘의 크기는 책의 무게와 손이 누르는 힘의 합력이 되어 10 N보다 크다.

오답 피하기 ㄱ. 탁자가 책을 떠받치는 힘의 반작용이 책이 탁자를 누르는 힘이므로 10 N보다 크다.

ㄷ. 손이 책을 누르는 힘의 반작용은 책이 손을 떠받치는 힘이다.

15 종이가 튕겨나갈 때 종이가 동전에 작용하는 힘(마찰력)이 작아 동전을 종이와 같은 가속도로 운동시킬 수 없다. 종이는 큰 가속도로 이동하고 동전은 아주 작은 가속도로 운동하므로 종이가 빠져나가는 동안 이동 거리가 짧아 동전이 컵에 떨어진다.

채점 기준	배점
종이가 동전에 작용하는 힘이 작아 동전의 가속도와 이동 거리가 매우 짧음을 설명한 경우	100%
한 가지만 설명한 경우	50%

16 세 물체는 한 덩어리가 되어 운동하므로 가속도가 모두 같다. 물체의 알짜힘은 질량과 가속도의 곱이므로 각 물체에 작용하는 알짜힘의 크기는 질량에 비례한다. 따라서 $F_A:F_B:F_C=2:3:2$이다.

채점 기준	배점
세 물체의 가속도가 동일하므로 알짜힘은 질량에 비례한다고 설명한 경우	100%
한 가지만 설명한 경우	50%

17 외부 물체가 있어야만 반작용을 얻을 수 있다는 것이 잘못된 내용이다. 즉, 우주에서 로켓은 공기와 같은 외부 물체에 힘을 작용하고 그 힘의 반작용으로 날아가는 것이 아니다. 로켓은 연료를 폭발적으로 분사하며 폭발할 때 분사하는 가스에 힘을 작용하고 이 반작용으로 분사되는 가스가 로켓에 힘을 작용하여 날아가는 것이다.

채점 기준	배점
연료를 분사하는 힘의 반작용으로 로켓이 날아갈 수 있다고 설명한 경우	100%
한 가지만 설명한 경우	50%

03 운동량과 충격량

개념 바로 확인   본교재 29, 31쪽

01 mv, 운동   **02** 같은, 반대   **03** 운동량   **04** 길게   **05** 감소

01 (1) ㉠ F ㉡ 반대 (2) ㄱ, ㄷ   **02** (1) ㉠ $15\,\mathrm{kg\cdot m/s}$ ㉡ $6\,\mathrm{m/s}$
(2) $30\,\mathrm{kg\cdot m/s}$ (3) ③

1 (1) 두 사람이 서로 미는 힘은 작용과 반작용으로 크기가 같고 방향이 반대이다.
(2) ㄱ. 처음에 두 사람이 정지해 있었으므로 두 사람의 운동량의 합은 0이다. 운동량이 보존되므로 분리된 후 두 사람의 운동량의 합은 0이다.
ㄷ. 분리된 후 A의 운동량은 $60\times2=120(\mathrm{kg\cdot m/s})$이므로 B의 운동량의 크기도 이와 같다. 따라서 $40\times v=120$에서 $v=3\,\mathrm{m/s}$이다.
오답 피하기 ㄴ. 분리된 후 두 사람은 서로 반대 방향으로 운동하므로 운동량의 크기는 같지만 방향이 반대이고, 방향이 다르므로 운동량은 다르다.

2 (1) ㉠ 1초일 때 운동량은 $15\,\mathrm{kg\cdot m/s}$이다.
㉡ 3초일 때 운동량은 $30\,\mathrm{kg\cdot m/s}$이므로 속력은 $v=\dfrac{30}{5}=6(\mathrm{m/s})$이다.
(3) 0초부터 2초까지 운동량의 변화량은 $30\,\mathrm{kg\cdot m/s}$이므로 속도 변화량의 크기는 $6\,\mathrm{m/s}$이다. 0초부터 2초까지 운동량이 시간에 비례하므로 속도도 시간에 비례한다. 따라서 0초부터 2초까지 가속도가 $3\,\mathrm{m/s^2}$으로 일정하고 알짜힘은 $5\,\mathrm{kg}\times3\,\mathrm{m/s^2}=15\,\mathrm{N}$이다.

탐구 활동   본교재 32쪽

01 (1) × (2) ○ (3) ×   **02** ①

1 (1) 충돌에 의해 A는 속력이 감소하므로 운동량이 감소하고 B은 속력이 증가하므로 운동량이 증가한다.
(2) A의 속력이 감소하므로 알짜힘의 방향은 운동 방향과 반대이다.
(3) 한 덩어리가 되면 질량이 증가하지만 운동량이 보존되므로 속력이 감소한다.

2. ㄱ. 운동량 보존 법칙에 의하여 분리되기 전 운동량이 0이므로 분리된 후 두 수레의 운동량의 합도 0이다.
오답 피하기 ㄴ. 분리된 후 두 물체의 운동량은 크기가 같아야 하므로

$m_\mathrm{A}\times1=m_\mathrm{B}\times2$이다. 따라서 A의 질량 m_A가 B의 질량 m_B의 2배이다.
ㄷ. 분리되는 동안 A와 B가 서로에게 작용하는 힘은 작용 반작용 관계이므로 크기가 같고 방향이 반대이다.

내신 실력 Up   본교재 33~35쪽

01 ③   **02** ①   **03** ⑤   **04** ②   **05** ④   **06** ①   **07** ②   **08** ④
09 ①   **10** ②   **11** ⑤   **12** ⑤   **13** ②   **14** 해설 참조
15 해설 참조   **16** 해설 참조

01 ㄱ, ㄴ. 운동량은 질량과 속도의 곱이므로 질량이 같을 때 속력이 클수록, 속력이 같을 때 질량이 클수록 운동량이 크다.
오답 피하기 ㄷ. 등속 원운동하는 물체는 속력이 일정하므로 운동량의 크기는 일정하지만 운동 방향이 계속 변하므로 속도가 일정하지 않아 운동량도 일정하지 않다.

02 ㄱ. 운동량은 질량과 속도의 곱이므로 A의 운동량 크기는 $2000\,\mathrm{kg}\times30\,\mathrm{m/s}=60000\,\mathrm{kg\cdot m/s}$이다.
오답 피하기 ㄴ. B, C의 운동량 크기는 각각 $1000\,\mathrm{kg}\times30\,\mathrm{m/s}=30000\,\mathrm{kg\cdot m/s}$, $4000\,\mathrm{kg}\times15\,\mathrm{m/s}=60000\,\mathrm{kg\cdot m/s}$이다.
ㄷ. A와 C의 운동량 크기는 같으나 방향이 반대이므로 운동량이 같지 않다.

03 P, Q에서 운동량은 각각 $-180\,\mathrm{kg\cdot m/s}$, $+180\,\mathrm{kg\cdot m/s}$이다. 운동량의 변화량은 나중 운동량에서 처음 운동량을 뺀 값이므로 $+180\,\mathrm{kg\cdot m/s}-(-180\,\mathrm{kg\cdot m/s})=+360\,\mathrm{kg\cdot m/s}$이다.

04 높이 h에서 중력 가속도 g로 낙하한 물체의 속력은 $v=\sqrt{2gh}$이므로 운동량은 낙하 거리의 제곱근에 비례한다. 따라서 R에서 운동량 크기는 Q에서의 $\sqrt{2}$배이므로 $p_\mathrm{Q}:p_\mathrm{R}=1:\sqrt{2}$이다.

05 ㄴ. 운동량이 보존되므로 충돌 후 A, B의 운동량의 합은 충돌 전 A, B의 운동량의 합 $3\,\mathrm{kg\cdot m/s}$와 같다.
ㄷ. 운동량 보존 법칙에 의해 $3\,\mathrm{kg\cdot m/s}=1\,\mathrm{kg\cdot m/s}+v$이므로 $v=2\,\mathrm{m/s}$이다.
오답 피하기 ㄱ. A가 B에 작용한 힘과 B가 A에 작용한 힘은 작용 반작용 관계이므로 크기가 같고 방향이 반대이다.

06 ㄱ. 같은 시간 동안 B가 이동한 거리가 A의 1.5배이므로 B의 속력이 A의 1.5배이다.
오답 피하기 ㄴ. 폭발에서 운동량이 보존되므로 분리된 후 A와 B의 운동량 크기는 같다.
ㄷ. 분리된 후 운동량이 같으므로 질량은 속력에 반비례한다. 속력이 B가 A의 1.5배이므로 질량은 A가 B의 1.5배이다.

07 ㄴ. 평균 힘은 충격량을 힘이 작용한 시간으로 나눈 값이다. 따라서 $\dfrac{10^4}{0.2}=5\times10^4(\mathrm{N})$이다.
오답 피하기 ㄱ. 힘-시간 그래프 아랫부분의 넓이가 충격량이므로 $\dfrac{1}{2}\times10^5\times0.2=10^4(\mathrm{N\cdot s})$이다.

ㄷ. 충격량은 운동량의 변화량이므로 $10^4=2000\times v$이다. 따라서 $v=5\,\text{m/s}$이다.

08 ㄱ. 운동량이 보존되므로 $m_\text{A}v=m_\text{B}v$에서 $m_\text{A}=m_\text{B}$이다. 따라서 A와 B의 질량은 서로 같다.

ㄷ. 충돌하는 동안 A가 B에 작용한 힘과 B가 A에 작용한 힘의 크기는 같고 A와 B에 충격이 작용하는 시간은 동일하므로 A와 B가 받은 충격량의 크기는 동일하다.

[오답 피하기] ㄴ. 충돌하는 동안 A가 B에 작용한 힘은 B가 A에 작용한 힘과 작용 반작용 관계이므로 서로 크기가 같고 방향이 반대이다.

09 ㄱ. A가 B보다 빨라야 충돌하므로 $v_1>v_2$이다.

[오답 피하기] ㄴ. A와 B가 서로에게 작용하는 힘의 크기는 같고 작용한 시간도 같으므로 A와 B가 받은 충격량의 크기는 서로 같다.

ㄷ. 운동량의 변화량이 같으므로 속도 변화량은 질량에 반비례한다. 따라서 속도 변화량은 질량이 큰 A가 B보다 작다.

10 ㄴ. 2초부터 4초까지 물체의 운동량이 감소하므로 속력이 감소한다. 따라서 물체가 받은 알짜힘은 운동 반대 방향으로 작용하고 물체가 받은 충격량의 방향도 운동 방향과 반대이다.

[오답 피하기] ㄱ. 0초부터 2초까지 물체의 운동량이 변하지 않으므로 물체가 받은 충격량은 0이다.

ㄷ. 운동량의 변화량은 충격량이고 충격량은 힘과 시간의 곱이다. 따라서 $\Delta p=F\Delta t$이고 물체에 작용한 힘의 크기는 $F=\dfrac{\Delta p}{\Delta t}=\dfrac{20}{2}=10(\text{N})$이다.

11 A와 B의 운동량 변화량은 $5\,mv$이다. 따라서 충돌 후 A와 B의 운동량 크기는 각각 $mv_\text{A}=5\,mv-3\,mv=2\,mv$, $2\,mv_\text{B}=5\,mv-2\,mv=3\,mv$이다. 따라서 $v_\text{A}:v_\text{B}=2v:\dfrac{3v}{2}=4:3$이다.

12 ①, ②, ③, ④ 번지 점프용 줄, 글러브, 에어백, 이불 등은 충격이 작용하는 시간을 길게 하여 충격력을 줄이는 방법을 이용한다.

[오답 피하기] ⑤ 포신이 긴 대포는 힘을 작용하는 시간을 길게 하여 충격량을 크게 하는 것이다.

13 ㄷ. 속도-시간 그래프 아랫부분의 넓이는 이동 거리이므로 정지할 때까지 공의 이동 거리는 A의 경우가 B의 경우보다 길다.

[오답 피하기] ㄱ. A, B 모두 공이 정지할 때까지 운동량의 변화량이 mv_0으로 같다.

ㄴ. 충격량은 같으나 힘이 작용한 시간은 A가 B보다 더 크므로 평균 충격력은 B가 A보다 크다.

14 작용 반작용 법칙에 따라 충돌할 때 A가 B에 힘을 작용하면 B가 A에 같은 크기의 힘을 반대 방향으로 작용한다. A와 B가 서로에게 힘을 작용하는 시간은 동일하므로 A와 B가 얻은 충격량의 크기는 동일하고 이를 이용하면 운동량 보존 법칙을 얻을 수 있다. 따라서 뉴턴의 운동 제3법칙인 작용 반작용 법칙이 성립하면 운동량 보존 법칙은 항상 성립하게 된다.

채점 기준	배점
작용과 반작용 법칙에 의하여 운동량 보존 법칙이 유도됨을 보이고 작용과 반작용 법칙이 성립하는 것처럼 운동량 보존 법칙이 항상 성립함을 설명한 경우	100%
운동량 보존 법칙을 설명하였으나 작용 반작용 법칙이 이용되는 의미를 분명히 설명하지 못한 경우	50%

15 벽은 딱딱하므로 충격이 작용하는 시간이 흙더미에 비하여 짧다. 충격력은 충격량을 충격이 작용한 시간으로 나눈 것이다. 따라서 동일한 속력으로 벽과 흙더미에 부딪혔다면 차에 작용하는 충격력은 (가)에서가 (나)에서보다 크게 되고 차가 부서지는 정도는 (가)에서가 (나)에서보다 크다.

채점 기준	배점
충돌 시간이 짧을수록 충격력의 최댓값이 커지고 충격력이 커질수록 자동차가 많이 파손됨을 설명한 경우	100%
충격력이 충돌 시간과 관계있음을 설명하였으나 자동차의 파손과 충격력의 관계를 설명하지 못한 경우	50%

16 포탄이 포신 안에서 움직일 때 화약의 폭발력이 작용한다. 포신이 길어지면 힘이 작용하는 시간이 길어져 충격량이 증가한다. 충격량이 증가하면 운동량의 변화량이 증가하고 속력이 빨라지므로 포탄이 멀리 날아갈 수 있다.

채점 기준	배점
포탄이 포신 속에서 운동할 때 화약의 폭발력이 작용하고 포신이 길수록 힘이 작용하는 시간이 길어져 포탄의 발사 속도가 증가하고 포탄이 멀리 날아갈 수 있음을 설명한 경우	100%
포탄이 포신 속에서 운동할 때 포신이 길수록 화약의 폭발력이 작용하는 시간이 길다는 것을 분명히 설명하지 못한 경우	50%

한눈에 **정리하기**   본교재 36~37쪽

㉠ 이동 거리 ㉡ 변위 ㉢ 속력 ㉣ 이동 거리 ㉤ 가속도 ㉥ 알짜힘 ㉦ 등속 직선 ㉧ 반대 ㉨ 속도 ㉩ 외력 ㉪ 시간 ㉫ 충격량 ㉬ 운동량 ㉭ 길게

수능 1등급   본교재 38~41쪽

01 ① **02** ① **03** ① **04** ③ **05** ③ **06** ④ **07** ③ **08** ①
09 ② **10** ② **11** ④ **12** ② **13** ① **14** ⑤ **15** ③ **16** ②
17 ⑤ **18** ⑤

1 평균 속도는 $\dfrac{\text{변위}}{\text{걸린 시간}}$이다. A와 B가 실험대 끝에 동시에 도달하므로 걸린 시간은 같고 변위는 A가 더 크므로 평균 속도는 A가 B보다 크다. 처음 속도가 0이므로 등가속도 직선 운동의 식 $s=\dfrac{1}{2}at^2$에서 걸린 시간이 같을 때 가속도는 변위에 비례한다. 따라서 평균 가속도의 크기는 A가 B보다 크다.

2 ㄱ. 3~6초 동안 장난감의 위치가 변하지 않았으므로 정지해 있었다.

오답 피하기 ㄴ. 6~9초 동안 위치−시간 그래프의 기울기가 일정하므로 속력이 일정하다.

ㄷ. 0~3초 동안 장난감의 속력이 점점 감소한다. 따라서 가속도 방향은 운동 방향과 반대이다.

3 ㄱ. 속도−시간 그래프 아랫부분의 아래 넓이는 이동 거리이다. 30초 동안에 이동한 거리가 150 m이므로 30초 동안의 평균 속력은 5 m/s이다.

오답 피하기 ㄴ. 0~10초 구간에서의 이동 거리는 50 m이므로 평균 속력은 5 m/s이다. 그리고 10~30초 구간에서 이동한 거리는 100 m 이므로 평균 속력은 5 m/s이다.

ㄷ. 속도의 값이 계속 (+)값을 가지므로 물체의 운동 방향은 변하지 않았다. 그러나 10초까지 속력이 증가하고 10초 후에는 속력이 감소하므로 가속도의 방향은 10초 이전과 이후가 서로 반대 방향이다.

4 각 구간의 평균 속력과 평균 가속도는 표와 같다.

구분	A	B	C	D	E	F
위치(cm)	0	0.7	2.8	6.3	11.2	17.5
이동 거리(cm)		0.7	2.1	3.5	4.9	6.3
평균 속력(cm/s)		7	21	35	49	63
평균 가속도(cm/s²)			140	140	140	140

③ 평균 가속도는 속력 변화량을 걸린 시간 0.1초로 나누어 준 값이다.

오답 피하기 ① A에서 F까지의 이동 거리는 17.5 cm이고 걸린 시간은 0.5초이므로 평균 속력은 $\dfrac{17.5}{0.5}=35$(cm/s)이다.

② 구간 평균 속력이 시간에 비례하여 증가한다.

④ 가속도는 140 cm/s²으로 일정하다.

⑤ 물체는 등가속도 직선 운동을 하므로 물체의 위치는 시간의 제곱에 비례하여 증가한다.

5 ㄱ. 처음 속력은 72 km/h=20 m/s이고 2초 후의 속력은 36 km/h=10 m/s이므로 속력이 감소하였다. 따라서 가속도는 $a=\dfrac{10-20}{2}=-5$(m/s²)이다.

ㄷ. 처음 속력이 20 m/s이고 2초 후의 속력이 10 m/s이므로 2초 동안의 평균 속도는 $v_{평균}=\dfrac{20+10}{2}=15$(m/s)이다. 따라서 2초 동안 이동한 거리는 $s=v_{평균}t=15\times2=30$(m)이다.

오답 피하기 ㄴ. 2초 동안 속력이 감소하였으므로 가속도의 방향은 운동 방향과 반대이다.

6 ㄴ. 0초일 때의 위치는 1 m이고 4초일 때의 위치는 3 m이므로 4초 동안의 변위가 2 m이다. 따라서 평균 속도는 $\dfrac{2}{4}=0.5$(m/s)이다.

ㄷ. 1초일 때와 2초일 때 운동 방향이 바뀌었다. 따라서 운동 방향이 2번 바뀌었다.

오답 피하기 ㄱ. 0~2초 동안 (+) 방향으로 1 m 이동한 후 다시 (−) 방향으로 2 m 이동하였다. 따라서 이동 거리는 3 m이다.

7 ㄷ. A와 B가 다시 만났을 때의 시간을 t라고 하면 $v_0t=\dfrac{1}{2}\times\dfrac{v_0^2}{2L}\times$

t^2에서 $t=\dfrac{4L}{v_0}$이고, B의 속력 $v_B=\dfrac{v_0^2}{2L}\times\dfrac{4L}{v_0}=2v_0$이다.

오답 피하기 ㄱ. P에서 Q까지 A가 운동하는 데 걸린 시간은 $\dfrac{L}{v_0}$이므로 B가 걸린 시간은 $\dfrac{2L}{v_0}$이다. B의 가속도는 $s=\dfrac{1}{2}at^2$에서 $a=\dfrac{v_0^2}{2L}$이다.

ㄴ. A가 Q를 지날 때까지 B가 출발하여 이동한 거리는 $s=\dfrac{1}{2}\times\left(\dfrac{v_0^2}{2L}\right)\times\left(\dfrac{L}{v_0}\right)^2=\dfrac{1}{4}L$이다.

8 ㄱ. (가), (나)에서 수레와 추는 추의 무게로 운동하므로 (가): $mg=2ma_1$, (나): $mg=3ma_2$에서 (가), (나)에서 수레의 가속도는 각각 $a_1=\dfrac{g}{2}$, $a_2=\dfrac{g}{3}$이다.

오답 피하기 ㄴ. 가속도가 일정할 때 이동 거리는 $s=\dfrac{1}{2}at^2$이므로 s의 거리를 이동하는 데 걸린 시간은 $t=\sqrt{\dfrac{2s}{a}}$이다. (나)에서 수레의 가속도가 (가)에서의 $\dfrac{2}{3}$배이므로 수레가 s의 거리를 이동하는 데 걸린 시간은 (나)에서가 (가)에서의 $\sqrt{\dfrac{3}{2}}$배이다.

ㄷ. (가), (나)에서 추의 가속도가 다르고, 추에 작용하는 중력은 일정하므로 실이 추를 잡아당기는 힘의 크기가 서로 다르다.

9 B의 가속도를 a, B에 연결된 줄의 장력을 T라고 하면 A와 B의 운동 방정식은 각각 $2T-10=1\times\dfrac{a}{2}$, $10-T=1\times a$이므로 $a=4$ m/s², $T=6$ N이다.

ㄴ. B에 연결된 줄이 B를 잡아당기는 힘은 줄의 장력과 같으므로 6 N이다.

오답 피하기 ㄱ. A의 가속도는 B의 $\dfrac{1}{2}$배이므로 2 m/s²이다.

ㄷ. A는 줄이 양쪽에 매달려 있으므로 같은 시간 동안 이동 거리는 B가 A의 2배이다.

10 ㄴ. 줄이 B를 잡아당기는 힘의 크기가 6 N, B의 무게가 20 N이므로 수평면이 B에 작용하는 힘의 크기는 20−6=14(N)이다.

오답 피하기 ㄱ. 줄이 A를 잡아당기는 힘의 크기는 용수철저울의 탄성력과 같으므로 6 N이다.

ㄷ. 줄이 A와 B에 작용하는 힘의 합력은 12 N, A와 B의 무게의 합은 30 N이므로 A와 B가 각각 수평면을 누르는 힘의 합력은 30−12=18(N)이다.

11 ㄴ. A가 바닥에 도달한 후 도르래 양쪽 무게가 같으므로 A와 B에 작용하는 합력은 모두 0이다.

ㄷ. A가 바닥에 도달하는 순간의 속력을 v라고 하면 A의 속력은 운동하는 동안 0에서 v까지 일정하게 증가한다. 따라서 이 사이의 평균 속력은 $\dfrac{v}{2}$이고, A가 바닥에 도달한 후 B는 v의 속력으로 등속 운동하므로 A가 바닥에 도달한 후 $0.5T$ 뒤에 B가 A에 도달한다.

오답 피하기 ㄱ. A와 B가 운동하는 동안 도르래 양쪽 무게의 차이인 mg의 힘에 의해 세 물체가 운동하므로 가속도는 $\dfrac{mg}{3m}=\dfrac{g}{3}$이다. A에 작용하는 알짜힘이 아래 방향으로 $\dfrac{mg}{3}$이므로 실이 당기는 힘의 크기는 $\dfrac{2mg}{3}$이다.

12 ㄴ. 자석이 철판을 누르는 힘의 반작용이 철판이 자석을 받쳐주는 힘이므로 크기가 $mg+F$이다.

오답 피하기 ㄱ. 자석이 철판을 누르는 힘은 중력과 자기력의 합력이므로 $mg+F$이다.

ㄷ. 자석이 철판을 끌어당기는 자기력의 반작용은 철판이 자석을 끌어당기는 자기력이다.

13 ① A와 B는 모두 중력 가속도로 낙하한다.

오답 피하기 ② 사진에서 A의 속도가 B의 속도보다 느리므로 B를 놓은 높이가 A보다 높다.

③ 질량과 가속도의 곱이 알짜힘이며 A와 B에 작용하는 알짜힘의 크기는 서로 같다.

④ 같은 시간 동안 속도 증가량은 가속도에 비례하므로 같다.

⑤ 사진의 같은 높이에 있을 때 B가 이동한 거리가 A보다 크므로 속도는 B가 A보다 크다.

14 ㄱ. 운동량 보존 법칙에 의해 (가)에서 충돌 후 고무 탄환의 속력은 $0.01 \times 30 = 0.5 \times 1 + 0.01 \times (-v)$에서 $v = 20 \text{ m/s}$이다.

ㄷ. 충돌 후 나무 도막의 속력이 (가)가 (나)보다 빠르다. 따라서 나무 도막이 탄환으로부터 받은 충격량의 크기는 (가)가 (나)보다 크다.

오답 피하기 ㄴ. 충돌 후 운동량의 총합은 (가)와 (나)에서 같다. 그런데 (가)에서는 고무 탄환이 나무 도막과 반대 방향으로 운동하고, (나)에서는 납 탄환이 나무 도막과 같은 방향으로 운동한다. 따라서 탄환에 작용한 충격량은 (가)가 (나)보다 크고 나무 도막의 운동량의 크기도 (가)가 (나)보다 크다. 그러므로 나무 도막의 속력도 (가)가 (나)보다 빠르다.

15 충돌 전 A의 속력이 B보다 크고 충돌 후 A의 속력이 B보다 작다.

ㄱ. 충돌 후 B의 속력이 A의 속력보다 큰데 운동량은 같다. 따라서 A의 질량이 B의 질량보다 크다.

ㄴ. 충돌 후 A의 운동량은 감소하고 B의 운동량은 증가하는데 충돌 후 두 물체의 운동량이 같으므로 충돌 전에는 A의 운동량의 크기가 더 크다.

오답 피하기 ㄷ. 힘의 크기와 충돌 시간이 같으므로 A와 B가 받은 충격량의 크기는 같다.

16 ㄴ. 같은 시간 동안 이동한 거리는 속력에 비례하므로 분리된 후 두 수레의 운동량의 합은 $1 \text{ kg} \times 60 \text{ cm}/t - 2 \text{ kg} \times 30 \text{ cm}/t = 0$이다.

오답 피하기 ㄱ. 운동량이 같을 때 질량이 작을수록 속력이 크다. 따라서 분리된 후 두 수레의 속력은 같지 않다.

ㄷ. 두 수레가 용수철에서 받는 힘의 크기는 같으나 방향이 반대이다. 따라서 두 수레가 용수철에서 받은 충격량은 크기는 같으나 방향이 반대이므로 같지 않다.

17 ㄴ. 그래프 기울기로부터 충돌 후 A의 속력은 충돌 전의 $\frac{1}{3}$배이므로 $m_A v = (m_A + m_B)\frac{v}{3}$이다. 따라서 $2m_A = m_B$이다.

ㄷ. 충돌하는 동안 A와 B가 서로에게 작용하는 충격력의 크기는 같다. 충격력의 크기가 같으므로 가속도는 질량이 작은 A가 B보다 크다.

오답 피하기 ㄱ. 운동량은 항상 보존되므로 충돌 후 A와 B의 운동량의 합은 충돌 전 A의 운동량과 같다.

18 ㄱ. $5t$일 때 물체의 속도가 v이므로 운동량이 mv이다. 충격량이 운동량의 변화량과 같으므로 0에서 $5t$까지 용수철이 물체에 작용한 충격량의 크기는 mv이다.

ㄴ. 0에서 $5t$까지 용수철이 물체에 작용한 충격량의 크기는 $2S - S = S = mv$이다. 따라서 $3t$에서 $5t$까지 충격량은 $-mv$이고 운동량의 크기는 mv만큼 감소한다.

ㄷ. 0에서 $3t$까지 용수철이 물체에 작용한 충격량의 크기는 $2S = 2mv$이므로 $3t$일 때 물체의 운동량의 크기는 $2mv$이다.

02 에너지와 열

01 역학적 에너지 보존

개념 바로 확인 본교재 45, 47쪽

01 Fs **02** 감소   **03** 알짜힘   **04** 역학적   **05** $\frac{1}{2}kx^2$

01 (1) ㉠ 수직 ㉡ 0 (2) ㉠ 같으 ㉡ 증가 (3) ㉠ 운동 에너지 ㉡ $\frac{2Fs}{v^2 - v_0^2}$ **02** (1) ㉠ mgh ㉡ 0 (2) $\sqrt{2gh}$ (3) $\sqrt{\frac{2mgh}{k}}$

1 (1) 물체가 수평 방향으로 운동하므로 중력 방향과 운동 방향은 수직이고 중력이 물체에 한 일은 0이다.

(2) 중력과 수평면이 물체를 떠받치는 힘이 평형이 되므로 F가 알짜힘이며 알짜힘의 방향이 운동 방향과 같으므로 물체의 속력이 증가한다.

(3) 일·운동 에너지 정리에 의하여 알짜힘이 한 일은 운동 에너지의 증가량이므로 $Fs = \frac{1}{2}mv^2 - \frac{1}{2}mv_0^2$이다. 따라서 물체의 질량은 $m = \frac{2Fs}{v^2 - v_0^2}$이다.

2 (1) 수평면이 기준면이므로 높이 h인 곳에 있을 때 물체의 중력 퍼텐셜 에너지는 mgh이고 높이 h인 곳에 정지해 있으므로 운동 에너지는 0이다.

(2) 역학적 에너지가 보존되므로 $mgh = \frac{1}{2}mv^2$이다. 따라서 수평면에 도달하여 용수철에 부딪히기 전 물체의 속력은 $\sqrt{2gh}$이다.

(3) 역학적 에너지가 보존되므로 $mgh = \frac{1}{2}mv^2 = \frac{1}{2}kA^2$에서 용수철이 최대로 압축된 길이는 $A = \sqrt{\frac{2mgh}{k}}$이다.

내신 실력 Up 본교재 49~51쪽

01 ②   **02** ③   **03** ④   **04** ②   **05** ③   **06** ③   **07** ⑤   **08** ①
09 ③   **10** ⑤   **11** ⑤   **12** ②   **13** ②   **14** 해설 참조
15 해설 참조   **16** 해설 참조

01 2초 동안 4m의 거리를 등가속도 직선 운동하여 이동하므로 $\frac{1}{2} \times a \times 2^2$에서 가속도는 $a = 2 \text{ m/s}^2$이다. 따라서 물체에 작용하는 알짜힘은

$F=1\times2=2(N)$이고, 힘이 한 일은 $2\times4=8(J)$이다.

02 ㄱ. 힘과 위치 그래프에서 그래프 아랫부분의 넓이가 한 일이므로 0에서 1 m까지 힘이 한 일은 6 J이다.

ㄴ. 0에서 2 m까지 그래프 아랫부분의 넓이는 9 J이므로 운동 에너지의 변화량은 9 J이다.

오답 피하기 ㄷ. 수평 방향으로 작용한 힘이 알짜힘이므로 0에서 2 m까지 알짜힘이 한 일은 9 J이다. 따라서 $\frac{1}{2}\times2\times v^2=9$이고 2 m를 지나는 순간 물체의 속력은 $v=3$ m/s이다.

03 ㄴ. 0~2초까지 이동 거리는 6 m이므로 힘이 한 일은 $6\times6=36(J)$이다.

ㄷ. 2~3초 사이 F가 물체에 한 일은 물체의 운동 에너지 변화량과 같으므로 $\frac{1}{2}\times2\times8^2-\frac{1}{2}\times2\times6^2=28(J)$이다.

오답 피하기 ㄱ. 1초일 때 가속도는 3 m/s^{2}이므로 알짜힘은 6 N이다.

04 ① 알짜힘이 일정하므로 물체는 등가속도 직선 운동을 한다.

③ 중력이 작용하는 방향으로 물체가 이동한 거리는 0이므로 중력이 물체에 한 일은 0이다.

④ 물체의 운동 에너지 증가량은 알짜힘이 물체에 한 일과 같으므로 50 J이다.

⑤ 물체가 5 m를 이동하는 순간 운동 에너지는 50 J이므로 물체의 속력은 $\frac{1}{2}\times4\times v^2=50$에서 $v=5$ m/s이다.

오답 피하기 ② 일은 힘과 힘의 방향으로 이동한 거리의 곱이므로 힘이 한 일은 $10\times5=50(J)$이다.

05 ㄱ. 4개의 줄이 2000 N의 무게를 들어 올리는 것과 같으므로 줄의 장력은 500 N이다. 사람이 줄을 잡아당기는 힘은 줄의 장력과 같다.

ㄴ. 등속도 운동할 때 물체에 작용하는 알짜힘이 0이므로 알짜힘이 물체에 한 일은 0이다.

오답 피하기 ㄷ. 줄을 잡아당긴 길이는 물체가 올라간 높이의 4배이므로 $2\times4=8(m)$이다.

06 ㄱ. P가 잡아당기는 힘이 A에 작용하는 알짜힘이므로 P가 한 일은 A의 운동 에너지 변화량과 같다.

ㄷ. P, Q가 잡아당기는 힘은 동일하고 이동 거리는 A가 B의 2배이므로 P가 한 일은 Q가 한 일의 2배이다.

오답 피하기 ㄴ. 가속도는 A가 B의 2배이고 질량은 B가 A의 2배이므로 알짜힘은 A와 B가 같다.

07 0~5초 사이와 5~10초 사이 수레의 가속도의 비는 2 : 1이다. 따라서 5초일 때 속도가 $2v$이면 10초일 때 속도는 $3v$이다. 따라서 0~5초 사이와 5~10초 사이의 운동 에너지 변화량의 비는 $(2v)^2 : (3v)^2-(2v)^2=4 : 5$이다. 수레에 작용하는 알짜힘은 철수가 미는 힘이므로 철수가 수레에 한 일의 비도 이와 같다.

08 힘-늘어난 길이 그래프 아랫부분의 넓이가 하는 일이므로 철수가 용수철에 한 일은 $\frac{1}{2}\times60\times0.3=9(J)$이다.

09 ㄱ. 탄성력은 늘어난 길이에 비례하므로 (가)는 0.15이다.

ㄷ. 탄성력 퍼텐셜 에너지는 $\frac{1}{2}\times200\times(0.1)^2=1(J)$이다.

오답 피하기 ㄴ. $10=k\times0.05$이므로 $k=200$ N/m이다.

10 ①, ② (가), (나)는 운동 에너지가 일정하므로 사람이 해 준 일이 모두 중력 퍼텐셜 에너지로 전환된다.

③ (다)는 중력 퍼텐셜 에너지가 일정하므로 사람이 해 준 일이 모두 운동 에너지로 전환된다.

④ (다)는 일정한 힘이 작용하므로 물체의 속력이 점점 증가한다. 따라서 물체의 운동 에너지가 점점 증가한다.

오답 피하기 ⑤ (가), (나)는 운동 에너지가 일정하지만 퍼텐셜 에너지가 증가하므로 역학적 에너지가 증가한다.

11 ⑤ O에서 B로 올라갈 때 중력만 작용하므로 운동 에너지가 중력 퍼텐셜 에너지로 전환된다.

오답 피하기 ① A에서 O로 올라갈 때 탄성력에 의하여 속력이 빨라지므로 운동 에너지는 증가한다.

② A에서 탄성력에 의한 퍼텐셜 에너지는 O에서 운동 에너지와 A에서 O까지 중력 퍼텐셜 에너지 증가량의 합과 같다.

③ A에서 탄성력에 의한 퍼텐셜 에너지는 A에서 B까지 중력에 의한 퍼텐셜 에너지 증가량과 같다.

④ O에서 탄성력에 의한 퍼텐셜 에너지는 0이지만 중력에 의한 퍼텐셜 에너지는 0보다 크다.

12 4초일 때 물체의 속력이 0이다. 따라서 4초일 때 탄성력 퍼텐셜 에너지는 충돌 전 물체의 운동 에너지인 $\frac{1}{2}\times2\times1^2=1(J)$이다.

13 ㄷ. 역학적 에너지가 보존되므로 A와 E에서 역학적 에너지는 같다.

오답 피하기 ㄱ. 낙하 거리는 C까지가 B까지의 2배이므로 $v=\sqrt{2gh}$에서 C에서 물체의 속력은 B의 $\sqrt{2}$배이다.

ㄴ. 탄성력 퍼텐셜 에너지의 최댓값은 $\frac{1}{2}kL^2$이다. $\frac{1}{2}\times\frac{1}{2}kL^2=\frac{1}{2}kx^2$이므로 용수철의 압축된 길이가 $x=\frac{L}{\sqrt{2}}$일 때 물체의 운동 에너지와 탄성력에 의한 퍼텐셜 에너지는 같다.

14 최대로 압축된 순간 물체의 운동 에너지가 0이므로 중력 퍼텐셜 에너지가 모두 탄성력 퍼텐셜 에너지로 전환된다. 따라서 중력 퍼텐셜 에너지의 기준은 용수철이 최대로 압축된 지점이 되고 $mg(h+d)=\frac{1}{2}kd^2$이다.

채점 기준	배점
중력 퍼텐셜 에너지가 모두 탄성력 퍼텐셜 에너지로 전환되는 것과 기준점이 최대로 압축되는 점이라는 것을 서술한 경우	100%
역학적 에너지 보존은 서술하였으나 중력 퍼텐셜 에너지의 기준점이 최대 압축 지점인 것을 서술하지 못한 경우	50%

15 물체가 내려가는 동안 중력이 탄성력보다 크면 알짜힘이 운동 방향이 되어 물체의 속력이 증가하므로 중력과 탄성력이 같아지는 지점까지 속력이 증가한다. 따라서 속력이 최대가 되는 위치는 탄성력과 중력의 크기가 같아지는 지점이다.

채점 기준	배점
물체의 속력이 최대가 되는 위치와 그 이유를 옳게 서술한 경우	100%
속력이 최대가 되는 위치나 그 이유 중 한 가지만 서술한 경우	50%

16 최고점에서 공의 속력이 0이므로 최고점에서 역학적 에너지는 중력 퍼텐셜 에너지와 같다. 높이가 낮아지는 것은 중력 퍼텐셜 에너지가 감소하는 것이므로 역학적 에너지는 A>B>C의 관계가 있다. 역학적 에너지는 바닥과의 충돌과 공기 저항에 의하여 열에너지, 소리 에너지 등으로 전환되므로 감소한다.

채점 기준	배점
높이가 낮을수록 역학적 에너지가 작으며 바닥과의 충돌 및 공기 저항에 의하여 역학적 에너지가 소리 에너지, 열에너지 등으로 전환된다는 것을 서술한 경우	100%
역학적 에너지의 크기 비교나 역학적 에너지가 감소하는 이유 중 한 가지만 옳게 서술한 경우	50%

02 열역학 제1법칙

개념 바로 확인
본교재 53, 55쪽

01 높은 **02** 압력 **03** $P\varDelta V$ **04** 감소 **05** 내부 **06** 운동 에너지
07 $Q-W$

01 (1) ㉠ P ㉡ PA (2) $PA\varDelta l$ (3) ㉠ $A\varDelta l$ ㉡ 압력 **02** ㄱ, ㄷ
03 (1) ㉠ 0 ㉡ 증가량 (2) ㉠ 열운동 ㉡ 증가

1 (1) ㉠ 마찰이 없으므로 기체의 압력과 대기압이 같다.
㉡ $P=\dfrac{F}{A}$이므로 피스톤에 작용하는 힘은 $F=PA$이다.
(2) 힘이 한 일은 $W=F\varDelta l=PA\varDelta l$이다.
(3) ㉠ 부피는 단면적과 이동 거리의 곱이므로 부피 증가량은 $\varDelta V=A\varDelta l$이다.
㉡ $W=F\varDelta l=PA\varDelta l=P\varDelta V$이므로 기체가 한 일은 압력과 부피 증가량의 곱이다.

2 ㄱ. A → B 과정에서 기체의 부피가 증가하므로 기체가 외부에 일을 한다.
ㄷ. 한 순환 과정 동안 기체가 외부에 한 일은 압력과 부피 그래프의 순환 과정으로 둘러싸인 부분의 넓이이므로 $(P_2-P_1)(V_2-V_1)$이다.
오답 피하기 ㄴ. B → C 과정에서 기체의 부피가 일정하므로 기체가 외부에 일을 하지 않는다.

3 (1) ㉠ 부피가 일정하므로 외부에 한 일은 0이다.
㉡ 외부에 한 일 $W=0$이므로 $Q=\varDelta U+W=\varDelta U$가 되어 흡수한 열량 Q는 모두 내부 에너지 증가량 $\varDelta U$가 된다.
(2) 분자들의 열운동이 활발할수록 기체의 부피가 증가한다.

내신 실력 Up
본교재 57~59쪽

01 ④ **02** ③ **03** ② **04** ③ **05** ④ **06** ④ **07** ④ **08** ⑤
09 ① **10** ⑤ **11** ③ **12** ① **13** ① **14** ② **15** ④ **16** 해설 참조 **17** 해설 참조 **18** 해설 참조

01 ㄱ. 온도는 물체의 뜨겁고 차가운 정도를 숫자로 나타낸 것이다.
ㄷ. 온도가 다른 두 물체를 접촉시켜 놓으면 고온의 물체에서 저온의 물체로 열이 이동하여 온도가 같아지는 열평형 상태에 도달한다.
오답 피하기 ㄴ. 이상 기체에서 분자 운동 에너지의 합은 내부 에너지이고 온도는 평균 운동 에너지에 비례한다.

02 ㄱ. 기체 분자의 운동 에너지가 증가하면 분자들이 활발히 운동하고 부피가 팽창한다.
ㄷ. 비닐 주머니는 팽창하므로 외부에 일을 한다.
오답 피하기 ㄴ. 비닐 주머니 내부의 공기 압력이 커지므로 비닐 주머니가 바깥으로 힘을 받아 팽창하는 것이다.

03 기체가 외부에 한 일은 $W=P\varDelta V=10^5\,\text{N/m}^2\times0.2\,\text{m}^2\times0.1\,\text{m}=2\times10^3\,\text{J}$이다.

04 ③ (가)는 기체가 팽창하여 외부에 일을 하므로 부피가 일정하여 외부에 하는 일이 0인 (나)보다 피스톤에 한 일이 크다.
오답 피하기 ① (나)는 부피가 작고 온도가 높으므로 압력은 (나)가 (가)보다 크다.
② (나)는 흡수한 열량이 모두 내부 에너지 증가량으로 전환되므로 온도가 (가)보다 높다. (가)는 흡수한 열량의 일부가 외부에 하는 일로 전환된다.
④ (나)의 온도가 (가)보다 높으므로 평균 운동 에너지도 (나)에서가 (가)에서보다 높다.
⑤ 압력이 높을수록 힘이 증가하므로 피스톤에 가하는 평균 힘은 (나)가 (가)보다 크다.

05 기체가 외부에 한 일은 압력-부피 그래프 아랫부분의 넓이이므로 A → B 과정에서 기체가 외부에 한 일은 $W=PV+1.5PV=2.5PV$이다.

06 ㄴ. 열기관이 작동하는 동안 열에너지를 포함한 에너지 보존 법칙이 성립한다.
ㄷ. 열기관이 외부에 하는 일은 $W=Q_1-Q_2$이다.
오답 피하기 ㄱ. 열기관은 열에너지를 역학적 에너지인 일로 전환하는 장치이다.

07 외부에 한 일은 순환 과정의 압력-부피 그래프로 둘러싸인 넓이이므로 $W=2\times10^5\,\text{N/m}^2\times3\times10^{-3}\,\text{m}^3=600\,\text{J}$이다. 외부로 방출한 열량 $Q_2=2400\,\text{J}$이므로 흡수한 열량은 $Q_1=Q_2+W=600\,\text{J}+2400\,\text{J}=3000\,\text{J}$이다.

08 압력이 증가하거나 부피가 팽창할 때 열을 흡수하므로 열을 흡수하는 과정은 D → A → B이고, 압력이 감소하거나 부피가 수축할 때 열을 방출하므로 열을 방출하는 과정은 B → C → D이다.

09 ㄴ. 기체의 온도가 높아지면 분자들의 열운동이 활발해지므로 운동

에너지가 증가한다. 이상 기체의 내부 에너지는 분자들의 운동 에너지의 총합이므로 온도가 높아지면 내부 에너지가 증가한다.

오답 피하기 ㄱ. 이상 기체는 분자들 사이의 상호 작용이 없으므로 퍼텐셜 에너지가 0이다. 따라서 내부 에너지는 기체 분자들의 운동 에너지의 총합이다.

ㄷ. 기체의 온도는 기체 분자의 평균 운동 에너지에 비례하므로 내부 에너지가 같아도 기체 분자 수가 많으면 평균 운동 에너지가 감소하고 온도가 낮다.

10 ㄱ. 열역학 제1법칙은 기체에 가해 준 열량은 기체의 내부 에너지 변화량과 기체가 외부에 한 일의 합과 같다는 것이다.

ㄴ. 열역학 제1법칙은 열에너지와 역학적 에너지를 포함한 에너지 보존 법칙을 의미한다.

ㄷ. 열에너지가 역학적 일로 전환되어 보존되는 것이므로 열에너지와 역학적 일이 동등하다는 것을 의미한다.

11 내부 에너지는 기체 분자의 운동 에너지의 총합이므로 A와 B의 내부 에너지는 각각 $2E+4E+3E+2E+3E+3E+3E=20E$, $4E+4E+4E+5E+3E=20E$가 되어 서로 같다. 온도는 평균 운동 에너지에 비례한다. A와 B의 평균 운동 에너지는 각각 $\dfrac{20E}{7}$, $\dfrac{20E}{5}$이므로 온도는 A가 B보다 낮다.

12 ㄴ. 압력이 같고 기체의 부피가 증가하므로 분자들의 열운동이 활발해진 것이다. 내부 에너지는 분자들의 운동 에너지의 총합이므로 증가한다.

오답 피하기 ㄱ. 마찰이 없으므로 기체의 압력은 대기압과 피스톤과 추의 무게에 의한 압력이 되어 일정하다.

ㄷ. 기체가 흡수한 열은 기체가 외부에 한 일과 내부 에너지의 증가량의 합과 같다.

13 ㄱ. 용기에서 방출되는 기체는 부피가 팽창하므로 기체가 외부에 일을 한다.

오답 피하기 ㄴ. 기체는 열전도율이 매우 작으므로 음료수 뚜껑을 열 때와 같이 갑자기 팽창하는 과정은 단열 팽창한다. 단열 팽창이므로 열의 출입이 0이다. 단열이 아니더라도 팽창할 때는 일반적으로 열을 흡수한다.

ㄷ. 기체는 단열 팽창하므로 압력이 감소한다.

14 ㄴ. 압력이 일정한 상태에서 부피가 증가하는 것은 온도가 증가할 때이다. 내부 에너지는 온도에 비례하므로 증가한다.

오답 피하기 ㄱ. 팽창하므로 기체가 외부에 일을 한다.

ㄷ. 내부 에너지가 증가하므로 $\Delta U>0$, 외부에 일을 하므로 $W>0$이다. 따라서 $Q=\Delta U+W>0$이고 외부에서 열을 흡수한다.

15 ㄴ. 기체가 외부에 한 일은 압력－부피 그래프 아랫부분의 넓이이므로 경로 (다)에서 가장 크다.

ㄷ. (가), (나), (다) 과정에서 온도 변화량이 동일하므로 내부 에너지 변화량은 동일하다. 기체에 가해 준 열량은 $Q=\Delta U+W$에서 외부에 한 일이 작을수록 작으므로 (가)에서 가장 작다.

오답 피하기 ㄱ. 등온 팽창 과정에서는 압력과 부피의 곱이 일정하여야 하므로 경로 (나)는 등온 팽창 과정이 아니다.

16 기체가 진공으로 팽창하므로 팽창하는 과정에서 기체가 외부에 작용하는 힘, 즉 압력이 0이다. 따라서 부피가 팽창하지만 기체가 하는 일이 0이다. 외부에 하는 일 $W=0$이고 단열 변화이므로 $Q=0$이 되어 열역학 제1법칙에 의하여 내부 에너지 변화량도 $\Delta U=Q-W=0$이 된다. 내부 에너지는 온도에 비례하므로 기체의 온도가 일정하다.

채점 기준	배점
열역학 제1법칙을 사용하여 기체의 하는 일과 온도 변화를 옳게 서술한 경우	100%
두 가지 중 하나만 옳게 서술한 경우	50%

17 공기를 타이어에 넣을 때 공기는 부피가 작아지므로 압축된다. 공기의 열전도율이 매우 낮으므로 이 압축은 단열 압축이다. 공기는 압축되는 동안 외부에서 일을 얻어 $W<0$이고 열역학 제1법칙에 의하여 내부 에너지 변화량은 $\Delta U=Q-W=-W>0$ 되어 증가한다. 내부 에너지는 온도에 비례하므로 온도가 증가하여 타이어가 따뜻해지는 것을 알 수 있다.

채점 기준	배점
공기를 타이어에 넣을 때 단열 압축이라는 것과 열역학 제1법칙을 사용하여 내부 에너지가 증가하고 온도가 상승하는 것을 옳게 설명한 경우	100%
단열 압축이라는 것과 내부 에너지 상승이라는 것 중에서 하나만 옳게 서술한 경우	50%

18 공기가 산을 올라갈 때 공기가 단열 팽창하므로 온도가 낮아지고 수증기가 응결하여 비가 내린다. 공기가 산을 내려갈 때 단열 압축하여 온도가 높아진다. 산을 내려갈 때는 올라갈 때 비가 내린 후이므로 공기 중에 습기가 많지 않아 건조하여 비열이 작고 온도가 쉽게 변한다. 따라서 산을 내려갈 때 온도 변화가 크게 되어 상승할 때 내려간 온도보다 내려갈 때 올라간 온도가 더 커진다. 이런 과정을 거쳐 다습한 바람이 높은 산을 넘어갈 때 고온 건조한 바람이 불게 된다.

채점 기준	배점
올라갈 때 단열 팽창하고 내려갈 때 단열 압축한다는 것과 비가 내린 후 공기의 비열이 작아져 온도 변화가 크다는 것을 옳게 설명한 경우	100%
단열 변화인 것과 습도에 따라 비열이 달라진다는 것 중 하나만 옳게 설명한 경우	50%

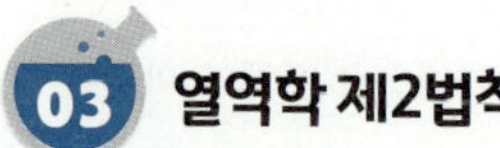

03 열역학 제2법칙

01 가역　**02** 방향성　**03** 열효율　**04** 카르노

01 (1) 제2법칙 (2) 증가　**02** (1) ② (2) ⑤　**03** ⑤

1 (1) 열은 자연적으로 뜨거운 물에서 차가운 물 쪽으로만 흐르고 그 반대 방향으로는 흐르지 않는 것을 열역학 제2법칙이라고 한다.

(2) 열이 뜨거운 물에서 차가운 물로 이동하는 것은 자연적인 변화이고 계의 무질서한 정도(엔트로피)가 증가하는 과정이다.

2 ⑴ 열기관이 하는 일은 흡수한 열량에서 방출한 열량을 뺀 값이므로 $W=Q_1-Q_2=8000\,\text{J}-6000\,\text{J}=2000\,\text{J}$이다.

⑵ 열기관의 열효율은 흡수한 열량에 대한 외부에 한 일이므로

$$e=\frac{W}{Q_1}=\frac{2000\,\text{J}}{8000\,\text{J}}=0.25$$이다.

3 열기관의 최대 효율은 카르노 기관의 열효율이므로

$$e_c=1-\frac{T_2}{T_1}=1-\frac{77+273}{427+273}=0.5$$이다.

01 ③　**02** ②　**03** ①　**04** ③　**05** ②　**06** ②　**07** ③　**08** ⑤

09 ②　**10** ④　**11** 해설 참조　**12** 해설 참조

01 ㄱ, ㄴ. 열은 자연적으로 고온에서 저온으로 이동한다는 것이나 자연적인 변화는 무질서한 정도가 증가하는 방향으로 일어난다는 것이 열역학 제2법칙이다.

오답 피하기 ㄷ. 역학적 에너지가 감소하는 변화에서도 열에너지를 포함한 에너지는 보존된다는 것은 열역학 제1법칙이다.

02 ㄷ. 열이 온도가 높은 물에서 온도가 낮은 얼음으로 이동하는 것은 열역학 제2법칙이므로 열효율이 100 %인 열기관이 없다는 것을 설명하는 현상이다.

오답 피하기 ㄱ. 물에서 얼음으로 열에너지가 이동한다.

ㄴ. 열이 물에서 얼음으로 이동하므로 에너지가 보존되어 열역학 제1법칙이 성립한다.

03 ㄱ. 자연적으로 다시 원래 상태로 돌아갈 수 없으므로 비가역 변화이다.

오답 피하기 ㄴ. 자연적으로 일어나는 현상이므로 계의 무질서도가 증가한다.

ㄷ. 에너지는 보존되므로 열역학 제1법칙이 성립한다.

04 ㄱ, ㄴ. 열역학 제2법칙의 현상이므로 열기관의 열효율은 100 %가 될 수 없다는 것과 열에너지를 모두 역학적 에너지로 전환할 수 없다는 것을 설명할 수 있다.

오답 피하기 ㄷ. 여름에 뜨거운 공기가 가지고 있는 열은 사용할 수 없는 에너지이므로 전기를 생산하고 찬 공기를 얻을 수 없다.

05 ㄴ. (가)에서 (나)로 변하는 것은 무질서한 정도가 증가하는 현상이다. 따라서 무질서한 정도는 (나)가 (가)보다 크다.

오답 피하기 ㄱ. 무질서한 정도가 클수록 경우의 수가 큰 것이므로 경우의 수는 (나)가 (가)보다 크다.

ㄷ. 자연적으로 무질서한 정도가 감소할 수 없으므로 (나)에서 (가)의 상태로 스스로 변하지 않는다.

06 열기관이 한 일이 W이면 흡수한 열량은 이것의 5배이므로 $Q_1=5W$이다. 따라서 열기관의 열효율은 $e=\dfrac{W}{Q_1}=\dfrac{W}{5W}=0.2$이다.

07 자동차가 손실한 에너지는 모두 $45+20+10=75(\%)$이다. 따라서 자동차가 연료의 에너지로부터 유용하게 사용한 에너지의 비율은 손실

되는 에너지를 뺀 $100-(45+20+10)=25(\%)$이고 이것이 자동차의 열효율이다.

08 ㄱ. $Q=Q_1+W=3\,\text{kJ}+1\,\text{kJ}=4\,\text{kJ}$이다.

ㄴ. 온도가 T_1인 곳에서 열을 흡수한다. 열을 흡수하는 곳이 온도가 높으므로 $T_1>T_2$이다.

ㄷ. 열기관의 열효율은 $e=\dfrac{W}{Q_1}=\dfrac{1}{4}=0.25$이다.

09 열기관의 열효율은 $\dfrac{W}{Q_1}=\dfrac{1000}{5000}=0.2$이고, 최대 열효율은 카르노 효율이므로 $e_c=1-\dfrac{T_2}{T_1}=1-\dfrac{27+273}{327+273}==0.5$이다.

10 ㄴ. 외부에 일을 하는 과정은 부피가 팽창하는 과정이므로 A→B와 B→C 과정이다.

ㄷ. 절대 온도가 $2T$, T인 열원 사이에서 작동하는 카르노 기관이므로 열효율이 $e=1-\dfrac{T}{2T}=0.5$이다. 곡선 ABCD로 둘러싸인 부분의 넓이가 한 일이므로 $e=\dfrac{W}{Q_1}=0.5$에서 한 순환 과정에서 흡수한 열량은 $Q_1=2W$이다.

오답 피하기 ㄱ. 열을 흡수하는 과정은 등온 팽창하는 과정이므로 A→B 과정이다.

11 기체가 한쪽 방에 모여 있는 경우의 수보다 양쪽 방에 골고루 퍼져 있는 것이 경우의 수가 크다. 경우의 수가 클수록 무질서한 정도가 증가하는 것이므로 기체가 확산되는 동안 무질서한 정도가 증가한다.

채점 기준	배점
경우의 수가 커지는 것이 무질서한 정도가 커지는 것임을 옳게 설명한 경우	100%
두 가지 중 하나만 옳게 서술한 경우	50%

12 저열원으로 방출되는 열량 Q_2가 0이 되면 열효율이 100 %이다. 하지만 열역학 제2법칙에 따라 열은 고온에서 저온으로 저절로 이동하므로 Q_2를 0으로 만들 수 있는 방법이 없다.

채점 기준	배점
열효율이 100 %가 되는 조건과 고온에서 저온으로 흐르는 열의 흐름을 막을 수 없다는 것을 옳게 서술한 경우	100%
두 가지 중 하나만 옳게 서술한 경우	50%

㉠ 이동 거리　㉡ 운동 에너지　㉢ 퍼텐셜　㉣ 역학적　㉤ 잃은
㉥ $P\varDelta V$　㉦ Q_1-Q_2　㉧ 운동　㉨ 내부　㉩ 증가　㉪ 등온
㉫ 단열　㉬ 열　㉭ 단열

01 ③　**02** ⑤　**03** ③　**04** ①　**05** ④　**06** ⑤　**07** ③　**08** ③

09 ②　**10** ①　**11** ④　**12** ①　**13** ④　**14** ⑤　**15** ①　**16** ⑤

17 ④　**18** ①　**19** ④　**20** ③　**21** ②

1 ㄱ. 물체가 등속도 운동하므로 알짜힘이 0이다. 따라서 전동기가 줄을 잡아당기는 힘의 크기는 물체의 무게와 같은 mg이다.

ㄴ. 힘과 이동 거리의 곱이 한 일이므로 전동기가 물체에 한 일은 mgs이다.

오답 피하기 ㄷ. 물체의 속력이 일정하므로 전동기가 물체에 한 일은 운동 에너지로 전환되지 않는다.

2 물체에 작용하는 힘이 F일 때와 $2F$일 때 가속도는 $\dfrac{F}{m}$, $\dfrac{2F}{2m}$이므로 서로 같으며 이동 거리는 걸린 시간의 제곱에 비례한다. $2F$일 때 작용한 시간이 F일 때의 2배이므로 이동 거리가 4배이다. 힘이 F일 때 한 일은 $W=Fs$이므로 $2F$가 한 일은 $2F \times 4s = 8Fs = 8W$이다.

3 ㄱ. 물체에 작용하는 알짜힘의 크기는 $120\,\text{N} - 100\,\text{N} = 20\,\text{N}$이다.

ㄴ. 철수가 잡아당긴 힘은 $120\,\text{N}$이므로 철수가 물체에 한 일은 $120\,\text{N} \times 0.5\,\text{m} = 60\,\text{J}$이다.

오답 피하기 ㄷ. 운동 에너지 변화량은 알짜힘이 한 일이므로 $20\,\text{N} \times 0.5\,\text{m} = 10\,\text{J}$이다.

4 알짜힘이 한 일이 물체의 운동 에너지 변화량이다. $F - 10\,\text{N}$이 물체에 작용하는 알짜힘이므로 알짜힘이 한 일은 그래프 아랫부분의 넓이에서 물체의 무게 $10\,\text{N}$이 한 일을 뺀 값이다. 따라서 알짜힘이 한 일은 $(F - 10\,\text{N}) \times 2\,\text{m} = 10\,\text{J}$이다.

5 전동기가 잡아당기는 힘은 물체에 작용하는 알짜힘과 중력의 합이다. 알짜힘이 한 일은 운동 에너지 변화량이므로 $\dfrac{1}{2} \times 5 \times 2^2 = 10(\text{J})$, 중력이 한 일은 $50\,\text{N} \times 6\,\text{m} = 300\,\text{J}$이다. 따라서 전동기가 한 일은 $300\,\text{J} + 10\,\text{J} = 310\,\text{J}$이다.

6 ㄱ. 물체에 작용한 알짜힘의 크기는 $2\,\text{kg} \times 5\,\text{m/s}^2 = 10\,\text{N}$이다.

ㄴ. 빗면을 따라 물체가 이동한 거리는 그래프 아랫부분의 넓이이므로 $10\,\text{m}$이다.

ㄷ. 중력이 물체에 한 일은 물체의 운동 에너지 증가량이므로 $\dfrac{1}{2} \times 2 \times 10^2 = 100(\text{J})$이다.

7 P, Q까지 낙하 거리가 각각 x_1, x_2라고 하면 P, Q에서 물체의 속력은 각각 $\sqrt{2gx_1}$, $\sqrt{2gx_2}$이다. P에서 중력 퍼텐셜 에너지가 운동 에너지의 2배이므로 $mg(h - x_1) = \dfrac{1}{2}m(\sqrt{2gx_1})^2 \times 2$이고, Q에서의 운동 에너지가 P에서의 2배이므로 $2gx_2 = 2 \times 2gx_1$이다. 정리하면 $x_1 = \dfrac{h}{3}$, $x_2 = \dfrac{2h}{3}$이므로 P와 Q 사이의 거리는 $x_2 - x_1 = \dfrac{h}{3}$이다.

8 ㄷ. 헬리콥터가 위로 가속도 운동하여 속력이 빨라지므로 알짜힘의 방향은 중력 방향과 반대인 위 방향이다.

오답 피하기 ㄱ. 위로 올라가면서 속력이 빨라지므로 운동 에너지와 중력 퍼텐셜 에너지 모두 증가한다.

ㄴ. 추진력은 물체의 속력을 증가시키지만 중력에 대해서도 일을 하므로 추진력이 하는 일은 $\dfrac{1}{2}mv^2$보다 크다.

9 탄성력과 중력이 평형이 될 때까지 물체가 내려가므로 $20\,\text{N} = 100\,\text{N/m} \times x$에서 내려간 높이는 $x = 0.2\,\text{m}$이다. 따라서 중력 퍼텐셜 에너지 감소량은 $2\,\text{kg} \times 10\,\text{m/s}^2 \times 0.2\,\text{m} = 4\,\text{J}$이다.

10 잡아당긴 힘이 한 일은 운동 에너지와 탄성력 퍼텐셜 에너지 변화량으로 전환된다. $0.1\,\text{m}$ 끌려가는 동안 힘이 한 일은 $10\,\text{N} \times 0.1\,\text{m} = \dfrac{1}{2} \times 100\,\text{N/m} \times (0.1\,\text{m})^2 + \dfrac{1}{2}mv^2$이므로 $0.1\,\text{m}$ 지점에서 물체의 운동 에너지는 $0.5\,\text{J}$이다.

11 ㄴ. 중력 퍼텐셜 에너지는 높이에 비례하므로 A점에서 철수의 중력 퍼텐셜 에너지는 B점의 2배이다.

ㄷ. C점까지 내려오는 동안 중력이 철수에게 한 일은 운동 에너지의 증가량이므로 C점에서 철수의 운동 에너지와 같다.

오답 피하기 ㄱ. 속력은 내려간 높이의 제곱근에 비례하므로 C점에서 철수의 속력은 B점의 $\sqrt{2}$배이다.

12 ㄱ. 중력이 작용하는 방향으로 종이비행기가 이동하므로 중력이 종이비행기에 일을 하였다.

오답 피하기 ㄴ. 공기 저항이 있으므로 종이비행기의 역학적 에너지는 감소한다.

ㄷ. 높이가 낮아지므로 종이비행기의 중력 퍼텐셜 에너지는 감소하였다.

13 ④ 압축된 공기가 단열 팽창할 때 내부 에너지가 감소하고 온도가 내려간다.

오답 피하기 ① 압축된 공기가 등압 팽창을 하면 온도가 올라간다.

② 압축된 공기가 등온 팽창하면 내부 에너지가 일정하다.

③ 압축된 공기가 등온 팽창하면 외부에 일을 하지만 온도가 일정하다.

⑤ 공기가 압축될 때 온도가 올라간다.

14 ㄴ. B에서 C로 변할 때 부피가 일정하고 압력이 증가하므로 온도가 증가한다. 온도가 증가하므로 내부 에너지가 증가한다. 따라서 $Q = \Delta U + W = \Delta U > 0$으로 외부로부터 열을 흡수한다.

ㄷ. 압력과 부피의 곱은 C에서가 D에서보다 크다. $PV = nRT$이므로 압력과 부피의 곱이 클수록 온도가 높다.

오답 피하기 ㄱ. A에서 B로 변할 때 부피가 감소하므로 외부로부터 일을 받는다.

15 ㄱ. A → B 과정과 A → C 과정에서 온도 변화량이 같으므로 내부 에너지 변화량이 같다.

오답 피하기 ㄴ. 기체가 외부에 한 일은 압력—부피 그래프의 그래프 아랫부분의 넓이이다. 따라서 외부에 한 일은 B → C 과정에서가 A → C 과정에서보다 크다.

ㄷ. A → C 과정에서 온도가 증가하고 외부에 일을 한다. 따라서 흡수한 열은 내부 에너지 증가량과 외부에 한 일의 합과 같다.

16 철수: 과정 I에서 유리관 속 공기를 피스톤으로 누르므로 압력은 증가하고 부피가 감소한다.

영희: 공기는 열전도율이 매우 작으므로 과정 I과 같이 빠르게 변화할 때 단열 변화 과정처럼 해석할 수 있다.

민수: 과정 Ⅱ는 단열 팽창과 같으므로 내부 에너지가 감소하고 온도가 내려간다.

17 ㄱ, ㄴ. A, B 부분의 이상 기체는 단열 압축되므로 내부 에너지가 증가하고 온도가 올라간다.

[오답 피하기] ㄷ. P_2가 B 부분의 이상 기체에 한 일은 B의 내부 에너지 증가량과 P_1이 A 부분의 이상 기체에 한 일의 합과 같다.

18 (1)에서 퍼텐셜 에너지는 방출된 열에너지와 운동 에너지의 합이다. 따라서 열에너지를 포함한 에너지 보존 법칙이므로 (1)은 열역학 제1법칙이 관련되어 있다.

(2) 마찰에 의해 발생한 열에너지는 사용할 수 없는 열에너지이므로 운동 에너지로 바뀔 수 없다. 이것은 열에너지가 모두 운동 에너지로 바뀔 수 없다는 열역학 제2법칙과 관련 있다.

19 ㄱ, ㄴ. 한 순환 과정 동안 외부에 한 일은 압력－부피 그래프에서 순환 과정으로 둘러싸인 넓이이므로 $2 \times 10^5 \times 3 \times 10^{-3} = 600(\text{J})$이다. 따라서 열효율은 $e = \dfrac{W}{Q_1} = \dfrac{600}{3000} = 0.2$이다.

[오답 피하기] ㄷ. 한 순환 과정을 거치면 기체는 원래 상태로 되돌아오므로 내부 에너지는 처음과 같아 변화가 없다.

20 ㄷ. 카르노 기관에서 흡수하는 열량은 등온 팽창하는 과정에서 흡수한다.

[오답 피하기] ㄱ. 열효율이 $1 - \dfrac{T_2}{T_1} = 1 - \dfrac{300}{500} = 0.4$이다. 따라서 외부에 한 일은 $2000\,\text{J} \times 0.4 = 800\,\text{J}$이다.

ㄴ. 저열원으로 방출한 열량은 흡수한 열량에서 한 일을 뺀 값이므로 $2000\,\text{J} - 800\,\text{J} = 1200\,\text{J}$이다.

21 B: 열이 자연적으로 온도가 높은 곳에서 낮은 곳으로 흐르는 것은 무질서한 정도가 증가하는 자연적인 현상이다.

[오답 피하기] A, C: 열은 자연적으로 온도가 높은 곳에서 낮은 곳으로 흐르며 낮은 곳에서 높은 곳으로 흐르는 것은 열역학 제2법칙에 위배되는 것이다.

03 시간과 공간

01 특수 상대성 이론

개념 바로 확인　　　　　　　　　본교재 75, 77쪽

01 B, A　**02** 관성　**03** 운동　**04** 상대성　**05** 동시성의 상대성
06 고유 시간　**07** 고유 길이

01 (1) ㉠ 10 m/s ㉡ 서쪽 (2) ㉠ 10 m/s ㉡ 동쪽
02 ⑤　**03** (1) 작다 (2) 크다 (3) ㉠ 영희 ㉡ 우주선

1 (1) A에 탄 사람에 대한 B의 속도는 30 m/s－20 m/s＝10 m/s이므로 크기가 10 m/s이고 방향은 서쪽이다.

(2) B에 탄 사람에 대한 A의 속도는 20 m/s－30 m/s＝－10 m/s이므로 크기가 10 m/s이고 방향은 동쪽이다.

2 ⑤ 빛의 속력은 광원과 관찰자의 속력에 관계없이 항상 동일하므로 철수가 관찰할 때 우주선에서 방출된 빛의 속력은 c이다.

[오답 피하기] ① 민수가 탄 우주선은 속도가 일정하므로 관성 좌표계이다.
② 민수가 관찰할 때 철수는 $-x$축 방향으로 운동하고 있다.
③ 철수가 관찰할 때 공은 포물선 경로로 운동한다.
④ 운동 법칙은 관성계에 무관하게 동일하게 성립하므로 철수가 관찰할 때 공의 가속도 크기는 a이다.

3 (1) 우주선에서 측정할 때 P, Q가 왼쪽으로 이동하므로 길이 수축이 발생하여 P, Q 사이의 거리는 L_0보다 작다.

(2) P, Q 사이 길이는 우주선에서 측정할 때가 짧으므로 우주선이 이동하는 데 걸린 시간은 우주선에서 측정할 때가 영희가 측정할 때보다 작다.

(3) 영희가 측정하였을 때 P, Q의 위치가 변하지 않으므로 P, Q 사이 길이는 영희가 측정한 길이가 고유 길이이다. 우주선에서 측정할 때 우주선이 P에서 Q로 이동하는 사건은 동일 지점에서 일어난 사건이므로 우주선이 P에서 Q까지 이동하는 데 걸린 시간은 우주선에서 측정한 시간이 고유 시간이다.

내신 실력 Up　　　　　　　　　본교재 79~81쪽

01 ⑤　**02** ④　**03** ①　**04** ④　**05** ⑤　**06** ③　**07** ①　**08** ③
09 ④　**10** ③　**11** ③　**12** ⑤　**13** ④　**14** ①　**15** ⑤　**16** 해설 참조　**17** 해설 참조

01 ⑤ B에서 측정한 A의 속도는 36 km/h－72 km/h＝－36 km/h ＝－10 m/s이므로 서쪽으로 10 m/s이다.

[오답 피하기] ① 철수가 측정한 A의 속도는 36 km/h＝10 m/s이므로 동쪽으로 10 m/s이다.
② 철수가 측정한 B의 속도는 72 km/h＝20 m/s이므로 동쪽으로 20 m/s이다.
③ A에서 측정한 철수의 속도는 0－36 km/h＝－36 km/h＝－10 m/s이므로 서쪽으로 10 m/s이다.
④ B에서 측정한 철수의 속도는 0－72 km/h＝－72 km/h＝－20 m/s이므로 서쪽으로 20 m/s이다.

02 강물에 수직으로 배가 이동하려면 강물에 의하여 떠내려가므로 배는 비스듬히 상류를 향하여야 한다. 따라서 지면에 대한 배의 속력은 4 m/s이고 왕복 거리 40 m를 이동하는 데 걸린 시간은 $\dfrac{40}{4} = 10(\text{s})$이다.

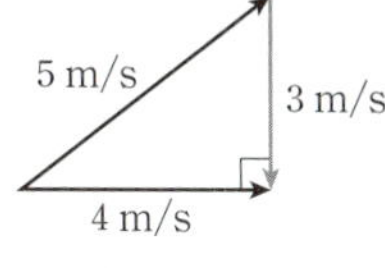

3 ㄱ. 마이컬슨·몰리 실험으로 에테르의 존재가 부정되었다.

[오답 피하기] ㄴ, ㄷ. 마이컬슨·몰리 실험으로 빛의 진행 방향이나 관찰자의 상대 운동에 따라 빛의 속력에 차이가 없다는 것을 확인하였다.

4 ㄴ. B가 관찰할 때 A는 기차의 속력으로 반대 방향으로 운동하므로 A의 속력은 V이다.

ㄷ. 빛의 속력은 관찰자나 광원의 운동에 상관없이 항상 일정하므로 A나 B에 상관없이 빛의 속력은 c이다.

오답 피하기 ㄱ. A가 관찰할 때 공의 속력은 기차의 속력에 더해지므로 공의 속력은 $V+v$이다.

5 ㄱ. 영희가 탄 우주선의 속도가 일정하므로 우주선은 관성 좌표계이다.
ㄴ. 영희가 관측할 때 공은 수평 방향으로 등속도 운동, 연직 방향으로 등가속도 직선 운동하므로 포물선 운동을 한다.
ㄷ. 모든 관성계에서 물리 법칙은 동일하므로 영희와 철수가 관측한 공의 운동에 성립하는 물리 법칙은 동일하다.

6 특수 상대성 이론의 두 가정은 상대성 원리와 광속 불변 원리이다.

7 ㄴ. 물체의 속력은 관찰자에 따라 다르게 측정된다.
오답 피하기 ㄱ. 광속 불변 원리에 의하여 빛의 속력은 관찰자에 관계없이 동일하다.
ㄷ. 모든 관성계에서 운동 법칙이 동일하게 성립하므로 물체의 가속도가 동일하다.

8 ㄱ, ㄴ. 빛의 속력은 광원이나 관찰자의 운동에 관계없이 동일하므로 A, B가 측정한 레이저 빛의 속력은 c이다.
오답 피하기 ㄷ. B가 측정할 때 A는 빛의 방향으로 운동한다.

9 ① 한 관성계에서 동시에 일어난 사건이 다른 관성계에서는 동시가 아닐 수 있다.
② 한 관찰자가 보았을 때 움직이는 관성계에서의 시간은 자신의 시간보다 느리게 간다.
③ 한 장소에서 발생한 두 사건 사이의 시간 간격을 고유 시간이라고 한다.
⑤ 길이 수축은 물체가 움직이는 방향으로만 일어난다.
오답 피하기 ④ 측정하는 관찰자에 대하여 움직이는 물체의 길이는 고유 길이보다 짧아진다.

10 ㄱ. 영희가 보았을 때 빛이 진행하는 동안 A와 B가 오른쪽 방향으로 이동하므로 전구 빛은 A에 먼저 도달한다.
ㄴ. 철수가 보았을 때 빛의 속력은 일정하고 빛이 A, B까지 가는 데 걸린 시간이 동일하므로 전구에서 A, B까지의 거리는 같다.
오답 피하기 ㄷ. 영희가 측정하였을 때 빛이 A에 먼저 도달하는 것은 A, B의 이동에 의한 것이고 전구에서 A까지의 거리가 B까지의 거리보다 짧아져서 일어나는 현상이 아니다. 전구에서 A, B까지의 거리는 동일하게 길이 수축되므로 영희가 관측할 때 동일하다.

11 우주 비행사가 측정한 별까지의 거리는 길이 수축에 의하여 $8\sqrt{1-(0.8)^2}=4.8$(광년)이다. 따라서 우주 비행사가 측정한 여행 시간은 $t=\dfrac{d}{v}=\dfrac{4.8}{0.8}=6$(년)이다.

12 우주선의 길이는 민수가 측정할 때 길이 수축이 일어나므로 영희가 측정한 값이 민수가 측정한 값보다 크다. 빛이 왕복하는 거리는 민수가 측정할 때가 영희가 측정할 때보다 크므로 빛의 왕복 시간은 영희가 측정한 값이 민수가 측정한 값보다 작다.

13 ㄱ. 정지한 관측자가 측정한 길이가 고유 길이이므로 시계의 고유 길이는 속력이 0일 때의 길이인 1 m이다.

ㄷ. 시계의 길이가 짧아질수록 속력이 빠르다. 속력이 빠를수록 시간 팽창이 증가하므로 시계가 점점 더 느리게 가는 것으로 관측된다.
오답 피하기 ㄴ. 그래프에서 시계의 속력이 $0.5c$일 때 시계의 길이는 대략 0.87 m이다.

14 길이 수축은 운동 방향으로만 일어나므로 x축 길이는 $5\sqrt{1-(0.8)^2}=3$(m)이고, y축 길이는 정지했을 때와 동일하게 3 m이다.

15 ㄱ. P, Q 사이 길이는 민수의 운동 방향과 수직이므로 길이 수축이 일어나지 않는다. 따라서 민수가 측정할 때 P, Q 사이 거리는 L이다.
ㄴ. 영희가 측정할 때 P, Q가 운동하므로 길이 수축이 일어난다. 따라서 영희가 측정할 때 P, Q 사이 거리는 L보다 작다.
ㄷ. 영희가 볼 때 민수가 빠르게 운동하므로 민수의 시간이 자신의 시간보다 느리게 간다.

16 모범 답안 A가 관찰할 때 빛이 이동하는 동안 두 나무가 왼쪽으로 이동하므로 (나)에 먼저 벼락이 떨어졌다고 관찰하고, 시계의 동기화에 의해 특수 상대성 이론에서는 동일한 좌표계의 시계는 동일하므로 C는 B와 같이 두 나무에 벼락이 동시에 떨어졌다고 관찰한다.

채점 기준	배점
A와 C의 관찰 결과와 그 이유를 모두 옳게 서술한 경우	100%
두 가지 중 하나만 옳게 서술한 경우	50%

17 모범 답안 (1) 우주선이 P에서 Q까지 이동하는 시간은 영희가 측정하는 시간(T_0)이 고유 시간이다. 따라서 영희가 측정한 P, Q 사이의 거리(L)는 우주선 속도(v)$\times T_0$이다. 철수가 측정할 때 영희의 시간이 느리므로 우주선이 P에서 Q까지 이동하는 시간(T)은 T_0보다 크다. 철수가 측정하였을 때 $L_0=vT$이므로 영희가 측정한 길이는 $L=vT_0$ $<L_0=vT$가 되어 철수가 측정한 길이보다 작다.

채점 기준	배점
우주선이 P에서 Q까지 이동하는 시간은 영희가 측정한 값이 고유 시간이고 시간 팽창을 이용하여 속력과 시간의 곱을 이용하여 거리를 옳게 계산하여 비교한 경우	100%
고유 시간에 대한 옳은 설명 없이 거리만 옳게 비교한 경우	50%

모범 답안 (2) P, Q 사이 거리는 철수가 측정한 거리 L_0이 고유 길이이다. 영희가 측정할 때 수평면이 이동하므로 P, Q 사이의 거리는 길이 수축에 의하여 L_0보다 작다. 따라서 영희가 측정할 때 우주선이 P에서 Q까지 이동하는 시간은 철수가 측정한 시간보다 짧다. 이것은 영희의 시간이 느리게 흐른다는 시간 팽창을 의미한다.

채점 기준	배점
P, Q 사이 거리는 영희가 측정한 값이 길이 수축에 의해 철수의 측정값보다 작다는 것과 거리를 속력으로 나눈 값이 걸린 시간임을 이용하여 시간 팽창을 옳게 서술한 경우	100%
길이 수축에 대한 옳은 설명 없이 시간 팽창만 옳게 비교한 경우	50%

02 질량과 에너지

본교재 83쪽

01 질량

01 ㉠ 운동 에너지 ㉡ 질량

1 ㉠ 일·운동 에너지 정리와 같이 물체에 일을 해 주면 운동 에너지가 증가한다.
㉡ 정지한 물체가 질량의 형태로 에너지를 갖는다.

본교재 84~85쪽

01 ① **02** ③ **03** ③ **04** ⑤ **05** ① **06** ④ **07** ② **08** ⑤
09 ④ **10** 해설 참조 **11** 해설 참조 **12** 해설 참조

01 ㄱ. 특수 상대성 이론에 따르면 질량과 에너지는 서로 전환될 수 있다.
오답 피하기 ㄴ. 정지 상태에 있는 물체의 에너지는 질량의 형태로 $E=m_0c^2$의 에너지를 가지고 있다.
ㄷ. 정지해 있는 물체에 해 준 일은 운동 에너지와 질량으로 전환된다.

02 ㄱ. 특수 상대성 이론에 따르면 운동하고 있는 물체의 질량은 속력이 클수록 크다. 따라서 $m>m_0$이다.
ㄷ. 물체와 같은 속도로 운동하는 관성 좌표계에서 물체의 속도는 0이므로 물체의 질량은 $m=m_0$이다.
오답 피하기 ㄴ. 특수 상대성 이론에서 질량은 속력이 클수록 크다.

03 ㉠ 물체가 정지한 상태에서 갖는 에너지 $E=m_0c^2$을 정지 에너지라고 한다.
㉡ 큰 에너지의 빛이 물질을 통과하면서 전자와 양전자를 생성하는 현상(쌍생성 현상)은 에너지가 질량으로 전환되는 현상이다.

04 ㄱ. 영희가 측정할 때 우주선이 정지해 있으므로 우주선의 에너지는 정지 에너지인 m_0c^2이다.
ㄴ. 속력이 클수록 질량이 증가하므로 철수가 측정할 때 우주선의 질량은 정지 질량 m_0보다 크다.
ㄷ. 철수가 측정할 때 우주선의 에너지는 정지 에너지와 운동 에너지의 합이므로 m_0c^2보다 크다.

05 ㄱ. 정지 질량은 속력이 0일 때의 질량이므로 m_0이다.
오답 피하기 ㄴ. 속력이 0일 때 에너지는 정지 에너지와 같으므로 m_0c^2이다.
ㄷ. 운동량은 질량과 속도의 곱이다. 질량은 속력이 $0.8c$일 때가 $0.4c$일 때보다 크므로 운동량은 $0.8c$일 때가 $0.4c$일 때의 2배보다 크다.

06 ㄱ, ㄴ. 핵반응 전후에 원자 번호, 질량수, 전하량이 보존된다.
오답 피하기 ㄷ. 핵반응 전후에 질량 결손이 에너지가 되므로 질량은 감소한다.

07 ㉠ 핵분열할 때 질량 결손이 에너지로 전환되는 것이므로 질량의 합

은 분열하기 전보다 분열한 후가 작다.
㉡ 핵분열에서 에너지가 방출되는 것은 질량이 에너지로 전환되기 때문이다.

08 ㄴ. 우라늄 235는 느린 중성자를 흡수하여 분열하면서 빠른 중성자를 방출한다. 따라서 속력은 ㉡이 ㉠보다 커서 에너지가 크다.
ㄷ. 우라늄 235의 핵분열은 원자력 발전소에서 일어나는 핵반응이다.
오답 피하기 ㄱ. ㉠은 중성자이므로 전하를 띠지 않는다.

09 ㄱ. 태양에서 수소 4개가 핵반응하여 헬륨이 되는 것은 핵융합 반응이다.
ㄷ. 핵반응에서 발생한 에너지는 핵반응 전후 질량 결손이 에너지로 전환되는 것이다.
오답 피하기 ㄴ. 양전자의 원자 번호는 $+1$이므로 핵반응 전후 원자 번호가 보존된다.

10 모범 답안 특수 상대성 이론에 따르면 관측자에 따라 물체의 질량이 변하며 속력이 클수록 질량이 증가한다. 따라서 물체에 일을 해 주면 속력이 증가하고 질량도 증가한다. 즉 운동 에너지와 질량이 증가하는 것이므로 질량과 에너지가 동등하다는 것을 의미하며 정지한 물체도 질량이 있으므로 에너지를 가진다.

채점 기준	배점
속력이 클수록 질량이 증가하는 관계로 에너지와 질량의 동등성을 설명하고 정지한 물체도 질량이 있으므로 에너지를 갖는다는 것을 서술한 경우	100%
해 준 일과 연관 없이 질량과 에너지의 동등성만을 서술한 경우	50%

11 모범 답안 1단계: $^1_1\text{H}+^1_1\text{H} \rightarrow {}^2_1\text{H}+e^++\nu+$에너지
2단계: $^2_1\text{H}+^1_1\text{H} \rightarrow {}^3_2\text{He}+$에너지
3단계: $^3_2\text{He}+^3_2\text{He} \rightarrow {}^4_2\text{He}+^1_1\text{H}+^1_1\text{H}+$에너지

채점 기준	배점
3단계의 핵반응식을 순서대로 옳게 서술한 경우	100%
순서가 맞는 핵반응식 2개가 옳게 서술된 경우	60%
순서가 맞는 핵반응식 1개가 옳게 서술된 경우	30%

12 모범 답안 우라늄 235는 느린 중성자를 흡수하여 2개의 작은 원자핵으로 쪼개지며 빠른 중성자 3개를 방출한다. 3개의 빠른 중성자는 물에 의하여 감속하여 다시 우라늄 235를 붕괴하는 연쇄 반응을 일으킨다. 우라늄 1개의 핵분열에서 3개의 중성자가 방출되므로 원자력 발전소에서는 핵분열이 기하급수적으로 늘어나는 것을 방지하기 위하여 제어봉으로 중성자의 수를 줄여 핵반응이 적절하게 일어나게 하여 발전에 이용한다.

채점 기준	배점
느린 중성자와 빠른 중성자를 구별하여 우라늄의 핵분열 과정을 옳게 서술하고 감속재와 제어봉으로 연쇄 반응의 조절을 모두 옳게 서술한 경우	100%
핵분열 과정이나 연쇄 반응의 조절 중 한 가지만 옳게 서술한 경우	50%

㉠ $v_B - v_A$ ㉡ 일정 ㉢ 등속도 ㉣ 상대성 ㉤ 광속 불변 ㉥ 동기화
㉦ 동시성 ㉧ 위치 ㉨ 수축 ㉩ 위치 ㉪ 증가 ㉫ 에너지 ㉬ 질량
㉭ 연쇄

수능 1등급   본교재 87~89쪽

01 ⑤ **02** ① **03** ③ **04** ① **05** ④ **06** ③ **07** ⑤ **08** ④
09 ① **10** ③ **11** ② **12** ④

01 A: 진공에서의 광속은 모든 관성 좌표계에서 동일하다.
B: 관찰자에 대해 정지해 있는 물체의 길이가 고유 길이이다.
C: 한 좌표계에서 동시인 사건이 다른 좌표계에서 동시가 아닐 수도 있다.

02 ㄱ. 광원에서 나온 빛이 진행하는 동안 우주선이 이동하므로 빛은 B보다 A에 먼저 도달한다.
오답 피하기 ㄴ. 영희가 움직이는 것으로 관찰하므로 영희의 시간이 자신의 시간보다 느리게 흐른다.
ㄷ. O에서 A, B까지의 고유 길이는 동일하므로 길이 수축이 동일하게 일어난다. 따라서 철수가 측정할 때 OA 사이의 길이와 OB 사이의 길이는 서로 같다.

03 ㄷ. 철수가 보았을 때 우주선의 길이가 수축하므로 우주선의 길이는 영희가 측정한 값이 더 크다.
오답 피하기 ㄱ. 빛의 속력은 관찰자에 관계없이 일정하다.
ㄴ. 철수가 볼 때 시간 팽창에 의해 영희와 뮤온의 시계가 느리게 간다. 따라서 뮤온의 수명은 철수가 측정할 때가 영희가 측정할 때보다 더 크다.

04 ㄱ. 철수는 자신이 정지해 있고 A, B가 $0.9c$의 속력으로 운동하는 것으로 관측한다.
오답 피하기 ㄴ. 철수는 길이 수축에 의해 A와 B 사이의 거리는 고유 길이 L_0보다 작은 것으로 관측한다.
ㄷ. 철수는 우주선이 고유 길이보다 짧은 거리를 이동하므로 A에서 B까지 이동하는 데 걸린 시간은 T보다 작다.

05 ㄱ. 운동 방향으로 길이 수축이 일어나므로 철수가 관측한 공의 모양은 P이다.
ㄷ. 속력이 빠를수록 시간이 느리게 흐르는 것으로 관측된다. 따라서 민수가 측정할 때 영희의 시간은 철수의 시간보다 느리게 간다.
오답 피하기 ㄴ. 속력이 빠를수록 길이 수축이 증가하므로 영희가 철수보다 빠르다. 따라서 $v_A < v_B$이다.

06 ㄱ. B가 측정할 때 p와 q 사이의 거리는 길이 수축에 의해 A가 측정한 거리 L_0보다 작다.
ㄷ. A가 측정할 때 우주선이 이동한 거리가 더 길므로 우주선이 p에서 q까지 이동하는 데 걸린 시간은 T_0보다 크다.
오답 피하기 ㄴ. B가 측정할 때 p와 q 사이의 거리는 $0.9cT_0$이므로 $L_0 > 0.9cT_0$이다.

07 ㄱ. 영희가 측정할 때 빛이 진행하는 동안 검출기가 광원으로부터 멀어지므로 빛이 광원에서 검출기까지 이동하는 데 걸린 시간은 철수의 측정값보다 크다. 즉 $t_1 < t_2$이다.
ㄴ. 영희가 측정할 때 길이 수축이 일어나므로 광원과 검출기 사이 거리는 철수의 측정값보다 작다. 즉 $L_1 > L_2$이다.
ㄷ. 철수가 측정한 거리가 고유 길이이므로 빛이 L_1의 거리를 t_1의 시간 동안 이동한 것이다. 따라서 빛의 속력은 $\frac{L_1}{t_1}$이다.

08 ㄴ. A가 측정할 때 광원과 검출기 사이의 거리는 자신이 $0.5c$의 속도로 t_0 시간 동안 이동한 길이이므로 $0.5ct_0$이다.
ㄷ. 광원과 검출기 사이의 거리는 B가 측정한 거리가 고유 길이이므로 $ct > 0.5ct_0$이다
오답 피하기 ㄱ. A가 측정할 때 검출기가 다가오므로 광원에서 방출된 빛이 검출기에 도달하는 데 걸린 시간은 t보다 작다.

09 ㄱ. 핵융합은 작은 원자핵이 큰 원자핵으로 변환되는 과정이다.
오답 피하기 ㄴ. 핵융합 과정에서 질량 결손에 의하여 에너지가 방출된다.
ㄷ. 핵융합 과정에서 결량 결손이 일어나므로 입자들의 질량의 총합이 감소한다.

10 ㄱ. 태양 내부에서는 핵융합이 일어나므로 (가)는 핵융합이다.
ㄷ. 핵반응에서는 질량 결손에 의해 에너지를 방출한다.
오답 피하기 ㄴ. 핵반응 과정에서 질량이 감소하지만 질량수는 보존된다.

11 ㄷ. ㉠의 질량수는 $236 - 94 = 142$이고 원자 번호는 $92 - 37 = 55$에서 중성자의 수는 $142 - 55 = 87$이다.
오답 피하기 ㄱ. 원자력 발전소는 우라늄의 핵분열을 이용하므로 원자력 발전소에서 일어나는 반응은 (나)이다.
ㄴ. 핵반응에서는 질량 결손이 일어난다.

12 ㄴ. ㉡의 원자 번호는 0이고 질량수는 1이므로 중성자이다.
ㄷ. ㉠ 2개의 질량은 $2M_2$이고 헬륨의 질량은 M_5이므로 (가)의 핵반응에서 질량 결손은 $2M_2 - M_5$이다.
오답 피하기 ㄱ. ㉠ 2개의 질량수가 4이므로 ㉠의 질량수는 2이다.

01 전기

01 전자의 에너지 준위

개념 바로 확인
본교재 93, 95쪽

01 원자핵, 전자 **02** 전기력 **03** 스펙트럼 **04** 에너지 준위

01 (1) ㉠ 척력 ㉡ + (2) ㉠ 인력 ㉡ − **02** (1) ◯ (2) × (3) ◯

03 (1) × (2) ◯ (3) ◯ **04** ④

01 두 전하 사이에는 전기력이 작용하는데, 같은 종류 사이에는 척력이, 다른 종류 사이에는 인력이 작용한다

02 전하를 띤 물체 사이에 작용하는 전기력은 두 전하의 전하량의 곱에 비례하고 거리의 제곱에 반비례한다

03 전자의 에너지 준위는 양자화되어 있으며, 양자수가 큰 궤도에서 작은 궤도로 전이할 때 방출하는 빛의 에너지는 진동수에 비례한다.

04 전자가 양자수가 큰 궤도에서 작은 궤도로 전이할 때 에너지를 방출한다.

내신 실력 Up
본교재 97~99쪽

01 ④ **02** ⑤ **03** ⑤ **04** ② **05** ④ **06** ③ **07** ② **08** ④

09 ③ **10** ④ **11** ① **12** ⑤ **13** 해설 참조 **14** 해설 참조

15 해설 참조

01 원자 구조는 톰슨, 러더퍼드, 보어 등을 거쳐 원자핵 주변을 전자가 운동하는 모형으로 발전하였다.

ㄱ. 원자는 (+)전하를 띠는 원자핵과 ( )전하를 띠는 전자로 구성된다.

ㄷ. 원자 질량의 대부분은 중심에 있는 원자핵이 차지한다.

오답 피하기 ㄴ. 톰슨은 음극선 실험을 통해 전자를 발견하였다.

정리하기

원자 모형의 역사

과학자	톰슨	러더퍼드	보어
관련 실험	음극선 실험을 통해 전자 발견	알파 입자 산란 실험을 통해 (+)전하를 띠는 원자핵 발견	기체의 선스펙트럼 관찰
결과	(+)전하를 띤 구	전자 / 원자핵	전자 / 원자핵

02 보어 모형에서 원자는 중심에 있는 원자핵 주위를 전자가 공전하고 있다.

ㄱ. A는 (+)전하를 띠는 원자핵이다.

ㄴ. 원자 질량의 대부분은 원자핵이 차지한다.

ㄷ. B는 (−)전하를 띠는 전자이다. 다른 종류의 전하 사이에는 당기는 전기력이 작용하므로 전자는 (+)전하를 띠는 원자핵 쪽으로 전기력을 받는다.

03 전하를 띤 물체 사이에는 전기력이 작용한다.

전기력의 크기는 두 전하의 전하량의 곱에 비례하고 거리의 제곱에 반비례한다. A, B, C의 전하량을 각각 q_A, q_B, q_C라고 하고, (나)에서 C가 B에 작용하는 전기력의 크기를 F라고 하면

$$2F = k\frac{q_A q_B}{(2d)^2}, \quad F = k\frac{q_B q_A}{d^2}$$ 에서 $q_A = 8q_C$이다.

04 보어 모형에서 (+)전하를 띠는 원자핵 주위를 (−)전하를 띠는 전자가 운동하고 있다. 이때 원자핵과 전자는 서로 다른 종류의 전하를 띠므로 당기는 방향으로 전기력이 작용한다. 이 전기력에 의해 전자가 원자에 속박되어 있다. 전기력의 크기는 두 전하의 전하량의 곱에 비례하고 거리의 제곱에 반비례한다.

05 러더퍼드는 알파 입자 산란 실험을 통하여 원자핵의 존재를 알게 되었다.

④ 러더퍼드는 알파 입자 산란 실험을 통하여 태양 주위를 행성이 원운동하는 것처럼 원자핵 주위를 전자가 원운동하는 모형을 제안하였다.

오답 피하기 ① 톰슨은 음극선 실험을 통하여 전자를 발견하였다.

② 원자 중심에는 (+)전하를 띠며 원자 질량의 대부분을 차지하는 원자핵이 있다.

③ 원자핵의 전하량은 전자 전체의 전하량과 같다.

⑤ 보어는 러더퍼드 원자모형의 한계였던 원자의 안정성을 설명하기 위해 전자가 특정 궤도를 운동할 때는 전자기파를 방출하지 않는다고 가정하였다.

06 서로 다른 종류의 전하 사이에는 당기는 전기력이, 같은 종류의 전하 사이에는 밀어내는 전기력이 작용한다.

ㄱ. A에 작용하는 전기력이 $-y$ 방향이므로 B, C는 A에 크기가 같고 당기는 전기력을 작용한다. 따라서 A와 B는 서로 다른 종류의 전하를 띤다.

ㄴ. B, C가 A에 작용하는 전기력의 크기가 같으므로 B, C의 전하량의 크기는 같다.

오답 피하기 ㄷ. A와 B, C는 당기는 전기력이 작용하고, B와 C는 서로 밀어내는 전기력이 작용하므로 B와 C가 받는 전기력의 방향은 다르다.

정리하기

전기력의 방향과 크기

(1) 전기력의 방향: 같은 종류의 전하는 서로 밀어내고 다른 종류의 전하는 서로 당긴다.

(2) 전기력의 크기: 두 전하의 전하량의 곱에 비례하고 거리의 제곱에 반비례한다.

$$F = k\frac{q_B q_A}{d^2}$$

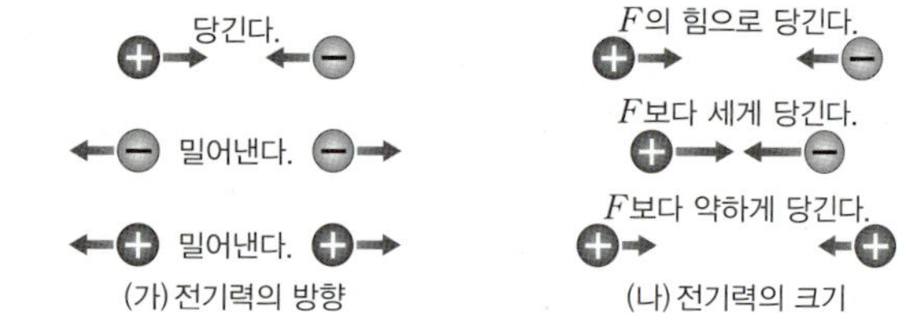

07 스펙트럼은 연속 스펙트럼, 선 스펙트럼, 흡수 스펙트럼으로 나눌 수 있다.

(가) 백열등에서 나오는 빛은 다양한 색이 연속적으로 나타나는 연속 스펙트럼이다. 따라서 ㉠이다.

(나) 백열등 빛을 저온 기체관에 통과시키면 특정 파장의 빛이 기체에 흡수되어 연속 스펙트럼에 검은 선이 나타나는 흡수 스펙트럼이 나타난다. 따라서 ㉢이다.

(다) 수소 기체 방전관에서 나오는 빛은 선 특정 파장의 선이 보이는 선 스펙트럼이다. 따라서 ㉡이다.

08 가열된 기체에서 방출되는 빛은 선 스펙트럼으로 나타난다.

④ 가열된 기체 원자에서는 전자가 전이하며 잃는 에너지만큼의 에너지를 갖는 빛이 방출된다. 이 빛들이 특정 파장을 가지므로 분광기를 통해 관찰하면 선 스펙트럼으로 보인다.

오답 피하기 ① 특정 파장의 선이 나타나는 선 스펙트럼이다.

② 진공에서 빛의 속력은 파장에 상관없이 일정하다.

③ 파장이 짧을수록, 진동수가 클수록 광자 1개의 에너지가 크다.

⑤ 기체의 종류에 따라 방출하는 빛의 파장이 다르므로 선의 위치가 다르다.

09 선 스펙트럼이 일치하면 해당 기체 원소가 포함되어 있다.

X의 선 스펙트럼에 A, C의 선 스펙트럼이 포함되고, B의 선 스펙트럼은 포함되지 않으므로 전구에는 A, C가 들어 있다.

10 전자가 높은 궤도로 전이할 때는 빛을 흡수하고 낮은 궤도로 전이할 때는 빛을 방출한다.

ㄱ. a는 전자가 에너지 준위가 높은 궤도로 전이하므로 빛을 흡수한다.

ㄷ. a는 $n=1$에서 $n=2$로 전이하며 빛을 흡수하고, b는 $n=2$에서 $n=1$로 전이하며 빛을 방출한다. 이때 에너지 준위 차이는 a와 b에서 같으므로 전자의 에너지 변화량은 같다.

오답 피하기 ㄴ. b는 빛을 방출하며 에너지 준위가 낮아지는 과정이다.

11 수소 원자가 방출하는 빛에서 발머 계열은 전자가 $n=2$인 궤도로 전이하며 방출하는 빛이다.

ㄴ. 전자가 전이할 때 방출하는 빛의 에너지는 두 에너지 준위 차이에 해당한다. 즉, $E=hf=\left(\dfrac{E_0}{2^2}-\dfrac{E_0}{3^2}\right)$에서 $f=\dfrac{5E_0}{36h}$이다.

오답 피하기 ㄱ. 발머 계열에서 파장이 가장 긴 것 4개는 가시광선이며 나머지는 자외선 영역에 포함된다.

ㄷ. 에너지 준위 차이가 작을수록 파장이 길다. 따라서 파장이 가장 긴 것은 $n=3$에서 $n=2$로 전이할 때 방출하는 빛이다.

12 전자가 전이할 때 에너지 준위 차이만큼의 에너지를 갖는 빛을 방출하거나 흡수한다.

ㄱ. 방출하는 빛의 에너지는 전자가 전이하는 에너지 준위 차이만큼이

므로 a가 b보다 크다.

ㄴ. 수소 원자 모형에서 전자가 $n=1$로 전이할 때 방출하는 라이먼 계열은 자외선 영역에 속한다. 따라서 $n=1$에서 $n=4$로 전이할 때 흡수하는 빛도 자외선 영역에 속한다.

ㄷ. $hf_c=hf_b+hf_a$이므로 $f_c=f_b+f_a$이다.

13 태양광이 저온의 기체를 통과하면 특정 파장의 빛이 흡수되어 흡수 스펙트럼이 나타난다. 이를 원소의 선 스펙트럼과 비교하면 태양과 지구의 대기 성분을 알 수 있다.

모범 답안 흡수, 기체 종류에 따라 에너지 준위가 달라 흡수하는 빛의 파장이 다르기 때문이다.

채점 기준	배점
흡수 스펙트럼임을 명시하고, 기체 종류에 따라 파장이 다름을 설명한 경우	100%
기체 종류에 따라 파장이 다름만 설명한 경우	50%
흡수 스펙트럼만 명시한 경우	30%

14 전자는 원자핵으로부터 전기력을 받아 원자에 속박되어 있다.

모범 답안 원자핵과 전자는 서로 다른 전하를 띠며, 서로 다른 종류의 전하 사이에는 당기는 전기력이 작용한다.

채점 기준	배점
서로 다른 전하를 띠며, 당기는 전기력이 작용함을 설명한 경우	100%
두 가지 중 한 가지만 설명한 경우	50%

15 전자가 전이할 때 에너지 준위 차이만큼의 에너지를 갖는 빛을 방출한다.

$n=1, 2, 3, \infty$로 에너지 준위가 4개인 경우 수소 원자가 전이할 수 있는 경우는 $\infty \to 1$, $3 \to 1$, $2 \to 1$, $\infty \to 2$, $3 \to 2$, $\infty \to 3$의 6가지가 있다. 따라서 방출할 수 있는 빛의 진동수는 6개이다. 또 인 상태로 전이할 때 방출하는 빛 중 진동수가 가장 작은 것은 에너지가 가장 작을 때이므로 $2 \to 1$이다. 이때 에너지 차이가 E_2-E_1이므로 진동수는 $f=\dfrac{E_2-E_1}{h}$(Hz)이다.

모범 답안 6개, $n=2$에서 $n=1$인 상태로 전이할 때이므로 진동수는 $\dfrac{E_2-E_1}{h}$(Hz)이다.

채점 기준	배점
진동수의 개수와 가장 작은 진동수를 모두 옳게 구한 경우	100%
두 가지 중 한 가지만 구한 경우	50%

02 에너지 띠와 반도체

개념 바로 확인   본교재 101, 103, 105쪽

01 에너지띠   **02** 전도띠   **03** 4   **04** 3   **05** 정류   **06** 순방향

01 에너지 준위, 에너지띠   **02** 반도체   **03** ㄱ, ㄴ
04 (1) ◯ (2) × (3) ×   **05** ㄱ, ㄴ   **06** ＋, －, 순방향

01 고체는 인접한 원자들의 영향으로 에너지 준위가 미세하게 나뉘어 연속적인 에너지띠를 이룬다

02 반도체는 띠 간격이 작아서 원자가 띠의 전자가 적당한 에너지를 흡수하여 전도띠로 전이할 수 있다.

03 p형 반도체는 전도띠의 전자 개수가 원자가 띠의 양공 개수보다 작다.

04 p형 반도체는 양공이, n형 반도체는 전자가 주요 전하 운반체이다.

05 다이오드는 교류를 직류로 바꾸는 정류 작용을 한다.

06 다이오드에 순방향 바이어스를 걸어주면 전류가 흐른다.

내신 실력 Up

본교재 107~109쪽

01 ① **02** ④ **03** ③ **04** ① **05** ④ **06** ③ **07** ⑤ **08** ⑤
09 ⑤ **10** ③ **11** ① **12** 해설 참조 **13** 해설 참조

01 고체의 에너지 준위는 미세하게 나뉘어 에너지띠를 이룬다.
ㄱ. 기체 원자의 에너지 준위는 불연속적으로 양자화되어 있다.
오답 피하기 ㄴ. 고체 원자의 경우 이웃한 수많은 원자의 영향으로 에너지 준위가 미세하게 나뉘어 연속적인 에너지띠를 이룬다.
ㄷ. 고체는 전자가 존재할 수 있는 허용된 띠와 전자가 존재할 수 없는 띠 간격으로 이루어진다.

02 고체의 에너지띠는 허용된 띠와 그 사이의 띠 간격으로 이루어진다.
ㄱ. 전도띠에 존재하는 자유 전자는 외부 전기장에 쉽게 이동할 수 있다.
ㄷ. 고체의 에너지띠에서 전자가 존재할 수 있는 영역을 허용된 띠라고 하고 존재할 수 없는 영역을 띠 간격이라고 한다.
오답 피하기 ㄴ. 전자가 채워진 가장 바깥쪽 에너지띠를 원자가 띠라고 하고, 그 위의 에너지띠를 전도띠라고 한다.

03 반도체는 띠 간격이 절연체에 비해 작다.
ㄱ. 규소(Si)는 띠간격이 $1.14\,\text{eV}$로 반도체이다.
ㄴ. 띠 간격이 작을수록 전기 전도성이 좋으므로 전기 전도성은 저마늄(Ge)이 규소(Si)보다 좋다.
오답 피하기 ㄷ. 다이아몬드는 원자가 띠와 전도띠 사이의 띠 간격이 $5.33\,\text{eV}$인 절연체이다.

04 도체는 원자가 띠와 전도띠가 일부 겹쳐있고, 반도체는 절연체보다 띠 간격이 작다. 따라서 A는 도체, B는 절연체, C는 반도체이다.

05 전도띠의 자유 전자나 원자가 띠의 양공이 있으면 전류가 흐를 수 있다.
원자가 띠에 있던 전자가 전도띠로 전이하면 원자가 띠에는 전자의 빈자리인 양공이 생긴다. 전도띠의 전자는 외부 전기장에 의해 쉽게 이동할 수 있어 전류가 흐르게 할 수 있다. 또 원자가 띠의 양공에도 이웃한 전자가 이동할 수 있어 전류가 흐르게 할 수 있다.

반도체의 전자 전이와 전기 전도성

반도체는 $0\,\text{K}$에서 원자가 띠에 전자가 가득 채워져 있고 전도띠에는 전자가 없어 전류가 흐르지 않는다. 상온에서 원자가 띠의 전자 중 일부가 전도띠로 전이하면 원자가 띠에는 양공이 생긴다. 전도띠의 전자와 원자가 띠의 양공에 의해 전류가 흐를 수 있다.

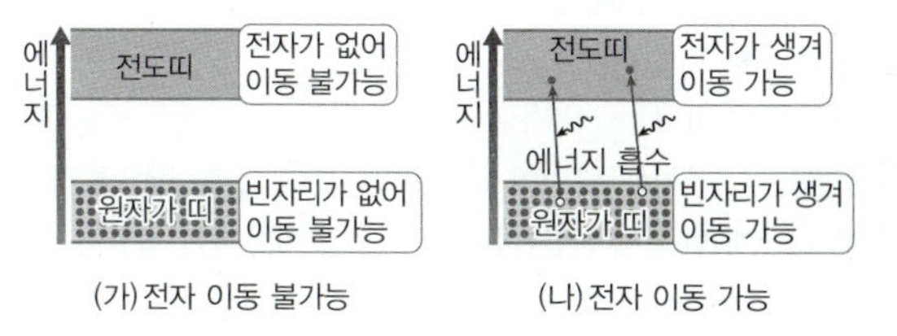

06 순수 반도체에 불순물 원소를 도핑하면 p형 또는 n형 반도체가 된다.
ㄱ. 순수 반도체인 저마늄(Ge)이나 규소(Si)는 모든 원자가 전자가 공유 결합에 참여한다.
ㄴ. 순수 반도체에 원자가 전자가 3개나 5개인 불순물 원소를 도핑하면 전기 전도성이 좋아진다.
오답 피하기 ㄷ. p형 반도체는 원자가 전자가 3개인 원소를 도핑하여 전자보다 양공이 더 많다.

07 순수 반도체에 붕소(B)를 도핑하면 p형 반도체가 된다.
ㄱ. A는 전자가 부족한 자리이므로 양공이다.
ㄴ. 원자가 띠의 양공으로 전자가 이동할 수 있으므로 순수 반도체보다 전기 전도성이 좋다.
ㄷ. p형 반도체는 상온에서 전도띠의 전자보다 원자가 띠의 양공이 더 많다.

n형 반도체와 p형 반도체

n형 반도체	p형 반도체
원자가 전자가 5개인 원소를 도핑(As, P, Sn)	원자가 전자가 3개인 원소를 도핑(Ga, In, B, Al)
자유 전자가 양공보다 많아 전자가 주요 전하 운반체임	양공이 자유 전자보다 많아 양공이 주요 전하 운반체임

08 다이오드는 p형 반도체와 n형 반도체를 접합하여 만든다.
ㄱ, ㄴ. 다이오드는 p형 반도체와 n형 반도체를 접합하여 전류를 한 방향으로만 흐르게 하는 정류 작용을 한다.
ㄷ. 전류가 흐를 때 접합면에서는 p형 반도체의 양공과 n형 반도체의 전자가 지속적으로 재결합한다.

09 발광 다이오드(LED)는 전류가 흐를 때 빛을 방출하는 다이오드이다.
ㄱ. LED에 전류가 흐를 때 n형 반도체에서는 전자가 접합면으로 이동하여 p형 반도체의 양공과 재결합한다.
ㄴ. LED에 순방향 바이어스가 걸리므로 A는 (+)극, B는 (−)극으로 연결된다.
ㄷ. 접합면에서 전도띠의 전자가 원자가 띠로 전이하여 양공과 재결합할 때 잃는 에너지가 빛에너지로 전환되어 방출된다.

10 다이오드는 p형 반도체와 n형 반도체의 접합이다.

ㄱ. A는 양공이 많으므로 p형 반도체이다.

ㄷ. p형 반도체와 n형 반도체를 접합하면 접합면 부근의 전자와 양공이 확산되어 전위 장벽이 형성된다.

[오답 피하기] ㄴ. B는 n형 반도체이므로 원자가 전자가 5개인 원소를 도핑하여 만든다.

11 다이오드에 순방향 바이어스가 걸리면 전류가 흐른다.

ㄱ. p형 반도체에 (+)극이, n형 반도체에 (−)극이 연결되어 있으므로 순방향 바이어스이다.

[오답 피하기] ㄴ. (나)는 역방향 바이어스이므로 p형 반도체의 양공은 (−)극으로, n형 반도체의 전자는 (+)극으로 이동하여 접합면에서 멀어진다.

ㄷ. 순방향 바이어스일 때는 전위 장벽이 작아지고 역방향 바이어스일 때는 전위 장벽이 커진다.

12 에너지띠 구조에 따라 전기 전도성이 다르다.

도체는 원자가 띠와 전도띠가 일부 겹쳐있고, 절연체는 반도체에 비해 띠간격이 크다.

[모범 답안] (가)는 절연체, (나)는 반도체이다. (나)에서 띠 간격 이상의 에너지를 흡수하면 전자가 전도띠로 전이한다.

채점 기준	배점
(가), (나)의 종류를 맞게 쓰고, 전자 전이 조건을 옳게 설명한 경우	100%
전자 전이 조건만 옳게 설명한 경우	50%
(가), (나)의 종류만 맞게 쓴 경우	30%

13 다이오드는 한 방향으로만 전류가 흐르게 한다.

[모범 답안] (가)에서는 입력 신호가 (+)일 때만 전류가 흐르지만 (나)에서 모두 흐른다. 이것은 (가)에서는 한 방향의 전류만 정류하지만 (나)에서 양 방향의 전류를 모두 정류할 수 있기 때문이다.

채점 기준	배점
전류 차이를 옳게 비교하고, 그 이유를 설명한 경우	100%
전류 차이만 옳게 비교한 경우	50%

[한눈에] 정리하기　　　　본교재 110~111쪽

㉠ 원자핵　㉡ 거리　㉢ 당기는　㉣ 선　㉤ 정상　㉥ 들뜬　㉦ 방출
㉧ 전도띠　㉨ 양공　㉩ 반도체　㉪ 도핑　㉫ 전기 전도성　㉬ 정류
㉭ 발광

[수능 1등급]　　　　본교재 112~115쪽

01 ③　**02** ①　**03** ⑤　**04** ④　**05** ③　**06** ④　**07** ②　**08** ⑤
09 ③　**10** ③　**11** ⑤　**12** ①　**13** ④　**14** ③　**15** ①　**16** ③

01 음극선 실험을 통하여 전자가 (−)전하를 띤다는 사실을 알게 되었다.

ㄱ. 음극선이 (+)극 쪽으로 휘어지므로 음극선을 이루는 입자는 (−)전하를 띤다.

ㄴ. 음극선은 원자 내에서 방출된 입자들의 흐름이다.

[오답 피하기] ㄷ. 음극선 실험을 통해 전자의 존재를 알게 되었다.

02 서로 다른 종류의 전하끼리는 당기는 전기력이 작용한다.

ㄴ. 두 전하 사이에 작용하는 전기력의 크기는 두 전하의 전하량 곱에 비례하고 거리의 제곱에 반비례한다. 이때 두 전하가 서로에게 작용하는 힘은 작용 반작용 관계이므로 크기가 같고 방향이 반대이다.

[오답 피하기] ㄱ. 두 전하가 서로 당기는 전기력을 작용하므로 A, B는 다른 종류의 전하로 대전되었다.

ㄷ. A와 B에 작용하는 전기력의 방향은 반대 방향이다.

03 전자는 원자핵으로부터 전기력을 받아 원자에 속박된다.

ㄱ. 전기력은 전자를 원자핵 쪽으로 당겨 전자가 원자에 속박되도록 한다.

ㄷ. 전기력의 크기는 거리의 제곱에 반비례하므로 바닥상태에 있을 때가 들뜬상태에 있을 때보다 크다.

[오답 피하기] ㄴ. 전자가 받는 전기력의 방향은 원자핵 방향이므로 원궤도를 따라 운동하는 전자의 운동 방향과 수직이다.

04 수소 기체 방전관에서 방출되는 빛은 선 스펙트럼으로 나타난다.

ㄱ. 가열된 수소 기체에서 방출하는 빛은 선 스펙트럼으로 나타난다.

ㄷ. 수소 원자의 선 스펙트럼으로부터 에너지 준위가 불연속적으로 양자화되어 있음을 알 수 있다.

[오답 피하기] ㄴ. 맨눈으로 관찰할 수 있는 가시광선 영역에 해당하는 빛은 발머 계열이다. 발머 계열은 전자가 $n=2$인 상태로 전이할 때 방출하는 빛이다.

[정리하기]

수소 원자 스펙트럼

(1) 라이먼 계열: 전자가 바닥상태($n=1$)로 전이할 때 방출하는 빛으로, 자외선 영역에 속한다.

(2) 발머 계열: 전자가 $n=2$인 상태로 전이할 때 방출하는 빛으로, 가시광선과 자외선 영역에 속한다.

(3) 파셴 계열: 전자가 $n=3$인 상태로 전이할 때 방출하는 빛으로, 적외선 영역에 속한다.

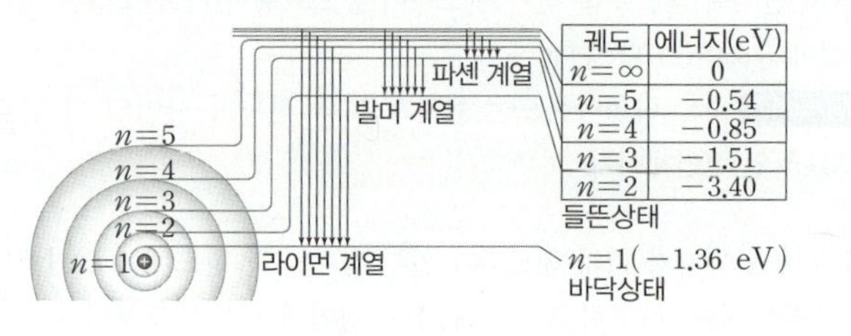

05 전자가 전이할 때 에너지 준위 차이만큼의 에너지를 갖는 빛을 방출한다.

ㄷ. $n=3$인 상태와 $n=4$인 상태의 에너지 준위 차이는 $E_4-E_3=(E_4-E_1)-(E_3-E_1)=hf_c-hf_b$이다.

[오답 피하기] ㄱ. ㉠은 발머 계열이며, 파장이 가장 긴 빛은 에너지가 가장 작은 빛이므로 $n=3$인 상태에서 $n=2$인 상태로 전이할 때 방출하는

빛이다.

ㄴ. 라이먼 계열의 빛이 발머 계열의 빛보다 에너지가 크므로 진동수는 $f_c>f_b>f_a$이다.

06 수소 원자 선 스펙트럼에서 에너지 준위 차이가 작을수록 파장 간격이 좁다.

ㄱ. a는 파장이 가장 긴 빛이므로 전자가 $n=3$인 상태에서 $n=2$인 상태로 전이하는 r 과정이다.

ㄷ. 파장 간격이 좁을수록 에너지 준위 차이가 작으므로 a는 r 과정, b는 q 과정이다. 따라서 a가 b보다 파장이 길다.

오답 피하기 ㄴ. b는 q 과정이므로 광자 1개의 에너지는 $3.40-1.51=1.89\,\text{eV}$이다.

07 전자가 전이할 때 방출하는 빛의 에너지는 전이하는 궤도의 에너지 준위 차이이다.

ㄴ. (가)는 발머 계열이고 (나)는 라이먼 계열이다. 빛의 에너지는 (나)가 (가)보다 크다. 에너지가 클수록 빛의 파장이 작으므로 방출하는 빛의 파장은 (가)가 (나)보다 크다.

오답 피하기 ㄱ. 전이하는 전자의 에너지 준위 차이는 라이먼 계열인 (나)가 발머 계열인 (가)보다 크다.

ㄷ. 방출하는 광자 1개의 에너지는 에너지 준위 차이이므로 (나)가 (가)보다 크다.

08 전자는 에너지 준위 차이에 해당하는 에너지를 갖는 빛을 흡수하여 더 높은 궤도로 전이한다.

ㄱ. 광자는 진동수에 비례하는 에너지를 가지므로 진동수는 에너지가 큰 (나)가 (가)보다 크다.

ㄴ. (가)에서 $n=2$인 궤도와 $n=1$인 궤도의 에너지 준위 차이가 $10.2\,\text{eV}$이므로 빛을 흡수하여 전이한다.

ㄷ. (나)에서는 빛을 흡수하지 않고 바닥상태를 유지한다.

09 전자가 전이할 때 방출하는 빛의 에너지는 진동수에 비례한다.

ㄱ. a 과정에서 에너지 준위 차이는 b 과정과 c 과정에서 에너지 준위 차이의 합과 같으므로 $hf_a=hf_b+hf_c$이다.

ㄷ. 에너지 준위 차이가 a가 b보다 크므로 광자 1개의 에너지도 a가 b보다 크다.

오답 피하기 ㄴ. b는 발머 계열이고 c는 파셴 계열이다.

10 고체에서 허용된 띠에는 전자가 존재할 수 있고 띠 간격에는 전자가 존재할 수 없다.

ㄱ. 전자가 채워진 가장 바깥쪽 띠 c는 원자가 띠이고, 원자가 띠 위의 띠 a는 전도띠이다.

ㄷ. 원자가 띠에 있던 전자가 전도띠로 전이하면 원자가 띠에는 전자의 빈 자리인 양공이 생긴다.

오답 피하기 ㄴ. b는 띠 간격이다. 띠 간격이 작으면 전기 전도성이 좋다.

11 원자가 띠의 전자가 띠 간격 이상의 에너지를 흡수하면 전도띠로 전이한다.

ㄱ. $n=4$인 상태에서 $n=1$인 상태로 전이할 때 방출하는 빛의 에너지 $E_4-E_1>E_3-E_2$이므로 전자가 전도띠로 전이할 수 있다.

ㄴ. $n=3$인 상태에서 $n=2$인 상태로 전이할 때 방출하는 빛의 에너지는 E_3-E_2이므로 전자가 전도띠로 전이할 수 있다.

ㄷ. $n=2$인 상태에서 $n=1$인 상태로 전이할 때 방출하는 빛의 에너지 $E_2-E_1>E_3-E_2$이므로 전자가 전도띠로 전이할 수 있다.

12 순수 반도체에 불순물을 도핑하면 불순물 반도체가 된다.

ㄱ. (가)는 순수 반도체이므로 규소 원자는 이웃한 규소 원자와 공유 결합을 한다.

오답 피하기 ㄴ. (나)에서 X 주위에 공유 결합에 참여하지 않는 전자가 남아 있으므로 X는 원자가 전자가 5개이다.

ㄷ. (나)는 n형 반도체이고, 공유 결합에 참여하지 않는 전자는 전도띠에 존재한다.

13 다이오드에 순방향 바이어스가 걸리면 전류가 흐른다.

ㄴ. p형 반도체에서 전자는 (+)극 쪽으로 이동하여 양공을 계속 만들고, 양공은 접합면으로 이동하여 n형 반도체의 전자와 재결합한다.

ㄷ. 접합면에서 p형 반도체의 양공과 n형 반도체의 전자가 재결합한다.

오답 피하기 ㄱ. 저항에는 다이오드 → 저항 → 전지 방향으로 전류가 흐른다.

14 상온에서 순수한 반도체는 전도띠의 전자와 원자가 띠의 양공의 개수가 같다.

ㄱ. (가)에서 원자가 띠에 있는 P는 전자가 전도띠로 전이하여 생긴 양공이다.

ㄴ. (나)에서 a 주위에 공유 결합에 참여하지 않는 전자가 남아 있으므로 a의 원자가 전자는 5개이다.

오답 피하기 ㄷ. (나)는 n형 반도체이다. 전도띠에는 원자가 띠에서 전이한 전자와 불순물에 의한 전자가 있고, 원자가 띠에는 전도띠로 전이한 전자에 의한 양공만 있으므로 전도띠의 전자가 원자가 띠의 양공보다 많다.

정리하기

반도체의 자유 전자와 양공

(1) n형 반도체: 전도띠에는 원자가 띠에서 전이한 전자와 불순물에 의한 전자가 있고, 원자가 띠에는 전도띠로 전이한 전자에 의한 양공만 있으므로 전도띠의 자유 전자가 원자가 띠의 양공보다 많다.

(2) p형 반도체: 원자가 띠에는 전도띠로 전이한 전자의 의한 양공과 불순물에 의한 양공이 있고, 전도띠에는 원자가 띠에서 전이한 전자만 있으므로 원자가 띠의 양공이 전도띠의 자유 전자보다 많다.

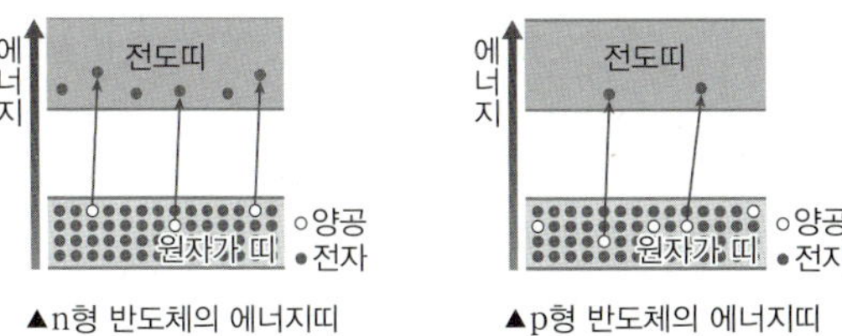

15 다이오드는 한 방향으로만 전류를 흐르게 하는 정류 작용을 한다.

ㄱ. 다이오드는 순방향 바이어스일 때만 전류가 흐른다. 즉, p형 반도체

에서 n형 반도체 방향으로만 전류가 흐른다.

오답 피하기 ㄴ. A방향으로 전류가 흐를 때는 D_4 → 저항 → D_2 방향으로 전류가 흐른다. 이때 D_3에는 역방향 바이어스가 걸린다.

ㄷ. B 방향으로 전류가 흐를 때 D_2에는 역방향 바이어스가 걸리므로 양공과 전자가 접합면에서 멀어진다.

16 발광 다이오드(LED)는 전자가 전이하며 잃는 에너지를 갖는 빛을 방출한다.

ㄱ. LED의 p형 반도체에 (+)극이, n형 반도체에 (−)극이 연결되어 있으므로 순방향 바이어스가 걸린다.

ㄷ. 접합면에서 전도띠의 전자가 원자가 띠로 전이하여 양공과 재결합한다.

오답 피하기 ㄴ. 띠 간격 E_g가 클수록 전자가 전이하며 잃는 에너지가 크다. 따라서 빛의 파장은 감소한다.

02 자기

01 전류에 의한 자기장

본교재 119, 121쪽

01 비례, 반비례 **02** 솔레노이드 **03** 운동 **04** MRI

01 (1) × (2) ◯ (3) × **02** ㄱ, ㄴ **03** (1) × (2) ◯ (3) ×
04 자기장, 전류

01 솔레노이드 내부 지름은 내부 자기장의 세기와는 무관하다.

02 솔레노이드의 길이와 감은 수를 모두 2배로 하면 단위 길이당 감은 수는 변하지 않는다.

03 하드 디스크는 헤드에 흐르는 전류에 의한 자기장을 이용해 정보를 저장한다.

04 MRI는 초전도체 솔레노이드에 큰 전류를 흐르게 하여 강한 자기장을 만든다.

내신 실력 Up

본교재 123~125쪽

01 ④ **02** ① **03** ③ **04** ② **05** ⑤ **06** ④ **07** ③ **08** ②
09 ② **10** ① **11** ④ **12** ⑤ **13** 해설 참조 **14** 해설 참조
15 해설 참조

01 직선 도선 주위의 자기장 방향은 오른 나사 규칙을 따른다.
종이면에 수직으로 들어가는 전류 방향을 오른손 엄지 손가락 방향으로 했을 때 나머지 네 손가락이 시계 방향으로 회전하므로 자기장 방향은 ④와 같다.

02 직선 전류에 의한 자기장의 세기는 전류의 세기에 비례하고 거리에 반비례한다.

ㄱ. 전류의 세기가 증가하면 자기장의 세기가 커져 자침이 회전각이 더 커진다.

오답 피하기 ㄴ. 전류의 방향을 반대로 바꾸면 자기장 방향이 반대로 바뀌어 자침의 회전 방향이 반대가 된다.

ㄷ. 도선과 나침반의 거리를 더 멀리하면 자기장이 약해져 자침의 회전각이 감소한다.

03 직선 전류에 의한 자기장의 세기는 전류의 세기에 비례하고 거리에 반비례한다.

ㄱ. 직선 전류가 xy평면에서 수직으로 나오는 방향이므로 자기장 방향은 오른 나사 규칙을 따라 반시계 방향으로 회전한다. 따라서 a에서 자기장 방향은 $-x$ 방향이다.

ㄴ. b, c에서 자기장 방향은 각각 $-x$, $+x$ 방향이다.

오답 피하기 ㄷ. 자기장의 세기는 거리에 반비례하므로 c에서가 d에서의 $\sqrt{2}$배이다.

04 a~c에서 자기장의 세기는 두 직선 전류에 의한 자기장의 합이다. 도선에 흐르는 전류의 세기를 I, 모눈 한 칸의 크기를 d라고 하면 a, b, c에서 두 직선 전류에 의한 자기장의 합은 각각 $B_a = -k\dfrac{I}{d} + k\dfrac{I}{3d} = -k\dfrac{2I}{3d}$, $B_b = k\dfrac{I}{\sqrt{2}d} \times \dfrac{I}{\sqrt{2}} + k\dfrac{I}{\sqrt{2}d} \times \dfrac{I}{\sqrt{2}} = k\dfrac{I}{d}$, $B_c = k\dfrac{I}{d} + k\dfrac{I}{d} = k\dfrac{2I}{d}$, $B_a : B_b : B_c = 2:3:6$이므로 이다.

정리하기

직선 전류에 의한 자기장 합성
b에서 두 직선 전류에 의한 자기장은 그림과 같이 구한다.

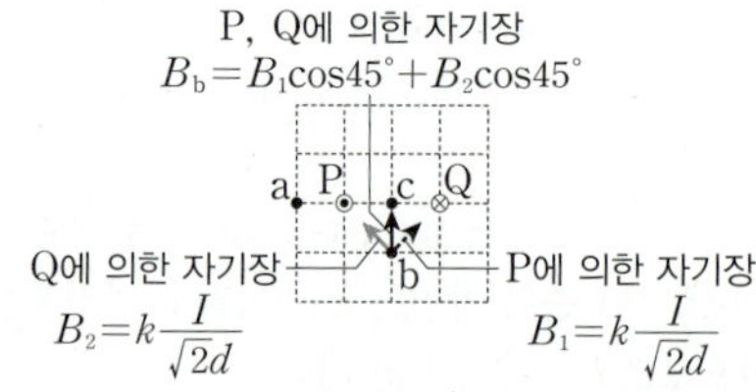

05 직선 전류에 의한 자기장 방향은 오른 나사 규칙을 따른다.

ㄱ. (다)에서 전류의 세기가 2배가 되면 나침반 자침의 회전각이 커져야 한다. 그런데 도선과 자침 사이의 각이 (나)에서와 같으므로 도선이 남북으로 놓여있지 않았음을 알 수 있다.

ㄴ. 전류가 흐르지 않을 때는 자침이 북쪽을 가리킨다. 전류가 클수록 회전각이 크므로 나침반 자침의 회전각은 (다)에서가 (나)에서보다 크다.

ㄷ. (나)와 (다)에서 전류의 방향이 반대이므로 자기장 방향은 서로 반대 방향이다.

06 직선 전류에 의한 자기장의 세기는 전류의 세기에 비례하고 거리에 반비례한다.

Q에 흐르는 전류의 세기를 I라고 하면 $2B_0 = k\dfrac{I_0}{d} - k\dfrac{I}{d}$, $-B_0 = k\dfrac{I_0}{3d} + k\dfrac{I}{d}$에서 $I = -\dfrac{5}{3}I_0$이다. 따라서 Q에 흐르는 전류의 세기는

$\dfrac{5}{3}I_0$이고, 전류의 방향은 $-y$ 방향이다.

07 P에서 두 직선 전류에 의한 자기장과 원형 전류에 의한 자기장의 합이 0이다.

ㄱ. P에서 A와 B에 흐르는 전류에 의한 자기장 방향이 모두 xy평면에 수직으로 나오는 방향이므로 C에 흐르는 전류에 의한 자기장 방향은 xy평면에 수직으로 들어가는 방향이어야 한다. 따라서 C에는 $-x$ 방향으로 전류가 흐른다.

ㄴ. A와 B에 흐르는 전류에 의한 자기장의 합과 C에 흐르는 전류에 의한 자기장의 크기가 같아야 하므로 C에 흐르는 전류의 세기는 I_0보다 크다.

오답 피하기 ㄷ. P에서 A와 B에 흐르는 전류에 의한 자기장의 세기와 C에 흐르는 전류에 의한 자기장의 세기가 같으므로 B와 C에 흐르는 전류에 의한 자기장 방향은 xy평면에 수직으로 들어가는 방향이다.

08 원형 도선에 흐르는 전류에 의한 자기장은 작은 직선 도선들에 흐르는 전류에 의한 자기장의 합으로 생각한다.

① 원형 도선은 작은 직선 도선들이 이어져 있는 것으로 생각할 수 있다.

③ 원형 도선 중심에서 자기장의 세기는 전류의 세기에 비례한다.

④ 원형 전류에 의한 자기장 방향은 오른 나사 규칙에 따라 오른손 네 손가락을 전류 방향으로 감아쥐었을 때 엄지 손가락 방향이다. 따라서 시계 방향으로 전류가 흐르면 중심에서 자기장 방향은 평면에 수직으로 들어가는 방향이다.

⑤ 원형 도선 바깥쪽에도 작은 직선 전류에 의한 자기장의 합만큼 자기장이 생긴다.

오답 피하기 ② 원형 도선의 중심에서 자기장의 세기는 반지름에 반비례하므로 반지름이 클수록 중심에서 자기장의 세기는 감소한다.

09 전류가 흐르는 도선 주변에는 자기장이 생긴다.

② 직선 도선에 흐르는 전류에 의한 자기장의 세기는 전류의 세기에 비례한다.

오답 피하기 ① 직선 도선으로부터 거리가 증가할수록 자기장의 세기는 감소한다.

③ 원형 도선에 흐르는 전류의 세기를 2배로 하면 중심에서 자기장 세기도 2배가 된다.

④ 직선 도선에 흐르는 전류에 의한 자기장은 직선 도선을 중심으로 원형이며, 솔레노이드에 흐르는 전류에 의한 자기장은 내부에서는 균일하고 외부에서는 막대 자석에 의한 자기장과 같은 모양이다.

⑤ 솔레노이드 내부의 자기장은 단위 길이당 감은 수에 비례하므로 길이를 2배로 하고 감은 수를 2배로 하면 자기장 세기는 변하지 않는다.

정리하기

전류에 의한 자기장

구분	톰슨	보어
직선 전류	오른 나사 규칙 적용	직선 전류 주변: 전류 세기 (I)에 비례하고 도선으로부터 떨어진 거리(r)에 반비례 $\Rightarrow B=k\dfrac{I}{r}$
원형 전류	오른 나사 규칙 적용	원형 도선의 중심: 전류 세기 (I)에 비례하고 원의 반지름 (r)에 반비례 $\Rightarrow B=k'\dfrac{I}{r}$
솔레노이드	오른손 네 손가락을 전류 방향으로 감아쥘 때 엄지손가락 방향	솔레노이드 내부: 전류 세기 (I)와 $1\,\mathrm{m}$당 감은 수(n)에 비례 $\Rightarrow B=k''nI$

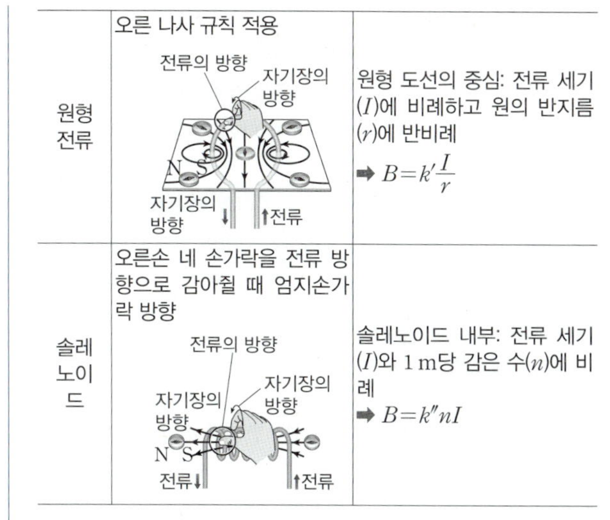

10 솔레노이드 내부의 자기장 세기는 전류의 세기와 단위 길이당 감은 수에 비례한다.

솔레노이드 내부의 자기장 세기 $B=knI=k\left(\dfrac{N}{L}\right)\left(\dfrac{V}{R}\right)$이므로

$B_1 : B_2 : B_3 = 1 : 2 : 1$이다.

11 스피커는 코일의 자기장 변화를 이용해 전기 신호를 소리로 변화시킨다.

ㄱ. 코일에 전류가 흐르면 자기장이 생기는데 세기와 방향이 시간에 따라 변하는 교류가 흐르면 전류에 의한 자기장의 세기와 방향이 시간에 따라 변한다.

ㄷ. 코일에 흐르는 전류의 세기가 증가하면 자기장의 세기가 커지므로 자석과 코일 사이의 자기력의 세기가 증가한다.

오답 피하기 ㄴ. 코일에 화살표 방향으로 전류가 흐르면 왼쪽이 S극이 되므로 자석과 코일 사이에 당기는 자기력이 작용한다.

12 전동기는 전기 에너지를 운동 에너지로 전환하는 기구이다.

ㄱ, ㄴ. 전류가 C → D → A → B 방향으로 흐르므로 도선 AB는 위쪽으로, 도선 CD는 아래쪽으로 자기력을 받는다. 따라서 도선 ABCD는 시계 방향으로 회전한다.

ㄷ. 전동기는 자기장에서 전류가 흐르는 도선이 받는 힘을 이용해 전기 에너지를 운동 에너지로 전환한다.

13 솔레노이드에 전류가 흐르면 자기장이 생긴다.

자기장의 방향은 오른손 네 손가락을 전류 방향으로 감아쥐었을 때 엄지 손가락이 가리키는 방향이다. 솔레노이드에 전원 장치 → 전류계 → 솔레노이드 방향으로 전류가 흐르므로 솔레노이드의 오른쪽이 S극이 되므로 솔레노이드와 자석 사이에는 서로 당기는 자기력이 작용한다.

모범 답안 솔레노이드와 자석 사이에는 서로 당기는 자기력이 작용한다.

채점 기준	배점
솔레노이드의 자극을 밝히고 당기는 자기력이 작용함을 서술한 경우	100%
당기는 자기력이 작용한다고만 서술한 경우	50%

14 직선 도선에 전류가 흐르면 주변에 자기장이 생긴다. 전류가 오른쪽으로 흐르므로 자석이 있는 곳에서는 동쪽으로 자기장이 생긴다. 전류의 세기를 증가시키면 전류에 의한 자기장의 세기가 증가하고, 전류의 방향을 반대로 하면 전류에 의한 자기장의 방향이 반대로 바뀐다.

[모범 답안] 전류의 세기만 증가시키면 자석의 회전각이 증가하고, 전류의 방향만 반대로 하면 자석이 회전하는 방향이 반대로 바뀐다.

채점 기준	배점
전류 세기 변화와 방향 변화 결과를 모두 옳게 설명한 경우	100%
한 가지만 옳게 설명한 경우	50%

15 솔레노이드 내부의 자기장의 세기는 전류의 세기에 비례하고 단위 길이당 감은 수에 비례한다.

[모범 답안] 솔레노이드 내부 자기장의 세기는 솔레노이드에 흐르는 전류의 세기와 단위 길이당 감은 수에 비례한다.

채점 기준	배점
2가지 요인과 그 영향을 모두 옳게 설명한 경우	100%
1가지만 옳게 설명한 경우	50%

02 물질의 자성

개념 바로 확인
본교재 127쪽

01 강자성, 반자성 **02** 반자성체

01 (1) ○ (2) × (3) × **02** (가) 상자성체 (나) 강자성체 (다) 반자성체

01 초전도체는 임계 온도 이하에서 나타나는 반자성을 이용하는 예이다.

02 강자성체는 외부 자기장 방향으로 강하게 자기화되고 외부 자기장이 사라져도 자기화된 상태를 유지한다.

내신 실력 Up
본교재 128~129쪽

01 ① **02** ⑤ **03** ③ **04** ④ **05** ⑤ **06** ④ **07** ⑤ **08** ②
09 해설 참조 **10** 해설 참조

01 자성의 원인은 전자의 궤도 운동과 스핀이다.
ㄱ. 전자가 a 방향으로 회전하면 전류는 b 방향으로 흐른다.
[오답 피하기] ㄴ. 전자의 궤도 운동으로 인한 자기장의 N극이 $+y$ 방향이면 전류는 b 방향으로 흘러야 한다. 따라서 전자의 운동 방향은 a 방향이다.
ㄷ. 원형 도선의 중심에서 자기장의 세기는 반지름에 반비례하므로 r가 클수록 중심에서 자기장 세기는 감소한다.

02 강자성체는 자석에 끌려오고 반자성체는 밀려난다.
ㄱ. 클립은 강자성체이므로 자석의 자기장 방향으로 자기화된다.
ㄴ. 유리는 자석을 가까이 가져갔을 때 밀려나므로 반자성체이다.
ㄷ. (가)의 클립은 자기화된 상태를 유지하므로 유리에 가까이 가져가면 서로 밀어내는 자기력이 작용한다.

03 물질은 자성에 따라 강자성체, 상자성체, 반자성체로 분류할 수 있다. A는 외부 자기장의 반대 방향으로 자기화되었다가 외부 자기장이 사라지면 자기화된 상태를 잃는다. 따라서 A는 반자성체이다. B는 외부 자기장 방향으로 자기화되었다가 외부 자기장이 사라져도 자기화된 상태를 유지한다. 따라서 B는 강자성체이다.

정리하기

자성체에 따른 외부 자기장에 대한 반응

물질	외부 자기장 있을 때	자기장 제거했을 때
강자성체	외부 자기장 방향으로 자기화	자기화된 상태 유지
상자성체	외부 자기장 방향으로 자기화	즉시 자기화된 상태를 잃음
반자성체	외부 자기장과 반대 방향으로 자기화	즉시 자기화된 상태를 잃음

04 물질은 자성에 따라 강자성체, 상자성체, 반자성체로 분류한다.
ㄱ. 강자성체에는 철, 니켈, 크롬 등이 있다.
ㄷ. 물질은 외부 자기장에 반응하는 자기적 특성에 따라 강자성체, 상자성체, 반자성체로 분류한다.
[오답 피하기] ㄴ. 상자성체는 외부 자기장 방향으로 자기화되었다가 외부 자기장이 사라지면 즉시 자기화된 상태를 잃는다.

05 반자성체는 외부 자기장의 반대 방향으로 자기화된다.
① 반자성체에는 구리, 유리, 물, 산소 등이 있다.
② 반자성체는 외부 자기장의 반대 방향으로 자기화된다.
③ 반자성체는 외부 자기장이 없을 때 내부 자기장이 0이다.
④ 초전도체는 임계 온도 이하에서 외부 자기장의 반대 방향으로 자기화되어 외부 자기장을 밀어낸다. 이를 마이스너 효과라고 한다.
[오답 피하기] ⑤ 반자성체는 외부 자기장이 사라지면 즉시 자기화된 상태를 잃는다.

06 하드디스크는 강자성체에 정보를 저장한다.
ㄴ. 강자성체는 외부 자기장 방향으로 자기화된다.
ㄷ. 하드디스크는 강자성체인 산화철을 이용해 자기 정보를 저장하므로 자석을 가까이 하면 자기 정보가 손실된다.
[오답 피하기] ㄱ. 산화철은 강자성체이므로 저장된 자기 정보가 지속적으로 유지된다.

07 못은 강자성체이다.
ㄷ. 못은 강자성체이므로 내부가 a 방향으로 자기화된다.
ㄹ. 강자성체는 자석을 떼어내어 외부 자기장을 제거하여도 자기화된 상태를 유지한다.
[오답 피하기] ㄱ. 못은 자석에 끌려오므로 강자성체이다.
ㄴ. 못 내부는 a 방향으로 자기화되므로 P는 S극이다.

08 물질의 자성은 일상생활에 다양하게 이용된다.
[오답 피하기] ② 발광 다이오드는 반도체를 이용하여 전기 에너지를 빛에너지로 전환하는 장치이다.

09 강자성체는 외부 자기장 방향으로 자기화된다.
[모범 답안] (가)에서 p는 N극으로 자기화된다. (나)에서 p가 시계 방향

으로 회전하였으므로 전류 방향은 ⓑ이다.

채점 기준	배점
근거를 바탕으로 추론하여 전류 방향을 옳게 찾은 경우	100%
전류 방향만 옳게 찾은 경우	50%

10 반자성체는 외부 자기장과 반대 방향으로 자기화된다.

모범 답안 반자성체는 외부 자기장과 반대 방향으로 자기화되므로 외부 자기장 방향은 $-x$ 방향이다. 외부 자기장을 제거하면 반자성체 내부 자기장도 사라진다.

채점 기준	배점
외부 자기장을 찾고, 제거했을 때 내부 자기장을 옳게 설명한 경우	100%
둘 중 한 가지만 옳은 경우	50%

03 전자기 유도

개념 바로 확인
본교재 131, 133쪽

01 유도 전류 **02** 자기 선속, 비례 **03** 전자기 유도 **04** 코일

01 (1) ○ (2) × (3) ○ **02** ㄱ—ㄹ, ㄴ—ㄷ **03** ④ **04** 유도 전류

01 전자기 유도는 폐회로를 통과하는 자기 선속의 변화를 방해하는 방향으로 일어난다.

02 자석의 극이 바뀌거나 운동 방향이 바뀌면 유도 전류의 방향이 바뀐다.

03 전자석 기중기는 전류의 자기 작용을 활용한 예이다

04 교통 카드 단말기는 전자기 유도에 의한 유도 전류를 이용하여 전기 에너지를 공급한다.

탐구 활동
본교재 134쪽

01 (1) ○ (2) × (3) × (4) × **02** ⑤

01 자기 선속의 변화율이 클수록 유도 전류의 세기가 커진다.
02 자석과 코일의 상대 운동을 방해하는 방향으로 자기력이 작용하도록 유도 전류가 흐른다.

내신 실력 Up
본교재 135~137쪽

01 ③ **02** ③ **03** ① **04** ③ **05** ⑤ **06** ④ **07** ① **08** ④
09 ② **10** ⑤ **11** 해설 참조 **12** 해설 참조 **13** 해설 참조

01 전자기 유도는 자속의 변화를 방해하도록 유도 전류가 흐르는 현상이다.
③ 코일을 통과하는 자속이 변할 때 그 변화를 방해하는 방향으로 유도 전류가 흐른다.
오답 피하기 ① 자기장의 세기는 단위 면적을 통과하는 자속으로 정의된다.

② 자기장이 일정하면 자속의 시간 변화율은 0이다.
④ 단위 시간 당 자속이 변화가 크면 유도 전류의 세기도 크다.
⑤ 일정한 세기의 전류가 흐르면 원형 도선을 통과하는 자속이 일정하므로 유도 전류가 흐르지 않는다.

02 직선 전류에 의한 자기장의 세기는 거리에 반비례한다.
ㄱ. 원형 도선이 $+x$ 방향으로 이동하면 원형 도선을 통과하는 자속이 감소하므로 원형 도선에 시계 방향으로 유도 전류가 흐른다.
ㄴ. 원형 도선이 $+y$ 방향으로 이동하면 내부를 통과하는 자속이 변하지 않는다.
오답 피하기 ㄷ. 원형 도선이 $-x$ 방향으로 움직이면 도선 내부를 통과하는 자속 변화가 점점 증가하다가 직선 도선을 지나면서 다시 감소한다. 따라서 유도 전류의 세기는 계속 변한다.

정리하기

직선 전류 주위의 자기장 세기

직선 전류에 의한 자기장 세기는 거리에 반비례한다. 자기장 세기를 거리에 따라 나타내면 그래프와 같다.
원형 도선이 $-x$ 방향으로 운동하면 직선 도선에 가까이 갈수록 단위 시간당 자속 변화율이 증가한다. 따라서 원형 도선에 흐르는 유도 전류의 세기도 증가한다.

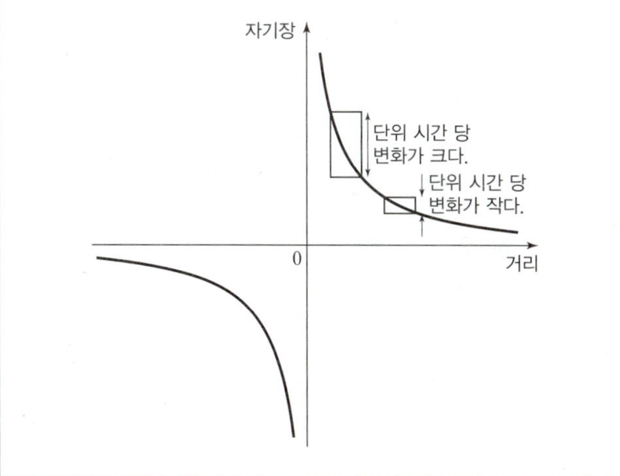

03 원형 도선에는 자석의 운동을 방해하는 방향으로 유도 전류가 흐른다.
ㄱ. 자석이 X로부터 멀어지므로 X와 자석 사이에는 서로 당기는 자기력이 작용한다.
오답 피하기 ㄴ. 자석이 Y로 접근하면 자석에 의한 자속이 점점 강해진다. 이때 자석이 등속 직선 운동하므로 Y를 통과하는 자속의 단위 시간 당 변화율이 증가한다. 따라서 유도 전류의 세기는 점점 증가한다.
ㄷ. X는 오른쪽이 N극이 되도록 유도 전류가 흐르고 Y는 왼쪽이 N극이 되도록 유도 전류가 흐른다. 따라서 X와 Y에 흐르는 유도 전류의 방향은 반대이다.

04 코일에는 자석의 운동을 방해하는 방향으로 유도 전류가 흐른다.
자석이 낙하할 때 코일에 유도 전류가 흐르며 자석의 역학적 에너지 중 일부가 전기 에너지로 전환된다. 따라서 자석의 역학적 에너지는 낙하할수록 감소한다.

05 원형 도선이 직선 도선에서 멀어지면 원형 도선 내부를 통과하는 자속이 감소한다.

ㄱ. t_0일 때는 원형 도선이 정지해 있으므로 내부를 통과하는 자속이 일정하다.

ㄴ. $3t_0$일 때 원형 도선이 직선 도선으로부터 멀어지고 있으므로 원형 도선 내부를 통과하는 자속이 감소한다. 따라서 원형 도선에는 직선 도선이 만드는 자기장과 같은 방향으로 자기장이 만들어지도록 유도 전류가 흐른다.

ㄷ. $4t_0$일 때 원형 도선에서 유도 전류에 의한 자기장 방향은 xy평면에 들어가는 방향이므로 유도 전류는 시계 방향으로 흐른다.

06 유도 전류는 자석의 운동을 방해하는 방향으로 자기력이 작용하도록 흐른다.

(가)에서 N극이 접근하므로 코일에는 위쪽이 N극이 되도록 유도 전류가 흐르고 자석에는 위쪽으로 자기력이 작용한다.

(나)에서 N극이 멀어지므로 코일에는 위쪽이 S극이 되도록 유도 전류가 흐르고 자석에는 아래쪽으로 자기력이 작용한다.

(다)에서 S극이 접근하므로 코일에는 위쪽이 S극이 되도록 유도 전류가 흐르고 자석에는 위쪽으로 자기력이 작용한다.

(라)에서 S극이 멀어지므로 코일에는 위쪽이 N극이 되도록 유도 전류가 흐르고 자석에는 아래쪽으로 자기력이 작용한다.

따라서 유도 전류의 방향은 (가)와 (라), (나)와 (다)가 같고, 자석에 작용하는 자기력의 방향은 (가)와 (다), (나)와 (라)가 같다.

자석의 운동과 유도 전류

코일에는 항상 자석의 운동을 방해하는 방향으로 자기력이 작용하도록 유도 전류가 흐른다.

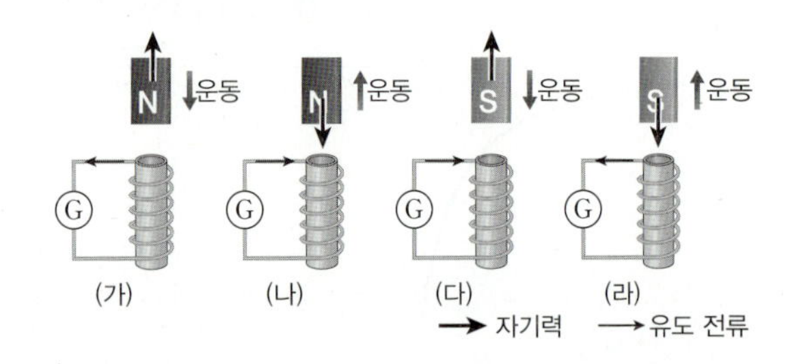

07 자석이 운동할 때 구리관에서 전자기 유도가 일어난다.

자석이 레일을 따라 운동할 때 구리관에는 전자기 유도에 의한 유도 전류가 흐른다. 이 유도 전류에 의한 자기장은 자석의 운동을 방해하는 방향으로 자석에 자기력을 작용한다. 따라서 자석의 평균 속력은 점점 감소한다.

08 자이로드롭은 전자기 유도에 의한 자기력을 받아 감속하여 정지한다.

ㄴ. 전자기 유도에 의한 유도 전류는 항상 자석의 운동을 방해하는 방향으로 흐른다.

ㄷ. 알루미늄판에서 전자기 유도가 일어나므로 자이로드롭의 역학적 에너지가 전기 에너지로 전환된다.

 ㄱ. 아래로 운동하던 자이로드롭은 위쪽으로 자기력을 받는다.

09 교통 카드가 단말기와 신호를 주고 받는 것은 전자기 유도를 이용한 사례이다.

ㄴ. 카드 안테나에 흐르는 유도 전류가 4초마다 방향이 바뀌므로 자기장 방향도 4초마다 변한다.

 ㄱ. 단말기 안테나에서 시간에 따라 변하는 자기장이 만들어지므로 카드 안테나에서 전자기 유도가 일어난다.

ㄷ. 4초일 때 카드 안테나에 흐르는 유도 전류의 세기가 0이므로 단말기 안테나에서는 전류의 세기 변화가 0이어야 한다. 이때 단말기 안테나에 흐르는 전류의 세기는 0이 아니다.

10 전자기 유도는 일상생활에서 역학적 에너지를 전기 에너지로 변환할 때 이용된다.

①, ②, ③, ④ 손발전기, 발광 바퀴, 금속 탐지기, 도난 방지 장치 등은 전자기 유도에 의한 유도 전류를 이용한다.

 ⑤ 스피커는 전류에 의한 자기장과 자석 사이에 작용하는 자기력을 이용해 전기 신호를 소리로 변환한다.

11 자석이 일정한 속력으로 올라갈 때 원형 도선에 유도 전류가 흐른다. 이때 유도 전류의 세기는 원형 도선을 통과하는 자속의 시간당 변화율에 비례한다. 원형 도선의 중심으로부터의 거리가 a가 b보다 크므로 자속의 시간 당 변화율은 자석이 b를 지날 때가 a를 지날 때보다 크다.

 유도 전류의 세기는 자석이 b를 지날 때가 a를 지날 때보다 크고, 유도 전류의 방향은 서로 반대 방향이다.

채점 기준	배점
유도 전류의 세기와 방향을 옳게 비교한 경우	100%
한 가지만 옳게 비교한 경우	50%

12 코일을 통과하는 자속이 변할 때만 유도 전류가 흐른다.

 (나), (라)에서만 유도 전류가 흐른다. 이로부터 코일을 통과하는 자기장(자속)이 변할 때만 전류가 흐른다는 것을 알 수 있다.

채점 기준	배점
전류가 흐르는 경우를 찾고 타당한 결론을 도출한 경우	100%
전류가 흐르는 경우를 찾지 못하고 과학적 결론만 제시한 경우	50%
전류가 흐르는 경우를 찾았으나 타당한 결론을 도출하지 못한 경우	30%

13 다이나믹 마이크는 전자기 유도를 이용하여 공기 진동을 전기 신호로 변환한다.

 소리는 공기의 진동으로 전달된다. 공기가 진동하면 진동판이 진동하고 코일과 자석이 상대적으로 운동하게 되어 코일에 유도 전류가 흐른다.

채점 기준	배점
진동이 코일과 자석의 상대적 운동을 일으키고, 코일에서 전자기 유도가 일어남을 설명한 경우	100%
코일에서 전자기 유도가 일어남만 설명한 경우	50%

 정리하기 본교재 138~139쪽

㉠ 자기력선　㉡ 감은 수　㉢ MRI　㉣ 자기 부상 열차　㉤ 전동기
㉥ 유지　㉦ 상자성체　㉧ 초전도체　㉨ 유도 전류　㉩ 비례　㉪ 방해
㉫ 코일　㉬ 자기장　㉭ 자기력

| 01 ④ | 02 ④ | 03 ③ | 04 ② | 05 ③ | 06 ④ | 07 ① | 08 ④ |
| 09 ③ | 10 ① | 11 ⑤ | 12 ⑤ | 13 ② | 14 ④ | 15 ④ | 16 ② |

01 직선 전류에 의한 자기장의 세기는 전류의 세기에 비례하고 거리에 반비례한다.

④ B와 C 사이에서 A와 B가 만드는 자기장은 $-y$ 방향이고 C가 만드는 자기장도 $-y$ 방향이다.

오답 피하기 ① q에서 A와 C에 의한 자기장이 0이므로 전류의 세기는 A가 C보다 크다.

② q에서 A와 C에 의한 자기장이 0이고, A에 의한 자기장 방향은 $-y$ 방향이므로 C에 흐르는 전류의 방향은 xy평면에 수직으로 나오는 방향이다.

③ p에서 B와 C에 의한 자기장이 $+y$ 방향인데, C에 의한 자기장은 $-y$ 방향이므로 B에 흐르는 전류의 방향은 xy평면에 수직으로 들어가는 방향이다.

⑤ A와 B에 흐르는 전류의 방향이 같으므로 A와 B 사이에 자기장이 0인 점이 존재한다.

02 직선 도선에 흐르는 전류에 의한 자기장 방향은 오른 나사 규칙을 적용한다.

ㄱ. P, Q에 같은 세기의 전류가 흐르므로 만약 전류의 방향이 같다면 B에서 자기장이 0이 되어야 한다. 따라서 P, Q에 흐르는 전류의 방향은 서로 반대이다.

ㄴ. B에서 자침이 시계 방향으로 돌아갔으므로 P에 흐르는 전류의 방향은 종이면에 수직으로 나오는 방향이다. 따라서 A에서 P에 의한 자기장 방향은 동쪽이다.

오답 피하기 ㄷ. P, Q에 흐르는 전류의 방향이 반대이므로 B에서는 두 직선 도선에 의한 자기장이 더해지고 A에서는 상쇄된다. 따라서 $\theta_A < \theta_B$이다.

03 직선 전류에 의한 자기장의 세기는 전류의 세기에 비례하고 거리에 반비례한다.

p에서 자기장이 0이므로 B에는 $+y$ 방향으로 전류가 흐르고, p는 A에서 $\dfrac{L}{3}$만큼 떨어져 있다. B를 $+x$ 방향으로 $6L$만큼 이동시키면 A와 B 사이의 거리는 $7L$이 된다. 이때 자기장이 0이 되는 점은 A로부터 $\dfrac{7L}{3}$만큼 떨어져 있는 점이다.

p, q 사이의 거리가 6 m이므로 $2L=6$에서 $L=3$ m이다.

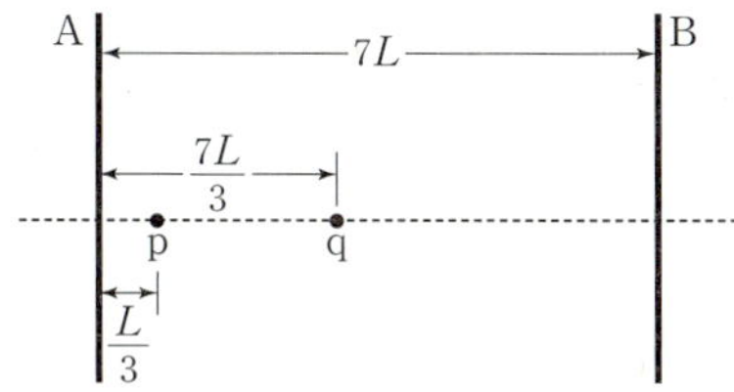

04 한 점에서 자기장의 세기는 직선 전류와 원형 전류에 의한 자기장의 합성으로 구한다.

(나)의 원점에서 자기장이 0이므로 직선 도선에 의한 자기장을 $+B$라고 하면 반지름이 r인 원형 도선에 시계 방향으로 전류가 흐를 때 중심

에서 자기장은 $-B$이다.

(가)에서는 원형 도선의 반지름이 2배이고 반시계 방향으로 전류가 흐르므로 중심에서 자기장이 $+\dfrac{B}{2}$이다. 따라서 $B_0 = B + \dfrac{B}{2}$에서 $\dfrac{B_0}{3} = \dfrac{B}{2}$이다.

05 원형 전류에 의한 자기장의 세기는 전류의 세기에 비례하고 반지름에 반비례한다.

ㄷ. t_0일 때는 $B_1 = +k\dfrac{I_0}{2r} - k\dfrac{3I_0}{2r} = -k\dfrac{I_0}{r}$이고 $4t_0$일 때는 $B_4 = +k\dfrac{I_0}{2r}$이다. 따라서 자기장의 세기는 t_0일 때가 $4t_0$일 때의 2배이다.

오답 피하기 ㄱ. t_0일 때 B에 흐르는 전류의 세기는 $1.5I_0$이다. 반지름이 A가 B의 2배이므로 O에서는 A에 의한 자기장의 세기보다 B에 의한 자기장의 세기가 더 크다. 따라서 자기장 방향은 종이면에 수직으로 들어가는 방향이다.

ㄴ. $2t_0$일 때 B에 흐르는 전류의 세기는 I_0이다. O에서 A보다 B에 의한 자기장의 세기가 더 크므로 자기장은 0이 아니다.

06 p와 q에서 자기장의 세기가 같고 방향이 반대가 되려면 p, q에서 A와 B에 의한 자기장의 합이 0이어야 한다.

ㄴ. p에서 A, B에 의한 자기장이 0이므로 B에 흐르는 전류의 방향은 A와 같은 방향이다.

ㄷ. p에서 A, B에 의한 자기장은 0이므로 C에 흐르는 전류의 세기가 2배가 되면 p에서 자기장의 세기도 2배가 된다.

오답 피하기 ㄱ. p에서 A, B에 의한 자기장이 0이므로 B에 흐르는 전류의 세기는 $\dfrac{I_0}{2}$이다.

07 강자성체는 외부 자기장이 제거되어도 자기화된 상태를 유지하고 상자성체는 즉시 자기화된 상태가 사라진다.

스위치를 닫으면 코일의 오른쪽이 N극이 되므로 A, B 모두 나침반이 시계 방향으로 회전한다. 스위치를 열었을 때는 A만 자기화된 상태를 유지하므로 나침반 자침은 A의 경우에만 회전하고 B의 경우에는 회전하지 않는다.

08 강자성체와 상자성체는 외부 자기장 방향으로 자기화되고 반자성체는 반대 방향으로 자기화된다.

ㄱ. I의 (가)에서 A는 양쪽 솔레노이드에서 모두 당기는 자기력을 받으므로 알짜힘은 0이다.

ㄷ. B는 반자성체이므로 외부 자기장이 사라지면 즉시 자기화된 상태가 사라진다. 따라서 II에서 B를 코일에 넣어도 유도 전류가 흐르지 않는다.

오답 피하기 ㄴ. I의 (나)에서 물체는 솔레노이드로부터 멀어지는 쪽으로 회전하였으므로 B는 반자성체이다. 반자성체는 솔레노이드로부터 밀어내는 자기력을 받는다.

09 강자성체는 외부 자기장이 사라져도 자기화된 상태를 유지한다.

ㄱ. (나)에서 저항에 전류가 흘렀으므로 A는 외부 자기장이 사라진 후에도 자기화된 상태를 유지한다. 따라서 A는 강자성체이다.

ㄴ. (가)에서 스위치를 p에 연결하면 A의 윗부분이 N극으로 자기화된다. (나)에서 A를 위로 빼면 위쪽 방향의 자기장이 약해지므로 코일에는 위쪽 방향의 자기장이 생기도록 유도 전류가 흐른다. 따라서 저항에

는 ⓐ 방향으로 전류가 흐른다.

오답 피하기 | ㄷ. A는 강자성체이므로 다시 솔레노이드 안으로 넣을 때에는 저항에 전류가 ⓑ 방향으로 흐른다.

10 자석 위에서 금속 고리가 운동하면 금속 고리에 유도 전류가 흐른다.

ㄱ. 1초일 때는 고리가 자석에 접근하고 9초일 때는 고리가 자석에서 멀어지므로 유도 전류의 방향이 반대이다.

오답 피하기 | ㄴ. 3초일 때보다 9초일 때 고리의 속력이 빠르므로 유도 전류의 세기도 크다.

ㄷ. 7초일 때는 고리가 정지해 있으므로 고리에 유도 전류가 흐르지 않는다.

11 유도 전류의 세기는 자속의 시간 당 변화량이 클수록 크다.

ㄱ. 자기장의 세기를 증가시키면 자속이 증가하므로 금속 막대가 운동할 때 자속의 시간 당 변화량이 증가한다.

ㄴ. 막대의 속력이 빨라지면 자속의 시간 당 변화량이 증가한다.

ㄷ. P와 Q 사이의 거리를 증가시키면 자속의 시간 당 변화량이 증가한다.

12 금속 고리 내부를 통과하는 자속이 변할 때 유도 전류가 흐른다.

ㄱ. $t=8$초일 때는 P가 I에 들어가 있으므로 P 내부의 자속이 변하지 않는다. 따라서 유도 전류가 0이다.

ㄴ. $t=10$초일 때는 P 내부에는 종이면에 수직으로 들어가는 방향의 자속이 증가한다. 따라서 P에는 반시계 방향으로 유도 전류가 흐른다.

ㄷ. $t=5$초일 때는 종이면에 수직으로 들어가는 방향의 자속이 $0 \rightarrow B_0$로 증가하고, $t=20$초일 때는 종이면에 수직으로 나오는 방향의 자속이 $B_0 \rightarrow 0$으로 감소하므로, $t=5$일 때와 $t=20$초일 때 유도 전류의 세기와 방향이 같다.

정리하기

전자기 유도
(1) 렌츠 법칙: 닫힌 회로 내부를 통과하는 자속의 변화를 방해하는 방향으로 유도 전류가 흐른다.
(2) 패러데이 법칙: 유도 기전력(유도 전류)의 세기는 단위 시간 당 자속의 변화량에 비례한다.

$$V = -N\frac{d\Phi}{dt}, \ \Phi = BA$$

➡ 닫힌 회로 주변에서 자석이 운동할 때 자석에는 항상 운동을 방해하는 방향으로 자기력이 작용한다.

13 금속 고리에는 자석의 운동을 방해하는 방향으로 유도 전류가 흐른다.

ㄴ 자석이 올라갈 때는 A에 시계 방향으로 유도 전류가 흐르고, 내려갈 때는 반시계 방향으로 유도 전류가 흐른다.

오답 피하기 | ㄱ. 자석이 A를 통과하여 운동하는 동안 자석에는 계속 자석의 운동을 방해하는 방향으로 자기력이 작용하므로 p에서 자석이 올라갈 때의 속력이 내려올 때의 속력보다 빠르다. 따라서 A에 흐르는 유도 전류의 세기는 자석이 올라갈 때아 내려올 때보다 크다.

ㄷ. 자석에는 자석의 운동을 방해하는 방향으로 자기력이 작용하므로 올라갈 때는 아래쪽으로, 내려갈 때는 위쪽으로 자기력이 작용한다.

14 자석 주변에서 금속 고리를 움직이면 금속 고리에 유도 전류가 흐른다.

ㄱ. 금속 고리를 자석에 가까이 가져갈 때 고리에 ⓐ 방향으로 전류가 흘렀으므로 P는 N극이다.

ㄷ. 고리를 자석에서 멀어지게 하면 고리에는 ⓑ 방향으로 전류가 흐른다.

오답 피하기 | ㄴ. 고리를 자석에 가까이 가져갈 때 자석과 고리 사이에는 운동을 방해하는 방향으로 자기력이 작용한다. 따라서 서로 밀어내는 자기력이 작용한다.

15 자석이 빗면을 내려올 때 구리 링에 유도 전류가 흘러 자석에는 운동을 방해하는 방향으로 자기력이 작용한다.

ㄴ. 빗면에서 운동할 때 A의 가속도 방향이 일정하므로 A에는 항상 운동 방향의 반대 방향으로 자기력이 작용한다.

ㄷ. A, B의 질량이 같고, 수평면에 도달하는 속력이 A가 B보다 크므로 역학적 에너지 감소량은 A가 B보다 작다.

오답 피하기 | ㄱ. 수평면에 도달했을 때 속력이 A가 B보다 빠르므로 B가 받는 자기력이 A보다 더 크다. 따라서 자석의 세기는 B가 A보다 크다.

16 코일에 전류가 흐르면 내부에 균일한 자기장이 형성된다.
코일에 전류가 흐르면 코일 내부는 왼쪽에서 오른쪽 방향으로 자기장이 형성된다. 따라서 A의 오른쪽 끝은 N극으로 자기화되고 B의 왼쪽 끝은 S극으로 자기화된다. 이때 A의 오른쪽 끝과 B의 왼쪽 끝은 서로 당기는 자기력이 작용하여 접촉하게 된다.

01 파동

01 파동의 성질

개념 바로 확인   본교재 147, 149쪽

01 파장 **02** 진동수 **03** 굴절 **04** 속력, 속력

01 (1) × (2) × (3) ◯　**02** 1 m/s　**03** (1) × (2) × (3) ◯
04 굴절, 신기루

01 파동의 진동수와 주기는 반비례한다.

02 파장이 2 m이고 주기가 2초이므로 속력은 1 m/s이다.

03 굴절은 매질에서 파동의 속력이 다르기 때문에 일어난다. 파동이 두 매질의 경계면에서 굴절할 때 입사각의 크기와 상관없이 입사각과 굴절각의 사인(sin)값의 비가 일정하다.

04 신기루는 빛의 굴절 때문에 나타나는 현상이다.

내신 실력 Up   본교재 151~153쪽

01 ①　**02** ⑤　**03** ②　**04** ④　**05** ④　**06** ④　**07** ③　**08** ①
09 ①　**10** ③　**11** ②　**12** ②　**13** 해설 참조　**14** 해설 참조
15 해설 참조

01 파동은 진동이 주변으로 전달되는 현상이다.
파동은 한 지점에서 발생한 진동이 주변으로 전파되며 에너지가 전달되는 현상이다. 이때 매질은 제자리에서 진동할 뿐 이동하지 않고 에너지만 전달된다.

02 파동은 매질의 진동 방향과 파동의 진행 방향의 관계에 따라 횡파와 종파로 구분한다.
⑤ 횡파는 매질의 진동 방향과 파동의 진행 방향이 서로 수직이고, 종파는 나란하다.
오답 피하기 ① 소리는 종파이다.
② 매질이 없어도 전달되는 것은 횡파인 전자기파이다.
③ 횡파에는 지진파의 S파, 전자기파, 물결파 등이 있다. 초음파는 종파이다.
④ 파동이 진행할 때 매질은 진동할 뿐 진행하지 않는다.

03 파동의 위치-거리 그래프에서 진폭과 파장을 알 수 있다.
① 진동은 y축 방향이고 진행 방향은 $+x$ 방향이므로 횡파이다.
③ 파장은 이웃한 동일 위상 사이의 거리이므로 20 m이다.
④ 주기가 2초이므로 진동수는 0.5 Hz이다.
⑤ 주기가 2초이고 파장이 20 m이므로 속력은 10 m/s이다.
오답 피하기 ② 진폭은 진동 중심에서 최대 변위까지의 거리이므로 5 m이다.

04 변위-시간 그래프에서 주기를 알 수 있고 변위-위치 그래프에서 파장을 알 수 있다.
(가)에서 이웃한 마루와 마루 사이의 시간인 a가 주기이고 진동수는 $\dfrac{1}{a}$이다. b는 진동 중심에서 최대 변위까지의 거리이므로 진폭이다. (나)에서 이웃한 마루와 마루 사이의 거리인 c가 파장이다.

05 변위-위치 그래프에서 파장을 알 수 있다.
ㄴ. 파동이 진행하면 P는 아래로, Q는 위로 진동한다. P와 Q는 반대 위상이므로 항상 반대 방향으로 운동한다.
ㄷ. 주기가 2초이므로 1초 후 P와 Q의 변위는 0이다. 따라서 P와 Q 사이의 거리는 2 m이다.
오답 피하기 ㄱ. 속력이 2 m/s이고 파장이 4 m이므로 주기는 2초이다. 진동수는 주기의 역수이므로 0.5 Hz이다.

06 굴절은 두 매질에서 파동의 속력이 다르기 때문에 일어난다.
④ 두 매질에서 물결파의 속력이 다르기 때문에 경계면에서 물결파의 진행 방향이 꺾이는 굴절이 일어난다.

07 물결파가 진행할 때 이웃한 파면 사이의 거리가 파장이다.
ㄱ. 파면 사이 간격이 클수록 물결파의 속력이 빠르다. 수심이 깊을수록 물결파의 속력이 빠르므로 수심은 A에서가 B에서보다 크다.
ㄴ. 파면 사이의 간격이 A에서가 B에서보다 크므로 파장은 A에서가 B에서보다 크다.
오답 피하기 ㄷ. 파동이 굴절하거나 반사할 때 진동수는 변하지 않는다.

08 빛은 매질이 달라질 때 굴절한다.
② 오목렌즈를 통과할 때 빛이 바깥쪽으로 굴절하기 때문에 빛이 퍼진다.
③ 물에서 공기로 빛이 진행할 때 굴절하기 때문에 물 속에 있는 다리가 짧아 보인다.
④ 빛이 물에서 유리, 공기로 진행할 때 굴절하기 때문에 유리컵에 잠긴 빨대가 꺾여 보인다.
⑤ 뜨거운 여름날 지면 근처에서 신기루가 나타나는 것은 지면 근처에서의 빛의 굴절과 관련된다.
오답 피하기 ① 거울에 내 모습이 비치는 것은 빛이 반사되기 때문이다.

09 소리는 기온이 높을수록 속력이 빠르다.
ㄱ. 소리의 속력 $v = 331.5 + 0.6T_c$ (m/s)이다. 따라서 따뜻한 공기에서가 차가운 공기에서보다 빠르다.
오답 피하기 ㄴ. 소리의 속력이 빠를수록 파장이 길다.
ㄷ. 소리가 굴절할 때 진동수는 변하지 않는다.

10 빛이 굴절률이 작은 매질에서 큰 매질로 진행하면 입사각이 굴절각보다 크다.
ㄷ. 빛은 매질의 굴절률이 클수록 속력이 작으므로 속력은 A에서가 B에서보다 크다.
오답 피하기 ㄱ. A에서 B로 진행할 때 입사각이 굴절각보다 크므로 굴절률은 A가 B보다 작다.
ㄴ. 빛이 굴절할 때 진동수는 변하지 않는다.

11 입사각이 굴절각보다 크면 굴절률은 매질 1이 매질 2보다 작다.

ㄷ. $\sin \theta_1 = \dfrac{\overline{BB'}}{\overline{AA'}}$이고 $\sin \theta_2 = \dfrac{\overline{AA'}}{\overline{AB'}}$이므로 $\overline{BB'} \sin \theta_2 = \overline{AA'} \sin \theta_1$이다.

[오답 피하기] ㄱ. 입사각은 θ_1, 굴절각은 θ_2이고 $\theta_1 < \theta_2$이므로 입사각이 굴절각보다 작다.

ㄴ. 입사각이 굴절각보다 작으므로 속력은 매질 2에서가 매질 1에서보다 크다.

[정리하기]

굴절 법칙

빛이 매질 1에서 매질 2로 진행하며 굴절할 때는 굴절 법칙이 적용된다.

$$\frac{v_1}{v_2} = \frac{\sin \theta_1}{\sin \theta_2} = \frac{\lambda_1}{\lambda_2} = \frac{n_2}{n_1}$$

12 빛은 밀도가 큰 찬 공기에서 속력이 더 느리다.

찬 공기의 밀도가 더운 공기의 밀도보다 크므로 빛의 속력이 더 느리다. 더운 공기와 찬 공기의 경계면에서 빛이 굴절하게 된다.

13 한 매질에서 파동의 속력은 일정하고, 파동의 속력이 일정할 때 진동수가 클수록 파장은 짧다.

[모범 답안] 주기와 파장은 (가)가 (나)보다 크고, 전파 속력은 (가)와 (나)에서 같다.

채점 기준	배점
주기, 파장, 속력을 모두 옳게 비교한 경우	100%
세 가지 중 두 가지만 옳게 비교한 경우	50%
세 가지 중 한 가지만 옳게 비교한 경우	30%

14 두 매질에서 빛의 속력이 다르기 때문에 빛의 진행 방향이 꺾인다.

[모범 답안] 공기와 물에서 빛의 속력이 다르기 때문이다.

채점 기준	배점
두 매질에서 빛의 속력이 다름을 서술한 경우	100%

15 빛이 속력이 빠른 매질에서 느린 매질로 진행하면 입사각이 굴절각보다 크다.

[모범 답안] 그림에서 굴절률은 유리>물>공기 순으로 크므로 빛의 속력은 공기>물>유리 순서로 크다. 빛의 파장은 속력에 비례하므로 공기>물>유리 순서로 크다.

채점 기준	배점
근거를 바탕으로 파장을 옳게 비교한 경우	100%
파장만 옳게 비교한 경우	50%

[개념 바로 확인] 본교재 155, 157쪽

01 전반사 **02** 임계각 **03** 코어, 클래딩 **04** 발신기

01 (1) × (2) × (3) ○ **02** ① **03** (1) ○ (2) × (3) ○ **04** ④

01 전반사는 두 매질이 경계면에서 입사광이 모두 반사되는 현상이다.

02 굴절 법칙에서 $n \sin \theta_c = 1 \times \sin 90°$이다.

03 두 매질의 굴절률 차이가 클수록 임계각은 작다

04 광통신은 광섬유 안에서 빛의 전반사를 이용해 빛 신호를 전송하는 통신 방식이다.

[내신 실력 **Up**] 본교재 158~159쪽

01 ④ **02** ④ **03** ③ **04** ② **05** ④ **06** ② **07** ⑤ **08** ①
09 해설 참조 **10** 해설 참조

01 전반사는 빛이 두 매질의 경계면에서 전부 반사되는 현상이다.
① 전반사는 두 매질의 경계면에서 빛이 전부 반사되는 현상이다.
② 빛의 굴절각이 90°일 때의 입사각을 임계각이라고 한다.
③ 입사각이 임계각보다 커야 전반사가 일어날 수 있다.
⑤ 매질 1에서 매질 2로 진행할 때 임계각은 $\sin \theta_c = \dfrac{n_2}{n_1}(n_1 > n_2)$이므로 두 매질의 굴절률 차이가 클수록 임계각이 작아진다.
[오답 피하기] ④ 전반사는 빛이 굴절률이 큰 매질에서 작은 매질로 진행할 때 일어날 수 있다.

02 빛이 굴절률이 큰 매질에서 작은 매질로, 임계각보다 큰 입사각으로 진행할 때 전반사가 일어난다.
ㄱ. 전반사는 입사각이 임계각보다 커야 하므로 입사각 θ는 임계각보다 크다.
ㄷ. 굴절률은 매질 1이 매질 2보다 크므로 빛의 속력은 매질 2에서가 매질 1에서보다 크다.
[오답 피하기] ㄴ. 전반사는 굴절률이 큰 매질에서 작은 매질로 빛이 진행할 때 일어나므로, 굴절률은 매질 1이 매질 2보다 크다.

03 직각 프리즘에서 빛의 한 면에 수직으로 입사한 경우 빗면에서의 입사각은 45°이다.
ㄱ. 프리즘에서 공기로 빛이 진행할 때 프리즘과 공기의 경계면에서 빛이 모두 반사되었으므로 전반사가 일어났다.
ㄴ. 전반사는 굴절률이 큰 매질에서 작은 매질로 빛이 진행할 때 일어나므로 굴절률은 프리즘이 공기보다 크다.
[오답 피하기] ㄷ. 입사각이 45°이므로 임계각은 45°보다 작다.

[정리하기]

굴절 법칙

빛이 매질 1에서 매질 2로 진행하며 굴절할 때는 굴절 법칙이 적용된다.

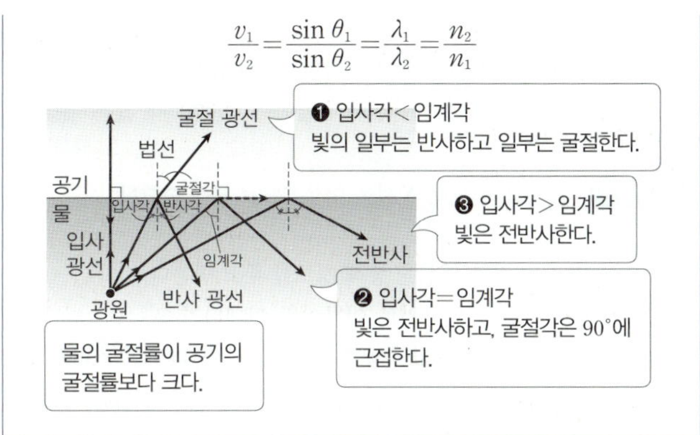

04 입사각이 임계각보다 작으면 일부는 굴절하고 일부는 반사한다.

ㄷ. P에서는 일부만 반사하고 Q에서는 전부 반사하므로 반사한 빛의 세기는 Q에서가 P에서보다 크다.

오답 피하기 ㄱ. 입사각과 반사각은 같으므로 입사각은 이고, 전반사가 일어나므로 입사각이 임계각보다 크다.

ㄴ. 매질 1에서 매질 2로 진행할 때 전반사가 일어나므로 굴절률은 매질 1이 매질 2보다 크다.

05 B에서의 입사각은 45°이고 C에서의 입사각은 0°이다.

ㄱ. B에서 입사각이 45°이고 전반사가 일어났으므로 임계각은 45°보다 작다.

ㄷ. 단색광의 속력은 굴절률이 작은 매질에서 더 빠르므로 공기에서가 프리즘에서보다 크다.

오답 피하기 ㄴ. C에서 빛이 경계면에 수직으로 입사하였으므로 입사각은 0°이다.

06 광통신은 중심의 코어와 코어를 감싸고 있는 클래딩으로 구성된다. 광통신은 전기 신호를 빛 신호로 변환하여 광섬유를 통해 전달하는 통신 방식이다. 광섬유는 굴절률이 큰 코어를 굴절률이 작은 클래딩이 감싸고 있어서 빛이 진행할 때 전반사가 일어난다.

07 A는 코어이고 B는 클래딩이다.

ㄱ. 공기의 굴절률보다 코어의 굴절률이 크므로 입사각이 굴절각보다 크다.

ㄴ. 굴절률은 코어인 A가 클래딩인 B보다 크다.

ㄷ. A에서 B로 입사할 때 전반사가 일어나므로 입사각이 임계각보다 크다.

08 광통신은 광섬유에서 빛의 전반사를 이용해 정보를 전달한다.

ㄴ. 광섬유에서 빛의 전반사가 일어나 신호의 세기가 약해지지 않고 먼 거리를 전송할 수 있다.

오답 피하기 ㄱ. A는 전기 신호를 빛 신호로 변환한다.

ㄷ. B는 빛을 검출하는 부분으로 광 다이오드가 사용된다.

> 정리하기
>
> **광통신 과정**
> (1) 송신부: 발신기를 이용해 전기 신호를 빛 신호로 변환
> • 발신기: 레이저, 발광 다이오드
> (2) 전달부: 광섬유에서 전반사를 이용해 빛 신호를 전달

• 광섬유: 굴절률이 큰 코어를 굴절률이 작은 클래딩이 감싸고 있는 구조
(3) 수신부: 광 검출기를 이용해 빛 신호를 전기 신호로 변환
• 광 검출기: 광 다이오드

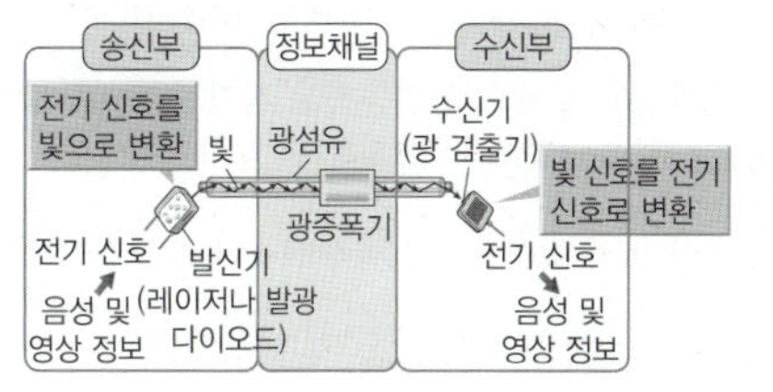

09 빛이 굴절률이 큰 매질에서 작은 매질로 진행할 때 입사각이 임계각보다 크면 전반사가 일어난다.

모범 답안 n이 진공의 굴절률 1보다 크고 θ가 임계각보다 커야 한다.

채점 기준	배점
두 가지 조건을 모두 옳게 설명한 경우	100%
한 가지 조건만 옳게 설명한 경우	50%

10 전반사는 빛이 굴절률이 큰 매질에서 작은 매질로 진행할 때 일어날 수 있다.

모범 답안 코어는 B이다. 굴절률은 B가 A보다 크다.

채점 기준	배점
코어를 찾고, 굴절률을 옳게 비교한 경우	100%
코어만 찾았거나, 굴절률만 옳게 비교한 경우	50%

 **03 전자기파**

> **개념 바로 확인**　　　　　　　　　　　본교재 161쪽
>
> **01** 전기장, 자기장　**02** 수직
>
> **01** (1) ◯ (2) ◯ (3) ×　**02** X선

01 전자기파는 파장이 짧을수록, 진동수가 클수록 에너지가 크다.

02 X선은 고속의 전자가 금속과 충돌할 때 방출되며, 인체 내부를 투시하는 X－레이 검사 등에 활용된다.

> **내신 실력 Up**　　　　　　　　　　　본교재 162~163쪽
>
> **01** ④　**02** ⑤　**03** ②　**04** ④　**05** ②　**06** ⑤　**07** ④　**08** ③
> **09** 해설 참조　**10** 해설 참조

01 전자기파는 전기장과 자기장의 진동이 공간으로 전파되는 파동이다.

① 전자기파는 전기장과 자기장의 진동이 전파되는 것이므로 진공에서도 전달된다.

② 진공에서 전자기파 속력은 약 $3\times10^9\,\mathrm{m/s}$로, 자연계에서 가장 빠르다.

③, ⑤ 전자기파에서 전기장과 자기장의 진동 방향, 전자기파의 진행 방향은 서로 수직이다.

오답 피하기 ④ 선기장의 세기가 최대일 때 자기장의 세기도 최대이다.

02 전자기파는 전기장과 자기장의 진동이 전파되는 파동이다.

ㄱ, ㄷ. 자기장의 x축 방향으로 진동하고 전기장이 y축 방향으로 진동하므로 전자기파는 $-z$ 방향으로 진행한다.

ㄴ. $v=f\lambda$에서 빛의 속력이 c이고 파장이 a이므로 진동수는 $\dfrac{c}{a}$이다.

정리하기

전자기파의 진행 방향

(1) 전기장과 자기장의 진동 방향은 서로 수직이다.

(2) 오른손 네 손가락을 전기장 방향으로 펴고 자기장 방향으로 돌렸을 때 엄지 손가락이 가리키는 방향이 전자기파의 진행 방향이다.

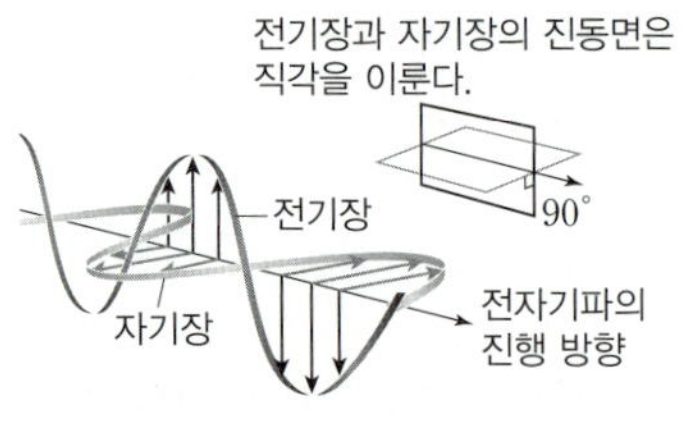

03 전자기파는 파장에 따라 분류할 수 있다.

전자기파는 파장이 짧은 것부터 감마선-X선-자외선-가시광선-적외선-전파(마이크로파-라디오파)로 구분한다. 따라서 A는 감마선이고 B는 자외선, C는 적외선, D는 마이크로파, E는 라디오파이다.

04 전자기파의 파장에 따라 다양하게 활용된다.

(가) 휴대 전화나 라디오 통신에 이용되는 것은 라디오파로 E 영역이다.

(나) CT, X-ray 등 의학적 진단에 이용되는 것은 X선으로 B영역이다.

(다) 핵분열 과정에서 방출되며 암치료에 활용되는 것은 감마선으로 A 영역이다.

05 RFID 시스템은 라디오파를 이용한 근거리 무선 인식 시스템이다.

ㄴ. 태그의 안테나에서 전자기파를 수신할 때는 안테나를 통과하는 자기장이 변하여 전자기 유도에 의한 유도 전류가 흐른다.

오답 피하기 ㄱ. RFID 시스템은 라디오파를 이용하며, 라디오파는 가시광선보다 파장이 길다.

ㄷ. 태그의 안테나에서 리더의 안테나로 데이터를 전송하는 전자기파는 라디오파이다.

06 적외선은 열과 관련된 분야에서 주로 이용된다.

⑤ 적외선은 적외선 카메라, 비접촉식 온도계, 적외선 히터 등의 열 관련 분야와 TV 리모컨 등에 이용된다.

오답 피하기 ① 비파괴 검사는 X선을 이용한다.

② 전자현미경은 전자의 물질파를 이용한다.

③ 위성 안테나는 마이크로파를 이용해 지구와 통신한다.

④ 식기 소독기는 자외선을 이용해 살균한다.

07 A는 라디오파, B는 X선이다.

ㄴ. 진공에서 파장은 진동수가 작은 라디오파가 X선보다 길다.

ㄷ. X선은 고속으로 운동하던 전자가 금속에 충돌할 때 잃는 에너지가 방출되는 것이다.

오답 피하기 ㄱ. CT 촬영은 X선을 이용하므로 B에 속한다.

08 스마트 카드는 전파 통신을 통해 정보를 주고 받는다.

스마트 카드에는 사각형 코일로 이루어진 안테나가 있는데, 안테나를 통과하는 자기장이 변하면 코일에 유도 전류가 흐른다. 즉, 스마트 카드는 전자기 유도 현상을 이용해 정보를 수신하고, 전류에 의한 자기작용을 이용해 전파를 발생시킬 수 있다.

09 가시광선보다 에너지가 작은 전자기파는 파장이 가시광선보다 길다. 열 작용과 관련된 전자기파는 적외선이다.

모범 답안 B, 비접촉식 온도계나 TV 리모컨 등에 활용된다.

채점 기준	배점
B를 찾고, 적절한 사례를 제시한 경우	100%
B를 찾지 못하고 적절한 사례만 제시한 경우	50%
B만 찾은 경우	30%

10 전자기파는 전기장과 자기장의 진동이 전파되는 파동이다.

모범 답안 전자기파는 입자의 진동이 아닌 전기장과 자기장의 진동이 전파되는 파동이기 때문에 매질이 없는 진공에서도 전달된다.

채점 기준	배점
전기장과 자기장의 진동임을 명시한 경우	100%
입자의 진동이 아님만 설명한 경우	50%

04 파동의 간섭

개념 바로 확인

본교재 165, 167쪽

01 독립성 **02** 보강 **03** 보강 **04** 상쇄

01 y_1+y_2, y_1-y_2 **02** (1) ○ (2) × (3) ○ **03** (1) 상쇄 (2) 보강 (3) 상쇄 **04** 상쇄, 반대

01 보강 간섭할 때는 진폭의 합이, 상쇄 간섭할 때는 진폭의 차이가 합성파의 진폭이 된다

02 반파장의 짝수배는 파장의 정수배와 같다.

03 무반사 코팅을 하면 외부 모습이 반사되지 않아 안쪽의 모습이 잘 보인다.

04 소음 제거 기술은 위상이 반대인 소리를 만들어 원래의 소리와 상쇄 간섭하도록 하는 기술이다.

01 ③	**02** ④	**03** ③	**04** ②	**05** ②	**06** ④	**07** ②	**08** ⑤
09 ④	**10** ④	**11** ④	**12** ⑤	**13** 해설 참조	**14** 해설 참조
15 해설 참조

01 파동의 중첩과 독립성은 파동을 입자와 구분짓는 특징이다.

파동이 겹칠 때 진폭이 변하는 것을 중첩이라고 하고, 겹친 후 다시 원래 상태를 유지하며 진행하는 현상을 독립성이라고 한다.

02 파동이 보강 간섭하면 진폭이 더해진다.

④ 두 파원에서 진폭과 진동수, 위상이 같은 파동이 발생하면 두 파원의 중점에서는 같은 위상으로 중첩되므로 진폭이 2배가 된다.

오답 피하기 ① 파동이 중첩되면 진폭이 변하고, 이후 원래의 상태를 유지하며 진행한다.

② 두 파동이 같은 위상으로 겹치면 진폭이 커진다.

③ 파동이 간섭된 후 분리되면 진폭, 진동수, 파장, 진행 방향 등이 원래의 상태를 유지한다.

⑤ 위상과 진동수가 같은 두 파동이 보강 간섭하려면 두 파원으로부터의 경로차가 반파장의 짝수배여야 한다.

정리하기

두 파원에서 발생한 파동의 간섭 조건

두 파원으로부터의 경로차가 다음과 같은 조건을 만족한다.

간섭	동일 위상으로 발생할 때	반대 위상으로 발생할 때
보강 간섭	반파장의 짝수배 $\Delta = \dfrac{\lambda}{2} \times 2n$	반파장의 홀수배 $\Delta = \dfrac{\lambda}{2} \times (2n+1)$
상쇄 간섭	반파장의 홀수배 $\Delta = \dfrac{\lambda}{2} \times (2n+1)$	반파장의 짝수배 $\Delta = \dfrac{\lambda}{2} \times 2n$

03 1초 후 두 파동은 완전히 겹친다.

오른쪽으로 진행하는 파동의 최대 진폭이 $+3\,\mathrm{m}$이고 왼쪽으로 진행하는 파동의 최대 진폭이 $-1\,\mathrm{m}$이므로 1초 후 두 파동이 완전히 중첩되었을 때 최대 변위는 $+2\,\mathrm{m}$이다.

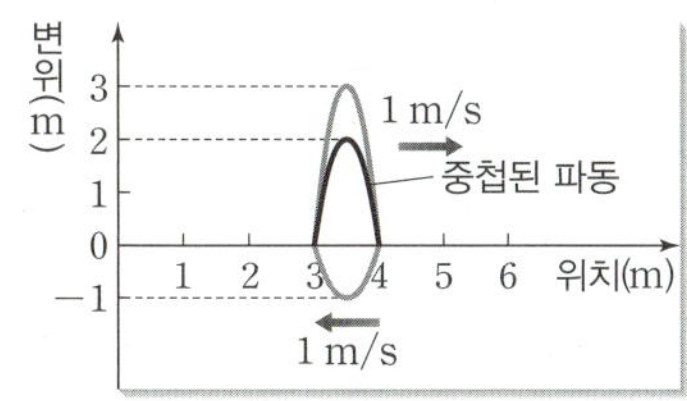

04 두 파동의 파장은 $4\,\mathrm{cm}$이다.

ㄴ. 진행 속력이 $2\,\mathrm{cm/s}$이므로 2초 후 A에서 오른쪽으로 진행하는 파동은 위로 올라가는 상태이고 왼쪽으로 진행하는 파동은 아래로 내려가는 상태이다. 즉, 두 파동이 A에서 반대 위상으로 중첩되므로 A에서는 상쇄 간섭이 일어난다.

오답 피하기 ㄱ. 진행 속력이 $2\,\mathrm{cm/s}$이고 파장이 $4\,\mathrm{cm}$이므로 진동수는 에서 $0.5\,\mathrm{Hz}$이다.

ㄷ. 2초후 B에서 오른쪽으로 진행하는 파동의 변위는 0이고 왼쪽으로

진행하는 파동의 변위도 0이므로 B의 변위는 0이다.

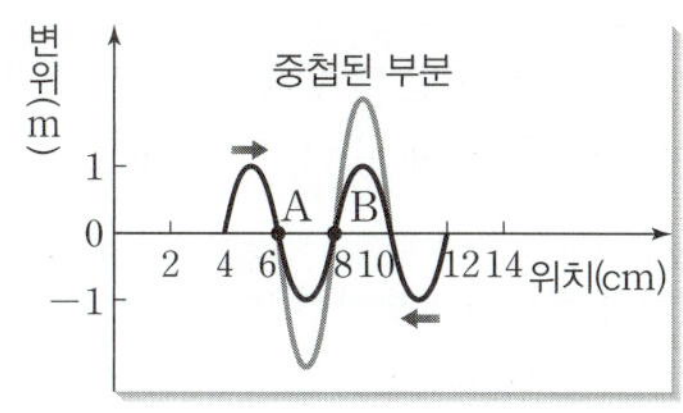

05 마루와 마루 사이의 거리가 파장이다.

ㄷ. P와 Q를 잇는 직선 상의 점에서는 물결파가 상쇄 간섭한다.

오답 피하기 ㄱ. 마루와 마루 사이의 거리가 파장 λ이므로 P, Q 사이의 거리는 $1.5\sqrt{2}\lambda$이다.

ㄴ. P에서는 마루와 골이 중첩하므로 상쇄 간섭이 일어난다.

정리하기

물결파의 간섭

(1) 마루와 마루가 중첩하면 보강 간섭 ➡ 진폭 최대

(2) 골과 골이 중첩하면 보강 간섭 ➡ 진폭 최대

(3) 마루와 골이 중첩하면 상쇄 간섭 ➡ 진폭 0

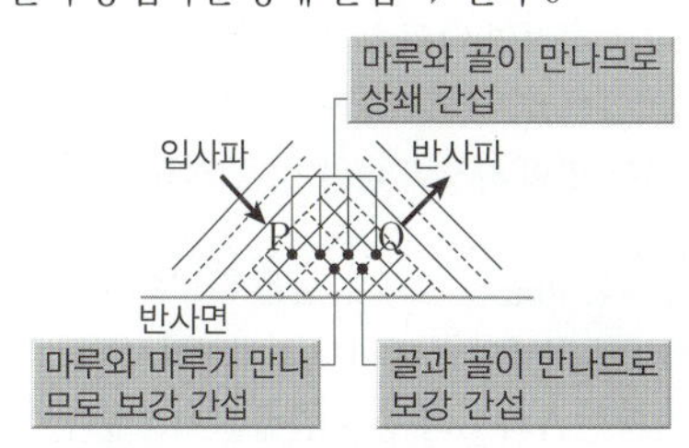

06 보강 간섭은 마루와 마루 또는 골과 골이 만나는 점이다.

p에서는 골과 골이 중첩하고, q에서는 마루와 골이 중첩하고, r에서는 마루와 마루가 중첩하므로 보강 간섭이 일어나는 곳은 p, r이다.

07 보강 간섭이 일어나려면 경로차가 반파장의 짝수배여야 한다.

물결파의 속력이 $24\,\mathrm{cm/s}$이고 경로차가 $6\,\mathrm{cm}$이므로 진동수에 따른 파장과 경로차를 구하면 표와 같다.

진동수(Hz)	파장(cm)	경로차
4	6	$\dfrac{\lambda}{2} \times 2$
6	4	$\dfrac{\lambda}{2} \times 3$
8	3	$\dfrac{\lambda}{2} \times 4$
12	2	$\dfrac{\lambda}{2} \times 6$
24	1	$\dfrac{\lambda}{2} \times 12$

따라서 $6\,\mathrm{Hz}$일 때는 P에서 경로차가 반파장의 홀수배가 되어 상쇄 간섭이 일어난다.

08 물결파의 파장은 $2\,\mathrm{cm}$이다.

ㄴ. 그림의 순간 A는 골과 골이 만나 보강 간섭하고 C는 마루와 마루가 만나 보강 간섭하므로 위상이 정반대이다. 따라서 A가 마루가 될 때 C는 골이 된다.

ㄷ. $\overline{S_1 B} = 1.5\lambda$, $\overline{S_2 B} = 2\lambda$이므로 경로차는 $1\,\mathrm{cm}$이다.

오답 피하기 ㄱ. 두 파원 사이의 거리가 $6\,\mathrm{cm}$이고 파장의 3배이므로 파

장은 2 cm이다.

09 경로차가 반파장의 홀수배일 때 상쇄 간섭하여 소리가 작게 들린다.
ㄴ. 소리 파장이 0.72 m이고 속력이 360 m/s이므로 $v=f\lambda$에서 $f=500$(Hz)이다.
ㄷ. A, B에서 Q까지 경로차가 반파장의 2배이므로 Q에서는 보강 간섭한다.

오답 피하기 ㄱ. A, B에서 P까지 경로차가 36 cm이므로 $\frac{\lambda}{2}=36$에서 $\lambda=72$ cm이다.

10 자동차나 비행기의 소음 제거 장치는 소리의 상쇄 간섭을 이용하고, 안경의 반사 방지 코팅은 빛의 상쇄 간섭을 이용한다. 악기는 소리의 보강 간섭을 이용해 특정 진동수의 소리가 크게 나도록 한다.

12 렌즈 코팅은 빛의 상쇄 간섭을 이용한 예이다.
ㄱ. 렌즈에서는 얇은 막의 위와 아래에서 반사된 빛이 서로 상쇄 간섭하도록 막의 두께를 조절한다.
ㄴ. 파장이 길수록 상쇄 간섭이 일어나는 경로차가 증가하므로 파장이 다른 빛을 상쇄 간섭하려면 막의 두께가 달라야 한다.
ㄷ. 물 위에 뜬 기름의 색이 여러 가지로 보이는 것은 기름 막의 두께에 따라 상쇄 간섭하는 빛의 파장이 다르기 때문이다.

11 소음 제거 장치는 파동의 상쇄 간섭을 활용한 사례이다.
ㄴ. A와 B는 위상만 반대인 소리이므로 속력이 같다.
ㄷ. 소음 제거 장치는 A와 B의 상쇄 간섭을 이용한다.

오답 피하기 ㄱ. A와 B는 파장, 진폭은 같지만 위상이 반대이 파동이다.

13 비행기의 소음 제거 장치는 상쇄 간섭을 이용한다.
모범 답안 외부 소음과 위상이 반대인 소리를 발생시켜 서로 상쇄 간섭하도록 한다.

채점 기준	배점
위상이 반대임을 명시하고 상쇄 간섭함을 설명한 경우	100%
위상이 반대 또는 상쇄 간섭 중 한 가지만 설명한 경우	50%

14 P점은 마루와 골이 만나는 지점이다.
모범 답안 P점은 두 파원에서 발생한 물결파가 항상 반대 위상으로 만나 상쇄 간섭하므로 변위가 0이다.

채점 기준	배점
물결파가 항상 반대 위상으로 만나 상쇄 간섭함을 명시한 경우	100%
마루와 골이 만나 상쇄 간섭한다고 서술한 경우	70%
위상은 언급하지 않고 상쇄 간섭한다고 서술한 경우	50%
마루와 골이 만난다고 서술한 경우	30%

15 빛의 파장이 다르면 상쇄 간섭이 일어나는 막의 두께가 다르다.
모범 답안 비누막의 두께가 다르면 상쇄 간섭(또는 보강 간섭)하는 빛의 파장이 다르기 때문이다.

채점 기준	배점
막의 두께와 간섭 조건을 연계하여 설명한 경우	100%
두께가 다르기 때문이라고만 설명한 경우	50%

ㄱ 파동 ㄴ 진동수 ㄷ 속력 ㄹ 굴절률 ㅁ 임계각 ㅂ 큰 ㅅ 작은 ㅇ 빛 ㅈ 진공 ㅊ X선 ㅋ 마이크로파 ㅌ 독립성 ㅍ 보강 ㅎ 상쇄

수능 1등급 본교재 174~177쪽

| **01** ④ | **02** ① | **03** ⑤ | **04** ③ | **05** ④ | **06** ③ | **07** ② | **08** ⑤ |
| **09** ④ | **10** ② | **11** ① | **12** ② | **13** ⑤ | **14** ④ | **15** ② | **16** ④ |

01 매질의 진동 방향에 따라 파동의 진행 방향을 결정할 수 있다.
ㄴ. a 방향으로 진행할 때 P의 변위가 2 cm가 되는 순간은 $\frac{T}{4}$가 지났을 때이다. 따라서 파동이 a 방향으로 진행할 때 주기 $T=4$초이고, 진동수는 0.25 Hz이다.
ㄷ. b 방향으로 진행할 때 P의 변위가 2 cm가 되는 순간은 $\frac{3T}{4}$가 지났을 때이다. 따라서 파동이 b 방향으로 진행할 때 주기 $T=\frac{4}{3}$초이고, 파장이 20 cm이므로 속력은 15 cm/s이다.

오답 피하기 ㄱ. 진폭은 진동 중심에서 최대 변위까지의 거리이므로 2 cm이다.

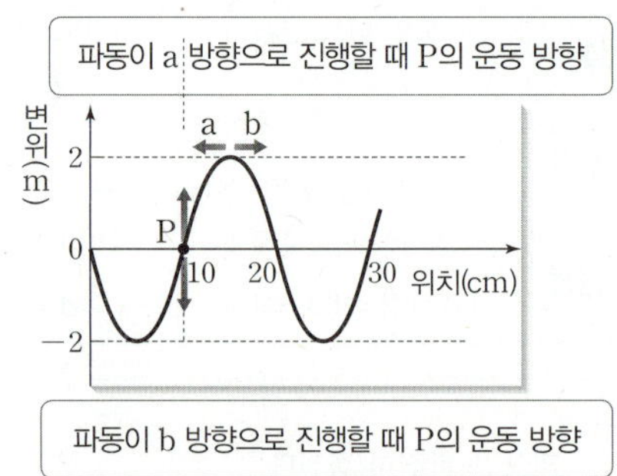

02 P가 $+y$ 방향으로 운동하므로 파동은 $-x$ 방향으로 진행한다.
ㄱ. (나)에서 주기가 0.2초이므로 진동수는 5 Hz이다.

오답 피하기 ㄴ. 속력이 10 m/s이고 주기가 0.2초이므로 파장 $\lambda=2a=2$에서 $a=1$ m이다.
ㄷ. (가)의 순간부터 P가 $+y$ 방향으로 운동하므로 파동은 $-x$ 방향으로 진행한다.

03 굴절 법칙 $n_1\sin\theta_1=n_2\sin\theta_2$를 적용한다.
매질 1의 굴절률을 n_1이라고 하면 매질 1에서 매질 2로 진행할 때 $n_1\sin 30°=\sqrt{\frac{3}{2}}\sin 45°$이고, 매질 1에서 매질 3으로 진행할 때 $n_1\sin 45°=\sqrt{2}\sin\theta$이다. $n_1=\sqrt{3}$이고 $\sin\theta=\frac{\sqrt{3}}{2}$이다.

04 빛이 바깥쪽으로 굴절하므로 오목 렌즈이다.
ㄷ. 근시용 안경은 오목 렌즈를 이용해 상이 맺히는 거리를 길게 한다.

오답 피하기 ㄱ. 현미경은 볼록 렌즈를 이용해 물체의 상을 확대한다.
ㄴ. 카메라에서 빛을 모으기 위해서는 볼록 렌즈를 사용해야 한다.

05 임계각은 $\sin\theta_c = \dfrac{1}{n}$ 의 관계가 있다.

A의 굴절률을 n이라고 하면 빛이 공기에서 A로 진행할 때 굴절 법칙 $1 \times \sin 60° = n \times \sin 45°$에서 $n = \sqrt{\dfrac{3}{2}}$ 이다. 따라서 $\sin\theta_c = \sqrt{\dfrac{2}{3}}$ 이다.

06 전반사는 빛이 굴절률이 큰 매질에서 작은 매질로 진행할 때 일어난다.

ㄱ. $\dfrac{n_2}{n_1} = \dfrac{\sin\theta_1}{\sin\theta_2} = \dfrac{\overline{PQ}}{\overline{RS}}$ 에서 $\overline{PQ}$는 3칸, $\overline{RS}$는 2칸이므로 $n_2 = 1.5$이다.

ㄷ. 입사각을 바꾸어도 $\dfrac{\sin\theta_1}{\sin\theta_2} = \dfrac{\overline{PQ}}{\overline{RS}}$ 은 일정하다.

오답 피하기 ㄴ. 공기의 굴절률보다 A의 굴절률이 크므로 공기에서 A로 진행할 때는 전반사가 일어나지 않는다.

07 θ_2가 임계각보다 작으면 빛은 일부가 코어에서 클래딩으로 굴절한다.

ㄴ. 굴절률은 코어 > 클래딩 > 공기 순으로 크다.

오답 피하기 ㄱ. 빛 중 일부가 굴절하여 코어에서 클래딩으로 진행하므로 θ_2는 임계각보다 작다.

ㄷ. θ_1을 증가시키면 코어와 클래딩의 경계면에서 입사각은 더 작아진다. 따라서 빛이 코어와 클래딩의 경계면에서 전반사하려면 θ_1을 더 작게 해야 한다.

08 광통신은 도청이 어렵고 많은 정보를 빠르게 멀리까지 전송할 수 있다. 그러나 끊어지면 수리하기 어렵고 초기 설치 비용이 많이 든다. 또 중간에 변조와 복조 과정을 거쳐야 한다.

09 A는 감마선, B는 자외선, C는 적외선이다.

ㄱ. A 영역은 감마선으로, 핵분열 과정에서 방출되는 방사선이다.

ㄷ. 진공에서 전자기파의 속력은 파장과 관계 없이 일정하다.

오답 피하기 ㄴ. B 영역은 자외선으로 식기 소독기, 형광등 등에 사용된다.

10 극저주파, 고주파 등은 전파의 일부이다.

ㄴ. 광자 1개가 에너지는 파장이 짧을수록 크다. 따라서 광자 1개의 에너지가 가장 큰 것은 감마선이다.

오답 피하기 ㄱ. X선이 고주파보다 파장이 짧다.

ㄷ. 극저주파는 안테나에서 전자의 진동을 이용해 발생시킨다. 고속 전자를 금속에 충돌시킬 때 발생하는 것은 X선이다.

정리하기

발생 방법에 따른 전자기파의 분류

전자기파	발생 방법
감마선	핵분열 과정에서 방출
X선	고속 전자가 금속에 충돌할 때 방출
자외선, 가시광선, 적외선	원자에서 전자가 전이할 때 방출
마이크로파, 라디오파	전자의 진동으로 발생

11 원소가 방사성 붕괴할 때 방출하는 전자기파는 감마선이다. 감마선은 전자기파 중 파장이 가장 짧고 에너지가 가장 크다.

12 보강 간섭 하는 점의 변위는 시간에 따라 변하고 상쇄 간섭하는 점의 변위는 변하지 않는다.

ㄴ. S_1, S_2 사이에서 상쇄 간섭 하는 지점이 3곳이므로 보강 간섭하는 지점은 4곳이다.

오답 피하기 ㄱ. S_1, S_2에서 Q까지 경로차가 $1.5\lambda = 6$이므로 파장은 4 m이다. (나)에서 주기가 4초이므로 물결파의 속력은 1 m/s이다.

ㄷ. P는 마루와 골이 만나 상쇄 간섭하는 지점이므로 진동하지 않는다.

13 두 점파원에서 반대 위상으로 파동이 발생할 때는 경로차가 반파장의 홀수배일 때 보강 간섭이 일어난다.

ㄱ. P가 두 번째 보강 간섭이 일어나는 지점이므로 경로차가 반파장의 3배이다. $\dfrac{3}{2}\lambda = 10 - 7$에서 $\lambda = 2$ cm이다.

ㄴ. 진동수가 4 Hz이므로 물결파의 속력은 8 cm/s이다.

ㄷ. 직선 AB 위의 점들은 두 점파원에서 경로차가 0인 지점이므로 항상 상쇄 간섭이 일어난다.

14 보강 간섭이 일어나는 P에서 경로차가 λ이므로 두 점파원에서는 동일 위상으로 파동이 발생한다.

그림에서 P, Q, R 등은 경로차가 반파장의 짝수배이므로 보강 간섭이 일어나고, 그 사이의 점에서는 상쇄 간섭이 일어난다. P에서 경로차가 λ이고, S에서 경로차가 7λ이므로 P에서 S까지 상쇄 간섭이 일어나는 지점은 경로차가 1.5λ, 2.5λ, 3.5λ, 4.5λ, 5.5λ, 6.5λ인 곳이며, 위와 아래에 있으므로 총 12곳이다. 따라서 원을 한 바퀴 돌며 측정할 때 소리가 가장 작게 들리는 지점은 총 12번 나타난다.

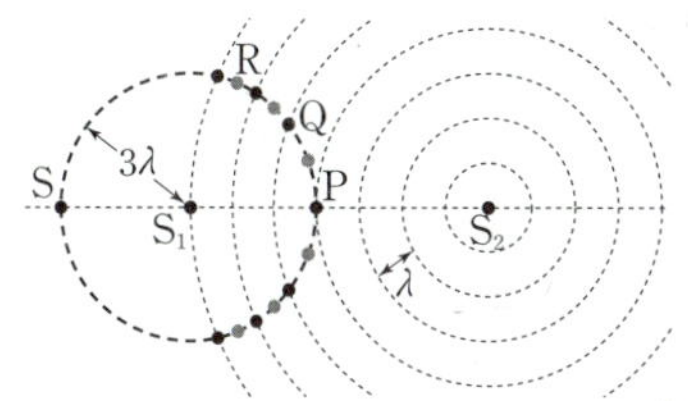

15 (가)에서 (나)가 되는 것은 $\dfrac{T}{4} \times$ (홀수)일 때이다.

파장이 2 m이고, 3초 후에 (나)가 되었으므로 가능한 진행 속력은 표와 같다.

구분	주기(초)	속력(m/s)
$\dfrac{1}{4}T = 3$	12	$\dfrac{1}{6}$
$\dfrac{3}{4}T = 3$	4	$\dfrac{1}{2}$
$\dfrac{5}{4}T = 3$	$\dfrac{12}{5}$	$\dfrac{5}{6}$
$\dfrac{7}{4}T = 3$	$\dfrac{12}{7}$	$\dfrac{7}{6}$
$\dfrac{9}{4}T = 3$	$\dfrac{4}{3}$	$\dfrac{3}{2}$

다른 풀이 $\dfrac{T}{4} \times (2m+1) = 3$이므로 파동의 주기 $T = \dfrac{12}{2m+1}$이고 파장이 2 m이므로 속력 $v = \dfrac{2m+1}{6}$이다. $m = 1, 2, 3, 4, \cdots$이면 $v = \dfrac{1}{2}, \dfrac{5}{6}, \dfrac{7}{6}, \dfrac{3}{2}, \cdots$이다.

16 소음 제거 장치에서는 입력된 소음과 위상이 반대인 소리를 만들어 상쇄 간섭하도록 한다.

소음의 진폭이 4 cm이고 두 파동이 중첩되었을 때 진폭이 1 cm이므로 소음 제거 장치에서 만드는 소리의 진폭은 3 cm이고 위상이 반대이다.

02 빛과 물질의 이중성

01 빛의 이중성

개념 바로 확인　　　　　　　　　　본교재 181쪽

01 광전효과　**02** 진동수, 입자

01 (1) ◯ (2) ◯ (3) ×　**02** 전하 결합 소자(CCD)

01 광전자의 최대 운동 에너지는 빛의 진동수가 클수록 크다.

02 전하 결합 소자는 광전 효과를 이용해 빛 신호를 전기 신호로 변환한다.

내신 실력 Up　　　　　　　　　　본교재 182~183쪽

01 ④　**02** ⑤　**03** ②　**04** ④　**05** ②　**06** ④　**07** ④　**08** ①
09 해설 참조　**10** 해설 참조

01 아인슈타인은 광전 효과를 설명하기 위해 광양자설을 제안하였다.
④ 광양자설에서 광자는 진동수에 비례하는 에너지를 갖는다.
오답 피하기 ① 빛은 에너지를 갖는 입자인 광자의 흐름이다.
② 빛은 hf의 정수배에 해당하는 불연속적인 에너지를 갖는다.
③ 빛은 광양자라고 하는 입자의 흐름이다.
⑤ 진공에서 빛의 속력은 파장에 상관 없이 일정하다.

02 광전 효과는 금속에 빛을 비추었을 때 전자가 방출되는 현상이다.
① 광전 효과에서 진동수가 문턱 진동수보다 작은 빛은 아무리 세게 비추어도 전자가 방출되지 않는다. 이것은 빛의 파동성으로는 설명할 수 없다.
② 광전 효과는 빛을 광자라는 입자의 흐름으로 보아야만 설명할 수 있어서 빛의 입자성을 뒷받침하는 증거가 된다.
③ 방출되는 광전자의 운동 에너지는 비추어주는 빛의 진동수가 클수록 크다.
④ 광전 효과는 금속 표면에 빛을 비추었을 때 광전자가 방출되는 현상이다.
오답 피하기 ⑤ 진동수가 금속의 문턱 진동수보다 큰 빛을 비추어야 광전자가 방출된다.

정리하기

광전 효과의 실험적 사실과 해석
(1) 특정 진동수 이상의 빛을 비출 때만 광전자가 방출된다.
　➡ 빛의 진동수가 문턱 진동수보다 커야 한다.
(2) 특정 진동수보다 진동수가 작은 빛은 아무리 오래 비추거나 세기를 증가시켜도 광전자가 방출되지 않는다. ➡ 광전자 방출 여부는 빛의 진동수에만 관계한다.
(3) 광전자가 방출되었을 때 빛의 세기가 증가하면 방출되는 광전자의 개수가 증가한다. ➡ 빛의 세기는 광자의 수에 비례한다.

03 금속판의 문턱 진동수보다 진동수가 큰 빛을 비추어야 광전자가 방출된다.
ㄴ. A를 비출 때만 광전자가 방출되므로 진동수는 A가 B보다 크다.
오답 피하기 ㄱ. 빛의 세기와 광전자 방출 여부는 상관이 없다.
ㄷ. B를 비추었을 때는 광전자가 방출되지 않으므로 B의 진동수는 금속판의 문턱 진동수보다 작다.

04 B와 C를 비추었을 때 광전자가 방출되지 않았으므로 A를 비출 때만 광전자가 방출된다.
ㄱ. A의 진동수만 금속판의 문턱 진동수보다 크므로 A~C 중 A의 진동수가 가장 크고 파장은 가장 짧다.
ㄷ. C를 비출 때는 광전자가 방출되지 않으므로 금속판의 문턱 진동수는 C의 진동수보다 크다.
오답 피하기 ㄴ. 문턱 진동수가 B의 진동수보다 작은 금속판으로 바꾸어 실험해야 광전자가 방출된다.

05 금속판의 문턱 진동수는 자외선의 진동수보다 작고 가시광선의 진동수보다 크다.
ㄴ. 자외선을 비추었을 때 금속박이 벌어진 것은 금속판에서 전자가 방출되어 금속박이 (+)전하로 대전되었기 때문이다.
오답 피하기 ㄱ. 백열등의 진동수가 금속판의 문턱 진동수보다 작으므로 백열등의 세기를 증가시켜도 전자가 방출되지 않는다. 따라서 금속박도 벌어지지 않는다.
ㄷ. 광전 효과는 빛이 입자라는 증거가 된다.

06 빛은 입자성과 파동성을 모두 갖는다.
④ 라우에의 X선 회절 무늬는 빛이 결정 입자를 통과할 때 회절하는 성질을 이용한 것이다. 회절은 파동의 성질이다.
오답 피하기 ① 빛은 입자성이 나타나기도 하고 파동성이 나타나기도 하지만 두 가지 성질이 동시에 나타나지는 않는다.
② 광전 효과는 파동성으로는 설명할 수 없고 입자성으로 설명할 수 있다.
③ 빛은 불연속적인 에너지를 갖는 광자의 흐름이다.
⑤ 간섭은 파동의 성질이다.

07 전하 결합 소자(CCD)는 광전 효과를 이용해 빛을 전기 신호로 변환한다.
디지털 카메라의 CCD에는 수많은 광다이오드가 규칙적으로 배열되어 있다. 광다이오드는 빛이 들어왔을 때 전자를 방출한다. 이때 빛의 세기가 클수록 방출되는 전자의 수가 많아진다.

08 전하 결합 소자는 디지털 카메라, 폐쇄회로 TV, 스캐너, 우주 망원경 등에 활용된다. 초음파 진단은 종파인 초음파를 이용하는 것이다.

09 광전 효과에서 빛의 세기는 광전자의 개수와 관련되고 빛의 진동수는 광전자의 운동 에너지와 관련된다.
모범 답안 단색광의 세기만 증가시키면 방출되는 광전자의 수가 많아지고, 진동수만 증가시키면 방출되는 광전자의 최대 운동 에너지가 증가한다.

채점 기준	배점
두 가지를 모두 옳게 설명한 경우	100%
한 가지만 옳게 설명한 경우	50%

10 주황색은 빨강색 빛의 세기가 초록색 빛보다 클 때 나타난다.

[모범 답안] 주황색은 빨간 빛의 세기가 초록 빛의 세기보다 클 때 두 빛의 합성으로 얻을 수 있다. 즉 빨강 화소에서는 많은 수의 광전자가, 초록 화소에서는 적은 수의 광전자가 방출되며 파랑 화소에서는 광전자가 방출되지 않는다.

채점 기준	배점
빨강과 초록을 옳게 비교하고, 파랑에서는 방출되지 않음을 설명한 경우	100%
두 가지 중 한 가지만 옳게 설명한 경우	50%

 ## 02 물질의 이중성

개념 바로 확인

본교재 185쪽

01 물질파 **02** 이중성

01 ㄱ, ㄴ **02** (1) ○ (2) ○ (3) ×

01 a입자 산란 실험은 원자핵의 존재를 확인한 실험이다.

02 투과 전자 현미경은 전자선이 투과하기 쉽도록 시료를 얇게 만들어야 한다.

내신 실력 Up

본교재 186~187쪽

01 ① **02** ② **03** ② **04** ④ **05** ③ **06** ③ **07** ⑤ **08** ④
09 해설 참조 **10** 해설 참조

01 입자의 드브로이 파장은 $\lambda = \dfrac{h}{p} = \dfrac{h}{\sqrt{2mK}}$ 이다. 질량이 $2m$이고 운동 에너지가 $2K$ 일 때는 $\dfrac{h}{\sqrt{2 \times 2m \times 2K}} = \dfrac{\lambda}{2}$ 이다.

02 전압 V로 가속된 전자의 운동 에너지는 eV 이다.
음극판에 정지해 있던 전자가 전압 V로 가속되어 양극판을 통과할 때 운동 에너지는 eV 이다. 드브로이 파장은 $\lambda = \dfrac{h}{p} = \dfrac{h}{\sqrt{2mK}}$ 에서 $\lambda = \dfrac{h}{\sqrt{2meK}}$ 이다.

03 이중 슬릿에 의한 간섭 무늬는 파동성의 증거이다.
많은 전자를 이중 슬릿에 통과시키면 빛을 이중 슬릿에 통과시켰을 때와 마찬가지로 전자가 많이 모이고 작게 모이는 간섭 무늬가 나타난다. 이는 전자가 파동성을 갖기 때문이다.

04 전자선의 회절 무늬는 전자가 파동성을 갖고 있다는 증거이다.
ㄴ. 전자를 금속박에 비추었을 때 회절 무늬가 나타나는 것은 전자의 파동성을 보여준다.
ㄷ. 전자에 의한 회절 무늬 간격이 X선의 회절 무늬 간격과 같다는 것은 전자의 물질파 파장이 X선의 파장과 같다는 것을 보여준다.
[오답 피하기] ㄱ. 회절은 파동의 성질이다.

05 진공에서 자유 낙하 할 때 시간이 2배가 되면 속력이 2배가 되고, 낙하 거리가 2배가 되면 운동 에너지가 2배가 된다.
물질파 파장은 $\lambda = \dfrac{h}{mv} = \dfrac{h}{\sqrt{2mK}}$ 이므로 속력이 2배가 되면 파장은 $\dfrac{\lambda}{2}$ 가 되고, 운동 에너지가 2배가 되면 파장은 $\dfrac{\lambda}{\sqrt{2}}$ 가 된다.

06 전자 현미경은 가시광선보다 파장이 짧은 전자의 물질파를 이용한다.
ㄱ. 전자의 드브로이 파장은 보통 약 $0.6\,\text{nm}$ 정도로 가시광선보다 훨씬 짧다.
ㄴ. 전자 현미경의 가속 전압이 높을수록 드브로이 파장이 짧아져 분해능이 좋아진다.
[오답 피하기] ㄷ. 파동의 회절이 잘 되면 가까이 있는 두 광원에서 온 빛이 서로 겹쳐 구분하기 어렵다.

07 (가)는 투과 전자 현미경(TEM), (나)는 주사 전자 현미경(SEM)이다.
ㄱ. TEM은 전자선이 시료를 투과(transmission)하므로 시료를 얇게 만들어야 한다.
ㄴ. SEM은 전자선이 시료 표면을 주사(scanning)하므로 시료 표면의 3차원 구조를 볼 수 있다.
ㄷ. 전자총에서 방출되는 전자의 속력이 빠를수록 드브로이 파장이 짧아 회절이 적게 일어난다.

정리하기

전자 현미경의 종류와 특징

투과 전자 현미경(TEM)	주사 전자 현미경(SEM)
전자선을 얇은 시료에 투과시켜 스크린에 형성된 내부 단면상을 관찰	전자선을 시료 표면에 쪼일 때 튀어 나온 전자를 검출하여 입체 영상을 관찰
• SEM보다 분해능이 좋아 세포 내부 단면을 관찰하는 데 이용 • 전자선이 잘 투과할 수 있도록 시료를 얇게 만들어야 함	• TEM보다 분해능이 낮지만 물체 표면의 3차원 구조를 볼 수 있음 • 시료 표면을 금속으로 얇게 코팅하여 전기 전도성을 좋게 해야 함

08 시료 표면에 전자선을 쪼이는 형태는 주사 전자 현미경(SEM)이다.
ㄴ. 시료 표면에서 전자가 잘 방출될 수 있도록 금속으로 얇게 코팅한다.
ㄷ. 자기 렌즈는 전자선의 방향을 조절하여 초점에 모이도록 하는 역할을 한다.
[오답 피하기] ㄱ. 시료 내부의 모습을 보려면 투과 전자 현미경(TEM)을 사용한다.

09 빛의 에너지는 $E = \dfrac{hc}{\lambda}$ 이고, 입자의 물질파 파장은 $\lambda = \dfrac{h}{\sqrt{2mE}}$ 이다.

[모범 답안] 에너지가 E인 빛의 파장은 $\lambda = \dfrac{hc}{E}$ 이고, 에너지가 E인 입자의 물질파 파장은 $\lambda = \dfrac{h}{\sqrt{2mE}}$ 이다. $\dfrac{hc}{E} = \dfrac{h}{\sqrt{2mE}}$ 에서 입자의 질량 $m = \dfrac{E}{2c^2}$ 이다.

채점 기준	배점
풀이 과정과 답이 모두 옳은 경우	100%
답만 옳은 경우	50%

10 투과 전자 현미경은 전자선이 시료를 투과하고 주사 전자 현미경은 전자선이 시료 표면을 훑는다.

모범 답안 TEM은 시료 내부의 단면을 볼 수 있고 SEM은 시료 표면의 3차원 구조를 살펴볼 수 있다.

채점 기준	배점
TEM과 SEM의 장점을 모두 옳게 제시한 경우	100%
한 쪽의 장점만 옳게 제시한 경우	50%

한눈에 **정리하기** 본교재 188쪽

㉠ 광전자 ㉡ 문턱 ㉢ 진동수 ㉣ 입자 ㉤ 파동 ㉥ 세기 ㉦ 광 ㉧ 파동성 ㉨ 전자선 ㉩ 이중성 ㉪ 분해능 ㉫ 짧은 ㉬ 투과 ㉭ 주사

수능 1등급 본교재 189~191쪽

01 ① **02** ③ **03** ② **04** ② **05** ③ **06** ③ **07** ② **08** ①
09 ④ **10** ③ **11** ④ **12** ⑤

01 광전자의 최대 운동 에너지가 증가하기 위해서는 광자의 에너지가 증가하거나 금속의 문턱 진동수가 감소해야 하며 광자의 에너지는 빛의 진동수가 클수록 커진다.

오답 피하기 금속의 면적이나 빛의 세기는 방출되는 광전자의 개수에 영향을 주는 요인이다.

02 검전기 금속판에서 전자가 방출되려면 문턱 진동수보다 높은 진동수의 빛을 쪼여야 한다.
ㄱ. (가)에서는 검전기가 오므라들지 않았으므로 전자가 방출되지 않았다.
ㄷ. 빛의 세기는 (다)에서가 (나)에서보다 크므로 같은 시간 동안 방출되는 광전자의 수는 (다)가 (나)보다 많다.
오답 피하기 ㄴ. 광전자의 운동 에너지는 비추는 빛의 진동수가 클수록 크다. (나)와 (다)는 진동수가 같은 빛을 비추므로 광전자의 운동 에너지가 같다.

03 문턱 진동수는 A의 진동수보다 크고 B의 진동수보다 작다.
ㄴ. A를 비추었을 때 전자가 방출되지 않으므로 금속판의 문턱 진동수가 A의 진동수보다 크다.
오답 피하기 ㄱ. D의 진동수는 A의 진동수보다 작으므로 D를 비추었을 때는 광전자가 방출되지 않는다.
ㄷ. 비추어주는 빛의 진동수가 클수록 광전자의 최대 운동 에너지가 크므로 C를 비출 때가 B를 비출 때보다 크다.

04 CCD는 빛을 전기 신호로 바꾸며, 색필터를 이용해 색을 구현한다.

ㄷ. 초록색 필터를 통과한 빛은 초록색 빛이고 파란색 필터를 통과한 빛은 파란색 빛이다. 따라서 빛의 파장은 초록색 필터를 통과한 빛이 파란색 필터를 통과한 빛보다 크다.
오답 피하기 ㄱ. 빨간색 빛이 입사했을 때도 전자가 방출되어야 하므로 광센서의 문턱 진동수는 빨간색 빛의 진동수보다 작다.
ㄴ. 광센서에서 방출되는 전자의 수는 빛의 파장과는 무관하고 세기에 비례한다.

05 금속판이 벌어지는 것은 광전 효과에 의해 전자가 방출되기 때문이다.
ㄱ. 금속판에서 전자가 방출되면 검전기가 (+)전하로 대전되어 금속박이 벌어진다.
ㄴ. Q에 A를 비추었을 때만 전자가 방출되므로 진동수는 A가 B보다 크다.
오답 피하기 ㄷ. B를 비추었을 때 P에서는 전자가 방출되고 Q에서는 전자가 방출되지 않으므로 P의 문턱 진동수는 B의 진동수보다 작고, Q의 문턱 진동수는 B의 진동수보다 크다. 따라서 문턱 진동수는 Q가 P보다 크다.

06 B를 비추었을 때 광전자가 방출되었으므로 금속판의 문턱 진동수는 B의 진동수보다 작다.
ㄷ. 1초 동안 방출되는 광전자의 개수는 빛의 세기에 비례하므로 B를 비추었을 때가 가장 많다.
오답 피하기 ㄱ. C의 진동수가 B의 진동수보다 크므로 C를 비추었을 때도 광전자가 방출된다.
ㄴ. 광자 1개의 에너지는 진동수에 비례하므로 C가 B보다 크다.

07 P에서 Q까지 전위차를 V라고 하면 입자의 운동 에너지는 qV이다. 입자의 물질파 파장은 $\lambda = \dfrac{h}{\sqrt{2mqV}}$ 이다. 질량은 A가 B의 2배이고, 물질파 파장은 같으므로 전하량은 B가 A의 2배이다.

08 광 다이오드의 문턱 진동수보다 진동수가 큰 빛을 비출 때 전자가 방출된다.
ㄱ. 빨간색 빛을 비추었을 때 전류가 흐르지 않으므로 광 다이오드의 문턱 진동수는 빨간색 빛의 진동수보다 크다.
오답 피하기 ㄴ. 광자 1개의 에너지는 진동수에 비례하므로 초록색 빛이 빨간색 빛보다 크다.
ㄷ. 전류의 세기는 빛의 세기에 비례하므로 파란색 빛을 비출 때와 초록색 빛을 비출 때 전류의 세기는 같다.

09 CCD의 광 다이오드에서 방출된 전자는 전극을 따라 이동하여 전하량 측정 장치로 모인다.
ㄱ. 광 다이오드는 광전 효과에 의해 빛을 전기 신호로 변환한다.
ㄷ. 전극에 전압을 가하면 전자는 전극을 따라 이동한다.
오답 피하기 ㄴ. 광 다이오드에서 방출되는 전자의 수는 빛의 세기에 비례한다.

10 드브로이 파장 $\lambda = \dfrac{h}{\sqrt{2mE}}$ 이다.
ㄱ. A의 운동 에너지가 E_0일 때 드브로이 파장이 λ_0이므로

$\lambda_0=\dfrac{h}{\sqrt{2m_{\text{A}}E_0}}$ 에서 $m_{\text{A}}=\dfrac{h^2}{2\lambda_0{}^2E_0}$ 이다.

ㄴ. 운동 에너지가 E_0일 때 B의 드브로이 파장이 $\dfrac{\lambda_0}{2}$ 이므로 B의 질량 $m_{\text{B}}=\dfrac{2h^2}{\lambda_0{}^2E_0}=4m_{\text{A}}$ 이다. $v=\sqrt{\dfrac{2E}{m}}$ 이므로 속력은 A가 B의 2배이다.

오답 피하기   ㄷ. 드브로이 파장이 λ_0일 때 B의 운동 에너지는 $E=\dfrac{p^2}{2m}$ $=\dfrac{h^2}{2m\lambda^2}$ 에서 $E_{\text{B}}=\dfrac{h^2}{2\times\left(\dfrac{2h^2}{\lambda_0{}^2E_0}\right)\times\lambda_0{}^2}=\dfrac{1}{4}E_0$ 이다.

11 입자의 물질파 파장은 $\lambda=\dfrac{h}{\sqrt{2mE}}$ 이다.

ㄱ. 질량은 중성자가 전자의 2,000배이고 운동 에너지는 전자가 중성자의 1,000배이므로 물질파 파장은 전자가 중성자보다약 $\sqrt{2}$배 크다.

ㄷ. (나)에서 전자의 운동 에너지를 증가시키면 물질파 파장이 짧아지므로 회절이 잘 일어나지 않는다. 따라서 회절 무늬 사이의 간격이 좁아진다.

오답 피하기   ㄴ. 입자의 회절 무늬는 입자의 파동성에 의해 나타난 것이다.

12 가속 전압이 클수록 전자의 물질파 파장은 짧아진다.

ㄱ. 전자 현미경에서 사용하는 전자의 물질파 파장은 가시광선보다 훨씬 짧다.

ㄴ. TEM은 시료 내부의 단면 구조를 살펴볼 수 있다.

ㄷ. 가속 전압이 (다)가 (나)보다 크므로 전자의 물질파 파장이 (다)가 (나)보다 짧아 해상도가 더 좋다.

워크북

쪽지 시험

I-01-01. 물체의 운동   워크북 02쪽

01 이동 거리, 평균 속력, 변위, 평균 속도   **02** 평균, 순간
03 $\dfrac{s_2-s_1}{t_2-t_1}$ **04** $v(t_2-t_1)$ **05** 속도, 평균 가속도   **06** 평균 가속도,
순간 가속도   **07** $v^2-v_0{}^2$ **08** v_0 **09** a, s **10** $v-v_0$

I-01-02. 뉴턴 운동 법칙   워크북 03쪽

01 알짜힘   **02** 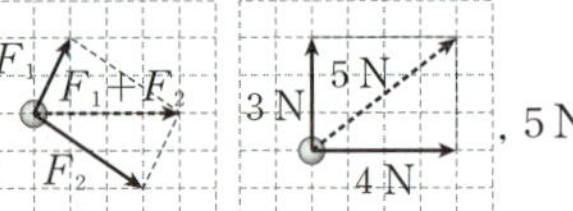 , 5 N   **03** 평형
04 알짜힘, 등속도   **05** 알짜힘, 반비례   **06** 반대
07 $\dfrac{F}{m}$, 수평면, 중력   **08** 4 m/s², 12 N, 8 N

I-01-03. 운동량과 충격량   워크북 04쪽

01 속도, 속도   **02** $m(v-v_0)$ **03** 6 kg·m/s, −6 kg·m/s,
−18 kg·m/s   **04** 같다   **05** $\dfrac{m_1v_1+m_2v_2}{m_1+m_2}$ **06** 시간, 힘
07 충격량   **08** 운동량   **09** 시간   **10** 충격력

I-02-01. 역학적 에너지 보존   워크북 05쪽

01 이동 거리   **02** 일, 1 N   **03** $Fs\cos\theta$
04 $\dfrac{1}{2}mv^2-\dfrac{1}{2}mv_0{}^2$, 운동 에너지   **05** mgh, $\dfrac{1}{2}kx^2$
06 퍼텐셜, 일정   **07** mgh, $\dfrac{1}{2}kx^2$ **08** 역학적, 역학적
09 에너지   **10** $\sqrt{2gh}$, $\sqrt{\dfrac{2mgh}{k}}$

I-02-02. 열역학 제1법칙   워크북 06쪽

01 높을, 운동   **02** 잃은, 얻은   **03** $P\Delta V$, 증가, 감소
04 $P(V_2-V_1)$, 일   **05** 역학적, Q_1-Q_2 **06** 내부 에너지
07 운동, $N\times\dfrac{1}{2}m\overline{v^2}$ **08** 증가   **09** $\Delta U+W$, 역학적
10 감소, 증가

I-02-03. 열역학 제2법칙   워크북 07쪽

01 비가역   **02** 고온, 증가, 열기관   **03** $\dfrac{W}{Q_1}$ **04** 200, 20
05 고열원, 100   **06** 열효율   **07** 단열, 단열   **08** $1-\dfrac{T_2}{T_1}$ **09** 50

I-03-01. 특수 상대성 이론   워크북 08쪽

01 −160, 180, −20   **02** 속력   **03** 상대성, 광속 불변
04 동기화   **05** 상대성   **06** 느리게   **07** 짧아져   **08** 작다   **09** 작다
10 우주선, 지구

I-03-02. 질량과 에너지   워크북 09쪽

01 증가, 정지   **02** 질량   **03** mc^2 **04** 핵분열, 핵융합
05 핵반응식   **06** 질량 결손   **07** 느리게   **08** 중성자, 질량 결손
09 핵융합, 질량 결손, 1

II-01-01. 전자의 에너지 준위   워크북 10쪽

01 원자핵, 전자, 전기력   **02** 밀어내는, 당기는   **03** 비례, 반비
례   **04** 전자, 원자핵   **05** 선, 기체   **06** hf, 크다   **07** 바닥상태,
들뜬상태   **08** 발머   **09** 흡수   **10** ○

II-01-02. 에너지띠와 반도체   워크북 11쪽

01 에너지띠   **02** 원자가 띠, 전도띠   **03** 전자, 양공   **04** 도체
05 반도체, 도체, 절연체   **06** p형, n형   **07** 양공, 전자   **08** n형
반도체, p형 반도체   **09** p형, n형, 흐른다   **10** 발광 다이오드

II-02-01. 전류에 의한 자기장   워크북 12쪽

01 자기장   **02** 동심원, 오른손   **03** 전류, 거리   **04** 전류, 반지름,
오른손   **05** →, →, →   **06** 전류, 1 m 당 감은 수   **07** ×   **08** 하
드 디스크   **09** 자기 공명 영상 장치(MRI)   **10** 전동기

II-02-02. 물질의 자성   워크북 13쪽

01 강자성, 상자성, 반자성   **02** 전자, 스핀   **03** 강자성체, 반자성
체   **04** 대부분 ↑, 제거했을 때도 같음   **05** 상자성체, 즉시   **06** 반
대   **07** 플래터, 강자성체   **08** 전자석, 강자성체   **09** 초전도체, 반
자성체   **10** 자기 부상 열차

II-02-03. 전자기 유도   워크북 14쪽

01 자기 선속, 전자기 유도   **02** 자기 선속, 감은 수   **03** 렌츠, 방
해   **04** 반시계, 시계, 반시계, 시계   **05** 전: ←, 후: ←   **06** 유도
전류, 방해   **07** ○   **08** ×   **09** 발전기   **10** 자기장, 유도 전류

Ⅲ-01-**01**. 파동의 성질	워크북 15쪽

01 진동, 에너지 **02** 진폭, 파장 **03** 5, 10 **04** 빠르, 느리, 진공
05 진공, 느리다 **06** 진폭 1 m, 파장 2 m, 주기 2초, 진동수
0.5 Hz, 속력 1 m/s **07** 굴절, 속력 **08** $n_1 \sin\theta_1 = n_2 \sin\theta_2$
09 느리, 아래 **10** 신기루, 굴절

Ⅲ-01-**02**. 전반사와 광통신	워크북 16쪽

01 전반사, 임계각 **02** 굴절률이 큰 매질에서 작은 매질로 진행한다.
입사각이 임계각보다 크다. **03** $\sin\theta_c = \dfrac{1}{n}$ **04** 작아진다. **05** ○
06 2 **07** 코어, 클래딩 **08** 코어, 전반사 **09** 발광 다이오드, 레
이저 **10** ○

Ⅲ-01-**03**. 전자기파 ~ **04**. 파동의 간섭	워크북 17쪽

01 전기장, 자기장 **02** 수직 **03** 감마선, 자외선, 마이크로파
04 X선, 감마선 **05** 자외선 **06** ○ **07** 보강, 상쇄 **08** 보강, 밝
고, 보강, 어둡다. **09** 반대인, 상쇄 **10** 보강

Ⅲ-02-**01**. 빛의 이중성	워크북 18쪽

01 광전자 **02** 문턱 **03** 진동수, 광자 **04** 양자화, hf **05** ×
06 ○ **07** 파장 **08** × **09** 빛, 전기 **10** ×

Ⅲ-02-**02**. 물질의 이중성	워크북 19쪽

01 물질파 **02** 보강 간섭 **03** X선, 회절 **04** 간섭 **05** $\dfrac{h}{mv}$,
$\dfrac{h}{\sqrt{2mE}}$ **06** 회절, 분해능 **07** 짧은 **08** 전압, 작은(짧은)
09 주사 전자 현미경(SEM) **10** 투과 전자 현미경(TEM)

중단원 예상 문제

Ⅰ-01-**01**. 힘과 운동	워크북 20~21쪽

01 ② **02** ① **03** ③ **04** ③ **05** ② **06** ① **07** ② **08** ⑤
09 ③ **10** ⑤ **11** ④ **12** ⑤

01 ㄴ. 그림자의 경로는 곡선이고 비행기는 직선이므로 이동 거리는 그
림자가 비행기보다 크다. 따라서 평균 속력은 그림자가 비행기보다 크
다.
오답 피하기 ㄱ, ㄷ. P에서 Q까지 그림자는 비스듬히 이동한다. 따라서
변위는 그림자가 비행기보다 크고, 평균 속도도 그림자가 비행기보다
크다.

2 ㄱ. 0초부터 3초까지는 물체가 되돌아가지 않으므로 이동 거리와 변
위의 크기가 같다. 따라서 평균 속력과 평균 속도의 크기는 같다.

오답 피하기 ㄴ. 0초부터 6초까지 변위의 크기는 3 m, 걸린 시간은 6초
이므로 평균 속도의 크기는 $\dfrac{3}{6}=0.5$(m/s)이다.

ㄷ. 3초부터 9초까지 이동 거리는 6 m, 걸린 시간은 6초이므로 평균 속
력은 $\dfrac{6}{6}=1$(m/s)이다.

3 ㄱ. 1초부터 4초까지 평균 속력은 A가 $\dfrac{4}{3}$ m/s, B가 $\dfrac{12}{3}=4$(m/s)
이다.
ㄷ. 1초부터 2초 사이에 그래프의 기울기가 동일하므로 A, B의 속도는
같다.
오답 피하기 ㄴ. 3초일 때 A는 정지 상태이므로 속도가 0, B의 속도는
4 m/s이다.

4 ㄱ. 0초부터 6초까지 그래프 아랫부분의 넓이는 9−3=6이므로 변
위는 6 m이고 평균 속도는 $\dfrac{6}{6}=1$(m/s)이다.
ㄷ. 4초일 때까지 (+) 방향으로 운동하므로 4초일 때 출발점으로부터
가장 멀리 떨어져 있다.
오답 피하기 ㄴ. 4초일 때 그래프 기울기는 $-\dfrac{3}{1}=-3$이므로 가속도의
크기는 3 m/s² 이다.

5 ㄷ. 0초부터 4초까지 A의 그래프 아랫부분의 넓이가 12 m보다 크
므로 이동 거리는 12 m보다 크다.
오답 피하기 ㄱ. 0초부터 4초까지 그래프 기울기가 증가하므로 A의 가
속도 크기는 증가한다.
ㄴ. 2초부터 4초까지 A 그래프 기울기는 (−), B 그래프 기울기는 (+)
이므로 A, B의 가속도 방향은 서로 반대이다.

6 ㄱ. 0초부터 2초까지 A와 B의 변위가 같으므로 평균 속도는 같다.
오답 피하기 ㄴ. 0초부터 1초까지 A 그래프의 기울기는 시간에 따라 감
소하므로 속력이 감소한다. 따라서 운동 방향과 가속도 방향은 서로 반
대이다.
ㄷ. 0초부터 1초까지 B 그래프의 기울기는 시간에 따라 증가하므로 속
력이 증가한다. 따라서 운동 방향과 가속도 방향은 같다. 1초일 때 A와
B의 운동 방향은 (−)이고 가속도 방향은 A는 (+), B는 (−)이다.

7 ① A, B의 기울기가 변하므로 속력이 변한다. 따라서 A, B는 가속
도 운동을 하고 있다.
③ 5초일 때 그래프 기울기는 B가 A보다 크므로 속력은 B가 A보다 크
다.
④ 5초일 때 A와 B의 위치 값이 같으므로 같은 위치에 있다.
⑤ 0초부터 5초 사이에 A와 B의 변위가 같으므로 평균 속도는 같다.
오답 피하기 ② 0초일 때 A, B의 기울기가 0이 아니므로 속력은 0이 아
니다.

8 ㄱ. 5초 동안 A가 이동한 거리가 B보다 25 m 많으므로 5초일 때
A, B의 위치는 같다.
ㄴ. 5초일 때 A가 B와 만나므로 0초부터 5초까지 A와 B 사이의 거리
는 감소한다.
ㄷ. A에 대한 B의 속도는 10−15=−5(m/s)이므로 1초일 때 A가 관
찰한 B의 운동 방향은 (−)인 왼쪽이다.

9 0초부터 10초까지 A가 이동한 거리가 B가 이동한 거리보다 25 m 많다. 0초부터 10초까지 A의 평균 속력은 $\dfrac{v}{2}$이므로 $\dfrac{v}{2}\times 10-10\times 10$ $=25$이다. 따라서 $v=25$ m/s이다.

10 기준선에서 도착선까지 A, B가 걸린 시간이 동일하므로 A와 B의 평균 속도가 같다. B의 가속도가 a이면 A의 가속도는 $1.5a$이다. 기준선부터 도착선까지 A, B의 평균 속도는 각각 $\dfrac{5+5+1.5a\times 10}{2}$, $\dfrac{10+10+a\times 10}{2}$이다. 계산하면 $a=2$ m/s^{2}이고 $s=\dfrac{10+10+a\times 10}{2}\times 10=200$(m)이다.

11 ④ 0초부터 2초까지 속도 증가량과 2초부터 4초까지 속도 감소량이 같다. 따라서 4초일 때 물체의 속도는 0이다.

오답 피하기 ① 0초부터 2초까지 속도 증가량은 10 m/s이고 2초부터 3초까지 속도 감소량은 2.5 m/s이므로 3초일 때 물체의 속력은 $10-2.5=7.5$(m/s)이다.

② 0초부터 속도가 증가하여 4초일 때 정지하므로 1초일 때와 3초일 때 운동 방향은 같다.

③, ⑤ 0초부터 4초까지 속도가 계속 ($+$)이므로 4초일 때 출발점으로부터의 거리가 최대이고, 변위도 최대이다.

12 물체는 등가속도 직선 운동을 하므로 정지 상태에서 출발한 지점에서 이동한 거리 s와 속력 사이의 관계는 $2as=v^2$이다. 정지 상태에서 출발한 지점으로부터 P, Q까지의 거리를 각각 s_1, s_2라고 하면 $s_1=\dfrac{1}{2a}$, $s_2=\dfrac{25}{2a}$이다. O점은 출발점으로부터 거리가 $\dfrac{s_1+s_2}{2}$이므로 $2a\times\left(\dfrac{s_1+s_2}{2}\right)=13=v^2$에서 O에서의 속력은 $v=\sqrt{13}$ m/s이다.

I-01-**02**. 뉴턴 운동 법칙
워크북 22~23쪽

01 ② **02** ④ **03** ② **04** ⑤ **05** ② **06** ④ **07** ① **08** ③

01 ② 로켓이 가스를 방출할 때 작용한 힘의 반작용으로 가스가 로켓에 힘을 작용하여 로켓이 앞으로 나아간다. 이는 작용 반작용 법칙이 적용된 예이다.

오답 피하기 ① 종이를 빨리 당길 때 동전은 정지 상태를 유지하여 컵 속으로 떨어지는 것이므로 관성 법칙의 예이다.

③ 망치 자루를 내리칠 때 망치 머리가 운동 상태를 유지하여 자루에 박히는 것이므로 관성 법칙의 예이다.

④ 땅과 함께 지진계가 흔들릴 때 추는 정지 상태를 유지하여 지진을 기록하므로 관성 법칙의 예이다.

⑤ 버스가 갑자기 멈출 때 승객들이 운동 상태를 유지하여 앞으로 쏠리는 것이므로 관성 법칙의 예이다.

2 (가)에서 A의 질량은 $\dfrac{12}{3}=4$(kg), (나)에서 B의 질량은 $\dfrac{12}{2}=6$(kg)이다.

ㄴ. A에 작용하는 알짜힘의 크기는 $4\times\dfrac{10}{4+6}=4$(N)이다.

ㄷ. B가 A에 작용하는 힘의 크기는 B에 작용하는 알짜힘과 같으므로 $6\times\dfrac{10}{4+6}=6$(N)이다.

오답 피하기 ㄱ. (다)에서 A, B는 10N의 힘으로 운동하므로 가속도 크기는 $\dfrac{10}{4+6}=1$(m/s^2)이다.

3 A, B의 운동 방정식이 $T=3a$, $10-T=a$이므로 $a=2.5$ m/s^2, $T=7.5$ N이다.

ㄴ. B가 실을 잡아당기는 힘의 크기는 실의 장력과 같으므로 7.5 N이다.

오답 피하기 ㄱ. A의 가속도 크기는 2.5 m/s^{2}이다.

ㄷ. B의 무게로 A, B가 함께 움직이므로 B의 질량을 m이라고 하면 A, B의 가속도는 $a=\dfrac{mg}{3+m}$가 되어 m이 2배가 되어도 가속도가 2배가 되지 않는다.

4 ㄱ. 3초일 때 등속도 운동하므로 A와 C의 질량은 같다. 따라서 F를 작용하여 정지해 있으려면 F의 크기는 20 N이다.

ㄴ. 세 물체가 운동할 때 가속도가 $\dfrac{5}{2}=2.5$(m/s^2)이므로 A의 질량이 m이면 운동 방정식은 $20=(2m+2)\times 2.5$이다. 따라서 A와 C의 질량의 합은 $2m=6$ kg이다.

ㄷ. 1초일 때 가속도가 2.5 m/s^{2}이므로 C에 대한 운동 방정식에서 p의 장력은 $30+3\times 2.5=37.5$(N)이고, B의 운동 방정식에서 q의 장력은 $20-2\times 2.5=15$(N)이다. 따라서 p와 q의 장력 크기의 차이는 $37.5-15=22.5$(N)이다.

5 ㄷ. 20초에서 30초 사이에 물이 왼쪽으로 쏠리므로 버스의 속력이 증가할 때이다. 따라서 버스의 가속도의 방향은 버스의 운동 방향과 같다.

오답 피하기 ㄱ. 0초에서 10초 사이에 물이 오른쪽으로 쏠리므로 버스의 속력이 감소할 때이다.

ㄴ. 10초에서 20초 사이에 버스의 속력은 감소하여 일정하므로 평균 속력이 가장 작다.

6 A, B가 자신들의 무게 차이 10N의 힘으로 운동하므로 가속도가 2 m/s^{2}이다.

ㄴ. (가)에서 (나)까지 B가 이동한 거리는 1 m이므로 $2\times 2\times 1=v^2$이다. 따라서 (나)에서 B의 속력은 2 m/s이다.

ㄷ. (가)에서 (나)까지 가속도 2 m/s^{2}으로 정지 상태에서 1 m를 이동하는 것이다. 따라서 걸린 시간은 $\dfrac{1}{2}\times 2\times t^2=1$에서 $t=1$초이다.

오답 피하기 ㄱ. 가속도가 2 m/s^{2}이므로 A에 작용하는 알짜힘의 크기는 4 N이다.

7 ㄱ. A, B 전체에 작용하는 알짜힘의 크기는 (가), (나)에서 각각 $2mg$, mg이다. 따라서 가속도 크기는 (가)에서가 (나)에서의 2배이다.

오답 피하기 ㄴ. 실이 A을 잡아당기는 힘의 크기는 (가)에서 A에 작용하는 알짜힘, (나)에서는 B에 작용하는 알짜힘이므로 $2m:2m$이 되어 서로 같다.

ㄷ. 정지 상태에서 등가속도 운동하므로 $t=\sqrt{\dfrac{2s}{a}}$이고 가속도는 (가)가 (나)의 2배이다. 따라서 걸린 시간은 (나)가 (가)의 $\sqrt{2}$배이다.

8 ③ 등속도 운동하므로 A에 작용하는 알짜힘은 0이다. 따라서 p가 A를 당기는 힘과 지구가 A를 당기는 힘은 같으며 평형 관계이다.

오답 피하기 ① 등속도 운동하므로 A에 작용하는 알짜힘은 0이다.

② p가 B를 당기는 힘과 q가 B를 당기는 힘은 크기가 B의 무게만큼 차이가 있으므로 평형 관계가 아니다.

④ p가 B를 당기는 힘과 지구가 B를 당기는 힘은 q가 B를 당기는 힘만큼 차이가 있으므로 평형 관계가 아니다.

⑤ q가 C를 당기는 힘과 지구가 C를 당기는 힘은 평형 관계이다.

I-01-03. 운동량과 충격량   워크북 24~25쪽

01 ⑤   **02** ③   **03** ④   **04** ④   **05** ②   **06** ③   **07** ⑤   **08** ③

01 ㄱ. 1초일 때 속력이 $3\,\text{m/s}$이므로 운동량의 크기는 $3 \times 3 = 9(\text{kg} \cdot \text{m/s})$이다.

ㄴ. 충돌 후 운동량은 $3\,\text{kg} \cdot \text{m/s}$이므로 작용한 충격량의 크기는 $(9-3)\,\text{kg} \cdot \text{m/s} = 6\,\text{N} \cdot \text{s}$이다.

ㄷ. 힘을 작용한 시간이 0.1초이므로 작용한 충격력의 평균 크기는 $\dfrac{9-3}{0.1} = 60(\text{N})$이다.

2 ㄱ. (가), (나)에서 충돌 전 운동량은 각각 mv, $2mv$이고 충돌 전후 운동량은 보존된다. 따라서 충돌 후 A, B의 운동량의 합은 (나)에서가 (가)에서의 2배이다.

ㄷ. (가), (나)에서 충돌 후 속력은 각각 $\dfrac{v}{3}$, $\dfrac{2v}{3}$이다. 따라서 (가)에서 B가 받은 충격량은 $2m \times \dfrac{v}{3}$, (나)에서 A가 받은 충격량은 $m \times \dfrac{2v}{3}$이다.

오답 피하기 ㄴ. 충돌 후 한 덩어리의 운동량은 (나)에서가 (가)에서의 2배이므로 속력도 (나)에서가 (가)에서의 2배이다.

3 ㄴ. B의 속력이 A의 2배이므로 A, B는 $x = \dfrac{L}{3}$에서 충돌한다.

ㄷ. A, B가 충돌한 후 속력이 $\dfrac{v}{2}$이므로 A, B가 충돌한 순간부터 A와 C가 만나는 순간까지 시간이 t이면 $\dfrac{v}{2}t + \dfrac{4}{3}L = vt$이다. 따라서 $t = \dfrac{8L}{3v}$이다. 이 시간 동안 A는 $x = \dfrac{L}{3}$의 위치에서 왼쪽으로 $\dfrac{v}{2}$의 속력으로 이동하므로 A와 C가 충돌한 위치는 $x = \dfrac{L}{3} - \dfrac{v}{2} \dfrac{8L}{3v} = -L$이다.

오답 피하기 ㄱ. 충돌 전 A, B, C의 운동량의 합이 0이 아니므로 충돌 후 한 덩어리가 된 후 운동량은 0이 아니다. 따라서 충돌이 모두 끝난 후 A의 속력은 0이 아니다.

4 ㄴ. A, B에 작용한 충격량은 같으므로 충돌 전후 운동량 변화량의 크기는 A와 B가 같다.

ㄷ. A와 B의 속도 변화량의 비는 4 : 1이므로 운동량 변화량이 같은 크기이려면 질량의 비는 1 : 4이다.

오답 피하기 ㄱ. 충돌 후 A와 B의 속력은 같으나 질량은 B가 A의 4배이므로 운동량의 크기도 B가 A의 4배이다.

5 ㄴ. B의 운동량 변화량은 $\dfrac{2}{3}mv_0$이므로 충돌 후 B의 속력은 $\dfrac{2}{3}v_0$이다.

오답 피하기 ㄱ. 충격은 운동 반대 방향으로 작용하므로 A의 운동량 변화량이 $-\dfrac{2}{3}mv_0$이다. 따라서 충돌 후 A의 운동량은 $+\dfrac{1}{3}mv_0$이고 운동 방향이 충돌 전과 같다.

ㄷ. 충돌 과정에서 A가 B에 작용하는 힘과 B가 A에 작용하는 힘은 작용 반작용으로 크기가 같으므로 두 물체가 서로에게 작용한 충격량의 크기는 같다.

6 ㄱ. 충돌 전 두 자동차의 질량과 속도가 같으므로 충돌하여 정지할 때까지 운동량의 변화량은 같다. A와 B의 그래프 아랫부분의 넓이는 운동량의 변화량이므로 A와 B가 같다.

ㄷ. 작용한 충격력의 최댓값이 B가 A보다 작으므로 B가 A보다 안전하다.

오답 피하기 ㄴ. 운동량의 변화량이 같으므로 자동차가 벽에 작용한 충격량의 크기도 같다.

7 ㄴ. t_1부터 t_2까지 물체가 받은 충격량의 크기는 운동량의 변화량과 같으므로 $m(v_1 - v_2)$이다.

ㄷ. 충격량은 $I = Ft$이므로 힘은 $F = \dfrac{I}{t}$이다. 따라서 물체에 작용한 힘의 크기 $F = \dfrac{m(v_1 - v_2)}{t_2 - t_1}$이다.

오답 피하기 ㄱ. 운동량이 감소하므로 충격량의 방향은 운동 반대 방향이다. 충격량의 방향은 작용한 힘의 방향과 같고 가속도의 방향도 힘의 방향과 같으므로 t_1부터 t_2까지 가속도의 방향은 운동 반대 방향이다.

8 ㄱ. P와 벽 사이 거리는 그래프 아랫부분의 넓이와 같으므로 $4vt$이다.

ㄴ. 충격량의 방향은 힘의 방향이므로 벽으로부터 공이 받은 힘의 방향은 충돌 전 공의 운동 방향과 반대이다.

오답 피하기 ㄷ. 충돌하는 동안 벽으로부터 물체가 받은 충격량은 운동량 변화량과 같으므로 $-mv - 2mv = -3mv$이다.

I-02-01. 역학적 에너지 보존   워크북 26~27쪽

01 ④   **02** ④   **03** ②   **04** ⑤   **05** ①   **06** ①   **07** ④   **08** ⑤

01 ㄴ. $0 \sim 2\,\text{m}$ 사이 그래프 아랫부분의 넓이는 30 J이므로 전동기가 한 일은 30 J이다.

ㄷ. $0 \sim 4\,\text{m}$ 사이 알짜힘이 한 일은 $30\,\text{J} = \dfrac{1}{2} \times 4 \times v^2$이다. 이동 거리가 $4\,\text{m}$일 때 속력은 $v = \sqrt{15}\,\text{m/s}$이다.

오답 피하기 ㄱ. 전동기가 당기는 힘에서 B의 무게를 뺀 값이 A, B 전체에 작용한 알짜힘의 크기이다. A가 $3\,\text{m}$에 있는 순간 알짜힘이 10 N이므로 가속도는 $\dfrac{10}{4} = 2.5(\text{m/s}^2)$이다.

2 A를 놓은 후 시간 a후 B를 놓는다고 하자.

ㄱ. A와 B의 속력 차이는 $g(t+a) - gt = ga$이므로 일정하다.

ㄷ. A, B의 낙하 높이의 차이는 $\dfrac{1}{2}g(t+a)^2 - \dfrac{1}{2}gt^2 = gat + \dfrac{1}{2}ga^2$이므로 t에 비례한다. A와 B 사이의 중력 퍼텐셜 에너지 차는 높이차에 비례하므로 증가한다.

오답 피하기 ㄴ. 속력 제곱의 차이는 $g^2(t+a)^2 - g^2t^2 = 2g^2at + g^2a^2$이므로 A와 B의 운동 에너지 차는 증가한다.

3 ㄷ. c에서 운동 에너지는 역학적 에너지의 $\frac{1}{4}$배, 중력에 의한 퍼텐셜 에너지는 역학적 에너지의 $\frac{3}{4}$배이다. 따라서 c에서 중력에 의한 퍼텐셜 에너지는 운동 에너지의 3배이다.

오답 피하기 ㄱ. b에서 a까지 거리가 b에서 c까지 거리의 4배이므로 b에서 a까지 이동 시간은 b에서 c까지의 2배이다. 따라서 a에서 속력은 $6\,\text{m/s}$이다.

ㄴ. a에서 b까지 이동 시간이 4초, b에서 c까지 이동 시간이 2초이다. 따라서 4초 동안 속도 변화량이 $6\,\text{m/s}$이므로 가속도는 $1.5\,\text{m/s}^2$이다.

4 ㄱ. 중력의 방향으로 이동 거리가 같으므로 중력이 한 일은 A와 B가 서로 같다.

ㄴ. 역학적 에너지가 보존되고 중력 퍼텐셜 에너지 변화량이 같으므로 운동 에너지 변화량은 A와 B가 서로 같다.

ㄷ. P를 지나는 순간 속력 변화량은 B가 A보다 크다. P에서 Q까지 이동 시간이 같으려면 처음에 B가 A보다 빨라야 하므로 역학적 에너지는 B가 A보다 크다.

5 일·운동 에너지 정리에 의하여 $FL=\frac{1}{2}mv^2$이고 역학적 에너지 보존에 의하여 $\frac{1}{2}mv^2+mgL=\frac{1}{2}mV^2$이다. $V=2v$이므로 $\frac{1}{2}mV^2=\frac{1}{2}m(2v)^2=\frac{1}{2}mv^2+mgL$이다. 따라서 $4FL=FL+mgL$에서 $F=\frac{mg}{3}$이다.

6 ㄴ. 충돌 직후 A의 속력이 $0.5v$이므로 $0.5v=\sqrt{2gh}$에서 $h=\frac{v^2}{8g}$이다.

오답 피하기 ㄱ. 충돌 후 A, B가 올라간 최고 높이가 h, $4h$이므로 충돌 후 A, B의 속력은 각각 $\sqrt{2gh}$, $2\sqrt{2gh}$이다. 충돌 후 A의 속력이 v'이면 운동량 보존 법칙에 의해 $2mv=2mv'+m\times2v'$에서 $v'=0.5v$이고 B의 속력은 v이다.

ㄷ. 충돌 전후 운동 에너지는 각각 $\frac{1}{2}\times2mv^2$, $\frac{1}{2}\times2m\times\left(\frac{v}{2}\right)^2+\frac{1}{2}mv^2$이다. 따라서 충돌하는 동안 손실된 역학적 에너지는 $\frac{1}{4}mv^2$이다.

7 위아래 수평면의 높이차가 h이면 역학적 에너지 보존 법칙에 따라 $\frac{1}{2}k_A\times1^2+mgh=\frac{1}{2}k_B\times1^2$, $\frac{1}{2}k_A\times2^2+mgh=\frac{1}{2}k_B\times(\sqrt{2})^2$이다. 정리하면 $\frac{k_B}{k_A}=3$이다.

8 A가 높이 h를 내려가는 동안 역학적 에너지 보존 법칙에 의하여 $\frac{1}{2}mv_0^2+mgh=\frac{1}{2}mV_0^2$이다. A가 B에 충돌하여 한 덩어리가 될 때 운동량 보존 법칙에 의하여 $mV_0=2mV$이다. A, B가 한 덩어리가 되어 용수철에 충돌할 때 역학적 에너지 보존 법칙에 의하여 $\frac{1}{2}\times2mV^2=\frac{1}{2}kL^2$이 성립한다.

I-02-02. 열역학 제1법칙   워크북 28~29쪽

01 ④   **02** ⑤   **03** ①   **04** ②   **05** ③   **06** ③   **07** ⑤   **08** ②

01 ㄴ. 손의 온기가 플라스틱 병에 전달되어 플라스틱 병 속의 온도가 올라가므로 플라스틱 병 속의 공기 분자들의 운동이 활발해진다.

ㄷ. 동전이 움직이므로 공기가 동전에 일을 하는 것이다. 따라서 플라스틱 병 속의 공기가 동전에 역학적 에너지를 공급한다.

오답 피하기 ㄱ. 손에서 플라스틱 병으로 열이 전달되어 온도가 올라가므로 플라스틱 병 속 공기 분자들의 운동이 활발해지고 플라스틱 병 속 공기의 내부 에너지가 증가한다.

2 ㄴ. C → A 과정에서 내부 에너지가 일정하므로 기체가 방출한 열은 기체가 외부로부터 얻은 일과 같다.

ㄷ. A → B → C → A 과정에서 그래프로 둘러싸인 넓이만큼 외부에 일을 하므로 기체는 외부로부터 열을 흡수한다.

오답 피하기 ㄱ. A → B 과정에서 흡수한 열은 내부 에너지 증가량과 외부에 한 일로 전환되므로 기체가 한 일보다 크다.

3 ㄴ. 기체의 평균 운동 에너지는 온도에 비례하므로 A일 때가 C일 때보다 작다.

오답 피하기 ㄱ. 온도가 같을 때 보일 법칙에 의하여 압력과 부피는 반비례한다. 기체의 부피는 압력이 작은 B일 때가 C일 때보다 크다.

ㄷ. A → B 과정에서 기체가 흡수한 열량은 내부 에너지 증가량과 기체가 외부에 한 일의 합과 같다.

4 ㄴ. 압력이 일정할 때 부피가 온도에 비례한다. 따라서 B → C 과정에서 기체의 압력은 일정하다.

오답 피하기 ㄱ. A → B 과정에서 온도가 일정하므로 내부 에너지가 일정하다. 따라서 부피가 감소하여 외부로부터 일을 얻은 만큼 열을 방출한다.

ㄷ. C → A 과정에서 부피가 일정하므로 한 일은 0이다.

5 ㄱ. A → B 과정에서 기체가 흡수한 열량은 외부에 일을 하고 내부 에너지 증가로 전환되므로 내부 에너지 증가량보다 크다.

ㄷ. B → C 과정에서 압력이 증가하므로 모래의 양을 증가시켰다.

오답 피하기 ㄴ. B → C 과정은 단열 과정이고 부피가 감소하므로 외부에서 일을 얻으며 얻은 일만큼 기체의 내부 에너지가 증가한다.

6 ㄱ. (가)에서 기체의 압력이 (나)에서보다 크므로 기체가 팽창한다.

ㄴ. 단열 팽창하면 온도가 낮아지므로 이상 기체의 온도는 (가)에서가 (나)에서보다 높다.

오답 피하기 ㄷ. (가) → (나)의 과정 동안 피스톤이 한 일이 용수철의 탄성력에 의한 퍼텐셜 에너지로 전환된다. 단열 팽창할 때 외부에 한 일은 내부 에너지 변화량과 같다. 따라서 용수철의 탄성력에 의한 퍼텐셜 에너지의 변화량은 이상 기체의 내부 에너지의 변화량과 같다.

7 처음 A, B의 온도는 같으며 A는 부피가 일정하고 온도와 압력이 증가하는 변화, B는 압력이 일정하고 부피가 증가하는 변화를 한다.

8 ㄷ. (나)에서 A와 B의 온도가 같으므로 이상 기체의 분자 1개의 평균 운동 에너지가 같다.

오답 피하기 ㄱ. (나)에서 A는 열을 얻었으므로 온도가 상승하고 내부 에너지가 증가한다.

ㄴ. Q의 열이 A와 B의 이상 기체 내부 에너지 증가량과 B의 이상 기체가 외부에 한 일로 전환된다. 따라서 피스톤이 올라가는 동안 B의 이상 기체가 외부에 한 일은 Q보다 작다.

I-02-03. 열역학 제2법칙   워크북 30~31쪽

01 ④   **02** ④   **03** ③   **04** ③   **05** ③   **06** ④   **07** ③   **08** ①

01 철수: 온도가 낮은 얼음이 열을 흡수하여 녹는 것은 자연적인 변화이다.

민수: 온도가 올라가면 물질을 구성하는 분자 운동이 활발해진다.

[오답 피하기] 영희: 얼음이 녹는 변화는 자연적으로 되돌릴 수 없으므로 비가역 변화이다.

2 ㄱ. 엔트로피가 가장 큰 상태는 경우의 수가 가장 큰 상태이므로 Ⅳ이다.

ㄷ. 방향제의 향기가 방에 골고루 퍼지는 것은 자연적인 변화이므로 경우의 수가 증가하는 것으로 설명할 수 있다.

[오답 피하기] ㄴ. 자연적인 변화는 엔트로피가 증가하는 방향이므로 Ⅳ로 변하며 Ⅶ으로 변하지 않는다.

3 ㄱ. 줄 실험을 통하여 열과 일이 동등함을 알 수 있었다.

ㄴ. 열기관의 열효율은 흡수한 열량에 대한 한 일의 비율이므로 (나)에서 열기관의 열효율은 $\dfrac{W}{Q_1}$이다.

[오답 피하기] ㄷ. 열역학 제2법칙에 따라 (나)에서 $Q_2=0$인 열기관을 만드는 것은 불가능하다.

4 ㄱ. A의 열효율은 $\dfrac{100}{500}\times100=20(\%)$이므로 (가)는 20이다.

ㄴ. B가 외부에 한 일은 $500-400=100(J)$이다.

[오답 피하기] ㄷ. (나)가 0인 것은 저열원으로 방출되는 열량이 0이 될 수 없다는 열역학 제2법칙에 위배된다.

5 민수: 열기관의 열효율은 $e=1-\dfrac{Q_2}{Q_1}$이므로 $\dfrac{Q_2}{Q_1}$가 작을수록 커진다.

[오답 피하기] 철수: $Q_2=0$인 열기관은 열역학 제2법칙에 위배되어 불가능하다.

영희: 이상적인 열기관의 열효율은 $e=\dfrac{T_1-T_2}{T_1}$이므로 (T_1-T_2)가 작을수록 작아진다.

6 ㄴ. A → B 과정에서 내부 에너지 변화량은 0이므로 흡수한 열이 모두 일로 전환된다.

ㄷ. 한 순환 과정에서 열기관이 한 일은 압력과 부피 관계 그래프에서 순환 과정으로 둘러싸인 부분의 넓이이므로 W이다.

[오답 피하기] ㄱ. D → A 과정에서 외부에 한 일이 0이므로 내부 에너지 증가량만큼 열을 흡수한다.

7 ㄱ. B → C는 단열 팽창 과정이므로 온도가 감소하고 내부 에너지도 감소한다.

ㄴ. 열효율은 흡수한 열량에 대한 외부에 한 일의 비율이므로 $\dfrac{S}{Q_1}$이다.

[오답 피하기] ㄷ. C → D는 등압 수축이므로 열을 방출하고 D → A는 등온 수축이므로 열을 방출한다. 따라서 D → A 과정에서 방출한 열량

은 Q_2보다 작다.

8 ㄱ. 고열원의 온도가 $2T$, 저열원의 온도가 T인 카르노 기관이므로 열효율은 $e=1-\dfrac{T}{2T}=0.5$이다.

[오답 피하기] ㄴ. 한 순환 과정 동안 외부에 한 일이 W이고 열효율이 $\dfrac{W}{Q_1}=0.5$이므로 흡수한 열량은 $Q_1=2W$이다. A → B 과정은 등온 과정이므로 흡수한 열량만큼 일을 한다.

ㄷ. 흡수한 열량이 $2W$이고 한 일이 W이므로 C → D 과정에서 외부에 방출한 열량은 W이다.

I-03-01. 특수 상대성 이론   워크북 32~33쪽

01 ②   **02** ④   **03** ③   **04** ①   **05** ⑤   **06** ②   **07** ④   **08** ③

01 지면에 대한 철수, 영희의 속도는 각각 $\dfrac{100}{20}=5(m/s)$, $\dfrac{100}{25}=4(m/s)$이다.

ㄷ. 철수에 대한 영희의 속도는 $4-5=-1(m/s)$이고 영희에 대한 철수의 속도는 $5-4=1(m/s)$이므로 크기가 같다.

[오답 피하기] ㄱ. 영희에 대한 철수의 속도는 크기가 $1\,m/s$이다.

ㄴ. 철수에 대한 영희의 속도는 방향이 철수의 운동 방향과 반대이다.

2 ㄱ. A가 관찰하였을 때 수평 방향으로 공이 이동하므로 공의 속력은 B가 관찰하였을 때보다 크다고 측정한다.

ㄷ. 상대성 원리에 따라 모든 관성계에서 물리 법칙은 동일하므로 A, B가 관찰한 역학적 에너지는 보존된다.

[오답 피하기] ㄴ. 상대성 원리에 따라 A, B가 각각 관찰한 공에 작용한 알짜힘의 방향은 같다.

3 ㄱ. 속력이 클수록 길이 수축이 커진다. 길이 수축이 큰 B가 A와 길이가 같으므로 고유 길이는 B가 A보다 크다.

ㄷ. B가 측정할 때 속력은 철수가 A보다 빠르므로 철수의 시간이 A보다 더 느리게 흐른다.

[오답 피하기] ㄴ. A가 측정할 때 B와 철수의 운동 방향은 서로 반대이다.

4 ㄱ. 민수가 관측할 때 A와 B가 운동하므로 A와 B 사이 길이가 짧아 보인다. 따라서 민수가 측정한 A, B 사이 길이는 R_0보다 짧다.

[오답 피하기] ㄴ. 민수가 관측할 때 A와 B 사이 길이가 짧아 보이므로 우주선이 A에서 B까지 이동하는 시간은 $\dfrac{R_0}{0.9c}$보다 작다.

ㄷ. 철수는 민수의 시계가 느리다고 관측하므로 우주선이 이동한 시간은 철수가 측정할 때가 민수가 측정할 때보다 크다.

5 ㄱ. 철수가 측정할 때 민수의 시간이 B에서가 A에서보다 느리므로 우주선의 속도는 B에서가 A에서의 속도 $0.6c$보다 빠르다.

ㄴ. 우주선의 속도가 B에서가 A에서보다 빠르므로 길이 수축이 증가하여 민수가 측정한 구간 길이는 B가 A보다 짧다.

ㄷ. 속도가 빠를수록 길이 수축이 증가하므로 철수가 측정할 때 우주선의 길이는 B에서가 A에서보다 짧다.

6 ㄱ. 영희가 관측할 때 p와 q가 이동하므로 길이 수축이 일어나서 p

와 q 사이 길이는 L_0보다 짧다.

ㄴ. 철수가 측정할 때 영희의 시간이 느리므로 양성자가 p에서 q까지 이동하는 데 걸린 시간은 영희의 측정값 T_0보다 크다.

오답 피하기 ㄷ. 철수가 측정할 때 양성자가 p에서 q까지 이동하는 데 걸린 시간은 T_0보다 크므로 철수가 측정한 p와 q 사이의 거리는 $L_0 > 0.9cT_0$이다.

7 철수와 영희가 측정한 빛의 속력은 동일하다.

ㄴ. 영희가 측정할 때 철수의 시간이 느리므로 $T_{철수} < T_{영희}$이다.

ㄷ. 철수와 영희가 측정한 빛의 속력은 동일하다. 따라서 $\dfrac{L_{철수}}{T_{철수}} = \dfrac{L_{영희}}{T_{영희}} = c$이다.

오답 피하기 ㄱ. 영희가 측정할 때 빛이 비스듬히 움직이므로 빛의 이동 거리가 철수가 측정할 때보다 길어진다. 따라서 $L_{철수} < L_{영희}$이다.

8 ㄱ. 빛의 속력은 광원이나 관찰자의 속도에 관계없이 항상 일정하다. 따라서 광원에서 A, B, C, D로 진행하는 빛의 속력은 모두 같다.

ㄴ. 영희가 관측할 때 광원에서 방출된 빛이 이동하는 동안 A가 광원 쪽으로 이동하므로 광원에서 동시에 방출한 빛은 C보다 A에 먼저 도달한다.

오답 피하기 ㄷ. 광원과 A, 광원과 C 사이 거리는 길이 수축의 크기가 동일하므로 거리가 동일하다.

01 ③　**02** ②　**03** ③　**04** ③　**05** ①　**06** ④　**07** ⑤　**08** ②

01 ㄱ. B가 측정하였을 때 시간 팽창에 의해 뮤온의 수명이 A가 측정했을 때보다 길다.

ㄷ. B가 측정했을 때 뮤온이 빠른 속도로 운동하므로 A가 측정했을 때보다 질량과 운동 에너지가 증가한다.

오답 피하기 ㄴ. 우주선의 길이는 길이 수축에 의해 B가 측정했을 때가 A가 측정했을 때보다 작다.

2 ㄷ. 빛에너지가 질량으로 전환되므로 에너지와 질량이 동등하다는 것을 보여주는 예이다.

오답 피하기 ㄱ. 빛은 입자이므로 운동량이 0이 아니다.

ㄴ. 빛의 에너지는 양전자와 전자의 운동 에너지뿐만 아니라 두 입자의 질량으로 전환된다.

3 ㄱ. 관측되는 속력이 클수록 시간 팽창이 크므로 뮤온의 수명은 A가 B보다 길다.

ㄷ. 관측되는 속력이 클수록 질량과 운동 에너지가 크므로 전체 에너지는 A가 B보다 크다.

오답 피하기 ㄴ. 수명이 길수록 더 먼 거리를 이동할 수 있으므로 관측되는 높이는 A가 B보다 낮다.

4 ㄱ. 태양에서 일어나는 핵반응은 핵융합 반응이므로 ㉠은 핵융합이다.

ㄴ. 질량 결손이 에너지로 전환되므로 ㉡은 질량 결손이다.

오답 피하기 ㄷ. 고속 증식로에서의 핵반응은 핵분열 반응이다.

5 ㄴ. 질량 결손은 $(1.0078 \times 2 + 1.0087 \times 2) - 4.0026 = 0.0304(\text{u})$이다.

오답 피하기 ㄱ. 작은 원자핵이 큰 원자핵이 되는 것이므로 핵융합 반응

이 일어난다.

ㄷ. 발생한 에너지는 $0.0304 \times 1.66 \times 10^{-27} \times (3 \times 10^8)^2 (\text{J})$이다.

6 ㄴ. 우라늄 235는 느린 중성자에 의해 핵분열하고 빠른 중성자를 방출한다. 따라서 우라늄의 관성계에서 관측할 때 ㉡은 ㉠보다 속력이 빠르고 질량이 크다.

ㄷ. 핵분열할 때 질량 결손에 의한 에너지가 방출된다.

오답 피하기 ㄱ. ㉠, ㉡은 중성자이므로 전하를 띠지 않는다.

7 ㄱ. ㉠은 질량수 1, 원자 번호 0이므로 중성자이다.

ㄴ. (가)는 작은 원자핵이 큰 원자핵으로 합쳐지는 것이므로 핵융합, (나)는 큰 원자핵이 작은 원자핵으로 나누어지는 것이므로 핵분열 반응이다.

ㄷ. 핵자는 원자핵을 구성하는 입자인 중성자, 양성자이다. 따라서 (가)에서는 핵자 5개가 17.6 MeV의 에너지를 방출하므로 핵자 1개당 방출하는 에너지는 $\dfrac{17.6}{5}$ MeV, (나)에서는 핵자 236개가 200 MeV의 에너지를 방출하므로 핵자 1개당 방출하는 에너지는 $\dfrac{200}{236}$ MeV이다.

8 ㄴ. 원자 번호는 양성자 수이므로 C가 A의 2배이다.

오답 피하기 ㄱ. ㉠은 질량수 1, 원자 번호 0이므로 중성자이다.

ㄷ. A, B의 질량수는 각각 2, 3이므로 A와 B의 질량수 합은 5이고 C의 질량수는 4이다.

01 ①　**02** ③　**03** ①　**04** ②　**05** ①　**06** ④　**07** ④　**08** ③

01 톰슨은 (−)전하를 띠는 전자를 발견하였고 러더퍼드는 (+)전하를 띠는 원자핵을 발견하였다.

ㄱ. 톰슨의 음극선 실험에서 전자가 (+)극판 쪽으로 휘어지는 것으로부터 전자가 (−)전하를 띠고 있음을 알게 되었다.

오답 피하기 ㄴ. 러더퍼드의 실험에서 금박에 입사하는 알파(α) 입자는 헬륨의 원자핵으로, (+)전하를 띤다.

ㄷ. (나)의 결과로 (+)전하를 띠며 원자 질량의 대부분을 차지하는 원자핵의 존재를 알게 되었다.

정리하기

톰슨과 러더퍼드의 실험

(1) 톰슨의 음극선 실험: 음극에서 방출된 입자가 (+)극판 쪽으로 휘어지고, 바람개비를 돌리는 것을 발견

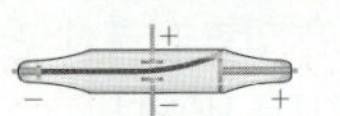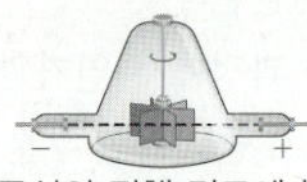

음극선의 진행 경로는 전기장과 반대 방향으로 휜다.　　음극선의 진행 경로에 놓인 바람개비가 회전한다.

➡ 음극에서 방출된 입자가 (−)전하를 띠고 질량이 있는 전자임을 알게 됨

➡ 전체적으로 (+)전하를 띠는 물질 속에 (−)전하를 띠는 전자가 드문드문 박혀 있는 원자 모형 제안

(2) 러더퍼드의 알파 입자 산란 실험: 금박에 (+)전하를 띠는 알파 입자를 쏘았을 때 대부분 조금씩 산란되고 극히 일부가 거의 정반대 방향으로 되튀어 나옴

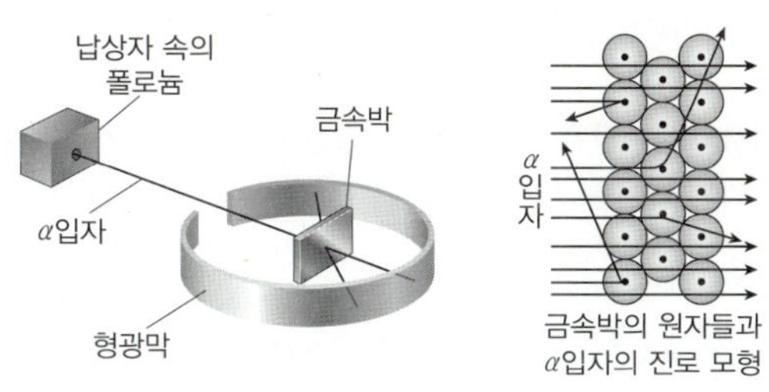

➡ 원자 가운데 원자 질량의 대부분을 차지하며 (+)전하를 띠는 원자핵이 있음을 발견

➡ 중심에 원자핵이 있고 주변을 전자가 원운동하는 원자 모형을 제안

02 파장이 짧을수록 빛의 에너지가 크다.

ㄱ. A와 D의 광자 1개의 에너지는 각각 E_3-E_2, E_4-E_3이고 B의 광자 1개의 에너지는 E_4-E_2이므로 A와 D의 에너지의 합은 B의 에너지와 같다. $E=hf$이므로 A와 D의 진동수의 합은 B의 진동수와 같다.

ㄷ. a는 파장이 가장 짧으므로 빛의 에너지가 가장 크다. 따라서 C의 선 스펙트럼이다.

[오답 피하기] ㄴ. D의 에너지는 A보다 작고, 빛의 파장은 에너지에 반비례하므로 D의 파장은 650 nm보다 크다.

03 전자가 빛을 흡수하면 높은 에너지 준위로 전이하고 빛을 방출하면 낮은 에너지 준위로 전이한다.

ㄱ. A를 흡수하여 $n=1$에서 $n=3$으로 전이하였다가 B, C를 방출하며 다시 $n=1$인 상태로 전이하였으므로 A의 에너지는 B, C의 에너지의 합과 같다.

[오답 피하기] ㄴ. 수소 원자의 에너지 준위는 n이 커질수록 간격이 작아진다. 따라서 C의 에너지가 B의 에너지보다 크고, $f_B < f_C$이다.

ㄷ. $hf_A = hf_B + hf_C$이므로 $f_A = f_B + f_C$이다.

04 $n=4$인 상태에서 $n=1$, $n=2$, $n=3$인 상태로 전이할 때 방출하는 빛의 에너지는 각각 12.75 eV, 2.55 eV, 0.66 eV이다.

ㄴ. b는 $n=4$인 상태에서 $n=2$인 상태로 전이할 때 방출하는 빛이므로 발머 계열에 속한다.

[오답 피하기] ㄱ. a의 에너지는 $hf_a = 12.75$ eV이다.

ㄷ. $hf_a = E_4 - E_1 = 12.75$ eV, $hf_b = E_4 - E_2 = 2.55$ eV, $hf_c = E_4 - E_3 = 0.66$ eV이므로 $f_a > f_b + f_c$이다.

선 스펙트럼의 위치 찾는 방법

a, b, c의 에너지 차이가 클수록 선 스펙트럼의 진동수(또는 파장)의 차이도 크다. 따라서 두 빛의 에너지 차이가 클수록 선의 간격도 넓게 나타난다.

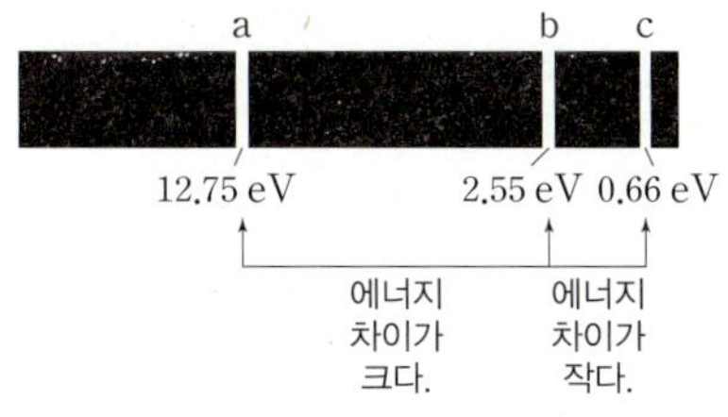

05 빛의 에너지는 전자가 전이하는 에너지 준위 차이이다.

ㄱ. a를 방출할 때 전자가 전이하는 에너지 준위 차이가 b를 방출할 때 전자가 전이하는 에너지 준위 차이보다 크므로 빛의 에너지는 a가 b보다 크다.

[오답 피하기] ㄴ. c는 $n=1$인 상태에서 더 높은 에너지 준위로 전이하는 경우이므로 라이먼 계열의 빛을 흡수한다.

ㄷ. 빛의 에너지와 파장은 반비례하므로 $\frac{1}{\lambda_c} = \frac{1}{\lambda_a} + \frac{1}{\lambda_b}$이다.

06 a, b, c는 각각 전자의 양자수가 $2 \rightarrow 1$, $3 \rightarrow 2$, $4 \rightarrow 3$으로 전이할 때 방출하는 빛의 스펙트럼이다.

ㄱ. P는 라이먼 계열이므로 자외선이다.

ㄷ. c는 파셴 계열 중 파장이 가장 긴 것이므로 전자가 인 상태에서 $n=3$인 상태로 전이할 때 방출하는 빛이다. 따라서 파장은 $\frac{hc}{\lambda} = E_4 - E_3$에서 $\lambda = \frac{hc}{E_4 - E_3}$이다.

[오답 피하기] ㄴ. a는 전자가 $n=2$인 상태에서 $n=1$인 상태로 전이할 때 방출하는 빛이고 b는 전자가 $n=3$인 상태에서 $n=2$인 상태로 전이할 때 방출하는 빛이며 c는 전자가 $n=4$인 상태에서 $n=3$인 상태로 전이할 때 방출하는 빛이므로 $f_a > f_b + f_c$이다.

07 수소 원자에서 전자가 $n=2$인 상태로 전이할 때 방출하는 발머 계열 중 파장이 긴 것 4개는 가시광선이다.

ㄱ. a가 b보다 파장이 짧으므로 광자 1개의 에너지는 a가 b보다 크다.

ㄷ. b는 전자가 $n=3$인 상태에서 $n=2$인 상태로 전이할 때 방출하는 빛이므로 발머 계열 중 파장이 가장 긴 가시광선이다.

[오답 피하기] ㄴ. a는 발머 계열 중 두 번째로 파장이 긴 빛이므로 $n=4$인 상태에서 $n=2$인 상태로 전이할 때 방출하는 빛이다.

08 광자의 에너지는 파장이 짧을수록 크다.

ㄱ. (가)와 (나)의 스펙트럼 선이 일치하므로 A와 B는 같은 기체이다.

ㄴ. ㉠이 ㉡보다 파장이 짧으므로 광자 1개의 에너지는 ㉠이 ㉡보다 크다.

[오답 피하기] ㄷ. B에서 방출된 빛이 선 스펙트럼으로 나타나므로 B의 에너지 준위가 불연속적임을 알 수 있다.

II-01-**02**. 에너지띠와 반도체	워크북 38~39쪽

01 ② **02** ④ **03** ① **04** ③ **05** ⑤ **06** ③ **07** ④ **08** ②

01 고체는 에너지 준위가 미세하게 나뉘어 연속적인 에너지띠가 된다.

② 기체는 모든 원자가 거의 독립적으로 존재하지만 고체는 수많은 원자가 매우 가까이 위치하고 있어 서로의 에너지 준위에 영향을 미친다. 이 때문에 원자의 에너지 준위가 미세하게 나뉘어 연속적인 띠 모양이 된다.

02 (가)는 도체, (나)는 절연체, (다)는 반도체의 에너지띠 구조이다.

ㄱ. 온도가 높을수록 도체의 전기 저항은 증가하고 반도체의 전기 저항은 감소한다.

ㄷ. 반도체는 온도가 높을수록 원자가 띠에서 전도띠로 전이하는 전자가 많아진다.

[오답 피하기] ㄴ. 구리는 도체이므로 (가)와 같은 에너지띠 구조를 갖는다.

03 B는 절연체이고 A는 도체이다.

ㄱ. A가 도체이므로 전기 전도성은 A가 B보다 좋다.

오답 피하기 ㄴ. 띠 간격은 절연체인 B가 A보다 크다.

ㄷ. S를 열었을 때는 LED에 전압이 걸리지 않는다.

04 A 주위에 전자가 1개 부족하므로 원자가 전자가 3개인 원소를 도핑하여 p형 반도체가 되었다.

ㄱ. A 주위의 공유 결합에서 전자가 1개 부족하므로 A의 원자가 전자는 3개이다.

ㄴ. p형 반도체이므로 원자가 띠에 양공이 존재한다.

오답 피하기 ㄷ. p형 반도체는 양공이 주요 전하 운반체이다.

05 A는 p형 반도체, B는 n형 반도체이다.

ㄱ. A는 인듐(In) 주위에 양공이 있으므로 양공이 주요 전하 운반체인 p형 반도체이다.

ㄴ. B는 비소(As) 주위에 전자가 1개 남아 있으므로 원자가 전자가 5개인 원소를 도핑한 n형 반도체이다.

ㄷ. A에 (+)극을, B에 (−)극을 연결하면 다이오드에 순방향 바이어스가 걸려 전류가 흐른다.

06 발광 다이오드에 순방향 바이어스가 걸리면 빛이 방출된다.

③ LED에서 빛이 방출되므로 순방향 바이어스이다.

오답 피하기 ① 순방향 바이어스가 되려면 p형 반도체에 (+)극이 연결되어야 하므로 a는 (+)극이다.

② 전자는 전류와 반대 방향으로 이동하므로 b → 저항 → LED → a 방향으로 이동한다.

④ p형 반도체에서는 양공이, n형 반도체에서는 전자가 접합면 쪽으로 이동하여 재결합한다.

⑤ 접합면에서 전자가 양공과 재결합하며 잃는 에너지가 클수록 방출되는 빛의 에너지도 크다. 따라서 빛의 파장은 짧아진다.

07 A는 p형 반도체, B는 n형 반도체이다.

ㄴ. 띠 간격이 E이므로 단색광의 진동수는 $E=hf$에서 $f=\dfrac{E}{h}$이다.

ㄷ. LED에서 빛이 방출되고 있으므로 순방향 바이어스가 걸려 있다.

오답 피하기 ㄱ. 순방향 바이어스가 걸려 있으므로 (+)극에 연결된 A는 p형 반도체이다.

08 (가)는 순방향 바이어스, (나)는 역방향 바이어스이다.

ㄴ. (가)는 순방향 바이어스가 걸려 있으므로 LED에서 빛이 방출된다.

오답 피하기 ㄱ. (가)에서 A의 양공이 접합면 쪽으로 이동하고 있으므로 A는 양공이 주요 전하 운반체인 p형 반도체이다.

ㄷ. (나)는 양공과 전자가 접합면에서 멀어지고 있으므로 역방향 바이어스가 걸려 있다.

<table>
<tr><td>Ⅱ-02-01. 전류에 의한 자기장</td><td>워크북 40~41쪽</td></tr>
</table>

01 ②　**02** ④　**03** ①　**04** ③　**05** ⑤　**06** ⑤　**07** ④　**08** ⑤

01 직선 전류에 의한 자기장의 세기는 전류의 세기에 비례하고 거리에 반비례한다.

O점에서 자기장이 0이므로 B에는 $-y$ 방향으로 전류가 흐른다. 또

$\overline{AO}=2\overline{BO}$이므로 B에 흐르는 전류의 세기는 $\dfrac{I_0}{2}$이다.

02 O에서의 자기장은 P, Q, R에 흐르는 전류에 의한 자기장의 합이다. 모눈 한 칸의 크기를 d라고 하면 (가)에서는 $-k\dfrac{I_0}{2d}+B_R+k\dfrac{2I_0}{2d}=0$

이므로 $B_R=-k\dfrac{I_0}{2d}$이다.

(나)에서는 $\left|-k\dfrac{I_0}{2d}-k\dfrac{I_0}{2d}-k\dfrac{2I_0}{2d}\right|=B_0$이므로 $B_0=k\dfrac{3I_0}{2d}$이다.

따라서 (다)에서 $\left|-k\dfrac{I_0}{2d}-k\dfrac{I_0}{2d}-k\dfrac{2I_0}{2d}\right|=\dfrac{4}{3}B_0$이다.

03 t_1일 때와 t_3일 때 P에서 자기장의 세기가 다르므로 Q에 흐르는 전류의 방향이 반대이다.

t_1일 때 a에서 자기장이 0이 되려면 Q에는 $+x$ 방향으로 세기가 I_0인 전류가 흘러야 한다. 따라서 t_3일 때는 $-x$ 방향으로 세기가 I_0인 전류가 흐른다.

04 p에서 A와 B에 흐르는 전류에 의한 자기장의 크기는 같고 방향은 반대이다. 따라서 전류의 세기는 B가 A의 2배이고 전류의 방향은 A와 B가 같다. q에서 A보다 B에 의한 자기장이 더 강하므로 A, B에는 xy 평면에 수직으로 나오는 방향으로 전류가 흐른다. p에서 A가 만드는 자기장의 세기를 B라 하면 $B_0=\left|+\dfrac{1}{2}B-2B\right|=\dfrac{3}{2}B$에서 $B=\dfrac{2}{3}B_0$이다.

r에서는 A와 B에 의한 자기장의 모두 $+y$ 방향이므로 자기장의 세기는 $\dfrac{1}{4}B+2B=\dfrac{9}{4}B=\dfrac{2}{3}B_0$이다.

05 원형 도선 중심에서 자기장 방향은 오른 나사 규칙을 적용하고, 자기장의 세기는 전류의 세기에 비례한다.

ㄴ. 나침반이 동쪽으로 회전하였으므로 원형 도선 중심에서 원형 고리에 흐르는 전류에 의한 자기장의 방향은 동쪽이다.

ㄷ. A일 때보다 B일 때가 전류의 세기가 더 크다. 따라서 가변 저항기의 저항값은 A일 때가 B일 때보다 크다.

오답 피하기 ㄱ. 원형 고리 중심에서 자기장 방향이 동쪽이므로 전류는 전원 장치 → 원형 고리 → 가변 저항기로 흐른다. 따라서 ㉠은 (−)극이다.

06 P, Q에서 A, B, C에 의한 자기장의 세기가 같고 방향이 반대가 되려면 A, B에 의한 자기장이 0이 되어야 한다.

ㄱ, ㄴ. P에서 A, B에 의한 자기장이 0이므로 전류의 방향은 같고, 전류의 세기는 B가 A의 2배이다.

ㄷ. C에 흐르는 전류의 방향이 바뀌면 P, Q에서 자기장 방향이 반대로 바뀌어, 여전히 P, Q에서 자기장 방향은 서로 반대 방향이다.

07 P에서 직선 전류에 의한 자기장 방향은 종이면에 수직으로 나오는 방향이다.

ㄱ. 원형 도선에 흐르는 전류의 세기가 I_0일 때 P에서 자기장이 0이므로 원형 도선에 의한 자기장 방향은 종이면에 수직으로 들어가는 방향이다. 따라서 원형 도선에 흐르는 전류의 방향은 b 방향이다.

ㄷ. 원형 도선에 흐르는 전류가 0일 때 P에서 자기장 세기가 B_0이므로 P에서 직선 도선에 흐르는 전류에 의한 자기장의 세기는 B_0이다.

오답 피하기 ㄴ. P에서 직선 도선까지의 거리가 원형 도선의 반지름보

다 크므로 직선 도선에 흐르는 전류의 세기는 I_0보다 크다.

전류 I에 의한 자기장의 세기

(1) 직선 도선: $B = 2 \times 10^{-7} \dfrac{I}{r}$ (r: 직선 도선으로부터의 거리)

(2) 원형 도선 중심: $B = 2\pi \times 10^{-7} \dfrac{I}{r}$ (r: 원형 도선의 반지름)

(3) 솔레노이드: $B = 4\pi \times 10^{-7} nI$ (n: 단위 길이 당 감은 수)

08 O에서 자기장은 영역 I의 자기장과 두 직선 도선에 의한 자기장의 합이다.

ㄱ. O에서 자기장이 0이므로 A와 B에 흐르는 전류에 의한 자기장은 $+B$이다. $k\dfrac{I}{d} - k\dfrac{I}{5d} = +B$에서 $k\dfrac{I}{d} = \dfrac{5}{4}B$이다.

P에서 A와 B에 흐르는 전류에 의한 자기장은 $-k\dfrac{I}{d} - k\dfrac{I}{3d} = -\dfrac{4}{3} \times k\dfrac{I}{d} = -\dfrac{5}{3}B$이다.

ㄴ. P에서 자기장은 $-B - \dfrac{5}{3}B = -\dfrac{8}{3}B$이므로 종이면에 수직으로 들어가는 방향이다. Q에서 자기장은 $+B - k\dfrac{I}{3d} - k\dfrac{I}{d} = -\dfrac{2}{3}B$이므로 종이면에 수직으로 들어가는 방향이다. 따라서 P와 Q에서 자기장의 방향은 같다.

ㄷ. P에서 자기장의 세기는 $\dfrac{8}{3}B$이고 Q에서 자기장의 세기는 $\dfrac{2}{3}B$이므로 자기장의 세기는 P에서가 Q에서의 4배이다.

 워크북 42~43쪽

01 ⑤ **02** ④ **03** ④ **04** ① **05** ① **06** ③ **07** ④ **08** ③

01 강자성체와 상자성체는 자석에 끌려오고 반자성체는 밀려난다. 또 강자성체는 자석을 제거해도 자기화된 상태를 오래 유지한다. 따라서 A는 반자성체, B는 상자성체, C는 강자성체이다.

02 (가)에서 코일의 오른쪽이 N극이 된다.

ㄱ. (가)에서 A가 자기화된 후 (나)에서 코일에 유도 전류가 흘렀으므로 A는 자기화된 상태가 유지되는 강자성체이다.

ㄴ. (가)에서 코일의 오른쪽이 N극이므로 P는 N극으로 자기화된다.

오답 피하기 ㄷ. (나)에서 자석이 운동하는 동안 자석에는 자석의 운동을 방해하는 방향으로 자기력이 작용한다. 따라서 속력은 b에서가 c에서보다 빠르다.

03 솔레노이드에서 A는 끌리는 자기력을 받고 B는 밀려나는 자기력을 받으므로 A는 강자성체 또는 상자성체이고 B는 반자성체이다.

ㄴ. B는 솔레노이드에서 밀려나는 자기력을 받았으므로 반자성체이다.

ㄷ. (가)에서 A의 오른쪽은 N극으로 자기화된다. (나)에서 N극이 접근하고 있으므로 유도 전류는 솔레노이드의 왼쪽이 N극이 되도록 흐른다. 따라서 유도 전류의 방향은 p → 검류계 → q 방향으로 흐른다.

오답 피하기 ㄱ. A는 (가)에서 솔레노이드 쪽으로 끌려오고 (나)에서 검류계에 전류가 흘렀으므로 강자성체이다.

04 철 막대는 강자성체이다.

ㄱ. 철 막대는 강자성체이므로 코일에 흐르는 전류에 의한 자기장 방향으로 자기화되어 코일 쪽으로 끌려온다.

오답 피하기 ㄴ. 철 막대는 강자성체이므로 외부 자기장이 사라져도 자기화된 상태를 유지한다.

ㄷ. 전류의 방향을 반대로 바꾸어도 철 막대는 코일에 흐르는 전류에 의한 자기장 방향으로 자기화되어 코일 쪽으로 끌려온다.

05 전류가 흐르는 코일 주위에서 A, B가 코일 쪽으로 자기력을 받았으므로 A, B는 강자성체, 상자성체 중 하나이다. 코일을 제거한 후 A에는 철가루가 달라붙었으므로 A는 강자성체이고, B에는 철가루가 달라붙지 않았으므로 B는 상자성체이다.

06 상자성체는 자석에 끌려오지만 자석이 사라지면 자기화된 상태가 즉시 사라진다.

ㄷ. (가)에서 B가 자석에 끌리고 (나)에서 B가 코일에 접근할 때 코일에 유도 전류가 흐르지 않았으므로 B는 상자성체이다.

오답 피하기 ㄱ. (나)에서 A가 접근할 때 반시계 방향으로 유도 전류가 흘렀으므로 A의 아래쪽이 N극이고 P는 S극이다.

ㄴ. P가 S극이므로 Q는 N극으로 자기화되어 B가 자석에 끌리게 된다.

07 하드 디스크의 플래터에는 강자성체인 산화철이 코팅되어 있다.

ㄱ. A는 강자성체인 산화철이다.

ㄷ. 하드 디스크는 외부 자기장 방향으로 자기화되는 산화철을 이용해 자기 정보를 기록하는 장치이므로 플래터에 자석을 가까이 가져가면 저장된 정보를 잃게 된다.

오답 피하기 ㄴ. 정보를 저장할 때는 헤드의 코일에 전류가 흘러 자기장을 만든다. 플래터의 산화철이 코일의 자기장 방향으로 자기화되어 정보를 저장하게 된다.

08 자기 부상 열차는 초전도체의 반자성을 이용한 예이다.

ㄱ. 초전도체는 임계 온도 이하에서 전기 저항이 0이 된다.

ㄴ. 임계 온도 이하에서는 외부 자기장을 밀어내는 반자성체가 되어 자석이 초전도체 위에 떠 있게 된다.

오답 피하기 ㄷ. 아직까지 상온에서 초전도 현상이 나타나는 물체는 찾지 못하였다.

 워크북 44~45쪽

01 ④ **02** ① **03** ① **04** ③ **05** ② **06** ⑤ **07** ⑤ **08** ①

01 자석의 S극이 접근할 때 LED에 순방향 바이어스가 걸린다.

ㄱ. 자석이 P를 지날 때 솔레노이드의 왼쪽이 S극이 되도록 유도 전류가 흐른다. 이때 유도 전류의 방향은 a → LED → b 방향이다.

ㄷ. 전자기 유도가 일어나는 동안 자석은 운동 방향의 반대 방향으로 자기력을 받는다. 따라서 P와 Q를 지날 때 자석이 받는 자기력의 방향은 모두 왼쪽이다.

오답 피하기 ㄴ. 자석이 Q를 지날 때는 솔레노이드에 흐르는 유도 전류 방향이 P를 지날 때와 반대 방향이므로 LED에는 역방향 바이어스가 걸린다.

02 닫힌 회로를 통과하는 자속이 변할 때 유도 전류가 흐른다.

ㄱ. LED가 켜지므로 순방향 바이어스가 걸렸다.

 ㄴ. (가)에서 LED에 순방향 바이어스가 걸리므로 유도 전류는 시계 방향으로 흐른다. B가 오른쪽으로 운동할 때 유도 전류가 시계 방향으로 흐르므로 II에서 자기장 방향은 종이면에서 나오는 방향이다.

ㄷ. 자기장의 세기가 II가 I보다 크면 (나)에서 A, B가 같은 속력으로 반대 방향으로 운동할 때에도 유도 전류가 흘러 LED가 켜져야 한다.

03 금속 고리가 자기장 영역에 들어갈 때와 나올 때 유도 전류가 흐른다.

ㄱ. P, Q에서 금속 고리는 운동 방향의 반대 방향으로 자기력을 받는다.

 ㄴ. 금속 고리의 속력이 Q에서가 P에서보다 크므로 금속 고리에 흐르는 유도 전류의 세기는 Q에서가 P에서보다 크다.

ㄷ. 금속 고리가 낙하할 때 전자기 유도에 의해 역학적 에너지 일부가 전기 에너지로 전환되므로 역학적 에너지는 P에서가 Q에서보다 크다.

04 P에 흐르는 전류가 시간에 따라 변하면 Q에 유도 전류가 흐른다.

ㄷ. $\frac{3}{8}T$와 $\frac{5}{8}T$일 때 P에 흐르는 전류가 계속 감소하므로 Q에 흐르는 유도 전류의 방향은 같다.

 ㄱ. $0 \sim \frac{T}{4}$까지는 P에 흐르는 전류가 증가하므로 Q를 통과하는 자속도 증가하고 $\frac{T}{4} \sim \frac{T}{2}$까지는 P에 흐르는 전류가 감소하므로 Q를 통과하는 자속도 감소한다. 따라서 전류의 방향은 $\frac{T}{4}$를 기준으로 변한다.

ㄴ. $\frac{T}{2}$일 때 P에 흐르는 전류의 변화율이 가장 크므로 Q에 흐르는 유도 전류의 세기도 가장 크다.

05 자석이 운동하는 동안 운동을 방해하는 방향으로 자기력을 받는다.

ㄴ. (가)에서는 N극이 코일의 왼쪽으로 접근하므로 코일의 왼쪽이 N극이 되도록 유도 전류가 흐른다. (나)에서는 S극이 코일의 오른쪽으로 접근하므로 코일의 오른쪽이 S극이 되도록 유도 전류가 흐른다. 따라서 (가)와 (나)에서 유도 전류의 방향은 같다.

 ㄱ. (가)에서는 왼쪽 방향으로 자기력을 받고 (나)에서는 오른쪽 방향으로 자기력을 받는다.

ㄷ. 자석이 코일을 통과하는 동안 역학적 에너지의 일부가 전기 에너지로 전환되므로 역학적 에너지는 감소한다. 따라서 (나)에서 자석은 P까지 올라가지 못한다.

06 다이오드에 순방향 바이어스가 걸릴 때만 전류가 흐르므로 I에서 자기장 방향은 xy 평면에 수직으로 나오는 방향이다.

ㄱ. p가 $x=0.5d$를 지날 때 유도 전류가 흐르므로 다이오드에는 순방향 바이어스가 걸린다.

ㄴ. I과 II에서 자기장의 방향이 반대이면 p가 $x=2.5d$를 지날 때는 다이오드에 역방향 바이어스가 걸려 유도 전류가 흐르지 않는다.

ㄷ. 자기장의 세기가 I이 II보다 크다면 p가 $x=2.5d$를 지날 때는 다이오드에 역방향 바이어스가 걸려 유도 전류가 흐르지 않는다.

07 RFID 시스템은 전자기 유도를 이용해 정보를 주고 받는다.

ㄱ. 카드의 코일을 통과하는 자속이 계속 변하므로 유도 전류가 흐르게 된다.

ㄷ. 코일과 안테나를 통과하는 자속이 계속 변하므로 전자기 유도가 일어난다.

 ㄴ. 코일에 흐르는 유도 전류의 세기가 일정하면 코일에서 만드는 자기장의 세기가 일정하므로 리더의 안테나에서 전자기 유도가 일어나지 않는다.

08 전자기타는 전자기 유도를 이용해 기타 줄의 진동을 전기 신호로 변환한다.

ㄱ. 자석에 의해 b → a 방향으로 자기장이 형성되므로 a는 N극으로 자화된다.

 ㄴ. b는 S극으로 자화되므로 b가 코일에 가까이 갈 때 코일에는 위쪽이 S극이 되도록 유도 전류가 흐른다. 즉, 유도 전류의 방향은 q → p 방향이다.

ㄷ. 기타 줄이 진동하면 S극이 접근과 멀어짐을 반복하므로 유도 전류의 방향이 계속 변한다.

III-01-01. 파동의 성질   워크북 46~47쪽

01 ②   **02** ④   **03** ②   **04** ③   **05** ③   **06** ④   **07** ②   **08** ⑤

01 압력과 위치 그래프에서 진폭, 파장을 알 수 있다.

ㄷ. 파장이 A가 B보다 크므로 슬릿을 통과할 때 회절이 더 많이 일어난다.

 ㄱ. 소리의 속력이 같을 때 파장이 짧은 소리가 진동수가 크다. B가 A보다 파장이 짧으므로 진동수는 B가 A보다 크다.

ㄴ. (나)에서 진폭이 B가 A보다 크므로 소리 세기도 B가 A보다 크다.

02 (가)의 순간부터 P점이 위쪽으로 운동하므로 파동은 오른쪽으로 진행한다. (가)에서 파장이 $\frac{4}{5}$A이고, (나)에서 주기가 $2B$이므로 속력은 $\frac{2A}{5B}$이다.

03 P의 변위가 $+A$ 또는 $-A$일 때 P의 속력이 0이 된다.

ㄴ. (나)에서 P의 속력이 0이 되는 시간이 4초이고, 이때 P는 마루에서 골로 이동한다. 따라서 주기는 8초이다.

 ㄱ. 4초 동안 P의 변위는 $+A$에서 $-A$가 된다. 이때 이동 거리가 4 m이므로 $2A=4$에서 $A=2$ m이다.

ㄷ. P는 4초일 때 골이 되고 8초일 때 다시 마루가 된다. 따라서 6초일 때 P의 운동 방향은 $+y$ 방향이다.

04 (나)에서 진동수가 2 Hz임을 알 수 있다. 매질 I에서 파장이 1 m이므로 속력이 2 m/s이다.

굴절 법칙에서 $\frac{2}{v_2}=\frac{\sin 45°}{\sin 30°}$이므로 $v_2=\sqrt{2}$ m/s이다.

05 이웃한 파면 사이의 거리가 파장이다.

ㄱ. 물결파가 굴절할 때 진동수는 변하지 않는다.

ㄴ. $\frac{v_1}{v_2}=\frac{\sin \theta_1}{\sin \theta_2}$에서 $\frac{v_1}{v}=\frac{\sin 45°}{\sin 30°}$이므로 $v_1=\sqrt{2}v$이다.

 ㄷ. 속력이 I에서가 II에서의 $\sqrt{2}$배이므로 II에서 물결파 파장은 $\frac{d}{\sqrt{2}}$이다.

06 파면과 파면 사이의 간격이 파장이므로 물결파의 파장은 매질 I에

서가 매질 Ⅱ에서보다 작다.

ㄱ. 수심이 깊을수록 속력이 빠르므로 물의 깊이는 Ⅱ에서가 Ⅰ에서보다 깊다.

ㄷ. 파장이 클수록 속력이 빠르므로 Ⅱ에서가 Ⅰ에서보다 속력이 빠르다.

오답 피하기 ㄴ. 물결파가 굴절할 때 주기나 진동수는 변하지 않는다.

07 굴절 법칙 $n_1 \sin \theta_1 = n_2 \sin \theta_2$이다.

ㄷ. $n_B \sin 60° = n_A \sin 30°$에서 $n_A = \sqrt{2} n_B$이다.

오답 피하기 ㄱ. 단색광의 파장이 같으면 속력이 같아서 굴절이 일어나지 않는다.

ㄴ. 그림에서와 같이 B에서 A로 진행할 때 입사각은 60°이다.

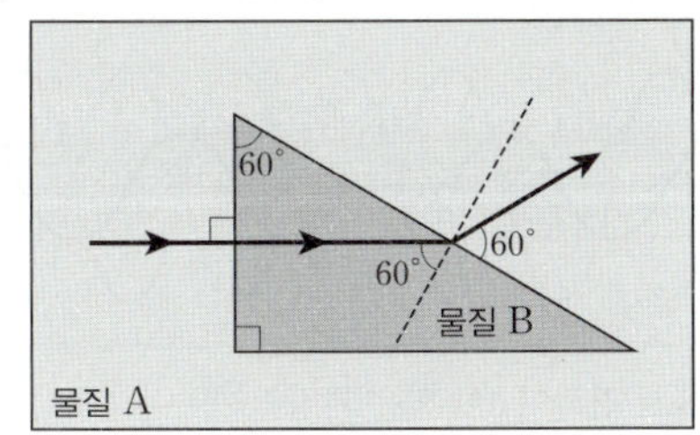

08 빛이 굴절률이 큰 매질에서 작은 매질로 진행할 때는 입사각이 굴절각보다 작다. 따라서 두 물질 사이에서 빛이 진행할 때 가능한 경로는 그림과 같다.

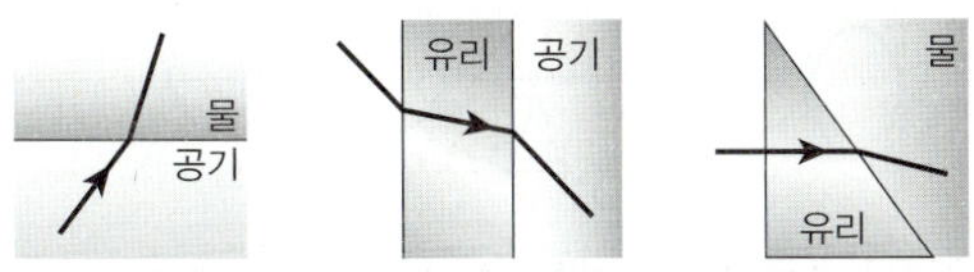

Ⅲ-01-02. 전반사와 광통신
워크북 48~49쪽

01 ④ **02** ③ **03** ③ **04** ④ **05** ④ **06** ① **07** ③ **08** ①

01 전반사는 굴절률이 큰 매질에서 작은 매질로 진행할 때 일어난다.

ㄴ. 굴절률이 B가 A보다 크므로 A에서 B로 단색광이 진행할 때는 전반사가 일어날 수 없다.

ㄷ. A, B로 광섬유를 만들 때는 굴절률이 큰 B로 코어를 만들어야 한다.

오답 피하기 ㄱ. B에서 A로 진행할 때 입사각이 굴절각보다 작으므로 굴절률은 B가 A보다 크다.

02 입사각이 45°일 때 P에서는 전반사가 일어나고 Q에서는 전반사가 일어나지 않는다.

ㄱ. P에서 전반사가 일어나므로 굴절률은 유리가 액체 1보다 크다.

ㄴ. P에서는 전반사가 일어나고 Q에서는 전반사가 일어나지 않으므로 굴절률은 액체 2가 액체 1보다 크다. 따라서 단색광의 속력은 굴절률이 작은 액체 1에서가 더 빠르다.

오답 피하기 ㄷ. 유리에서 액체 1로 진행하는 P에서는 임계각이 45°보다 작고 유리에서 액체 2로 진행하는 Q에서는 임계각이 45°보다 크다.

03 굴절률 차이가 클수록 임계각이 작다.

빛은 A → B로 진행할 때와 B → A로 진행할 때 같은 경로를 지난다. 따라서 B에서 C로 진행할 때와 B에서 A로 진행할 때 입사각이 모두

$90° - \theta_2$로 같다.

A에서 B로 진행할 때 입사각이 굴절각보다 크므로 $n_B > n_A$이다. 또 B에서 C로 진행할 때 P에서는 전반사가 일어났으므로 이다. 한편 B에서 A로 진행한다고 가정하면 B와 A의 경계면에서 전반사하지 않고 일부가 굴절하므로 B와 A의 굴절률 차이는 B와 C의 굴절률 차이보다 작다. 즉 $n_B - n_A < n_B - n_C$이다. 이로부터 $n_B > n_A > n_C$임을 알 수 있다.

04 전반사는 입사각이 임계각보다 클 때 일어난다.

입사각이 θ_A일 때는 전반사가 일어나지 않았으므로 $\theta_A < \theta_c$이고, 입사각이 θ_B일 때는 전반사가 일어나지 않았으므로 $\theta_B > \theta_c$이다. 따라서 $\theta_B > \theta_c > \theta_A$이다.

05 전반사는 입사각이 임계각보다 클 때 일어난다.

ㄱ. (가)에서 입사각이 θ_0일 때 전반사가 일어나므로 임계각은 θ_0보다 작다.

ㄷ. 만약 B의 굴절률이 A의 굴절률보다 크다면 아래 왼쪽 그림처럼 (나)에서 단색광이 B로 입사할 때 굴절각 θ_1이 (가)에서 단색광이 공기에서 A로 입사할 때의 굴절각보다 더 작다. 따라서 B에서 공기로 진행할 때의 입사각 θ_2는 θ_0보다 크다. 또 (나)에서 B와 공기의 굴절률 차이가 A와 공기의 굴절률 차이보다 크므로 임계각은 (가)에서보다 더 작다. 따라서 (나)에서 전반사가 일어나야 한다. 그러나 (나)에서 전반사가 일어나지 않았으므로 굴절률은 A가 B보다 크다.

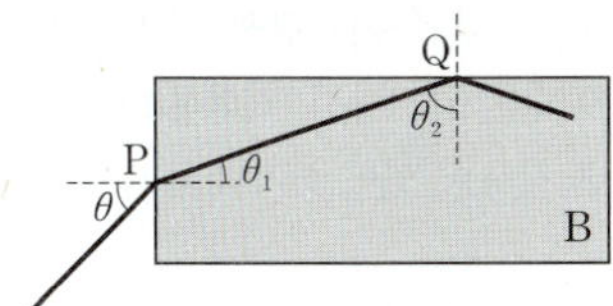

광섬유의 코어는 굴절률이 큰 물질로 만들어야 하므로 A가 코어이다.

오답 피하기 ㄴ. (나)에서 θ를 크게 하면 B에서 공기로 진행할 때의 입사각은 작아진다. 따라서 전반사가 일어날 수 없다.

06 굴절률이 작은 매질에서 큰 매질로 진행할 때는 입사각이 굴절각보다 크다.

ㄱ. 매질 1에서 매질 3으로 진행할 때 입사각이 굴절각보다 작으므로 굴절률은 매질 1이 매질 3보다 크다. 따라서 빛의 속력은 매질 3에서가 매질 1에서보다 크다.

오답 피하기 ㄴ. θ_i를 크게하면 아래 그림의 빨간색 경로처럼 매질 1에서 매질 3으로 진행할 때의 입사각이 커지고, 매질 3에서 매질 2로 진행할 때의 입사각은 작아지며, 매질 3에서 매질 4로 진행할 때의 입사각도 작아진다. 따라서 θ_i를 크게하면 매질 3과 매질 4의 경계면에서 전반사가 일어날 수 없다.

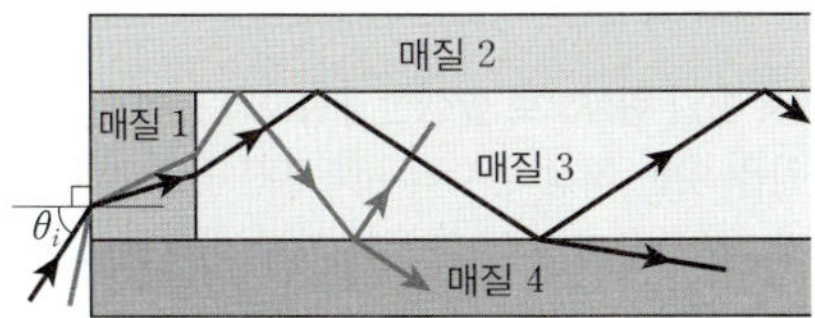

ㄷ. 매질 2와 매질 3의 경계면에서만 전반사가 일어났으므로 매질 3과 매질 2의 굴절률 차이가 매질 3과 매질 4의 굴절률 차이보다 크다. 따라서 굴절률은 매질 4가 매질 2보다 크다.

07 굴절각이 입사각보다 크면 굴절률은 입사하는 매질이 굴절하는 매

질보다 크다.

ㄱ. B에서 A로 진행할 때 전반사가 일어나므로 굴절률은 A가 B보다 작다.

ㄴ. B와 C의 경계면에서 굴절각이 입사각보다 크므로 굴절률은 B가 C보다 크다. 따라서 빛의 파장은 B에서가 C에서보다 작다.

오답 피하기 ㄷ. 입사각과 반사각은 크기가 같으므로 입사각은 B에서 A로 진행할 때와 B에서 C로 진행할 때 같다. B에서 A로 진행할 때는 전반사가 일어나고, B에서 C로 진행할 때는 전반사가 일어나지 않았으므로 B와 A의 굴절률 차이는 B와 C의 굴절률 차이보다 크다. 따라서 굴절률은 C가 A보다 크다.

광섬유의 코어는 굴절률이 큰 물질이어야 하므로 C로 해야 한다.

08 광통신은 광섬유를 이용해 빛 신호를 전달하는 통신 방식이다.

ㄱ. 광섬유에서 굴절률은 코어가 클래딩보다 크다.

오답 피하기 ㄴ. 빛의 속력은 진공에서가 가장 빠르다.

ㄷ. 발신기에는 레이저나 발광 다이오드가 사용되고, 수신기에는 광다이오드가 사용된다.

---

01 (가)는 X선, (나)는 자외선, 가시광선, 적외선이다.

ㄱ. X선의 파장은 자외선, 가시광선, 적외선보다 짧다.

오답 피하기 ㄴ. 살균 작용이 있어 식기 소독기에 이용되는 것은 자외선이다.

ㄷ. 전자가 전이하는 에너지 준위 차이가 클수록 파장이 짧다.

02 파장이 가시광선보다 짧고 X선보다 긴 것은 자외선이다.

03 전자기파는 전기장과 자기장의 진동이 공간으로 퍼지는 파동이다.

ㄱ. 전자기파의 진행 방향이 $+x$ 방향이고 자기장이 z축과 나란하게 진동하므로 전기장은 y축과 나란하게 진동한다.

오답 피하기 ㄴ. 전기장이 최대일 때 자기장도 최대이다.

ㄷ. 자외선은 적외선보다 파장이 짧으므로 d가 작다.

04 A는 마루와 마루가 중첩한 순간이고 B는 골과 골이 중첩한 순간이다.

ㄱ. A는 마루와 마루가 중첩하여 보강 간섭이 일어난 지점이다.

오답 피하기 ㄴ. B는 골과 골이 중첩하였으므로 진폭이 최대이다.

ㄷ. A는 두 파원으로부터의 경로차가 0이므로 경로차는 B가 A보다 크다.

> **두 파원에서 동일 위상으로 발생한 물결파의 간섭**
> (1) 두 파원을 잇는 직선의 수직 이등분선: $\varDelta=0$이므로 모든 점이 보강 간섭 ➡ 가장 밝은 곳과 가장 어두운 곳이 교대로 나타남
> (2) 밝기가 일정한 지점: $\varDelta=\dfrac{\lambda}{2}\times(2m+1)$이어서 상쇄 간섭 ➡ 밝기가 일정함(마디선)
> (3) 보강 간섭이 일어나는 선과 상쇄 간섭이 일어나는 선(마디선)이 교대로 나타남

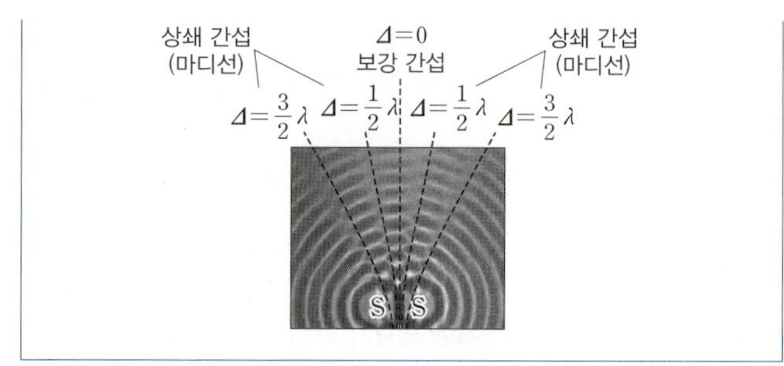

05 두 파동이 완전히 중첩되면 진폭이 0이 되는 지점과 진폭이 최대가 되는 지점이 교대로 나타난다.

두 파동이 완전히 중첩되었을 때의 모습은 그림과 같다.

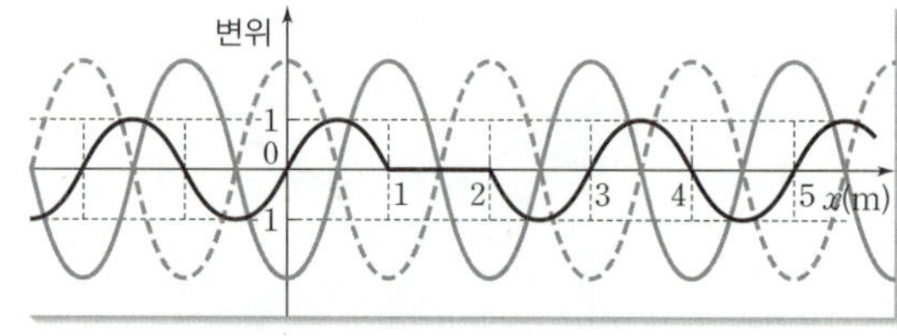

$0<x<4$ 범위에서 진폭이 0이 되는 지점의 개수는 4개이다.

06 주기가 4초이고 파장이 4 cm이므로 속력은 1 cm/s이다.

두 파동이 중첩되었을 때의 파동의 모습은 아래와 같다.

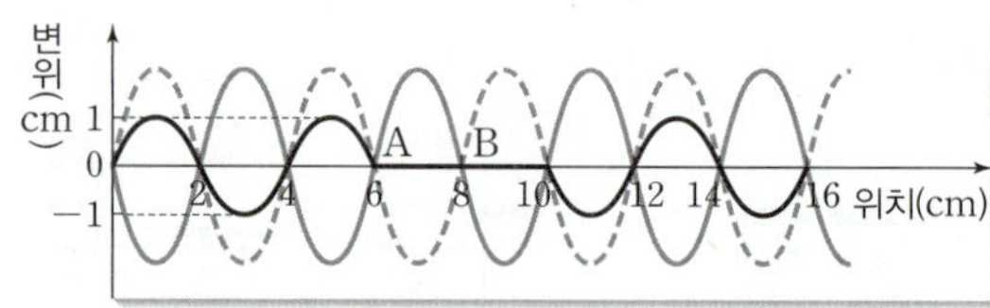

A, B에서는 상쇄 간섭이 일어나 진동하지 않는다. 따라서 A, B 사이의 거리는 2 cm이다.

07 두 파원에서 반대 위상으로 물결파가 발생하면 반파장의 홀수 배일 때 보강 간섭이 일어난다.

ㄱ. P에서 경로차는 $\varDelta=\dfrac{5}{4}\lambda-\dfrac{3}{4}\lambda=\dfrac{1}{2}\lambda$이고, P에서 보강 간섭이 일어나므로 두 파원에서는 물결파가 반대 위상으로 발생한다.

ㄴ. R에서 경로차는 $\varDelta=\dfrac{3}{2}\lambda$이므로 보강 간섭이 일어난다. 그러나 S_1에서 발생한 파동이 P에서 마루가 되는 순간 R에서는 P에서보다 $\dfrac{3}{4}\lambda$만큼 더 진행한 상태이므로 변위가 0이다. S_2에서 발생한 파동도 R에서 변위가 0이다.

ㄷ. Q에서 경로차는 $\varDelta=0$이므로 상쇄 간섭이 일어나 수면의 높이가 일정하다.

> **두 파원에서 반대 위상으로 발생한 물결파의 간섭**
> (1) $\varDelta=\dfrac{\lambda}{2}\times(2n+1)$ ➡ 보강 간섭
> (2) $\varDelta=\dfrac{\lambda}{2}\times 2n$ ➡ 상쇄 간섭

08 소음 제거 기술은 소리의 상쇄 간섭을 이용한다.

ㄱ. 휴대 전화의 소음 제거 장치에서 발생시키는 소리는 소음과 위상이 반대이다.

오답 피하기 ㄴ. 소음과 휴대 전화에서 발생시킨 신호는 위상이 반대이므로 상쇄 간섭한다.

ㄷ. 소리는 진공에서 전달되지 않는다.

Ⅲ-02-01. 빛의 이중성
워크북 52~53쪽

01 ③ **02** ③ **03** ④ **04** ⑤ **05** ④ **06** ④ **07** ② **08** ⑤

01 빨간색과 파란색이 겹치면 자홍색이 된다.

ㄱ. B, C를 비출 때보다 A, C를 비출 때 더 큰 전류가 흐르므로 A, C이 진동수는 광다이오드의 문턱 진동수보다 크고, B의 진동수는 광다이오드의 문턱 진동수보다 작다. A와 B를 겹쳐 비추었을 때 자홍색이 보였으므로 A는 파란색, B는 빨간색이다.

ㄴ. B의 진동수가 광다이오드의 문턱 진동수보다 작으므로 (나)에서 B만 비추면 전류가 흐르지 않는다.

오답 피하기 ㄷ. C는 초록색이다. 진동수는 A가 가장 크다.

정리하기

빛의 삼원색의 합성

(1) 가시광선의 파장은 대략 380~770 nm 정도이며, 빨간색의 파장이 파란색의 파장보다 길다.

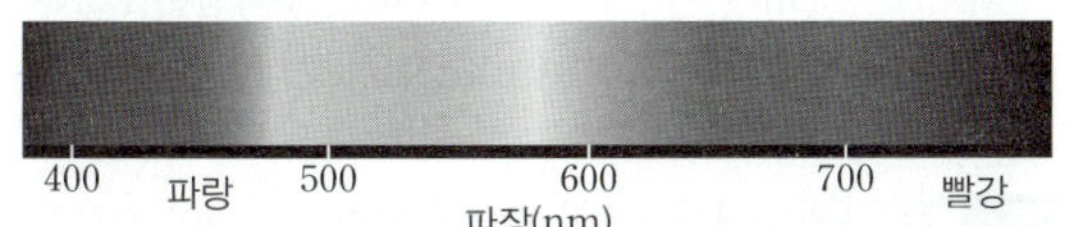

(2) 빛의 삼원색을 합성하면 빛의 세기에 따라 다양한 색을 얻을 수 있다. 빛의 삼원색을 같은 세기로 합성할 때 얻을 수 있는 색은 그림과 같다.

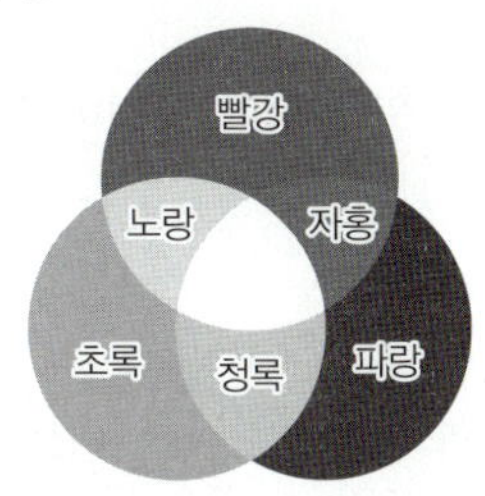

02 광전 효과는 빛의 파장이 특정값보다 작을 때 일어난다.

ㄱ. (라)에서 빛의 파장이 3λ일 때 진동수는 $\frac{c}{3\lambda}$이다. 이때 광전자가 방출되지 않으므로 금속판의 문턱 진동수는 $\frac{c}{3\lambda}$보다 크다.

ㄴ. 빛의 진동수가 클수록 광전자의 최대 운동 에너지가 크다. 진동수는 (가)가 (나)의 2배이므로 광전자의 최대 운동 에너지는 (가)가 (나)보다 크다.

오답 피하기 ㄷ. 광전자의 개수는 빛의 세기에 비례한다. 따라서 광전자의 개수는 (다)가 (가)의 2배이다.

03 검전기에 문턱 진동수 이상의 진동수를 갖는 빛을 비추면 광전자가 방출된다.

(+)전하로 대전된 검전기는 전자가 방출되면 더욱 벌어지고, (−)전하로 대전된 검전기는 전자가 방출되면 오므라든다. 따라서 A는 (−)전하로 대전되었고 B는 (+)전하로 대전되었다.

P를 비출 때만 전자가 방출되었으므로 진동수는 P가 Q보다 크다.

04 B, C를 비추었을 때 광전자가 방출되지 않았으므로 A가 파란색 빛이다.

ㄱ. 빛의 진동수는 파란색인 A가 가장 크다.

ㄴ. B를 비추었을 때 광전자가 방출되지 않았으므로 B의 진동수는 금속판의 문턱 진동수보다 작다.

ㄷ. A, B를 비추었을 때와 A, C를 비추었을 때, B와 C의 진동수는 금속판의 문턱 진동수보다 작으므로 광전자 방출에 기여하지 못한다. 따라서 A, B를 비추었을 때와 A, C를 비추었을 때 방출되는 광전자의 개수는 A만 비추었을 때와 같다.

05 빛의 파장은 $\lambda_B > \lambda_C > \lambda_A$이다.

ㄱ. A의 에너지가 가장 크므로 진동수가 가장 크다.

ㄴ. $\frac{1}{\lambda_A} = \frac{1}{\lambda_B} + \frac{1}{\lambda_C}$에서 $\lambda_B = \frac{\lambda_A \lambda_C}{\lambda_C - \lambda_A}$이다.

오답 피하기 . A의 진동수가 C의 진동수보다 크므로 P에 A를 비추면 광전자가 방출된다.

06 $\frac{1}{\lambda_b} = \frac{1}{\lambda_a} + \frac{1}{\lambda_c}$이다.

ㄱ. 빛의 에너지는 c가 a보다 크므로 파장은 c가 a보다 크다.

ㄷ. b의 진동수가 c의 진동수보다 크므로 검전기에 b를 비추어도 광전자가 방출되어 금속박이 벌어진다.

오답 피하기 ㄴ. 금속판에서 전자가 방출되므로 검전기는 (+)전하로 대전된다.

07 B와 C를 동시에 비추었을 때 전류가 흐르지 않았으므로 A의 진동수가 가장 크다.

ㄴ. A와 C를 비추면 A에 의해 전류가 흐른다.

오답 피하기 ㄱ. A는 진동수가 가장 큰 파란색이다.

ㄷ. A의 진동수는 광다이오드의 문턱 진동수보다 작으므로 A를 아무리 강하게 하여도 전류가 흐르지 않는다.

08 (−)전하로 대전된 검전기에서 전자가 방출되면 금속박은 오므라든다.

ㄱ, ㄴ. c를 비추었을 때 P는 변화 없고 Q는 오므라들었으므로 P에서는 광전자가 방출되지 않고 Q에서는 광전자가 방출된다. 따라서 P의 문턱 진동수는 c의 진동수보다 크고, Q의 문턱 진동수는 c의 진동수보다 작다.

ㄷ. P에 a를 비출 때는 광전자가 방출되었고, c를 비출 때는 광전자가 방출되지 않았다. 따라서 진동수는 a가 c보다 크다. 광전자의 최대 운동 에너지는 진동수가 큰 빛을 비출 때가 더 크므로 Q에서 방출되는 광전자의 최대 운동 에너지는 a를 비출 때가 c를 비출 때보다 크다.

Ⅲ-02-02. 물질의 이중성
워크북 54~55쪽

01 ① **02** ② **03** ⑤ **04** ② **05** ③ **06** ⑤ **07** ④ **08** ④

01 니켈 결정에서 산란되는 전자가 많은 곳은 물질파의 보강 간섭으로 설명할 수 있다.

ㄴ. $\theta = 50°$일 때 산란된 전자의 수가 많으므로 물질파가 보강 간섭한 것으로 해석할 수 있다.

오답 피하기 ㄱ. 전자의 물질파 파장은 $\lambda = \frac{h}{mv}$이므로 속력이 빠를수록 파장이 감소한다.

ㄷ. 물질파의 보강 간섭은 전자의 파동성을 보여준다.

02 물질파 파장 $\lambda=\dfrac{h}{\sqrt{2mE}}$이다.

A, B, C의 물질파 파장은 각각 $\lambda_A=\dfrac{h}{\sqrt{4mE}}$, $\lambda_B=\dfrac{h}{\sqrt{4mE}}$,

$\lambda_C=\dfrac{h}{\sqrt{16mE}}$이므로 $\lambda_A>\lambda_B>\lambda_C$이다.

03 전자가 입자라면 이중 슬릿을 통과한 전자는 두 줄의 밝은 무늬를 만들어야 한다.

ㄱ. 이중 슬릿을 통과한 전자의 간섭 무늬는 전자의 파동성을 보여준다.

ㄴ. P에서 측정된 전자가 많으므로 전자의 물질파가 보강 간섭한다.

ㄷ. 전자의 물질파 파장은 이므로 속력이 빠를수록 파장이 감소한다.

04 이중 슬릿을 통과한 전자의 간섭 무늬는 전자의 파동성을 보여준다.

ㄴ. 물질파 파장은 $\lambda=\dfrac{h}{mv}$에서 B가 C의 2배이다.

오답 피하기 ㄱ. $p=\sqrt{2mE}$이므로 운동량의 크기는 A가 B의 배이다.

ㄷ. 운동량은 C가 A의 $\sqrt{2}$배이므로 물질파 파장은 A가 C의 배이다. 따라서 간섭 무늬 간격 Δx가 다르다.

05 투과 전자 현미경은 전자의 물질파를 이용한다.

ㄷ. 가속 전압을 높이면 전자의 운동 에너지가 증가하여 물질파 파장이 짧아진다.

오답 피하기 ㄱ. TEM의 전자의 물질파를 이용하므로 파동성을 활용하는 예이다.

ㄴ. TEM은 전자가 시료를 투과하므로 시료 내부의 단면 모습을 볼 수 있다.

06 분해능은 가까이 있는 두 광원을 구별할 수 있는 능력이다.

ㄱ. D는 렌즈의 지름이다. 렌즈의 지름이 클수록 빛의 회절이 덜 일어나므로 분해능이 좋아진다. 즉, D가 클수록 θ가 작아지므로 더 가까이 있는 두 물체를 구별할 수 있다.

ㄴ. 가시광선보다 X선의 파장이 짧으므로 분해능이 좋다.

ㄷ. 전자 현미경에서 전자의 속력이 빠를수록 물질파 파장이 짧아진다. 따라서 전자의 속력이 빠를수록 θ가 감소한다.

07 전자 현미경은 전자의 물질파를 이용하여 광학 현미경보다 더 높은 배율과 분해능을 얻는다.

ㄴ. 전자의 운동 에너지가 eV일 때 물질파 파장은 $\lambda=\dfrac{h}{\sqrt{2meV}}$이다.

ㄷ. 분해능을 증가시키려면 물질파 파장이 짧아야 하므로 전자의 속력을 더 빠르게 해야 한다.

오답 피하기 ㄱ. 전자 현미경은 전자를 고속으로 가속시켜 가시광선다 훨씬 짧은 물질파를 얻는다.

08 TEM은 전자가 시료를 투과하므로 시료를 얇게 만들어야 한다.

ㄱ. 자기렌즈는 광학 현미경의 렌즈 역할을 한다.

ㄷ. 투과 전자 현미경은 전자의 물질파가 시료를 투과하므로 시료 내부의 구조를 살펴볼 수 있다.

오답 피하기 ㄷ. 시료 표면에 얇은 금속 코팅을 하는 것은 주사 전자 현미경이다.

I. 역학과 에너지　　　워크북 56~57쪽

01 ⑤　**02** ①　**03** ③　**04** ①　**05** ①　**06** ①　**07** 해설 참조
08 해설 참조　**09** 해설 참조

01 ㄱ. 다리를 통과하는 시간이 20초이므로 평균 속력이 $\dfrac{600}{20}=30(\mathrm{m/s})$이다. 다리 입구에서 속력이 $20\,\mathrm{m/s}$이므로 평균 속력이 $30\,\mathrm{m/s}$가 되려면 다리 출구에서의 속력은 $40\,\mathrm{m/s}$이어야 한다.

ㄴ. 다리 입구에서 다리 출구까지 20초 동안 속도 변화량이 $20\,\mathrm{m/s}$이므로 가속도 크기는 $1\,\mathrm{m/s^2}$이다.

ㄷ. 정지 상태에서 $20\,\mathrm{m/s}$가 되려면 20초 걸린다. L은 정지 상태에서 20초 동안 가속도 $1\,\mathrm{m/s^2}$으로 운동한 거리이므로 $\dfrac{1}{2}\times1\times(20)^2=200(\mathrm{m})$이다.

2 A가 p에서 q까지 평균 속력은 $2\,\mathrm{m/s}$이므로 걸린 시간이 0.5초이다. 0.5초 동안 속도 변화량이 $2\,\mathrm{m/s}$이므로 가속도는 $4\,\mathrm{m/s^2}$이다.

ㄴ. B의 가속도가 $4\,\mathrm{m/s^2}$이므로 B에 작용하는 알짜힘은 $12\,\mathrm{N}$이다. 따라서 실이 B를 당기는 힘은 $30-12=18(\mathrm{N})$이고 실이 A를 당기는 힘의 크기와 같다.

오답 피하기 ㄱ. A가 p에서 q까지 평균 속력이 $2\,\mathrm{m/s}$이므로 걸린 시간은 0.5초이고 B의 운동 시간과 같다.

ㄷ. 실이 B를 잡아당기는 힘과 지구가 B를 잡아당기는 힘의 합력이 B의 알짜힘이고 작용과 반작용의 관계가 아니다.

3 ㄱ. 3초 이후 B의 가속도 크기가 $\dfrac{10}{3}\,\mathrm{m/s^2}$이므로 A와 B의 운동 방정식은 $(m_A+m)\times\dfrac{10}{3}=m_A\times10$이다. 계산하면 A의 질량은 $m_A=\dfrac{m}{2}$이다.

ㄴ. 3초 이전 B의 가속도 크기가 $\dfrac{10}{3}\,\mathrm{m/s^2}$이므로 A, B, C의 운동 방정식은 $(m_A+m_C+m)\times\dfrac{10}{3}=(m_C-m_A)\times10$이다. 계산하면 C의 질량은 $m_C=\dfrac{3m}{2}$이 되어 A의 3배이다.

오답 피하기 ㄷ. 3초부터 4.5초까지 B의 중력 퍼텐셜 에너지는 일정하고 운동 에너지가 감소하였으므로 A의 역학적 에너지는 B의 감소한 운동 에너지만큼 증가한다.

4 p, q의 높이가 같으므로 A, B가 내려가는 동안 운동 에너지 증가량은 $\dfrac{1}{2}m\times3^2$으로 같다. 따라서 A의 역학적 에너지 보존 법칙에 의해 $\dfrac{1}{2}m\times4^2+\dfrac{1}{2}m\times3^2=\dfrac{1}{2}mv^2$이고 수평면에서 A의 속력은 $v=5\,\mathrm{m/s}$이다. 수평면에서 운동량 보존 법칙은 $m\times5-m\times3=2m\times v'$이므로 A, B 한 덩어리의 속력은 $v'=1\,\mathrm{m/s}$이다.

5 ㄴ. B의 기체는 단열 압축되므로 일을 받은 만큼 내부 에너지가 증가한다. 따라서 $T_2>T_0$이다.

오답 피하기 ㄱ. A, B의 피스톤의 면적을 각각 S_1, S_2, 대기압을 P'라

고 하자. 피스톤과 막대 전체에 작용하는 합력이 0이므로, (가)에서 $P_0S_1+P'S_2=P_0S_2+P'S_1$이 성립한다. 따라서 $P_0(S_1-S_2)=P'(S_1-S_2)$에서 $P'=P_0$이다. (나)에서는 $P_1S_1+P_0S_2=P_2S_2+P_0S_1$에서 $(P_1-P_0)S_1=(P_2-P_0)S_2$이다. 그런데 $S_1>S_2$이므로 $P_1-P_0<P_2-P_0$이다. 따라서 $P_1<P_2$이다.

ㄷ. A의 부피 증가량이 B의 부피 감소량보다 크므로, A의 기체가 대기에 한 일이 대기가 B의 기체에 한 일보다 크다. 따라서 A의 기체가 외부에 한 일이 B의 기체가 외부로부터 받은 일보다 크다. 따라서 A의 기체가 외부에 한 일은 B의 기체의 내부 에너지 증가량보다 크다.

6 ㄴ. B가 보았을 때 빛이 이동하는 동안 O가 오른쪽으로 이동하므로 P, Q에서 방출된 빛이 O에 동시에 도달하기 위해서는 P에서가 Q에서보다 먼저 빛이 방출되어야 한다.

오답 피하기 ㄱ. 빛이 O에 동시에 도달하는 것은 한 점에서 일어난 사건이므로 B가 보아도 동시에 도달한다.

ㄷ. B가 보았을 때 A가 운동하므로 A의 시계가 자신의 시계보다 느리게 간다고 관측한다.

7 모범 답안 역학적 에너지 보존 법칙에 의하여 B의 중력 퍼텐셜 에너지 감소량이 A와 B의 운동 에너지 증가량과 같다. 따라서 $\frac{1}{2}(M+m)v^2=mgh$이다. B가 h의 높이를 내려가는 동안 퍼텐셜 에너지 감소량이 운동 에너지 증가량의 4배이므로 $mgh=4\times\frac{1}{2}mv^2$이다. 따라서 $\frac{1}{2}(M+m)v^2=4\times\frac{1}{2}mv^2$에서 $M=3m$이 되어 $M:m=3:1$이다.

	배점
역학적 에너지 보존 법칙을 옳게 적용하고 계산이 바르게 되어 질량비를 옳게 서술한 경우	100%
역학적 에너지 보존 법칙만 옳게 적용한 경우	50%

08 모범 답안 구슬이 빨대 속에서 운동할 때 입으로 부는 힘을 받는다. 따라서 빨대의 길이가 길면 힘을 받는 시간이 길어져 충격량이 증가하고 운동량의 변화량이 증가한다. 운동량이 많이 증가할수록 구슬의 속력이 증가하고 구슬이 멀리 날아간다.

	배점
빨대가 길수록 힘을 받은 시간이 길어지고 충격량이 운동량의 변화량이 됨을 옳게 서술한 경우	100%
힘을 받은 시간 또는 운동량의 변화량 중 하나만 옳게 서술한 경우	50%

09 모범 답안 뮤온의 좌표계에서 볼 때 길이 수축에 의해 지표면까지 거리가 짧아지므로 수명이 짧아도 지표면 근처에 도달할 수 있게 되어 지표면 근처에서 관측된다. 지표면의 좌표계에서 볼 때 시간 팽창에 의해 뮤온의 수명이 길어지므로 지표면까지의 먼 거리를 이동할 수 있어 지표면 근처에서 관측된다. 따라서 뮤온이 지표면 근처에서 관측되는 것은 특수 상대성 이론의 길이 수축과 시간 팽창의 증거이다.

채점 기준	배점
뮤온의 좌표계에서 길이 수축, 지표면의 좌표계에서 시간 팽창을 모두 옳게 서술한 경우	100%
길이 수축, 시간 팽창 중 한 가지만을 옳게 서술한 경우	50%

---

01 ④　**02** ①　**03** ⑤　**04** ④　**05** ③　**06** ④　**07** 해설 참조　**08** 해설 참조

01 발머 계열은 수소 원자에서 전자가 $n=2$인 상태로 전이할 때 방출하는 빛이다.

ㄴ. $\frac{1}{\lambda_1}=R\left(\frac{1}{4}-\frac{1}{5^2}\right)$이고, $\frac{1}{\lambda_2}=R\left(\frac{1}{4}-\frac{1}{4^2}\right)$이다. $\lambda_1=\frac{100}{21R}$, $\lambda_2=\frac{16}{3R}$이므로 $\lambda_1:\lambda_2=25:28$이다.

ㄷ. $\frac{1}{\lambda_3}=R\left(\frac{1}{4}-\frac{1}{9}\right)=\frac{5R}{36}$이고, $E=\frac{hc}{\lambda}$이므로 파장이 λ_3인 광자 1개의 에너지는 $E=\frac{5hcR}{36}$이다.

오답 피하기 ㄱ. 빛의 에너지는 파장에 반비례한다. λ_1은 파장이 세 번째로 긴 빛이므로 전자가 $n=5$인 상태에서 $n=2$인 상태로 전이할 때 방출하는 빛의 파장이다.

02 LED에 순방향 바이어스가 걸릴 때 전류가 흐른다.

ㄴ. $\theta=90°$일 때는 사각형 도선을 통과하는 자속의 변화가 없으므로 전류가 흐르지 않는다.

오답 피하기 ㄱ. 사각형 도선을 통과하는 자속이 증가하는 순간이므로 회로에 시계 방향으로 전류가 흐른다. 이때 LED에서 빛이 방출되었으므로 X는 n형 반도체이다.

ㄷ. $-90°$ → $+90°$까지 회전할 때 LED에 순방향 바이어스가 걸리고, $+90°$ → $-90°$ 동안은 역방향 바이어스가 걸린다. 따라서 한 바퀴 회전하는 동안 LED는 켜졌다 꺼지는 것을 1회 반복한다.

03 다이오드에 접합면의 전위 장벽보다 큰 전압이 걸려야 전류가 흐른다.

ㄱ. 다이오드의 p형 반도체에 (+)극이, n형 반도체에 (−)극이 연결되어 있으므로 순방향 바이어스이다.

ㄴ. 순방향 바이어스일 때 p형 반도체의 양공과 n형 반도체의 전자가 접합면으로 이동하여 재결합한다.

ㄷ. 순방향 바이어스의 크기가 접합면의 전위 장벽보다 커야 전류가 흐른다. (나)에서 0.6V 이상일 때 전류가 흐르므로 전위 장벽은 0.6V이다.

04 직선 도선에 흐르는 전류에 의한 자기장의 세기는 $B=k\frac{I}{r}$이다.

(가)에서 $x=-2d$, $x=0$, $x=2d$에서 자기장의 세기를 각각 B_1, B_2, B_3라고 하면, $B_1=\left|k\frac{I_A}{d}+k\frac{I_B}{3d}\right|$, $B_2=\left|-k\frac{I_A}{d}+k\frac{I_B}{d}\right|$, $B_3=\left|-k\frac{I_A}{d}+k\frac{I_B}{d}\right|$이다. $B_1:B_2:B_3=5:9:1$이므로 이다.

$\left|I_A+\frac{I_B}{3}\right|:\left|-I_A+I_B\right|:\left|\frac{I_A}{3}+I_B\right|=5:9:1$이를 풀면 A, B에 흐르는 전류의 방향은 반대이고, 전류의 세기는 A가 B의 2배이다.

만약 A에 흐르는 전류의 방향을 $-y$ 방향으로 하면 A에는 $-2I_0$, B에 $+I_0$는 이 흐르고 원점에서 자기장은 $B=+k\frac{3I_0}{d}$가 된다.

(나)에서 원점에서 자기장이 $B=-k\frac{3I_0}{d}=+k\frac{3I_0}{d}+k\frac{I_C}{d}$이므로 $I_C=-6I_0$이다. C에 흐르는 전류의 세기는 $6I_0$이고 방향은 $+x$ 방향이다.

따라서 $I_A : I_B : I_C = 2 : 1 : 6$이다.

05 다이오드에 순방향 바이어스가 걸릴 때만 전류가 흐른다.

ㄱ. S를 b에 연결했을 때만 나침반 바늘이 회전하였으므로 Y는 p형 반도체이고 X는 n형 반도체이다. n형 반도체 X는 전자가 주요 전하 운반체이다.

ㄴ. (다)에서 다이오드에 전류가 흐르므로 접합면에서 양공과 전자가 재결합한다.

 ㄷ. (나)에서 전원 장치의 전극을 반대로 연결하면 도선에 전류가 반대 방향으로 흐르므로 나침반 자침의 회전 방향은 (다)의 반대 방향이다.

06 온도가 상승할 때 도체는 전기 저항이 증가하고 반도체는 감소한다.
(가)에서 P는 절연체, Q는 도체, R는 반도체이다.
(나)에서 A는 도체, B는 반도체, C는 절연체이다.

07 n형 반도체의 양공은 전자 전이로만 발생하지만 자유 전자는 전자 전이와 불순물의 여분의 전자로 이루어진다.

 n형 반도체의 양공은 원자가 띠의 전자가 전도띠로 전이할 때 생긴다. 전도띠의 전자는 원자가 띠에서 전이한 전자와 도핑한 불순물의 원자가 전자 중 공유 결합에 참여하지 않고 남은 여분의 전자의 합이다. 따라서 n형 반도체는 양공보다 자유 전자가 더 많다.

채점 기준	배점
양공과 자유 전자의 발생 과정을 비교하여 설명한 경우	100%
도핑에 의한 불순물의 전자만 언급한 경우	50%

08 직선 도선에 흐르는 전류에 의한 자기장의 세기는 $B = k\dfrac{I}{r}$이다.

t일 때 $x = 2d$에서 자기장이 0이므로 Q에는 $+y$ 방향으로 세기가 $\dfrac{I}{2}$인 전류가 흐른다. 이때 $x = d$인 점에서는 $-\dfrac{3}{2}B_0 = -k\dfrac{I}{d} + k\dfrac{I}{4d} = -k\dfrac{3I}{4d}$이므로 $B_0 = k\dfrac{I}{2d}$이다.

$t = 0$일 때 Q에 흐르는 전류의 세기를 I_0이라 하면 $k\dfrac{I}{2d} = -k\dfrac{I}{2d} + k\dfrac{I_0}{d}$에서 $I_0 = I$이다. 또 $t = 2t$일 때 Q에 흐르는 전류의 세기를 I_{2t}라고 하면 $-k\dfrac{I}{2d} = -k\dfrac{I}{2d} + k\dfrac{I_{2t}}{d}$에서 $I_{2t} = 0$이다. 따라서 Q에 흐르는 전류 I_Q의 세기를 그래프로 나타내면 그림과 같다.

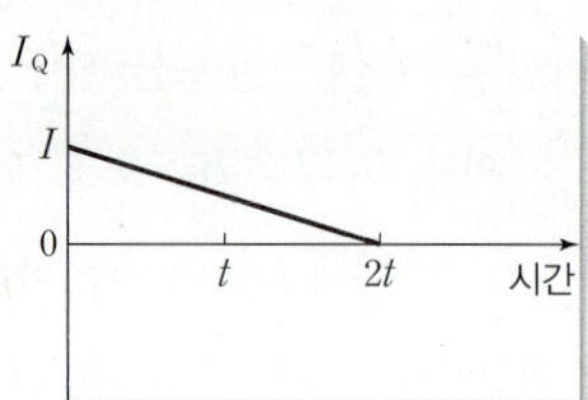

한편 $x = 4d$인 지점에서 자기장은 $B = -k\dfrac{I}{2d} - k\dfrac{I_Q}{d}$이므로

0초일 때는 $B = -k\dfrac{5I}{4d} = -\dfrac{5}{2}B_0$

t초일 때는 $B = -k\dfrac{3I}{4d} = -\dfrac{3}{2}B_0$

$2t$초일 때는 $B = -k\dfrac{I}{4d} = -\dfrac{1}{2}B_0$

이다.

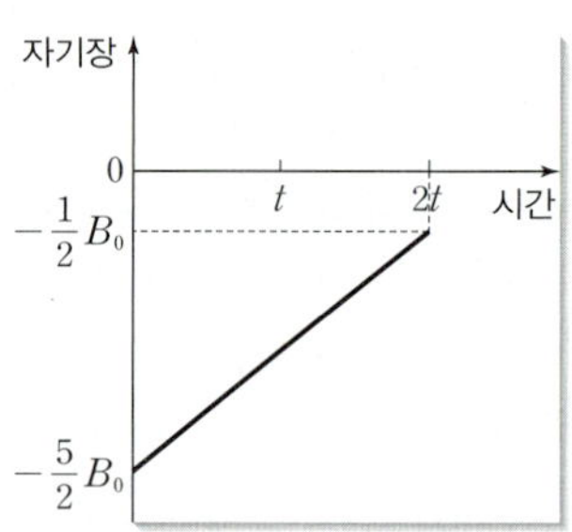

채점 기준	배점
그래프를 정확하게 그린 경우	100%
$+$, $-$ 부호를 반대로 그린 경우	50%

Ⅲ. 파동과 정보 통신   워크북 60~61쪽

01 ④   **02** ⑤   **03** ①   **04** ①   **05** ③   **06** ⑤   **07** 해설 참조
08 해설 참조

01 마루와 골에 있을 때 가장 멀고, 변위가 0일 때 가장 가깝다.

ㄱ. 0.1초일 때 p, q 사이가 가장 가까우므로 p와 q는 변위가 0이다.

ㄷ. 0.2초일 때 p가 골, q가 마루에 위치하므로 주기는 0.4초이다.

 ㄴ. p가 마루일 때 q는 골이므로 p와 q의 위상은 반대이다.

02 굴절 법칙 $n_1 \sin\theta_1 = n_2 \sin\theta_2$이다.
그림에서 $L\cos\theta_1 = d$, $0.8d = L\cos\theta_3$이다. 따라서 $\theta_2 < \theta_1 < \theta_3$이다.

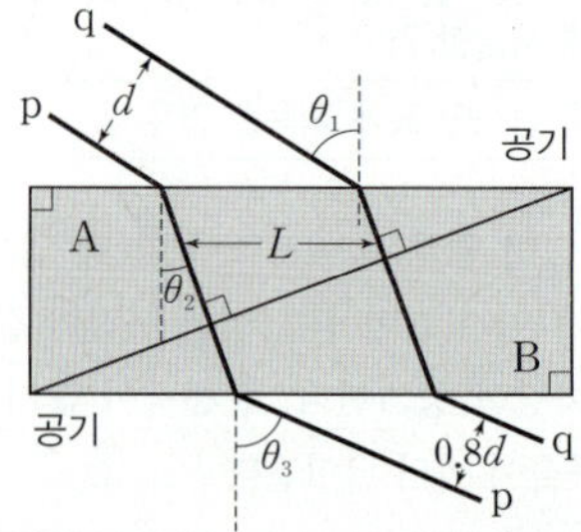

굴절 법칙 $n_0 \sin\theta_1 = n_A \sin\theta_2$에서 $n_A = \dfrac{\sin\theta_1}{\sin\theta_2}$이고, $n_B \sin\theta_2 = n_0 \sin\theta_3$에서 $n_B = \dfrac{\sin\theta_3}{\sin\theta_2}n_0$이다.
또 $\sin\theta_2 < \sin\theta_1 < \sin\theta_3$이므로 $n_B > n_A > n_0$이다.

03 전반사할 때는 입사각이 임계각보다 크다.

ㄱ. Q에서 P로 진행할 때 입사각이 굴절각보다 크므로 굴절률은 P가 Q보다 크다. 또 P에서 R로 입사할 때는 전반사하므로 P의 굴절률이 R의 굴절률보다 크다.

 ㄴ. 입사각이 45°일 때 전반사가 일어났으므로 임계각은 45°보다 작다.

ㄷ. Q와 R의 경계면에서 입사각이 굴절각보다 크므로 굴절률은 R가 Q보다 크다. 따라서 Q에서 R로 진행할 때는 전반사가 일어나지 않는다.

04 파동의 속력은 진동수와 파장의 곱이다.
(가)에서 파장이 2 m이고 (나)에서 주기가 2초이므로 파동의 속력은

$1\,\mathrm{m/s}$이다. 또 중첩하기 전 A의 진폭이 $2\,\mathrm{m}$이므로 $\dfrac{L}{2}=2$에서 최대 변위 $L=4\,\mathrm{m}$이다.

05 파장이 $2\lambda_0$인 빛의 진동수가 f_0이고 에너지는 hf_0이다. 또 파장이 λ_0인 빛의 진동수는 $2f_0$이고 에너지는 $2hf_0$이다.

A에 진동수가 f_0인 빛을 비추었을 때 운동 에너지가 0이므로 A에 진동수가 $2f_0$인 빛을 비추면 $E_A=2hf_0-hf_0=hf_0$이다. 또 B에 진동수가 $\dfrac{f_0}{2}$인 빛을 비추었을 때 운동 에너지가 0이므로 B에 진동수가 $2hf_0$인 빛을 비추면 $E_B=2hf_0-\dfrac{1}{2}hf_0=\dfrac{3}{2}hf_0$이다. 따라서 $E_B-E_A=\dfrac{1}{2}hf_0$이다.

06 전자는 전기장 영역에서 감속된다.

$\lambda_0=\dfrac{h}{\sqrt{2mE_k}}$에서 전기장 영역에 들어가기 전 전자의 운동 에너지 $E_k=\dfrac{h^2}{2m\lambda_0^{\,2}}$이다. 전자가 전위차가 V인 전기장 영역을 통과할 때 운동 방향과 반대 방향으로 전기력을 받으므로 운동 에너지는 eV만큼 감소한다. 따라서 전기장 영역을 통과한 후 전자의 운동 에너지는 $\dfrac{h^2}{2m\lambda_0^{\,2}}-eV$이다.

이때 물질파 파장은 $\lambda=\dfrac{h}{\sqrt{2m\left(\dfrac{h^2}{2m\lambda_0^{\,2}}-eV\right)}}=\dfrac{h}{\sqrt{\left(\dfrac{h}{\lambda_0}\right)^2-2meV}}$이다.

07 문턱 진동수보다 진동수가 큰 빛을 비추어야 광전자가 방출된다.

모범 답안 | A는 광전자가 방출되고 B는 방출되지 않는다.

채점 기준	배점
A, B의 광전자 방출 여부를 모두 옳게 서술한 경우	100%
한 쪽만 옳게 서술한 경우	50%

08 분해능이 (가)보다 (나)가 좋다. 분해능은 렌즈의 지름이 클수록, 사용하는 빛의 파장이 짧을수록 좋아진다.

모범 답안 | 지름이 더 큰 렌즈를 사용하거나 가시광선보다 파장이 짧은 전자기파를 이용한다.

채점 기준	배점
적절한 방법 2가지를 서술한 경우	100%
적절한 방법 1가지만 서술한 경우	50%

MEMO

MEMO

MEMO

MEMO

MEMO

BON.본

BON본
PHYSICS I